3대 주석과 함께 읽는

논어 III

3대 주석과 함께 읽는

논어 III

고주, 주자 집주, 다산 고금주

임헌규 지음

주제·개념·쟁점 해설

『논어』는 유가 경전 중 그 창시자인 공자의 언행이 직접 기록된 유일한 책으로 가장 중요한 원 자료라 할 수 있다. 이 책은 이러한 『논어』에 대한 개념적 · 역사적 · 체계적 이해에 기여할 목적으로 필요한 근거 자료를 제시하고, 거기에 나타난 언명과 개념의 유래를 탐구하고 그 용례를 해명하며, 나아가 서로 다른 시대를 대표하는 주석들을 대비 · 고찰함으로써 주석의 변천 과정을 서술하고자 했다.

앞의 1~2권은 『논어』 원문 전체에 대한 고주인 『집해』(『의소』 · 『정의』→『주소』), 신주인 주자의 『집주』, 그리고 그 종합으로서 다산의 『고금주』를 주요 주석을 제시하면서 대비적으로 고찰했다. 이 3권은 『논어』에 나타난 주요 개념(용어)의 유래와 의미 그리고 그 주석에 대한 정리로 구성되어 있다.

먼저 1장에서는 『논어』의 주제(성학에 뜻을 두고 배우기를 좋아하며, 명을 인식 · 체득하여 궁극적으로 인을 실천하고 자기완성으로 나아가는 군자 육성)가 가장 선명하게 제시되어 있으면서 상호 보완적인, 시작장과 마지막장의 의미를 개념과 쟁점 위주로 해명하였다.

2장 「학學」에서는 『논어』에 나타난 학의 용례와 의미를 서술하고 그 대상에 따라 기술지(의식주를 위한 수단적 배움), 인문교양 그리고 도학(자기완성)으로 나누면서 공자의 뜻을 제시했다. 그리고 이러한 학 개념을 각각 선왕의 경업을 송습하는 것(고주), 본성 회복을 목적으로 본받아 체득하는 것(주자), 그리고 알기 위하여 가르침을 받는 일체 행위(다산) 등으로 구별되게 주석했다는 것을 살폈다.

3장 「천天」에서는 공자 이전 문헌에서 『논어』에 이르는 천(상제) 개념의 변천 과정과 용례를 서술하였다. 그리고 이러한 천 개념을 주석하면서 고주는 주로 운명의 부여자이면서 만물·사시의 주재자로 정의했으며(運命天), 주자는 하나의 이치(理) 개념으로 환원했으며(天卽理), 다산은 이치란 만물의 주재자가 될 수 없다는 인식하에 옛 경전의 상제라는 개념을 복원시켰다(天謂上帝)는 점을 해명했다.

「도道·덕德」의 개념을 다룬 4장에서는 우선 이 개념들의 유래와 『논어』에서의 용례를 해명하였다. 그리고 현학玄學으로 해명하는 고주(도는 형체가 없기에 사모할 뿐이며, 덕은 형체를 이루기 때문에 붙잡을 수 있다), 천리天理의 관점에서 생득적 덕 개념을 강조하는 주자(도는 인륜으로 일상생활에서 마땅히 행해야 할 것이다. 덕은 천부적인 것이다), 그리고 후천적 실천에 의해 완성된다는 점을 역설한 다산(여기에서 저기에 이르는 것을 도라 하고, 선을 실행한 후에야 덕이라는 명칭이 성립된다)의 개념 구상을 비교했다.

5장에서는 가장 중요한 「인仁」 개념을 다루었다. 여기서는 그 이전에 주요 개념이 아니었던 인 개념을 공자가 어떻게·무엇으로 정립하며, 여타 덕 개념과 어떤 연관관계에 있다고 말했는지를 서술했다. 그리고 후대의 인 개념 정립과 해명에서 논쟁이 되는 여러 논점을 해명하고, 이 개념이 역사적으로 어떻게 이해되었는가 하는 점도 기술했다. 나아가 다산의 인 개념과 그 실천으로서 서恕 개념을 주로 주자의 정의와 대비하며 살폈다.

6장은 『논어』에서 상대적으로 많이 언급되지 않았던 「의義·리利」 개념을 논의했다. 우선 이전 『시』·『서』에서 이 개념의 용례를 서술하고, 『논어』에 나타난 특징을 규명했다. 그리고 고주, 주자, 다산의 이 개념에 대한 정의를 서술했다. 의·리 개념을 해명함에 있어 고주는 명확한 개념 규정 없이 주로 의로운 일(義事)·사람(義人)·인의仁義, 그리고 재리財利 등으로 부연했다. 이에 비해 주자는 천리와 인욕의 구별(義는 天理의 마땅한 것이고, 利는 인정이 욕망하는 것이다)에 의해 정의했으며, 다산은 행사의 관점에서 인심과 도심의 청명 관계(의란 도심이 지향하는 것:義者道心之所嚮이고, 리란 인심이 추종하는 것:人心之所 趨이다)로 규명했다는 것을 살폈다.

7장은 『논어』에서 또 다른 주도 개념인 「예禮」에 대해 다루었다. 여기서도 이전 『시』 · 『서』와 대비적으로 서술하면서, 『논어』에서 예 개념은 단순히 위용과 절차에 대한 서술적 묘사를 넘어서 이차적 · 반성적 토론이 다수를 차지한다는 점을 밝혔다. 그리고 예 개념의 주석에서 고주는 주로 입신의 관점에서 이행과 위의 관점에서 해명했으며, 주자는 천리의 절도 · 문식이자 인사의 의식 · 준칙(禮者 天理之節文而人事之儀則也)으로, 그리고 다산은 예란 성인이 백성들을 위해 사치함과 검박함의 중용을 권형(權於奢儉之中)하여 예를 만들었다(聖人作)는 것을 강조하면서 특히 문 · 질 관계의 해명에 지대한 공헌을 했다는 점을 서술했다.

「정치」를 다룬 8장은 먼저 『논어』에 나타난 유교 정치의 이념과 목표를 서술했다. 그리고 정명에 대한 여러 현대적 논의를 비정하고, 고주(正百事之名) · 주자(名實相須) · 다산(명이란 본래 인륜에서 기원한다:인륜주의)의 입장을 서술하면서 그 의미를 유교 정치이념과 연관하여 해명했다. 다음으로 「경敬」과 「덕치」의 이념에 대해 서술했다. 경 개념의 해명에서 고주는 단순히 부연하여 설명(敬愼 · 莊敬 · 恭敬 · 謹敬)할 뿐 특별한 의미를 부여하지 않았지만, 주자는 주일무적主一無適으로 주로 정의하면서 성학의 시종을 관통하는 요체로, 그리고 다산은 성리학적 정의를 거부하고 인륜에서 실천된다(경이란 사람과 사람이 만나는 인륜 가운데에서 시종을 생각하고 유폐를 헤아려 예의를 행하는 것이다) 고 주장했음을 논구했다.

「심성론」을 다룬 9장은 심性 · 성性 · 지志 등과 같이 마음과 결부되는 개념들을 주로 다루면서 몸과 연관된 개념어들을 분석 · 정리하였다. 여기서는 우선 관건이 되는 '성상근性相近'이라는 말을 여러 주석가들이 어떻게 해명하고 있는지를 살폈다. 그리고 성삼품설, 본연 · 기질지성, 그리고 옮겨가지 않음(不移) 등에 대한 주석을 살피면서 그 의미를 서술했다. 또한 심성의 해명에서도 고주는 명확한 개념 정의를 하지 않았지만, 주자는 주로 이기理氣 및 천리 · 인욕의 관점에서 해명했고, 다산은 대체-소체 혹은 인심-도심의 청명관계로 설명하는 것을 살폈다.

「인문학과 교육」으로 표제된 10장은 군자, 교육론, 시詩, 그리고 죽음(死)의 문제에 대한 종합적인 해명을 시도했다. 「군자와 인문학」에 관한 절에서는 군자 개념은 공자에 의해 결정적인 의미 전환을 하게 되었다는 점과 공자가 정립한 군자의 특징을 서술했다. 그리고 군자 개념의 주석에서 고주는 주로 신분적인 용어(在上之人, 大夫士, 卿大夫)로 설명했지만, 주자는 도덕적인 의미(成德之士)로, 그리고 다산은 양자의 종합(본래 신분과 도덕을 함께 지칭하는 것이었다)으로 설명했다고 서술했다. 「공자와 교육」에서는 공자의 인성교육이념, 공자가 제시한 교육 교과목(文 · 行 · 忠 · 信, 德行 · 言語 · 政事 · 文學) 등과 그 공효, 그리고 공자의 교육방법론의 특징을 서술했다. 그리고 공자의 『시』 산삭刪削 문제, 공자의 시교론, 그리고 그에 대한 여러 주석들의 특징을 서술했다. 나아가 『논어』에 인용된 시詩에 대한 고주의 해석을, 주자와 다산은 어떻게 새롭게 해석했는지를 대비적으로 살폈다. 인용된 시에 대해 고주는 주로 정치적 교화에 중점(思無邪란 선왕의 덕화에 힘입어 올바름으로 복귀하는 것:歸於正이다)에 두었고, 주자는 해석자의 관점(사무사란 공효로써 시를 배우는 자의 생각에 사특함이 없게 한다)에서, 그리고 다산의 작시자의 관점(사무사란 시를 지은 사람의 心志의 발현이 사특함과 편벽됨이 없음을 말하는 것이다)에서 주석했다는 점을 살폈다. 그리고 마지막으로 「죽음의 의미」에서는 『논어』에 제시된 생사 및 귀신, 운명 등과 같은 개념들의 용례를 분석하면서 공자 및 유교(율곡)의 생사관을 논하였다.

여기에 이렇게 제시된 여러 글들은 논어와 연관된 여러 문제들을 이해하는 데 다소 부족할 수 있다. 그렇지만 저자가 지난 5~6년간 거의 이 연구에만 정진하여, 매년 조금씩 축적을 통해 나름으로 체계적인 결실을 맺은 것임을 밝힌다. 배우는 학인들과 전공자들에게 조금이라도 도움이 되었으면 하는 마음 간절하다.

2020년 4월
저자 임헌규 손모음

7장 예禮

8장 정치

9장 심성론

제1장

『논어』의 시종始終

I. 『논어』 시작 장과 마지막 장의 해석

    다산茶山 정약용丁若鏞(1762-1836)은 유교의 수기치인修己治人의 정신에 입각하여 반드시 먼저 경학經學으로 토대를 정립하고, 역사서를 통해 득실 · 치란의 이치를 알고, 궁극적으로 실용의 학문에 뜻을 두고 세상을 경영하고 백성을 구제하려는 뜻을 품은 군자를 육성하고자 했다.[1] 그러한 노력의 결과 그는 자신의 회갑에 기술한 「자찬묘지명」(집중본)에서 평생토록 경학(232권)과 시詩 · 문집文集 및 잡찬雜纂 형식의 저술(260여 권)을 하였던바, "육경六經 · 사서四書로 수기修己를 이루고, 일표一表(『경세유표』49권) · 이서二書(『목민심서』48권, 『흠흠심서』30권)로 천하 · 국가를 다스리게 함으로써 본말을 갖추었다."[2]고 자부했다. 다산은 학문의 토대를 형성하는 여러 경서 가운데에서 특히 사서를 중시하여, "사서는 우리 도의 지남철이다."[3]고 말하고, 사서 가운데에서도 유독 『논어』를 중시했다. 그래서 그는 일찍이 「논어대책」(30세)에서부터 "후학들이 존신 · 체행할 것은 오직 『논어』 한 권뿐이다."[4]라고 말한 이래, 여러 「서

---

1   『與猶堂全書』第二集 第21卷(이하 『전서』 II-21로 표기), 「寄二兒 壬戌」 "必先以經學 立著基址 然後涉獵前史 知其得失理亂之源 又須留心實用之學 樂觀古人經濟文字 此心常存澤萬民 育萬物底意思 然後方做得讀書君子." 원문은 「한국고전종합DB」를 이용했다.

2   『전서』 II-16, 「自撰墓誌銘」 "六經四書以之修己 一表二書以之天下國家 所以備本末也."

3   『전서』 II-13, 20, 『논어고금주』 "四書者 吾道之指南也."

4   『전서』 II-16, 39, 『논어고금주』 「論語對策」 "後學之尊信體行 惟論語一部是已."

간」 등에서 "예성叡聖스러워 어떠한 하자도 없는 것은 『논어』이다."[5]라고 거듭 강조하면서 "육경이나 여러 성현의 책은 모두 읽어야 하겠지만, 오직 『논어』만은 죽을 때까지 읽어야 한다."[6]라고 강조했다. 이렇게 『논어』를 중시한 다산은 『집해』나 『집주』의 사례에 의거하면서 천고의 잘된 주를 수집·편집하여 하나의 책으로 만들려고 결심했다. 그래서 그는 평소 『논어』에 대한 고금의 수많은 학설을 수집하여 매번 1장씩 주석할 때마다 고금의 여러 학설을 총망라 고찰한 뒤 그 잘된 것을 취하여 절록節錄하고, 옳고 그름을 논단하여 더 이상 새롭게 보충할 것이 없다고 자부할 정도로 최선의 노력을 기울였다. 그래서 탄생한 것이 『논어고금주』이다.[7] 「다산연보」에 다음과 같이 기록되어 있다.

> 1813년(순조 13, 癸酉) 52세
> 겨울에 『논어고금주』가 이루어졌다. 살피건대, 이 책은 여러 해에 걸쳐 자료를 수집하여 이 해 겨울에 완성했는데 40권이었다. 이강회李綱會·윤동尹峒이 함께 도왔다. 『논어』에 대해서는 이의가 워낙 많은지라 「원의총괄原義總括」 표를 만들어 「학이學而」 편에서부터 「요왈堯曰」 편까지의 원의를 총괄한 것이 175측이 되는데, 다만 그 대강만 거론했을 따름이다.[8]

주지하듯이 학學의 강령을 제시해 놓은 『논어』 머리장(1:1)은 마지막장(20:3)과 상보관계로 공자 가르침의 핵심 종지가 제시되어 있다. 그래서 주자

---

5 『전서』 I-11, 「五學論3」 "叡聖無瑕疵者 論語."
6 『전서』 I-18, 「爲尹惠冠贈言」 "六經諸聖書皆可讀 唯論語可以終身讀."
7 『전서』 I-20, 「答仲氏」 "方欲取論語依集解集注之例 集千古而取其所長 勒成一部…平生蒐輯論語古今諸說 不爲不多 每臨一章 盡考古今諸說 取其善者而節錄之 取其訟者而論斷之 始謂此外無可新補者 其奈歷考古今之說."
8 정규영(송재소 역주), 『다산의 한평생-사암선생연보』, 창비, 2014, 206–207쪽.

朱子는 "『논어』의 첫머리에서는 '학이시습지學而時習之'에서 '불역군자호不亦君子乎'까지 말하고, 끝에서는 '부지명무이위군자不知命無以爲君子'라고 하였으니, 이는 깊은 의미가 있다. 대개 학자가 학學을 하는 이유는 군자가 되기 위한 것인데, 명命을 알지 못한다면 군자가 될 수 없다."[9]고 했다. 그래서 각헌 채씨는 "『논어』 수장의 마지막 부분에서는 군자에 관해 말했고, 마지막 장의 처음 부분에서도 군자에 관해 말했으니, 성인께서 사람을 가르치면서 다만 군자에 이르기를 기대하셨을 뿐이다. 두 장의 뜻을 자세히 음미해 보면, 실로 서로 표리가 되니, 배우는 자는 합쳐서 보아야 할 것이다."[10]라고 말했다. 다산 또한 "『노론魯論』 전체가 학으로 시작하여 명으로 마쳤으니, 이는 '하학이상달下學而上達'의 뜻이다."[11]라고 말했다. 그리고 "하학이상달"(14:36)에 대해 다산은 "'하학'이란 도를 배움에 인사로부터 시작함을 말하는데, 곧 효제와 인의이고, '상달'이란 공덕을 쌓아 천덕天德에 도달하여 머무르는 것이니, 곧 이른바 어버이를 섬기는 것에서 시작하여 하늘을 섬기는 데에서 완성하는 것이다."라고 말했다.[12] 또한 다산은 '학이란 성인이 되는 것'[13]을 목표로 하고, '성인은 천덕에 통달한다.'[14]라고 말했다. 요컨대 다산은 "『논어』 수장과 말장은 공자가 제시한 학의 수首와 미尾의 관계로 '하학이상달'의 이념을 표방한다."고 말했다.

이 장의 목표는 공자가 제시한 학의 핵심 종지를 제시해 놓은 『논어』의 시

---

9 김동인·지정민·여영기 역, 『논어집주대전』1, 한울아카데미, 2009, 38쪽. 이 책은 원문과 대역으로 제시되어 있기 때문에, 이 책에서 인용한 경우 해당 원문을 제시하지 않는다.

10 『논어집주대전』4, 452쪽.

11 『전서』, II-16, 38, 『논어고금주』 "魯論一部 始之以學 終之以命 是下學上達之義."

12 『전서』, II-13, 32, 『논어고금주』 "補日下學 謂學道自人事而始 卽孝弟仁義 上達 謂積功至天德而止 卽所云始於事親 終於事天."

13 『전서』, II-9, 40, 『논어고금주』 "補日爲之者學也 學將以成聖也 誨人者敎也 敎所以廣仁也."

14 『전서』, II-9, 40, 『논어고금주』 "補日爲之者學也 學將以成聖也. II-9, 22, 『논어고금주』 "仁者嚮人之愛也 君收仁於民 聖者達天之德也."

작 장과 마지막 장에 대한 다산 주석의 의의를 고주古注 및 주자朱子의 주석과 대비하며 살펴보는 것이다. 이를 위해 먼저 『논어』 수장에 대한 고주 및 주자의 주석을 살펴보고, 이에 대한 다산의 비평과 주석을 살펴볼 것이다(1절). 그런 다음 마지막 장에 대한 다산의 주석을 고주 및 주자의 주석과 비교·고찰할 것이다(2절). 그리고 마지막으로 이러한 각 장에 대한 주석을 통해 나타난 다산의 해석의 의의를 제시하려고 한다(3절).[15]

1. 『논어』 시작 장의 해석과 쟁점

공자의 언행을 주로 기록한 유가의 가장 중요한 원전인 『논어』는 15세부터 학學에 뜻을 두고 평생 호학자로 자부했던 공자의 학(습)의 의미, 학(습)의 방식·과정·목표(군자) 등에 대한 간략하고 의미 깊은 진술로 시작한다. 이른바 학의 강령(成己之說-及人之樂-成德君子)으로 간주되는 『논어』의 시작 장은 삼강령(明明德-親民-止於至善)을 서술해 놓은 『대학』의 시작 장(經1章)과 대비된다. 그리고 학이란 말은 성인 공자의 가르침을 기록해 놓은 유일한 책인 『논어』를 읽는 자가 반드시 가장 먼저 강구해야 하는 것이며,[16] 나아가 『논어』를 공자의 학문론으로 읽을 수 있는 근거를 제시한다고 생각된다.[17] 이 점에 특히 유의하면서 먼저 「학이」 1:1장의 고주(『論語注疏』)와 주자의 신주(『論語集

---

15 이에 대한 선행 연구는 다음을 참조하라. 이택용, 「『논어』에서의 명론의 함의와 그 위상에 대한 고찰」, 『유교사상연구』 제47집, 한국유교학회, 2012; 이택용, 「『논어』 '지명(知命)'의 의미 고찰」, 『동방학』 28, 2014; 한상인, 「『논어』 <학이>편 수장(首章)의 기쁨[說]·즐거움[樂]·군자(君子)에 대한 교육적 해석: 고주(古注) 『논어집해(論語集解)』와 신주(新注) 『논어집주(論語集註)』를 중심으로-」 한국교육철학회 2016 추계학술대회 발표집, 2016. 이 논문들은 아직 해당 장에서의 다산의 學과 命에 대한 고찰을 시도하지는 않았다.

16 『주자어류』 19:45. "王子充問學 日聖人敎人 只是箇論語 …論語須是玩味 今人讀書傷快 須是熟方得."

17 『논어』에서 '學'은 총499장 가운데 도합 42장에 걸쳐 62회 등장한다. 이는 『논어』의 주 개념인 仁(58章 - 105회)과 君子(85장 - 107회)에 비해서는 상대적으로 적지만, 또 다른 주요 개념인 道(50장 - 72회) 및 德(31章 - 30회)과 비교했을 때는 유사한 빈도수를 보인다.

註』)의 주요 정의와 주석, 이와 대비되는 다산의 주석과 비평(『論語古今註』)을 살펴보자.

먼저 학의 정의와 방법 등을 말해 주는 첫 번째 구절(學而時習之, 不亦說乎)의 주석을 살펴보자. 고주에서는 "시時는 배우는 자가 적시에 외워 익히는 것(時誦習)이니, 적시에 외워 익히면 학업을 폐함이 없기 때문에 기쁘다."[18]는 왕숙의 언명을 인용하였다. 이에 대해 형병은 다음과 같은 「소疏」를 제시하였다.

> 『백호통』에서 말하길, "학이란 깨달음(覺)이니, 아직 알지 못한 바를 깨닫는 것(覺悟)이다." 공자께서 "배우는 자가 능히 적시에 그 경업經業을 외우고 익혀서 그만둠이 없게 하면 또한 기쁘지 아니한가?"라고 말씀하셨다. … 황간이 말했다. "무릇 배움에는 세 가지 때가 있다. 첫째는 자신의 일생에 알맞은 때(身中之時)이며,… 둘째는 연간에 알맞은 때(年中之時)이며,… 셋째는 하루에 알맞은 때(日中之時)이다.… 곧 배우는 자가 이러한 때에 배운 간책簡册을 송독誦讀하고 예악의 용모를 수습修習하여, 날마다 알지 못했던 것을 알고 달마다 이미 능했던 것을 잊지 않기 때문에 기쁘다는 말이다.[19]

이렇게 고주는 『백호통』을 인용하여 학이란 아직 알지 못하던 것을 깨닫는 것(覺悟所未知也)으로 정의했다. 그리고 '시습지時習之'에 대해서는 "10세가 되면 육서六書와 구수九數를 배우고, 13세가 되면 악樂을 배우고 시詩를 음송하고"(『예기』「내칙」:身中之時), "봄과 가을에는 예와 악을 가르치고 겨울과 여

---

18 「논어주소」 1:1. 王曰 "時者 學者以時誦習之 誦習以時 學無廢業." 번역서로는 다음을 참조했다. 정태현 역, 「역주논어주소」1-3, 전통문화연구회, 2015.
19 「논어주소」 1:1. 白虎通云 "學者, 覺也, 覺悟所未知也. 孔子曰 學者而能以時誦習其經業, 使無廢落, 不亦說懌乎. … 皇氏以爲 凡學有三時, 一, 身中時, …二, 年中時…, 日中時, …言學者以此時誦習所學篇簡之文及禮樂之容, 日知其所亡, 月無忘其所能, 所以爲說懌也."

름에는 『시』와 『서』를 가르치고"(「왕제」:年中之時), 그리고 "군자가 배움에 있어 마음속에 간직하고 수습修習하며 쉴 때나 놀 때에도 항상 학을 생각한다." (「학기」:日中之時)라고 주석하였다. 따라서 고주는 『논어』의 첫 구절을 『시』· 『서』·『예』·『악』 등으로 대표되는 선왕의 경업을 평생·연중·일중에서 배워야 할 알맞은 시기에 송독·수습하여, 날마다 알지 못하였던 것을 알게 되고, 달마다 이미 능했던 것을 잊지 않기 때문에 기쁘다고 해석했다.

그런데 송대宋代 새로운 학풍인 이른바 이학理學의 집대성자인 주자는 그 이전의 한당 유학자들이 글자의 훈고에만 열중한 결과 그 의리와 체득에는 소홀했던 측면이 있다고 주장하고, 학 개념의 일대 혁신을 시도한다. 물론 주자 또한 학이란 글자는 자신이 아직 알지 못하거나 능하지 못하여 알거나 능한 자를 본받는 것(效)으로, 사리로써 말하면 아직 지극하지 못하기 때문에 지극한 데에 이르기를 추구하는 모든 활동을 의미한다고 말하였다. 바로 이 점에서 농사를 짓고, 직물을 짜고, 가옥을 건축하는 것과 같이 의·식·주를 충족하기 위한 활동 역시 학이라고 할 수 있다. 나아가 예절·음악·활쏘기·말부리기·글쓰기·수학과 같은 인간의 도리를 실천하기 위한 육예六藝와 같이 미미한 일도, 거기에 대응하여 'ㅇㅇ학'이라고 명명할 수 있다. 그런데 주자에 따르면, 『논어』「학이」 1:1장에서 제시된 학은 어떤 무엇에 대응하는 'ㅇㅇ학'이 아니라, 오로지 '학'이라고 말했다는 점에서 단적인 학 그 자체를 의미한다. 단적인 학 그 자체란 처음부터 선비가 학에 의해서 성인에 이르는 일(始乎士者所以學而至乎聖人之事)로서 정이천程伊川의 이른바 유자지학儒者之學이다. 요컨대, 윤돈이 말하였듯이, 이른바 "학이란 사람이 되는 바를 배우는 것으로, 배워 성인에 이르는 길 또한 사람이 되는 도를 극진히 할 뿐"이라는 것이다.[20] 이렇게 주자는 "학이란 말의 뜻은 본받는 것(效〈=爻〉)이다."라

---

20 『논어집주대전』1, 19쪽.

는 정의를 취하면서, "사람의 본성은 모두 선하지만 깨달음에는 선후가 있기 때문에, 후각자가 선각자의 하는 바를 본받아 선을 밝혀 그 처음을 회복하는 것이다."라고 말함으로써 특유의 인성론 및 성학의 관점에서 정의한다. 또한 그는 "습이란 새가 번번이 나는 것이니, 배움을 그치지 않는 것은 마치 새가 번번이 나는 것과 같다. 열說은 기쁜 마음이다. 이미 배우고, 또한 때때로 그것을 익히면 배운 것은 익숙해지고 마음속은 기쁘니, 그 나아감을 스스로 그칠 수 없다."라고 말하였다. 나아가 그는 사량좌의 "시습時習이란 어느 때라도 익히지 않음이 없다(無時而不習)."는 주석 및 정자의 "습習은 거듭 익힘(重習)으로서, 배우는 것은 장차 행하려는 것이니, 때때로 익히면 배운 것이 나에게 있게 되어 기쁘다."라는 해석도 인용하였다.[21] 요컨대 『논어』1:1의 '학'의 주석에서 주자는 배움의 주체는 선한 본성을 지닌 모든 인간이며, 그 목표는 하늘의 명령으로 우리가 얻어 지니고 태어난 본성(天命之性)의 선善을 밝혀 그 처음의 상태를 회복하는 것(復其初)이며, 그 방법은 선각자가 하는 바(格物致知-誠意正心)를 본받는 것으로, 때때로(늘, 항상) 배운 것을 (거듭) 익혀 배운 것이 익숙해지고 마음속이 기쁘게 되어, 그 나아감을 스스로 그칠 수 없도록 수행하는 것이라고 해설하였다.

다음으로 학습의 진행 과정과 그 목표인 '군자'에 대한 해석을 살펴보자. 먼저 고주에서 학습 진행 과정에 대한 입장을 상세히 논구해 놓은 구절을 살펴보자.

이 하나의 장章은 나누면 세 단락이 된다. 여기서부터 '불역열호不亦說乎'까지가 첫 번째 단락이다. 배움은 유소년기에 시작됨을 밝혔다.… 또한 '유붕

---

21 『논어집주』1:1.

有朋'에서 '불역락호不亦樂乎'까지가 두 번째 단락이다. 학업이 조금 이루어지면 붕우를 초청하여 모을 수 있게 되기 때문이다. 소성小成이라고 하는 것이 이것이다. 또한 '인부지人不知'에서부터 '불역군자호不亦君子乎'까지는 세 번째 단락이다. 학업이 이미 성취되어, 스승이 되고 인군이 되는 법을 밝혔다. 대성大成이라고 하는 것이다. 또한 이르길, 널리 깨친 연후에 스승이 될 수 있고, 스승이 된 연후에 어른이 될 수 있고, 어른이 된 연후에 인군이 될 수 있다는 것이 이것이다.[22]

이렇게 고주에 의하면, 「학이」 1:1장은 유소년기에서 시작하여 소성小成(7년)·대성大成을 거쳐 마침내 스승(師), 공동체의 어른(長), 나아가 인군(君)에 이르는 과정을 기술한 것이다. 그 과정은 선왕이 남긴 경업의 송습에서 시작하여, 학문에의 진력과 벗과의 사귐(소성), 그리고 학업이 성취되어 일체 사물에 대해 달통하여 굳게 자립(대성)하는 과정으로 이루어진다. 그리고 학의 목표인 군자란 다른 사람을 가르칠 수 있는 스승이자, 공동체의 우두머리이자, 나아가 국가를 다스리는 지도자(君)의 육성이다.[23] 바로 이 점에서 고주에서는 두 번째 구절(有朋自遠方來不亦樂乎)에 대한 해석에서 붕朋이란 동문同門을 의미한다고 말했는데, 이에 대해 형병은 소疏에서 "학업이 약간 이루어져서 붕우들을 부를 수 있게 되어 동문의 벗들이 원방遠方에서 와서 나와 함께 강습하면 또한 즐겁지 않겠는가?"라고 했다. 나아가 학을 이룬 스승이자 공동체의 우두머리인 군자의 경지를 서술한 마지막 구절(人不知而不慍 人不知而不

---

22 『論語集解義疏』"此一章分爲三段 自此至不亦悅乎爲第一 明學者幼少之始也. … 又從有朋至於不亦樂乎爲第二 明學業稍成 能招朋聚友之由也 … 謂之小成 是也. 又從人不知訖不亦君子乎爲第三 明學業已成能爲師爲君之法 …謂之大成 又云能博喩然後能爲師 能爲師然後能爲長 能爲長然後能爲君 是也."
23 한상인, 「『논어』<학이>편 수장(首章)의 기쁨[說]·즐거움[樂]·군자(君子)에 대한 교육적 해석 - 고주(古注) 『논어집해(論語集解)』와 신주(新注) 『논어집주(論語集註)』를 중심으로-」, 한국교육철학회, 2016 추계학술대회 발표집, 2016, 3쪽 참조.

溫 불역군자호不亦君子乎)의 「소」에서, 형병은 두 가지 설명이 있다고 말한다.

　　하나의 설은 옛날에 배우는 자들은 그 목적이 자기를 이룸에 있었으니, 이미 선왕의 도를 얻어 속에 품은 미덕이 겉으로 드러나는데도 다른 사람들이 보지 못하고 알지 못하여도 나는 노하지 않는다는 것이다. 다른 하나의 설은 군자는 섬기기가 쉽고, 한 사람이 모든 재능을 갖추기를 요구하지 않는다. 그러므로 교육하는 방법에 있어서 노둔하여 비록 이해하지 못하는 자가 있어도, 군자는 너그럽게 용서하고 노하지 않는다는 것이다.[24]

　이와 대비되게 주자는 「학이」 1:1의 세 구절의 관계를 학의 성취와 연관하여 다음과 같이 설명하였다.

　　배우고 반드시 때때로 익히면 그 마음이 이치와 함께 함양되고, 아는 것이 더욱 정밀해지고 몸이 일과 더불어 편안해지고, 할 수 있는 것이 더욱 확고해진다. 조용히 조석으로 굽어보고 우러러보는 가운데 배워서 알고 할 수 있게 된 모든 것은 반드시 마음속에 스스로 얻은 것이 되지만, 다른 사람에게는 말해 줄 수 없다. 이는 배움의 시작 단계이다.… 열說은 밖으로부터 느껴 마음 가운데 일어나는 것이고, 낙樂은 마음 가운데 가득 쌓여 밖으로 넘쳐나는 것이다. 선善은 스스로 혼자만 가지고 있는 것이 아니라, 사람들이 모두 가지고 있는 것이다. 내가 익혀 자득했지만 남에게 미치지 못하면 비록 기쁘다고 할 수는 있지만, 아직 즐겁다고 할 수는 없다. 지금 이미 믿고 따르는 자가 멀리서 와서 그 무리가 이와 같으니, 어찌 즐거워하지 않을 수 있겠는가? 이는 배

---

24 『논어주소』 1:1. 「疏」 其說有二. "一云 古之學者爲己, 已得先王之道, 含章內映, 而他人不見不知, 而我不怒也. 一云 君子易事不求備於一人, 故爲敎誨之道, 若有人鈍根不能知解者, 君子恕之而不慍怒也."

움의 가운데 단계이다.··· 남이 알아주지 않아도 태연하게 처하기를 마치 터럭만큼의 불평의 뜻도 없는 듯이 하는 것은 덕을 이룬 군자가 아니라면 그 누가 할 수 있으리오. 이는 배움의 마지막 단계이다.[25]

요컨대 고주는 「학이」 1:1장을 유소년기에서 군자(師=長=君)에 이르는 연령별·시기별 학의 성장(小成-大成) 과정으로 보았던 것에 비해, 주자는 『대학』의 이른바 수기치인 혹은 『중용』의 성기성물成己成物의 성학으로 파악했다.[26] 이제 고주와 신주에 대한 다산의 해석을 살펴보자. 다산은 우선 "학이란 가르침을 받는 것이며, 습이란 학업을 익히는 것이며, 시습이란 때로써 학업을 익히는 것(以時習之)이며, 나아가 열說은 심쾌心快이다."라고 훈고하면서, 다른 견해들에 대한 비평의 형식으로 자신의 입장을 피력했는데, 요약하면 다음과 같다.

(1) 어떤 이는 "학이란 도를 학습하는 것을 말한다."고 했다. 물론 『예기』「학기」에 "사람이 배우지 않으면 도를 알지 못한다."고 하였고, 공자께서 "나는 열다섯에 학에 뜻을 두었다."고 하였을 때의 학이란 도를 학습한다는 뜻이다. 그리고 『설문』에서 "학이란 깨닫는 것(覺)이다."라고 말하여, 먼저 깨달은 이가 후에 깨달은 이를 깨닫게 하는 것이라고 했다. 그러나 이것은 글자를 만든 원뜻이지만, 이 경문에 마땅히 인용할 것은 아니다.

(2) 황간이 시時를 일생(身)·연年·하루(日) 가운데 알맞은 때라고 해석한 것은 그릇되었다. 주자처럼 시시습時時習으로 해석해야 한다. 즉 혼정신성을 배웠으면 바로 그때부터 날마다 혼정신성을 익히고, 일건석척日乾夕惕을 배

25 『논어집주대전』 1. 26·30·35쪽.
26 한상인, 앞의 논문, 11쪽 참조.

웠으면 바로 그때부터 날마다 일건석척을 익혀야 하는데, 모두 학업을 익히는 것이다. 학이란 알기 위한 것이며 습이란 행하기 위한 것이니, 학이시습지學而時習之란 지행의 병진이다. 후세의 학은 배우기만 하고 익히지 않았기 때문에 기쁠 수가 없다.

(3) 왕숙은 시時란 배우는 자가 적시에 외워 익히는 것(誦習)이라고 하였는데, 그릇되었다. 외워 익힐 뿐인 것은 후세의 학이다. 예·악·사·어는 익힐 만한 것이 많은데, 어찌 외우는 것뿐이겠는가? 외운다(誦)는 것은 『시』와 『서』일 뿐이니, 악樂이 어떻게 여기에 그치겠는가?[27]

요컨대 다산에 따르면, 여기서 '학學'은 알기 위하여(學所以知) 가르침을 받는(受敎) 일체 행위를 말하는 것으로 단순히 도만 배우는 것(業道之名)이 아니며, 나아가 '습習'은 단순히 선왕의 『시』·『서』의 문장만 송습하는 것이 아니라 행하기 위한 것(習所以行)으로 몸소 익히는 것을 포함한다. 즉 알기 위하여 가르침을 받아 배운 것을 바로 그때 그날부터 행하기 위하여 끊임없는 습득하여 나아가서 학과 습이 상호 병진하면, 마음이 자연스럽게 유쾌해진다는 말이다.

그리고 두 번째 구절에 나오는 붕朋을 고주는 동문으로, 주자는 동류로 해석했다. 나아가 주자는 동류가 "멀리서 온다면 가까운 자는 어떠할지 알 만하다."라고 주석하면서, "선으로써 남에게 미쳐서, 믿고 따르는 자들이 많은 까닭에 즐거워할 만하다."라는 정자의 언명을 인용하였다. 이에 대해 다산은 우선 "붕이란 도를 같이하는 자"라고 주석하면서, "먼 곳으로부터 온 그 사람은 필시 호걸일 것이며, 오게 한 사람 또한 현철일 것이다. 낙樂은 심히 기쁜

---

27 정약용(이지형 역주), 『역주논어고금주』, 사암, 2010, 71-77쪽. 이 책은 원문과 대역으로 제시되어 있기 때문에, 이 책에 의거할 경우 해당 원문을 제시하지 않는다.

것이다."라고 훈고한다. 그리고 여러 주석들을 참고하면서, "총괄하면 붕이 란 뜻이 같고 의사가 합치하는 사람으로, 반드시 동문만을 의미하지는 않는 다."[28]고 말하여 고주에서 포함의 해석을 비판한다. 요컨대 다산에 따르면, 뜻 과 의사를 같이하는 동류가 먼 길을 마다하지 않고 찾아와 함께 학문과 이상 사회에 대해 논하면 심히 기쁘다는 것이 두 번째 구절의 의미이다.

그리고 세 번째 구절과 연관하여 신주의 주자는 "온慍은 노여운 뜻을 품은 것이며, 군자는 덕을 이룬 자의 명칭이다."라고 해석하면서, "배움은 자기에 게 있는 것이고, 알아주거나 알아주지 않는 것은 남에게 있는 것이니, 어찌 성냄이 있겠는가?"라는 구절을 인용하여, 앞서 형병이 제시한 고주의 두 가 지 설명 가운데 앞의 것을 지지하였다.

이에 대해 다산은 "인부지人不知란 남이 나의 학문이 이루어졌다는 것을 알 아주지 않은 것이다. 온慍은 마음에 쌓여 맺히는 것이다."라고 훈고한다. 그 리고 "군자는 덕이 있는 자를 지칭하는데, 옛날에는 오직 덕이 있는 자만이 벼슬자리를 얻을 수 있었지만, 후세에는 비록 벼슬자리가 없더라도 모든 덕 이 있는 자를 군자라 칭했다."고 설명하였다. 그러면서 다산은 「학이」 1:1의 세 구절의 연관 관계 및 군자의 성취에 대해 다음과 같이 설명한다.

> 이 장은 자기를 이루고 다른 사람을 이루어주는 전체(成己成物之全體)를 말 했다. 첫 번째 절은 자기를 이루는 일에 관한 것이다. 이미 자기를 이루었으 면, 남이 알아주어 나를 따른다면 즐겁다. 남이 알아주지 않아 나를 으뜸으 로 여기지 않더라도 성내지 않는다는 것은 남을 이루어 주는 권한이 자기에 게 없다는 것을 밝힌 것이니, 형병의 둔근설鈍根說을 어찌 여기에 연관시켜

---

28 『역주논어고금주』, 사암, 2010, 77쪽.

기술하겠는가?[29]

고주, 주자 그리고 다산의『논어』학이1:1에 대한 해석을 대체로 정리하면, 다음과 같다.

고주: 공자께서 말씀하셨다. "(배우는 자가 알지 못하는 것을) 깨닫고(學=覺) 때에 맞게 외워 익히면(誦習) 또한 기쁘지 아니한가? 동문(朋=同門)이 멀리서 찾아오면 (나와 함께 강습하면) 또한 즐겁지 아니한가? 남이 (내가 선왕의 미덕을 품고 드러내지만) 알아주지 않아도(혹은 배우는 자가 노둔하여 이해하지 못해도 너그럽게 용서하고) 성내지(慍怒) 않으면 또한 스승(師)과 어른(長), 그리고 정치가(人君)로서 군자가 아닌가?"

주자: 공자께서 말씀하셨다. "(사람의 본성은 모두 선하지만, 깨달음에는 선후가 있으니, 후각자는 선각자가 한 바를) 본받아서(學=效) 때때로(그치지 않고:不已, 거듭, 늘) 익히면 또한 (배운 것이 깊어져 중심이) 기쁘지(喜意) 아니한가? 동류가 멀리서 찾아오면 또한 즐겁지 아니한가? 남이 알아주지 않아도 노의를 품지(慍=含怒意) 않으면 또한 (덕을 이룬) 군자가 아닌가?"

다산: 공자께서 말씀하셨다. "(가르침을 받아 알기 위하여) 배우고 (바로 그때부터 학업을 행하기 위하여) 때때로 익히면 또한 쾌(說=快)하지 아니한가? (뜻과 의사를 같이하는) 벗(朋=志同而意合者)이 멀리서 찾아오면 또한 심히 기쁘지 아니한가? 남이 (나의 학문이 이루어졌음을) 알아주지 않아도 마음에 맺히지 않는다면 또한 (덕이 있는) 군자가 아닌가?"

29 『역주논어고금주』, 사암, 2010, 77쪽.

이제 이러한 해석들에 내재된 문제를 요약하여 살펴보자. 고주와 신주(주자) 그리고 다산은 「학이1:1」장의 주제가 학의 진보를 통해 군자에 이르는 길을 밝혔다고 하는 데 동의한다. 그런데 여기서 학의 성격과 과정, 그리고 군자의 함의에 대해서는 그 의미가 약간 다른 점이 있다.

고주는 『백호통』의 "학은 깨달음(覺)이다. 알지 못했던 것을 깨닫는 것이다."는 말을 인용하면서, 선왕이 남긴 경업을 송습하여 폐퇴됨이 없게 하는 것이라고 말한다. 주자는 학이란 말의 뜻은 본받는 것(效)이라고 훈訓하고, 사람의 본성(천명지성)은 모두 선하지만 깨달음에는 선후가 있기에(氣質之性) 후각자는 선각자가 하는 바를 본받아서 선을 밝혀(格物致知) 그 처음을 회복하는 것(誠意正心)이라 말한다.

앞서 살폈듯이, 학의 강령인 「학이」1:1의 해석에서 다산은 고주에 비판적인 입장을 취하였고, 그 해석에서는 주자의 신주와 많은 부분에서 일치한다. 즉 이 장은 지행의 병진을 통해 자기완성에서 시작하여 타자 완성으로 나아가는 학의 도정과 완성을 서술했다는 것이다. 그런데 다산은 여기서 가장 중요한 '학'의 의미에 대해서는 주자와 다른 입장을 피력하고 있다.

주지하듯이 인간은 경이로운 세계를 탐구하고 알고 싶어하며, 학문(Science, Wissenschaft)이란 경이로운 세계에 대한 자각적인 탐구와 앎의 이론화이다. 모든 것을 아는 신神과 우매하여 체계적인 인식을 할 수 없는 동물의 중간 존재인 인간만이 경이로운 세계를 탐구하여 학습을 통해 앎을 증진시킨다. 그래서 서양 최고의 명저 아리스토텔레스의 『형이상학』 역시 "모든 인간은 본성상 알기를 추구한다."[30]는 유명한 구절로 시작한다. 그런데 영어로 학문을 뜻하는 'Science'는 라틴어 'Scientia'에서 유래했고, 'Scientia'는 그리스어 'Episteme'(체계적인 인식 혹은 인식(앎)의 체계)의 번역어이다. 동양에서 학문學問

---

30 아리스토텔레스(김진성 역주), 『형이상학』, 이제이북스, 2007, 980a.

이란 "널리 배우고, 깊이 묻고, 신중히 생각하고, 밝게 분별하며, 돈독하게 행함(博學之 審問之 愼思之 明辨之 篤行之:『중용』20장)의 약자로 이해할 수 있다. 그런데 'Science'를 과학(分科學問)으로 번역하고, 과학만을 학문의 전형 혹은 전형적인 학문으로 간주하는 경우가 허다하다. 여기서 우리는 '과科' 자가 '화禾(벼)'+'두斗(말)'의 합성어로 '벼를 말로 측량한다'는 뜻이며, 따라서 과학이란 측정도구로 측정(실증)되는 것만을 대상으로 다루는 학문 체계라는 사실에 유의할 필요가 있다. 주관성을 최대한 버리고, 객관주의적 태도로 익명적·제3자적 관찰에 의해 이루어지는 연구 활동이 과학이다. 대상적으로 측량되는 과학의 영역만을 학문의 전형으로 간주한 근·현대 학문에 의해, 대상화하는 관점 자체인 인간 자기 자신은 정작 학문의 영역에서 배제됨으로써 인간의 위기가 초래되었다고 하는 것이 주지의 사실이다. 이것이 바로 근·현대 학문의 위기이자, 곧 인간의 위기라고 할 수 있다. 그런데 우리가 주목할 것은 주자가 「학이」 1:1장을 해석하면서, 여기서의 학을 '인도를 배워 자기완성을 추구하는 유자지학儒者之學, 즉 배워서 성인에 이르는 학'에만 제한함으로써, 오늘날 우리가 말하는 이른바 과학科學을 경시하는 사태를 초래했다는 것이다. 다시 말하면, 주자는 단적인 학 그 자체의 의미를 인간의 자기완성에게만 제한하고, 의식주에 관한 학을 미미한 것으로 규정함으로써 오늘날 대상적·실증적인 것을 다루는 과학을 경시하는 사태를 초래했다면, 서양의 근·현대 학문은 과학주의를 표방하면서, 대상화되지 않는 인간 자신을 도외시함으로써 인간의 위기를 초래했다고 할 수 있다.

『논어』 전체에 제시된 학(습)의 대상은 (1) 의식주를 위한 기술지, (2) 소학小學으로 칭해지는 인간관계에서 행해야 할 도리, (3) 『시』·『서』·『역』과 같은 경전을 익히는 오늘날의 인문교양, 그리고 (4) 인간의 자기완성에 관여하는 성학(위기지학)으로서의 도 등이다. 이 네 가지 학의 대상 가운데 고주는 주로 선왕의 경업을 송습하는 (3)에 초점을 두고 해석했다면, 주자는 주로 (3)과

(4)에 초점을 두고 『논어』를 주석했다. 이에 비해 다산은 학이란 알기 위하여 배우는(學者學所以知) 일체의 행위로 해석하면서, 단순히 도만 배우는 것(業道之名)도 아니며, 나아가 습習이란 학업을 행하기 위해 익히는 것이라고 하면서, 학의 대상을 포괄적으로 보고, 주자에게서 미미한 것으로 과소평가된 의식주에 관한 학에 대해서 본래의 의미를 되찾아 주고자 했다. 이는 『논어』 13:4(「樊遲請學」章)에 대한 주석의 차이를 살펴보면 여실히 알 수 있다. 여기서 주자는 양시의 "번지는 성인의 문하에 머물면서도 농사와 원예에 대해 물었으니, 뜻이 비루하다.… (그래서 공자께서는) 그가 이미 나간 뒤에 끝내 깨우치지 못하고 늙은 농부나 원예사를 찾아가 배우기를 구함으로써 그 잘못이 더욱 커질까 두려워하셨다. 그러므로 (공자께서는) 다시 말씀하셔서 앞서 말한 바의 뜻이 어디에 있는지를 깨닫게 하셨다."[31]라고 주석하였다. 이에 대해 다산은 다음과 같이 말하였다.

보충하여 말한다. 번지는 대개 신농, 후직의 (농사짓는) 기술로 다스려, 사방의 백성을 불러들이려 한 것이다. 살펴보건대, 번지가 농사짓는 법을 배우려 한 것은 스스로 농업에 종사하려고 한 것이 아니다. 후직이 몸소 농사짓고 천하를 소유한 것 역시 본래 성문에서 칭송·기술했던 것인데, 당시에도 일종의 학문으로 근본적으로 신농의 학설로 다스려서 순박한 데로 되돌아가려고 생각한 사람이 있었다(전국시대 農家인 許行의 연원이다). 공자께서도 어렸을 때 비천하여 비루한 일에 능력이 많았다. 번지는 도가 실행되지 않는 것을 알고, 농사짓는 기술을 배워 사방의 백성을 오게 하려고 하였으니, 이 역시 선왕의 도를 배운 자가 두루 다스림의 방도로 할 수 있는 것이다. 공자께서 그를 배척한 것은 예의를 먼저하고(先禮義) 식화를 뒤로 하고자(後食貨) 했

---

31 『논어집주』 13:4.

을 뿐이다. 번지의 이러한 한 질문이 어찌 반드시 대죄가 되었는가? 『주례』「태재」의 구직九職에 첫째는 삼농三農이니 구곡九穀을 생산하고, 둘째는 원포園圃이니 초목을 기른다고 했다. 정현이 순임금 때(虞) 후직을 천관天官이라 이른 것은 근본이 있는 것이다. 성인이 나라를 다스릴 때 농사의 이치에 밝은 자를 얻어 농관農官으로 삼은 뒤에 직職을 다할 수 있었다. 만약 하나같이 농사짓는 일을 엄하게 배척한다면, 사람들이 어떻게 살겠는가?[32]

   물론 공자가 가장 중시한 학문은 인간 본성의 덕으로 자기를 완성하는 학 (爲己之學)이다. 그렇기에 그의 교과목에는 밭을 갈아 씨를 뿌리고 채소를 가꾸는 것과 같은 농사짓는 생산 활동 및 기예(爲人之學)는 포함되지 않았다. 따라서 공자는 곡식 기르는 일에서는 경험 많은 농부보다 못하며, 채소 가꾸는 일에서는 경험 많은 농사꾼보다 못하다고 말하였다. 성학으로서 군자의 학은 인간이 살아가는 데 필요한 상대적인 수단(의식주 등)을 생산하는 데 필요한 전문 지식이 아니라, 모든 전문 지식과 수단이 '인간 목적'에 봉사하도록 수단의 세계에 상대적인 가치와 질서를 부여하고, 거기에 종사하는 모든 전문직종의 사람들이 조화롭고 통일적인 인간 공동체에 가장 적절히 봉사하도록 통치하는 '가장 높고 가장 포괄적인 지혜의 학문이자 목적의 학문'이다. 번지가 수단의 세계에 종사하는 방법에 대해 묻자, 공자는 그보다 높은 차원의 목적의 학문이 있음을 상기시키고 있다.
   그러나 다산이 지적하였듯이, 이러한 최고의 학으로서 군자의 학만을 학으로 간주하여, "하나같이 농사짓는 일을 엄하게 배척한다면, 사람들이 어떻게 살겠는가?" 바로 이 점에서 맹자는 신체의 노동을 통해 수단 세계에 종사하는 자(勞身者)와 공동체의 목표를 설정하고 정의롭게 다스리는 자(勞心者)의 분업

---

32 『역주논어고금주』3, 473-477쪽.

관계를 '천하의 통의通義'라고 규정했다고 생각된다.[33] 주자가 학의 의미를 너무 좁게 규정함으로 소외된 '의식주를 위한 기술지'에 적극적인 의미를 부여하여, 실용적인 후생의 입장에서 학 개념을 재정립하려고 했던 것이 바로 여기에 나타난 다산의 의도라고 생각된다.

2. 『논어』 마지막 장의 해석과 쟁점

『논어』의 마지막 장은 "명命을 알지 못하면, 군자가 되지 못한다."는 말로 시작하는데, 여기서 쟁점은 '명이란 무엇인가? 하는 것이다. 현행 『논어』에서 명命이란 글자는 20여 장에 걸쳐 출현한다.[34] 이 가운데 인간(군주)의 명령을 나타내는 것(8:6. 百里之命; 10:3. 復命; 10:13. 君命召; 13:20. 不辱君命; 14:8. 爲命; 14:44. 闕黨童子將命; 17:20. 將命者; 20:1. 舜亦以命禹 등)과 생명生命(14:12. 見危授命; 19:1. 士見危致命)을 의미하는 것은 군자의 인식 요건이 되는 명命이라고 할 수는 없다. 요수天壽(死生)의 운명(6:3. 不幸短命死矣; 6:8. 亡之命矣夫; 11:6. 不幸短命死矣; 12:5. 死生有命 富貴在天; 16:2. 陪臣執國命), 도의 운명(14:36. 道之將行也與命也, 道之將廢也與 命也, 公伯寮其如命何!)으로 쓰인 용례도 있다. 여기서의 명命이란 요수·사생·도의 흥폐를 결정하는 운명을 말한다. 이러한 운명은 외재적·객관적 제약과 한계라는 뜻으로, 채인후의 이른바 명정命定의 명命이다.[35] 그런데 명命의 의미에는 외재적·객관적 제약과 한계 이외에, 내재적·

---

33 『孟子』 3상:4. "有大人之事 有小人之事 …故曰 或勞心 或勞力 勞心者 治人 勞力者 治於人 治於人者 食人 治人者 食於人 天下之通義也."

34 『논어』 2:4. "五十而知天命."; 6:3. "不幸短命死矣."; 6:8. "亡之 命矣夫."; 8:6. "可以寄百里之命."; 9:1. "子罕言利與命與仁"; 10:3. "必復命曰 賓不顧矣."; 10:13. "君命召不俟駕行矣."; 11:6. "不幸短命死矣."; 11:18. "賜不受命."; 12:5. "死生有命 富貴在天."; 13:2. "君命."; 14:36. "道之將行也與 命也 道之將廢也與 命也 公伯寮其如命何."; 14:44. "闕黨童子將命."; 16:2. "陪臣執國命"; 16:8. "君子畏天命 小人不知天命而不畏也."; 17:20. "將命者."; 19:1. "士見危致命."; 20:1. "舜亦以命禹"; 20:3. "不知命 無以爲君子也." 등.

35 채인후(천병돈 역), 『공자의 철학』, 예문서원, 2012, 179-186쪽 참조.

주체적인 성명性命(人性・天命:命卽性, 性卽命)의 명命이 있다(德命義, 使命).[36] 즉 성명의 명 역시 주체에게 주어졌다는 점에서는 똑같은 명이지만, 주체가 자각하여 실현해야만 하는 도덕적인 명령이라는 점에서 그 성격을 달리한다. 즉 명정의 명은 인간에게 주어진 객관적인 제약과 한계를 의미하지만, 성명의 명은 인간의 가능성과 자유의 실현을 의미한다. 공자가 "도가 사람을 넓히는 것이 아니라, 사람이 도를 넓힌다."[37]고 말했을 때 인도가 바로 후자의 의미이다(率性之謂道). 그것은 주체가 자각하여 자율적으로 실현해야 할 자유의 영역으로서 명이며, 『중용』의 이른바 천명의 성(天命之謂性)이며, 맹자가 말한 '우리에게 내재하는 것으로 군자가 성으로 삼는 인의예지'가 그것이다.[38]

『논어』에 나오는 세 번의 천명天命(2:4. 五十而知天命; 16:8. 君子 畏天命 小人不知天命而不畏也)과 두 번의 명命(9:1. 子罕言利與命與仁; 11:18. 賜不受命而貨殖焉 億則屢中)의 경우는 객관적 제약과 한계로서의 명정命定의 의미인지, 아니면 외경・실천해야 하는 내재적인 천명지성天命之性인지 여러 논란이 있다.

먼저 "오십이지천명五十而知天命"과 연관하여 고주는 공안국의 말을 인용하여 "천명의 종시終始를 안 것이다."라고 주석하였으며, 형병은 소에서 "명은 하늘에서 받은 것으로, 공자께서는 47세에 『역』을 배우기 시작하여 50세에 이르러 궁리窮理・진성盡性하여 천명의 종시終始를 아신 것이다."[39]라고 주석하여, 운명의 의미로 해석했다. 주자는 "천명은 곧 천도가 유행하여 사물에

---

36 이는 『시경』 「대아증민」편에 나타난 "하늘이 사람에게 내려준 법칙이자 지켜야 할 떳떳한 도리로서의 아름다운 덕(天生蒸民 有物有則 民之秉彝 好是懿德)"에서 유래했다. 맹자에 따르면, 공자는 '이 시를 지은 사람은 도를 안다'고 했다.

37 『논어』 15:28. 子曰 "人能弘道 非道弘人."

38 『맹자』 7상:1-3 및 7하:24 참조.

39 『논어주소』 2:3. 「注」 "孔曰 知天命之終始. 「疏」 命, 天之所稟受者也. 孔子四十七學易, 至五十, 窮理盡性, 知天命之終始也."

부여된 것이니, 곧 사물이 마땅히 그러한 까닭이다."[40]라고 주석하여, 만물에게 주어진 본성의 리理로 해석하였다. 이에 대해 다산은 "지천명은 상제의 법칙에 순응하여 궁함과 통함에 의혹되지 않는 것을 말한다."[41]라고 주석하여, 본성의 리理보다는 운명의 의미로 해석했다.

그리고 천명에 대한 진술 가운데 군자와 소인에 관한 사항이 나타나 있는 16:8(孔子曰 君子 有三畏 畏天命 畏大人 畏聖人之言 小人不知天命而不畏也 狎大人 侮聖人之言)에 대해서 고주는 우선 "순종하면 길하고, 거역하면 흉한 것이 천의 명령이기 때문에 군자가 두려워한다."고 전제하면서, "착한 일을 하면 온갖 상서祥瑞를 내리고, 착하지 않은 일을 하면 온갖 재앙을 내리는 것을 말한다."[42]라고 해설했다. 그리고 주자는 "천명이란 하늘이 부여한 바른 이치이다. 천명이 두려워할 만한 것임을 알면 경계하고 삼가고 두려워하는 것을 저절로 그칠 수 없어, 부여받은 중한 책무를 잃지 않을 수 있다."[43]라고 말하였다. 이에 대해 다산은 다음과 같이 반론한다.

살핀다. 『중용』에 '천명을 성'이라고 하고, 『대학』에 '이 하늘의 밝은 명을 돌아본다(顧諟天之明命)'고 하였는데, 주자는 '성은 곧 리이다(性卽理)'고 하였기 때문에, 드디어 천명을 리라고 한 것이다. 비록 그렇다고 할지라도 심성에 부여하여 사람으로 하여금 선으로 향하고 악에서 떠나게 하는 것은 진실로 천명이고, 나날이 굽어 살펴 착한 사람에게 복을 주고 나쁜 사람에게는 화를 내리는 것도 천명이다. 『시경』, 『서경』에서 말한 천명을 어찌 이를 개괄

---

40 『논어집주』 2:3.
41 『역주논어고금주』 1, 167쪽.
42 『논어주소』 16:8. "疏 '畏天命'者, 謂作善, 降之百祥, 作不善, 降之百殃. 順吉逆凶, 天之命也, 故君子畏之."
43 『논어집주』 16:8. 朱子注.

하여, 본심의 바른 이치(本心之正理)라고 말할 수 있겠는가?[44]

　다산은 천명을 인간 심성의 바른 이치라 할 수 없다고 말한다. 즉『시경』과 『서경』에 나타난 '천명'이란 말을 '본심의 바른 이치'로 치환한다면, 전혀 이해할 수 없는 구절이 되고 만다는 것이다. 요컨대 다산은 주자의 "인간의 본성은 천리이다(性卽理)."라는 명제를 거부하고, 성기호설性嗜好說을 정립했다.

　다음으로 9:1(子罕言利與命與仁)의 명을 고주는 운명, 즉 사람이 태어날 때 하늘로부터 부여받은 명운으로 해석했다. 주자는 여기서도 명을 리라고 해설한다. 그렇지만「세주」를 보면, 주자는 단순히 리라고만 하지 않고, 기氣의 관점에서 보완적인 설명을 하였다.

> 　명命은 다만 하나의 명이지만, 리理로써 말하는 경우가 있고, 기氣로써 말하는 경우가 있다. 하늘이 사람에게 부여한 것은 리이다. 사람이 요수 · 궁통하는 것은 기이다. 리는 정미하여 말하기 어렵고, 기수氣數 또한 그것에 완전히 위탁함으로 인사를 폐하는 데에 이르면 옳지 않기 때문에 성인께서 드물게 말씀하셨다.[45]

　그런데 다산은 여기서의 명을『중용』「수장」(天命之謂性)과 결부시켜, 천명 지성(性命)으로 보았다. 그러나 주자가 말하는 이치로서의 성(性卽理)과 다산이 말하는 기호로서의 성은 그 개념이 다르다. 그리고 11:18(賜不受命而貨殖焉)에 있어 고주는 "자공은 공자의 교명(命=孔子之敎命)을 받아들이지 않고, 재화

44　『역주논어고금주』3, 501-502쪽.
45　『논어집주대전』2, 443-444쪽.

만 늘렸으나 우연히 부자가 된 것이다.”[46]라고 해석했다. 그런데 주자는 “명은 천명을 말한다. 화식은 재화를 불린 것이다. 자공은 안자의 안빈낙도만은 못하였지만, 그 재주와 식견이 밝아 역시 일을 잘 헤아릴 수 있어 적중할 때가 많았다는 말이다.”[47]라고 해석했다. 여기서도 주자는 『중용』과 관련지어 성명의 명으로 해석하였다. 그런데 다산은 “귀하지 않으면서도 부유함을 추구하는 것이 명을 받지 않는 것이다. 판매를 화貨라 하고(재물의 변화), 생물의 번식을 식殖이라 한다(생물의 번식).”[48]라고 주석했다. 즉 자공은 작록을 얻어 거기에 자연적으로 따르는 부를 순리대로 추구하지 않고, 판매와 번식을 통해 부를 고의로 이루려고 했기에 불수명不受命이라고 했다는 것이다. 곧 운명의 의미로 해석했다고 할 수 있다.

이제 이러한 논의를 토대로 하여 『논어』 20:1(不知命無以爲君子)의 명에 대해 살펴보자. 여기서 말한 ‘명’을 고주에서는 공안국의 말을 인용하여, “명은 궁곤하느냐 현달하느냐 하는 하늘이 부여한 운명(天分)을 말한다.”라고 했다. 그리고 형병은 “하늘이 부여한 운명에는 궁곤과 현달이 때가 있으니, 때를 기다려 움직여야 한다. 만약 하늘이 부여한 운명을 알지 못하고 망동하면 군자가 아니라는 말이다.”[49]라고 주석했다.

이에 대해 주자는 『집주』에서 정자의 “명을 아는 자(知命者)는 명이 있다는 것을 알고 믿는다. 사람이 명을 알지 못하면 손해를 보면 반드시 피하고 이익을 보면 반드시 좇아갈 것이니, 어떻게 군자가 될 수 있겠는가?”[50]라는 말을 인용하여, 여기서의 명을 운명으로 보았다. 그리고 「세주」에서 다음과 같이

---

46 『논어주소』 11:18. 「注」 “賜不受敎命 唯財貨是殖 億度是非.”
47 『논어집주』 11:18.
48 『역주논어고금주』 3, 229쪽.
49 『논어주소』 2:3. 「注」 孔曰 命謂窮達之分. 「疏」 命, 謂窮達之分. 言天之賦命, 窮達有時, 當待時而動. 若不知天命而妄動, 則非君子也.
50 『논어집주』 20:3.

덧붙인다.

> 이 구절(不知命)과 쉰에 천명을 알았다(五十而知天命)고 할 때의 명命은 같지
> 않다. 천명을 알았다는 것은 그 이치의 유래한 한 바를 알았다는 것을 말하
> 고, 부지명(不知命)의 명命은 사생·요수·부귀·귀천의 명命을 말한다.[51]

이와 같이 주자는 '지명知命'의 '명命'을 '지천명知天命'의 '명命(=理=性)'과 구
분하여, 사생·요수·부귀·귀천의 운명으로 해석했다. 주자의 이 언명을
경원 보씨는 다음과 같이 풀이하여 설명해 준다.

> 이(不知命) 명은 기氣를 가리켜 한 말이니, 빈부·부귀·궁통의 얻음과 잃
> 음이 일정하여 바꿀 수 없는 것을 말한다. 반드시 이 명을 알고 믿으면, 비로
> 소 이익을 보고도 구차하게 나아가지 않고, 손해를 보고도 구차하게 피하지
> 않게 되는 까닭에 나의 의리를 온전히 할 수 있으니, (명을 알고 믿는 것은) 군자
> 가 되는 방법이다.[52]

요컨대 주자에 따르면, 부지명不知命의 명命은 리理(=天命之性)가 아니라, 기
氣의 유행에서 자연·필연적으로 결정된 형세로서 인간의 의지에 의해 인위
적으로 바꿀 수 없는 것이다. 그래서 호인은 "일정하여 바꿀 수 없는 것이 명
인데, 사람이 명을 알지 못하면 항상 얻을 수 없는 것을 구하고, 면할 수 없는
것을 피하려 하니, 이것이 소인이 되는 까닭이다."[53]고 해석하였다.

그런데 다산은 여기서의 명을 우선 『중용』 수장의 '천명지위성天命之謂性'

---

51 『논어집주대전』4, 446쪽.
52 『논어집주대전』4, 447쪽.
53 『논어집주대전』4, 447쪽.

이라고 할 때의 천명과 동일시한다. 그래서 그는 우선 "명命은 하늘이 사람에게 부여한 것인데, 성이 덕을 좋아하는 것이 바로 명이다."라고 말했다. 그런데 그는 또한 "생사·화복·영욕 또한 명이 있다."라고 말함으로써 주자 및 경원 보씨가 말한 '기氣의 측면에서 빈부·부귀·궁통의 얻음과 잃음의 명(氣數)'에 대해서도 긍정했다. 그렇지만 다산은 공안국의 "명은 곤궁과 영달의 천분을 말한다."는 해석을 다음과 같이 비판한다.

> 살핀다. 상편에서 소인은 천명을 알지 못하여 두려워하지 않는다(「계씨」)고 했다. (천명을) 알지 못하는 자는 두려워하지 않는다고 이미 말하였으니, 명을 아는 자는 반드시 두려워할 줄 안다. 어찌 단지 곤궁과 영달의 분수뿐이겠는가?『시』「주송·아」에서 말했다. 하늘의 위엄을 두려워하여, 이에 보우할지어다![54]

요약하면 군자가 알아야 할 명命에 대해 고주는 궁곤과 현달의 분수(운명)로 규정하였으며, 주자는 (五十而知天命의 命=理=性이 아니라) 사생·요수·부귀·귀천의 명인데 기氣를 가리켜 한 말로서 빈부·부귀·궁통의 얻음과 잃음이 일정하여 바꿀 수 없는 것(경원 보씨)이라고 해석했다. 비록 주자가 고주보다 상세하게 논구하였지만, 고주와 주자는 여기서의 명을 결국 명정命定의 명으로 보았다고 하겠다. 이에 대해 다산은 여기서의 군자가 알아야 할 명命을 두 가지로 해석하는데,『중용』수장의 '성으로서의 천명(好德)'과 '생사·화복·영욕에 부여되는 운명'이 그것이다.

여기서 우리는 우선 주자의『논어』의 명 개념 해석에 나타난 일관성의 문제를 살펴볼 수 있다. 주자는 분명 16:8(孔子曰 君子 畏天命… 小人不知天命而不畏

---

54 『역주논어고금주』5, 471쪽.

也)을 해석하면서는 "천명이란 하늘이 부여한 바른 이치이다. 천명이 두려워할 만한 것임을 알면 경계하고 삼가고 두려워하는 것을 저절로 그칠 수 없어, 부여받은 중한 책무를 잃지 않을 수 있다."라고 주석하여, 군자와 소인을 나누는 기준이 천명의 바른 이치 즉 천명의 본성(性卽理)에 대한 인식 여부라고 말하였지만, 여기서는 군자가 알아야 할 것은 명정命定의 명命(운명)으로 해석하였다고 하겠다. 다시 말하지만, 요컨대 명에는 두 가지 의미가 있다. 하나의 천명이 인간에게 부여된 본성으로서 명과 생사처럼 인간이 어찌할 수 없는 자연·필연의 분수로서의 명이 그것이다. 군자는 인간에게 부여된 본성의 명을 인식·실현하면서, 또한 생사·화복·영욕의 명이 있음을 인식하고 분수를 넘지 않으면서 정명正命하여야 한다. 맹자가 "그렇게 하지 않는데도 그렇게 되는 것이 천天이고, 이르게 하지 않는데도 이르는 것이 명命이다."[55]고 말하면서 정명正命과 부정명不正命, 그리고 구함에 이득이 있는 내재적인 성명性命과 구함에 이득이 없는 외재적인 제약으로서 명정命定을 구분한 것은 바로 이런 의미이다.[56] 요컨대 다산은 이 구절을 성명性命의 명命과 명정命定의 명命을 통일시켜, 본성의 명을 실현하면서 명정의 명을 기다린다(盡人事待天命)는 의미로 해석했다.

다음으로 『논어』에서는 "예를 알지 못하면 설 수 없다."고 했다. 이에 대해 고주는 "예禮는 공손恭遜·검약儉約·장엄莊嚴·공경恭敬이니 입신立身의 근본이다. 만약 예를 알지 못한다면 입신할 수 없다."[57]라고 주석했다. 그리고

---

55 『맹자』 4상:6. "莫之爲而爲者 天也 莫之致而至者 命也."

56 『맹자』 7상:1-3. 孟子曰 "盡其心者 知其性也 知其性則知天矣 存其心 養其性 所以事天也 殀壽不貳 修身以俟之 所以立命也 孟子曰 莫非命也 順受其正 是故 知命者 不立乎巖墻之下 盡其道而死者 正命也 桎梏死者 非正命也 孟子曰 求則得之 舍則失之 是求 有益於得也 求在我者也 求之有道 得之有命 是求 無益於得也 求在外者也."; 7하:24, "孟子曰 口之於味也 目之於色也 耳之於聲也 鼻之於臭也 四肢之於安佚也 性也 有命焉 君子 不謂性也 仁之於父子也 義之於君臣也 禮之於賓主也 智之於賢者也 聖人之於天道也 命也 有性焉 君子 不謂命也."

57 『논어주소』 20:3. 『疏』 "禮者, 恭儉莊敬, 立身之本. 若其不知, 則無以立也."

주자는 "예를 알지 못하면 귀와 눈을 둘 곳이 없고, 손과 발을 놓을 곳이 없다."라고 말했다. 그리고 다산은 "예는 위아래를 정하고 혐의를 분별하니, 예를 알지 못하면 보거나 듣거나 말하거나 움직일 수 없는 까닭에 그 몸을 세울 수 없다."[58]라고 말하여, 『논어』에 근거하여 주석했다. 고주, 주자, 그리고 다산의 주석에서 상호 논란이 될 만한 사항은 거의 없다. 주지하듯이 공자는 "시詩에서 일어나서 예禮에서 서고 악樂에서 완성한다."[59]고 말했다. 예란 주자가 "천리天理의 절문節文이자 인사의 의칙儀則"이라고 정의했듯이,[60] 인간 행위에 합당한 절도와 문식을 규정하여 줌으로써(約我以禮)[61] 친소관계와 도덕의 체득 정도에 따라 인간들 간의 관계를 구분해 주며[62] 행위의 준칙이 된다. 바로 이 점에서 예를 알지 못하면 서지 못한다고 말했다.

마지막으로 군자가 갖추어야 할 사항과 연관하여 공자는 "말을 알지 못하면, 사람을 알지 못한다."라고 말하였다. 이에 대해 고주는 마융의 말을 인용하여 "말을 들으면 그 시비를 분별한다."라고 했으며, 형병의 소에서는 "남의 말을 들으면 그 사람의 시비를 구별해야 하는데, 만약 그 시비를 구별할 수 없다면 사람의 선악을 알 수 없다."[63]라고 주석했다. 요컨대 사람의 말을 통해 처음에는 그 시비를, 그리고 나아가 그 사람의 선악을 판별할 줄 알아야 한다는 것이다. 주자는 단순히 "말의 얻음과 잃음으로 사람의 사악함과 정직함을 알 수 있다."[64]라고 해석하여, 고주와 크게 다르지 않다. 다산은 "지언知言은 남의 말을 듣고, 그 심술의 사악함과 올바름을 아는 것이다."라고 정의하면서

---

58 『논어집주』 20:3. 朱子注.
59 『논어』 8:8. 子曰 "興於詩 立於禮 成於樂"; 16:13. "不學詩 無以言 …不學禮 無以立."
60 『논어집주』 1:12.
61 『논어』 9:10. "夫子 循循然善誘人 博我以文 約我以禮."
62 『중용』 20:5. "親親之殺 尊賢之等 禮所生也."
63 『논어주소』 2:3. "注 言則別其是非也. 疏 聽人之言, 當別其是非, 若不能別其是非, 則無以知人之善惡也."
64 『논어집주』 20:3.

다음과 같이 인증하였다.

> 인증한다. 『맹자』에서 말했다. "'무엇을 지언知言이란 하는가?' (맹자가) 말
> 했다. '편벽된 말에 그 막힘을 알고, 음란한 말에 그 빠져 있음을 알고, 사악
> 한 말에 그 이간하는 바를 알고, 회피하는 말에 그 궁함 바를 안다.'" ○살핀
> 다. 맹자는 선하지 않은 사람을 위주로 치우쳐 말했으니, 선한 사람을 아는
> 방법은 마땅히 이와 반대가 되어야 한다.[65]

결국 다산 역시 지언知言과 연관하여 고주와 같은 해석을 하고 있다고 생각
된다. 기실 삶의 맥락에서 말이란 단순히 삶의 수단이 아니라 삶의 내용을 형
성한다. 사람이 먼저 존재하고 말을 쓰는 것이 아니라, 말의 씀을 통해 사람
이 되어 가며, 말의 씀과 사람 됨은 동일한 현실의 다른 측면이라고 할 수 있
다.[66] 바로 이 점에서 그 사람의 말을 알지 못한다는 것은 그 사람 됨됨이를
알지 못하는 것이라고 할 수 있다.

3. 소결

『논어』를 시작하는 「학이」 1:1장은 학을 통하여 군자에 도달하는 과정을 서
술했다면, 마무리하는 「요왈」 20:3장은 군자의 요건을 진술하는 것으로 상호
보완적인 관계에 있다.

고주에 따르면, 「학이」 1:1장은 유소년기에서 시작하여 소성小成·대성大
成을 거쳐 마침내 사師·장長·군君으로 성장하는 과정에 대한 기술이다. 여

---

65 『역주논어고금주』5, 473쪽.
66 신오현, 「언어와 철학」 『철학의 철학』 문학과지성, 1988, 225-238쪽 참조.

기서의 학은 『시』·『서』·『예』·『악』 등으로 대표되는 선왕의 경업을 평생·연중·일중에서 마땅히 배워야 할 시기에 송독·수습하여, 동문의 벗과의 사귐(소성), 그리고 학업이 성취되어 일체 사물에 대해 달통하여 굳게 자립(대성)하는 과정으로 이루어진다. 그런데 송대 이학의 집대성자인 주자는 『논어』의 학 개념에 대해 일대 혁신을 기하고자 했다. 주자에 따르면, 『논어』 1:1의 학은 상대적이거나 미미한 'ㅇㅇ학'이 아니라, 학 그자체로서 유자지학 儒者之學(程子) 혹은 배워서 성인에 이르는 자기완성의 성학을 의미한다. 따라서 여기서의 학이란 천명으로 우리에게 주어진 본성의 선을 밝혀 그 처음을 회복하는 것(復其初)을 목표로 하며, 그 방법은 선각자가 하는 바(格物致知 -誠意正心)를 본받는 것으로 때때로(늘, 항상) 배운 것을 (거듭) 익혀 배운 것이 익숙해지고 마음속이 기쁘게 되어, 그 나아감을 스스로 그칠 수 없는 방식으로 수행되어야 한다. 나아가 「학이」 1:1장의 구조는 연령별·시기별 학습의 발달 단계(고주)가 아니라, 자기완성의 기쁨(成己之說)에서 출발하여 남에게 미치는 즐거움(及人之樂), 그리고 덕을 이룬 군자의 경지(成德君子)로 나아가는 것으로 이루어져 있다. 이렇게 주자는 여기서 말하는 군자 또한 사師·장長·군君이 아니라, 인간의 도덕적 완성을 묘사하는 것으로 해석했다.

다산 역시 「학이」 1:1장을 유소년기에서 군자(師=長=君)에 이르는 연령별·시기별 학의 성장(小成-大成) 과정이 아니라, 지행병진을 통한 성기성물(成己 成物)의 과정으로 파악한다는 점에서 고주에 대해 비판적인 입장을 취하고, 주자의 신주와 많은 부분에서 일치한다. 그런데 다산은 '학을 단순히 도를 배우는 것에만 한정하고, 선각자가 후각자를 깨닫게 하는 것'으로 해석한 것(주자)은 '본문의 왜곡'이라고 주장한다. 요컨대 다산에 따르면, 학이란 알기 위하여(學所以知), 혹은 행하기 위하여 가르침을 받는 일체의 행위를 말한다. 학을 이렇게 정의함으로써 다산은 주자가 미미한 것으로 간주한 어떤 대상에 관한 학(농업, 병법 등)도 그 본래의 지위를 회복하려고 했다. 다산의 학에 대한 이러한 원의의 회복을 위한 노력은 그의 『논어』 해석 전반에 나타나 있다. 실증주의의 방법을 택한 서양의 근·현대 학문이 대상화하는 관점 자체인 인간을 학문의 영역에서 배제하는 오류를 범했다면, 주자는 특히 의식주를 위한 기술지를 미미한 것으로 경시하는 경향으로 학을 해석했다. 각각의 학에 대해 고유한 중요성을 부여하려고 했던 다산의 입장을 오늘날 재전유한다면 중요한 시사점을 준다고 할 수 있다.

『논어』의 대미를 장식하는 「부지명」장을 해석하면서, 고주는 여기서의 명을 궁곤·현달의 천분天分으로 해석했다. 주자 또한 기氣의 측면으로 사생·요수·부귀·귀천의 명이라고 해석했다. 이러한 명은 일정하여 바꿀 수 없는 것이며, 인간의 삶에 객관적 제한이자 한계로 작용한다. 만일 군자가 알아야 하는 명이 이러한 명정의 명일 뿐이라면, 군자는 어쩌면 운명론 혹은 숙명론에 빠질 수도 있을 것이다. 그런데 이러한 외재적·제한적 운명의 명뿐만 아니라, 『시경』「대아증민」(天生蒸民 有物有則 民之秉彝 好是懿德) 이래 하늘의 명령으로 인간에게 주어졌지만 인간이 자각하여 주체적으로 실현할 수 있는 사명의 명(天命之謂性, 君子所性仁義禮智)이 있다. 명정의 명(운명)은 우리의 의지와 행위와 관계없이 이르기 때문에 객관적 제약과 한계로 다가온다. 그런데 내재적으로 우리에게 주어진 성명의 명은 우리가 태어남과 동시에 가능성으로 주어져 있어 나의 의지에 의해 자각적·주체적으로 실현되어야 하는 사명使命이다. 맹자는 이를 다음과 같이 말했다.

맹자가 말했다. "무엇이든 명命 아님이 없으나, 그중에서 바른 것을 순히 받아들여야 한다. 그러므로 명을 아는 자는 위험한 담 밑에 서 있지 않는다. 자기의 도리를 다하고 죽는 것은 바른 명이지만, 죄를 지어 형벌을 받고 죽는 것은 바른 명이 아니다. 명을 아는 자는 무너질 위험이 있는 바위나 담장 아래 서지 않는다. 그 도를 다하고 죽는 자는 정명正命이요, 질곡으로 죽는 자는 바른 명이 아니다. 구하면 얻고 놓으면 잃으니, 이 구함은 얻음에 유익함이 있으니 자신에게 있는 것을 구하기 때문이다. 구함에 도가 있고 얻음에 명이 있어, 이 구함은 얻음에 유익함이 없으니, 밖에 있는 것을 구하기 때문이다."[67]

　요컨대 하늘에 의해 인간에게 부여된 명에는 (1) 생사처럼 인간에게 객관적인 제약과 한계로 주어진 명정命定(운명)이 있고, (2) 도덕적 명령으로 인간이 주체적으로 자기완성을 위해 실현해야 할 성명性命(사명)이 있다. 고주와 주자는 군자가 인식해야 하는 명命을 (1)의 명정(운명)에 제한함으로써 군자를 운명에 빠질 수도 있는 존재로 정의했다. 그런데 다산은 이 양자(命定과 性命)를 통합하여, 군자란 주어진 자신의 본성의 명을 실현하면서(자기완성) 동시에 미래에 다가올 객관적 제약인 운명을 기다리는 존재로 정립했다. 주체의 자유와 객관적 제약의 관계를 함축하는 다산의 군자의 명命에 대한 이 해석은 특히 『맹자』의 명론命論과 정확히 일치하는 것으로, 『논어』 해석에서 중대한 의미가 있다.

67　『맹자』 7상:2-3. 孟子 曰 莫非命也 順受其正 是故 知命者 不立乎巖墻之下 盡其道而死者 正命也 桎梏死者 非正命也 孟子曰 求則得之 舍則失之 是求 有益於得也 求在我者也 求之有道 得之有命 是求 無益於得也 求在外者也."

제2장

학 學

I. 『논어』에서 학學의 의미

　『논어』에서 학學은 총 42장(공자의 언명은 32장)에 걸쳐 62회 등장한다.1 학의 빈도수는『논어』의 주요 주제인 인仁(59/499장에 걸쳐 109회)과 군자(85장, 107회) 비해 상대적으로 많지는 않다. 그러나 한편으로 학의 강령으로 시작하는『논어』는 15세에 학에 뜻을 두고, 평생 호학자好學者로 자임했던 공자의 학문론으로 볼 수도 있다. 요컨대『논어』라는 책은 공자가 평생 학문을 좋아함으로써 인간다운 덕(仁)을 실현하여 군자가 되도록 제자를 독려한 언행록

1　『논어』에 學 자가 나타난 대표적인 구절은 대략 다음과 같다. 1:1. 子曰 "學而時習之 不亦說乎." 1:6. 子曰 "行有餘力 則以學文."; 1:7. 子夏曰 "未學 吾必謂之學矣."; 1:8. 子曰 "學則不固."; 1:14. 子曰 "可謂好學也已.";
2:4. 子曰 "吾十有五而志于學"; 2:14. 子曰 "學而不思則罔 思而不學則殆."; 2:18. "子張 學干祿."; 5:14. 子曰
"敏而好學 不恥下問 是以謂之文也."; 5:27. 子曰 "不如丘之好學也."; 6:2. "哀公 問弟子 孰爲好學."; 6:25. 子
曰 "君子博學於文"; 16:9. 孔子曰 "學而知之者…困而不學."; 7:2. 子曰 "學而不厭."; 7:3. 子曰 "學之不講.";
7:16. 子曰 "五十以學易."; 7:33. 公西華曰 "不能學也."; 8:12. 子曰 "三年學."; 8:13. 子曰 "篤信好學."; 8:17.
子曰 "學如不及."; 9:2. 達巷黨人曰 "大哉 孔子 博學而無所成名."; 9:29. 子曰 "可與共學."; 11:2. "文學 子游
子夏."; 11:6. "弟子孰爲好學."; 11:24. 子路曰 "何必讀書然後 爲學."; 11:25. "赤 爾何如" 對曰 "非曰能之 願學
焉"; 12:15. 子曰 "博學於文."; 13:4. "樊遲請學稼…請學爲圃."; 14:25. 子曰 "古之學者 爲己 今之學者 爲人.";
14:37. 子曰 "下學而上達."; 15:1. 子曰 "軍旅之事 未之學也."; 15:2. 子曰 "爲多學而識之者與."; 15:30. 子曰
"不如學也."; 15:31. 子曰 "學也 祿 在其中矣."; 16:9. "孔子曰學而知之者…困而學之…困而不學."; 16:13. "陳
亢問於伯魚曰 學詩乎…不學詩…鯉退而學詩…學禮乎…不學禮退而學禮."; 17:4. 子游對曰 "君子學道則愛人
小人學道則易使也."; 17:8. 子曰 "好仁不好學 其蔽也愚 好智不好學 其蔽也蕩 好信不好學 其蔽也賊 好直不
好學 其蔽也絞 好勇不好學 其蔽也亂 好剛不好學 其蔽也狂" 17:9. 子曰 "莫學夫詩."; 19:5. 子夏曰 "可謂好學
也已矣."; 19:6. 子夏曰 "博學而篤志."; 19:7. 子夏曰 "君子學以致其道."; 19:13. 子夏曰 "仕而優則學 學而優則
仕."; 19:22. 衛公孫朝問於子貢曰 "仲尼焉學…夫子 焉不學." 등.

이라고 할 수 있다.

　지금까지『논어』혹은 공자의 학에 대한 연구를 수행한 여러 논문이 있다.[2] 이러한 논문들에서는『논어』에 나오는 학이란 말의 어원을 제시하면서 그 의미를 용례에 따라 식識, 효效, 각覺 등으로 분석·종합하여 제시했다. 혹은 『논어』에 대한 대표적인 주석가들의 해석과 연구를 바탕으로 하면서 공자가 제시한 학의 방법과 의미를 넓은 의미와 좁은 의미, 혹은 크게 두 가지 측면 으로 나누어 이론적 탐구인 독서와 실천적 행위인 독행으로 구분하여 제시 하기도 한다. 이 글은 기존 연구에서 공자 및『논어』에서 학의 용례와 의미를 밝힌 것을 참고하면서, 다음과 같은 보완적인 측면을 제시하고자 한다. 그것 은 곧 앎의 체계 혹은 체계적인 앎을 의미하였던 학문은 발전과 분화를 거듭 하면서 그 대상과 연관하여 고유한 연구 방법을 지니며, 따라서 학이란 개념 이 분화되지 않았던 시기에 형성된『논어』에 나타난 학學의 의미 또한 구별 하여 제시·설명할 필요가 있다는 것이다. 바로 이 점에서 여기서는『논어』 에 제시된 학의 성격을 기술지技術知의 획득을 목표로 하는 기학器學, 인격 함 양을 목적으로 하는 인문교양을 추구하는 인문학, 그리고 궁극적으로 공자 가 좋아한 도의 인식과 지혜사랑을 추구하는 철학 등으로 나누어 제시해 보 았다. 물론 필자가『논어』에 제시된 학의 성격을 이렇게 나눈 것은 후대의 관 점에서『논어』를 이해하기 위한 하나의 시론이며, 절대적 구분을 의미하는 것은 아니라고 하겠다.

2　신오현,「유가철학의 교학이념」『철학의 철학』 문학과지성사, 1988; 이완재,「공자의 학문관」동아대학교박 사학위논문, 1990; 임원빈,「공자의 학(學)에 관한 연구」『공자학』1, 1995; 이재권,「공자의 교학사상」『대동 철학』24, 2004; 심승환,「공자의 교육사상에 나타난 배움(學)과 사고(思)의 관계에 대한 고찰」『교육철학』47, 2010; 이광호,「공자의 학문관」『동서철학연구』 20; 황교창,「논어에 나타난 공자의 학문관」인하대학교석 사학위논문, 1999; 이경무,「학(學)과 공자 인학(仁學)」『동서철학연구』 43, 2007; 서세영,「『논어』에 나타나 는 배움의 의미」한국외대 석사논문, 2009; 임헌규,「공자의 위기지학의 이념과 방법」『동양고전연구』36, 2009.

1. 기술지技術知의 탐구(器學)

먼저 『논어』에서 배움을 통해 앎 일반을 획득하는 것을 의미하는 학學이란 말이 특히 전문적인 기술지技術知의 탐구와 연관된다는 것을 알려주는 구절부터 살펴보겠다.

2:18. 자장이 녹봉을 얻는 방법에 대해 배우고자 하니, 공자께서 말씀하셨다. "많이 듣되 의심스러운 것은 빼고, 그 나머지는 신중히 말하면 허물이 적을 것이다. 많이 보되 위태로운 것은 빼고, 그 나머지는 신중히 행동하면 후회할 것이 적을 것이다. 말에서 허물이 적고 행동에서 후회할 것이 적으면, 봉록은 그 가운데 있게 될 것이다!"(子張 學干祿 子曰 "多聞闕疑 愼言其餘 則寡尤 多見闕殆 愼行其餘 則寡悔 言寡尤 行寡悔 祿在其中矣.")

9:2. 달항 마을의 사람이 말했다. "위대하도다, 공자여! 널리 배웠으면서도 어떤 것으로도 명성을 드러냄이 없구나!" 공자께서 이 말을 들으시고 문하의 제자들에게 말씀하셨다. "내가 무엇을 잡을까? 말고삐를 잡을까, 활을 잡을까? 나는 말고삐를 잡을 것이다."(達巷黨人曰 "大哉 孔子 博學而無所成名." 子聞之 謂門弟子曰 "吾何執 執御乎 執射乎 吾執御矣.")

13:4. 번지가 곡식 기르는 법을 배우기를 청하자, 공자께서 말씀하셨다. "나는 늙은 농부만 못하다." 다시 채소밭 가꾸는 법을 배우기를 청하자 공자께서 말씀하셨다. "나는 늙은 채소 가꾸는 사람만 못하다." 번지가 나가자, 공자께서 말씀하셨다. "소인이로다, 번수여! 윗사람이 예禮를 좋아하면 곧 백성들은 감히 공경하지 않을 수 없고, 윗사람이 의義로우면 백성들은 감히 복종하지 않을 수 없으며, 윗사람이 신의를 좋아하면 백성들은 감히 성실하지 않을 수 없다. 이렇게만 되면 곧 사방의 백성들이 제 자식을 포대기에 싸 업고 모여들 것인데, 곡식 기르는 법을 어디에 쓰겠는가?"(樊遲請學稼 子曰 "吾不

如老農." 請學爲圃 曰 "吾不如老圃." 樊遲出 子曰 "小人哉 樊須也 上好禮則民莫敢不敬 上
好義則民莫敢不服 上好信則民莫敢不用情 夫如是則四方之民 襁負其子而至矣 焉用稼.")

14:37. 공자께서 말씀하셨다. "나를 아는 이가 없구나!" 자공이 말했다. "어
찌하여 그렇게 선생님을 아는 이가 없다고 하십니까?" 공자께서 말씀하셨다.
"하늘을 원망하지 않고, 사람을 탓하지 않고, 아래로 배워서 위로 통달하니,
나를 아는 이는 하늘일 것이다."(子曰 "莫我知也夫." 子貢曰 "何爲其莫知子也." 子曰
"不怨天 不尤人 下學而上達 知我者其天乎.")

15:1. 위나라 영공이 진법을 물으니, 공자께서 대답하셨다. "조두의 일은
일찍이 들은 적이 있지만, 군려의 일은 아직 배우지 못하였습니다."(衛靈公 問
陳於孔子 孔子對曰 "俎豆之事 則嘗聞之矣 軍旅之事 未之學也.")

이러한 구절들에서 나타난 학의 대상은 벼슬을 구하는 법(2:18, 學干祿), 말
을 부리고 활을 쏘는 것(9:2, 博學而無所成名…吾何執 執御乎 執射乎 吾執御矣), 농
사와 원예를 하는 방법(13:4, 樊遲請學稼…請學爲圃), 군대를 통솔하는 법(15:1, 軍
旅之事 未之學也) 등과 같은 어떤 전문적인 기술을 익히는 것과 연관되어 있다.
즉 인간이 세속에 살면서 삶을 유지하고 생활을 윤택하게 하기 위해서 노력
하는 것과 연관된, 말하자면 기술 혹은 기예의 체계를 배우고 익히는 것이라
고 하겠다. 그런데 여기서 기技(手+支)란 손(手)으로 댓가지를 제거하고 갈라
서(支) 여러 가지 생활용품을 만든다는 의미로 '손을 사용하여 이루어지는 활
동이나 기능'을 말하고, 술術(行+朮)이란 『설문해자』에 나라 안의 도로라고 설
명하고 있듯이, 길에서 농작물을 사고파는 것을 형상화한 것으로 꾀와 기술
을 가지고 물건을 사고파는 것, 곧 운행 방식(법)을 의미한다. 또한 예藝(艸+埶
+云)란 나무를 심는다는 뜻에서 출발하여 나무 심는 기술을 뜻하게 된 것으로
기술技藝, 공예工藝, 예술藝術 등의 의미로 확장되었다. 따라서 기예는 곧 기
술과 같은 뜻이라고 할 수 있지만, 또한 기술과 예술이라는 의미로 확장하여

사용할 수도 있다. 어쨌든 기술技術 혹은 기예技藝란 인간이 손과 같은 것을 사용하여 물건을 공작·제작·창작하는 방법이라고 할 수 있다. 이러한 기술은 집안(宀)에서 두 손(臼)으로 새끼 매듭(爻)을 지우는 법을 아이(子)가 배운다는 학의 어원과 상호 호응된다고 하겠다.

그런데 기술技術로 번역되는 'Technique'는 그리스어 'Techne'에 근원을 두고 있는데, 'Techne'는 베를 짜서 옷을 만들고 나무를 마름질하여 건축하는 것과 같은 공작 혹은 제작 활동을 말한다. 즉 인간 이외의 대상적 자연에 인간의 의지를 투여하여, 인간의 욕망을 충족시킬 수 있는 생활 수단을 만드는 것이 바로 Technique이다. 그리고 이러한 Technique의 방법적·체계적 이론화를 과학기술이론(Technology)이라고 한다. 즉 과학기술이란 인간이 제작 활동을 통하여 자연세계를 인공적으로 빚어내는 행위이다. 과학기술이 더욱더 발전함에 따라 인간 활동은 더욱 더 세분화·전문화되고, 자연적인 것과 사물적인 것은 점차 인위적인 것으로 개조되어 왔다. 기실 문화文化의 발전이란 곧 사물 세계를 인공적인 것으로 만들면서 세계를 인간의 사물적·기술적 대상으로 바꾸는 과정에 다름 아니다. 이러한 기술과 연관되는 앎이 바로 지식知識이라고 하는 것이다. 지知(口+矢)는 화살(矢)이 과녁을 꿰뚫듯 상황을 날카롭게 판단하고 의중을 정확하게 파악하여 말(口)할 수 있는 능력을 지니고 있음을, 그리고 '식識'이란 언言+시戠(찰진 흙)로서 말(言)을 머리에 새긴다(戠) 혹은 말(言) + 소리(音) + 싸움(戈)으로 존재 혹은 실재를 인간의 말이나 소리로 가져오기 위한 부단한 싸움(노력)을 통하여 분별(識別)하여 아는 힘을 소유하는 것을 말한다. 본래적 의미에서 지식知識이란 가장 넓은 뜻의 앎을 말한다. 가장 넓은 의미의 앎의 체계 혹은 체계적인 앎이 오늘날의 Science라는 영어의 어원을 형성한다. 'Science'는 라틴어 'Scientia'에서 유래했으며, 'Scientia'는 그리스어 'Episteme'의 번역어로서 '체계적인 인식(앎) 혹은 인식(앎)의 체계'를 의미한다. 그래서 독일어에서는 'Scientia'를 앎의 체계 혹은 체계적인 앎을 뜻하는 Wissenschaft라고 번역하는 것이다. 인간은 그 본성상 경이로운 세계를 탐구하고 알고 싶어 한다. Science 혹은 Wissenschaft란 경이로운 세계에 대한 자각적인 탐구와 그 이론화이다. 모든 것을 아는 신神(智者)과 우매하여 체계적인 인식을 할 수 없는 동물의 중간 존재인 인간만이 경이로운 세계를 탐구하여 배우고 익히는 것을 좋아한다고 할 수 있다. 그래서 서양 최고의 명저 아리스토텔레스의 『형이상학』 역시 『논어』와 마찬가지로 "인간은 선천적으로 학문하는 것을 좋아한다."[3]라는 구절로 시작하고 있다는 것은 주지의 사실이다. 인간은 학문을 좋아하는 본성을 지녔기 때문에 대자적 자기반성을 통한 자각을 통해 즉자적-본능적인 동물의 상태를 벗어나서 문화를 건설할 수 있었을 것이다. 바로 이런 의미에서의 Science라는 말은 그 본래 정신에 충실하게 번역한다면 '학문'이라고 번역해야 한다고 생각한다. 여기서 학문이란 본래 『맹자』[4]에서 유래했지만, 그 본래 의미는 『중용』의 "널리 배우고, 깊이 묻고, 신중히 생각하고, 밝게 분별하며, 돈독하게 행한다."[5]라는 말에서 가장 잘 드러나 있다. 그런데 일반적으로 Science는 통상 과학科學으로 번역된다. 그런데 한자 어원사전에서 '과科'에 대한 말을 찾아보면 다음과 같이 기록되어 있다.

> 과科는 斗(말 두)+禾(벼 화)의 형성자로 말(斗)로 곡식(禾)의 양을 재는 것을 말한다. 곡식의 양을 재려면 분류가 이루어질 것이고, 분류된 곡식은 그 질에 따라 등급이 매겨진다. 그래서 매기기, 등급, 분류 등이라는 뜻이 나왔다. 과학科學이란 곡식(禾)을 용기(斗)로 잴 때처럼 정밀한 학문(學)이라는 뜻인데, 이는 사람들의 이해관계에 따라 척도가 달라질 수 없는 것이 바로 과

---

3   아리스토텔레스(김진성 역주), 『형이상학』, 이제이북스, 2007, 980a.
4   『맹자』「등문공상」. "吾他日未嘗學問, 好馳馬試劍." 및「고자상」. "學問之道無他, 求其放心而已矣." 등 참조.
5   『중용』 11장. "博學之 審問之 愼思之 明辨之 篤行之."

학科學의 정신임을 천명한 것이다. 이는 지식이라는 어원을 가지는 영어의 Science보다 더욱 더 현재적 의미의 과학정신을 잘 반영하고 있다.[6]

요컨대 Science를 과학科學으로 번역한 것은 단지 관찰하는 자의 주관성을 배제하고, 엄밀한 잣대에 의한 분류나 등급화를 통해 객관화하는 활동이라는 것을 나타내기 위한 것이다. 그런데 이렇게 번역하는 데에는 가장 중요한 문제가 내포되어 있다. 왜냐하면 '과科' 자는 '禾(벼)' + '斗(말)'의 합성어로 '벼를 말로 측량한다'는 뜻에서 유래한 것에서 나타나 있듯이, 과학이란 실증되는 것만을 대상으로 다루는 모종의 인식 혹은 배움의 체계라는 것이다. 요컨대 과학이란 어떤 한 영역(물리, 생명, 신체, 심리 등)에서 그 영역의 대상들을 측정하기에 적합한 도구를 가지고, 측정을 통해 보편타당한 객관적 법칙을 귀납-가설적인 방법으로 발견하여 인간에게 유용한 지식을 얻기 위한 인식체계이다. 그리고 과학科學은 일정한 탐구 영역을 분담分擔하고 있다는 점에서 분과학문分科學間의 준말이라고 할 수 있다. 분과학문으로서 과학의 분담 영역은 사물, 사태, 상황, 관계, 사건, 상태, 활동 등 대상화되는 모든 것을 말한다. 각각의 분과학문은 고유한 영역(물리, 생명, 화학 등)에서 각각의 탐구 방법과 도구(斗 등)를 갖고 측량을 통해 객관적 실증성을 확보하여 보편 타당한 법칙 체계를 확보하려고 노력한다. 그렇다면 과학에서는 그 탐구 대상은 언제나 반드시 객관적인 실험과 관찰의 대상이어야 하며, 따라서 모든 것을 실증화하는 것이 과학의 장점인 동시에 한계라고 할 수 있다. 여기서 과학의 한계라고 하는 것은 이른바 대상화되지 않는 것, 대상화하는 주체마저도 대상적인 방법으로 탐구할 수밖에 없다는 것이다. 과학이 이런 한계점이 있듯이, 공자는 이미 당시에 이러한 일반적인 의미의 학문이란 절대적인 것이 아니라

6　하영삼, 『한자어원사전』 도서출판3, 2014, 「科」 항.

한계가 있음을 부단히 지적했다. 그래서 공자는 벼슬을 얻기 위해서는 먼저 올바른 자기정립을 통해 후회하거나 나무랄 것이 없는 사람이 되어야 하며, 말을 부리고 활을 쏘는 것과 같은 일에서는 박학한 것이 좋지만 이것을 넘어서 일이관지를 해야 하고, 농사짓고 원예를 잘 하는 방법을 배우는 것에 우선하여 먼저 사람 됨의 도리인 의義 · 예禮 · 지智 · 신信을 배워야 하며, 군대를 통솔하는 법보다는 더 중요한 다른 무엇을 배워야 하며, 아래로 인사를 배우는(下學) 동시에 그것을 넘어서 위로 하늘에 통달해야(上達) 함을 말한다. 요컨대 군자는 하나의 일 혹은 기예에만 정통한 사람이 아니라, 두루 달통하는 인간의 덕을 함양하여야 한다는 것이 공자의 주장이다.

2. 인문교양(人文學)

『논어』에서 오늘날의 인문학, 즉 독서 등을 통해 인문교양을 함양하여 인간의 자질을 길러야 한다고 말하는 구절을 살펴보자.

> 1:6. 공자께서 말씀하셨다. "젊은이들아! 집에서는 효도하고, 나가서는 공손해라. 행실은 삼가 조심하여 말은 신실하게 하고, 널리 많은 사람들을 사랑하고, 어진 이와 친해야 한다. 이러한 것들을 힘써 실천하고, 여력이 있으면 글월을 배워야 한다."(子曰 "弟子 入則孝 出則悌 謹而信 汎愛衆 而親仁 行有餘力 則以學文.")
>
> 6:25. 공자께서 말씀하셨다. "군자는 글에서 널리 배우고, 예로써 요약한다면 또한 거의 (도에서) 어긋나지 않을 것이다."(子曰 "君子博學於文 約之以禮 亦可以不畔矣夫.")
>
> 7:16. 공자께서 말씀하셨다. "나에게 몇 년을 더하여 마침내 『역』을 배울 수 있다면, 크게 허물이 없을 수 있으리라!"(子曰 "加我數年 五十以學易 可以無大過矣.")

11:24. 자로가 자고를 비 땅의 읍재가 되게 하니, 공자께서 말씀하셨다. "남의 자식을 해치는구나!" 자로가 말했다. "백성이 있고 사직이 있는데, 어찌 반드시 책을 읽어야만 배우는 것이겠습니까?" 공자께서 말씀하셨다. "이런 까닭에 말 잘하는 사람을 싫어하는 것이다."(子路使子羔 爲費宰 子曰 "賊夫人之子." 子路曰 "有民人焉 有社稷焉 何必讀書然後 爲學." 子曰 "是故 惡夫佞者.")

16:13. 진항이 백어에게 물었다. "그대는 (아버지인 공자로부터) 남다른 들음이 있는가?" 백어가 답했다. "없었습니다. 하루는 홀로 서 계실 때에 제가 종종걸음으로 뜰을 지나가니, '시詩를 배웠느냐?'고 하셨습니다. '아직 배우지 못했습니다.'고 했더니, '시詩를 배우지 않으면 말할 수 없다.'고 하셨습니다. 저는 물러나 시를 배웠습니다. 다른 날에 또 홀로 서 계실 때, 제가 종종걸음으로 뜰을 지나가니, '예禮를 배웠느냐?'고 하셨습니다. '아직 배우지 못했습니다.'고 하였더니, '예禮를 배우지 않으면 설 수 없다.'고 하셨습니다. 저는 물러나 예를 배웠습니다. 이 두 가지를 들었습니다." 진항이 물러나와 기뻐하며 말했다. "하나를 물었다가 세 가지를 얻었다. 시를 듣고, 예를 듣고, 또 군자가 그 아들을 멀리하는 것을 들었다."(陳亢問於伯魚曰 "子亦有異聞乎." 對曰 "未也 嘗獨立 鯉趨而過庭 曰學詩乎 對曰未也 不學詩 無以言 鯉退而學詩 他日又獨立 鯉趨而過庭 曰學禮乎 對曰未也 不學禮 無以立 鯉退而學禮 聞斯二者." 陳亢退而喜曰 "問一得三 聞詩聞禮 又聞君子之遠其子也.")

17:9. 공자께서 말씀하셨다. "제자들아! 어찌 저 '시'를 배우지 않는가? 시는 감흥시키고, 관찰할 수 있게 하고, 어울리게 하고, 원망할 수 있게 하며, 가까이로는 부모를 섬기고 멀리는 임금을 섬길 수 있게 하며, 조수와 초목의 이름도 많이 알게 해 줄 수 있느니라."(子曰 "小子何莫學夫詩 詩 可以興 可以觀 可以群 可以怨 邇之事父 遠之事君 多識於鳥獸草木之名.")

19:13. 자하가 말했다. "벼슬하면서 남음이 있으면 배우고, 배우면서 남음이 있으면 벼슬한다."(子夏曰 "仕而優則學 學而優則仕.")

이렇게 1:6(行有餘力 則以學文), 6:25(君子博學於文), 7:16(學易 可以無大過矣), 11:24.(何必讀書然後 爲學), 17:9(小子何莫學夫詩), 19:13(子夏曰 仕而優則學 學而優則 仕爲學) 등과 같은 구절에서 말하는 학이란, 학문學文 혹은 독서를 통한 인문 교양의 함양이라고 할 수 있다. 즉 여기서 말하는 문文 혹은 서書란 곧 『시』·『서』·『예』·『악』·『역』과 같은 경전의 글월이라고 할 수 있으며, 이런 경전의 글월을 배우는 것은 궁극적으로는 인간의 자질을 함양하는 것을 목적으로 한다고 할 수 있다. 그래서 『논어』에서 공자는 다음과 같이 말했다.

시詩에서 일어나고, 예禮에서 자립하고, 악樂에서 완성한다.[7]

공자에 따르면, "시는 감흥을 불러일으키며, 볼 수 있게 하고, 어울리게 하고, 원망할 수 있게 하며, 가까이로는 부모를 섬길 수 있게 하고, 멀리로는 임금을 섬길 수 있게 하기" 때문에 "사람이 시를 배우지 않으면, 마치 담장을 맞대고 서 있는 것과 같다." 그래서 주자는 시를 배우는 것은 인간의 인격 형성의 첫 단계로서 "배움의 초기에 선을 좋아하고, 악을 미워하는 마음을 흥기시켜, 스스로 그만 두지 못하는 것을 여기에서 터득하게 된다."[8]고 말하였다. 그리고 예란 인간 행위에 합당한 절도와 문식을 규정해 주는 것(約我以禮)으로, 예가 없으면 몸이 처할 곳이 없기 때문에 '예에서 일어선다'고 했다. 나아가 악이란 조화를 본질로 하면서 예에 의해 구분된 인간관계를 조화시켜 주는 것으로 윤리와 통하는 것이다.[9] 그래서 주자는 "악은 사악하고 더러운 성정을 씻어 내고, 인의가 더욱 완숙하여 정밀하게 하기 때문에, 악에서 완성된

---

7   『논어』 8:8. 子曰 "興於詩 立於禮 成於樂."
8   『논어』 8:8의 朱子註. "學者之初 所以興起其好善惡惡之心而不能自已者 必於此而得之."
9   『禮記』「樂記」 "樂者 通倫理者也."

다."¹⁰고 말했다고 풀이하고 있다.

나아가 "공자께서 평상시에 하신 말씀은 『시』와 『서』 그리고 예를 지키는 것이었다."¹¹는 언명과 "나에게 만일 나이를 몇 해만 빌려주어 끝내 『역』을 배운다면 큰 허물이 없을 것이다.(7:16)"라는 구절로 판단한다면, 공자는 『시』·『예』·『악』 이외에 『서』와 『역』을 중시했다. 역사서로서 『서』는 인물을 비평하고 사건의 시비를 비정함으로써 선악善惡을 판단할 수 있게 해 주는 거울(通鑑) 역할을 하며, 변역變易의 책으로서 『역』은 천지인의 불역不易의 이치를 간편하게 알게 하는 역할을 한다. 어쨌든 공자는 육경六經을 산정하고, 육예六藝로서 가르쳤다고 한다.

> 공자는 물러나 『시』·『서』·『예』·『악』으로 닦으시니 제자가 더욱 늘어났다.…『서전』과 『예기』를 서술하시고, 『시』를 산정하고, 『악』을 바로 잡으며, 『역』의 「단전」, 「계사전」, 「상전」, 「설괘전」, 「문언전」을 지으셨다. 제자가 대개 3,000이었는데, 육예六藝에 통달한 자가 72명이었다.¹²

여기서 육예六藝의 내용으로는 두 가지 해석이 있는데, 하나는 예禮·악樂·사射·어御·서書·수數를 말한다는 것이고, 다른 하나는 『시』·『서』·『예』·『악』·『역』·『춘추』 등 육경六經을 말한다는 것이다. 아마도 72명의 제자가 통달한 육예六藝는 소학의 예·악·사·어·서·수와 대학의 육경 전부를 포괄하는 것으로 보인다. 소학은 인간의 행위 방식을 가르쳐 준다면,

---

10 『논어』8:8의 朱子註. "樂 …而蕩滌其邪穢 消融其查滓 故 學者之終 所以至於義精仁熟而自和順於道德者 必於此而得之 是學之成也."
11 『논어』 7:17. "子所雅言 詩書執禮 皆雅言也."
12 『사기』「공자세가」 "退而脩詩書禮樂, 弟子彌衆… 孔子孔子晚而喜易 序彖 系象 說卦文言 以詩書禮樂敎, 弟子蓋三千焉, 身通六藝者七十有二人."

대학은 그 원리에 통달할 수 있도록 해 주는 것이라고 할 수 있다. 공자가 육경의 문장을 배우라고 할 때의 학이란, 대학으로서 오늘날 이른바 인문학 혹은 자유교양(liberal Art)이라고 할 수 있다.

일반적으로 '인문학(humanitas)'이란 용어를 사용한 최초의 인물은 기원전 1세기의 키케로(Cicero:B.C 106-43)라고 말한다. 키케로는 그리스의 자유교양교육(paideia: artes liberales)을 아우르는 명칭으로 'humanitas(인문학)'란 명칭을 사용했다.[13] 그런데 그리스적 '파이테이아'란 인간이 다른 동물과 구별되기 위하여 필요한 적절한 도구로서의 교양교육을 말한다.

> 한 사람이 생업을 위해 전문적 기술을 배우는 것이 아니라, 자유인으로서 스스로 살아나가는 데 합당하기 위하여 파이데이아를 배우려 한다.[14]

요컨대 그리스의 파이테이아는 전문기술이 아닌 인간의 이념을 다루는 것으로, 이성적 인간의 자기자각과 공동체적 존재의 삶과 연관되는 것이다. 구체적으로 (1) 정신을 돌보는 일과 (2) 공동체를 위한 훌륭한 사람을 만드는 일(313e-319a)을 목적으로 한다.[15] 그런데 키케로는 학문의 중심을 진리(veritas)가 아니라 사람 됨(humanitas)에 두고, '사람답게 사는 법'(humaniter vivera)을 가르쳐 '인간을 인간답게 해 주는 목적에 봉사하는 학문'으로서의 인문학을 구상했다. 그래서 humanitas란 (1) 학문방법론, (2) 교양교육, (3) 그리스어 philanthrophia(인간사랑, 인본주의) 정신을 의미하는 개념 등으로 발전했다.[16]

---

13 그리스어 padeia는 본래 '어린아이들의 놀이'를 의미한다(여기서 라틴어 ludus 학교라는 단어가 유래했다). 일차적으로 놀이를 의미하지만, 이미 교육을 지칭하는 전문용어로 사용되고 있었기 때문에 키케로는 '사람이 되게 하는'의 의미, 즉 교육을 지칭하는 전문어로 humanitas를 번역 - 조어했다.

14 『프로타고라스』 312b.

15 조요한, 「그리이스의 인간관」, 『인간의 본질』, 형설출판사, 1984, 73 - 74쪽.

16 안재원, 「인문학(humanitas)의 학적 체계화 시도와 이에 대한 비판에 대해서 : ars개념을 중심으로」, 『서양고

그런데 인문학人文學이라고 할 때 그 중요 관건이 되는 '문文'이란 말은 (1) 무엇을 빛나게 하다 혹은 드러내 보이다(文采, 文飾), (2) 현상(天文), (3) 법도(節文, 繁文), (4) 결이나 길(文理, 物理), (5) 선善이나 미美(文德, 崇文)를 의미한다. 따라서 총괄하면 문文이란 말은 어떤 것이 그것의 본성(法, 理)에 따라 드러나는 것을 말하는데, 그 본성에 따라 드러나는 것이 빛나고 아름다우며, 선하다는 뜻이라고 할 것이다.[17] 그렇다면 '인문'이란 '인간이 인간의 본성으로부터 아름답고 선하게, 그 결(理)과 길(道)을 따라 표장表章되고 현상하는 사태'를 지칭한다고 하겠다. 따라서 인문학이란 "인간이 인간의 본성으로부터 아름답고 선하게 살아갈 수 있도록 결과 길을 배우고, 묻고, 신중하게 사려하고, 밝게 분별하여, 돈독하게 실천하는 행위(博學之 審問之 愼思之 明辨之 篤行之: 『중용』11장)의 총체"라고 말할 수 있다. 공자가 산정하고 가르친 육경六經이란 전형적인 인문학 혹은 자유교양교육이라 할 수 있다. 특히 남송 시대의 주자가 성리학을 정립한 이래 유교에서 대표적인 경전을 사서삼경四書三經이라고 한다. 사서는 공자-증자-자사-맹자로 이어지는 경전으로 성인의 언행과 유교적 정치(『대학』) 및 윤리(『중용』)의 원리를 제시하였다. 그런데 전술한 바 있듯이 삼경은 동양의 고전적 인문학의 대표적인 텍스트로서, 『시경』은 오늘날 문학, 『서경』은 역사학, 『역경』은 철학으로 비정할 수 있다. 시로 구성된 『시경』은 인간의 감정을 순화시켜 사악한 감정이 일어나지 않게 하여(思无邪)[18] 풍속을 교화시키는 역할을 한다면, 역사책으로서 『서경』은 사건과 인물 비평 등을 통해 시비와 선악을 분별할 수 있게 해 주며, 그리고 변화의 이치를 제시한 『역경』은 시공간상에서 변화하는 가운데 중정中正의 의리를 알게 함으로써 인간의 자기완성을 기할 수 있도록 해 주는 것을 목표로 했다.

전연구』39, 2010 참조.

17 신오현, 「절대와 언어」 『절대의 철학』 문학과지성, 1993, 241-242쪽.

18 『논어』 2:2. 子曰 "詩三百 一言以蔽之 曰 思無邪."

3. 도학道學과 호학好學

어쨌든 인문학은 동양적이든 서양적이든 인간이 그 본성에 따라 인간의 자질을 함양하여 인간의 길(道)을 가도록 해 주는 데 그 존재 의의가 있다. 그렇다면 최종적이며 궁극적인 학으로 인간의 길 자체, 즉 도를 배우는 절대학絶對學이 요청된다고 하겠다. 『논어』에서 학의 궁극 목표는 도의 인식과 체득이라는 것을 암시하는 구절을 찾아보도록 하자.

> 15:31. 공자께서 말씀하셨다. "군자는 도를 도모하지 먹는 것을 도모하지 않는다. 농사를 지어도 굶주림이 그 가운데 있을 수 있고, 학을 하여도 봉록이 그 가운데 있을 수 있다. 군자는 도를 걱정하지, 가난을 걱정하지 않는다."
> (子曰 "君子謀道 不謀食. 耕也 餒在其中矣. 學也 祿在其中矣. 君子憂道不憂貧.")
>
> 16:9. 공자께서 말씀하셨다. "나면서부터 아는 사람은 최상이고, 배워서 아는 사람은 그다음이며, 막혔지만 배워서 아는 사람은 그다음이며, 막혔으면서도 배우지 않으면 백성으로 아래라고 한다."(孔子曰 "生而知之者 上也 學而知之者 次也 困而學之 又其次也 困而不學 民斯爲下矣.")
>
> 17:4. 공자께서 무성에 가서서 거문고와 비파를 맞추어 시가를 읊조리는 소리를 들으셨다. 빙그레 웃으시며 말씀하셨다. "닭 잡는데 어찌 소 잡는 칼을 쓰느냐?" 자유가 대답하여 말했다. "전에 제가 선생님께 들으니, '군자는 도를 배우면 백성들을 사랑하고, 소인이 도를 배우면 부리기 쉽다.'고 하셨습니다." 공자께서 말씀하셨다. "제자들아! 언의 말이 옳다. 앞의 말은 농담일 뿐이라네."(子之武城 聞弦歌之聲 夫子莞爾而笑曰 "割雞焉用牛刀 子游對曰 昔者偃也聞諸夫子曰 君子學道則愛人 小人學道則易使也 子曰二三子 偃之言是也 前言戲之耳.")
>
> 19:7. 자하가 말했다. "온갖 장인들은 제조장에 있으면서 그 일을 이뤄내고, 군자는 배움으로써 그 도를 이룬다."(子夏曰 "百工居肆 以成其事 君子學以致其道.")

19:22. 위나라 공손조가 자공에게 물었다. "중니는 어디서 배우셨는가?" 자공이 대답했다. "문무의 도가 아직 땅으로 추락하지 않고 사람에게 있다. 어진 이는 그 큰 것을 기억하고, 어질지 못한 이는 그 작은 것을 기억하고 있으니, 문무의 도가 있지 않음이 없다. 부자께서 어디서 배우지 않았겠으며, 또한 어찌 일정한 스승이 있었겠는가?"(衛公孫朝問於子貢曰 "仲尼焉學." 子貢曰 "文武之道 未墜於地 在人 賢者 識其大者 不賢者 識其小者 莫不有文武之道焉 夫子 焉不學 而亦何常師之有.")

앞서 공자는 육경의 문장을 배우고, 예를 잘 실천하는 것에서 더 나아가 그 이상의 또 다른 학이 있음을 역설했다. 그것은 우선 "글을 배우는 것(學文)이란, 여러 가지 실천적인 행위를 한 뒤에 여력이 있으면 수행하는 부차적인 것이다."(1:6)라는 언명에 암시되어 있다. 그리고 또한 "박문약례博文約禮를 잘 실천하면 거의 (도에) 어긋나지 않는다."(6:25)는 말에도 도가 문文과 예藝의 근거가 되는 학 혹은 상위의 학이라는 사실이 나타나 있다. 요컨대 공자는 최종적인 진정한 학으로 도를 체득해야 한다고 말했다. 그래서 그는 비장한 자세로 "아침에 도를 들으면, 저녁에 죽어도 괜찮다."[19]라고 말했다. 이러한 구절들은 모두가 도란 배워야 아는 것임을 말해준다. 즉 6:25(君子博學於文 約之以禮 亦可以不畔「道」矣夫), 14:37(下學而上達), 15:31(子曰 君子謀道 不謀食. 耕也 餒在其中矣. 學也 祿在其中矣 君子憂道不憂貧), 16:9(孔子曰生而知之者 上也 學而知之者 次也 困而學之 其次也 困而不學 民斯為下矣), 17:4(君子學道則愛人 小人學道則易使也), 19:7(君子學以致其道), 19:22(仲尼焉學… 文武之道 未墜於地 在人) 등에서 나타났듯이, 공자는 도를 인식하고 체득하는 것이 모든 학문의 궁극이라고 말했다. 그렇다면 여기서 공자가 말한 최종적인 학의 대상인 도란 무엇인가?

---

19 『논어』 4:2. "朝聞道 夕死可矣."

도道는 『설문해자』에서 '辶(갈 착=行止)' + '首'(사람의 맨 위에 있는 머리로서 가는 바의 끝, 목적)로 구성된 회의문자라고 하였듯이, "향하여 가는 길(방법)이자 목적이다." 그것은 모든 존재의 궁극 근원으로 목적 자체이면서 과정·방법으로 마땅히 가야 할 길이다. 따라서 인도人道란 인간으로 태어난 우리의 존재 근거이기 때문에 함께 말미암아 마땅히 가야만 하는 길(人之所共由之路)이자 삶의 방법이면서 실현해야 할 목적이라고 할 수 있다. 그래서 공자는 다음과 같이 비유적으로 도에 대해 말하면서, 당시 사람들의 행위를 한탄했다.

> 누가 문을 통하지 않고 밖으로 나갈 수 있으랴만, 어찌 사람의 길로 가지 않는가?[20]

물 위로 가는 것이 배의 존재 근거로서 배가 가야 할 길이고, 길 위로 가는 것은 수레의 존재 근거이며 수레가 가야 할 길이다. 이와 마찬가지로 인간 또한 인간의 존재 근거인 인간의 본성에서 유래하는 가야 할 길이 있다. 그런데 공자가 볼 때, 모든 사람들은 밖으로 나갈 때에는 문을 통해 나갈 줄 알지만, 인간으로서 삶을 영위하면서는 인간의 길(人道)을 가는 사람은 드물다. 그렇다면 인간이 그 존재 근거로 말미암아 마땅히 가야 하는 인간의 길이란 무엇인가? 여기에는 몇 가지 해명이 있어야 하는데, 그것은 우선, 인간의 길은 목적 자체로서 궁극 존재에게서 유래했다는 점이다. 공자는 궁극 존재를 천天이라고 했다. 그래서 공자는 다음과 같이 말한다.

> 나는 말을 하지 않으려고 한다.… 하늘이 무슨 말을 하던가? 사시가 운행

---

20 『논어』 6:15. 子曰 "誰能出不由戶 何莫由斯道也."

되고 온갖 만물이 생장하는데, 하늘이 무슨 말을 하던가?[21]

그런데 이러한 궁극 존재인 하늘의 도(天道)는 인간에게 전해져 내려와 있고, 이는 가까이로는 문무의 도를 형성하였으며, 공자는 자신이 분명 이러한 문무의 도를 계승하여 지니고 있다고 확신했다. 다음 구절이 이를 잘 말해준다.

> 공자께서 광 땅에서 위급함에 처하시니, 말씀하셨다. "문왕이 이미 돌아가셨는데, 문화가 여기에 있지 아니한가? 하늘이 장차 이 문화를 없애려 하셨다면, 나중에 죽는 자에게 이 문화를 허용하지 않았을 것이다. 하늘이 아직 이 문화를 없애려 하지 않으니, 광 땅의 사람들이 나에게 어찌 하겠는가?"[22]

여기서 공자가 겸손하게 문文이라고 말한 것은 뒤에 자공이 말하는 바 도道(統)를 의미함이 분명하다. 공자는 하늘로부터 유가의 성인들에게 면면히 전해진 도통을 계승하고 있다고 자각했기 때문에 다음과 같이 말했을 것이다.

> 나를 아는 자는 없을 것이다.… 하늘을 원망하지 않고, 남을 탓하지 않고, 아래로 인사를 배워 위로 하늘과 통했으니, 나를 아는 자는 하늘일 것이다.[23]

그렇다면 그가 계승했던 도통, 좀더 구체적으로 문무의 도란 무엇을 말하는가? 자공이 말하는 바, 천도로서 문무가 계승하고 공자 당시의 사람에게 있

---

21 『논어』 17:19. 子曰 "予欲無言 …天何言哉 四時行焉 百物生焉 天何言哉."

22 『논어』 9:5. 子畏於匡 曰 "文王 旣沒 文不在玆乎 天之將喪斯文也 後死者 不得與於斯文也 天之未喪斯文也 匡人 其如予何."

23 『논어』 14:37. 子曰 "莫我知也夫 子貢曰 何爲其莫知子也 子曰 不怨天 不尤人 下學而上達 知我者 其天乎."

는 것(19:22)이란 구체적으로 무엇을 말하는가? 그것은 공자가 또다시 목숨이 위태로운 다급한 상황에 처해 있을 때 말했다고 전해지는 다음 언명에 잘 나타나 있다.

하늘이 나에게 덕을 주셨는데, 환퇴가 나를 어떻게 하겠는가?[24]

공자는 하늘이 내려 준 도통을 계승하였다고 자부했는데, 그것은 곧 하늘이 내려준 덕을 지니고 있다는 자각이었다. 일반적으로 덕德이란 만물이 하늘로부터 품부 받아 얻어(得) 지니고 태어난 것으로, 도를 행할 때에 마음에 터득되는 것(行道而得於心者)을 말한다. 혹은 곧은(直) 마음(心)으로서 인간이 타고난 본성을 잘 실현하는 행위(行: 德=直+心+行) 즉 곧은 마음으로 인간의 길을 잘 가는 것이다. 바로 이 점에서 공자는 도에 뜻을 두고, 덕인 인仁에 의거하여야 한다고 하였다.[25] 요컨대 공자는 하늘의 명령으로 인간에게 내려진 본성의 덕을 자각하고, 귀가 순해지고 마침내 자연스럽게 존재와 당위가 일치하는 성인의 경지에 들어서게 되었다고 자신의 인생 여정을 술회했다.

나는 열다섯에 학문에 뜻을 두었고, 서른에 자립했으며, 마흔에 의혹되지 않았고, 쉰에 천명을 알았으며, 예순에 귀가 순해졌으며, 일흔에 마음이 하고자 하는 바를 좇아도 법도를 넘지 않았다.[26]

여기서 공자가 15세에 뜻을 둔 학이란 바로 도와 덕을 인식하여 인간의 길

---

24 『논어』 7:22. 子曰 "天生德於予 桓魋其如何."
25 『논어』 7:6. 子曰 "志於道 據於德 依於仁 游於藝"
26 『논어』 2:4. 子曰 "吾十有五而志于學 三十而立 四十而不惑 五十而知天命 六十而耳順 七十而從心所欲不踰矩."

을 감으로써 인간의 자기완성인 성인이 되는 것을 목표로 널리 배우고 자세히 묻는 것(學以至聖人之道也)을 말한다. 이러한 학은 남이 대신 이루어 줄 수 있는 대상적 인식이 아니라, 오직 항상 독보독행하는 것 이외에 다른 방법과 길이 없다. 따라서 그것은 타자와 연관된 상대적인 비교를 통해 계량되는 실증 학문이 아니라, 오로지 자신이 혼자서 걸어가야 하는 자기정립의 위기지학爲己之學이다.[27] 그런데 오직 이러한 인간의 길을 걷는 것은 기성의 완성품이 아니라, 인간이 살아 있는 한 끊임없는 극기를 통해 자기 존재의 의미를 구현하는 방법 혹은 과정이라고 할 수밖에 없다. 그래서 그는 "스스로 성인·인인·지인으로 자처하지 않고, 오직 무지할 따름이다."라고 고백하면서, "창시자가 아니라 계승자로서 단지 옛 것을 믿고 좋아하거나 민첩하게 구하는 자일 따름이다."라고 말했다. 그러나 그는 "비록 그 실천에서는 터득한 것이 없을 수 있지만, 학문을 좋아하는 점에서는 그 누구에게도 뒤지지 않는다."고 자부했다. 그래서 그는 "학문을 싫증내지 않고, 가르치기를 권태로워하지 않았다고 말했다.[28] 요컨대 그는 성인이 되는 학문에 뜻을 두고 끊임없이 노력하는 호학자로 자부했다.

> 섭공이 자로에게 공자는 어떤 사람인가 하고 묻자, 자로가 대답하지 않았다. 공자께서 말씀하셨다. "자네는 어찌하여 '그 사람됨이 학문을 좋아해서, 분발하여 밥 먹는 것도 잊고, 즐거워 근심을 잊어 늙어가는 것도 알지 못한다.'고 말하지 않았는가?"[29]

---

27 『논어』 4:25. "古之學者 爲己 今之學者 爲人."
28 『논어』 7:33. "若聖與仁 則吾豈敢."; 9:7. "吾有知乎哉 無知也."; 7:1. 子曰 "述而不作 信而好古."; 7:19. "我非生而知之者 好古敏以求之者也."; 7:32. 子曰 "文莫吾猶人也 躬行君子 則吾未之有得."; 7:33. 子曰 "若性與仁 則吾豈敢 抑爲之不厭 誨人不倦 則可謂云爾已矣." 등 참조.
29 『논어』 7:18. 葉公 問孔子於子路 子路不對 子曰 "女奚不曰 其爲人也 發憤忘食 樂以忘憂 不知老之將至云爾."

공자가 15세에 뜻을 두고 종신토록 좋아한 학이란 궁극 존재(天)를 인식·체득하여 궁극 존재와 하나가 되는 것을 목표로 한다. 이러한 목표는 곧 궁극 존재의 명령(天命)에 의해 우리 인간이 지니고 태어난 덕德(=仁)의 실현을 통해 달성되는 것인데, 이는 곧 인간이 인간의 본성을 구현하면서 인간의 길을 끊임없이 가는 것에 다름 아니다. 인간이 자기 본성의 덕을 실현함으로써 자기완성을 추구하는 학을 전통적으로 지혜사랑으로서 철학(Philosophy)이라고 지칭되어 왔다.

일반적으로 과학은 지식의 소유를 목적으로 하지만, 철학이란 그 어원이 암시하듯이 철학하는 주체의 무지의 자각에서 출발하여 끊임없이 지혜를 희구하는 삶의 방식을 지칭한다. 무지無知의 자각과 무전제에서 출발하는 비상대적인 학문으로서 철학은 그 발생 이래 '만학의 여왕' 혹은 '제일학문' 등으로 지칭되면서, 진선미의 통일체로서 만물과 인식의 근원이자 그 자체 선한 도덕의 근원(태양에 비유)을 절대 확실하게 직관하는 것을 목표로 한다. 그런데 이러한 절대 확실한 철학적 인식의 증득은 불완전하고 유한한 인간에게는 결코 완결되거나 소유될 수 없는, 말하자면 부단히 추구되어야 할 영구이념永久理念이다. 바로 이 점에서 지혜사랑의 원조인 소크라테스-플라톤-아리스토텔레스적 전통에서 철학하는 자들은 그들의 학문과 그 자신들을 지칭하여 '지혜(sophia)'나 '지혜로운 자(sophistes)'가 아니라, '지혜사랑(philosophia)'과 '지혜를 사랑하는 자(philosophos)'라고 규정되었다.

파이드로스여, 그를 지혜 있는 자(sophon)라고 부르는 것은 내가 보기엔 너무 높이 올라간 것 같고, 그런 말은 신에게나 적용하면 적절한 것 같네. 그러나 지혜를 사랑하는 자(philosophon) 혹은 그 비슷한 말로 부른다면, 그 자신

도 차라리 동의할 것이고, 보다 더 합당할 것 같네.[30]

　요컨대 지혜를 사랑하는 자는 모든 것을 아는 지자(신)와 자신의 무지조차 알지 못하는 우둔한 자(동물)의 중간 존재이다. 지혜사랑이란 진선미 자체에 대한 에로스의 희구, 곧 "완전한 정신을 향한 불완전한 정신의 자기초월적 귀향 편력(mentis itinerarium ad deum)"[31]이다. 공자가 열다섯에 뜻을 두어 자립하여 평생에 걸쳐 추구하고 좋아한 천인합일 혹은 존재와 당위가 일치하는 성인이 되기를 추구한 학문이란 바로 이러한 지혜사랑으로서 철학 이외에 다른 것이 아니라고 하겠다.

4. 소결

　일반적으로 학學이란 子(아이 자) + 曰(깍지 구:양 손) + 爻(본받을 효, 혹은 지붕 위의 X 자 모양의 나무) + 冖(덮을 멱=蒙)의 회의자로 미몽에 가려 있는(冖=蒙) 자식을 가르치기 위해 두 손으로(曰) 떠밀어 학교(冖)에 넣어 '(성현을) 본받게 한다(效)', 혹은 집안(冖)에서 두 손(曰)으로 새끼 매듭(爻=결승문자)을 지우는 법을 아이(子)가 배운다는 뜻에서 '모방하다·본받다(效)'의 뜻이라고 한다. 그리고 『설문해자』에서는 각오覺悟라고 하고 하여, 배워서 깨친다는 뜻이라고 한다.[32] 요컨대 학이란 어떤 무엇을 무엇에게서 배워서 깨달아 알고, 본받아 체득하여 자기 것으로 만드는 종합적인 활동이다. 즉 자신에게 가리어져 있어(蒙) 알지 못했던 세계를 조명하여 알아서(識:지), 깨닫고(覺), 본받는(效) 활

30 Phaidros, 278d.
31 신오현, 「유가철학의 교학이념」 『철학의 철학』, 문학과지성, 1987, 358쪽.
32 하영삼, 『한자어원사전』, 도서출판3, 2014, 「學」항 참조.

동을 의미한다. 이러한 학이란 말과 대비되는 것이 공부工夫라는 말이다.[33]

자연의 일부 혹은 자연의 산물로서 인간 역시 자연 가운데에서 삶을 영위하면서 생존을 위해 단순한 생존 기술을 발전시켜 왔다. 목수가 나무를 베고 깎고 다듬어 가구와 집을 만들고, 여자가 실을 뽑고 베를 짜서 옷을 짓는 등과 같은 이른바 기술 활동을 발전시켜 왔다. 그래서 데모크리토스는 이렇게 말했다고 한다.

인간은 가장 중요한 일들에 있어 동물의 제자가 되었다. 베를 짜고 수선하는 일은 거미를 모방하여 배우고, 집짓는 일은 제비로부터 배웠으며, 노래하는 일은 새나 백로 또는 꾀꼬리의 지저귐을 모방하여 배우게 되었다.[34]

이렇게 자연이나 동물을 모방하여 배워서, 원재료를 가공하여 인간에게 편리한 수단을 만드는 것이 바로 그리스의 테크네(Techne)의 원뜻이며, 동양의 공부工夫 및 학學(習)의 원뜻이라고 하겠다. 이것은 생물로서의 인간이 생

---

33 工夫라는 말은 '女工田夫'의 준말로 부녀자들이 쉬지 않고 길쌈을 해서 아름다운 옷감을 만들고, 남정네들이 땀을 흘리며 밭을 일궈서 곡식을 만들듯이 쉬지 않고 힘들여 정성을 다해야 한다는 의미에서 형성되었으며, 工夫의 원래 어원은 功夫였다는 것이 일반적인 정설이다. 여기서 工(功)은 工事, 工程을 뜻하고, 夫는 賦役, 勞役이라고 하겠다. 따라서 공부의 원뜻은 '토목이나 건축 공사와 관련한 노역', 그리고 '어떤 일을 하는 데 들이는 정력과 시간'을 뜻한다. 그런데 주로 육체노동에 관련되어 쓰이던 '공부'라는 표현은 性理學의 영향을 받으면서 '道學을 배우고 익히는 데 들이는 정력과 시간'이란 뜻으로 쓰이게 되고, 자연스럽게 '학문이나 기술을 배우고 익힘'을 뜻하게 되었다. 중국에서는 표기가 혼용되었으며 한국에서는 점차 工夫로 표기가 고정되는 한편 일상적인 용법으로는 현재 우리가 알고 있는 개념으로 굳어지게 된다. 중국에서는 공부는 여가나 시간을 뜻하고, 功夫는 원래의 의미 이외에도 중국무술을 의미하는 것으로도 확장된다. 우리말 '공부(工夫)'를 뜻하는 말로 중국에서는 쉐시(學習), 두수(讀書), 넨수(念書), 융쿵(用功)이라 하고, 일본에서도 벤쿄(勉强)라고 쓰고, 工夫는 아이디어라는 뜻으로 쓰인다. 혹은 工夫는 중국어와 관계없는 불교에서 나온 말로 做工夫라고 하여 '불법을 열심히 닦다'의 뜻이었는데, 이 중 做 자가 빠지고 현재의 工夫가 되었다고 한다. 따라서 현재 우리가 사용하는 工夫란 말의 어원은 조선 성리학의 융성과 상관관계에 있다고 볼 수 있고, 성리학은 불교와 많은 연관이 있다. 따라서 원래 工夫 혹은 功夫라는 말에 불교적인 의미가 가미되어 한국적인 工夫라는 말이 형성되었다고 생각한다.

34 신오현, 「기술시대와 인간의 문제」, 『자아의 철학』, 문학과지성사, 1986, 402쪽 참조.

존하는 데 일차적으로 필요한 수요에 대처하기 위하여 신진대사에 소요되는 각종 용품, 즉 의식주를 공급하기 위한 활동, 곧 노동에 종사하는 것을 말한다. 그러나 인간은 자연의 산물이지만, 한갓 소산적 자연에 머물지 않는다. 대자적 존재로서 인간은 자유와 자기의식을 지니고 역사적 · 사회적 관계 상황에서 자각적으로 자기실현을 기도한다. 그렇기 때문에 인간은 단순히 본능과 욕망의 충족을 통해 자기보존에 급급한 동물적 존재자를 넘어서, 문화와 문명의 창시자로 자기정립을 기도할 수 있다. 바로 여기에 생업을 위해 기술을 연마하는 원래적 의미의 공부工夫를 넘어서는 자유인의 인문교양으로서 파이데이아paideia 혹은 삼경(육경)의 문장을 익힘으로써 인간 자질을 함양하는 인문교양(인문학)이 그 존재 근거를 지닌다. 이러한 인문교양으로서 파이데이아 혹은 육경을 익힐 때 비로소 자유인, 즉 공자가 말하는 군자君子가 될 수 있는 자질을 함양한다고 고대인들은 생각했다. 그런데 궁극적인 인간, 혹은 인간의 궁극은 단순히 인간의 자질을 함양하는 데 그치지 않는다. 군자 혹은 철인(Philosopher)은 모든 존재의 궁극 기원(도와 천 혹은 태양)을 인식 · 체득하여 자신을 정립하고 다른 사람 또한 그렇게 되도록 다스리고 교육하는 자로 나아갔을 때 진정한 인간다운 인간, 이상적인 인간이 된다. 『논어』에 나타난 학이란 이러한 도를 인식 · 체득하여 인간다운 인간, 이상적인 인간에 도달하는 것에 그 정점을 두고 있다.

학學과 공부工夫의 어원을 종합하여 좀더 상세하게 설명해 보자. 학學에는 집안(冖)에서 두 손(臼)으로 새끼 매듭(爻=결승문자)을 지우는 법을 아이(子)가 배운다는 뜻이 있고, 공부工夫라는 말의 원뜻 역시 '토목이나 건축 공사와 관련한 노역', 그리고 '어떤 일을 수행하는 데 들이는 정력과 시간'을 의미했다. 그러나 학이란 말의 의미를 획기적으로 변화시킨 인물은 성리학의 완성자인 주자였다고 할 수 있는데, 성리학의 영향으로 공부는 단순히 자연을 개조하는 노력을 넘어서 도학적인 의미를 획득하게 되었다. 주자는 『논어』「학이」

1:1의 주석에서 학습을 '경전의 글을 외우고 익힌다'(誦習)고 해석한 것을 넘어서 다음과 말했다.

> 학學이란 말의 뜻은 '본받다(效)'이다. 사람의 본성은 모두 선하되, 그 깨달음은 선후가 있다. 늦게 깨닫는 자는 반드시 먼저 깨달은 자가 하는 바를 본받아야 비로소 선을 밝히고 그 애초의 본성을 회복할 수 있다. 습習이란 새가 번번이 나는 것이니, 배움을 그치지 않는 것은 마치 새가 번번이 나는 것과 같다. 열說은 기쁜 마음이다. 이미 배우고, 또한 때때로 그것을 익히면 배운 것은 익숙해지고 마음속은 기쁘니, 그 나아감을 스스로 그칠 수 없다.[35]

학이란 단순히 자연을 모방하고 자연을 개조하는 기술을 배우는 것만을 의미하지는 않는다. 또한 학이란 단순히 글이나 책을 외우고 암송하는 것에 머물러서도 안 된다. 그것은 궁극적으로 절대인바, 모든 만물의 근원을 인식·체득하고 인간 본래의 선한 본성을 자각하여 자기정립을 이루면서, 타자 또한 그렇게 되도록 해 주는 자유의 삶을 영위하는 데에로 나아가야 한다. 공자가 말하는 궁극적인 의미의 학이란 학을 통하되 학을 넘어서 자신의 선한 본성을 자각하여 성인의 경지에 도달하고, 이를 미루어 나아가서 타자마저 선한 본성을 회복하게 하여 절대적인 자유의 지평에 도달하는 것을 목표로 한다. 이것이 바로 공자가 "군자는 그릇이 아니다."[36]라고 말한 것의 진정한 의미이다. 그러나 여기서 하나 주의할 것이 있다. 일반적으로 '군자는 그릇이 아니다'라는 말은 『주역』과 『예기』의 다음 언명과 연관하여 해석되는 경향이

---

35 『논어』 1:1의 주자주. "學之爲言效也. 人性皆善, 而各有先後, 後覺者必效先覺之所爲, 乃可以明善, 而復其初也. 習, 鳥數飛也. 學之不已, 如鳥數飛也. 說, 喜意也. 旣學而又時時習之, 則所學者熟, 而中心喜說, 其進自不能已矣."
36 『논어』 2:12. "君子不器."

있다.

> 형이상자를 일러 도라고 하고, 형이하자를 일러 그릇(器)이라고 한다.[37]

> 군자가 말하기를, "위대한 덕성은 하나의 관직에 구애되지 않고, 위대한
> 도는 하나의 그릇에 구애되지 않으며, 위대한 신의는 하나의 약속에 구애되
> 지 않으며, 위대한 계절은 하나의 절기에 구애되지 않는다. 이 네 가지를 살
> 필 줄 아는 자라야 참으로 학문의 근본에 뜻을 둔다 말할 수 있다."[38]

여기에 근거해서 군자란 사농공상 중의 사士에 해당하고, 나머지 농공상은
기器로 간주하여 천시하는 경향이 있어 왔다. 그러나 이는 잘못된 관습적 해
석이라고 할 수 있다. 여기서 구애되지 않는다는 말은 그것을 포함하면서 더
높은 곳으로 비약하는 것을 말한다. 그래서 주자는 다음과 같이 말하였다.

> 주자가 말했다. "군자는 재주와 덕이 출중하다. 덕은 본체이고 재주는 작
> 용이다. 군자는 또한 성인의 본체와 작용을 갖추었지만, 그 본체는 성인만큼
> 크지 못하고, 작용은 성인만큼 오묘하지 못할 따름이다." 물었다. "군자는 그
> 릇이 아니라고 할 때, 군자는 어떤 사람입니까?" 주자가 답했다. "이것은 윗
> 사람과 아랫사람을 통칭하는 것으로 (신분과는 무관하게) 훌륭한 덕과 온전한
> 재주를 갖춘 군자를 말한다."[39]

이렇게 덕은 본체이고 재주는 작용이라고 주자가 말하였듯이, 도는 기器를

---

37 『周易』「繫辭傳」 "形而上者謂之道 形而下者謂之器."
38 『禮記』「學記」 "君子曰 大德不官 大道不器 大信不約 大時不齊 察此四者 可以有志於本矣."
39 『논어』 2:2의 주자세주. 김동인 외 역, 『세주완역 논어집주대전』 한울, 2009, 211쪽.

통해 구현되고, 기는 도를 실현함으로써 자기의 존재의미를 완성한다. 군자는 단지 처한 상황이 무엇이든 간에 자득하지 않음이 없이(無入而不自得) 자신이 할 도리를 다하는 자를 말하지, 조그만 기술적인 기능도 수행하지 못하면서 입으로만 형이상의 도를 말하는 자가 아니다. 기술지, 인문학, 그리고 도학은 인간의 삶과 연관한 학이라는 총체성 속에서 수단-목적이라는 상관 개념으로 함께 논의할 때 비로소 그 본래적 의미가 드러난다. 『논어』에서 공자는 학이라는 말을 이렇게 다양하면서도 체계적으로 사용하고 있다. 물론 공자는 끊임없이 학문을 좋아함으로써 달통하여 절대적인 궁극지에 도달·체득하였음을 암시하고 있다. 또한 그는 오늘날의 인문교양 혹은 인문학을 정초하여 동아시아 문화의 창시자라고 할 수 있을 정도로 심대한 영향을 끼쳤다. 한편으로 공자는 인문학 혹은 절대지의 추구를 강조한 나머지, 기술지 혹은 기학器學의 발전은 오히려 저해했다고 말해지고 있다. 그러나 공자에게 기학에 대한 탐구를 요구하는 것은, 오늘날의 인문학자에게 왜 기술지를 탐구하여, 기술의 발전을 추구하지 않는가 하고 질문하는 것과 같은 우문愚問이라고 할 수도 있겠다. 공자는 당대에 여러 종류의 앎에 대해 두루 해박하여 박학하다고 칭해질 정도로 여러 기술지에 대해서도 능했지만(9:2), 그 자신은 언제나 인간 덕의 함양과 실현에 종사한 인문학의 실천자이자 교육자라고 자임했을 따름이다.

II. 주자와 다산의 학學 개념 해석 비교

　공자는 성인聖人 혹은 인자仁者 등과 같이 고결한 인격으로 지칭되는 것은 겸손히 사양했지만, 그 누구보다도 학문을 좋아한다(好學)고 자부했다.[1] 만일 우리가 『논어』의 가르침(敎)을 학습하여 공자를 본받고자 한다면, 무엇보다도 먼저 학문을 좋아해야 할 것이다. 학습의 예찬으로 시작하는 『논어』는 학學이란 단어가 전체 498장 가운데 도합42장(공자의 직접적인 언명은 32장)에 걸쳐 62회 등장한다. 『논어』란 15세에 학에 뜻을 두고 평생 호학자로 자임하며, 궁극적으로 존재와 당위가 일치하는 성인의 경지를 추구했던 공자의 학문론으로 규정할 수 있다.

　『논어』에 나타난 학學의 개념을 면밀히 조사하여 살펴보면, 그 대상 및 방법과 연관하여 (1) 인간이 자연적인 삶을 유지하는 데 필요한 의식주를 개발하는 데 소용되는 기술 취득을 목적으로 하는 도구적인 기술학(器學), (2) 인간다운 자질과 도리를 함양·훈육하고 인문적인 교양을 배우고 익히는 인문학, 그리고 (3) 궁극자(道, 天)를 깨닫고(上達) 그것이 부여한 인간다운 덕을 자각·체득하여 인간의 자기완성을 목표로 하는 도학道學 혹은 성학聖學으로

1　『논어』 5:27, 7:2-7:3, 15:30 등 참조.

나눌 수 있다.[2] 공자는 이러한 다양한 학의 본래 의미와 한계를 명확히 인식하고 있었다. 그러면서 그는 다양한 기예학技藝學을 넘어서, 바람직한 인간상으로서 군자란 인간의 기본적인 소양을 갖추고, 고경古經의 학습을 통해 교양을 갖추어 인간적인 도리를 수행할 능력을 함양함으로써, 궁극적으로는 자기완성의 성학聖學의 길로 나아가는 존재라고 역설했다. 이 장은 이러한 『논어』의 다양한 학 개념을 기본 전제로 하면서, 학이란 낱말이 나타난 장·절에 대해 『논어』 주석사상 가장 중요한 인물로 간주되는 주자가 그 이전의 고주古注를 어떻게 개신改新하였으며, 나아가 한국의 가장 위대한 주석가인 다산 정약용은 고주古注 및 주자의 신주新注를 어떻게 종합하여 나름의 독자적인 경학 체계를 구축하였는지와 그 특징을 규정하는 것을 목표로 한다.[3]

1. 주자의 『논어』 학學 개념 재해석

주자는 10대 초반 부친 위재韋齋 주송朱松으로부터 『논어』를 익히기 시작하여, 아버지가 돌아가시며 천거한 무이武夷 세 선생(胡憲, 劉勉之, 劉子翬)으로

---

2   이에 대한 선행 연구는 다음을 참조. 신오현, 「유가철학의 교학이념」 『철학의 철학』 문학과지성사, 1988; 임
     원빈, 「공자의 학(學)에 관한 연구」 『공자학』1, 1995; 이재권, 「공자의 교학사상」 『대동철학』24, 2004; 심승
     환, 「공자의 교육사상에 나타난 배움(學)과 사고(思)의 관계에 대한 고찰」 『교육철학』47, 2010; 이광호, 「공
     자의 학문관」 『동서철학연구』 2000. 이경무, 「학(學)과 공자 인학(仁學)」 『동서철학연구』 43, 2007; 서세
     영, 「논어에 나타나는 배움의 의미」 한국외대 석사논문, 2009; 임헌규, 「『논어』에서 學의 의미」 『東方學』33,
     2015; 임헌규, 「공자의 위기지학의 이념과 방법」 『동양고전연구』36, 2009.
3   이와 연관된 선행 연구로는 다음을 참조. 김언종, 「정다산의 주자 『논어』비판(1)」 『민족문화연구』29,
     1996; 김언종, 「정다산의 주자 『논어집주』비판(2)」 『대동문화연구』31, 1996; 김언종, 「정다산의 주자 『논어집
     주』비판(3)」 『중국학보』40, 1999; 김언종, 「정다산의 주자 『논어집주』비판(4)」 『어문논집』47, 2003; 김언종,
     「정다산의 주자 『논어집주』비판(5)」 『한국교육연구』20, 2004. 류준필, 「『論語』경학에서의 '學'개념과 그 인식
     층위」 『한국한문학연구』45. 이철승, 「『논어』의 '학이'1장에 나타난 배움과 익힘의 논리와 의미」 『중국학보』59,
     2010; 전병욱, 「朱子 『論語集註』의 수양론적 해석학-'學' 개념에 대한 해석에 주목하여」 『동양철학연구』59,
     2009; 이영호, 「『논어집주』의 成書過程을 통해서 본 주자 경학의 특징」 『한문학보』9, 2003; 이영호, 「『論語
     集註』의 註釋方式과 그 經學史的 繼承樣相」 『동양학』35, 2004.

부터도 계속해서 배웠다. 그러나 영민했던 그는 이들의 가르침에 완전히 만족하지 못하고, 『논어』에 대한 고금의 여러 학설을 모아 항상 휴대 · 암송하고, 자득한 곳이 있으면 기록했다. 20대의 주자는 호상학파湖相學派 사량좌謝良佐의 『논어해論語解』를 읽고 크게 감발되고, 마침내 30세에는 13편 분량의 『논어집해論語集解』를 편찬한다. 그러나 그는 이 책이 도체道體의 친절처親切處를 제시하지 못하고 있다고 생각하여 계속 정진했다.[4] 31세에 주자는 스승 이연평李延平으로부터 이정자二程子의 학문을 접하게 되면서, 종래의 견해를 뛰어넘는 『논어요의論語要義』를 편집한다. 이 책은 비록 이정자二程子와 그 문인의 학설만 편집한 것이지만, 후의 『논어집주』의 의리義理적 측면의 기반이 되었다는 점에서 중요하다. 이와 함께 주자는 훈고訓詁에서도 큰 성과를 이루고 있었다. 그 결과물이 바로 동몽童蒙들을 위해 편찬한 『논어훈몽구의論語訓蒙口義』이다. 여기서 주자는 이전의 훈고를 취합하면서 육덕명陸德明의 『경전석문經典釋文』에 의거하여 음독音讀을 교정하고, 후의 『논어집주』에 그대로 반영했다. 주자는 이렇게 40세 이전에 이미 훈고訓詁와 의리義理를 포괄하는 종합적 『논어』 주석을 시도했다. 43세에 주자는 이전의 『논어요의』를 넘어서 『논어정의論語精義』를 펴낸다. 이 책에서 그는 이정자二程子의 설을 수집하여 원문 아래에 붙이고, 그 아래에 이전 9가(家)의 설을 취합 · 대조하여 가장 신뢰할 만한 주석을 제시했다.[5] 그러나 주자는 『논어정의』가 한위漢魏 주석가들의 훈고를 미리 전제하고, 송대宋代 도학파道學派들의 학설만 제시했다는 점에서 여전히 미비하다고 생각하고, 종합적인 보완에 착수했다. 그 결과물이 바로 48세(1177)에 1차로 완성했던, 『논어』 연구에서 기념비적인 걸작인 『논어집주論語集註』이다. 그리고 그는 『집주』와 함께 문답으로 구성

---

4   『주자대전』 권39, 「答許順之」 "熹論語說方了第十三篇 小小疑悟時有之 但終未見道體親切處"
5   『주자대전』 권75, 「語孟集義序」 참조.

된 『논어혹문論語或問』을 편찬하여, 자신의 주석을 보완·변론한다. 그런데 주자는 이후 최소 7차례 『집주』의 개정을 시도하지만, 『혹문』은 더 이상 수정·보완하지 않았다. 따라서 현행 『논어집주』가 바로 주자의 최종 견해라고 하겠다. 주자는 『어류』에서 자신의 『집주』를 다음과 같이 평가하였다.

나는 『논어』·『맹자』를 40여 년 동안 이회理會하여 왔는데, 중간에 축자逐字를 써서 치우치지 않게 했다. 배우는 사람들은 주석한 곳을 마땅히 자세히 보아야 한다. 성현의 말씀을 해설할 때는 반드시 의리義理와 서로 접목해야 한다. 예컨대 물(水)이 서로 접해 가면, 물의 흐름이 막히지 않는 것과 같다.[6]

오인보에게 말하길, "나의 『논어맹자집주』는 한 자를 더해서도 안 되고 한 자를 빼서도 안 되니, 그대는 자세히 보라." 또 말하길, "한 글자가 많은 것도 아니고 한 글자가 적은 것도 아니다."[7]

이렇게 주자는 평생에 걸친 『논어』 연구의 결정판인 『집주』가 훈고를 통해 의리와 접목시킨 작품으로 한 글자·한 구절에도 최선을 다했다고 자부했다. 신유학의 집대성자 주자가 이렇게 『논어』 주석에 매진한 것은 이 책이 성인 공자가 직접 가르친 것(敎)으로 우리가 배워야 할 것(學)이 드러나 있는 유일한 기록물로서 숙독·완미해야 한다고 생각했기 때문이다.

왕자충이 '학學'에 대해 질문했다. 주자는 말했다. "성인이 사람을 가르친

---

6 『주자어류』 권75, 61조. "某於論孟 四十餘年理會 中間逐字稱等 不敎偏些子 學者將注處 宜子細看 又曰 解說 聖賢之言 要義理相接去 如水相接去 則水流不礙"
7 『주자어류』 권75, 59조. 語吳仁父曰 "某語孟集注 添一字不得 減一字不得 公子細看." 又曰 "不多一箇字 不少 一箇字."

것이 나타나 있는 것은 단지 『논어』 하나뿐이다. 한위의 유학자들은 단지 훈고만 했다. 『논어』는 모름지기 완미해야 한다. 지금 사람들은 독서를 빨리하기만 하나, 모름지기 숙독해서 체득해야 한다."[8]

요컨대 학이란 성인 공자가 사람을 교육한 것을 배우는 것으로서 가장 신뢰할 만한 전거는 『논어』뿐이며, 이전 한위의 유학자들은 단지 자구의 훈고에 그쳤다. 그런데 모름지기 훈고를 통해 의리를 알고 성인의 가르침을 궁극적으로 체득하는 것이 바로 학의 목표라고 할 수 있다. 그러면서 주자는 『논어』 해설의 시작에서 학에 대해 다음과 같이 말했다.

다만 학의 뜻은 이 책(『논어』)을 읽는 자가 먼저 강구하지 않을 수 없다. 대저 학이란 글자의 뜻을 말하면 자신이 아직 알지 못하거나 능하지 못하여, 알거나 능한 자를 본받는 것(效)을 말한다. 사리事理로 말하면, 무릇 아직 지극하지 못하여 지극하기를 구하는 모든 활동을 학學이라고 할 수 있다. 비록 농사짓기·활쏘기·말부리기와 같이 작은 일 또한 학이라고 할 수 있으니, 그 일에 맞추어 명명한 것이다. (『논어』를 시작하면서) 오로지 학이라고 했으니, 이른바 학이란 어떤 학인가? 대개 애초에 선비가 된 것은 학學을 통해 성인에 이르는 일을 하고자 했기 때문이니, 이천伊川 선생의 이른바 유자지학儒者之學이 그것이다. 대개 이천 선생의 뜻에 따르면, 오늘날의 학은 셋이 있으니, 사장지학詞章之學·훈고지학訓詁之學·유자지학儒者之學이다. 그런데 도에 통하고자 하면 유자지학을 버릴 수 없다. 윤시강尹侍講은 말하길, "학이란 사람이 되는 것을 배우는 것인데, 배워서 성인에 이르는 길 또한 사람이 되는

---

8 『주자어류』 권19, 45항. 王子充問學 曰 "聖人敎人 只是箇論語 漢魏諸儒只是訓詁 論語須是玩味 今人讀書傷快 須是熟方得."

도를 극진히 할 뿐"이라고 했다. 이는 모두 절실하고 긴요한 말이다. 공자께서 뜻을 둔 것, 안자가 배운 것, 자사와 맹자가 전한 학은 모두 이 책에 있다.[9]

　주자는 이렇게 『논어』를 읽는 자가 학의 의미를 먼저 강구해야 한다고 말하면서, 『논어』를 시작하는 「학이」1:1의 '학이시습지學而時習之'를 학의 시작(學之始也), '유붕자원방래有朋自遠方來'를 학의 중간(學之中也), 그리고 '인부지불온人不知而不慍'을 학의 마지막(學之終也) 단계로 규정하고, 이를 『논어』의 강령이라고 말한다. 학의 의미와 연관하여 기존의 고주에서는 그 의미를 용례에 따라 식識과 각오覺悟(『白虎通』, 『說文』) 등으로 제시했다. 그런데 주자는 학이란 말의 뜻을 (1) 아직 알지 못하거나 능하지 못한 자가 이미 알거나 능한 자를 본받아(效) 지극하기를 구하는 모든 활동, 그리고 (2) 치자致知와 역행力行을 겸하는 것으로 박학博學 · 심문審問 · 신사愼思 · 명변明辨 · 독행篤行(『중용』11장)이 모두 학의 일이라고 말한다.[10]

　다음으로 주자는 "비록 농사짓기 · 활쏘기 · 말부리기와 같이 작은(微) 일 또한 학이라고 할 수 있는데, 그 일에 맞추어 명칭한 것이다."라고 말하였다. 즉 『논어』에 나타나는 봉록을 구하는 방법(2:18), 말을 부리고 활을 쏘는 방법(9:2), 농사와 원예를 하는 방법(13:4), 군대를 통솔하는 방법(15:1) 등과 같은 기술(藝)의 체계를 군사학 · 농학 · 원예학 등으로 그 일에 맞추어 명명할 수 있다는 것이다. 그러나 주자는 인간이 삶을 유지하기 위하여 대상을 다루는 기술을 배우는 이른바 'ㅇㅇ학'을 사소한 것(微)이라고 말한다. 주자가 말하는

9　『논어』1:1 앞의 朱子細註. "但學之爲義 則讀此書者不可以不先講也 夫學也者 以字義言之 則己之未知未能 而曉夫知之能之之謂也 以事理言之 則凡未至而求至者 皆謂之學 雖稼圃射御之微 亦曰學 配其事而名之也 而此獨專之 則所謂學者 果何學也 蓋始乎爲士者所以學 而至乎聖人之事 伊川先生所謂儒者之學是也 蓋伊川先生之意 曰 今之學者有三 詞章之學也 訓詁之學也 儒者之學也 欲通道 則舍儒者之學不可 尹侍講 所謂學者 所以學爲人也 學而至於聖人 亦不過盡爲人之道而已 此皆切要之言也 夫子之所志 顔子之所學 子思·孟子之所傳 皆是學也."

10　김동인·지정민·여영기 역, 『세주완역논어집주대전』1, 한울아카데미, 2009, 21쪽.

진정한 학이란 단순히 외적 대상을 다루는 기술을 배우는 것이 아니라, 단적인 학 그 자체이다. 그렇다면 주자가 말하는 학 그 자체는 어떤 학인가? 이천은 당시에 『논어』를 공부하는 사람들의 학을 시가詩歌나 문장文章을 배우는 사장지학詞章之學, 자구와 문장의 뜻을 추구하는 훈고지학訓詁之學, 그리고 인간됨의 도리를 탐구하여 자기완성으로 나아가는 유자지학儒者之學 등으로 나누었다. 주자는 이 세 가지 학 가운데 유자지학, 즉 사람의 도리를 배워 그 도리를 극진히 하여 성인에 이르기를 구하는 학이 바로 공자가 뜻을 둔 것(志于學)이며, 안자가 좋아한 학(顔子所好學)이며, 자사와 맹자가 전한 학으로, 이것이 바로 단적인 학 그 자체라고 말한다. 주자의 학에 대한 이런 이해는 『논어집주』 전체를 관통하고 있다. 그는 『논어』에서 학이란 단어가 나타는 42장[11]의 거의 모든 곳에서 이 관점을 반영하여, 그 이전의 고주古注와 구별되는 새로운 주석을 제시했다. 여기서 학의 대상·내용·방법·목표 등과 연관하여, 주자가 이전 해석자들과 다르게 해석하는 구절을 그의 의도를 부가하여 특징적인 것만을 살펴보면 대략 다음과 같다.

    1:1. 學而時習之:

    고주 : 배우고 때에 맞게 (외워) 익히면(誦習)

    주자 : 배우고(본받아=效) 때때로(늘) 익히면(時時習, 無時而不習)

    2:4. 吾十有五而志于學… 五十而知天命.

    고주 : 열다섯에(成童의 나이가 되어, 지식과 사려가 비로소 밝아졌으므로) 학문에 뜻을 두고, 쉰에 하늘에서 받은 운명運命을 알았다.

    주자 : 열다섯에 학(여기서 학이란 大學이다)에 뜻을 두고, 쉰에 하늘에서 받

---

11 『논어』1:1, 1:6, 1:7, 1:8, 1:14. 2:4, 2:14, 2:18, 5:14, 5:27, 6:2, 6:25, 7:2, 7:3, 7:16, 7:33, 8:12, 8:13, 8:17, 9:2, 9:29, 11:2, 11:6, 11:24, 11:25, 12:15, 13:4, 14:25, 14:37, 15:1, 15:2, 15:30, 15:31, 16:9, 16:13, 17:4, 17:8, 17:9, 19:5, 19:6, 19:7, 19:13, 19:22.

은 명命(=理=性:인간의 본성)을 알았다.

2:14. 學而不思則罔 思而不學則殆.

고주 : (스승으로부터) 배우되 (그 뜻을) 생각하지 않으면 망연茫然하여 터득되는 것이 없고, 생각하되 배우지 않으면 (정신만) 피곤할 뿐이다.

주자 : 배우되 (그 道理를) 생각하지 않으면 어두워 터득되는 것이 없고, 생각하되 배우지 않으면 위태로워진다.

7:33. (若聖與仁 則吾豈敢) 抑爲之不厭 (誨人不倦)

고주 : 그러나 다만 (선왕의 도를) 배우기를 싫어하지 않고

주자 : 그러나 다만 (仁과 聖을) 배우기를 싫어하지 않고

8:17. 學如不及, 猶恐失之.

고주 : (외적인 것을) 배움에서는 (익숙히 하기를) 마치 미치지 못하는 것처럼 하고, 오히려 배운 것을 잃어버리지 않을까 두려워하라.

주자 : (도리를) 배움에서는 마치 미치지 못하는 것처럼 하고, 오히려 배운 것을 잃어버리지 않을까 두려워해야 한다.

14:25. 古之學者爲己 今之學者爲人.

고주: 옛날의 배움이란 자신을 위해 실천하여 행하는 것이지만, 오늘날 배움이란 남을 위한다고 말만 하는 것이다.

주자 : 옛날의 배우는 사람은 자기에게 얻고자 하지만, 오늘날 배우는 사람은 남에게 알려지고자 한다.

14:37. 下學而上達.

고주 : 아래로 배워서 위로 하늘을 인식하니

주자 : 아래로 인사를 배워, 위로 그 이치(天=理)에 통달하니

이렇게 주자 이전의 한위 유학자들의 고주에서는 학을 주로 스승으로부터 전해 들은 것을 배우고, 외어 익히는 것(誦習), 혹은 외적 대상에 대한 지적

인식(識)으로 해설하였다. 이에 대해 주자는 공자의 학을 주로 수기치인修己治人의 도리와 연관시키면서, 그 도리를 체득하여 본받는 데(效)에 중점을 두었다. 나아가 학의 대상과 연관하여 고주에서는 하늘이 내려준 운명, 선왕의 도리, 스승 혹은 선왕이 남긴 글의 뜻을 외워서 익히는 것이라고 말했다. 이에 비해 주자는 학의 대상을 천명의 인간 본성, 인仁과 성聖, 도리, 이치 등으로 제시하면서, 이런 것들을 본받아 체득하여 인간의 도리를 극진히 함으로써 자기완성 즉 성인의 길로 나아가는 것을 목표로 제시한다. 이러한 대비는 『논어』 첫 구절인 "학이시습지學而時習之"에 대한 해석을 면밀히 살펴보면 여실히 드러난다. 이 구절에 대한 고주古注의 소疏(형병)를 보면, 다음과 같다.

> 『백호통』에서 말하길, "학學은 각覺이니, 아직 알지 못했던 것을 깨닫는 것이다." 공자께서 말씀하시길, "배우는 자가 때에 따라 그 경업을 외우고 익혀(誦習其經業) 폐락廢落됨이 없게 하면 또한 기쁘지 아니한가?"[12]

그런데 이에 대한 주자의 주석은 다음과 같다.

> '학學'이란 말의 뜻은 본받는다(效)는 것이다. 사람의 본성은 모두 선하되, 그 깨달음은 선후가 있다. 늦게 깨닫는 자는 반드시 먼저 깨달은 자가 하는 바를 본받아야 비로소 선을 밝히고 그 애초의 본성을 회복할 수 있다.[13]

> 습習이란 거듭 익히는 것이다. 지之란 알게 된 이치와 능하게 된 일을 가리키는 말이다. 사람이 이미 배웠지만 또한 때때로 그 알게 된 이치와 능하게

---

12   정태현·이성민 공역, 『역주논어주소』 전통문화연구회, 2014, 68-69쪽.
13   『논어집주』 1:1의 주자주.

된 일을 익히라는 말이다. 성인의 말씀은 비록 간단하지만 그 가리키는 의미
는 자세하고 세밀하여 끝이 없음이 이와 같다. 성인의 학문은 속학俗學과는
다르다. 성인께서 사람을 독서하도록 가르치심은 다만 학문하는 도리가 무
엇인지를 알게 하려는 것이지만, 속학의 독서는 다만 독서일 뿐이기에 학문
하는 도리가 어떠한지를 알게 할 수는 없다.[14]

여기서 차이점은 우선 (1) 학의 의미에 대해 고주에서는 깨달아 안다(覺, 悟)
고 하여 주로 인지적인 관점에서 해석하지만, 주자는 체득의 관점에서 본받
는다(效)로 해석하였다. (2) 학습의 내용과 방식에 대해서 고주에서는 경서의
학업을 송독하고 복습하기를 그치지 아니하는 것으로 해석하지만, 주자는
학이란 인간의 선한 본성을 선각자로부터 본받아 그 처음을 회복하는 것이
며, 습이란 거듭 익히는 것으로, 알게 된 '이치'와 능하게 된 일을 거듭 익히는
것으로 해석하였다. 요컨대 학습을 고주에서는 경서의 학업으로 송습하고
복습하기를 거듭하는 것으로 해석하였다. 반면에 주자는 학이란 인간의 선
한 본성을 먼저 깨달은 사람을 본받아(學=效) 악에 물들기 이전의 본래 상태
를 회복하는 것이며, 습이란 이치 혹은 일을 익히는 것이라고 해석했다.
　　요컨대 주자가 말하는 학이란 성인에 이르는 길(學以至於聖人之道也:聖學)이
라고 할 수 있는데, 이는 단지 글을 외우고 문장을 짓는 학(記誦·文辭之學)과
차원을 달리한다.[15] 이렇게 정자가 제창한 유자지학의 이념을 수용하면서,
『논어』의 학 개념에 새로운 지평의 해석을 제시한 것이 주자의 업적이라고
할 수 있다.

14　김동인·지정민·여영기 역, 『세주완역논어집주대전』1, 한울아카데미, 2009, 24-25쪽.
15　『논어집주』6:2의 주자주 참조.

2. 다산의 『논어』 학學 개념 원의 회복

다산의 『논어』 학 개념 주석을 고주 및 주자의 신주와 대비하면 다음과 같이 대별해 볼 수 있다. 즉 (1) 고주에 동의하고 주자의 신주를 거부하는 경우, (2) 고주에 반대하면서 주자의 신주에 동의를 표하는 경우, (3) 신주와 고주에 대한 큰 이견은 제시하지 않고, 방대한 고증학적 지식에 의거하여 해석을 심화하는 경우가 있다. 그리고 (4) 학문적 관점에 의해 주자의 성리학적 체계(理氣心性論 및 本然-氣質之性 등)에 의한 『논어』 해석을 거부·비판하는 경우와 (5) 자신의 학문 체계(性嗜好說, 昭事上帝之學 등)를 부가하여 해당 원문을 새롭게 해석하는 경우가 있다.

먼저 (1) 다산이 학學 개념이 나오는 구절에서 주자의 신주를 거부하고, 고주를 따르는 경우로는 7:16, 9:2, 13:4, 14:25, 16:9, 19:5, 19:7 등을 들 수 있는데, 대략적으로 살펴보면 다음과 같다.

7:16(加我數年 五十以學易 可以無大過矣)에 대해 고주에서는 "내 나이에 몇 년을 더하면 쉰이 되니"라고 해석했다. 이에 대해 주자는 『사기』의 연관된 구절을 참조하여 "대개 이때 공자의 연세가 이미 거의 70세에 가까웠으니, 오십五十이라는 글자는 잘못이라는 것을 의심할 여지가 없다."고 말하여 "나에게 몇 년을 빌려주어, 마침내(卒) 『역』을 배울 수 있다면"으로 해석했다. 이에 대해 다산은 다음과 같이 말하면서 고주에 동의한다.

살펴보건대, 이 이전까지 공자는 『역』을 배웠지만, 특히 옛 경전에 쉰에 『역』을 배운다는 구절이 있는 것을 연유로 해서 공자께서 쉰에 가까워지자 옛 말을 암송하면 이렇게 말한 것이니, 오십五十은 잘못된 글자가 아니다.…
살펴보건대, 『사기』의 신뢰성이 『논어』만 못하니, 『사기』에 의거하여 『논

어』를 고칠 필요는 없다.[16]

9:2(大哉孔子!博學而無所成名)에 대해서도 고주에서는 "위대하구나, 공자여! 널리 (道藝를) 배워서, (하나의 기예로만) 명성을 이룬 바가 없구나."라고 해석했다. 이에 대해 주자는 "위대한 공자여! 널리 배웠지만, (하나의 기예로도) 명성을 이룬 바가 없구나."라고 해석했다. 그런데 다산은 "살펴보건대, 대재大哉라는 두 글자는 유감이 없는 말인데, 어찌 애석해 하는 뜻이 있겠는가?'라고 말하면서, 고주가 옳다고 보았다. 또한 13:4(上好信則民莫敢不用情)에 대해, 고주에서는 정情을 정실情實로 보았으나, 주자는 정情을 성실誠實로 해석했다. 여기서도 다산은 고주에 힘을 실어 주고 있다.

그런데 다산이 고주의 해석을 지지한 구절 중 가장 중요한 것은 14:25(子曰 古之學者爲己 今之學者爲人)에 대한 해석이다. 이 구절에 대한 고주와 주자의 해석의 차이는 앞서 제시했다. 그런데 여기서 주자는 정자의 "위기爲己는 자신에게 언어지기를 바라는 것이고, 위인爲人은 남이 알아주기를 바라는 것이다. 옛날 배우는 사람의 위기爲己는 마침내 남을 완성시키는 데 이르고, 오늘날 배우는 사람의 위인爲人은 끝내 자기를 상실하는 데에 이른다."는 언명을 인용한다. 그러면서 그는 "정자의 앞 문단의 낮은 위인爲人은 다만 남이 알아주기를 바랄 따름인 것이고, 뒷 문단의 좋은 위인爲人은 오히려 진짜로 남을 위하려는 것이다. 그러나 일찍이 자기 자신에 대한 공부를 하지 않으면 단지 남을 위할 수도 없을 뿐만 아니라, 끝내 자신마저도 잃어버리고 만다."[17]고 말하여, 자기 자신에 대한 공부에 초점을 두고 이 구절을 해석한다. 이에 대해 다산은 '위爲'는 거성去聲으로 '조助'와 같다고 전제하고 주석을 했다.

---

16 정약용(이지형 역주), 「논어고금주」2, 사암, 2010, 202-207쪽.
17 김동인·지정민·여영기 역, 『세주완역논어집주대전』1, 한울아카데미, 2009.

공안국은 "위기爲己는 실천하여 행하는 것이고, 위인爲人은 남에게 한갓 말만 해 주는 것이다."라고 말했다. 살펴보건대, 몸소 착한 행실을 하면 내가 덕에 나아가게 되고, 입으로 착한 말을 하면 남이 도를 듣게 된다. 위기爲己란 자기에게 유익한 것이고, 위인爲人이란 남에게 유익한 것이다.··· 군자는 몸을 마칠 때까지 명성이 세상에 칭송되지 못하는 것을 유감스럽게 여기니, 아름다운 소문과 명성이 어찌 또한 군자가 싫어하는 것이겠는가? 섭공이 자로에게 공자에 관해 물으니, 자로가 대답하지 못하자, 공자는 '너는 어찌 그의 사람됨이 분발하여 먹는 것을 잊고 즐거워서 근심을 잊고, 늙음이 장차 닥쳐오는 줄도 모른다고 말하지 않았는가?'(7:18)라고 하였으니 공자는 일찍이 남에게 알려지고 싶지 아니함이 없었다. 요컨대 실로 남에게 알려지고 남을 위하여 하는 것이 있게 된 뒤에라야 바야흐로 위인爲人이라 할 수 있으니, 공안국의 주는 아마도 바꿀 수 없을 듯하다.[18]

여기서 주자는 '위인爲人'을 부정적인 의미(남이 알아주기를 바란다)로 해석한 것에 대해, 다산은 공자 또한 명성이 알려지는 것을 싫어하지 않았다는 사실을 예증(7:18)하면서 비판했다. 즉 다산은 행사行事와 실제적 효과의 관점에서 "실로 남에게 알려지고 남을 위하여 행한 것이 있은 이후에야, 바야흐로 위인爲人이 된다."고 말하여, 위인爲人을 긍정적으로 해석(남에게 유익함)하여, 공안국의 고주를 따르고 있다.

그리고 16:9(困而學之)에 대한 해석에서도 다산은 고주를 따르는데, 이는 (4)의 주자의 체계 거부에서 살펴보겠다. 그리고 19:5(日知其所亡 月無忘其所能)에 대해 고주는 '온고이지신溫故而知新'과 연관하여 해석했다. 이에 비해 주자는 "저 온고지신溫故知新은 온고溫故 가운데 새로운 도리를 얻는 것이고, 이것은

---

18 『논어고금주』4, 169-171쪽.

도리어 지신知新으로 인해서 온고溫故를 같이 따라 얻는 것이다."라고 말하여 고주의 해석을 비판했다. 그런데 다산은 다음과 같이 말하여 고주를 따른다.

> 그 얻는 것의 선후로 말하면 온고溫故가 먼저이고 지신知新은 뒤이지만, 그 공부의 완급으로 말하면 지신이 급하고 온고는 느슨하다. 그러므로 저것은 먼저 온고를 말하고, 이것은 먼저 지신을 말했을 뿐, 그 실상은 혹 먼저가 되기도 하고 혹 뒤가 되기도 하니, 구분할 수 없다.[19]

그리고 19:7(君子學以致其道)에서 고주는 치致를 지至로 해석하여 "군자는 배움으로써 그 도에 도달한다."고 해석했으나, 주자는 극極으로 해석하여 "군자는 배움으로써 그 도를 지극히 한다."로 해석하여 도학적 엄격주의를 보여준다. 이에 대해서도 다산은 고주를 따르고 있다.

(2) 학 개념 해석에서 다산이 고주에 반대하면서, 주자의 신주에 적극적인 동의를 표하는 경우를 살펴보면, 1:1, 1:7, 1:8, 9:29, 19:16 등을 들 수 있다.

1:1(學而時習之)에 대해 고주에서는 학습學習을 선왕의 경업을 송습誦習하는 것이며, 시습時習이란 때에 알맞게(적시에) 익히는 것이라고 해석했다. 이에 대해 주자는 학이란 치지致知와 역행力行을 겸하는 것으로 후각자後覺者가 선각자先覺者를 본받는 것(效)이며, 시습時習이란 시시습時時習 혹은 무시이불습無時而不習이라 하여 익힘의 항구성을 강조했다. 이에 대해 다산 또한 학學이란 지知와 행行을 병행하는 것이며, 시습時習에 대한 고주의 해석을 적극 비판하면서 주자의 해석을 받아들인다. 나아가 그는 주자가 1:1의 대의를 학의 강령이라고 한 것과 거의 같은 의미로 다음과 같이 해석했다.

---

19 『논어고금주』5, 358 - 361쪽.

이 장은 자기를 완성하고 다른 사람을 완성해 주는 전체(成己成物之全體)를 말한 것이다. 첫째 절은 자기를 완성하는 일에 관한 것이다. 이미 자기를 완성했으면, 남이 그것을 알아주어 나를 따른다면 즐겁다. 남이 알아주지 않아 나를 으뜸으로 여기지 않더라도 성내지 않는다는 것은 남을 완성해 주는 권한이 자기에게 있지 않다는 것을 밝힌 것이니, 형병의 둔근설鈍根說을 어찌 여기에 연관시켜 기술하겠는가?[20]

요컨대 다산은 1:1의 학이란 말이 반드시 후각자가 선각자의 깨달은 바를 본받는 것만을 의미하는가 하는 문제와 연관해서는 반론을 펼치지만, 전체 대의에서는 주자의 견해에 대체로 동의한다. 즉 학습이란 지행의 병진을 통해 자타의 완성으로 나아가는 도정이라는 것이다. 그렇다면 다산과 주자는 학의 요체와 궁극 목표란 성기성물成己成物의 성인으로 나아가는 데 있다는 점에서 대체로 일치를 보인다고 하겠다.

1:7(賢賢易色)을 고주(황간)에서 "만약 어진 이를 존중하려면 마땅히 그 평상시의 낯빛을 바꾸어 장경莊敬한 용모를 일으켜야 한다."고 해석한 것을 다산은 비판하면서, 주자를 적극 옹호한다.

논박하여 말하면, 황간의 설명은 잘못되었다. 주자가 말하길, 공자가 덕을 좋아하기를 여색을 좋아하듯이 하는 사람을 아직 보지 못했다고 하는 말을 두 차례나 하였고, 『중용』에서도 또한 여색을 멀리하는 것으로써 어진 이를 권면하는 일로 삼았으니(20장), 그 뜻이 이미 분명해졌다. 안색을 바꾸는 것은 거짓으로 꾸미는 경우가 있으니, 여색女色을 좋아하는 마음과 바꾼다고

---

20 『논어고금주』, 77쪽.

할 때 바야흐로 이 구절의 참뜻이 드러난 것만 못하다고 하겠다.[21]

1:8은 논란이 많은 구절이다. 고주에서는 "군자부중즉불위君子不重則不威 학즉불고學則不固"의 고固를 폐蔽로 해석하여 "군자가 중후하지 못하면 위엄이 없고, 배운다면 고폐固蔽하지 않는다."라고 해석했다. 이에 대해 주자는 "고固는 견고堅固이다. 외면에서 가벼운 자는 필시 내면도 견고할 수가 없다. 그러므로 중후하지 못하면 위엄이 없어 배운 것 역시 견고하지 못하다."라고 해석한다. 이에 대해 다산은 다음과 같이 말하면서, 주자의 해석을 옹호한다.

> 공안국은 '고固는 가려진다(蔽)는 뜻'이라고 했다.(형병은 넓게 듣고 잘 기억하면, 안목이 고루하거나 가려지지 않는다고 했다.) 논박하여 말하면, 공안국의 설명은 잘못되었다. 군자부중君子不重과 학즉불고學則不固는 대구가 되지 않는다.[22]

그러나 이 구절에서 다산은 모기령이 "'군자부중즉불고君子不重則不威 학즉불고學則不固' 11자는 그 자체가 1장이 되고, '주충신主忠信 무우불여기자無友不如己者 과즉물탄개過則勿憚改' 3구는 본래 「자한」편의 글(9:24)인데, 여기에 중복되어 있는 것이다."라고 한 설명을 받아 들여, 장절章節의 구분에서는 주자와 의견을 달리한다.

그리고 고주에서는 "자왈子曰 가학공학可與共學 미가여적도未可與適道 가여적도可與適道 미가여립未可與立 가여립可與立 미가여권未可與權."(『집주의』의 9:29)과 "당체지화唐棣之華 편기반이偏其反而 기불이사豈不爾思 실시원이室是遠而 자왈子曰 미지사야未之思也 부하원지유夫何遠之有."(『집주』9:30)를 하나의 장

---

21   정약용(이지형 역주), 『논어고금주』, 105쪽.
22   정약용(이지형 역주), 『논어고금주』, 107쪽.

으로 보고, 연결하여 해석했다. 그런데 주자는 "선유先儒는 이 장을 다음 문장의 편기반偏其反 이하의 구절과 잘못 연결시켜 한 장으로 만들었다. 그러므로 반경합도反經合道의 설이 있었다. 정자가 이것을 비판했으니, 옳다. 그러나 『맹자』의 '형수가 물에 빠졌을 때 손으로 잡아당긴다.' 의미로 추론하면 권權과 경經은 또한 마땅히 구별해야 한다."[23]고 주석했다. 이에 대해 다산 또한 "정자의 논한 바는 준엄하다."고 말한다. 그리고 당나라의 육지陸贄의 「논차환이초립장論替換李楚琳狀」의 "만약 도에 위반되는 것을 권權이라고 하고, 술수에 맡기는 것을 지智라 한다면 역대 많은 상란喪亂과 오랜 간악함이 이로 말미암아 잘못된 것이다."[24]는 말을 인용하면서, 주자의 해석을 적극 옹호했다.

19:16(博學而篤志)에 대해 고주에서는 지志를 지識로 보아 "널리 배우되 (잊지 않게) 돈독하게 기록해 놓고"라고 해석하였지만, 주자는 "널리 배우되 뜻(志)을 독실하게 하고"라고 해석했다. 다산은 이 구절에 대한 공안국, 하안, 태재 순 등의 설명을 차례로 열거하면서, 다음과 같이 말하여 주자의 설명을 적극 옹호한다.

> 이러한 설명들은 모두 거칠고, 조잡하다. 지志를 지識(기록하다)로 간주한 것은 더욱 더 잘못된 것이다.[25]

세 번째로 (3) 맥락에는 큰 차이가 없지만, 다산이 방대한 고증학적 지식에 의거하여 심도 있는 해석을 시도하는 경우를 살펴보자. 기실 다산은 『논어』의 거의 모든 구절에 대해, 그 이전에는 시도하지 못했던 방대한 자료를 원용하여 해석을 심화시키고 있는데, 학이란 낱말이 나오는 구절 역시 예외가 아

---

23 『논어집주』 9:29의 주자주.
24 정약용(이지형 역주), 『논어고금주』2, 431쪽.
25 정약용(이지형 역주), 『논어고금주』5, 363 - 365쪽.

니다. 예컨대 1:1에서는 군자와 붕朋의 원의와 용례를 전거를 통해 자세히 설명하였으며, 2:4에서는 지志, 립立, 불혹不惑, 지천명知天命, 이순耳順, 구矩 등에 대해, 그리고 2:14에서는 망罔과 태殆에 대해, 2:18에서는 궐闕에 대해 기존의 주석에서는 제시하지 못했던 어원과 용례를 제시하여, 주석의 깊이를 더하였다. 또한 6:2에서는 이貳, 6:26에서는 박博과 약約, 7:2에서는 묵默, 7:3에서는 덕德과 강講, 11:24에서는 비費, 17:8에서는 용勇과 강剛, 17:9에서는 관觀, 19:15에서는 취就와 장將, 19:7에서는 사肆, 17:14에서는 도道와 도塗 등에 대해 심도 있게 주석한다. 이러한 다산의 자원에 대한 설명은 그의 주석의 신뢰성을 더욱 높여 주는 역할을 하고 있다.

네 번째로 (4) 주자의 성리학적 학적 체계(理氣論 및 本然-氣質之性)에 의한 해석을 거부·비판하는 경우인데, 1:1, 2:4, 2:18, 6:2, 7:3, 13:4, 14:25, 15:2, 15:31, 16:9, 19:22 등이 그것이다. 그리고 (5) 자신의 학적 체계(性嗜好說 등)를 적극 부가하여 해석하는 경우가 있는데, 1:1, 2:4, 2:18, 7:3, 13:4, 15:2, 15:31, 18:8 등이 그것이다. 이 부분은 다산이 주자의 학문 체계를 비판하고 자신의 관점을 적극 피력하는 것으로 다소 겹치는 점이 있기 때문에 함께 살펴보자.

먼저 1:1을 살펴보면, 앞서 지적했듯이 다산은 이 구절에 대한 주자의 해석을 많은 부분 수용하지만, 결국은 주자의 도학 일변도의 해석을 경계하는 뜻을 표명한다.

> 보완한다. 학學이란 가르침을 받는 것이며, 습習이란 학업을 익히는 것이다. 논박한다. …『예기』「학기」에 "사람이 배우지 않으면, 도를 알지 못한다."고 하였고, 공자는 "나는 열 다섯에 학에 뜻을 두었다."고 하였는데, 이 말들에서는 (학은) 도를 학습한다는 뜻이다. 그리고 『설문』에서 '학이란 각覺이다.'라고 하여, 먼저 깨달은 이가 후에 깨달을 이를 깨닫게 하는 것이라고 말했다. 그러나 이는 글자를 만든 원뜻이기는 하지만, 이 경문(學而時習之)에 마

땅히 인용할 것은 아니다.[26]

요컨대 다산에 따르면, 1:1의 학이란 가르침을 받는 것 일반을 말하는 것이지, 반드시 주자처럼 인간 본성과 연관시켜, 후각자가 인간의 선한 본성을 먼저 깨달은 선각자의 깨달은 바를 본받는 것(效)만 말하는 것이 아니다. 이처럼 다산은 주자가 자신의 인성론적인 체계로 이 구절을 해석하는 것을 경계한다. 다음으로 2:4의 경우를 살펴보자. 이 구절에 대해 주자의 주요 해석은 다음과 같다.

> 사물의 당연함에 의심할 것이 전혀 없으면, 앎이 밝아져 지킴을 일삼음이 없다. 천명은 곧 천도가 유행하여 사물에 부여된 것이니, 곧 사물이 마땅히 그러한 까닭이다. 소리가 들어오면 마음이 통하여 어긋나거나 거스를 것이 없는 것(聲入心通 無所違逆)은 앎의 지극함이니, 생각하지 않아도 얻는다.[27]

> 주자가 답했다. "불혹은 일의 측면에서 아는 것이고, 지천명은 이치의 측면에서 아는 것이고, 이순은 일과 이치에 모두 통하여 귀로 들으면 순하지 않는 것이 없는 것이다."[28]

이와 대비되는 다산의 주요 해석을 살펴보면 다음과 같다.

> 지천명은 상제의 법칙에 순응하여 궁함과 통함이 둘이 아니라는 것을 말한다.… 도심이 주재가 되고 인심이 도심의 명령을 들으면, 마음이 하고자

---

26 『논어고금주』1, 71-73쪽.
27 『논어집주』2:4의 주자주.
28 『세주완역논어집주대전』1, 169쪽.

하는 바를 좇아도 도심이 하고자 하는 바를 좇는 것이 되기 때문에 법도를 넘지 않는다.····지천명은 천덕에 통달한 경지이니, 그 수준이 지극히 높은데, 여기에다 이순이라는 것은 또 그 위의 단계이니, 어찌 이순을 쉽게 말할 수 있겠는가? 비방과 칭찬, 영화와 오욕이 초래하는 것은 무릇 귀에 거슬리는 말이 그 마음에 거슬리지 않을 수가 없기 때문인데, 만약 깊이 천명을 알아 이것이 몸에 배어 혼융하고 순수하게 익으면, 비방과 칭찬, 영화와 오욕은 그 마음을 흔들리게 할 수 없다. 그 마음을 흔들리게 할 수 없으면 곧 그 귀에 거슬리게 할 수 없으니, 이를 두고 이순이라 한다. 후세에 성인을 말하는 사람들은 모두 그를 추존하여 신이神異하고 황홀한 사람으로만 여기고, 그가 성취한 것이 어떤 일인지는 까마득하게 알아보지 못한다. 그리고 '성인은 본래 높고 신성한 존재라서 나에게는 그렇게 될 분수가 아예 없으니, 성인을 흠모한들 무엇 하겠는가.' 하고 생각한다. 이것이 성인이 나오지 않는 원인이며, 도가 마침내 어두워진 까닭이다. 아! 슬픈 일이다.[29]

주자는 불혹不惑이란 사물의 당연함 즉 소당연지칙所當然之則의 리理에 의혹되지 않는 것, 그리고 지천명知天命의 천명天命을 '천도가 유행하여 사물에 부여된 것이니, 곧 사물이 마땅히 그러한 까닭' 즉 소이연지리所以然之理로 해석한다. 이러한 사물에 부여된 리理는 곧 인간에게는 그 본성(性卽理)이 된다. 따라서 오십에 지천명이란 곧 공자가 쉰에 인간의 본성과 근원을 깨달았음을 말한다.

나아가 주자는 이순耳順을 "소리가 들어오면 마음이 통하여 어긋나거나 거스를 것이 없음(聲入心通 無所違逆)은 앎의 지극함이니, 생각하지 않아도 얻는다."고 해석했다. 이렇게 주자는 이학의 측면에서 끊임없는 격물格物 공부를

29 『논어고금주』, 167-169쪽.

통해 활연관통豁然貫通하여, 마침내 마음과 이치가 하나가 되는(心性一如) 측면에서 이 구절들을 설명했다.

이에 대해 다산은 지천명知天命을 상제의 법칙에 순응하여 궁함과 통함이 둘이 아니라고 말하는바, 유학이란 밝게 상제를 섬기는 학(昭事上帝之學)이라는 자신의 정의에 의한 해석을 시도했다. 또한 이순耳順을 싫거나 이치에 거슬리는 소리가 들어와도 마음에 거슬리지 않는다고 하는 수양론적인 해석을 하여, 강조점을 달리했다. 나아가 그는 종심소욕불유구從心所欲不踰矩를 "도심이 주재가 되고 인심이 도심의 명령을 들으면, 마음이 하고자 하는 바를 좇아도 도심이 하고자 하는 바를 좇는 것이 되기 때문에 법도를 넘지 않는다."고 해석했다. 이 또한 상제의 명령인 도심에 대한 인심의 청명聽命을 나타낸 것으로, 다산의 고유한 해석 방식이라고 할 수 있다. 요컨대 2:4의 구절을 주자는 소이연지고이자 소당연지칙의 통일(所以當然之則)로서, 리의 인식과 체득을 통해 심성일여心性一如의 경지에 도달하는 것에 중점을 두고 해석했다면, 다산은 상제의 법칙인 도심에 대한 인심의 완전한 청명의 과정으로 해석했다. 이렇게 공자의 인격 성숙 과정을 주자는 심성일여心性一如의 이학으로, 다산은 소사상제지학의 관점으로 풀이하여 나름으로 고유한 학적 체계에 의한 해석을 시도했다. 이러한 입장의 차이는 14:37의 "하학이상달下學而上達"의 해석에서도 나타난다. 여기서도 주자는 이학理學의 관점에서 해석했다.

> 배우는 것은 사람의 일을 배우는 것이니 형이하의 것이지만, 그 일의 이치는 본디 하늘의 이치이니 형이상의 것이다. 이 일을 배워 그 이치에 통하는 것은 형이하의 것에 근거해 형이상의 것을 깨닫는 것이니, 하늘의 이치를 깨닫는 것이 아니고 무엇이겠는가?[30]

---

30 『논어집주』 14:37의 주자주.

반면에 다산은 소사상제지학昭事上帝之學의 관점에서 해석했다.

> 보충하면 하학下學은 도를 배우는 것을 말하니, 이는 인사人事로부터 시작
> 하는 것이고(곧 孝悌와 仁義이다.) 상달上達은 공부를 쌓아올리는 것을 말하니,
> 이는 천덕天德에 그친다.(곧 이른바 事親에서 시작하여 事天에서 마친다는 것이다.)
> …군자의 도는 사천事天(上天, 上帝를 섬김)에서 마치게 되니, 이를 가리켜 '달
> 達'이라고 한다.[31]

다음으로 2:18과 13:4의 경우를 살펴보자. 2:18에서 자장이 녹봉을 얻는 방
법에 대해 배우고자 한 것(子張學干祿)에 대해, 주자는 "무릇 그 가운데 있다
(在其中)고 말한 것은 모두 구하지 않아도 저절로 이른다는 말이다. 이것을 말
씀하셔서 자장의 잘못을 구제하고 나아가게 하신 것이다. 정자가 말했다. '자
장은 녹을 구하는 방법을 배우고자 한 까닭에 이것으로 알려 주시어 그 마음
을 안정시키고, 이록利祿에 움직이지 않게 하신 것이다. 만약 안연이나 민자
건의 경우라면, 이런 질문은 없었을 것이다.'"[32]라는 말을 인용하여, 도학의
관점에서 이록을 사소한 것으로 간주하고 있다. 이에 대해 다산은 다음과 같
이 질의했다.

> 질의한다. 군자는 일찍이 벼슬하고자 하지 않음이 없지만, 다만 도로써 벼
> 슬하기를 구할 뿐이니, 이른바 '부자께서 구한 것은 다른 사람이 구하는 것과
> 다르다.'는 것이다.… 태재순이 말했다. "유독 안연과 민자건 만이 벼슬하지
> 않으려 했던 적이 없었고, 다만 의롭지 않은 녹을 받지 않았을 뿐임을 정자는

---

31 『논어고금주』4, 199쪽.
32 『논어집주』 2:18의 주자주.

알지 못했다. 자장이 비록 이런 질문을 했지만, 또한 어찌 의롭지 않은 녹을 달게 받는 자였겠는가?"[33]

여기서 다산은 "안연과 민자건 정도의 경지에 오른 제자라면, 녹봉을 얻는 방법을 배우고자 하는 질문을 하지 않았을 것이다."라는 정자의 언명에 질의를 하였다. 요컨대 행사行事를 중시하는 다산의 생각으로는 선비(士)라면 누구나 벼슬(仕)을 하여 자신의 포부를 실현하려고 하기 때문에 벼슬을 얻는 방법을 질문할 수 있다는 것이다. 다만 안회와 민자건의 경지에 오른 인물은 정도正道로써 벼슬을 하고자 한다는 점에서 다른 사람들과 구분되는데, 자장 또한 그런 인물이었다는 것이다. 여기서 다산은 주자의 도학에 경도된 엄숙주의적 해석을 경계했다. 13:4의 경우에도 마찬가지다. 13:4에서 주자는 다음과 같은 양시의 말을 인용했다.

번수는 성인의 문하에 머물면서도 농사와 원예에 대해 물었으니, 뜻이 비루하다. 사양하고 물리치기만 해도 괜찮은데, 나가기를 기다려 그의 잘못을 말한 것은 무엇 때문인가? 대개 그 물음에 대해 공자께서는 농부나 원예사만 못하다고 하셨으니, 거절함이 지극했다.…그러나 그가 이미 나간 뒤에 끝내 깨우치지 못하고 늙은 농부나 원예사를 찾아가 배우기를 구함으로써 그 잘못이 더욱 커질까 두려워하셨다.[34]

이에 대해 다산은 다음과 같이 말하며 적극 비판한다.

---

33 『논어고금주』1, 228쪽.
34 『논어집주』13:4의 주자주.

살펴보건대, 번지가 농사짓는 법을 배우려 한 것은 스스로 농업에 종사하려고 한 것이 아니다. 후직이 몸소 농사를 짓고 천하를 소유한 것 역시 본래 성문聖門에서 칭송·기술했던 것이다.… 번지는 도가 실행되지 않는 것을 알고, 농사짓는 기술을 배워 사방의 백성을 오게 하려고 하였으니, 이 역시 선왕의 도를 배운 자가 두루 다스림의 방도로 취할 수 있는 것이다. 공자께서 배척하신 이유는 예의禮義를 먼저하고 식화食貨를 뒤로 하자는 것이었을 뿐이다. 번지의 이러한 질문이 어찌 반드시 대죄大罪가 되었는가? 『주례』 「태재」의 구직九職에 첫째는 삼농三農이니 구곡九穀을 생산하고, 둘째는 원포園圃이니 초목을 기른다고 했다. 정현鄭玄이 순임금 때 후직을 천관天官이라 이른 것은 근본이 있는 것이다. 성인이 나라를 다스릴 때 농사의 이치에 밝은 자를 얻어 농관農官으로 삼은 뒤에 직職을 다할 수 있었다. 만약 하나같이 농사짓는 일을 엄하게 배척한다면, 사람들이 어떻게 살겠는가? 번지는 본래 공자의 고제高弟인데, 실제로 늙은 농부를 찾아갈 리가 없다. 어찌 한번 공자로부터 배척당했다고 갑자기 평생 동안 공자와 끊을 수 있겠는가?[35]

이 구절에 대한 주석에서 주자는 양시의 글의 인용하여, 농사와 원예를 하는 방법에 대해 질문한 번지를 비루하다고 여기고, 오직 군자의 학인 도학만이 있을 따름이라고 말하는 듯하다. 이에 대해 다산은 농사를 짓는 법 또한 성인의 문하에서 칭송했던 것으로, 나라를 다스릴 때 반드시 농사의 이치에 밝은 사람을 농관農官으로 임용해야 했으니, 공자의 의도는 예의를 먼저하고 식화를 뒤로 하자는 것일 따름이라는 것이다. 앞서 살펴보았지만 주자는 도학적 엄숙주의의 입장에서 인간이 자신의 생업을 해결하기 위해 의식주를 개량하는 기술, 말하자면 'ㅇㅇ학'에 대해 사소한 것(微)이라고 하면서 낮게

---

35 『논어고금주』3, 475-477쪽.

보았다. 그러나 다산은 이러한 기술지(技術學)를 결코 사소한 것이 아니라고 말하면서, 적극적인 의미를 부여했다. 바로 이 점에서 다산은 실용적인 후생을 함께 중시하는 입장에서 학 개념을 재해석했다고 할 수 있다.

6:2에서 다산은 「안자소호하학顔子所好何學」의 불천노不遷怒와 불이과不貳過를 주자와 다르게 해석했다. 즉 그에 따르면, 불천노不遷怒란 주자의 해석인바 갑에게 노한 것을 을에게 옮기지 않는 것이 아니라, 군자가 우환을 도리에 따라 받아들이면서 하늘을 원망하거나 사람을 탓하지 않는 것이라고 말한다. 또한 불이과不貳過란 단순히 이전의 잘못을 다시 범하지 않는 것이 아니라, 다시 한 터럭의 찌꺼기라도 가슴 가운데에 남아 붙어 있지 않게 한 연후에 드디어 불이과不貳過라고 할 수 있다고 했다. 다산은 이 구절을 이렇게 주자의 해석보다 훨씬 깊이 있게 해석하였다.

7:3(德之不修 學之不講)과 연관하여 다산은 "덕이란 본심의 바르고 곧음이며(德者 本心之正直), 학이란 선왕의 도예이다(學者 先王之道藝)."라고 해석하여, 주자의 생득적 덕德 개념을 비판한다. 요컨대 주자에 따르면, "습한 것은 물의 덕이며, 뜨거운 것은 불의 덕이다(濕者 水之德 燥者 火之德)."라고 하듯이, 덕이란 지니고 태어난 고유한 본질적 특성(德得也)을 말한다. 그래서 그는 우리 인간은 마음의 덕으로 인의예지仁義禮智의 본성을 지니고 태어났다고 주장한다. 그런데 본질주의 철학의 정적주의를 비판하고 실천을 중시한 다산은 덕德 자를 '행行+직直+심心'의 결합으로 풀이하여 다음과 같이 말한 바 있다.

> 오직 곧은 성품(直性)으로 나의 곧은 마음(直心)을 행하는 것을 일러 덕이라고 한다(德이라는 글자는 直心을 行한다는 것이다.) 선善을 실행한 후에야 덕이라는 명칭이 성립된다. 행하기 이전에 어떻게 그 몸에 명덕明德이 있을 수 있겠

는가?[36]

이렇게 다산은 후천적인 실천적 덕 개념을 내세워, 주자의 생득주의를 비판했다. 또한 15:23에 대한 해석에서 다산은 일관지도를 충서忠恕로 보는 주자의 입장을 이본설二本說이라고 비판하고, 일관지도는 오직 서恕일 따름이라고 말하여 관계적 인간을 강조하였다. 나아가 다산은 17:8의 육언육폐六言六蔽에 대한 해석에서는 항상 "학을 좋아하지 않으면, '성性의 기호嗜好'가 가려져서 어리석게 혹은 방탕하게 된다." 등으로 해석하면서, 자신의 성기호설을 적극 원용하여 해석했다.

그리고 다산은 16:9의 "곤이지지困而知之" 해석에서 주자의 본연지성-기질지성의 이분법을 비판한다. 여기서 주자는 "곤困은 통하지 못하는 것이 있다는 말이다. 사람의 기질氣質은 같지 않아 대략 이 네 등급이 있다는 말이다."[37]라고 주석했다. 이에 대해 다산은 다음과 같이 말한다.

> 살펴보건대, 학이지지學而知之는 유년 때부터 바른 것으로써 길러 나가는 것이고, 곤이학지困而學之는 유년 때는 배움을 받지 않다가 중년에 와서 분발하는 것이다. 질의한다. 태어나면서 아는 자는 상등이고, 막혀 곤란함을 당했으면서도 배우지 않는 자는 하등이다. 그러나 배운 뒤에 안 자가 가령 배우지 않는다면, 이 또한 장차 막혀 곤란을 당할 것이다. 막혀 곤란을 당했는데도 배우지 않던 자도 가령 분발한다면 이 또한 참여하여 할 수 있는 것이다. 막혀 곤란을 당했는데도 배우지 않기 때문에 하우下愚에 돌아가는 것을, 만약 기질이 본래 하등이기 때문에 그렇다면 한다면 어떻게 (곤이불학을) 허

---

36 『여유당전서』 「大學公義」l. "心本無德 惟有直性 能行吾之直心者 斯之謂德 (德之爲字直心) 行善而後 德之名立焉 不行之前身 豈有明德乎."
37 『논어집주』 16:9의 주자주.

물할 수 있겠는가? 공자께서는 그 성효成效를 논하였기 때문에 이것이 사등분이 되었고, 주자는 기질로써 말하여 또한 이를 사등분하였는데, 이는 아마도 그렇지 않은 듯하다. 만약 서로 가까운 사람의 성품 가운데 이를 세분하여 등급을 한다면, 또 어찌 다만 10층, 100층에 그치고 말겠는가?[38]

이렇게 다산은 주자가 사람을 기질지성氣質之性에 따라 4등급으로 나눈 것을 강하게 비판했다. 다산은 인간에게 자주지권自主之權이 있다고 주장하고, 자주지권이 있기 때문에 인간에게 책임을 물을 수 있으며, 나아가 후천적 학습에 의해 인간의 등급이 나누어진다고 주장했다. 또한 19:22에서 다산은 주자가 "'사람들에게 있다(在人)'란 바로 노담老聃, 장홍萇弘, 담자郯子, 사양師襄 등에 필적할 사람들을 가리킨다. 태묘에 들어가서 매사를 물으셨으니, 태묘의 축사祝史가 또한 한 사람의 스승이다."라고 해석한 것을 비판하고, 육경六經이 공자의 학문이 유래된 바라고 말하여, 공자의 정통성을 규정하였다.

살펴보면, '사람들에게 있다(在人)'란 사람들이 기록한 전적에 실려 있다는 말이지, 사람과 사람 간에 전해졌다는 것을 말하지 않는다. 노담, 장홍, 담자, 사양 등과 같은 이들이 자공의 본뜻이 아니고, 마땅히 육경을 공자의 학문이 유래하는 곳(所從學)으로 삼아야 한다. 그러나 공자 때에 『시』와 『춘추』는 이미 잔결殘缺이 많았다. 그래서 공자께서는 동주의 열국의 시로부터 취하여 『시』를 보완했으며, 노나라 역사를 취하여 『춘추』로 삼았다.[39]

여기서 다산이 '재인在人'을 노담, 장홍, 담자, 사양 등과 같은 인물이 아니

---

38 『논어고금주』4, 511-513쪽.
39 『논어고금주』5, 417쪽.

라, 육경이 공자 학문의 원천이라고 지적한 것은 바로 이단의 학문이 유교에 유입되는 것을 방지하고 유교적 정통성을 정립하기 위한 조치라고 생각된다. 이처럼 다산은 『논어』를 주석함에 있어, 한 구절 한 글자마다 모두 의미를 부여하여 치밀한 해설을 시도했다.

3. 소결

지금까지 우리는 『논어』의 학學 개념이 나타난 구절을 (1) 역사상 가장 중요한 『논어』 주석자인 주자가 그 이전의 해석을 어떻게 개신하면서 자신의 독자적인 해석과 철학 체계의 구축을 시도하였는지를 살펴보고, (2) 다산 정약용이 어떻게 주자 이전의 고주와 주자의 신주를 종합하면서 독자적인 경학 체계를 구축하였는지를 살펴보았다.

주자는 이전 한위의 유학자들이 단지 훈고에만 열중하여 의리를 드러내지 못했다고 생각하고, 훈고를 의리에 접맥하고자 노력했다. 주자는 『논어』라는 책을 성인 공자의 가르침(敎)이 나타나 있는 유일한 책으로 간주하고, 이 가르침을 배우는 것(學)이 가장 중요하다고 생각했다. 요컨대 그에 따르면, 『논어』의 주제는 학이며, 그 첫 구절(1:1)은 학의 강령이며, 학이란 성인에 이르는 길(學以至於聖人之道)이다. 바로 이러한 관점에서 주자는 학學을 선왕先王의 경업을 송습하는 것이라고 규정한 이전의 훈고 및 사장지학을 넘어서, 정자의 이른바 유자지학儒者之學의 이념을 통해 이전의 모든 학 개념에 대한 전면적인 재해석을 시도했다. 요컨대 고주에서는 주로 선왕의 경업, 하늘이 내려준 운명, 스승 혹은 선왕이 남긴 글의 뜻을 송습하는 것을 학이라고 했다. 이와 대비되게 주자는 학을 주로 후각자가 선각자가 깨달은 바를 본받는 데(效)에 중점을 두었다. 그리고 그는 학의 대상을 천명天命, 리理, 인仁, 성聖 등으로 제시하고, 궁극적으로 심성일여心性一如의 성인의 길로 나아가는 것을 목표로 제시한다. 그러나 주자의 학 개념 해석은 엄격한 도학주의적 경향이 강하여, 우리가 생업에 종사하면서 배워야 하는 실용적인 기예技藝로서의 학(예컨대 農學 등)을 사소한 것(微)으로 간주하는 폐단을 초래했다.

다산 정약용은 고주와 주자의 신주의 장단점을 비교하고, 주자 이후의 『논어』 연구의 성과, 그리고 독자적으로 체득한 경학 및 자원字源에 대한 지식을 고루 원용하면서 고유한 학 개념 해석을 시도했다. 그는 나름의 기준과 공평한 관점을 견지하려고 노력하면서, 때에 따라 고주를 따르기도 하고(명시적으로 고주를 따르겠다고 한 구절은 7:16, 9:2, 13:4, 14:25, 16:9, 19:5, 19:7 등 7구절이다), 때에 따라 주자의 신주를 따르고, 혹은 자신의 학적 지식과 소양을 통해 고주와 신주에 대한 좀더 심도 있는 해석을 가하기도 했다. 그런데 이 논구에서 밝혀진 것으로 보자면, 다산이 비록 명시적으로 고주에 따르겠다고 한 구절도 무시할 수 없을 정도로 상당한 부분이 있긴 하지만, 더 많은 부분에서 주자의 해석에 동의하고 있다는 것이다. 특히 그는 학의 목표가 지행의 병진을 통한 성기성물成己成物의 성인에 도달하는 데 있다고 규정한 점에서 학의 대체大體 및 강령에서는 주자의 유자지학의 이념과 그 견해를 같이 하였다고 볼 수 있다. 다만 다산은 농사짓는 법과 같은 기술학을 주자처럼 사소한 것(微)으로 보지 않고, 성인의 문하에서 빼놓을 수 없는 필수적인 것이었다는 것을 중시(13:4)함으로써 주자학의 폐단을 방지하려고 노력했다.

요컨대 다산은 주자가 성리학적 체계에 의해 단적인 학 일반의 이념을 강조함으로써 엄격한 도학주의에 의해 『논어』의 학 개념이 오도되는 것을 방지하려고 노력했다. 즉 다산은 주자가 학을 오로지 이학으로만 환원하는 것을 비판하고, 유학 본래의 소사상제지학昭事上帝之學의 관점에서 행사를 중시하는 방향으로 해석했다. 그래서 그는 농사를 짓는 법과 같은 기술학 등을 사소한 것(微)으로 보는 것이 아니라, 실용적인 관점에서 그 본래의 정당한 지위를 인정하고자 했다. 즉 다산에 따르면, 공자는 농업 등을 사소한 것으로 본 것이 아니라, 단지 이익을 의리에 앞세우는 것을 경계했을 따름이라는 것이다. 그리고 그는 주자의 생득주의적 덕德 개념을 정적주의라고 비판하고, 실천적 행사 위주의 덕 개념을 제시했다. 나아가 그는 결정론적인 경향을 지니는 기질지성에 의한 주자의 인간 해석을 비판하고, 인간의 자주지권自主之權에 의한 후천적 노력을 중시하여 자신의 성기호설性嗜好說 등을 통해 새로운 인간 해석을 내놓았다. 이러한 점들이 바로 『논어』의 학 개념이 나타나는 구절에 대한 다산의 해석의 특징이라고 할 수 있다.

제3장

천 天

I. 『논어』에서 공자의 천天 개념
—고·신주에 대비한 다산 주석의 특징

무엇을 의식하는 대자존재로서 인간은 감관으로 지각되는 실재뿐만 아니라 이념적 대상(수, 기호 등), 그리고 심지어 허구적 상상물에 대하여 다양한 의미와 관념을 부여·창출한다는 점에서 제한적인 의미에서 '우주의 창조자'라고 할 수도 있다. 그런데 인간은 의미 부여와 관념 창출을 통해 학문과 예술을 위시한 다양하고 인간적인 중요한 활동을 수행하기도 하지만, 그 자신이 만든 바로 그 허구적 관념에 사로잡히고 심지어 그것을 숭배하기도 한다. 그래서 종교와 철학에서 신, 상제, 천, 도, 귀신 등과 같이 '궁극 존재'와 결부된 다양한 명칭과 관념들은 진리 자체의 현시를 자각한 인간의 상징체계로 간주되기도 하지만, 인간들이 자신의 의지를 투영하여 창출한 허구적 관념들의 집합체라고 주장되기도 한다.

유교의 실질적인 창시자인 공자의 언행을 기록해 놓은 『논어』에는 궁극 존재와 연관하여 천天(帝)에 대한 수차례의 언명이 나타나 있다. 공자의 천에 대한 언명을 이해하기 위해서는 그 이전의 『시』와 『서』에서의 용례에 대한 이해, 『논어』에서 사용한 맥락과 용례, 그리고 후대의 주석과 평가가 필요하다. 지금까지 이 주제에 대해서는 여러 논의가 있었고, 또한 많은 성과가 있었다.[1] 여기서는 그동안의 연구 성과를 기반으로 하면서, 공자 이전에 천 개념이 제기된 맥락과 전개 과정을 정치사회적인 치원에서 먼저 살펴보고자 한다.(1절) 그리고 『논어』에 공자의 천 개념이 진술된 구절들의 주요 주석(古注와 朱子의 新注)을 제시하고, 이와 대비되는 다산 정약용의 주석을 살펴볼 것이다(2절). 마지막으로 다산의 공자 천天 개념에 대한 주석을 고주 및 신주와 연관하여 대비적으로 살펴보고, 그 맥락과 다산의 의도를 평가해 보고자 한다.(3절)

1. 공자 이전의 천天 개념

'천天' 자는 본래 갑골문에서 머리가 돌출된(一) 사람(人)의 형상으로 '위대偉大한 사람'이란 뜻에서 출발하여, 그 사람이 사후에 거주하는 장소인 하늘(大+一=天), 그리고 그 하늘에 거주하는 신神을 상징했다.[2] 돌출된 머리를 형상했다는 점에서 천天은 고원高遠 · 광대廣大 · 존대尊大를, 그리고 가치론적으로 존경尊敬 · 외경畏敬의 대상으로 그 의미가 점차 확장되었다.[3] 그래서 『설문』의 주석에서는 "천天은 정수리(顚:꼭대기, 이마, 산정, 고개)로서 지극히 높고 필적할 만한 것이 없다(至高無對). '일一'과 '대大' 자의 결합으로 사람이 머리 위

1   김충열, 『김충열교수의 중국철학사1: 중국철학의 원류』 예문서원, 2006; 최문형, 『공자의 천명론과 귀신관』 『동양철학연구』18, 1998; 송정희, 『공자의 天에 관한 연구』 『중국학보』18, 1977; 김선민, 『『예기』「예운」편에 나타난 禮와 天의 관계』 『중국고대사연구』21, 2009; 빈동철, 『고대 중국의 '天'은 '上帝'와 동일한 개념인가?』 『공자학』30, 2016; 이정선, 『선진시대 天사상의 전환과정』 『인문사회』21, 2015; 장영백, 『古代中國의 '天'思想 初探(一)』 『중국어문학논집』4, 1992; 하영삼, 『"鬼" 계열 한자군의 자원으로 살펴본 고대 중국인들의 귀신 인식』 『중국어문학』50, 1997; 김영주, 『공자와 노자의 天·鬼神·道개념과 그 사회사상적 의미』 『사회사상과문화』24, 2011; 김우형, 『정약용의 귀신론-귀신의 재해석과 새로운 마음 개념』 『동양철학』30, 2008; 이승률, 『『荀子』「天論」편의 天人分離論 연구』 『동방학지』156, 2011; 차남희, 『정약용에 의한 천(天) 개념의 변화와 18세기 주자학적 질서의 비판』 『담론201』9(1), 2006; 김성희, 『논어에 나타난 하늘(天)개념과 공자의 종교성』 『동양철학연구』69, 2012; 김수정, 『유교의 생사와 귀신 문제-성리학을 중심으로』 『石堂論叢』33, 2003.
2   벤자민 슈월츠(나성 역), 『중국고대사상의 세계』 살림, 1996, 49~95쪽 참조.
3   최영찬 외, 『동양철학과 문자학』 아카넷, 2003, 196쪽.

에 이고 있는 장소이다(人所戴)."라고 했다. 『석명』에서는 "천天이란 탄연坦然 · 고원高遠한 것이다."라고 했다.[4] 학자들은 다양한 문헌에 나타난 천天 관념을 물질천, 자연천, 주재천, 운명천, 의리천, 조생천造生天, 재행천載行天, 계시천啓示天, 심판천審判天 등으로 세분한다.[5] 그런데 '천天' 자는 현존하는 가장 오래된 문자인 갑골문甲骨文부터 등장하지만, 정치사회적으로 중요한 의미를 지닌 개념으로 등장하는 것은 기원전 11-2세기인 은말주초殷末周初라고 할 수 있다. 좀더 상세히 살펴보도록 하겠다.

자연과의 분화를 아직 명확하게 자각하지 못했던 원시 단계에서 인간은 지역과 민족을 막론하고, 공통적으로 '정령신앙(Animism: Edward B. Tylor, Primitive culture, 1871)'으로 일컬어지는 원시적 종교의식을 행했다. 이때 원시인들은 몽환 · 가사假死 등의 체험을 통해 가변적인 우리의 육체는 유한하여 사멸하지만, 우리의 영혼만은 불변 · 영속한다고 생각하고, 정령 혹은 사령死靈의 개념을 도입했다. 즉 인간은 사후 정령(사령)이 되어 승천하거나 우주공간을 떠다니며, 특히 혈연관계의 사람과 부족 등에 영향을 끼친다고 생각한 것이다. 업 · 윤회 등의 개념이 도입된 것은 바로 이런 현상을 설명하기 위한 것이었다. 나아가 원시인들은 자연계의 다양한 존재자들(天地, 日月, 星辰, 風雨, 山川, 草木 등)에도 정령이 존재한다고 생각하고 백신百神을 숭배하기도 하였으며(범신론적 다신론), 그 정령 또한 인간처럼 호오의 감정을 갖고 인간의 화복을 결정한다고 의인론擬人論적으로 생각하기도 했다.[6]

중국 역사의 출발기로 간주되는 하夏나라 시대의 종교 역시 원시 정령신앙으로서 의인적 다신론의 성격을 띠고 출발했다. '소박한 자연주의'적 경향을 띠었던 이 시대의 천天은 비록 자연 현상 중 가장 크고 뚜렷한 모습으로 파악

---

4   段玉裁, 『說文解字注』 "天 顚也. 至高無二, 從一大, 人所戴也." 『釋名』 "天 坦然高遠也."
5   馮友蘭(박성규 역), 『중국철학사』 까치, 1999, 61쪽 참조.
6   『철학사전』 중원문화, 2009, 「애니미즘Animism」 항목 참조.

되긴 했지만, 지地・수水・화火・풍風・산山・택澤・뇌雷 등과 같은 여러 자연물들 중의 하나로 간주되어, 아직까지 우주의 주재자나 의리의 원천 혹은 운명의 주재자와 같은 특별한 의미를 지닌 존재로 부각되지는 못했다. 그래서 공자는 이 시대의 문화를 다음과 같이 평가했다.

> 하나라의 도는 명命을 존중하여, 귀신을 섬겨 공경하되 멀리하고, 사람을 가까이 하되 충직했다. 봉록을 우선시하고 위엄을 뒤로 했으며, 상을 우선시하고 벌을 뒤로 했으며, 친애하되 차별하지 않았다. 하나라 백성의 폐단은 어리석고 거칠고 질박하여 문채가 나지 않았다.[7]

그런데 부족 간의 전쟁과 정복을 통해 거대한 통일 권력이 형성되고 사회 구조 또한 혈족에 의한 계급적 신분사회로 정착되자, 다신론적 종교 관념에서도 위계적 서열과 역할 분담 그리고 마침내 최고신성最高神性의 관념이 도입된다. 특히 상商(후에 殷)이 토방土方・마방馬方・양방羊方・임방林方 등을 정복하고, 마침내 하夏마저도 무너뜨리고 통일국가를 이루자 그 씨족신인 제帝[8]는 최고신이 되었다. 황하 유역의 여러 지역을 총괄하는 최고신으로서 제帝는 길흉, 화복, 기후, 수렵, 제사, 전쟁 등과 같은 자연 및 인간계에 일어나는 모든 사건들에 대해 계시를 내리는 존재로 인식되고, 기복하는 숭배 대상이 되었다.[9] 즉 제帝는 인간-자연신-조상신-상제로 연결되는 관념 체계에서

---

7 『禮記』「表記」子曰 "夏道尊命, 事鬼敬神而遠之, 近人而忠焉. 先祿而後威, 先賞而後罰, 親而不尊. 其民之敝, 惷而愚, 喬而野, 朴而不文."

8 帝에 대해서는 (1) 꽃꼭지(花蔕)의 帝, (2) 祭天儀式에 사용되던 땔나무를 쌓던 틀(積薪置架), (3) 부락연맹의 軍事首長・天帝 혹은 人王의 뜻을 가진 바빌론의 米 자, (4) 태양광선이 사방을 비추는 형상, (5) 새가 하늘로 날아 오르는 형상에서 引伸된 글자 등으로 설명된다. 최영찬 외, 『동양철학과 문자학』 「帝」항목 및 장영백의 앞의 논문 참조.

9 『詩經』「商頌, 長發」 "帝立子生商… 帝命不違 至于湯齊 湯降不遲 聖敬日躋 昭假遲遲 上帝是祗 帝命式于九圍." 『禮記』「表記」 "殷人尊神, 率民以事神, 先鬼而後禮, 先罰而後賞, 尊而不親. 其民之敝, 蕩而不靜, 勝而無

조상신(譽)들 중의 하나이지만 최고 지위와 역할을 지닌 인격적 존재로 숭배되었는데, (1) 천상에 존재하면서 신들의 위계에 가장 높은 지위를 지닌다는 점에서 상제(地上을 다스리는 帝와 구별됨)라고 칭해졌으며, (2) 비·천둥·바람과 같은 자연현상과 운행을 총괄적으로 주재하여 농업에 영향을 끼침으로써 인간의 경제적 풍흉豊凶을 좌우하고, (3) 인간만사를 주관하여 형벌을 내리는 권능을 지닌 동시에 왕권을 성립시키는 권능의 존재로 간주되었다. 그리고 절대적 주재신격으로서 제帝가 인간사에 개입하여 그 길흉화복을 결정한다고 생각했기 때문에, 인간은 재앙을 피하고 복을 얻기 위해 제사를 올리면서 점占(龜)·복卜을 통해 상제의 뜻을 묻고 그 뜻에 의거하여 중대사에 대해 최후의 결정을 내렸다. 이러한 은의 시대에 대해 공자는 다음과 같이 평가했다.

> 은나라 사람들은 신을 존중하여 백성들을 귀신을 섬기도록 이끌어 귀신을 우선시하고 예를 뒤로 하고, 벌을 우선시하여 상을 뒤로 하였으며, 차별하되 친애하지 않았다. 은나라 백성들의 폐단은 방탕하여 맑지 않고, 이기려고 하면서 부끄러워함이 없었다.[10]

그런데 제帝의 후예로 선민임을 자부하면서 그 지배력을 신권화했던 은 왕조가 그 제후국인 주에 의해 몰락하자, 최고의 절대 신성으로서 제의 권능에 점차 회의를 갖게 된다. 새로운 통일 왕조로 등극한 주는 처음에는 국가의 안정화를 위해 은의 종교적 권위에 일단 의탁하지만,[11] 모든 화복의 근원이었던 상제의 권능과 역할은 더 이상 지속될 수 없었다. 주 초까지는 천天과 제帝의

恥."

10　『禮記』「表記」 子曰, "殷人尊神, 率民以事神, 先鬼而後禮, 先罰而後賞, 尊而不親. 其民之敝, 蕩而不靜, 勝而無恥."

11　특히 『書經』「周書」 多士편 참조.

110 | 3대 주석과 함께 읽는 논어III

관념이 서로 혼용되어, 제帝는 주로 제사에서 최고신의 인간에 대한 지배 작용을 강조할 때,[12] 그리고 천天은 주로 인간 활동과 연관하여 지칭되어 인문주의적 의미로 사용되었다. 그러나 시간이 지나면서 최고신의 명칭은 점차 천天으로 정착된다. 이렇게 주의 시대에 궁극자의 명칭이 상제에서 천으로 대치되었다는 것은 어느 씨족을 선택하여 특별한 축복을 내리는 조상신(민족신)에서, 특정한 부족의 이익을 초월한 보편적 주재자로 절대자의 관념이 변했음을 의미한다. 보편적 궁극자로서 천天은 이제 혈연관계에 의해 혈손血孫에게 신권을 부여하는 것이 아니라, 오직 덕을 지닌 자에게 천자의 지위를 부여하여 덕치를 시행하도록 명령하고, 나아가 천자가 덕을 잃을 때에는 그 명을 거둬들인다. 주 왕조는 이러한 천명사상에 근거하여 자신들의 역성혁명을 정당화하고, 그 후예들에게 경계를 주었다. 즉 상나라 역시 천명을 받아 건국되어[13] 멸망의 순간까지도 천명이 자신들에게 있다고 생각하였지만,[14] 덕을 잃어 천명을 어겼기 때문에 그 명이 옮겨갔다는 것이다.

> 너희 여러 방백들에게 고한다. 하늘이 하夏를 버린 것이 아니며, 하늘이 은殷을 버린 것도 아니다. 오직 너희의 인군과 나라들이 천명을 크게 어겨 많을 죄를 지었기 때문이다.[15]

> 천명은 항상 일정하지 않아서…명령이 하늘로부터 있었는데, 이 문왕에게

---

12 『詩經』「大雅, 大明」 "維此文王 小心翼翼 昭事上帝."
13 『詩經』「商頌, 玄鳥」 "天命玄鳥 降而生商." 이 구절은 '天命'이란 말이 처음 언급된 작품으로 간주된다.
14 『史記』「殷本紀」참조. 『사기』기록에 따르면 문왕(西伯)이 부근의 小國을 정벌했다는 소식을 듣고, 殷의 朝伊가 두려워 떨면서 殷王 紂에게 보고하자, 그는 다음과 같이 말했다고 한다. "천명이 있지 않은가? 西伯이 무엇을 할 수 있겠는가(不有天命乎 是何能爲)?"
15 『書經』「周書, 多方」 "誥告爾多方, 非天庸釋有夏, 非天庸釋有殷. 乃惟爾辟, 以爾多方, 大淫圖天之命, 屑有辭."

명을 내렸다.[16]

요컨대 "하늘이 인군을 세운 것은 백성을 이롭게 하고" "백성들의 양육을 맡겨 본성을 잃지 않도록 하기 위하여"[17] 유덕자에게 천명을 내린 것이다.[18] 그러나 인군이 덕을 잃어 백성들을 잘 다스리지 못하여 그 원성이 하늘에 상달되면,[19] 하늘은 그 명을 거두어 들여 다른 유덕자에게 옮겨 내린다. 이러한 천명사상은 (1) 하은夏殷처럼 귀신을 잘 섬겼지만 멸망한 이유(王의 不德)를 설명하고, (2) 멸망한 은의 유민들로 하여금 덕을 지녔기 때문에 정당하게 새롭게 천명을 받은 주왕조를 배반하지 않도록 훈계하며,[20] 나아가 (3) 자손들로 하여금 수덕修德을 통해 천명을 잃지 않도록 면려[21]하는 효과를 가져왔다.[22]

그런데 이러한 '천명미상天命靡常(不于常)'의 관념은 우주의 궁극 존재에 대한 인간의 지위 및 태도 변화를 함축한다. 궁극 존재는 이제 더 이상 혈연관계에 의해 어떤 한 부족을 선택하거나(祖上神), 단순히 호오의 감정에 의해 화복을 내리면서(인격신) 숭배를 강요하거나, 그 뜻을 일방적으로 전달하는 절대자가 아니다. 인간은 이제 귀복龜卜을 통해 절대자의 신성한 뜻을 일반적

---

16 『詩經』「大雅, 文王之什」 "天命靡常… 有命自天 命此文王."

17 『春秋左傳』「文公13年」 "天生民而樹之君 以利之也." 「襄公14年」 "天生民而立之君 使司牧之 勿使失性."

18 『書經』「周書, 蔡仲之命」 "皇天無親 有德是輔." 「虞書, 皐陶謨」 "天命有德."

19 『書經』「周書, 酒誥」 "오직 덕으로 지내는 그윽한 제사의 향기가 하늘에 상달되지 않고, 단지 백성들의 원망만 크게 드러났다(弗惟德馨香祀, 登聞于天, 誕惟民怨)."

20 『書經』에서 '天命'이란 용어는 武王을 계승한 成王이 德이 모자라서 殷의 遺民들이 반란이 일어나자, 이를 무마하기 위해 연설한 「周書, 大誥」("其有能格知天命, …天命不僭.")에 처음 나타난다. 이기동 역해, 『서경강설』 성대출판부, 2014, 440쪽 참조.

21 『書經』「周書, 大誥」 "내가 하는 일은 하늘의 일이니, 내 몸에 큰 일을 남겨 주고 어려운 일을 던져주시니, 모자라는 나로서는 혼자서 염려하고 있을 겨를이 없다(予造天役 遺大投艱于朕身 越予沖人 不卬自恤)." 「周書, 君奭」 "우리 周가 天命을 받은 것은 무궁한 吉祥일 뿐만 아니라 또한 큰 간난이다(我受命無疆惟休 亦大惟艱)." 「周書, 小誥」 "왕이 천명을 받은 것은 무궁한 경사이지만, 한편으로는 우환이다. 아! 어찌 경신하지 않겠는가(惟王受命 無疆惟休 亦無疆惟恤 嗚呼 曷其奈何不敬)."

22 장영백, 「古代中國의 '天'思想初探(一)」 111-113쪽 참조.

으로 통보받는 존재가 아니라, 자신의 덕을 삼가 조심하여 닦고 밝혀(敬德, 修德, 明德) 천명에 부합할 수 있는(配天), 어느 정도의 주체적 존재가 되었다는 것을 의미한다. 요컨대 궁극 존재와 인간은 덕을 매개로 상호 교류한다. 유교의 천인합일天人合一 사상의 단초는 바로 이렇게 해서 마련되었다. 주초의 천명사상에서 우리는 비록 행위의 근원은 아직 인간 자신 내에 있는 것이 아니라 외재적인 천명에 있기는 하지만,[23] 그 행위를 스스로 감찰하고(敬德) 책임지려했다는 점에서 인문정신의 출현을 볼 수 있다.[24] 공자의 천사상은 바로 여기에 뿌리를 두고 있다. 공자는 이러한 주의 문화에 대해 "주나라 사람들은 예를 존중하고 베푸는 것을 숭상하고, 귀신을 섬기고 공경하되 멀리하고, 사람을 가까이 하되 충직했다. 그 상벌을 작열에 따라 썼으며, 친애하되 차별하지 않았다."[25]라고 평가했다.

2. 공자의 천 개념과 그 해석

『논어』에서 '천天'자는 (天命과 天道는 포함하되, '天下와 天子'를 제외하면) 도합 22회 출현하며, 이 가운데 공자의 말로 기록된 것은 10문장(16회)에 불과하다. 여기서는 공자의 직접적인 언명과 그에 대한 논급이 있는 구절을 대표적인 주석인 고주, 주자주, 그리고 다산주를 중심으로 순서대로 살펴보겠다.[26]

---

23 이 점에서 周初의 윤리는 칸트가 『도덕 형이상학 원론 Grundlegung zur Metaphysik der Sitten』에서 제시한 윤리학이 성립하기 위한 조건 중의 하나인 목적 자체의 정식(목적 자체로서 인간 본성이 윤리법칙의 실질을 제시한다)과 자율의 정식(목적의 왕국에서 자율입법은 준칙의 완전한 규정과 목적의 전체성을 표현한다)을 갖추었다고 하기에는 부족하다.

24 서복관은 이러한 천명에 부합하고자 하는 召命意志를 '憂患意識'이라고 불렀다. 우환의식은 인간의 도덕정신(책임감)의 자각을 의미한다. 서복관이 말한 우환의식은 곧 플라톤-아리스토텔레스가 말한 서양철학의 시작으로서 驚異感(Taumazein)과 그 맥락을 같이한다고 생각된다. 徐復觀, 『中國人性論史』, 商務印書館, 민국76年, 29-5面 참조.

25 『예기』「表記」子曰 "周人尊禮尙施, 事鬼敬神而遠之, 近人而忠焉. 其賞罰用爵列, 親而不尊."

26 『논어』에서 '天'자가 나오는 구절을 살펴보면, 먼저 공자의 언명으로 나오는 것은 다음과 같다. 2:4(子曰

(1) 2:4(子曰 "…五十而知天命.")의 주석을 살펴보자. 이 구절에 대해 고주의 공안국은 "천명의 종시終始를 안 것이다."라고 주석했다. 그리고 형병은 "명命이란 하늘에서 받은 운명"으로 "궁곤하느냐 현달하느냐 하는 천분(窮達之分)을 말하는데, 궁곤과 현달에는 때가 있으니, 때를 기다려 움직여야 한다."[27]고 부연하였다. 요컨대 고주는 (天命의) 명命을 운명의 의미로 해석하면서, 그러한 인간 운명(窮達, 夭壽 등)을 부여하는 주재자를 천天이라고 주석했다. 이에 대해 주자朱子의 신주에서는 "천명이란 천도가 유행하여 사물에 부여된 것(곧 性)으로 곧 사물이 마땅히 그러해야 하는 까닭이다."[28]라고 주석하고, 정자의 "지천명知天命은 이치를 궁구하고 본성을 실현하는 것(窮理盡性)이다."라는 말을 인용했다. 나아가 그는 "불혹은 일의 측면에서 아는 것이고, 지천명은 이치의 측면에서 아는 것이고, 이순은 일과 이치에 모두 통하여 귀로 들으면 순하지 않는 것이 없는 것이다."[29]라고 해석했다. 한편, 주자의 이기론理氣

"…五十而知天命."); 3:13(子曰 "不然 獲罪於天 無所禱也."); 6:26(夫子矢之曰 "予所否者 天厭之 天厭之."); 7:22(子曰 "天生德於予 桓魋其如何."); 8:19(子曰 "大哉 堯之爲君也 巍巍乎唯天 爲大 唯堯則之."); 9:5(子畏 於匡 曰 "文王 既沒 文不在玆乎 天之將喪斯文也 後死者 不得與於斯文也 天之未喪斯文也 匡人 其如予何."); 11:8(顏淵死 子曰 "噫 天喪予 天喪予."); 14:37(子曰 "莫我知也夫" …子曰 "不怨天 不尤人 下學而上達 知我 者 其天乎."); 16:8(孔子曰 "君子 有三畏 畏天命…小人不知天命而不畏也."); 17:19(子曰 "予欲無言" …子曰 "天何言哉 四時行焉 百物生焉 天何言哉") 등이다. 그리고 공자의 직접적인 언명이 아닌 것은 3:24(儀封人 請見曰 "…天下之無道也久矣 天將以夫子爲木鐸."); 5:12(子貢曰 "夫子之文章 可得而聞也 夫子之言性與天 道 不可得而聞也."); 9:6(子貢曰 "固天縱之將聖."); 12:5(子夏曰 "商聞之矣 死生有命 富貴在天."); 19:25(子 貢曰 "夫子之不可及也 猶天之不可階而升也."); 20:1(堯曰 "…天之曆數.") 등이다. 이 가운데 5:12는 자공의 말이지만 공자의 말에 대한 논급이며, 12:5는 공자의 언명이라는 해석이 있기 때문에 여기서 연구 대상에서 다룬다. 이 밖에 天子(3:2), 天下(3:11, 3:24, 4:10, 8:1, 8:13, 8:18, 8:19, 8:20, 12:1, 12:22, 16:2, 17:21, 18:6, 19:20 등)라는 말이 나오지만, 여기서 다루지 않겠다.

27 『논어주소』는 다음을 참조했다. 정태현·이성민 공역, 『역주논어주소』, 전통문화연구회, 2014. 이 책은 편-장-절에 숫자가 기재되어 있다. 간략성을 기하기 위해 이 책을 인용할 때(『주소』라고 표기하고)에는 편장절만 표시하며 인용 면수를 기재하지 않는다.

28 『논어집주』 2:3에 대한 주자주. "天命 即天道之流行而賦於物者 乃事物所以當然之故也 …程子曰 知天命 窮理盡性也." 『논어집주』(이하 『집주』)의 인용은 편장절만 표시한다.

29 『논어집주대전』 2:3에 대한 주자세주. 『논어집주대전』은 다음 책을 참조했다. 김동인·지정민·여영기 역, 『세주완역논어집주대전』1-4, 한울아카데미, 2009. 이 책 또한 편장절이 표시되어 있기 때문에, 인용 쪽수를 제시하지 않고, 편장절로 표시한다.

論에 반대한 다산 정약용은 이 구절을 다음과 같이 해석했다.

'지천명知天命'은 상제의 법칙에 순응하여 궁함과 통함에 흔들리지 않는 것을 말한다.(맹자가 말했다. '요절과 장수에 흔들리지 않고, 몸을 닦아 기다리는 것이 명을 세우는 방법이다:夭壽不貳 修身以俟之 所以立命也「진심상」)···지천명이란 천덕天德에 통달한 경지이다.[30]

다산에 따르면, 천天이란 운명의 법칙을 제정하는 상제를 말하며, 천명이란 인간 운명(窮通과 夭壽 등)을 제정하여 부여하는 상제의 법칙이며, 나아가 지천명이란 이러한 운명의 법칙에 흔들리지 않고 수신을 통해 천덕에 통달하는 것이다.

요컨대, 고주와 다산은 '지천명'의 천을 인간 운명의 주재자로 파악했다면, 주자는 인간에게 본성을 부여하는 천도의 본체로서 소이연지고所以然之故로서의 이치로 파악했다. 나아가 '지천명'을 고주는 하늘이 부여한 운명을 알아 때에 알맞게 처신하는 것으로, 주자는 하늘이 부여한 인간이 마땅히 그러해야 하는 본성의 법칙(이치)을 알아 실천하는 것으로, 그리고 다산은 인간에게 모순적으로 보이는 운명이 상제가 부여한 법칙이라는 것을 요해하여 흔들리지 않고 수신修身으로 덕德을 쌓아 천덕天德에 도달하는 것으로 해석했다.

(2) 3:13(王孫賈問曰 "與其媚於奧寧媚於竈何謂也?" 子曰 "不然 獲罪於天無所禱也.")의 주석을 살펴보자. 이 구절에 대해, 고주의 공안국은 "오奧는 안이니 근신近臣을 비유한 것이고, 조竈는 집정執政을 비유한 것이다. 천天은 임금을 비유한 것이다."라고 주석했고, 형병은 "나의 도의 실행 여부는 당시의 군주에게 달

---

30 『논어고금주』는 다음의 책을 참조했다. 정약용(이지형 역주), 『논어고금주』1-5, 사암, 2010. 이 책의 인용할 때(이하 『고금주』)도 또한 편장절로 본문에 제시한다.

3장: 천天/『논어』에서 공자의 천天 개념 | **115**

려 있기 때문에 중신衆臣에게 구한다고 하여 이루어질 수 없는 것은, 마치 천에 죄를 얻으면 중신에게 빌어서 면할 수 없는 것과 같다.(『주소』)"라고 소疏를 내었다.

이에 대해 주자는 "천이란 곧 이치이니(天卽理也), 그 존귀함은 상대가 될 것이 없으니 아랫목 귀신(인군)이나 부엌 귀신(권신)에 비할 수 있는 것이 아니다. 이치를 거스르면 하늘에 죄를 짓는 것이니, 어찌 아랫목 귀신이나 부엌 귀신에 아부하면서 빌어서 면할 수 있겠는가? 다만 마땅히 이치를 따를 뿐이다.(『집주』)"라고 주석했다.

그런데 다산은 "오奧는 방 서남쪽 모퉁이로 주부主婦 혹은 노부老婦를, 조竈는 찬돌爨突로 밥하는 여인(爨女)을 말한다. 천은 상제를 말한다(天謂上帝). 도를 굽혀 아첨하면 천에게 죄를 얻게 된다. 하늘을 진노케 하면, 중신衆神들의 복을 받을 수 없기 때문에 기도할 곳도 없다(『고금주』)."라고 주석했다.

다산의 비평대로 "오奧가 존귀한 자가 거처하는 곳이라면, 그것은 근신臣이 아니라 인군을 비유한다."는 점에서, 고주의 비유는 타당하지 않다. 따라서 주자의 해석대로, 아랫목 귀신이란 항상 존귀함은 지니고 있지만 제사의 주인이 되지 못하는 당시 실권이 없는 인군을 말한다. 부엌 귀신은 비록 비천하지만 권력을 행사하는 존재이니, 당시의 실권을 지닌 권신을 비유한다. 그런데 공자는 당시 인군에게 충성을 다하면서 권신들의 전횡은 비판했기 때문에, 왕손가가 이런 질문을 하여 공자를 넌지시 떠본 것이다. 그러자 공자는 비록 아무런 말이 없지만(無言), 사시를 운행하고 만물을 화성하여 만물의 존재 근거가 되는 하늘에게서 궁극적인 정당성을 확보해야 한다고 말했다. 요컨대 주자는 오직 지존무대의 천명의 이치만을 따르면 모든 행동이 정당화된다는 의미로 해석했다. 주자와 비교할 때 다산의 해석은 훨씬 현실적이다. 그는 오와 조를 각각 주부와 찬녀로 비유하여 '밥 얻어먹는 것'으로 보고 있다. 그렇지만 글의 맥락을 파악하는 데 차이가 없다고 할 수 있다. 그러나 주자와 다산은 천의 개념에서 의견을 달리한다. 성리학의 집대성자로서 주자는 천이란 단 하나의 이치(天卽理)이므로 그 존귀함에서 그 어느 것도 상대가 될 것이 없기 때문에 오직 이치에 따라 행해야 한다는 뜻이라고 해석했다.

주자가 말했다. "공자께서 '그렇지 않다(不然)'라고 말씀하신 것은 아랫목에 아부하는 것이나, 부엌에 아부하는 것이나 다 잘못이라는 말씀이다. 천하에는 다만 하나의 정당한 도리가 있을 뿐이니, 이치에 따라서 행하면 그것이 곧 하늘이다. 만약 조금이라도 이치를 어기면 그것이 곧 하늘에 죄를 얻는 것이니, 기도를 한다고 하여도 그 죄를 면할 수는 없다."[31]

이에 비해 다산은 천은 상제를 말한다(天謂上帝)고 해석하면서, 도를 굽혀 아첨하면 하늘에 죄를 얻게 되는데, 하늘을 진노케 하면 중신衆神의 복마저도 받을 수 없기 때문에 기도할 곳도 없다고 말한 것으로 주석했다. 즉 주자는 천은 오직 하나의 이치(一理)로서 그 존귀함에서 상대가 없는 형이상자이기 때문에, 오직 이치에 따라 행하면 그것이 곧 천인합일이 된다고 말했다. 이에 비해 다산은 천을 고경의 용어 그대로 상제로 해석하면서, '하늘을 진노케 하면'이라고 표현함으로써 지상신至上神으로 인격적인 천(=上帝)의 법칙을 따르지(順帝之則) 않으면, 천의 주재를 받고 있는 중신衆神들로부터도 복을 받을 수 없다고 해석했다.

(3) 공자의 언명에 대한 자공의 언급인 5:12(子貢曰 "夫子之文章可得而聞也 夫子之言性與天道不可得而聞也.")를 살펴보자.

먼저 "부자지문장夫子之文章"에 관한 주석을 보면, 고주는 "공자의 술작 · 위의 · 예법의 문채 · 형질이 드러난 것(章=明)이다(『주소』)."라고 했고, 주자

---

31 『세주완역논어집주대전』 3:13의 주자세주.

는 "공자의 덕이 밖으로 드러난 것이니, 위의·문사이다(『집주』)."라고 했다. 그리고 다산은 "공자께서 평소 하신 말씀은 『시』·『서』, 그리고 예를 집행하는 것이었다(『술이』)."는 말을 근거로, 여기서의 "문장文章이란 『시』·『서』·『예』·『악』의 학설을 말한다(『고금주』)."라고 설명했다. 그렇다면 여기서 주요 쟁점이 되는 성性과 천도天道에 대한 주석을 살펴보자. 고주는 "성性이란 사람이 (하늘로부터) 부여 받아 태어난 것(人之所受以生也)이고, 천도는 원기元氣가 두루 미쳐 만물이 나날이 새로워지는 도(元亨日新之道)이니, 그 이치가 심오·정미하기 때문에 알아들을 수 없었다는 말이다(『주소』)."라고 주석했다. 그런데 주자는 "성性은 사람이 부여받은 천리(人之所受之天理)이고 천도는 천리·자연의 본체이니, 기실은 하나의 이치(一理)이다."라고 주석하여, 여기서도 리의 개념으로 설명했다. 다산은 『중용』에 나오는 "천명을 일러 성이라 한다(天命之謂性)"고 할 때의 성性과 명命을 말한다고 설명한다. 다산은 성기호설(性嗜好說)의 입장에서 성性과 천도天道를 하나의 이치(一理)라고 주석한 주자를 비판한다. 고주는 기氣철학의 관점에서 성(人之所受以生也)과 천도(元亨日新之道)를 해석하였으며, 주자는 리理철학의 관점에서 성性(人之所受之天理)과 천도天道(天理·自然의 本體)를 하나의 이치(一理)라 하였으며, 그리고 다산은 이기철학을 해체하면서, 『중용』을 인용하면서 성기호설의 입장에서 해석하고 있다.

(4) 6:27(子見南子 子路不說 夫子矢之曰 "予所否者 天厭之!天厭之!")의 '천天'에 대한 해석을 살펴보자. 고주는 "이것은 맹서하신 말씀이다. 여予는 아我이고, 부否는 불不이고 염厭은 버림(棄也)이다. 내가 남자南子를 만난 것이 만약 치도治道를 행하고자 했던 것이 아니었다면, 하늘이 나를 버리기를 원한다는 말이다(『주소』)."라고 주석하면서, "이 장은 공자께서 자기를 굽혀 치도를 행하시기를 구하신 것(屈己求行治道)이다."라고 했다. 이에 대해 주자는 다음과 같이 말하고 있다.

부否는 예에 맞지 않고(不合於禮), 그 도로 말미암지 않는 것(不由其道)을 말한다. 염厭은 버리고 끊음(棄絶)이다. 성인의 도는 크고 덕은 완전하여, 반드시 해야 하는 것과 반드시 하지 말아야 하는 것이 없다(無可不可). 성인께서 악인을 만나신 것은 진실로 '나로서는 만날 수 있는 예법이 있다면, 저쪽의 선善하지 않음이 나와 무슨 상관이 있겠는가?'라고 하신 것이다. (『집주』)

이에 대해 다산은 '부否'라는 한 글자는 '불합어예不合於禮 불유기도不由其道'라는 여덟 글자의 뜻을 내포할 수 없다고 비판하면서 다음과 같이 말한다.

부否는 만나지 않는 것(不見)을 말하고, 염厭은 싫어함(惡)과 같다. 공자가 남자南子를 만난 것은 필시 골육의 은혜를 온전히 하고, 그 사직을 이롭게 하기 위한 것이었기에, 내가 만일 만나지 않는다면, '하늘이 반드시 싫어하실 것이다.'라고 말씀하셨다. (『집주』)

이 장의 대의를 고주는 "공자께서 자기를 굽히고 치도治道를 행하기를 구하기 위해 남자를 만났다."고 정리했고, 주자는 "성지시자聖之時者로서 공자가 남자를 만난 것은 가可 · 불가不可에 구애됨이 없이, 예禮에 합당하게 정도正道(=理)를 행한 것이다."라고 했다. 이와 대비되게 다산은 "골육의 은혜를 온전히 하고, 그 사직을 이롭게 하기 위해 남자를 만났다.(『고금주』)"고 주석하여, 실학實學의 관점에서 해석하였다. 그리고 천天의 해석에서 고주와 주자는 버리고 끊는 주체로 보았지만, 다산은 호오好惡의 주체로 봄으로써 인격적인 의미를 부가했다. 결국 주자는 천즉리天卽理의 입장에서 공자가 리理에 합당한 정도를 행했다고 해석했다면, 다산은 인격천의 입장에서 공익公益의 실천에 힘썼다는 의미로 해석했다.

(5) 하늘이 덕의 원천이라고 말하는 7:22(子曰 "天生德於予桓魋其如予何?")를 살

펴보자. 고주는 "하늘이 나에게 성인의 성품을 내려주어(授我以聖性), 덕이 천지天地와 합치하여 길吉하여 이롭게 하지 않음이 없기 때문에 '장차 나를 어찌하겠느냐?'라고 말씀하신 것이다(『주소』)."라고 주석했다. 이에 대해 주자는 다음과 같이 주석했다.

> 공자께서 '하늘이 이미 나에게 이와 같은 덕을 품부하였으니(天旣賦我以如是之德), 환퇴가 나를 어찌하겠느냐.'라고 말씀하신 것이다. 필시 '하늘(=이치)을 위반하고, 자신을 해칠 수 없을 것이다(不能違天害己)'라는 말씀이다. (『집주』)

고주는 "나에게 성성聖性을 내려주어 그 덕이 천지와 합일하여"라는 표현을 사용하여 주석하였지만, 주자는 공자가 성인 혹은 인인이라는 명칭을 사양했다[32]는 점에서 성성聖性이라는 표현을 쓰지 않고, '이와 같은 덕(如是之德)'이라는 애매한(선천적인가 후천적인가) 표현을 써서 주석했다. 그런데 다산은 이 구절을 주석하면서 고주의 원문에 대한 형병의 설명과 주석(이 장은 공자께서 근심도 두려워함도 없었음을 말한 것이다)을 인용만 하고, 자신의 고유한 설명을 부가하지 않았다. 고주는 "하늘로부터 성성聖性을 내려 받은 공자의 덕이 천지와 합일하여 길吉하면서 이롭게 하지 않음이 없기 때문에 다른 사람으로부터 해를 입지 않으며, 따라서 두려움이 없다."고 해석했다면, 주자는 "하늘로부터 품부된 공자의 덕이 하늘의 이치에 부합하기 때문에 해를 당하지 않는다."고 주석했다. 여기서도 주자는 이치의 관점에서 파악했다.

(6) 8:19(子曰 "大哉!堯之爲君也 巍巍乎!惟天爲大唯堯則之 蕩蕩乎!民無能名焉 巍巍乎!其有成功也 煥乎!其有文章.")의 '천天'에 대한 주석을 살펴보자. 고주의 형병은 다음과 같이 소疏를 내었다.

---

32 『논어』 7:33. 子曰 "若聖與仁 則吾豈敢."

칙則은 법法(본받음)이다.…높고 큰 형상을 지닌 것 중에 오직 하늘만이 가장 커서 만물이 이에 의지해 비로소 태어나고 사시가 운행하는데, 오직 요임금만이 이 하늘의 도를 본받아 교화를 행했다는 말이다. …요임금이 베푼 덕이 광원하여 백성들이 그 덕을 표현할 수 없었다는 말이다.(『주소』)

이에 대해 주자는 "칙則은 준準(기준, 준함, 비등함, 나란함)과 같다. 탕탕蕩蕩은 넓고 먼 것을 지칭(廣遠之稱)한다. 만물 가운데 높고 큼에서 하늘을 넘어서는 것은 없지만, 오직 요임금의 덕만이 그에 비견할 수 있기 때문에 그의 덕이 넓고 원대함 또한 마치 언어로 형용할 수 없는 하늘과 같다(如天)는 말이다(『집주』)."라고 주석했다. 그런데 다산은 이 구절의 주석에서 고주의 공안국의 "칙則은 법法(본받음)이다."라는 해석을 받아들이면서도, '민무능명언民無能名焉'에 대해서는 고주를 비판하고, 한유韓愈가 "요임금의 인仁이 하늘과 같아(如天), 명명·형용할 수 없다는 것이지, 그 이름을 알 수 없다는 것이 아니다."라는 설을 옹호했다. 고주는 "유천위대唯天爲大, 유요칙지唯堯則之"의 '칙則'을 법法(본받다)으로 해석했지만, 주자는 준準(비등, 대등하다)으로 바꾸었는데, 주자의 해석을 옹호하는 쌍봉 요씨는 다음과 같이 말했다.

하늘이 높다는 것은 형체로 말한 것이다. 요임금이 그것을 칙則했다는 것은 덕으로 말한 것이다. 칙則은 곧 준칙準則(비등함)이니, 법칙法則(모범으로 본받음)이 아니다. 준準은 예를 들면 역은 천지에 준한다(如易與天地準:「계사상전」)는 것과 같이, 천지와 평등平等하다는 말이다. 하늘이 이처럼 크고, 요임금의 덕 또한 이처럼 커서 그것과 평등하다는 말이다. 만일 하늘을 본받는다고 말한다면(若言法天) (聖君이 아닌) 현군의 일(賢君之事)일 뿐이다. (『논어집주대전』)

만일 이러한 쌍용 요씨의 주장이 타당하다면, 칙則을 법法의 뜻이라고 하면서, 그 해석에서는 '요임금의 인仁이 하늘과 같아(如天)'라고 말한 다산의 해석은 일관성을 잃었다고 할 수 있다.

(7) 이제 9:5(子畏於匡 曰 "文王旣沒, 文不在茲乎?天之將喪斯文也, 後死者不得與於斯文也天之未喪斯文也 匡人其如予何?")를 살펴보자.

『주소』에는 '문文'에 대한 구체적인 설명이 없지만, 황간皇侃(『義疏』)은 "문왕文王의 문장文章이다."라고 했다. 황간에 따르면, "비록 문왕은 이미 죽었으나, 그 문文이 나(공자)에게 있으니, 이는 하늘이 이 문文을 없애려 하지 않고, 나를 통해 전하려고 한 것이니, 광인匡人들이 하늘의 뜻을 어기고서 나를 해치지 못할 것이다."라는 뜻이다. 주자는 고주의 마융의 말을 그대로 인용했다. 다만 그는 "도가 발현된 것을 일러 문이라 하니(道之顯者謂之文), 대개 예악제도禮樂制度를 말한다. 도라고 말하지 않고 문文이라 말한 것 역시 겸사이다(『집주』)."라고 주석했다.

그런데 다산 또한 "공안국·마융의 주는 순수하여 아무런 하자가 없지만, 오직 이 문文이 무슨 책인지에 대해서 말하지 않았을 뿐이다. 그러나 문왕이 지은 책 가운데 공자의 힘을 입어 후세에 전해진 것은 오직 「단彖」·「상象」뿐이다. 이른바 이 문(斯文)이란 곧 「단」·「상」이 아닌가?'라고 말하여, 고주를 보완했다. 또한 다산은 「질의」를 통해 주자의 문文에 대한 해석을 공박("道를 文으로 바꾸어 말한다고 하여도, 반드시 겸손이 되지는 않는다.")하면서, "사문斯文이란 문왕의 유문(文王之遺文)이다."라고 주장한다.

> 여기서 '문왕의 문(文王之文)'이란 오직 『역』일 뿐이니, 말하지 않아도 자명하다. 만일 도道를 문文이라 했다면, 위로는 요순이 있고 아래로는 주공이 있는데, 하필이면 문왕을 거명했겠는가? 성인께서는 일생 동안 오직 천명만을 들으셨기 때문에 『주역』 한 부部가 그 몸에서 떠나지 않았으니, 광 땅을 지나갈 때 환난이 있어 『주역』을 지칭하여 말하셨을 뿐이다. (『고금주』)

공자가 말한 문왕지문文王之文의 문文에 대해 고주는 단지 '문장文章'이라고 부연했다. 사전적으로 문장文章이란 한 나라의 문명을 이룬 예악·제도 또는 그것을 적어 놓은 글, 그리고 생각이나 감정을 말과 글로 표현한 것 등을 의미한다. 그런데 "문장文章이란 오색五色이 교차하여 문文을 이루고, 흑백黑白이 합해 장章을 이루니, 문文이란 찬연히 문채가 있는 것이고, 장章이란 아름답게 무늬가 있는 것(서사 진씨)" 혹은 "공자께서 평소에 몸소 사람들을 가르치실 때에 드러난 문장(夫子之文章)은 위의문사威儀文辭라 하고, 천하를 다스린 요임금의 문장은 예악법도로 해석한다(신안 진씨: 『논어집주대전』)"[33]는 주석도 있다. 주자는 이 문文을 "도가 발현된 것으로 대개 예악제도를 말한다."고 주석함으로써 사전적인 의미를 따랐다. 그런데 다산은 그의 중형 정약전의 언명을 인용하면서, 문왕지문文王之文이란 "문왕이 남긴 글(遺文)로 『역』의「단」·「상」을 말하며, '자玆'란 공자 자신이 아니라, 공자가 지닌 '간편簡編'을 말한다고 구체적으로 설명했다. 그리고 당시 공자의 흉중에는 이미 「십익十翼」이 갖추어져 있었고, 공자 자신에게는 과거를 계승하여 미래를 개척하는 자(繼往開來者)로서 하늘이 부여한 소명이 있었기 때문에 광 땅의 사람들이 자신을 어떻게 하지 못할 것이라고 밝혔다(『고금주』)."는 것이다. 다산의 해석은 현재 고증학적인 전거를 통해 볼 때에는 다소 무리가 있지만, 실제적인 설명을 시도했던 그의 경학 태도를 엿볼 수 있다. 어쨌든 공자는 의지意志를 지닌 천天으로부터 유래한 문文(선왕의 문장 혹은 선왕의 도)을 전해 받고, 그것을 전할 문화의 수호자로서 역사적 책무를 분명히 의식하고 있었음을 이 구절로 확인할 수 있다.

(8) 11:8(顏淵死 子曰 "噫! 天喪子! 天喪子!")의 천天에 대한 해석을 살펴보자. 고주는 '천상여天喪子'를 "공자께서 안연의 죽음에 마음이 아프고 애처로워 하

---

33 『논어집주대전』 9:5의 세주.

늘이 나를 죽인 것 같다고 말씀하신 것이다(『주소』)."라고 주석했다. 그런데 주자는 도통론의 입장에서 해석한다. 그래서 "도가 전해지지 않음이 마치 하늘이 자신을 버리는 것과 같다고 여기시고 애도하신 것이다(『집주』)."라고 주석했다. 다산 또한 「안案」을 내어 "안연이 죽었을 때 공자의 연세가 이미 70이였으니, 어찌 다시 왕도를 일으킬 뜻이 계셨겠는가? 하늘이 나를 버리셨다는 것은 도가 전해지지 않음을 애도한 것이다. 한유漢儒들은 매번 왕도를 일으킬 보좌역이 없어진 것을 애도한 것처럼 말하나, 매우 그릇되었다(『고금주』)."라고 말하여, 주자와 비슷하게 주석했다.

(9) 공자의 천 개념의 일단을 가장 잘 드러낸 14:36(子曰 "莫我知也夫!" 子貢曰 "何爲其莫知子也?" 子曰 "不怨天不尤人下學而上達 知我者其天乎!")을 살펴보자.

고주는 "공자께서는 세상에 등용되지 못하여도 하늘을 원망하지 않으며,… 아래로 인사를 배워 위로 천명을 안다. 성인은 천지와 그 덕이 합치한다. 그러므로 오직 하늘만이 나를 안다(『주소』)."라는 뜻이라고 주석했다. 그런데 주자는 정자의 "배우는 자는 모름지기 하학상달의 말씀을 지켜 나가야 하니, 곧 배움의 요체이다. 대개 무릇 아래로 사람의 일을 배우는 것이 곧 위로 하늘의 이치에 통달하는 것이다(『집주』)."라는 말을 인용하면서, 다음과 같이 해설한다.

> 배우는 것은 사람의 일을 배우는 것이니 형이하의 것이지만, 그 일의 이치는 본디 하늘의 이치이니 형이상의 것이다. 이 일을 배워 그 이치에 통하는 것은 형이하의 것에 근거해 형이상의 것을 깨닫는 것이니, 하늘의 이치를 깨닫는 것이 아니고 무엇이겠는가? (『집주대전』)

이에 대해 다산은 다음과 같이 말한다.

보완하여 말한다. 하학은 도를 배우는 것(學道)을 말하는 데, 사람의 일에서부터 시작한다(곧 孝弟仁義이다). 상달上達은 공덕을 쌓음(積功)인데, 천덕天德에 이르러서 그친다(곧 말한바, 事親에서 시작하여 事天에서 마친다). 하학下學은 남이 아는 것이다(行事에 나타나는 것이다). 상달上達은 남이 아는 것이 아니다. ○살핀다. 여기에서 저기에 이르는 것을 달達이라고 한다. 공안국의 주석은 '달達'을 '지知'라고 하였으니, 그릇된 것이다(공안국의 뜻은 위로 천명과 통하는 것을 말한다). 군자의 도는 사천事天에서 마치게 되니 이를 '달達'이라고 한다. (『고금주』)

여기서 다산은 고주만 비판하고, 주자의 해석을 직접 비판하지는 않았지만, 차이는 분명히 존재한다. 주자는 "하학이란 형이하의 인사를 배우는 것이며, 상달은 형이상의 이치를 통달하는 것으로, 곧 인사를 배워 이치에 통달하는 것이다."라고 해석했다. 그런데 다산은 여기서 학은 도를 배우는 것이고, 달達은 여기에서 저기에 이르는 것을 말하는데, 우선 인사(孝悌仁義)의 도리를 배우는 것에서 시작하여 배움을 쌓아 올려 사천事天(上天 혹은 上帝를 섬김)에 도달하는 것으로 해석했다. 여기서도 다산은 주자의 이치에 의한 해석을 비판하고, 행사 및 덕의 관점에서 주석하였다. 즉 하학이상달下學而上達을 주자는 형이하의 인사를 배우는 데에서 시작하여 형이상의 천리天理를 통달하는 데 이르는 것이라고 주석한 데 대하여, 다산은 효제인의를 실천하는 데에서 시작하여 덕을 쌓아 하늘(상천, 상제)을 섬기는 데에 나아가는 것을 목표로 한다고 주석했다. 여기서도 다산은 상달上達을 사천事天으로 해석함으로써, 천天을 인격적으로 해석할 수 있는 길을 열어 놓고 있다.

(10) 16:8(孔子曰 "君子有三畏 畏天命畏大人畏聖人之言 小人不知天命而不畏也 狎大人 侮聖人之言.")을 살펴보자. 고주는 "마음으로 열복하는 것(心服)을 '외畏'라 한다. 순종하면 길吉하고 거스르면 흉凶하여, 보답하지 않음이 없기 때문에 천

명을 두려워해야 한다. 또한 천도는 광활하고 요원하기 때문에 소인은 두려워할 줄을 모른다."라고 말하고, 천을 인과응보 혹은 길흉화복의 주재자로 해석했다. 그런데 주자는 여기서도 '천즉리天即理'의 입장에서 주석했다.

> 천명天命이란 하늘이 부여한 바른 이치이다(天所賦之正理也). 천명이 두려워할 만한 것임을 알면 경계하고 삼가고 두려워하는 것을 저절로 그칠 수 없어, 부여받은 중한 책무를 잃지 않을 수 있다(畏=嚴憚之意). 천명을 모르기 때문에, 의리를 알지 못해 이처럼 기탄하는 바가 없는 것이다. (『집주』)

다산은 "순종하면 길吉하고, 거스르면 흉한 것이 천명이다."라고 하여 고주를 수용한 다음, 주자의 천즉리天即理에 의한 주석에 대해 반론을 제기한다.

> 주자는 성性을 리理라고 하였기 때문에, 드디어 천명天命을 리理라고 한 것이다. 비록 그렇다고 할지라도 심성心性에 부여되어 사람으로 하여금 선으로 향하고 악에서 떠나게 하는 것은 진실로 천명天命이고, 나날이 굽어 살펴 착한 사람에게 복을 주고 나쁜 사람에게는 화를 내리는 것도 천명天命이다. 『시경』, 『서경』에서 말한 천명을 어찌 이를 개괄하여 본심의 바른 이치(正理)라고 말할 수 있겠는가? …또 외畏란 공구恐懼한다는 뜻이니, 아마도 단순히 엄탄지의嚴憚之意가 아닌 듯하다. (『고금주』)

군자의 '외畏'에 대해 고주는 심복心服, 주자는 엄탄지의嚴憚之意, 그리고 다산은 『중용』의 언명[34]을 빌려와 공구恐懼라 해석했다. 다산에 따르면 군자가 공구恐懼하는 까닭은 상제가 굽어 살펴보시기 때문이며, 군자가 천명을 외畏

---

34 『중용』1:2. "道也者 不可須臾離也 可離非道也 是故 君子戒愼乎其所不睹 恐懼乎其所不聞."

하는 것은 곧 상제를 섬기는 방법(事上帝)이 된다. 여기서의 쟁점은 역시 천명天命이란 하늘이 부여한 인간 심성의 바른 이치(性卽理)인가, 아니면 따르면 길하고 어기면 흉하게 하며(順吉逆凶), 선하면 복을 주고 음탕하면 화를 주는(福善禍淫) 호오의 감정을 지닌 인격적 주체인가 하는 점이다.

(11) 공자 천天 개념의 대체가 가장 잘 드러난 17:19(子曰 "予欲無言." 子貢曰 "子如不言則小子何述焉?" 子曰 "天何言哉? 四時行焉 百物生焉天何言哉?")를 살펴보자.

여기서 고주는 "이것은 공자께서 하늘이 말을 하지 않아도 령令이 행해진다는 것을 들어서 비유하신 것이다. '하늘이 무슨 말을 한 적이 있었더냐? 그런데도 사시四時의 령令이 번갈아 갈마들고 만물이 모두 철에 따라 생장生長한다. 하늘이 무슨 언어나 교령敎令을 내린 적이 있던가?' 라는 말씀으로, 사람도 말이 없고 단지 행동만 있는 것이 좋지 않겠느냐는 것을 비유한 것이다(『주소』)."라고 주석했다. 그런데 여기서도 주자는 천天을 천리天理로 해석했다.

> 사계절이 운행하고 만물이 생장하는 모든 것이 천리天理가 발현하고 유행하는 실상이니, 말씀을 기다리지 않고도 볼 수 있다. 성인의 모든 행동거지가 오묘한 도와 정밀한 의리의 발현으로 또한 하늘일 따름이니, 말을 기다려 드러나는 것이겠는가? (『집주』)

이에 대해 다산은 "행사行事로써 드러내고자 하신 것이다." 혹은 "하늘은 운행만 있고 말이 없다."라고 하면서, 고주를 적극 인용한다. 그러면서 그는 「질의」를 통해 주자의 해석을 적극 비판한다.

> 백성을 교화하는 데 있어 언어는 말단에 해당한다. 가르치고 깨우침에 입술이 수고롭고 혀가 닳도록 말해도 오히려 따르지 않는 백성이 있다. 묵묵히 몸소 행하고 행사에서 보이기만 해도 오히려 감동하는 백성이 있다. 단지 천

도天道로써 증험하면, 일월성신이 운행하여 사계절이 어긋나지 않고, 풍뢰風雷와 우로雨露가 베풀어져 온갖 만물이 번성해가는 것 또한 묵묵히 스스로 주재할 따름이다. 단지 이치의 발현으로 말한다면, 이치는 지각이 없으니, 비록 말하고자 한들 말할 수 있겠는가?(『고금주』)

여기서도 다산은 "천天은 일리—理일 따름이다(天卽理也)."고 주장한 주자의 해석에 대해, 또 다시 "리理란 옥리玉理 혹은 맥리脈理란 뜻으로 지각이 없는 허탕虛蕩한 것이기 때문에 사시를 운행하고 만물을 화생하는 주재자가 되기에 부족하다."고 주장한다. 요컨대 다산에 따르면, 우주의 사시를 운행하고 만물의 생장을 주재하는 천天은 인격적인 존재로서 지각 능력을 지니고 명령을 내릴 수 있는 주재자主宰者라야 한다는 것이다.

(12) 다음으로 비록 명시적이진 않지만, 공자의 언명으로 간주되기도 하는 12:5(司馬牛憂曰 "人皆有兄弟 我獨亡." 子夏曰 "商聞之矣 '死生有命富貴在天.' 君子敬而無失 與人恭而有禮 四海之內皆兄弟也 君子何患乎無兄弟也?')의 주석을 살펴보자.

고주는 "이 장은 사람은 (사생과 수명은) 운명에 맡기고 현자를 벗해야 함을 말한 것이다."라고 주석하면서, "사람의 사생과 (壽命의) 장단은 각각 품부된 명命이 있고, 재부財富와 위귀位貴는 하늘이 부여한 바에 달려 있으니, 군자는 단지 경신敬愼하여 과실이 없고, 사람들과 사귀되 공손하고 삼가는 예가 있어야 할 뿐이다(『주소』)."라고 말했다. 이에 대해 주자는 다음과 같이 주석했다.

아마도 공자께 들었을 것이다. 명은 처음 태어날 때 품부된 것이니, 지금 바꿀 수 있는 것이 아니다. 천은 작위하지 않아도 자연히 이루니(天莫之爲而爲) 내가 기필할 수 있는 것이 아니다. 다만 순응하여 받아들일 뿐이다. 이미 명命을 편안히 받아들였으면, 또한 마땅히 자신에게 있는 것을 닦아야 한다. (…그러면) 천하의 사람이 모두 형제처럼 사랑하고 공경할 것이라고 또한 말한 것이다. 대개 자하는 사마우의 우려를 누그러뜨려 주고자, 이렇게 부득이한 말을 하였으니, 읽는 자는 말로써 뜻을 해치지 않아야 할 것이다. (『집주』)

여기서 주자가 "말로써 뜻을 해치지 말아야 한다."라고 말한 것의 의도는 다음 구절에 잘 나타나 있다.

「서명」에서도 또한 '백성은 나의 동포이다.'라고 하고, '모두 내 형제이다.'라고 했다. 다만 이것은 '하늘을 아버지로 삼고, 땅을 어머니로 삼는다.'라는 점에서 말한 것이니, 구구절절 '이치는 하나이지만 품부되어 나타남은 다르다(理一而分殊).'는 것을 설명한 것이다. 자하가 말한 '사해가 모두 형제이다.'라는 것은 이치가 하나임을 말한 것에 가까운 듯하지만, '어찌 형제가 없는 것을 걱정하겠는가.'라는 말에 이르러서는 품부되면 다르다라는 것을 몰랐던 것이다. 이것이 『집주』에서 읽는 자는 말로써 뜻을 해치지 말아야 한다는 이유이다.[35]

요컨대 주자는 여기서도 성리학의 절대명제인 '이치는 하나이지만 그것이 실현되어 나타남은 다양하다(理一而分殊).'라는 원리를 통해 설명했다. 이에 대해 다산은 "자하가 인용한 것은 아마도 옛말일 것이다."라고 하여 주자의 해석을 비판하고, 여기서 "중요한 말은 사생유명死生有命이란 구절에 있다. 부귀재천이란 말은 연결된 말이기 때문에 단지 암송한 것이다."라고 말하여 고주를 따른다. 나아가 그는 자하의 말이 지닌 폐단은 "사마우가 아파한 것은 형제에게 있는데, 광활한 말(사해가 모두 형제이다)을 만들어 위로했다는 것"이지, 그 말이 성리학적인 '분수지리分殊之理'의 논리를 위반한 것에 있지 않

---

35 『논어집주대전』 12:5의 운봉 호씨의 세주.

다고 주장한다.

3. 소결

『논어』에서 공자가 말한 천天에 대한 고주, 주자 그리고 다산의 주석을 정리해 보자.

(1) 2:4(知天命)의 천天에 대해 고주는 운명천(궁달지분의 부여자)으로, 주자는 소이연지고所以然之故(知天命=窮理盡性)로서 이치, 그리고 다산은 상제의 법칙(=운명, 知天命=通天德)으로 보았다.

(2) 3:13(獲罪於天)의 천天에 대해 고주는 주재천(인군에 비유)으로, 주자는 지존무대至尊無對의 이치로, 그리고 다산은 인격적 상제(天謂上帝)로서 중신衆神의 통솔자라 했다.

(3) 5:12(性與天道)에 대해 고주는 기氣철학의 입장에서 성性(人之所受以生也)과 천도天道(元亨日新之道)로 해석했고(造生載行天), 주자는 성性(所受之天理)과 천도天道(天理의 本體)는 일리一理라고 하였으며, 그리고 다산은 고주를 수용하면서 성기호설의 입장에서 주자의 리理를 비판했다.

(4) 6:27(天厭之)에 대해, 고주는 주재천(버리는 주체)으로, 주자는 예禮에 합당하게 정도正道(=理)를 행한 것으로, 그리고 다산은 호오好惡의 주체로 봄으로써 인격적인 주재천으로 해석했다.

(5) 7:22(天生德)에 대해 고주는 성성聖性을 내려준 주체(義理天)로, 주자는 "하늘로부터 품부된 공자의 덕이 천리天理에 부합하기 때문"이라고 말함으로써 이치의 관점(義理天)으로 해석했다. 다산은 고주(義理天)를 인용만 하고 주석하지 않았다.

(6) 8:19(惟天爲大)에 대해 고주는 조생造生-재행천載行天(만물이 의지하여 태어나고 사시를 운행)으로, 주자는 덕의 크기를 말하는 광원지칭廣遠之稱(義理天)으

로, 그리고 다산은 고주를 인용(造生-載行天)만 했다.

(7) 9:5(文不在玆乎?天之將喪斯文也)에서 문文(文章, 道之顯者, 遺文)에 대해서는 견해를 달리 하지만, 천에 대해서는 공히 "문文을 없애려 하지 않고, 나를 통해 전하려고 하는 자(주재천)"라고 했다.

(8) 11:8(天喪予)에 대해 고주는 애처로움의 표현으로, 그리고 주자와 다산은 "도가 전해지지 않음을 애도하신 것"이라 하였는데, 주재천에 가깝다고 생각된다.

(9) 14:36(不怨天…下學而上達…其天乎!)에서 고주는 '위로 천명을 안다'고 말한 점에서 주재-운명천, 그리고 '성인은 천지와 그 덕이 합치한다'고 말한 점에서는 의리천으로 해석했다. 주자는 여기서도 이치의 관점(인사를 배워 그 이치에 통한다.)에서 주석했다. 다산은 사친事親(孝弟仁義)에서 시작하여 공덕을 쌓아 사천事天(上天, 上帝)에 도달한다고 말하여, 천天이란 공덕을 쌓아 섬기는 대상으로 제시하였다.

(10) 16:8(畏天命)에 대해 고주는 운·명천(운명에 열복)으로, 주자는 이치(天命이란 하늘이 부여한 바른 이치)로, 그리고 다산은 고주를 수용하면서도 외畏란 상제가 굽어 살피고 있기 때문에 공구恐懼하는 것으로 해석(啓示天?)했다.

(11) 17:19(天何言哉? 四時行焉, 百物生焉)에서 고주는 주재主宰-재행천載行天(하늘이 말을 하지 않아도 순이 행해진다.)으로, 주자는 천리(모든 것은 천리가 발현하고 유행하는 실상)로, 그리고 다산은 고주를 인용하면서, 주자의 이치에 의한 해석(理는 지각이 없으니, 주재할 수 없다.)을 비판했다.

(12) 12:5(死生有命, 富貴在天)에 대해 고주는 운명천(사람은 생사를 運命에 맡기고)으로, 주자는 맹자의 말을 인용(天莫之爲而爲)하면서도 이일분수理一分殊의 관점에서 주석했다. 다산은 고주에 따르면서 성리학적인 '분수지리分殊之理'에 의한 해석을 비판(광활한 말일 뿐이다)했다.

요약하면, 고주는 천天을 궁달지분(운명)의 부여자, 인군에 비유(주재자), 원형일신지도元亨日新之道, 버리는 주체, 성성聖性을 내려주며 만물이 의지하여 태어나고 사시를 운행, 문文의 전수자, 성인의 덕과 합치, 운명에 열복 등의 표현을 사용했다. 이렇게 고주는 공자의 천天을 운명의 주재자이자 도덕의 근원이며, 나아가 만물이 의지하여 태어나게 하고 사시를 운행하는 존재라고 주석했다.

　주자는 천을 소이연지고所以然之故 혹은 지존무대至尊無對의 이치, 성性(所受之天理)과 천도天道(天理의 本體)는 일리一理, 예에 합당한 정도正道(=理), 공자의 덕이 천리에 부합, 광원지칭廣遠之稱(義理天), 도道(=文) 혹은 도통道統의 근원, 형이상의 이치, 천명이란 하늘이 부여한 바른 이치(天所賦之正理也), 모든 것은 천리의 발현이자 유행의 실상, 이일분수理一分殊 등으로 표현했다. 이렇게 주자는 공자가 천을 말한 거의 모든 구절을 리理 개념으로 주석했다. 그가 말하는 리理란 만물의 존재 근거(所以然之故)이자 당위법칙(所當然之則)이다. 하늘은 곧 이치이고(天卽理), 인간이 부여받은 본성 또한 이치(性卽理)일 따름이다(一理).

　다산은 상제의 법칙(=운명), 천덕에 통달, 진노하는 인격적 상제(天謂上帝), 성기호설, 호오의 감정을 지니고 버리는 주체, 도의 전수자, 공덕을 쌓아 사천事天에 도달, 상제가 굽어 살피기 때문에 공구恐懼 등의 표현으로 천 개념을 주석했다. 그런데 『논어』에서 공자의 천 개념을 해석하면서, 다산은 전체 12구절 가운데 최소 8구절에서 고주에 동의하고, 주자의 주석에 대해서는 단지 1구절(11:8: 도의 전수의 측면)만 동의하였다. 그리고 다산은 주자의 리理에 의한 해석에 대해 단 한 번도 동의하지 않았으며, 최소한 다섯 번(5:12, 9:5, 16:8, 17:19, 12:5)에 걸쳐 명시적으로 비판했다. 다산 주석의 특징은 천을 상제로 규정하고, 행사 및 덕의 관점에서 해석한 것에 있다. 『논어』에서 '상제'라는 말은 공자 및 그 제자들은 단 한 차례도 사용하지 않았고, 후대에 편입되었다고 추정되는 「요왈」편에 나타날 뿐이다. 그런데 다산은 2:4(상제의 법칙), 3:13(天謂上帝), 14:36(事天: 天은 上天 혹은 上帝), 16:8(畏=恐懼), 17:19(지각할 수 없으면 주재할 수 없다) 등에서 명시적으로 이 표현을 사용했다. 다산은 다음과 같이 말했다.

주자는 성을 리理라고 하였기 때문에, 드디어 천명을 리理라고 한 것이다. 비록 그렇다고 할지라도 심성에 부여되어 사람으로 하여금 선으로 향하고 악에서 떠나게 하는 것은 진실로 천명이고, 나날이 굽어 살펴 착한 사람에게 복을 주고 나쁜 사람에게는 화를 내리는 것도 천명이다. 『시경』, 『서경』에서 말한 천명을 어찌 이를 개괄하여 본심의 바른 이치(正理)라고 말할 수 있겠는가? 『시경』에 '하늘의 위엄을 두려워하여 이에 보존해 나간다(畏天之威 于時保之, 「周頌, 我將」)'.라고 한 것을 만약에 "마음의 이치를 두려워하여 이에 보존해 나간다(畏心之理 于時保之).'라고 한다면 어찌 통할 수 있겠는가? 『서경』 「강고康誥」에 '오직 천명은 일정한 곳에 머물러 있지 않다(惟命不于常).'라고 하고, 『시경』에 '천명은 일정하지 않다(天命靡常)(「大雅, 文王」).'라고 하였는데, 마음의 바른 이치가 어찌 무상이겠는가? 또 외畏란 공구恐懼한다는 뜻이니, 아마도 단순히 엄탄지의嚴憚之意가 아닌 듯하다.(『고금주』)

다산은 『시』와 『서』에 나타난 '천명'이란 말을 본심의 바른 이치(本心之正理)로 치환하면 그 구절들은 전혀 이해할 수 없는 것이 되므로, 주자의 해석은 잘못되었다고 반론했다. 이는 주자의 성리학과 다산학이 결별하는 결정적인 지점이다. 물론 다산의 이러한 지적들은 상당히 일리가 있다. 그러나 철학적 개념이란 역사가 진행됨에 따라 확장, 심화, 변용된다. 시대 문화의 정화로서 철학은 개념으로 파악된 그 시대 혹은 모든 철학적 개념은 그 시대의 아들이다. 『시』와 『서』의 천명 개념은 주로 군주 한 사람과 교섭하는 경향이 있다.

그러나 공자가 쉰에 천명을 알았다고 말하고, 명을 알지 못하면 군자가 될 수 없다고 선언하고, 나아가 『중용』에서 천명을 인간의 본성이라고 규정한 이래 천명은 이제 운명의 개념 이외에, 인간의 주체에 내재하는 본성의 의미(使命)를 지니게 되었다는 점 또한 간과하지 말아야 할 것이 아닐까?

그렇다면 다산은 왜 이렇게 주자의 '천즉리天卽理'를 적극 비판하면서, '천위상제天謂上帝'를 강조하였는가? 앞서 고찰했듯이, 은주시대를 거치면서 궁극자의 개념은 한 민족의 조상신인 상제로부터 보편적인 주재자이자 도덕의 근원인 천天 개념으로 대치되었다. 그렇다면 다산이 천을 상제로 해석한 것은 보편적인 천으로부터 조상신인 상제에로의 후퇴가 아닌가? 그런데 다산은 천天의 최고성最高性, 영명성靈明性, 그리고 임재성臨在性을 표현하기 위해 '천위상제天謂上帝'라고 말하고, 주자의 천즉리天卽理 입장을 비판했다. 그래서 그는 "리理란 본래 옥돌의 맥리脈理이다.… 가만히 자의를 탐구해 보면 맥리, 치리, 법리를 가차假借한 것"[36]이라는 사실을 들면서, 다음과 같이 말했다.

천하에 영성靈性이 없는 물건은 주재자主宰者가 될 수 없다. 그러므로 한 집안의…한 고을의 우두머리가 어둡고 어리석어 지혜롭지 못하면 한 고을의 모든 일이 다스려지지 않게 된다. 하물며 텅 비고 허탕한 태허太虛의 일리一理가 천지만물의 주재자가 된다면 천지간의 일이 다스려지겠는가?[37]

대저 리理는 어떤 것인가? 리는 애증도 없고 희로도 없고, 텅 비고 막막하여 이름도 없고 형체도 없는데, '우리가 리에서 품부된 성性을 받았다.'라고

---

36 『여유당전서』II, 6:36. 「맹자요의」 "理者本是玉石之脈理… 靜究字義 皆脈理治理法理之假借爲文者." 이 저서의 번역본으로는 다음을 참조했다. 정약용 (이지형 역), 『역주맹자요의』, 현대실학사, 1994.

37 『여유당전서』II-6, 38, 「맹자요의」2. "凡天下無靈之物 不能爲主宰 故一家之長 昏愚不慧 則家中萬事不理 一縣之長 昏愚不慧 則縣中萬事不理 況以空蕩蕩之太虛一理 爲天地萬物主宰根本 天地間事 其有濟乎."

한다면, 그것은 도가 되기 어렵다.[38]

요컨대 다산에 따르면, "천을 상제라고 하는 것은 나라님(國君)을 나라(國)라고 말하는 것과 같다."[39] 바로 이런 이유에서 다산은 주자의 리理철학과 연관하여 "지금 사람들이 성인聖人을 희구하나 될 수 없는 세 단서가 있다. 하나는 천天을 리理로 인식하는 것, 인仁을 리理로 인식하는 것, 그리고 용庸을 평상平常으로 인식하는 것이다."라고 주장한다. 이런 주장을 통해 그는 요순堯舜-주공周公-공자지도孔子之道로 이어지는 본원유학(昭事上帝之學)의 회복을 목표로 한다. 그에 따르면 본원유학은 상제上帝(天)를 올바르게 통찰하고, 신독愼獨으로 상제上帝를 섬기고, 서恕에 힘써 인仁을 구하기를 끊임없이 하여 성인에 이르는 것을 목표로 한다.[40] 바로 이것이 다산이 천을 상제로 해석한 이유라고 할 것이다.

---

38 『여유당전서』 II-6, 37, 「맹자요의」 2. "夫理者何物 理無愛憎 理無喜怒 空空漠漠 無名無體 而謂吾人稟於此而受性 亦難乎其爲道矣."

39 『여유당전서』 II-6, 38, 「맹자요의」. "鏞案天之主宰爲上帝 其謂之天者 猶國君之稱國 不敢斥言之意也 彼蒼蒼有形之天 在吾人不過爲屋宇帡幪 其品級不過與土地水火 平爲一等 豈吾人性道之本乎."

40 『여유당전서』 II-2, 40, 「심경밀험」. "今人欲聖而不能者 厥有三端 一認天爲理 一認爲生物之理 一認庸爲平常 若愼獨以事天 強恕以求仁 又能恒久而不息 斯聖人矣."

제4장

도道·덕德

I. 『논어』에서 도·덕의 의미

　이 장은『논어』이전에 도道·덕德 개념이 어떻게 형성되었으며, 공자는 이 개념을 어떻게 수용·발전시켰는지, 나아가 이 개념의 형성과 발전 과정에서 공자의 의의와 한계는 어디에 있는지를 구체적·실증적으로 제시하는 것을 목적으로 한다.

　먼저 '도 개념의 유래와『논어』에서 도'라는 표제 하에서(1절)『논어』이전 도 개념의 형성에 대해 살피고자 한다. 그리고『시詩』·『서書』·『역易』등에 나타난 도 개념을 일별하고,『설문해자』의 설명을 제시하겠다. 그런 다음『논어』에 나타난 도 개념의 용례를 유형별로 체계화하고, 그 구체적 의미를 상세히 논구할 것이다. 특히 여기서는 공자가 도라는 낱말을 그 이전과 구분되게 어디에·어떻게 사용하고, 그 주체로 누구를 설정하였는가 하는 점에 각별히 주목할 것이다. 공자는 도라는 말을 그 실행 주체로서 군자와 상호 내속적인 개념으로 사용하였음에 특히 주목하면서,『논어』에서 도라는 말이 다른 여러 덕목들과 어떻게 연관되는지에 대해 서술할 것이다.

　다음으로 '덕 개념의 유래와『논어』에서 덕'을 다루는 장(2절)에서는『설문해자』등에 나타난 덕德(悳)이란 글자에 대한 해설에서 시작하여, 갑골문과 『서』·『시』에 나타난 덕 개념의 전변에 대해 고찰하고자 한다. 여기서는 군주 1인의 정치적 행위(양식) 혹은 생활양식이던 덕 개념이 어떻게 '심心' 자가 첨가되면서 내면의 품성으로 전변해 갔는지, 그리고 가치중립적인 이 개념이 어떻게 가치 지향적인 개념으로 바뀌어 갔는지 등에 대해 살필 것이다. 그런 다음 『논어』에 나타난 덕 개념을 유형별로 구체적으로 나열하고, 그 진정한 의미를 상세히 논구하고자 한다. 이때 공자가 덕 개념을 어떻게 수용·발전시켰는가 하는 점에 유의하면서, 그 철학적 의미를 탐구하는 데 주력할 것이다. 특히 덕의 선천적 생득성과 후천적 체득성을 두고 논쟁하는 주자와 다산의 해석에 각별히 유의하면서 논의를 전개할 것이다. 그리고 마지막으로(3절) 『논어』에서 개별적으로 제시되었던 도·덕 개념이 궁극적으로 어떻게 통합될 수 있는가 하는 문제를 제기하면서 『맹자』를 단서로 하나의 해결점을 제시하고자 한다.

물론 그동안 『논어』의 도와 덕에 대한 많은 언급이 있어 왔다. 그러나 이 개념들에 관한 체계적인 연구는 별반 이루어지지 않았다. 지금까지의 연구들에서는 『논어』에서 도와 덕 개념을 몇 가지 유형별로 나누고 단순히 서술할 뿐, 그 전수全數를 조사하여 구체적·실제적으로 조사하지는 않은 것으로 보인다. 따라서 『논어』에 나타난 도·덕이란 용어 전체를 유형별로 구체적으로 살펴보면서, 『논어』에서 공자가 사용한 도·덕 개념이 어떤 의의와 한계가 있으며, 나아가 어떠한 유기적 연관성을 갖는지를 제시하고자 한다.

1. 도 개념의 유래와 『논어』에서 도

주지하듯이 '도道' 자는 갑골문에는 출현하지 않지만(路 자는 출현한다), 은주殷周 시기 금문今文에 처음 출현했다(道路라는 의미). 『역易』 「괘효사卦爻辭」에 도합 4회[1] 출현하는데, 대부분 도로(길)를 뜻한다. 『서書』에서는 도합 36

---

1 『易經』 「小畜」初九, 「履」九二, 「隨」九四, 「復」 등이다.

회 출현한다. 금문今文에 한정하여 본다면, 『서』의 도는 황천지도皇天之道(「康王之誥」), 왕도王道(「洪範」), 규칙(「康誥」), 방법(「君奭」) 등의 의미로 이미 상당히 구체화되고 있다. 『시詩』에서는 총 29회 출현하는데, 『역』과 『서』에서의 의미를 포함하면서, 확장 · 추상화되고 있다. 『설문해자』에 따르면, 도道란 '착辶(辵=行止)' + '수首'(사람의 맨 위의 머리로서, 가는 목적)로 구성된 회의문자로서 '향하여 가는 길(방법)이면서 목적'을 나타낸다.[2] 즉 도는 물리적인 도로라는 의미에서 출발하여 인간과 사물이 마땅히 경유해야(應由) 할 길, 사람들의 행위 활동을 어떤 방향으로 이끌어주는 통로이면서, 궁극적으로 그 길을 통해 나아갈 때 도달하게 되는 목표나 목적 등을 의미한다. 그 후 그 의미가 더욱 확대 혹은 구체화 · 추상화되어 사람과 사물의 운용 원리이자 반드시 준수해야 할 법칙, 힘써 지켜야 할 원칙과 도리, 그리고 사물의 운동 변화 과정과 운용 원리까지 의미하게 된다.[3]

『논어』에서 도라는 글자는 전체 498장章 중에 약 50장에 걸쳐 72회 내외로 출현한다. 『논어』에서 가장 중요한 주요 개념인 인仁이 총 59장에 걸쳐 109회 내외로 출현한다는 점을 고려하면, 도 또한 중요한 주요 개념임을 그 빈도수로 여실히 확인할 수 있다. 『논어』에서 도는 (1) 물리적인 길(道路), (2) (인간의) 삶의 방식, (3) 인간의 행적, (4) 삶의 방향과 목표, (5) 규율과 원칙(道理), (6) 다스림의 원칙(先王之道), (7) 정당한 방법, (8) 국가의 질서와 법령, (9) 이상적인 국가 형태, (10) 인도하다(=導), (11) 도덕적 품성, (12) 인생의 진리, (13) 우주의 궁극적 운행원리(天道), (14) 공자의 도(=忠恕), (15) 도통道統(文武之道), (16) 말하다(=言) 등 다양한 용례로 출현했다. 좀더 구체적으로 살펴보자.

『논어』에서 천도天道란 말은 공자가 드물게 말했거나 혹은 제자들이 이해

---

2   李恩江 賈玉民 主編, 『說文解字』, 「道」, 中原農民出版社, 2000. "道 所行道也. 從辵從首, 一達謂之道" 165面.
3   최영찬 외, 「道와 理」『동양철학과 문자학』, 아카넷, 2003, 146-155쪽 참조; 진대제(안종수 역), 『공자의 학설』, 이론과실천, 1996; 156-160쪽. 장립문 주편(권호 역), 『도』, 동문선, 1995, 46-50쪽 참조.

하기 어려워했기 때문인지 몰라도 단 1회밖에 출현하지 않으며 그 의미에 대한 설명 또한 제시되어 있지 않다.[4] 하지만 당시 혼란한 상황과 연관하여, 천하·국가의 질서 및 도의 실행 여부에 관한 진술(天下有道·天下無道, 邦有道·邦無道)은 빈번히(11장 내외) 출현한다.[5] 그리고 인간이 가야 할 길, 즉 현실의 인간이 마땅히 실천해야 할 규범·방법이라는 의미로 약 8장 이상 출현한다.[6] 나아가 공자가 정립한 인간상인 군자의 도(君子之道, 善人之道)라는 표현은 약 10장 내외로 나타난다.[7] 그리고 이상적 인간이 되기를 추구하는 군자가 지향(志)하고 깨닫고(聞) 체득해야 할 대상이라는 의미로는 7장 내외로 걸쳐 출현한다.[8] 그 외에 유가 혹은 공자의 도통과 연관된 공자의 도(吾道, 夫子之道) 혹은 문무지도文武之道 등과 같은 표현도 3-4회 출현한다.[9] 그리고 삶의 방식(행적) 혹은 정치 원리·방식이라는 의미를 지니는 부지도父之道·선왕지도先王之道·고지도古之道[10] 등의 표현도 3-4회 제시되며, '이끌다(=導)'의 의미로도 3-4회 쓰였다.[11] 나아가 본래 의미인 길거리(道路), 말하다(言)[12] 등과 같은 의미로도 3회 내외로 사용되기도 했다. 이러한 용례로서 본다면, 『논어』에서 도라는 말은 대부분 인간이 마땅히 지향해야 할 대상이자 응당 경유·실천해 나가야 할 방법·도리·원리이며, 나아가 인간의 공동체로서 천하 혹은 국가가 지향해서 구현해야 할 바람직한 질서·법령·운행의 정도正道 및 바람직한 국가 형태 등으로 제시되어 있다. 그런데 『논어』에 출현한 도의 의

---

4 『논어』5:12. 子貢曰 "夫子之文章 可得而聞也 夫子之言性與天道 不可得而聞也."

5 『논어』3:24, 5:1, 5:6, 5:20, 6:22, 8:13, 14:38, 15:6, 16:31, 18:6, 18:7 등.

6 『논어』1:2, 4:6, 8:13, 11:23, 13:25, 15:41, 16:38, 19:19 등.

7 『논어』5:15, 6:15, 8:4, 8:7, 11:19, 14:30, 19:4, 19:12 등.

8 『논어』4:8, 4:9, 7:6, 15:31, 17:4, 17:39, 19:2 등.

9 『논어』6:10, 9:5, 15:39, 19:22 등.

10 『논어』1:11, 6:20, 1:12, 3:16 등.

11 『논어』1:5, 2:3, 12:23.

12 『논어』『논어』9:12, 17:14. 16:37 등.

미 가운데 철학적으로 중요한 것은 하늘·천하·국가·인간 등과 같은 모든 존재자들이 마땅히 가야 할 길(當行之路) 혹은 그 운행 방법이라고 할 수 있다. 특히 인간의 경우 인간과 국가 등이 응당 가야 할 길(질서)은 그 길을 가기 위해 실천해야 할 원리·질서·규범·방법 등의 의미를 포괄하게 되는데, 공자는 바로 이런 의미의 도道를 주로 언급했다고 하겠다.

주지하듯이 인간은 다양한 욕망과 실현 의지를 지닌 존재이기 때문에, 오로지 인간의 도만을 지향하지는 않는다. 그래서 공자 이래 유교에서는 그 지향 방식에 따라 인간을 군자君子(大人, 士)와 소인小人으로 구분하는 것이 관례가 되어 왔다. 『논어』에서 '군자君子'는 도합 85장에서 107회 내외로 출현하면서, 비록 몇 번에 걸쳐 신분 개념으로 쓰이기도 했지만 대부분 이상적인 인격으로 나아가고자 노력하는 인간이라고 하는 도덕적인 개념으로 사용되어 왔다. 요컨대 공자는 인간의 길을 지향하고 그 덕의 실현을 우선시하는 사람을 군자君子라 하고, 식食·색色·안일安逸과 같은 생물학적 본능에 근거하여 자신의 이욕利欲을 주로 추구하는 사람을 소인이라고 칭했다. 그리고 공자에 의해 도는 이제 이상적 인격을 추구하는 군자가 지향하는 길로 정립된다. 즉 『논어』에서 군자와 바람직한 도는 상호 내속적인 관계이다. 군자는 도를 지향할 때에만 군자일 수 있으며, 도는 군자에 의해 실천된다. 그래서 공자는 "군자는 도를 도모하지 먹는 것을 도모하지 않는다.…군자는 도를 걱정하지, 가난을 걱정하지 않는다."[13]라고 말했다. 바로 이런 이유에서 공자는 "선비가 도에 뜻을 두었다고 하면서도 (남보다) 못한 옷과 음식을 부끄럽게 여긴다면 더불어 도를 의논하기에 부족하다."[14] 혹은 "돈독하게 믿으면서 학문을 좋아

---

13 『논어』 15:31. 子曰 "君子謀道 不謀食. 耕也 餒在其中矣. 學也 祿在其中矣. 君子憂道不憂貧."
14 『논어』 4:9. 子曰 "士志於道 而恥惡衣惡食者 未足與議也."

하고, 죽음에 이르러서도 도를 잘 실천해야 한다."[15]라고 말했다. 그리고 공자의 제자 증자는 "선비는 드넓고 굳세지 않을 수 없으니, 맡은 것이 무겁고 도는 멀기 때문이다."[16]라고 했다.

그런데 인간이 인간의 길을 경유하여 가는 것은 마치 문을 통해 밖으로 나아가는 것과 같이 마땅히 말미암아 가야만 하는 가장 쉽고 편안한 길로 보이지만, 현실의 우리는 그런 길로 쉽게 가려고 하지 않는다. 인간들은 일차적·대체적으로 식·색·안일과 같은 생물학적 본능을 추구하고, 역사적·사회적 관계에서는 타자를 배려하기보다 우선 자신의 이익을 위주로 행위한다. 그래서 공자는 다음과 같이 한탄했다.

누가 문을 통하지 않고 밖으로 나갈 수 있으랴만, 어찌 사람의 길로 가지 않는가?[17]

요컨대 공자에 따르면, 의식적·자율적 존재인 인간은 자신의 길을 인식·체득·실천해 가는 것이 다른 생물학적 본능 추구에 우선하는 가장 중요한 사안이다. 이런 이유에서 공자는 "아침에 도를 들으면, 저녁에 죽어도 괜찮을 것이다."라고 비장하게 말했다. 그리고 이 구절을 해석하여 주자는 도란 사물이 마땅히 가야 할 길이라고 말하면서, 다음과 같이 잘 설명해 주고 있다.

이 두 구절을 뒤집어 말한다면, 사람이 일생 도를 듣지 못한다면 비록 오래 산다고 해도 무엇 하겠는가? 사람으로서 도를 들으면, 삶도 헛되지 않고 그 죽음도 헛되지 않다. 만약 도를 듣지 못했다면 삶도 잘못된 것이고, 그 죽음

---

15 『논어』 8:13. 子曰 "篤信好學 守死善道."
16 『논어』 7:7. 曾子曰 "士不可以不弘毅 任重而道遠 仁以爲己任 不亦重乎 死而後已 不亦遠乎."
17 『논어』 6:15. 子曰 "誰能出不由戶 何莫由斯道也."

도 잘못될 것이다.[18]

요컨대 물 위로 가는 것이 배의 도이고 육로로 가는 것이 수레의 도이듯이, 인간 또한 그 도를 지향·체득·실현하며 살아갈 때에 비로소 명실상부한 진정한 인간이 된다. 인간이 가야 할 길인 도에 뜻을 둔 사람이 군자라면, 군자의 도란 그러한 길에 뜻을 둔 표준형의 사람들이 올바르게 처신하고, 올바르게 일을 처리하는 방식 혹은 방법이라고 할 수 있다. 그래서 공자는 다음과 같이 말한다.

군자는 섬기기는 쉬워도 기쁘게 하기는 어렵다. 도가 아닌 것(올바르지 않는 방법)으로 기쁘게 하면 기뻐하지 않는다. 군자는 사람을 부릴 때에는 기량에 맞게 부린다. 소인은 섬기기는 어렵지만, 기쁘게 하기는 쉽다. 비록 도가 아닌 것으로 기쁘게 하여도 기뻐한다. 소인은 사람을 부릴 때에는 갖추기를 요구한다.[19]

그리고 공자는 군자가 부귀를 얻는 것도 올바른 방도가 있으며, 빈천을 버리는 것도 올바른 방도가 있다고 말하면서, 이 모든 것은 인에 의거해야 한다고 말했다.

부귀는 사람이 욕망하는 것이지만, 정당한 방도로써 (부귀를) 얻은 것이 아니라면 처하지 아니한다. 빈천은 사람이 싫어하는 것이지만, 정당한 방도로

---

18 『논어』 6:15에 대한 朱子細注. 주자세주는 다음 책을 참조했다. 김동인·지정민·여영기 역, 『세주완역논어집주대전』1-4, 한울아카데미, 2009.
19 『논어』 13:25. 子曰 "君子 易事而難說也 說之不以道 不說也 及其使人也 器之 小人 難事而易說也 說之雖不以道 說也 及其使人也 求備焉."

써 (빈천을) 얻은 것이 아니라고 할지라도 떠나지 아니한다. 군자가 인仁을 버리고 어디서 명성을 이루겠는가? 군자는 한 끼의 밥을 먹는 동안에도 인을 어기지 않고, 위급할 때에도 반드시 인을 지키고, 엎어질 때에도 반드시 인을 지키고 어기지 말아야 한다.[20]

　요컨대 공자가 말하는 사람의 도란 인에 근거하여 인을 실현할 목적으로 그 길(방도)을 가는 것이다. 바로 이런 근거에서 증자는 "선비는 드넓고 군세지 않을 수 없다. 그 임무가 무겁고 길은 멀기 때문이다. 인으로 자기의 임무로 삼으니, 또한 무겁지 아니한가? 죽은 뒤에 그치니 또한 멀지 아니한가?"[21]라고 말했다. 그리고 유약은 "군자는 근본에 힘쓰나니, 근본이 정립되면 도가 생겨난다. 효제라는 것은 인을 행하는 근본이다."[22]라고 말하여, 효제에 근간을 두고 인을 실천함으로써 군자의 도가 완성된다고 말했다. 다른 한편 공자는 인 이외에 다른 여러 덕목의 실현 또한 군자의 덕이라고 말하였다. 즉 그는 "군자의 도는 셋인데, 나는 무능하다. 어질어서 걱정하지 않고, 지혜로워서 미혹되지 않고, 용감하여 두려워하지 않는 것이다."[23]라고 말하고, 지智·인仁·용勇을 군자의 도로 제시했다. 그리고 그는 또한 "의義를 행하는 것이 도에 통달하는 것이다."[24]라고 말하여, 지·인·용 이외에 의義 또한 도와 연계시켰다. 나아가 공자는 "행동이 공손하고, 윗사람을 섬김에 공경하고, 백성을 목양함에 은혜롭고, 백성을 부림에 의로운 것"이 군자지도 가운데 네 가지

20　『논어』 4:5. 子曰 "富與貴 是 人之所欲也 不以其道得之 不處也 貧與賤 是 人之所惡也 不以其道得之 不去也. 君子去仁 惡乎成名 君子無終食之間違仁 造次必於是 顚沛必於是."
21　『논어』 8:7. 曾子曰 "士不可以不弘毅 任重而道遠 仁以爲己任 不亦重乎 死而後已 不亦遠乎."
22　『논어』 1:2. 有子曰 "… 君子務本 本立而道生 孝悌也者 其爲仁之本與."
23　『논어』 14:28. 子曰, "君子道者三 我能無焉 仁者不憂 智者不惑 勇者不懼."
24　『논어』 16:11. 孔子曰 "… 行義以達其道."

라고 말하였다.[25] 요컨대 군자의 도는 대표적으로 전덕이자 보편덕인 인仁의 구현이라고 할 수 있지만, 또한 구체적으로는 다양한 상황과 관계에서 요구되는 덕목(효제 등)을 온전히 실현함으로써 구현되는 것이라고 하겠다. 바로 이 점에서 위정자에게는 위정자의 도(惠, 義)가 요구되며,[26] 소경을 만났을 때는 소경을 돕는 도가 있다고 하겠다.[27] 그리고 천하에는 천하의 도(질서)가 있으며, 국가에는 국가의 도가 있다고 할 수 있다.

앞서 제시했듯이,『논어』의 거의 11장 내외에서 공자는 천하와 국가의 유도·무도 상태와 그에 따른 사람들의 처신 방법에 따라 현賢·우愚를 논하였다. 그런데 공자 당시 춘추 말기의 상황과 연관하여, 그는 "도가 시행되지 않으니, 뗏목을 타고 바다에 떠다니려 한다."[28]라고 고백할 정도로 시대를 한탄(浮海之歎)했다. 그러나 그는 단순히 시대만 한탄한 것이 아니라, 하늘이 부여한 문화 혹은 도통의 계승자임을 자부·암시하면서,[29] 새로운 인도를 제창하면서 변역變易의 기치를 높이 들었다.

> 조수와 더불어 같이 무리지어 살 수는 없으니, 내가 이 사람의 무리와 더불어 살아야 하지 않겠는가? 천하에 도가 있으면, 나는 더불어 변역하려 하지 않았을 것이다.[30]

그렇다면 공자가 제시한 천하 혹은 나라의 유도有道 상황은 어떤 것을 말하

---

25 『논어』 5:15. "子謂子産 有君子之道四焉 其行己也恭 其事上也敬 其養民也惠 其使民也義"

26 『논어』 19:19. 曾子曰 "上失其道 民散久矣."

27 『논어』 15:41 참조.

28 『논어』 5:6. 子曰 "道不行 乘桴浮于海 從我者其由與."

29 『논어』 9:5. 子畏於匡 曰 "文王旣沒 文不在玆乎 天之將喪斯文也 後死者不得與於斯文也 天之未喪斯文也 匡人其如予何." 7:22. 子曰 "天生德於予 桓魋其如予何."

30 『논어』 18:6. 子路行以告 夫子憮然曰 "鳥獸 不可與同群 吾非斯人之徒與而誰與 天下有道 丘不與易也."

나? 이에 대한 공자의 언명에서 다음 구절이 대표적인 것이라고 할 수 있다.

> 천하에 도가 있으면 예악·정벌이 천자로부터 나오고, 천하에 도가 없으면 예악·정벌이 제후로부터 나온다. 제후로부터 나오면 대략 10세 동안 잃지 않음이 드물고, 대부로부터 나오면 5세 동안 잃지 않음이 드물 것이다. 천하에 도가 있으면 정사가 대부의 손에 있을 수 없고, 천하에 도가 있으면 서민들이 정치를 논하지 않는다.[31]

이른바 정명正名의 원리에 입각하여[32] 공동체의 구성원들이 각각의 직분·분수에 따른 고유한 몫과 역할을 온전히 다하는 세상이 유도有道의 상황이고, 각자 그 분수를 망각하고 참월하여 혼란한 상태를 무도無道로 정의하는 이 언명은 2,500여 년 전 춘추 말기에 대한 공자의 시대 인식과 그 한계를 잘 말해 준다. 기실 『논어』에서 정치란 무엇인가에 대한 공자의 대부분의 언명들은 천하유도天下有道란 무엇이며, 거기에 도달하기 위한 각각의 구성원들이 준수해야 할 원칙과 규범이 무엇인지에 대한 것이라고 할 수 있다. 그렇지만 천하유도天下有道·무도無道에 대한 그의 진술은 더 이상 구체화되지 않았다. 다만 공자는 당시 춘추시대의 각 구성원들이 참월하는 무도의 정치 상황에서 끊임없이 참된 정치란 무엇이며, 그러한 정치를 구현하기 위해서는 그 구성원들은 어떠한 도리를 실천해야 하는지를 역설하면서 천하를 주유하였고, 또한 제자들을 양성하는 데 주력하였을 뿐이다. 이러한 공자를 보고 어떤

---

31 『논어』 16:2. 孔子曰 "天下有道 則禮樂征伐自天子出 天下無道 則禮樂征伐自諸侯出 自諸侯出 蓋十世希不失矣 自大夫出 五世希不失矣 陪臣執國命 三世不失矣 天下有道, 則政不在大夫. 天下有道, 則庶人不議."
32 『논어』 12:11. 齊景公問政於孔子 孔子對曰 "君君臣臣父父子子." 13:3. 子路曰 "衛君待子而爲政 子將奚先 子曰 必也正名乎."

사람은 천하무도의 상태에서 하늘이 그를 목탁으로 삼았다고 말하였지만,[33] 어떤 사람들은 그가 "도가 시행되지 않는다는 것을 알면서도 고집스럽게 노력하는 사람"이라고 평하거나 조소했다.[34] 그리고 공자 또한 천하에서 도의 시행 여부에 대해서는 어떤 의미에서 일종의 운명론적 입장을 피력했다.[35]

2. 덕 개념의 유래와 『논어』에서 덕

'덕德'이란 글자에 대해 『설문해자』에서는 "승升(上昇=登)을 의미하며, 척彳이 형부가 되고 덕悳이 성부가 된다(從彳悳聲)."라고 했다. 그리고 「안案」을 내어 "갑골문의 척彳과 직直에서 유래하였으며, 서주西周시대 금문今文과 전체篆體에서 똑같이 주로 '도덕'이란 뜻으로 쓰였다. 직直과 심心에 따른 도덕道德이란 의미의 덕悳 자는 전국시대 이후 덕德 자로 나뉘어져 나타났는데(分出), 어떤 사람은 덕德 자는 본래 도덕을 깨우쳐 준다(喩示)는 뜻으로 사람이 가야 할 바른(直) 길(道)로 가는 것(彳)이 덕德이 된다(直道而行爲德)."[36]라고 설명했다. 그리고 덕이란 글자를 이해하는 관건이 되는 '덕悳'에 대해서는 "밖으로는 다른 사람에게서 얻고, 안으로는 자기 자신에게서 얻는 것이다(外得於人 內得於己也). 직直과 심心을 따랐다(從直從心)."라고 설명했다. 그리고 「안」을 내어, "덕悳이란 사람의 도덕道德·예조藝操·품행品行을 의미한다. 사람의 착한 본성에 스스로 노력하는 수양을 더하여 아름답고 좋은 도덕적 성취가 나타난다. 도덕적인 인재가 능히 타인에게 은혜를 베풀고 사상에 영향을 미칠 수 있

---

33 『논어』 3:24. 儀封人請見 曰 "君子之至於斯也 吾未嘗不得見也 從者見之." 出曰 "二三子何患於喪乎 天下之無道也久矣 天將以夫子爲木鐸."

34 『논어』 14:41. 子路宿於石門 晨門曰 "奚自." 子路曰 "自孔氏." 曰 "是知其不可而爲之者與." 또한 14:42, 18:6-7. 참조.

35 『논어』 14:38. 子曰 "道之將行也與 命也 道之將廢也與 命也."

36 李恩江 賈玉民 主編, 『說文解字』 「德」 中原農民出版社, 2000, 167面.

음을 말한다. 회의자로 마음(心)으로써 내심의 정직한 뜻을 직접 보여주는 것(直示)이며, 직이 성부가 된다."[37]라고 말하고 있다. 그런데 옛 문헌에서 살펴보면, '덕' 자는 일반적으로 '득'으로 정의되어 왔다. 예를 들면, 『관자』「심술상」과 『예기』「악기」에서도 "덕德이란 얻는다(得)는 뜻이다."[38]라고 하였으며, 『석명』에서도 "덕德이란 얻는다(得)는 뜻이니, 사물(혹은 일처리)의 마땅함을 얻음을 나타낸다."[39]라고 했다.

그런데 여기서 '얻음'이 선천적인 생득인가, 아니면 후천적 공력功力(修養)에 의한 체득인가 하는 논쟁이 있을 수 있다. 『신자감』에서는 "자기에게 충족되어 있어 외부의 채움을 기다릴 필요가 없는 것을 일러 덕이라 한다(足乎己 無待於外之謂德)."[40]라고 말하여, 덕을 사람과 사물이 지니고 태어난 본성 혹은 고유한 성능·재능·잠재력으로 정의했다. 요컨대 이 설명에 따르면, 누에의 덕은 실을 뽑는 것이고 벼의 덕은 쌀과 같은 결실을 맺는 것이듯이, '덕德'이란 하늘(자연)로부터 얻어 지니고 태어난 것을 말한다는 것이다. 그래서 주자는 "습함은 물의 덕이며, 뜨거움은 불의 덕"[41]이라고 말했다. 그런데 『설문해자』에 따르면, "득得이란 실천을 통해 터득한 것(行有所得)"[42]이다. 즉 타고난 고유한 본성(재능)이 있고, 그것을 후천적 노력(수양)을 통해 올바르게 발휘하여(行) 마땅함을 얻는 것이 '덕德'이다. 『예기』의 다음 언명들은 그것을 잘 나타내 주고 있다.

통(聖=通)하여 정립하고 경건함으로 받드는 것을 일러 예禮라 하고, 예禮를

---

37 『설문해자』「悳」 "外得於人 內得於己也 從直從心." 956面.
38 『管子』「心術上」 및 『禮記』「樂記」 "德者 得也."
39 『釋名』 "德 得也. 得事宜也."
40 『新字鑑』 共道館, 1944 참조.
41 『朱子大全』 60:18. "濕者 水之德 燥者 火之德"
42 『설문해자』「得」 "行有所得也." 1716面.

어른과 어린이가 체득한 것을 덕德이라 하니, 덕德이란 몸에 터득한 것(得於身)이다. 그러므로 말하길, 옛날의 도예를 배우려고 한 자는 장차 몸에 터득하려고 했다. 이런 까닭에 성인이 힘써 권장했다.[43]

무릇 음音이란 인심에서 생겨났고, 악樂이란 윤리에 통하는 것이다. 이런 까닭에 소리(聲)는 알아도 음을 알지 못하는 자가 있으니, 금수가 그것이다. 음을 알아도 악을 알지 못하는 자가 있으니, 일반 백성이 그것이다. 오직 군자만이 능히 악을 알 수 있다. 그러므로 소리를 살펴 음을 알고, 음을 살펴 악을 알고, 악을 살펴 정치를 알면 다스림의 도가 갖추어진다. 이런 까닭에 소리를 알지 못하는 자와는 더불어 음을 말할 수 없고, 음을 알지 못하는 자와는 더불어 악을 말할 수 없고, 악을 알면 거의 예에 가깝다. 예악을 모두 얻었으면(禮樂皆得) 덕이 있다고 한다. 덕이란 얻음(得)이다.[44]

이렇게 덕에는 (1) 선천적으로 얻어 지니고 태어난 재능 혹은 본성이란 의미와 (2) 그 재능과 본성을 후천적인 수양을 통해 실천함으로써 터득되는 것(行有所得)이라는 의미가 양립하고 있다.

그런데 덕의 원형으로 간주되는 갑골문에서 덕은 천자의 순행, 순시, 은혜, 전렵, 정벌 등과 같이 국가적으로 중요한 정치적·군사적·경제적 행위 일반을 의미했다. 그리고 서주西周 초기에 이 글자는 '심心' 부를 더하여 의미가

---

43 『禮記』「鄕飮酒」 "聖立而將之以敬曰禮, 禮以體長幼曰德. 德也者, 得於身也. 故曰 '古之學術道者, 將以得身也, 是故聖人務焉.'"

44 『禮記』「樂記」 "凡音者, 生於人心者也. 樂者, 通倫理者也. 是故知聲而不知音者, 禽獸是也. 知音而不知樂者, 衆庶是也. 唯君子爲能知樂. 是故審聲以知音, 審音以知樂, 審樂以知政, 而治道備矣. 是故不知聲者不可與言音, 不知音者, 不可與言樂, 知樂則幾於禮矣. 禮樂皆得, 謂之有德. 德者, 得也." 「鄕飮酒」 "聖立而將之以敬曰禮, 禮以體長幼曰德. 德也者, 得於身也. 故曰, "古之學術道者, 將以得身也, 是故聖人務焉.""

확장·명료화되었다.[45] 덕德 자는 현존 『서경』에서 금고문今古文을 합하여 도합 약 20회, 그리고 『시경』에서는 약 90회 정도로 출현한다. 여기서 쓰인 덕 자는 우선 (1) 가치중립적인 행위 일반을 의미했다. 즉 왕의 관리 임용과 통치 양식(桀德, 受德, 文王德, 酒德 등), 그리고 일상의 행위와 그 경향(民德), 그리고 여러 가지 평가적 수식어와 함께 쓰여(凶德, 爽德 滔德, 暴德, 逸德, 義德, 容德) 가치중립적인 행위 일반을 나타내었다. 그런데 이러한 가치중립적 행위 양식을 나타내던 덕은 (2) 가치 지향적 행위를 나타내는 말로 전향(文王德·文之德·文王之德·寧王德·寧王之德)되었다. 여기서의 덕은 천명을 받는 근거이면서 선정의 조건이며, 후대에 천명을 유지하기 위한 조건으로 작용하게 된다. 요컨대 덕은 천인天人을 매개하는 것으로 오직 덕을 지닌 유덕자만이 천명을 받아 정당하게 군주의 지위에 오를 수 있으며, 군주는 오직 덕으로 선정을 펼쳐야만 명실상부하게 진정한 천명을 받을 군주가 될 수 있다. 나아가 선정이란 다름 아닌 양민養民을 잘하는 것을 의미했다.

덕은 정사를 잘하는 것이고, 정사는 백성을 양육하는 데 달려 있습니다.[46]

너희들은 능히 사심私心을 버리고 실덕實德을 백성들에게 베풀되, 인척과 벗들에게까지 이르렀을 때에 비로소 '내가 적덕積德이 있다.'고 감히 크게 말하라.[47]

요컨대 군주의 선정으로서의 덕은 결과적으로 일반 백성들이 시혜施惠를

---

45 張繼軍, 『先秦道德生活研究』人民出版社, 2011, 73–74쪽 참조; 김형중, 「『論語』의 '德' 개념 고찰」『중국학논총』32, 2011, 295–297쪽 참조.
46 『書經』「大禹謨」 "德惟善政 政在養民."
47 『서경』「盤庚上」 "汝克黜乃心 施實德于民 至于婚友 丕乃敢大言 汝有積德."

받는 군주의 은덕恩德이라는 의미를 지니게 되었다. 그리고 덕은 점차 찬미어의 수식을 받아 가치 지향적 성격을 분명히 드러내는데, 명덕明德 · 의덕懿德 · 영덕令德 · 원덕元德 등이 그것이다. 그리고 가치 지향적 덕 개념은 '좋은' '훌륭한' 등과 같은 형용사로 전의되는데, 덕음德音 · 덕행德行 · 덕심德心 등이 그것이다. 나아가 최종적으로 덕德은 '심心'과 결합하여 구체적인 행위 양식을 넘어서 그 행위를 가능하게 하는 인간 내면의 성향性向 · 성품性品 · 자질資質 · 공능功能으로 정립되는데, 『논어』는 그 도정에 있다.[48]

『논어』 전체 약 498장 가운데 '덕' 자는 약 31장에 걸쳐 40회 내외로 등장한다. 여기서 덕은 주로 도덕 · 덕성 · 품덕 · 덕행 등과 같이 행위 일반과 그 행위를 가능하게 하는 내면의 상태를 의미한다. 우선 큰 논란이 되지 않는 몇 가지 용례를 제시하면, (1) 풍속 · 생활양식(1:9. 民德; 4:25. 德不孤 등), (2) 정치의 수단 혹은 정치양식(2:1. 爲政以德; 2:3. 道之以德; 8:20. 周之德; 12:19. 君子之德風 小人之德草; 16:1. 修文德以來), (3) 은혜(14:35. 以德報怨), (4) 세상에 대한 인식과 대처 능력(18:5. 鳳兮鳳兮!何德之衰), (5) 군자의 지향 · 의지처(4:11. 君子懷德; 7:3. 據於德; 14:6. 君子哉若人 尙德哉若人; 17:2. 執德不弘 등), (6) 좋은 행실(11:2. 德行), (7) 절개節槪(19:11. 大德…小德) 등의 의미로 쓰였다. 여기서 주목할 것은 『논어』에서 덕과 그 행위 주체와의 관계이다. 즉 『서경』과 『시경』에서 덕은 주로 군주와 연관하여 천자가 천명을 획득하는 근거이자 정치 방식이며, 나아가 그 후손들이 유지 · 계승 · 발전시켜야 할 정통성과 관계되었다. 그런데 『논어』에서 공자는 여전히 덕을 치도의 이념과 연관시켰지만,[49] 주로 도 개념과 함께 이상적 인격을 지향하는 군자와 연관 · 정립했다. 즉 공자는 도와 마찬가지로 덕 개념 또한 (이상적인 인격을 지향하는) 군자와 상호 내속적인 관계로 파악하

---

48 김형중, 앞의 논문, 297-304쪽 참조.
49 『논어』 2:1, 2:3 참조.

여, (올바른) 덕을 지향하는 인간이 군자이며, 군자만이 (올바른) 덕을 지향·실천한다고 말한다.[50] 요컨대 이상적인 인격을 지향하는 군자는 덕을 지향한다면, 그렇지 않은 소인은 다른 것을 지향한다. 『논어』에서 공자는 군자의 지향처인 덕을 소인의 지향처인 토土·색色·역力·재財 등과 대비시킨다.

> 군자는 덕을 생각하지만, 소인은 땅을 생각한다.[51]

> 나는 아직도 색色을 좋아하는 것만큼 덕을 좋아하는 사람을 보지 못했다.[52]

> 천리마는 그 힘을 칭송하는 것이 아니라, 그 덕을 칭송한다.[53]

이 밖에도 공자는 정치에서 위정자의 교화적 덕치를 법제에 의한 인위적 강제와 대비시키고,[54] 먼 사람을 귀속시키는 데에서 문덕을 닦아(修文德) 자발적으로 오게 하는 것과 무력을 동원(動干戈)하여 위협하는 것을 대비시키고,[55] 나아가 "4천 필의 말을 지닌 부유했던 제경공은 칭송하지 않지만 수양산에서 아사한 백이·숙제의 덕은 칭송한다."[56]라는 말을 하였다. 요컨대 공자는 단적으로 인간됨 자체를 추구하는 군자의 덕을 소인이 지향하는 토土·색色·역力·재財 등 물질적인 욕망의 대상과 대비시키고, 교화적 덕치와 강제적

---

50 물론 『논어』에 小人之德(12:19) 혹은 小人學道(17:4) 등과 같은 표현이 나오지만, 이때의 小人은 도덕적인 것이 아니라, 주로 신분 개념으로 쓰인 것이다.

51 『논어』 4:11. 子曰 "君子懷德 小人懷土 君子懷刑 小人懷惠."

52 『논어』 9:18. 子曰 "吾未見好德如好色者也."

53 『논어』 14:35. 子曰 "驥不稱其力 稱其德也."

54 『논어』 2:3. 子曰 "導之以政 齊之以刑 民免而無恥 導之以德 齊之以禮 有恥且格."

55 『논어』16:1. "故遠人不服 則修文德以來之.… 而謀動干戈於邦內."

56 『논어』16:12. "齊景公有馬千駟 死之日 民無德而稱焉 伯夷叔齊餓于首陽之下 民到于今稱之 其斯之謂與."

법치를, 그리고 문덕文德을 닦는 것과 무력을 동원한 겁박을 대비시킨다. 나아가 공자는 "교묘한 솜씨 있는 말은 덕을 어지럽힌다."[57] "향원은 덕의 적이다."[58] 혹은 "길에서 듣고 길에서 말하는 것은 덕을 버리는 것이다."[59]라고 말하였는데, 모두 비슷한 맥락에서 나온 말이라고 하겠다.

이제 공자가 말한 덕이란 선천적인 자질·재능·본성인가 아니면 후천적인 노력·수양의 결과인가 하는 점을 살펴보자. 『논어』에 이와 연관된 언명은 다음 두 구절뿐이다.

하늘이 나에게 덕을 부여(生)하셨다.[60]

덕을 닦지 않는 것·배운 것을 강론하지 않은 것·의를 듣고도 옮기지 못하는 것·불선을 고치지 못하는 것, 이런 것들이 나의 근심이다.[61]

여기서 공자가 "하늘이 나에게 덕을 부여하셨다."라고 한 말은 덕의 근원과 유래를 명시한 것이다. 그렇다면 공자의 이러한 덕의 근원에 대한 언명은 "모든 사람이 선천적으로 덕을 지니고 태어났다."는 주장을 함축하는가? 아니면, 오직 공자와 같은 소수의 사람만이 하늘로부터 덕을 부여받고 태어났으며,[62] 따라서 공자는 "덕을 아는 자가 드물다."[63]고 한탄했던 것인가? 다시 말해 덕은 인간의 후천적 노력으로 창시·터득되는 것인가(創始的 德論), 아니

---

57 『논어』 15:26. 子曰 "巧言亂德 小不忍 則亂大謀."
58 『논어』 17:13. 子曰 "鄉愿 德之賊也."
59 『논어』 17:14. 子曰 "道聽而塗說 德之棄也."
60 『논어』 7:22. 子曰 "天生德於予 桓魋其如予何"
61 『논어』 7:3. 子曰 "德之不修 學之不講 聞義不能徙 不善不能改 是吾憂也."
62 『논어』의 다음 구절 또한 이러한 맥락에서 읽을 수 있다. 9:5. 子畏於匡 曰 "文王 旣沒 文不在茲乎 天之將喪斯文也 後死者 不得與於斯文也 天之未喪斯文也 匡人 其如予何."
63 『논어』 15:2. 子曰 "由 知德者鮮矣."

면 태어날 때부터 지니고 있다가 완성되는 것인가?(潛伏的 德論) 이와 연관하여 다산 정약용은 일종의 창시적 덕론을 주장하면서 '덕德' 자를 '행行+직直+심心'의 결합으로 풀이하여 다음과 같이 규정한다.

> 마음에는 본래 덕德이 없다. 오직 곧은 성품(直性)으로 나의 곧은 마음(直心)을 행하는 것을 일러서 덕이라고 한다.(德이라는 글자는 直心을 행한다는 것이다.) 선善을 실행한 후에야 덕이라는 명칭이 성립되는 것이다. 행하기 이전에, 어떻게 그 몸에 명덕이 있을 수 있겠는가?[64]

이에 비해 '성즉리性卽理'의 인성론을 주장한 성리학의 집대성자인 주자는 잠재적 덕론을 주장하고 있다고 하겠다. 그는 다음과 같이 말했다.

> 범조우와 여대림은 재주(才)는 하늘에서 받고 덕은 습관에 달렸다고 여겼다. 그들이 덕을 알았다고 할 수 없다. 사람이 우주의 중화의 기운을 받아 생겨날 때, 이 덕도 이미 그 본성 속에 뿌리박고 있다. 모든 사람이 태어날 때부터 알아서 자연스럽게 실천하지는 못하는 까닭에 학문에 의지하여 덕을 완성하는 것이지, 학문에 의지해야 비로소 덕이 생기는 것이 아니다. 어찌 덕이 순전히 습관의 결과이고, 천부적인 것이 아니라고 할 수 있겠는가?[65]

요컨대 주자는 덕이란 타고난 본성을 학문을 통해 완성시켜 가는 것이라고 말했다. 이에 비해 다산은 마음에는 본래 갖추어진 덕이 없기 때문에, 기

---

64 『與猶堂全書』 II-1, 78, 「大學公義」 "心本無德 惟有直性 能行吾之直心者 斯之謂德 (德之爲字直心) 行善而後 德之名立焉 不行之前身 豈有明德乎."
65 『論語或問』 14:33(驥不稱其力 稱其德也)에 대한 朱子注. 이 구절은 다음에서 인용했다. 박성규 역주, 『대역 논어집주』 소나무, 2011, 587쪽.

호지성嗜好之性을 직심直心으로 행하여 선을 이룰 때에 비로소 덕이라는 명칭이 성립한다고 했다. 즉 "인간의 본성은 천리이다(性卽理)."라고 단정한 주자는 끊임없는 수양과 노력을 통해 본성을 실현할 수 있는 필요충분한 내면적 경지에 도달한 것을 덕德이라고 말한다. 그래서 그는 "덕은 어떤 도리를 내가 체득한 경지이다. 따라서 이런 사람은 부모를 섬기면 반드시 효도하여 절대로 불효에 이르지 않고, 임금을 섬기면 반드시 충성하여 절대로 불충에 이르지 않는다. 반대로 만일 오늘 효도하고 내일 다시 불효하며, 오늘 충성하고 내일 다시 불충한다면, 이는 내가 체득한 상태가 아니니 덕이라고 할 수 없다."[66]라고 말한다. 이에 대해 다산은 "마음(心)은 인간의 대체大體를 나타내는 차명이고, 성性은 마음의 기호이다."[67]라고 정의하면서, 영명靈明한 마음은 어떠한 형적도 없는 단적인 초월이기 때문에, 천리를 지니고 태어난 것이 아니라, 단지 선을 좋아하고 악을 싫어하는 기호만 지니고 태어났을 따름이라고 주장한다. 따라서 이러한 기호의 성을 곧은 마음(直心)으로 행한 이후에 비로소 덕이라는 명칭이 성립한다고 했다. 이와 대비되게 주자는 "마음으로 도리를 터득한 상태를 덕이라 하고, 행동과 일에 드러난 것은 덕행이라고 말하고 있다."[68] 예컨대 주자는 '덕德'에서 심心 자를 강조하여 마음이 천리를 터득한 상태[69]를 중시했다면, 다산은 '척彳(=行)'에 초점을 두고 그 실천성을 강조하였다. 그렇다면 이 두 사람의 주장이 과연 상반되기만 하는 것일까? 이제 '덕지불수德之不修'에 대한 두 사람의 해석의 차이를 살펴보자.

---

66 『논어』 7:6에 대한 朱子細注.

67 『여유당전서』 II-6, 39. 「맹자요의」 "心者吾人大體之借名也 性者心之所嗜好也."

68 『논어』 11:4(德行)에 대한 주자세주.

69 『논어』 2:1에 대한 주자세주. "得이란 익숙하게 행하여 그 일이 마음에 아주 편안함을 일컫는다. 身은 心으로 개작해야 한다. 德 자의 경우도 그 안에 心이 있는 것을 보면 그 이치를 알 수 있다. 일부러 억지로 솔선하다는 것이 아니라, 정치를 펼치기 전에 이미 그 덕이 체득되어 있음을 말한다." 이 구절은 박성규 역주의 『대역 논어집주』 60쪽에서 인용했다.

주자 : "덕은 리가 내 마음에 터득된 상태로서, 이미 내가 지닌 상태를 말한다. 그러나 반드시 날마다 갈고 닦아 지니고 있는 상태가 중단되지 않게 해야 한다."[70]

다산 : "덕이란 본심의 정직이며(德者 本心之正直), 학이란 선왕의 도예이다(學者 先王之道藝). 한때 허물어졌던 것을 다시 손질하는 것(時廢而復治之)을 수修라 하고, 한때 어두워졌던 것을 다시 밝히는 것을 강講이라고 한다."[71]

또한 『논어』(14:9)에는 '수식修飾'이란 말이 나온다.[72] 일반적으로 '수修'란 삼彡+유攸(攴+人+水: 손에 솔처럼 생긴 도구를 들고 사람의 등을 물로 씻다)로서 목욕재계(攸) 후에 치장하는(彡) 것을 말한다. 그리고 식飾은 식食이 소리부이고, 인人+건巾으로 사람(人)이 수건(巾)으로 물건을 닦고 꾸민다는 뜻을 지닌다.[73] 여기서도 주자는 '수식修飾'을 덜고 더하는 것(增損)으로, 다산은 산삭 · '보완'하는 것(刪補)이라고 해석함으로써 약간의 차이를 드러낸다. 요컨대 주자는 타고난 이치(性卽理)를 터득한 내면의 상태를 덕이라고 한다면, 다산은 마음의 기호(性=嗜好)를 후천적 노력으로 보완(補)하여 곧은 마음(直心)으로 행(彳=行)한 이후에 덕德이라는 명칭이 성립한다고 해석하였다. 그런데 『논어』를 살펴보면, 공자는 단지 덕이 하늘에서 유래했다는 것, 그리고 덕은 닦음(修)을 필요로 한다는 것만을 말하고 있을 뿐이다. 따라서 주자와 다산의 덕의 선천적 생득성과 후천적 체득성에 대한 논쟁은 후대 정립된 철학 체계에서 나온 강조점의 차이라고 하겠다.

---

70 『논어』 7:6에 대한 朱子細注.
71 정약용(이지형 역), 『논어고금주』2, 사암, 2010, 149쪽.
72 『논어』 14:9. 子曰 "爲命 裨諶草創之 世叔討論之 行人子羽修飾之 東里子産潤色之."
73 하영삼, 『한자어원사전』 도서출판3, 2014 참조.

이 밖에『논어』에서는 공자의 언명으로 '중용中庸'을 덕의 궁극으로 정립했다.[74] 주지하듯이,『서경』「대우모」의 "인심은 오직 위태롭고, 도심은 오직 은미하니, 오직 정성스럽고(精), 한결같이(一)하여, 진실로 그 중中을 잡으라."[75]라는 언명은 후세에 '만세 심학의 연원' 혹은 '학문의 대법이자 심법의 요체'로 중요하게 여겨졌다. 이 말은『논어』「요왈」편[76]에서도 나타나며,『예기』에서 독립한『중용』의 정당성을 보증하는 구절이지만, 이에 대한 더 이상의 설명은 나타나지 않는다. 나아가 공자는 덕이란 여러 다른 바람직한 덕목들을 포괄한다는 것을 암시한다. 그래서 "덕이 있는 자는 반드시 훌륭한 말이 있지만, 훌륭한 말이 있다고 반드시 덕이 있는 것이 아니다. 인자는 반드시 용자이지만, 용자라고 해서 반드시 인자인 것이 아니다."[77]라고 말한다. 또한 그는 숭덕崇德[78]의 방법에 대한 언명에서 이런 입장을 드러내고 있다. 그렇지만 다른 한편으로 공자는 "덕을 닦지 못함·학을 강하지 못함·의를 듣고도 옮기지 못함·불선을 고치지 못함, 이런 것들이 나의 근심이다."[79]라고 말하여, 덕을 학學·의義·선善 등과 같은 덕목들과 병렬했다. 그렇다면『논어』에서 덕이란 글자는 전체 바람직한 덕목들을 포괄하거나, 혹은 병렬되기도 하는 과도기적인 위치에 있다고 하겠다. 이는『논어』에서 인仁 개념이 여러 덕목들을 포괄하는 전덕全德[80]이기도 하지만, 지智·인仁·용勇으로 표현되는 여러 덕목들 중의 하나[81]이기도 한 것과 같은 관계라고 하겠다.

---

74 『논어』6:27. 子曰 "中庸之爲德也 其至矣乎 民鮮久矣."
75 『書經』「大禹謨」 "人心惟危 道心惟微 惟精惟一 允執厥中."
76 『논어』20:1. 堯曰 "咨爾舜 天之曆數 在爾躬 允執厥中 四海困窮 天祿永終."
77 『논어』14:5. 子曰 "有德者必有言 有言者不必有德 仁者必有勇 勇者不必有仁."
78 『논어』12:10 및 12:21 참조.
79 『논어』6:3. 子曰 "德之不修 學之不講 聞義不能徙 不善不能改 是吾憂也."
80 『논어』3:3. 子曰 "人而不仁 如禮何 人而不仁 如樂何." 또한 4:3, 4:4, 4:5, 4:7 등 참조.
81 『논어』9:29. 子曰 "智者不惑 仁者不憂 勇者不懼." 14:30. 子曰 "君子道者三 我無能焉 仁者不憂 智者不惑 勇者不懼." 그 밖에 15:32, 17:8 등 참조.

3. 『논어』도 · 덕 개념의 의의

현상학자들의 주장대로, 의식과 의지를 지닌 마음의 존재이자 존재의 마음인 인간은 어떤 무엇을 지향한다. 인간 의식의 지향 대상은 이 세상에 존재하는 그 무엇일 수도 있고, 심지어 존재하지 않는 가상적 · 이념적 의미체일 수도 있다. 그 대상은 또한 식 · 색 · 안일에 대한 가장 원초적인 욕망에서 시작하여 고차적인 자기 및 타자의 완성에까지 이르는 다양한 양상과 가치적 층차가 있다. 그렇다면 이러한 다양한 존재 양상과 의미, 그리고 가치적 위계가 있는 의식의 대상들 가운데 우리는 무엇을 우선으로 해야 할까?

목적론적 세계관을 지녔던 유교적 전통에 따르면, 무릇 이름을 지닌 모든 존재자들은 '그 존재자를 바로 그 존재자이게 하는' 덕을 지니며, 그 덕을 온전히 실현할 때 명실상부한 바로 그 존재자가 된다. 어떤 존재자가 존재 근거로서의 덕을 실현하는 것이 바로 그 존재자가 가야 할 바른 길(當行之路)이며, 그 길을 가는 것이 바로 그 존재자의 존재 방법이자 목적이다. 공자는 이것을 "도에 뜻을 두고, 덕을 지키고, 인에 의거하며, 예藝에서 노닐어야 한다."[82]라고 표현했다. 앞서 살폈듯이, 공자가 말하는 도道란 인간이 가야 하는 길(방법, 도리)이자 목표이다. 인간은 자기완성이라는 목표를 향해 현재 자신의 길을 가고 있는 사도이다. 그래서 그는 도에 마음의 뜻을 두어야 한다고 말했다. 인간의 자기완성의 길은 인간다운 덕을 실현하는 것이다. 덕이란 인간다운 도리를 터득하여 다른 사람들에게 인간으로서 해야 할 역할을 온전히 다하는 것이다. 따라서 인간은 그 덕을 터득하여 인간의 길을 갈 때 명실상부한 참다운 인간이 될 수 있다. 공자는 인간이 의거할 전덕으로 인이라는 덕목을 제시했다. 그리고 인이란 인간이 사회관계적 상황에서 타자에 대한 인간적

---

82 『논어』 7:6. 子曰 "志於道 據於德 依於仁 遊於藝."

인 배려의 행위(仁愛人也)를 다하는 것이다. 인간다운 도리는 예절·음악·활쏘기·말 부리기·글쓰기·수학(禮樂射御書數) 등과 같은 기예를 익혀 일상에서 사람의 기본 도리를 실천할 수 있는 소양을 함양하는 데에서 출발하여(下學), 궁극적으로는 상달하는 데에서 그치는 것이다.

그런데『논어』에서 공자는 도·덕·인에 대해 개별적으로 말하였을 뿐, 함께 유기적으로 연결시켜 말하지 않았다. 그렇지만 이러한 도·덕·인, 그리고 다른 여러 덕목들(禮樂 등)을 유기적으로 연결시킬 수 있는 단서는『논어』에 이미 나타나 있다. 그리고 이론사적인 측면에서 맹자는 바로 이 점에 주목하여 도·덕·인을 유기적으로 연결시키고, 의·예·지 등과 같은 다른 도덕적 덕목들을 그 아래에 배속시킴으로써 공자의 이론을 완성하는 데 공헌했다. 다음의 맹자의 언명은 공자가 개별적으로 언급한 도·덕·인을 유기적으로 연결시켰다는 증거가 된다.

『시경』에서 말하길, "하늘은 뭇 백성들을 낳으시고, 사물마다 법칙이 있도록 했다. 백성들이 떳떳함을 간직하고 이 아름다운 덕을 좋아한다." 공자께서 말씀하셨다. "이 시를 지은 자는 도를 아는 자일 것이다. 그러므로 사물이 있으면 반드시 법칙이 있으니, 사람이 떳떳함을 지니고 있으니, 그러므로 이 아름다움을 덕을 좋아한다." … 공자께서 말씀하셨다. "도는 오직 둘이니, 인仁과 불인不仁일 뿐이다."

(『논어』에 보이지 않지만)『맹자』에 공자의 언명으로 기록된 이 구절은 공자의 도·덕·인의 개념이 유기적으로 연결될 수 있는 충분한 근거가 있었음을 드러내 준다. 요컨대 공자에 따르면, 인간은 자신의 길을 가야 하는데, 그 길을 간다는 것은 곧 인간의 덕을 실천하는 것이며, 그 덕의 내용은 바로 인이라는 것이다. 요컨대 공자에게서 도·덕의 관계는 덕이란 도의 주체화이

며, 도는 덕의 객관화라고 할 수 있다. 그리고 인이란 도가 실현하고자 하는 덕의 내용이다. 도가 없으면 덕은 한갓 주관적인 이상으로 그 존재 근거를 상실하며, 덕이 없으면 도는 단지 추상적 이념체에 불과하다. 또한 인이 없으면 덕은 내용이 없는 공허한 추상이 되고 말며, 도 역시 인이 없다면 구체적 내용이 없는 허황된 것이 되고 만다고 하겠다.

II. 『논어』의 덕 개념의 주석들

　　일반적으로 유가철학은 우주론(본체론), 심성론, 그리고 수양론으로 대별된다. 즉 우주론에 기반하여 심성의 존재를 연역적으로 설명하며, 심성론에 근거를 두고 수양을 통해 성인에 도달하는 방법을 제시했다. 그런데 우주적 본체와 인간 심성을 매개하는 것은 바로 덕 개념이며, 나아가 성인이 되는 방법을 제시한 수양론 또한 어떻게 이 덕을 체득·실현하는가 하는 것이 그 관건이 되었다. 요컨대 우주의 궁극 존재는 천하 만물에 덕을 부여하였으므로, 부여받아 태어난 덕을 체득·발현시켜 인간의 자기완성과 자기 실현하는 것이[1] 유가철학의 가장 중요한 문제였다. 따라서 덕은 유가 철학에서 가장 중요한 주요 개념이라고 할 수 있다.

　　중국철학에서 덕 개념은 갑골문부터 출현하기 시작하여, 『시경』과 『서경』 등에 각각 90 및 20여 회에 걸쳐 빈번하게 출현하고, 마침내 공자의 언행을 기록한 『논어』에 들어오게 되었다. 본래 천명 개념과 연관하여 천자 한 사람의 문제였던 덕은 인간 이상인 군자 개념의 정립과 함께, 군자가 갖추어야 할 필수적인 요소로 인식되면서, 『논어』에 전면 등장하게 된다. '덕'이란 용어는 『논어』 전체 약 498장에서 총 31장에 걸쳐 약 40회 내외로 출현한다. 이 장은

1　『詩經』「大雅, 蒸民」 "天生蒸民 有物有則 民之秉彝 好是懿德"

『논어』에 덕 개념이 출현한 장에 대해 고주古注와 대비하여 주자의 신주新注를 살펴보고, 이러한 고주 및 신주에 대해 다산 정약용은 어떻게 비평하였는지를 살펴보는 것을 목적으로 한다. 덕이 출현한 장의 해석에서 고주인 하안何晏(?-249)과 형병邢昺(932-1010)의『논어주소』[2]와 주자(1130-1200)의 신주인『논어집주』를 비교하여, 신주가 고주의 해석을 (1) 큰 의미 변화 없이 수용하거나 약간의 부가적인 설명만 추가하는 곳, (2) 부분적으로 용어를 수정·보완한 곳, (3) 전면적으로 다시 정의하여 다르게 해석하거나 장절의 구분을 다르게 하는 곳 등으로 나누어 살펴보았다. 그리고 이러한 구분과 고찰에 따라 한국의 다산 정약용이『논어』의 덕 개념이 출현한 구절들에 해석에서 고주와 신주를 어떻게 비평·재해석하였는지 살펴보고, 그의 주석의 창의성과 타당성을 살펴보는 것을 목표로 한다.

1. 주자의 고주 수용과 다산의 비평

『논어』에서 덕이란 용어가 출현한 구절에서 주자가 고주를 의미 변화 없이 거의 그대로 수용하면서 부가적인 설명만 추가한 구절은 1:9, 7:3, 9:17(15:12), 12:19, 14:6, 14:36, 15:26, 16:1, 17:14, 18:5, 19:2 등 약 12장이다. 그리고 다산 정약용이 주자가 고주의 해석을 거의 그대로 수용한 장절 중 (1) 같은 의미로 해석하는 곳은 약 5장(해석은 같지만, 새로운 용어로 설명을 추가하고 있는 2곳 포함)이며, (2) 부분적으로 수정·보완하는 곳은 총 4장, 그리고 (3) 전면적으로 재해석하거나 장의 구분을 달리하는 곳은 약 3장으로 조사되었다.

---

2 何晏 注·邢昺 疏(정태현·이성민 역),『譯註論語注疏』1-3, 전통문화연구회, 2012-6. 朱子의「논어집주」는 주로 이성규 역주,『대역논어집주』소나무, 2011을 주로 참고하면서, 필요한 경우 번역을 수정하기도 했다. 이 책에는 장절章節(2:1 등)이 명시되어 있기 때문에, 章節이 본문에 나타나 있을 경우에는 인용을 생략한다.

(1) 우선 주자가 고주를 거의 그대로 수용하는 장에 대해 다산 또한 동일한 의미로 주석하는 5개 장을 살펴보자.

『논어』14:36(或曰 "以德報怨 何如." 子曰 "何以報德 以直報怨 以德報德.")의 덕德에 대해 고주에서는 "(덕이란) 상대에게 덕을 베풀어 상대가 나의 은혜를 입음을 이른다. 그러므로 은혜를 입는 것을 덕이라고 한다."라고 말했다. 이에 대해 주자 또한 "덕은 은혜를 말한다."라고 주석했다. 다산 또한 "덕은 은恩이다." 라고 주석하여 의견을 일치를 보인다. 덕이 특히 (군주의) 은혜라는 뜻으로 사용된 것은 『서경』에서 상당히 일반적인 어법이었다.

다음으로 18:5(楚狂接輿歌而過孔子曰 "鳳兮鳳兮 何德之衰…")에 대해 고주에서는 "공자를 봉황에 비유했다. 봉황새는 성군을 기다렸다가 나타나는데, (성군이 없는데도) 공자가 주유하면서 뜻이 부합하는 임금을 구하고자 하니 덕이 쇠했다고 비판한 것이다."라고 주석했다. 이에 대해 주자 또한 "접여가 (봉황으로) 공자를 비유하고, 은둔하지 못함은 덕이 쇠했기 때문이라고 기롱했다."라고 주석하였다. 다산 역시 고주를 그대로 인용하면서 별다른 견해를 덧붙이지 않았다. 이 구절에서 고주와 주자, 그리고 다산은 덕을 '세상에 대한 인식 능력'으로 파악하는 데 합의하고 있다.

그리고 19:2(子張曰 "執德不弘 信道不篤 焉能爲有 焉能爲亡.")에 대해 고주와 주자, 그리고 다산은 또한 홍弘을 (廣) 대大로 해석하면서, 이 구절을 "덕을 지킴이 크지 못하고, 도를 믿음이 두텁지 못하면, 경중輕重을 논할 만한 것이 없다."라고 해석하는 데 일치를 보인다.

그런데 9:17(子曰 "吾未見好德如好色者也." 및 15:12)에 대한 고주와 주자의 해석에 대해 다산은 다른 의견을 제시하지 않는다. 다만 다산은 인심과 도심이라는 용어를 사용하여, "보충하면, 덕이란 도심이 좋아하는 것이고, 색色이란 인심이 좋아하는 것이다. 도심은 항상 약하기 때문에 성실하기 어렵고, 인심은 항상 치열하기 때문에 억지로 조장할 필요가 없다."라고 덧붙였다. 주지하듯이, 인심과 도심이란 구절은 『서경』 「대우모」의 구절로 다산은 이것이 매색梅賾의 위작임을 증명했다.[3] 그러나 다산은 이 '십육자심법十六字心法'만은 만세의 대훈으로 버릴 수 없다고 하였는데,[4] 이 구절의 해석에서 이 용어를 차용하고 있다고 하겠다.

(2) 주자가 고주의 해석에 대체로 동의한 장절에 대해 다산이 용어의 의미를 '부분적'으로 수정·보완하고 있는 곳은 1:9, 12:19, 15:26 등으로 총 3개 장을 들 수 있다.

먼저 1:9(曾子曰 "愼終追遠 民德歸厚矣.")에 대해 고주에서는 "임금이 상례에서 슬픔을 다하고, 제사에서 경건함을 다하면 백성들이 그 덕에 감화되어 모두 후덕한 데로 돌아간다."라고 주석하여, 신종추원愼終追遠의 주체를 인군으로 보고 민을 피치자被治者 일반으로 보았다. 그리고 주자 또한 "이것을 자발적으로 행하면 자신의 덕이 두터워지고, 하민下民도 교화되어 그 덕 또한 두터움으로 돌아간다."라고 말하여, 민을 하민으로 보았다. 그런데 다산은 약간 다르게 해석한다.

민民은 사람(人)이란 뜻이다. '사람들이 능히 오래하는 이가 드물다(民鮮能久矣:『중용』 3장).'라고 했고, '사람들은 착하지 않음이 없다(民莫不穀:『시경』 「소아, 小弁」).'라고 했다. 어찌 반드시 아래의 천한 자(下賤者)만을 민이라 하겠는가? 상례와 제례는 상하의 모든 사람에게 통용되는 것이니, 반드시 (下民이) 보고 감화되었다고 말할 필요는 없다.[5]

3   『여유당전서』 2:2, 「心經密驗」 2:28 참조.
4   『여유당전서』 2:32, 「매씨서평」「염씨고문소증초」 4:21. "梅書雖敗 道經之二十字 朱子序之一百三十五字 仍當刻于大碑 建之太學 爲萬世立大訓 不可忽也."
5   다산의 『논어고금주』는 다음의 번역본을 참조하며 다소 수정하기도 했다. 정약용(이지형 역주), 『역주논어고

요컨대 고주와 주자는 민을 하민으로 해석하여, 이 구절을 군주의 솔선수범과 민의 교화에 중점을 두었다면, 다산은 상례와 제례는 상하 모든 사람에게 적용된다는 점에서 사람 일반으로 해석했다. 현대적인 관점에서 본다면, 다산의 민에 대한 이런 해석은 상당히 긍정적인 것이라고 할 수 있다. 다산의 민에 대한 이러한 관점은 『논어』 6:29(子曰中庸之爲德也 其至矣乎 民鮮久矣)에 대한 해석에서도 나타난다. 이 구절에 대해 고주에서는 "세상이 어지러워져 선왕의 도가 폐해지고, 백성들 가운데 능히 중용의 도를 행함이 드문 지가 오래되었다."라고 해석하였다. 즉 선왕의 도가 폐해짐에 따라 피지배층인 백성들이 중용의 도를 행함이 드문 지가 오래된 것으로 보았다. 주자 또한 "세상의 교화가 쇠퇴한 이래, 백성이 바른 행실에서 발흥하지 않아 중용의 덕이 미미해진 지 오래되었다."라고 말하여, 치자와 피치자의 교화관계로 해석하였다. 이에 대해 다산은 고주의 하안의 해석을 직접 인용·논박하면서, 여기서의 민은 피지배층이 아니라 사람 일반을 지칭한다고 해석한다. 즉 그는 특히 『중용』에서 "(일반사람들은) 중용을 선택하여 능히 한 달도 지키지 못했지만, 안회는 그 마음이 석 달 동안 인仁을 어기지 않았다."라고 말한 사실을 지적하면서, 중용의 실천 주체로서 능히 오랫동안 중용을 행한 지 오래된 자는 '사람 일반'을 지칭함을 논증했다.

그리고 12:19(如殺無道 以就有道 孔子對曰 "…君子之德風 小人之德草 草上之風 必偃.")의 "여살무도如殺無道 이취유도以就有道"에 대해 고주와 주자는 '취就'를 '성成'으로 해석하여, "만약 무도한 자를 죽여서 유도한 세상을 성취하려 한다면"으로 해석했다. 이에 비해 다산은 "취就는 나아가다(卽)·따르다(從)는 뜻이니, 악인을 주살하여, (백성들을) 의義로 옮겨가고 선을 따르게 하는 것을 말

『금주』1, 사암, 2010, 113쪽. 이 책은 『논어주소』와 『논어집주』와는 달리 章節에 대한 표시가 없기 때문에, 인용할 때에 쪽수를 명기한다.

한다."로 부분적으로 다르게 해석한다. 그리고 고주와 주자는 이 구절이 『상서』「군진」편의 "이유평爾惟風 하민유초下民猶草"에서 유래했다고 주석하지만, 다산은 오히려 매색이 편집한 『고문상서』가 『논어』의 이 구절을 표절했다고 주장한다. 여기에는 당대의 고증학적 성과를 원용하여, 『고문상서』를 인정하지 않았던 다산의 입장이 나타나 있다.

그리고 15:26(子曰 "巧言亂德. 小不忍 則亂大謀.")에 대해 고주에서는 "말을 교묘하게 잘 꾸며대면, 덕의를 어지럽힌다. 작은 일을 참지 못하면, 큰일을 어지럽힌다."라고 문자적으로만 주석했다. 이에 대해 주자 또한 "교묘한 말은 (시비를 바꾸고 어지럽혀서, 듣고 있는 사람이 지키던) 덕을 어지럽히고(잃게 만들고), 작은 것(婦人之仁과 匹夫之勇)을 참지 못하면 큰 계책이 어려워진다."라고 하여 부연 설명만 했다. 그런데 다산은 고주의 "공안국의 이른바 덕의라는 것이 어떤 말인지 모르겠다."라고 불평하고 나서, 다음과 같이 (주자에게) 질의한다.

교언巧言이란 본래 현덕한 사람을 해치는 것이다. 만약 가령 여기에 한 사람이 있다고 하자. 평생토록 수덕修德하다가 한 번 듣기 좋게 꾸미는 말을 듣고 갑자기 그 지킨 것을 잃는다면, 이른바 그 덕은 본래 참칭한 것이지 어떻게 덕을 해쳤다고 하겠는가? 부인의 불인不忍에서 인忍은 잔인殘忍의 인忍이고, 필부匹夫의 불인不忍에서 인忍은 함인含忍의 인忍이다. 이 경문의 경계하는 바는 곧 함인의 인이니, 어떻게 여기에 부인의 설을 만들 수 있겠는가?[6]

이렇게 다산은 이 구절을 "교묘한 말은 덕 있는 사람을 무너뜨려 어지럽게 만들고, 작은 것을 참지 못하면(含忍의 忍이다) 큰 계책이 어려워진다."고 해석하여, 고주와 주자의 해석을 부분적으로 수정·설명한다. 다산이 인忍을 잔

---

6   『역주논어고금주』4, 337쪽.

인잔忍과 함인含忍으로 나누고, 이 구절의 소불인小不忍의 인忍은 함인含忍을 함축한다고 주석한 것은 이 구절의 대의로 볼 때, 상당한 설득력이 있다.

(3) 주자가 고주를 큰 의미 변화 없이 수용한 구절들 중 다산이 재정의를 통해 전체적으로 다르게 해석하는 구절은, 4개 장(7:3, 14:6, 16:1, 17:14 등)이라고 할 수 있다.

7:3(子曰 "德之不修 學之不講 聞義不能徙 不善不能改 是吾憂也.")에 대해 고주에서는 "공자께서 말씀하셨다. 덕을 닦지 않는 것·배운 것을 강론하지 않은 것·의로움을 듣고도 옮기지 못하는 것·불선을 고치지 못하는 것, 이런 것들이 나의 근심이다."라고 해석했다. 이에 대해 주자 또한 윤씨의 "진실로 이것들에 능하지 못할까 하고 성인도 오히려 근심했거늘, 하물며 배우는 사람이랴?"라는 말을 인용하면서, 고주에 이견을 제시하지 않았다. 이에 대해 다산은 고주의 공안국의 말을 직접 인용·비판하고 있다.

덕이란 본심의 바르고 곧음이며(德者 本心之正直), 학이란 선왕의 도예이다 (學者 先王之道藝). 오폼는 자기(己)와 같으니, 배우는 이를 경계한 것이다. (고주의) 공안국의 설명은 잘못되었다. 배우는 이들이 여럿이 있어, 혹 세상을 근심하고, 혹 백성을 근심하고, 지극한 다스림이 회복되지 않을까 근심하고, 윤리가 땅에 떨어질까 근심하며, 낮은 신분에 있는 자들은 가난과 천함 및 배고픔과 추위를 근심했다. 공자께서 이러한 말들을 들으시고 말씀하셨다. 그대들의 근심은 모두 한가한 수심(閒愁)이니, 참다운 근심(眞憂)을 듣고 싶은가? 덕이 닦이지 않고·학이 강명되지 않고·선이 옮겨지지 않고·허물이 고쳐지지 않는 것, 이런 것들이 나의 근심거리들이다.[7]

---

7 『역주논어고금주』2, 149쪽.

요컨대 고주와 주자는 본문을 평소 성인 혹은 지자로 자칭하지 않았던 공자의 겸사로 해석했다. 이에 비해 다산은 덕을 본심의 정직으로 재정의하면서, 학자들이 참으로 근심하고 경계로 삼아야 할 것이 무엇인지를 가르쳐주신 말로 해석했다. 다산의 이 해석은 상당히 독창적인 것으로, 고주 및 주자의 해설과 연관하여 보았을 때 상호 일장일단이 있다. 이 구절은 『논어』의 다른 말들과 연관하여 심층적인 논의가 필요하다고 생각된다.[8]

다음으로 14:6(南宮适 問於孔子曰 "羿善射 奡盪舟 俱不得其死 然禹稷 躬稼而有天下 夫子 不答 南宮适出." 子曰 "君子哉 若人 尙德哉 若人.")에 대해 고주에서는 "우와 후직을 공자에게 견주고자 하였기에, 공자께서는 겸손하셔서 답하지 않으셨다."고 풀이하고, 주자 또한 "예와 오를 당시의 권력자에 비유하고, 우와 후직을 공자에 비유했기 때문에 공자께서 답하지 않으셨다."라고 말하여, 고주에 동의하였다. 그런데 다산은 다른 관점에서 심층적인 주석을 시도한다.

> 명과 천도는 공자께서 드물게 말한 것이었기 때문에 대답하지 않았다. 살펴보건대 공자는 일찍이 몸소 농사짓지 않았고, 또한 천하에 왕 노릇할 조짐도 없었는데, 남궁괄이 어찌 우와 후직을 공자에게 견주었겠는가? (예와 오는) 활을 잘 쏘고 힘이 세면 족히 환난을 막을 수 있는데도 환난과 죽음을 면하지 못했다. (우와 후직은) 도랑을 파고 밭을 갈고 씨를 뿌리는 것처럼 비천하고 궁색하였지만 마침내 큰 명을 받았으니, 남궁괄이 질문한 것은 천리天理이다. 또한 힘이 세다(多力)는 것과 권력權力은 같지 않다.[9]

---

8 『論語』에 이 구절과 연관되는 것으로 다음과 같은 것이 있다. 5:27. 子曰 "十室之邑 必有忠信如丘者焉 不如丘之好學也." 7:19. "我非生而知之者 古敏以求之者也." 7:32. 子曰 "文莫吾猶人也 躬行君子 則吾未之有得." 7:19. "我非生而知之者 古敏以求之者也." 7:33. 子曰 "若性與仁 則吾豈敢 抑爲之不厭 誨人不倦 則可謂云爾已矣."
9 『역주논어고금주』4, 46쪽.

다산의 이 주석은 『논어』의 원문[10]에 근거한 주석으로, 그의 이른바 이경증경以經證經의 해석법이 잘 발휘된 사례라고 할 수 있다.

16:1("…夫如是 故遠人不服 則修文德以來之 既來之 則安之…")에서 고주는 "먼 곳의 사람이 복종하지 않으면 문덕을 닦아서 그 덕화를 사모하여 오게 해야 한다."라고 해석했으며, 주자는 "내치가 닦인 뒤에야 멀리 있는 자가 복종한다. 복종하지 않음이 있으면 덕(仁義禮智)을 닦아 오게 해야지, 또한 군대를 멀리까지 보내 수고롭게 해서는 안 된다."라고 부언하였다. 이에 대해 다산은 "인의는 바탕(質)이고, 예악은 문채(文)이다. 예악이 일어나지 않으면, 무엇으로 문채로 삼을 것인가? 『예기』「악기」에 '예악을 모두 얻은 것을 일러 덕이 있다고 한다(禮樂皆得 謂之有德).'라고 했으니, 이것이 문덕文德이다. 문덕을 닦는다(修文德)는 것은 효제孝悌를 돈독히 하고, 예악禮樂을 흥하게 하는 것을 말한다."[11]라고 보충설명을 하였다. 요컨대 고주와 주자는 '수문덕修文德'에서 '문文' 자에 대해 큰 주의를 기울이지 않고, 인의예지의 덕을 닦는 것으로 보았다. 다만 이 문文 자를 뒤의 "이모동간과어방내而謀動干戈於邦內(그런데도 영토 내에서 군대를 동원하기를 모의하니)"라는 구절과 연관지어 무武에 대한 문文으로 간주한 듯하다. 이에 대해 다산은 여기서 '문文'을 '질質'의 상대 개념으로 해석하는바, 이는 『논어』에 근거한 것으로[12] 매우 정밀하고 타당한 해석이라고 하겠다. 여기서도 다산은 덕을 효제로 해석하는 특징을 보인다.

17:14(子曰 "道聽而塗說 德之棄也.")에 대해 고주에서는 "길에서 듣고 (자신은 익히지 않고) 길에게 (남에게 전하여) 설명해 주면, 덕 있는 사람으로부터 버림을 받는다."로, 그리고 주자는 "(좋은 말이라고 할지라도) 길에서 듣고 (자신의 것으로 만들지 않고) 길에서 말해 버리면, 덕을 버리는 일이다."라고 해석했다. 이에

---

10 『논어』 5:12. 子貢曰 "夫子之文章 可得而聞也 夫子之言性與天道 不可得而聞也." 9:1. "子罕言利與命與仁."
11 『역주논어고금주』4, 449쪽.
12 『논어』 6:16. 子曰 "質勝文則野 文勝質則史 文質 彬彬然後 君子."

대해 다산은 이 구절을 '길(여기)에서 듣고 길(저기)에 전하여 입을 가볍게 놀리는 사람(輕口人)'을 경계한 것이라고 해석한다.

> 살펴보건대, 번지는 공자의 어자禦者가 되어 수레를 몰면서 예를 물었고(「위정」), 염유는 공자의 복僕이 되어 수레를 몰면서 가르침을 물었으니(「자로」), 이는 두 사람이 길에서 묻고 공자는 길에서 말한 것이다. 하물며 세 사람이 가면 반드시 나의 스승이 있는 법인데(「술이」) 어찌 반드시 도로에서 듣는 일이 있을 수 없겠는가? 주소注疏의 뜻은 대개 구이口耳의 학을 경계한 것으로 보인다. 그러나 도道와 도塗 두 글자를 반드시 쌍으로 나란히 말한 것은 분명히 여기에서 듣고 저기에서 그 말을 전하는 것이다. 그리고 또 구이지학口耳之學이라 하면, 이는 단지 그 논하여 온 경로가 황당할 뿐이며, '도설塗說' 두 자는 필요없는 여분의 말이 되고 만다. 도청도설이란 입을 가볍게 놀리는 사람을 말한다.[13]

요컨대 고주와 주자는 도청도설을 몸에 체득하지 않고 입으로만 덕을 논하는 사람으로 해석했지만, 다산은 입을 가볍게 놀리는 사람으로 해석한다. 즉 고주와 주자는 이 구절을 구이지학을 경계한 것으로 해석했지만, 다산은 경구인을 비판한 것으로 본다. 『논어』에서 공자와 그 제자가 길에서 대화를 주고받은 것을 반례로 하여 이전의 주석을 비판한 다산의 논거를 보면, 충분히 설득력 있는 해석이라고 하겠다.

---

13 『역주논어고금주』5, 200-201쪽.

2. 주자의 고주 보완과 다산의 비평

다음으로 (2) 주자가 고주를 부분적으로 용어를 수정·보완한 구절(2:1, 2:3, 4:11, 7:6, 7:22, 8:1, 8:20, 11:2-3, 12:21, 13:22, 14:5, 17:13 등)에 대한 다산의 비평을 살펴보자.

먼저 2:1(子曰 "爲政以德 譬如北辰 居其所 而衆星共之.")에 대해 고주에서는 "덕이란 무위이니, 마치 북신이 이동하지 않는데도 뭇별들이 함께 북신을 높이는 것(衆星共尊之)과 같다."라고 해석했다. 이에 대해 주자는 우선 "덕이란 얻음(得)이니, 도를 행하여 마음에 터득하는 것(行道而得於心者也)이다."라고 해석한다. 그리고 "정치를 덕으로 하는 것은, 비유컨대 북극성이 마땅히 있어야 할 곳에 있으면, 뭇 별들이 북극성을 향하여 따라 회향하는 것과 같다."고 하여 부분적으로 수정된 해석을 내놓았다. 그런데 주자 또한 "정치를 덕으로 하면 무위하지만 천하가 그에게 귀속하니, 그 형상이 이와 같다."라고 해석하여, 덕치를 무위와 연관시켰다. 그러나 다산은 이러한 해석을 적극 비판한다.

> 정政이란 바로잡는 것(正)이다. 호령을 내고 시행하여 백관을 바르게 함으로써 만백성을 바르게 하는 것이다. 덕德이란 곧은 마음(直心)이니(글자의 뜻이 그렇다), 자신이 먼저 효제함으로써 천하 사람들이 인仁을 하도록 이끄는 것이다.… 청정무위淸淨無爲는 곧 한유漢儒들의 황로학黃老學이며, 진대晉代의 청허담淸虛談이다. 천하를 어지럽히고 만물을 파괴하는 것으로서 이단사술 중에서도 더욱 심한 것이다. 어찌 일찍이 우리 유가의 대성大聖께서 무위로 법을 삼았다고 하겠는가? 대저 무위란 정치를 하지 않는 것이다. 공자는 분명히 위정爲政이라고 말하였는데, 유자들이 무위라고 말하면 되겠는가?…임금이 바르게 처신하여 덕으로 정사를 하면, 백관과 만민이 누구 하나 따르지 않는 이가 없이 임금과 동화되는 것이 바로 북신·중성들의 일과 부합하니,

비유를 취한 의미는 다만 여기에 있지 않겠는가?[14]

　요컨대 고주는 현학玄學의 영향으로 덕치를 노장의 용어인 무위지치無爲之治로 해석하면서 '북신거기소北辰居其所'를 "북신이 이동하지 않고 있는데"라고 해석했다. 그런데 주자 또한 덕치를 고주와 같은 용어인 무위라는 말로 해석했지만, 무위정치를 임금이 덕을 체득하여 마땅히 군주가 해야 할 일을 하면, 뭇 백성들이 자연히 감화되어 자신의 역할을 하는 것으로 해석했다(正名). 이에 대해 다산은 유가의 덕치를 무위로 해석하면 문자 그대로 아무것도 하지 않는 것으로 오해할 수 있다고 생각했다. 요컨대 다산에 따르면, '정政'이란 바로잡는 것(正)으로, 호령을 내고 시행하여 백관을 바르게 함으로써 만백성이 바르게 되는 것을 목적으로 하며, 덕치란 인군이 곧은 마음(直心=德)으로 먼저 효제를 실천함으로써 천하 사람들이 인을 행하도록 인도하는 것이다. 고주와 주자, 그리고 다산의 이러한 관점의 차이는 이와 연관된 2:3(子曰 道之以政 齊之以刑 民免而無恥 道之以德 齊之以禮 有恥且格)의 해석에도 나타난다. 이 구절에 대한 주석에서도 다산은 "덕은 효제이다. 『상서』에 '공경히 오교를 펴나가라(敬敷五敎).'라고 한 것은 바로 '이끌기를 덕으로써 한다(道之以德).'이다.… 그러나 덕으로 인도할 때도 형벌을 사용하였으니, 『상서』에 '백이에게 법전을 반포하도록 하여 백성을 형벌로써 제재했다(伯夷降典 折民維刑).'(「여형」)고 한 것은 먼저 오전을 펴고, 그 가르침을 따르지 않으면 형벌로써 제재하였음을 말한다."[15]라고 주석했다. 그리고 여기서 '격格'에 대해서도 고주에서는 바르게 된다(正)로, 주자는 '(善에) 이른다(至)'로, 그리고 다산은 "격格은 격假 자와 통용하여 쓰는데, 감화를 말한다."라고 각각 주석하였다.

14　『역주논어고금주』1, 143-151쪽.
15　『역주논어고금주』1, 159-163쪽.

4:11(子曰 "君子懷德 小人懷土 君子懷刑 小人懷惠.")에 대해 고주에서는 회懷를 안安(편안히 여김)으로 해석했다. 그리고 주자는 "회懷는 생각함(思念)으로, 회덕懷德이란 자기의 고유한 선을 보존하는 것(謂存其固有之善)"으로 주석하여, 덕의 생득성을 강조했다. 이에 대해 다산은 "덕德 · 토土 · 형刑 · 혜惠는 모두 위의 군주로부터 나온다. 군주가 몸소 효제를 먼저 실천하는 것을 덕이라 하고, 논밭 전지를 나누어 주는 것을 토土라 하고, 추방하거나 가두고 죽이는 것을 형刑이라 하고, 진구振救 · 주휼賙恤하는 것을 혜惠라 한다."[16]라고 해석한다. 이들의 해석의 차이를 나타내면, 다음과 같다.

> 고주 : "군자는 덕에 편안하고(懷=安), 소인은 고토(土=故土)에 안주한다. 군자는 법에 편안하고(安於法), 소인은 혜택에 편안하다."
>
> 주자 : "군자는 덕(固有之善)을 생각하고 소인은 안주할 것을 생각한다(탐닉한다). 군자는 법을 생각하고(=두려워:畏하고), 소인은 혜택을 생각한다(이익을 탐한다:貪利).
>
> 다산 : "군자(=人君)는 덕(=효제)을 실천하는 것을 생각하고(중심에 간직하고), 소인은 땅을 (나누어 받을 것을) 생각한다. 군자는 (몸을 경건하게 하는 것을 중하게 여겨) 형벌을 생각하고, 소인은 (재물을 아끼려고) 혜택을 생각한다.

다음으로 7:6(子曰 "志於道 據於德 依於仁 游於藝.")의 도 · 덕 · 인 · 예 등에 대한 주석의 차이를 살펴보자. 먼저 고주에서는 다음과 같이 설명하였다.

> 도는 형체가 없기에 사모(志=慕)할 뿐이다. 거(據)는 붙잡음(杖)이니, 덕은 형체를 이루기 때문에 붙잡을 수 있다. 의(依)는 기댐(倚)이니, 인자는 공로를

---

16 『역주논어고금주』 1, 449쪽.

남에게 베풀기 때문에 기댈 수 있다. 예는 육예이다.… 정현이 말했다. 허통하여 잡을 수 없는 자연을 도라고 한다(虛通無擁自然之謂道). 덕德이란 얻음(得)이니, 만물이 제자리를 얻는 것을 덕이라 한다.

이에 대해 주자는 다음과 같이 말한다.

> 도는 인륜으로 일상생활에서 마땅히 행해야 할 것이 그것이다.…덕은 얻음(得)이니, 그 도를 마음에 얻어 잃지 않음을 말한다.…인은 사욕이 완전히 제거되어 마음의 덕이 온전한 것이다. …예藝는 예악의 문채(禮樂之文)와 활쏘기・말 몰기・글쓰기・수학의 기법(射御書數之法)으로 모두 지극한 이치가 깃들어 있는 것으로 일상에서 뺄 수 없는 것이다.

그리고 다산은 다음과 같이 말하였다.

> 여기에서 저기에 이르는 것을 도라고 하고(『예기』「표기」에서 말했다. 길을 향해 간다:嚮道而行), 마음이 바르고 곧은 것을 일러 덕이라 하며(心之正直曰德: 直과 心을 따랐다), 인이란 다른 사람을 향한 사랑이다(仁者 嚮人之愛也).[17]

도에 대해 고주에서는 허통무옹자연虛通無擁自然으로, 주자는 인륜일상소당행자人倫日常所當行者로, 그리고 다산은 여기에서 저기에 이르는 것 즉 인간이 향해 가는 길(嚮道而行)로 정의했다. 덕에 대해 고주는 만물이 제자리를 얻는 것으로, 주자는 도를 행할 때에 마음에 얻는 것으로, 그리고 다산은 마음의 바르고 곧음으로 각각 정의했다. 그리고 인仁에 대해 고주는 공로를 남에

---

17 『역주논어고금주』2, 155-156쪽.

게 베푸는 것으로, 주자는 사욕이 완전히 제거되어 마음의 덕이 온전한 것으로, 그리고 다산은 다른 사람을 향한 사랑(仁者 嚮人之愛也)으로 각각 정의했다. 그리고 예藝에 대해 모두 예악사어서수禮樂射御書數의 육예로 보는 데 동의했다. 고주는 현학의 특징에, 주자는 성리학적 심성론에, 그리고 다산은 실천론에 중점을 두고 그 용어를 해석하였다고 하겠다.

7:22(子曰 "天生德於予 桓魋其如予何.")에 대해 고주에서는 '천생덕天生德'을 "하늘이 나에게 성인의 덕성을 주셔서(謂授我以聖性), 덕이 천지와 합하여, 길하고 이롭지 않음이 없다."라고 해석했다. 이에 대해 주자는 "공자께서 '하늘이 이미 나에게 이와 같은 덕을 부여하였으니, 환퇴가 나를 어찌하겠느냐.'라고 말씀하신 것이다."라고 해석했다. 고주는 덕을 '성성聖性'이라고 했지만, 주자는 공자가 성인의 덕성이라는 표현을 쓰지 않았음에 유의하여 주석했다. 그런데 이 구절에 대해, 다산은 어떠한 주석도 하지 않았다. 주지하듯이 다산은 덕이란 직심直心 혹은 심지정직心之正直으로, 행사 이후에 덕의 명칭이 성립된다고 했다. 그렇다면 이 구절은 하늘이 덕의 근원임을 말하는 것으로서 다산의 덕 개념 정의에 결정적인 반론의 근거가 되지 않는가? 그래서 주석하지 않았는가?

8:1(子曰 "泰伯 其可謂至德也已矣 三以天下讓 民無得而稱焉.")의 지덕至德에 대해 고주에서는 "그 사양한 것이 은미하여 드러나지 않아 칭송할 자취가 없는 것"으로 해석했다. 그리고 주자는 "지덕은 덕이 지극하여 더 이상 보탤 것이 없다는 말이다."라고 해석했다. 이를 다산은 "이미 그 덕을 행하고도 그 이름 또한 없앴으니, 이것이 지덕이다."라고 해석했다. 그리고 삼양三讓도 고주는 실제로 세 번 양보한 것으로, 주자는 고손固遜으로, 그리고 다산은 전적이 잔멸하여 살펴 징험할 방법이 없다는 점에서 의문으로 남겨 두자고 제안했다. 요컨대 고주와 다산은 지덕이 은미하여 자취가 없다는 것에 중점을 두었다면, 주자는 최상의 덕으로 해석했다. 여기서 다산은 고주를 따르고 있다.

8:20("舜有臣五人而天下治. 武王曰予有亂臣十人. 孔子曰才難, 不其然乎 唐虞之際 於斯爲盛 有婦人焉 九人而已 三分天下有其二 以服事殷 周之德 其可謂至德也已矣.")에서 쟁점이 되는 구절은 "당우지제唐虞之際 어사위성於斯爲盛"이다. 고주에서는 "당·우의 교체기에서 시작하여 주나라에서(於斯) (인재가) 가장 성대했다"로 해석했다. 이에 대해 주자는 "주 왕실에 인재가 많아 다만 당우의 교체기만 주왕실보다 더 성대했으며(於斯爲盛=爲盛於斯), 내려와 하나라와 상나라부터는 모두 당우에 미치지 못했다(降自夏商 皆不能及)."라고 수정하여 주석하였다. 즉 '어사위성於斯爲盛'을 고주는 '주대에 이르러 더욱 더 성대했다'라고 해석한다면, 주자는 '(唐虞之際가) 주나라보다 더욱 성대했다'라고 해석했다. 이에 대해 다산은 다음과 같이 말한다.

제際란 성주聖主와 현신賢臣의 만남이다. 공자는 본래 인재의 성쇠를 논했으니, '여기에서 성대했다(於斯爲盛)'는 것은 당우 시대 때의 성군과 현신의 만남이 '주나라에 이르러 더욱 성대했다'라는 말이다(과거에는 다섯이고, 지금에는 열 명). (주자의) 『논어집주』에 질의한다.…이 경에서 말한 것은 순임금에서는 5명에 불과하고, 주왕실에서는 10명에 이르렀으니, 순임금 때가 주왕실보다 성대하다고 할 수 없다. 또한 어맥이 전도되니, 본지가 아닌 듯하다. 구설舊說은 비록 병통이 있지만, 주나라가 가장 융성했다는 점에서 올바르다.[18]

이렇게 '당우지제唐虞之際 어사위성於斯爲盛'에 관한 해석에서 먼저 (1) 제際를 당우의 교체기(唐虞交會之間:고주와 주자)로 볼 것인가 아니면 성주聖主와 현신賢臣의 만남(다산)으로 볼 것인가, (2) '어사위성於斯爲盛'을 주나라보다 (요순 시대가) 성대했다(주자)고 볼 것인가 아니면 (요순시대의 성주와 현신의 만남이) 주

---

18 『역주논어고금주』2, 323-325쪽.

나라에서 더욱 성대해졌다고 볼 것인가 하는 쟁점이 있다. 현재의 원문으로 보았을 때, 모두 나름의 근거를 갖고 해석한 것으로 각각 일장일단이 있다. 다산의 해석은 제際에 대한 해석에서는 다소 근거가 박약하지만, 어맥으로 본다면 가장 설득력이 있다. 주자의 해석은 신안 진씨의 다음과 같은 지적처럼 장점과 단점(궐문이 있다는 해석)이 아울러 있다고 생각된다.

> 신안 진씨가 말했다. (주자의) "『논어집주』에서 '내려와 하나라와 상나라부터는 모두 당우에 미치지 못했다(降自夏商 皆不能及).'라고 하는 이 여덟 글자를 보충함으로써 비로소 이해할 수 있게 되었다. 이곳은 틀림없이 빠지고 잘못된 것이 있다. 삼분의 이(三分有二)를 가졌다는 구절을 보면 첫 절은 머리말이 없이 갑자기 튀어나온 것이니, 빠진 글(缺文)임을 알 수 있다."[19]

다음으로 11:2-3(子曰 "我於陳蔡者 皆不及門也. 德行 顏淵閔子騫冉伯牛仲弓. 言語 宰我子貢政事 冉有季路. 文學 子游子夏.")의 해석을 살펴보자. 여기서의 쟁점은 (1) 불급문不及門의 해석, (2) 앞뒤 장절의 구분과 뒤 구절의 화자話者(공자, 제자들 혹은 세론世論), (3) 덕행·언어·정사·문학 간의 서열관계 등이다. 먼저 불급문不及門을 고주는 '벼슬에 나아가는 문에 미치지 못하여(不及仕進之門)'로, 주자는 "이때에 모두가 (공자의) 문하에 있지는 않았다(此時皆不在門)."로 해석했다. 그리고 다산은 '성문城門에 도달하지 못함(及=逮)'으로 해석했다. 그리고 (2-3)과 연관하여 고주에서는 "이 '사과四科(병열관계)'에 (공자께서) 열 사람만 들어 말씀하신 것은 단지 제자들 중에 뛰어난 사람만 혹은 당시에 수종隨從한 자만을 들어 말씀하신 것이다."라고 말했다. 그리고 주석자에 따라 형병과 정현은 합하여 한 장으로 하였고, 황간은 분리하여 2개 장으로 보았다. 그런

---

19 김동안지정만여영기 역, 『세주완역논어집주대전』, 한울아카데미, 2009, 8:20의 細注.

데 주자는 "제자들이 공자의 말씀에 근거하여 이 열 사람을 기록하면서…." 라고 말하고. 또한 "정자는 세평世論이라고 했다."라는 해설도 부언했다. 다산 역시 "(이 장에 대한 설명은) 마땅히 주자의 설명과 같아야 하지만, 단지 합하여 한 장으로 할 수는 없다."라고 설명하여 중간적인 입장을 취했다. 그리고 덕행德行과 언어·정사·문학의 서열과 연관하여, 주자는 "그 순서상 반드시 덕행을 먼저 해야 한다." 혹은 "덕행은 내외를 겸하고 본말을 관통하는 전체적인 것이지만, 그 나머지 셋은 각각 하나의 작용에서 드러난다."라고 해석하였다. 이에 대해 다산은 한유韓愈가 사과四科는 나열된 순서에 의해 가치가 구분된다고 한 말을 비판하면서, 사과四科는 "마땅히 공평하게 일렬로 해야 한다."라고 말하여, 순서상 위계가 없다고 주장했다.

12:10(樊遲從游於舞雩之下 曰 "敢問崇德 脩慝 辨惑." 子曰 "善哉問 先事後得 非崇德與 攻其惡 無攻人之惡 非脩慝與 一朝之忿忘其身以及其親非惑與.")에서는 "숭덕崇德·수사脩慝·변혹辨惑.…선사후득先事後得" 등이 쟁점이 된다. 고주에서는 "감히 덕을 성대하게 충족시키고(崇=充盛), 사특함(=惡)을 다스리고(修=治), 의혹을 변별하는 것을 여쭙겠습니다.… 일에서 먼저 수고로운 뒤에 보상을 얻는다면, 덕을 성대하게 충족시키는 것이 아니겠는가?"라고 해석했다. 주자는 우선 "감히 덕을 높이고(崇=高), 마음의 사특함(慝=匿於心)을 다스려 제거하고(修=治而去之), 미혹을 변별하는 것을 여쭙겠습니다."라고 해석하여, 고주를 다소 수정했다. 그런데 '선사후득先事後得'의 해석에서는 "선난후획先難後獲(6:22)이라는 말과 같다. 어려운 일을 먼저 하고 얻는 것을 뒤로 하는 것이 덕을 높이는 것이 아니겠는가?"라고 하여 고주에 거의 동의했다. 그런데 다산은 다음과 같이 선사후득先事後得에 대한 고주 및 주자의 설명을 함께 비판한다.

논박하여 말하면, (고주의)공안국의 (선사후득에 대한) 설명은 잘못되었다. 농부가 밭을 갈고, 장인이 집을 짓고, 상인이 위험을 감수하고 장사를 할 때,일에서 먼저 수고한 후에 보답을 얻으려 하지 않음이 없는데, 이 모두가 덕을 높이는 것이겠는가? 만약 '그 의를 바르게 하고 그 리利를 도모하지 않으며 (正其義 不謀其利), 그 도를 밝히고 그 공을 헤아리지 않는다(明其道 不計其功).' 라는 말을 선사후득先事後得을 일컫는 것이라고 한다면, '그 의를 바르게 하고 그 도를 밝히는 것'은 (先事의) 사事라 할 수 없고, 더욱이 (先難의) 난難이라 고도 할 수 없다. 앞에서 말한 선난先難과 지금 말한 선사先事가 어찌 통할 수 있겠는가? 숭덕崇德은 인을 구하는 것(求仁)이다. 원래 인을 구하는 방법은 힘써 서를 실천(强恕)하는 데 있다. 노고勞苦는 남보다 먼저하고, 이록利祿은 남보다 뒤에 취하는 것이 서의 방법(恕之道)이다.[20]

이 구절의 해석에서 다산의 사공事功에 대한 긍정적인 해석을 볼 수 있다.

다음으로 13:22(子曰 "南人有言曰 人而無恒 不可以作巫醫 善夫 不恒其德 或承之羞 子曰不占而已矣.")의 "인이무항人而無恒, 불가이작무의不可以作巫醫."에 대해 고주에서는 "사람으로서 꾸준함이 없으면, 무당이나 의원도 치료(治)할 수 없다."라고 해석했다. 그런데 주자는 "무巫는 귀신과 교감하는 사람이고, 의醫는 생사를 의탁하는 사람이기 때문에, 비록 천한 역할이지만 더욱 더 꾸준함이 없으면 무당이나 의원도 될 수 없다."라고 하여 고주를 완전히 수정했다. 이에 대해 다산은 고주를 지지한다.

살피건대, 옛날에는 신성한 사람만이 무당과 의원이 될 수 있었다. 그러므로 신농, 황제, 기백, 무함 등이 이런 무술과 의술을 다스렸다. 후에 그 법이 진수를 잃었기 때문에 무당과 의원도 천해졌다. 그러므로 선유들이 이 경문을 이렇게 해석했다. 그러나 『예기』 「치의」편과 부합하지 않으니, 마땅히 구

---

20 『역주논어고금주』3, 359-363쪽.

설을 따라야 한다(龜卜과 筮占으로 그 길흉을 알 수 없고, 의약으로도 그 질병을 치료할 수 없다).[21]

14:5(子曰 "有德者 必有言 有言者 不必有德….")에 대해 고주에서는 "덕 있는 사람은 (억측하여 적용할 수는 없기에) 반드시 말이 있지만, 말솜씨가 있는 사람이라고 해도 반드시 덕이 있는 것은 아니다."라고 해석했다. 이에 대해 주자는 "덕 있는 사람(有德者)은 화순함이 마음 가운데 쌓여, 밖으로 찬란하게 드러나지만(和順積中 榮華發外:『예기』「악기」), 말솜씨가 있는 사람들(能言者) 중에는 간혹 아첨하는 말재주만 있는 경우가 있다."라고 다소 수정하여 해석했다. 이에 대해 다산은 "유언有言이란 후세에 수훈垂訓이 되는 입언立言을 말한다(말만 잘하는 것이 아니다). 살펴보건대, 헤아려 적중하는 것(億中)은 이 경문과 상관이 없으며, 또한 이른바 말이 있다(有言)는 것은 말을 잘 하는 것(辯給)이 아니다."라고 말하여, 고주와 주자를 동시에 비판한다. 그리고 그는 (주자에 대한) 질의를 통해 "신불해, 등석, 여불위 등도 입언이 후세에 전해졌지만, 말이 있는 사람이라고 해서 반드시 덕이 있지는 않다는 것은 아마도 이런 부류일 것이다."라고 말하여, 유언자란 단순히 능언자를 의미하지 않음을 예를 들었는데, 다산의 이러한 해석은 정당하다고 하겠다.

마지막으로 17:13(子曰 "鄕原 德之賊也.")의 해석을 살펴보자. 고주는 "일설에 향鄕은 향向의 뜻이고, 옛글자도 같다. 사람이 강의剛毅하지 못하고 사람을 보면 문득 그 사람의 취향을 살펴 아첨하여 영합하는 것을 이르니, 이는 덕을 해치는 것임을 말한다."라고 하여, "(남의 취향에 따라 아첨하고 비굴한) 향원은 덕을 해치는 도적(賊)이다."라고 주석했다. 이를 주자는 다음과 같이 주석했다.

---

21 『역주논어고금주』3, 553-557쪽.

향鄕이란 비속鄙俗하다는 뜻이다. 원原은 원愿(삼갈 원)과 같다.…대개 시류에 동조하고 더러운 것에 영합하여 세상에 아부하기 때문에, 향인들 가운데 유독 성실하다고 일컬어진다. 공자께서는 향원이 덕자와 비슷하지만 덕자가 아니고, 도리어 덕을 어지럽히기 때문에 덕을 해치는 자라고 깊이 싫어하셨다. (『집주』)

요컨대 주자는 이 구절은 "('卑俗'하고 삼가는 사이비) 향원은 (시비선악을 구분하지 못하게 함으로써) 덕을 해치는 적(賊)이다."라고 해석했다. 이에 대해 다산은 다음과 같이 해석하면서, 고주를 지지한다.

(주자에게) 질의한다. 살펴보건대 향鄕이란 향向의 뜻이다. 옛날에 장인匠人이 국도國都를 측량하여 경영할 때, 그 구역을 9등분하여 중앙에는 왕궁을 만들고, 앞에는 조정, 뒤에는 저자, 좌우의 육향六鄕은 동서로 서로 향하게 하였기에 이를 향鄕이라 했다. 향이란 경도京都의 방곡坊曲이니, 어찌 비루함이 있겠는가? 다만 그 명성이 한 고을 바깥을 벗어나지 못하여 한 고을의 이목을 쉽게 속일 수 있기 때문에 향인과 향원을 모두 비하해서 일컫는 말이니, 비속鄙俗이란 뜻은 아마도 옛 근거가 없는 듯하다.[22]

3. 주자의 고주 비판과 다산의 비평

주자가 고주를 전면 재정의·수정하거나 장의 구분을 다르게 하는 구절은 4:25, 6:29, 12:10, 14:34, 15:3, 16:12, 19:11 등이다.

먼저 4:25(子曰 "德不孤 必有鄰.")에 대해 고주에서는 『역경』「곤괘, 문언전」(君

---

22 『역주논어고금주』, 477쪽.

子敬以直內 義以方外 敬義立而德不孤)에서 유래했다고 보면서, "(敬과 義가 정립되면) 덕은 (성대해져) 외롭지 않으니, (바야흐로 같은 유로써 모이고 뜻을 같이 하여 서로 구하여) 반드시 이웃이 있다."라고 해석했다. 이에 대해, 주자는 다음과 같이 주석하면서, 고주를 직접 반박했다.

비단 군자의 덕만 부류가 있는 것이 아니라, 소인의 덕도 자연히 부류가 있다. 이 말은 '덕이 있는 자는 같은 부류끼리 응하고, 같은 기질끼리 서로 구하여 반드시 외로이 서지 않는다.'라는 말로 『역』「곤괘, 문언전」의 '덕불고德不孤'라는 말과 다르다. 『역』의 말은 경敬과 의義가 서면, 안과 밖이 겸비되어 덕이 성대해져 치우치거나 고립되지 않는다는 말이다.[23]

이에 대해 다산은 고주를 인용하고, 다시 『역경』「곤괘, 문언전」으로 인증하여 고주를 지지했다. 그렇다면 여기서 쟁점은 '덕불고德不孤'의 '덕'이 군자의 덕만을 의미하는지, 아니면 소인의 덕 또한 포함하는가이다. 고주에서는 이 구절을 『역』「곤괘, 문언전」의 '경의립이덕불고敬義立而德不孤'라는 구절과 같은 맥락으로 해석하여, 여기서의 덕을 경과 의가 정립되었을 때 뒤따르는 공효로 해석한다. 이에 대해 주자는 이 구절을 『역』의 언명과 관계없는 것으로 보고, "군자의 덕이 있는 자들은 군자의 덕이 있는 사람들끼리, 소인의 덕이 있는 자는 소인의 덕이 있는 자들끼리 서로 응하고 구하여 각각 외로이 서지 않는다."라는 상당히 현실적인 해석을 내놓았다. 주자의 해석은 현실정치와 연관해 보면, 설득력이 있음을 우리는 역사적 경험으로 잘 알고 있다. 그러나 공자의 이 언명이 과연 소인의 덕까지 포함하는지 의문이 든다. 이른바 '경으로 경을 해석한다(以經證經)'는 입장으로 본다면 전거를 제시한 고주와

---

23 『세주완역논어집주대전』 4:25에 대한 細注.

다산의 해석이 설득력이 있다.

다음으로[24] 12:10(子張問崇德辨惑 子曰 "主忠信 徙義 崇德也 愛之欲其生 惡之欲其死 既欲其生 又欲其死 是惑也 誠不以富 亦祗以異.")의 해석의 차이를 살펴보자. 여기서 '숭덕崇德'을 고주에서는 "덕을 확충하고(崇=充)"라고 해석했고, 주자는 문자 그대로 "덕을 숭상하고"라고 새겼다. 그런데 다산은 "숭崇은 높임(高)이니, 숭덕은 덕에 나아가는 것(進德)이다."라고 새겼다. 즉 고주는 덕을 확충의 대상으로, 주자는 덕을 숭상해야 함을, 그리고 다산은 덕에 나아감 즉 덕의 실천에 각각 중점을 두었음을 알 수 있다. 다음 구절("愛之欲其生 惡之欲其死 既欲其生 又欲其死 是惑也.")에 대해 고주에서는 "만약 나에게 순종하는 사람이 있으면 나는 그를 사랑하여 곧 그가 살기를 바라고, 그 사람이 갑자기 나에게 거스르면 나는 그를 미워하여 그가 죽기를 바라니, 이것이 미혹이다."라고 부언하여 해석했다. 그리고 그 뒤의 글귀(誠不以富 亦祗以異)에 대해서는 "『시경』의 시를 인용하여 단장취의斷章取義하였기 때문에 본뜻과 다르다."라고만 설명했다. 그런데 주자는 "사랑하고 미워하는 것(愛惡)은 사람들의 일상적인 감정이지만, 사람의 생사는 명이 있어(人之生死有命) 바라는 대로 되지 않는다. (命이 있는 데도) 사랑하거나 미워하여 그가 살거나 죽기를 바란다면 미혹된 것이다. 이미 그가 살기를 바라면서, 또한 그가 죽기를 바란다면 심하게 미혹된 것이다."라고 말하여, 다소 운명과 결부지어 이 구절을 해석했다. 그리고 인용된 『시경』의 글귀에 대해서는 "이 구절은 착간이다. 마땅히 16:2의 '제경공 유마천사齊景公有馬千駟'라는 구절 앞에 있어야 한다."라는 정자의 말을 인용한다. 그런데 다산은 이 구절에 대해 완전히 새로운 해석을 내놓으면서, 착간설을 부정했다.

---

24 6:29는 앞 절에서 다루었다.

천하의 온갖 일을 두루 헤아려 보아도 오직 전지田地를 나누어주고 부세賦稅를 무겁게 하는 것만이 이 항목에 해당할 수 있다. 이 한 가지 일을 제외하고는 사랑함과 미워함이 한 때에 함께 발생하고, 살았으면 하는 것과 죽었으면 하는 것이 한 때에 함께 욕구되는 경우는 없을 것이다. 선유들은 이 점을 깊이 생각하지 않았기 때문에 명확한 주석이 없었다. 본뜻이 이와 같았기 때문에, 시詩를 인용하여 진실로 부富도 이루지 못하고 또한 다만 이상하게만 보일 뿐이라고 했다. (程子에게) 질의한다. 변辨과 혹惑의 뜻에 밝지 않았기 때문에 정자가 이런 말을 했다. 그러나 이 장 앞뒤의 여러 구절이 모두 국정을 논했으니, 사랑할 때는 살기를 바라고 미워할 때는 죽기를 바라는 것이 허황된 설명이 아니다.[25]

다산의 이 해석은 일단 본문을 훼손하지 않고 문맥을 통하게 한다는 장점이 있다. 그러나 이 구절이 과연 전지와 부세에 관한 것인지는 분명하지 않다. 다산은 이렇게 원문을 가감 없이 그 자체로 해석하려고 한다. 이는 주자가 『대학』에서 「격물장」이 망실되었다고 주장하거나, 수차례 오자설誤字說을 제기한 것과 대비된다. 그래서 다산은 이 구절(12:10)과 연관된 16:12(齊景公有馬千駟 死之日民無德而稱焉 伯夷叔齊 餓于首陽之下 民到于今稱之 其斯之謂與)에 대해서도 다음과 같이 말했다.

살펴보건대, '성불이부誠不以富, 역지이이亦祇以異'라는 구절은 저 장(「12:10장」)에서 빠지면 안 되고, 이 장에서는 전혀 서로 부합되지 않는다. '역지이이亦祇以異'는 그것이 『시경』에 있는 말로 본래 폄사이다. 『시경』을 인용하는 법이 아무리 단장취의한다고 하더라도 폄하하는 말을 가지고 포장하는 말로

25 『역주논어고금주』3, 361 - 363쪽.

삼는 이치는 필시 없을 것이다.[26]

14:34(子曰驥不稱其力 稱其德也)에 대해 살펴보자. 이 구절에 대해 고주의 형병邢昺은 "이 장은 당시 힘으로 승리를 쟁취하는 것만 숭상하고, 덕을 무겁게 여기지 않는 것을 미워한 것이다."라고 주석했다. 그런데 주자는 "덕은 조련되고 양순함(調良)을 말한다."라고 주석하면서, 윤돈의 말을 인용하여, "훌륭한 천리마는 힘이 있지만, 그 칭찬은 덕에 있다. 사람이 재주가 있지만, 덕이 없으면 또한 어찌 숭상할 만하겠는가?"라는 말을 인용했다. 이에 대해 다산은 다음과 같이 신주를 비평하였다.

> 살펴보건대, 말이 잘 조련되고 양순함 역시 재주이다. 옛사람은 덕을 재주로 여겼으니, 어찌 재주를 경계하겠는가? 예羿는 활쏘기를 잘하고, 오奡는 배를 잘 끌고, 우禹와 직稷은 몸소 농사를 지었는데, 이는 모두 힘과 덕이다. 형병의 설은 바꿀 수 없다.[27]

여기서 다산은 재주(힘)와 덕을 양분하여, 마치 재주가 없어도 덕만 있으면 그만이라는 덕德 일변도의 해석을 경계했다. 다산의 이 비판이 과연 주자의 해석에 대한 정당한 비판인지에 대해서는 논의의 여지가 있지만, 덕을 실천적으로 해석했다고 하겠다. 요컨대 주자는 힘과 덕 가운데 덕에 비중을 두고 이 장을 해석했다면, 행사 이후에 덕의 명칭이 있다고 주장하는 다산은 힘이 없으면 성사되지 않는다고 본 점에서, 힘에 기반하여 덕이 성취되어야 한다는 측면을 강조했다. 주자의 다음과 같은 말을 보면 양자의 차이를 잘 알 수 있다.

---

26 『역주논어고금주』5, 19쪽.
27 『역주논어고금주』4, 193-194쪽.

성인의 뜻은 천리마가 힘도 있지만, 칭찬받는 것은 그 덕 때문이지 그 힘 때문이 아니라는 말이다. 군자의 경우도 재주가 쓸모없다는 말이 아니다. 주공은 재주와 기예가 많았고, 공자도 온갖 비천한 일에도 능했으니, 어찌 재주가 아니겠는가? 다만 주공답고 공자다운 까닭은 재주가 아니라, 덕이 찬양받기 때문이다.[28]

15:3(子曰 "由 知德者 鮮矣.")에서, 고주에서는 "유는 덕에 대해 아는 것이 부족하구나(鮮=少)!"라고 해석했다. 이에 대해 주자는 "'유由'는 자로의 이름을 부르면서, 일러 주신 것이다. 덕은 의리가 자신에게 터득된 것을 말하니(德謂義理之得於己者), 자신이 지니고 있지 않으면 그 의미의 실제를 알 수 없다."라고 주석하면서, "유야, 덕을 아는 이는 드물구나!"라고 해석했다. 이에 대해 다산은 다음과 같이 주석했다.

덕을 안다는 것은 사람이 덕을 지니고 있는지를 안다는 것이다. 공자는 자로와 함께 사방을 두루 다녔지만 자기를 알아주는 이는 만나지 못하였기 때문에, 감개하여 자로에게 말한 것이다. '드물다(鮮矣)'라는 말은 본시 세인들을 개탄하고 애석하게 여겨서 한 말이다. 만약 자로를 개탄하고 애석하게 여겼다면 어찌 '드물다'라고 했겠는가?[29]

요컨대 다산은 "유야, (세상 사람들 중에는 덕을 지니고 있는 사람을) 아는 이가 드물구나!"라고 해석했다. 각각 일장일단이 있다. 또한 다산은 「질의」를 통해 주자의 덕 정의(德謂義理之得於己者)를 비판했는데, 상론할 문제이다.

28 『論語或問』 14:33("驥不稱其力 稱其德也")에 대한 朱子注. 이 구절은 다음에서 인용했다. 박성규 역주, 『대역논어집주』 소나무, 2011, 587쪽.
29 『역주논어고금주』4, 275-277쪽.

19:11(子夏曰 "大德不踰閑 小德出入 可也.")을 살펴보자. 고주에서는 "큰 덕은 상현上賢을 말하니, 그 행하는 것이 모두 법칙을 넘지 않는다. 조금 덕이 있는 사람은 차현次賢이니, 법도를 넘지 않을 수 없다. 때때로 법도를 넘어 벗어남이 있어도 곧 뒤이어 들어와 그 법을 지킬 수 있으니, 구비하기를 요구하지 않기 때문에 괜찮다고 말한 것이다."라고 해석했다. 이에 대해 주자는 대덕과 소덕을 큰 절개와 작은 절개로 해석하면서, "사람이 능히 그 큰 것을 먼저 세울 수 있으면, 비록 작은 절개가 혹 이치에 전부 부합하지 않는다고 할지라도 아무런 해가 없다는 말이다."라고 해석했다. 이에 대해 다산은 대덕은 성인을 말하고, 소덕은 학자를 지칭하며, 한閑은 예방禮防이며, 출입이란 머지 않아 회복하는 것을 이른다고 말하고, (주자에게) 질의를 통해 "대덕과 소덕을 큰 절개와 작은 절개라고 말하는 것은 고전에는 근거가 없다."라고 지적하면서, "마땅히 구설을 따라야 한다."[30]라고 말했다. 요컨대 이 구절에 대해 주자는 "큰 절개가 한계를 넘지 않는다면, 작은 절개는 (한계를) 넘나들어도 괜찮다."라고 해석하여 약간의 병통이 있는 말이라고 주장한다. 이에 대해 다산은 "큰 덕이 있는 사람(大德=聖人)은 법도를 넘지 않지만, 작은 덕이 있는 사람(小德=學者)은 (법도를) 넘나들어도 (회복하면) 괜찮다."라고 해석하여, 병통이 없다고 말한다. 즉 다산은 주자가 이 구절을 잘못 읽어 "병통이 있다."고 말했다고 비판했다.

4. 소결

지금까지 『논어』 전체 약 498장 중 총 31장에 걸쳐 약 40회에 출현한 덕德이란 용어에 대한 주자 이전의 고주, 주자의 신주, 그리고 다산의 비평 등

---

30 『역주논어고금주』5, 373-375쪽.

을 비교·고찰했다. 앞서 살폈듯이, 유교 역사상 가장 창의적인 경전 해석자로 알려진 주자는 전체 31장 가운데 (1) 약 12장(1:9, 7:3, 9:17 및 15:12, 12:19, 14:6, 14:36, 15:26, 16:1, 17:14, 18:5, 19:2 등)에서는 고주를 의미 변화 없이 수용하면서 부가적인 설명만 추가하였고, (2) 약 12장(2:1, 2:3, 4:11, 7:6, 7:22, 8:1, 8:20, 11:2-3, 12:21, 13:22, 14:5, 17:13 등)에서는 고주를 부분적으로 수정·보완하였으며, (3) 약 7장(4:25, 6:29, 12:10, 14:34, 15:3, 16:12, 19:11 등)에 대해서는 고주를 전면 재정의·수정 혹은 장의 구분을 다르게 보았다.

한편 다산은 (1) 주자가 고주를 의미 변화 없이 거의 그대로 수용하면서 부가적인 설명만 추가한 총 12장 가운데 (i) 약 5장(9:17 및 15:12, 14:36, 18:5, 19:2 등)에 대해서는 거의 같은 해석을 하였으며, (ii) 약 3장에 대해서는 부분적으로 수정·보완하였으며, (iii) 약 4장(7:3, 14:6, 16:1, 17:14)에 대해서는 전면 재정의를 통해 수정·보완했다. 그리고 (2) 주자가 고주의 용어를 부분적으로 수정·보완한 총 12장 중에 다산은 (i) 약 4장(8:1, 8:20, 13:22, 17:13 등)에서는 고주를 지지하였고, (ii) 약 1장(11:2-3)에서는 명시적으로 주자의 신주를 지지하였고, (iii) 고주와 주자의 신주를 동시에 비판하고, 새로운 주석을 시도한 것은 약 7장(2:1, 2:3, 4:11, 7:6, 7:22, 12:21, 14:5 등)이며, (iv) 기타 의견을 제시하지 않는 것이 약 1장(7:22)이다. 나아가 (3) 주자가 고주를 전면 재정의·수정하거나 장의 구분을 다르게 보았던 총 7장 가운데 다산이 (i) 고주를 지지하는 곳은 총 4장(4:2, 12:10, 16:12, 19:11 등)이며, (ii) 고주와 주자의 신주를 동시에 비판하고, 새로운 주석을 시도한 장은 약 3장(6:29, 14:34, 15:3 등)이다.

이렇게 본다면 다산은 『논어』에서 덕이 출현한 총 31장 가운데 고주에 지지를 보내는 장은 (1-i) 5장, (2-i) 4장, (3-i) 4장 등 도합 13장이며, 고주를 부분적으로 수정한 것은 (1-ii)의 3장이다. 주자의 신주를 지지하고 있는 것은 (1-i)의 5장 및 (2-ii)의 1장 등 도합 6장이며, 주자의 신주를 부분적으로 수정한 것은 (1-ii)의 3장이다. 그리고 고주와 신주를 동시에 비판하면서 새로운 주석을 시도한 것은 (1-iii) 4장, (2-iii) 7장, (3-ii) 3장 등 약 14장이다. 그리고 이전의 주석에 대해 의견을 표시하지 않는 것은 (2-iv) 1장이다. 따라서 다산은 약 14장에서 최대 17장(1-ii 포함)에 대해 고주와 신주를 동시에 비판하면서, 새로운 주석을 제시하려고 했다(50% 내외). 이에 비해 주자는 고주에 대해 최소 7장에서 최대 19장(2의 주자가 고주를 부분적으로 용어를 수정·보완한 총 12장 포함)에 대해 부분 혹은 전면 새로운 주석을 시도했다. 여기서 다산의 『논어고금주』가 주자의 『논어집주』 이상으로 창의적인 견해를 제시하고 있음을 확인할 수 있다.

주지하듯이 '덕德' 자는 '척彳'이 의미부이고, '직直'이 소리부인 형성자로 '길을 갈(彳) 때 곁눈질하지 않고 똑바로(直) 보다'의 의미를 그렸다. 이후 마음(心)이 더해져 똑바른(直) 마음(心)이라는 뜻으로 도덕성을 강조하게 되었으며, 도덕의 지향점이 덕이라는 것을 형상적으로 보여주고 있다.[31] 그리고 덕 자는 주로 '득得' 자와 연관하여 설명되어 왔다. 즉 "덕은 득得인데, 사물(혹은 일)에서 마땅함을 얻은 것을 말한다." 혹은 "예악을 모두 얻은 것을 일러 덕이 있다고 하는데, 덕이란 얻은 것이다."라는 것이다.[32] 그렇다면 여기서 '얻음(得)'을 어떻게 볼 것인가? 선천적인 생득으로 볼 것인가, 아니면, 후천적인 터득으로 볼 것인가?[33] 『설문해자』에 따르면, "득得이란 행하여 얻는 바가 있음(行有所得)"[34]으로 후자를 의미하는 듯하다. 다른 한편으로 『신자감』에 따르면, "덕이란 자기에게 갖추어진 것으로 외부로부터 충족을 기다릴 필요가 없는 것"이라고 하여,[35] 만물이 지니고 태어난 고유본성(혹은 잠재력)으로 정의하였다. 그런데 글자의 유래에서 살펴본다면, 덕 자는 본래 '척彳(=行)' 자가 의

---

31 하영삼, 『한자어원사전』 「德」부, 도서출판3, 2014 참조.
32 『管子』 「心術上」 및 『禮記』 「樂記」 "德者 得也.";『釋名』 "德 得也. 得事宜也.";『禮記』 「樂記」 "禮樂皆得 謂之有德 德者 得也.";『鄕飮酒』 "聖立而將之以敬曰禮, 禮以體長幼曰德. 德也者, 得於身也."
33 『설문해자』에 따르면, "得이란 행하여 (마땅함을) 얻는 것, 혹은 터득함이 있음(行有所得)"을 말한다.
34 『설문해자』 「得」 "行有所得也." 1716面.
35 『新字鑑』 「德」 共道館, 1944. "足乎己 無待於外之謂德."

미를 형성한다. 그래서 덕은 갑골문에서 천자의 순행·순시·은혜·전렵·정벌 등 정치적·군사적 행위를 의미하다가, 『서경』에서 약 20회 내외, 『시경』에서는 약 90회 내외로 나타나면서 점차 가치 정향적 행위를 의미하게 되며, 후대에는 점차 가치 정향적 행위를 가능하게 하는 '내적 상태'에 주목하면서 '심心' 자가 부가되었다.

앞서 살펴보았듯이, 고주인 『논어주소』에서 덕의 정의는 다음에 가장 잘 드러나 있다.

> 도는 형체가 없기 때문에 사모할 뿐이다. 거據는 붙잡음(杖)이니, 덕德은 형체를 이루기(成形) 때문에 붙잡을 수 있다.(注)… 도는 허통하여 잡을 수 없는 자연을 일컫는다(虛通無擁自然之謂道). 덕이란 얻음이니(德者 得也), 만물이 제자리를 얻는 것을 덕이라 한다(物得其所謂之德). 고요하여 지극히 무한 것(寂然至無)을 도라고 하고, 무를 떠나서(離無) 유로 들어가서(離無入有) 형상이 있는 그릇을 이루니, 이를 덕업이라 한다(「疏」).[36]

> '덕이란 무위이니, 마치 북신이 옮기지 않는데도 뭇별들이 함께하는 것과 같다.'라고 했다(「注」).… 덕이란 얻음(得)이니, 만물이 얻어서 생겨나는 것을 덕이라고 한다(物得以生謂之德). 순후한 덕을 버리지 않고 무위화청無爲化清하면 정치가 선해진다(「疏」).[37]

요컨대 고주에서는 덕은 얻음(得)의 뜻으로, 형체 없는 도(無形之道)를 만물이 얻어서 태어나(物得以生) 형체를 이루는 것, 혹은 만물이 제자리를 얻는 것

---

36 『논어주소』1, 7:6에 대한 注疏.
37 『논어주소』1, 2:1에 대한 注疏.

(物得其所) 등으로 정의했다. 그리고 이러한 덕을 군주가 체득하여 행하면 무
위정치로 나타나는바, 무위정치가 최선의 정치라고 말했다. 이러한 고주의
정의는 앞의 『관자』 및 『예기』 등에 나타난 것을 계승한 것이다. 이러한 고주
의 덕 개념을 주자 또한 계승했지만, 심성론적으로 변형시키면서 선천적 생
득성 및 후천적 완성을 강조했다.

> '덕'이란 말은 얻음이니(德之爲言得也) 도를 행하여 마음에 얻음이 있다(行道
> 而有得於心也)는 것이다.(2:1)
> 덕이란 이치(性卽理)로서 내 마음이 얻은 상태로서, 이미 내가 지닌 상태를
> 말한다.(7:6)[38]
> 덕은 의리가 자신에게 터득된 것을 말하니(德謂義理之得於己者), 자신이 지
> 니고 있지 않으면 그 의미의 실제를 알 수 없다.(5:13)
> 회덕懷德이란 '자기가 본래 지닌 선(固有之善)'을 보존하는 것이다.(4:11)

이들 구절을 요약하면, 주자는 덕이란 말의 근본 뜻은 얻음(得)이며, 도를
행할 때에 마음(자신)에 도를 체득한 상태, 혹은 의리를 자기 자신(마음)에 터
득한 상태, 혹은 착한 본성(性卽理)을 보존한 상태로 정의했다. 요컨대 주자에
따르면, "습한 것은 물의 덕이며, 뜨거운 것은 불의 덕"[39]이라고 하듯이, 하늘
(자연)로부터 얻어 지니고 태어난 것 혹은 그 이치 혹은 본성을 얻어서 극진히
발휘할 수 있는 상태를 덕이라 할 수 있다. 그런데 덕의 선천적 생득성을 강
조하면서 마음의 내적 상태로 정의하는 주자의 견해에 다산은 비판적이다.

---

38 『논어』 7:6에 대한 朱子細注.
39 『朱子大全』 60:18. "濕者 水之德 燥者 火之德."

질의한다. (주자의)『논어집주』에 "덕은 의리가 자신에게 터득된 것을 말한다(德謂義理之得於己者)."라고 했다. 살펴보건대, '덕德(彳+直+心)'이란 곧은 마음(眞心)을 행行하는 것이다. 자기 몸에 덕을 닦는 것을 수덕修德이라고 하고, 다른 사람에게 덕을 살피는 것을 지덕知德이라고 한다. 그런데 선유先儒들은 매양 덕을 풀이하여 득得이라고 한 것은 해성諧聲이기 때문이다. 그러나 그 근거를 더듬어 찾아보기란 실로 어려운 일이다.[40]

마음에는 본래 덕德이 없다. 오직 곧은 성품(直性)으로 나의 곧은 마음(直心)을 행하는 것을 일러서 덕이라고 한다.(德이라는 글자는 直心을 행한다는 것이다.) 선을 실행한 후에야 덕이라는 명칭이 성립되는 것이다. 행하기 이전에 어떻게 그 몸에 명덕明德이 있을 수 있겠는가?[41]

바로 이런 연유에서 다산은 "덕德이란 바른 마음(直心)이니(글자의 뜻이 그렇다), 자신이 먼저 효제함으로써 천하 사람들이 인을 하도록 이끄는 것이다." 혹은 "덕은 효제이다.『상서』에 '공경히 오교를 펼쳐나가라(敬敷五敎)'라고 한 것은 바로 '이끌기를 덕으로써 한다(道之以德)'는 것이다(2:3)."라고 하여『논어』의 덕을 효제의 실천으로 재정의했다. 다산의 이런 비판은 덕德 자의 유래와 연관하여 본다면, 타당성이 있다. 왜냐하면 덕德 자는 본래 척彳(行)이 의미를 형성하며, 심心 자는 후대에 부가된 것이기 때문이다. 그리고 다산의 이런 비판은 덕을 내면 상태(경지)로 규정하여, 현실에서 덕의 실천이 아니라 마음의 내적 고찰(廻光返照)에 몰두하여 정적주의靜寂主義에 빠졌던 선불교와 성리학적 심성주의에 대한 비판으로, 적합한 것이라고 할 수 있다. 그렇다면

---

40 『세주완역논어집주대전』 15:13에 대한 細注.
41 『여유당전서』 II-1, 78, 「대학공의1」 "心本無德 惟有直性 能行吾之直心者 斯之謂德 (德之爲字直心) 行善而後 德之名立焉 不行之前身 豈有明德乎."

다산의 이러한 덕 개념 비판과 재정의는 과연 정당하기만 한 것인가? 다산이 그 근거를 찾기란 어렵다고 말했지만, 덕德 자는 득得 자와 연관하여 우리 마음이 인간됨의 도리를 터득한 내면 상태로 오랫동안 설명되어 오지 않았는가? 요컨대 주자는 우리 마음은 생득적으로 덕을 지니고 태어났으며, 후천적인 노력을 통해 그 덕이 완성된다고 말했다. 즉 "(道理를) 마음으로 터득한 상태를 덕이라 하고, 행동과 일에 드러난 것은 덕행이다."[42]라고 말했다. 이에 비해 불변의 본질을 강조하는 본질철학의 정적주의적 폐단을 비판한 다산은 우리 마음에는 본래 지니고 태어난 어떤 본질 혹은 실체란 것은 없기 때문에 곧은 마음(直心)으로 곧은 성품을 실천해 나갈 때 비로소 덕이란 명칭이 성립된다고 말했다. 바로 이런 입장을 제시하기 위해 다산은 『논어』의 덕 개념을 거듭 재정의·해석했던 것이다. 바로 여기서 우리는 성즉리의 심성론과 그 내적 체득을 중시한 주자철학과 인간이란 오직 영체靈體의 기호만 타고났기 때문에 직심直心으로 인간의 도리를 올바로 실천할 때 비로소 덕이란 명칭이 성립된다는 다산철학의 차이가 있다고 할 것이다.

---

42 『세주완역논어집주대전』 11:4에 대한 細注.

제5장

인仁

I. 『논어』에서 인仁 개념의 의미

    전통적으로 인간人間은 수직적으로 전지전능한 신神과 우매한 동물의 중간 존재이며, 수평적으로는 다른 인간들과 함께 살아가는 사이의 존재로 규정되어 왔다. 그런데 이 세계에 살면서 선천적으로 알기를 좋아하여 물음을 제기·탐구·체계화하여(學問), 배우고·익히고·전하는 것은 중간존재로서 인간만의 고유한 삶의 양식이라고 할 수 있다. 왜냐하면 지자知者 그 자체로서 신은 질문할 필요가 없으며, 인간보다 지적 능력이 열등하거나 미약한 동식물은 그 물음을 체계화하여 전달하는 학문이 용이하지 않기 때문이다. 인간이 제기하는 여러 질문 가운데 "인간이란 무엇인가?" 하는 것은 근본적·궁극적인 문제로 간주된다. 왜냐하면 학문에서 제기하는 모든 물음은 '인간에 의해' 제기되어, 결국 '인간을 위해' 답해지기 때문이다. 요컨대 인간의 자기 정체성 해명은 모든 문제에 선행하는 제일문제이자 궁극 목적에 관한 질문이라고 하겠다.

    서양의 소크라테스-플라톤적 전통에서 인간을 정치적·이성적 동물로 정의하고, 그들 자신을 애지자愛智者라고 부른 것[1]은 바로 이 문제에 대한 해

---

1   "파이드로스여! 그를 智者(sophon)라고 부르면 내가 보기엔 너무 높이 올라간 것 같다. 그런 말은 神에나 적용하면 적절한 것 같네. 그러나 지혜를 사랑하는 자(philosophon) 혹은 그 비슷한 말로 부르면, 그 자신도 차라리 동의할 것이고, 더 합당할 것 같네." 플라톤, 『파이드로스』 278d.

답의 제시였다. 그리고 이들 이후 "인간이란 무엇인가?" 하는 것은 모든 서양 철학사를 관통하는 근본 문제였다. 중국철학에서도 이 문제는 인문주의를 주창한 공자 이래 가장 중요한 근본 문제로서 간주되어 왔다. 춘추전국시대에 흥기했던 제자백가들은 모두 인간의 정체성 정립이라는 제일문제에 기초하여 정치철학을 정립하고, 당시의 난세를 극복할 이념을 모색했다.

그런데 다른 어느 학파보다 유가儒家는 그 명칭에서부터 인간(人)에게 본질적으로 필수(需)적인 것을 배우고(學) 가르치고자(敎) 했다. 그래서 이들은 항상 인간은 어떤 존재여야 하며, 어떻게 사는 것이 인간다운 올바른 삶인가 하는 문제에 관심을 두었다. 주지하듯이 유가의 창시자인 공자는 전래의 인仁 개념을 새롭게 정립함으로써 이 문제에 대한 유가의 길을 개척했다. 여기서 다루는 주제는 공자가 인 개념을 어떻게 새롭게 정립했는가? 하는 것이다. 이에 대한 대답을 모색하기 위해서 먼저 공자 이전 문헌에서 인 개념의 용례를 살피면서 공자의 것과 비교할 단서를 마련하고자 한다. 그런 다음『논어』에서 인이 어떻게 정의되었는지를 살펴봄으로써 공자가 얼마나 이 개념의 정립에 공헌했는지를 제시하도록 하겠다. 나아가 공자는 인仁이란 어떤 원리·방식으로 실천된다(仁의 실천원리)고 말했는지를 텍스트에 나아가 살펴보도록 하겠다. 마지막으로 관중에 대한 공자의 상반된 평가를 해명함으로써 인仁 개념에 대한 좀더 명확한 이해에 도달하고자 한다.[2]

---

2 『논어』의 仁 개념에 대한 연구는 아주 많은 것 같지만, 실제로는 그렇게 많지 않다. 이 장에서는 다음과 같은 연구들을 참조했다. 이 장의 과제는 기존의 해석을 따르기보다는 『논어』의 원문 자체에 입각해서 재해석을 시도하는 데 있다. 사명중(김기현 역), 『유학과 현대세계』, 서광사, 1998; 채인후(천병돈 역), 『공자의 철학』, 예문서원, 2000; 신정근, 『사람다움의 발견』, 이학사, 2005; 김상래, 「仁과 禮에 대한 연구-논어를 중심으로」, 『온지논총』15, 2005; 장승희, 「공자사상에서 '사랑'의 의미 고찰-인(仁)의 개념사와 철학적 인간학」, 『윤리교육연구』34, 2014; 강봉수, 「공자의 윤리사상 다시 읽기-仁 개념의 재조명을 중심으로」, 『윤리연구』84, 2012; 이우, 「論語와 孟子 中의 '仁'字에 關한 硏究」, 『중국학보』18권. 1977; 이병갑, 「『논어』의 '仁'개념분석과 행정학적 함의」, 『한국행정논집』22권 제3호, 2010.

1.『논어』이전의 인仁

유가의 가장 중요한 개념인 인은 공자가 최초로 주도적인 개념으로 정립했다. 이는 '인仁' 자의 형성과 공자 이전 및 『논어』의 용례를 비교하면 곧바로 알 수 있다. 공자 이전의 '인' 자가 출현한 용례는 『시경』, 『서경』, 『역경』 등에서 찾을 수 있다. 먼저 『시경』에는 2회 나타난다.

> 숙이 사냥을 나가니, 거리엔 사람이 없네! 어찌 사는 사람이 없으리오? 숙과 같이 진실로 아름답고 또한 인仁하지 못하기 때문이다.(叔于田 巷無居人, 豈無居人 不如叔也 洵美且仁.「鄭風」)
>
> 사냥개의 방울이 딸랑딸랑 하니, 그 사람 아름다우면서 또한 인하구나!(盧令令 其人美且仁.「齊風」)

그리고 『서경』에서는 다음과 같이 5회 나타난다.[3]

> 오직 (탕)왕께서는… 허물을 고치되 인색하지 않고 능히 너그럽고 능히 인하여 드러내서 만백성에게 믿음을 받으셨습니다.(惟王… 改過不吝, 克寬克仁, 彰信兆民.「仲虺之誥」)
>
> 이윤이 다시 왕에게 고하였다. "아! 오직 하늘은 친히 하는 자가 없어 능히 공경하는 자를 친히 하시며, 백성들은 항상 그리워하는 사람이 없어 인한 자를 그리워하니… 천자의 지위가 어렵습니다."(伊尹申誥于王曰 "嗚呼. 惟天無親,

---

3   지금까지 대부분의 연구에서는 『상서』 가운데 今文으로 된 「金縢」에 나타난 것만 살피면서, 1회만 등장한다고 서술하였다. 필자는 『古文尙書』 또한 무시할 수 없다고 판단하여, 함께 제시한다. 특히 「태서」편의 "雖有周親 不如仁人."은 『논어』 「요왈」편 및 『墨經』 「兼愛中」편에 그대로 나타난다는 점에서 중요하다고 판단한다. 물론 『논어』 「요왈」편은 후대에 첨부된 것이며, 『묵경』은 공자 이후에 형성된 것이라는 점은 간과하지는 않는다.

克敬惟親, 民罔常懷, 懷于有仁,… 天位艱哉.(「太甲下」)

수受는 억조의 보통 사람들이 있지만 마음과 덕이 이반되었다. 그러나 나는 난을 다스리는 신하 10인이 있는데, 마음과 덕을 같이 한다. 비록 지극한 친척이 있지만, 나의 인인仁人만 못하다.(受有億兆夷人, 離心離德, 予有亂臣十人, 同心同德, 雖有周親, 不如仁人.「泰誓」)

지금 상왕 수가 무도하여 하늘이 내린 물건을 함부로 버리고 증민들을 해치고 포학하게 하며, 천하에 도망한 자들의 주인이 되어 마치 못과 숲에 모인 듯합니다. 나 소자(武王)는 이미 인인仁人을 얻어 감히 상제를 공경히 받들어서 어지러운 전략을 막았으니, 화하와 만맥이 따르지 않는 자가 없습니다.(今商王受無道, 暴殄天物, 害虐烝民, 爲天下逋逃主, 萃淵藪. 予小子旣獲仁人, 敢祗承上帝, 以遏亂略, 華夏蠻貊罔不率俾.「武成」)

나(周公)는 조고에게 인순仁順하여 재예가 많아 귀신을 섬길 수 있으나, 원손은 나처럼 재예가 많지 못하여 귀신을 잘 섬기지 못할 것입니다.(予仁若考, 能多材多藝, 能事鬼神, 乃元孫, 不若旦多材多藝, 不能事鬼神.「金縢」)

그리고 『역경』에서는 8회 나타나지만, 그 시기를 정확히 알 수 없다.[4] 일반적으로 『시경』의 인仁은 사냥하는 사람의 남자다움으로, 그리고 『서경』의 인

---

4 (1) 乾卦12. 文言曰 "君子體仁足以長人." (2) 乾卦23. "君子學以聚之, 問以辯之, 寬以居之, 仁以行之." (3) 復卦7. 象曰 "休復之吉, 以下仁也." (4) 繫辭上4. "樂天知命, 故不憂, 安土敦乎仁, 故能愛" (5) 繫辭上5. "一陰一陽之謂道. 繼之者善也, 成之者性也. 仁者見之謂之仁, 知者見之謂之知." (6) 繫辭下1. "天地之大德曰生, 聖人之大寶曰位. 何以守位? 曰仁." (7) 繫辭下5. 子曰 "小人不恥不仁." (8) 說卦傳2. "是以立天之道曰陰與陽, 立地之道曰柔與剛, 立人之道曰仁與義." 그리고 저술 시기가 공자 재세시보다 뒤인 『좌전』(B.C.350년 경)에 31곳 39회, 『國語』(B.C. 350경)에 33회 출현한다. 그런데 『國語』에서 仁 자는 그 뜻을 추구할 수 없는 것을 제외하면 대부분 愛 혹은 愛人이라는 개별 덕으로만 나타나며, 모든 德을 포괄할 수 없다. 그런데 『좌전』 중의 仁 자의 함의는 『논어』의 仁 자와 아주 유사한 함의(특히 昭公二十四年은 효를, 僖公八年은 護國을 그리고 三十三年은 敬을 포함한다.)를 지닌다. 『좌전』은 노나라를 중심으로 춘추시대 국제관계의 평화와 전쟁들을 논의하고 있는데, 공자의 영향을 받아 仁 자가 여러 德을 포괄하면서 전체 덕의 표본으로 제시되어 있다는 해석도 있다. 이우, 「論語와 孟子 中의 '仁'字에 關한 硏究」 『중국학보』 18권. 1977, 35-54쪽. 또 신정근, 『사람다움이란 무엇인가』 글항아리, 2011, 100-104쪽 참조.

은 「금등」편에 나타난 것만 살피면, 선한 치자의 은택을 칭송한 것이었다. 그 래서 공자 이전에 '인'이란 낱말은 (1) 아주 드물게 출현하여 주도적인 개념이 아니었으며, (2) 그 의미도 치자들의 공덕 혹은 남성다움을 칭송하는 외적 형식미로 한정되었으며, (3) 여러 덕목 중의 하나에 불과했다는 데 견해가 일치한다.[5] 그런데 『시경』의 인 개념은 비록 사냥하는 사람의 덕을 칭송한 것은 분명하지만, 반드시 남성다운 무용이나 강건한 모양 혹은 사냥기술을 의미하는지는 분명하지 않다. 특히 「정풍」에서 숙叔만큼 '순미차인洵美且仁'한 사람이 없기 때문에 '사람이 없다.'라고 했을 때 인仁이란 '사람다움'의 의미로도 읽을 수 있지 않을까 한다. 그리고 『서경』에서 인仁은 (i) 너그러움(寬)과 상보적인 의미, (ii) 백성이 그리워하는 치자의 덕, (iii) 마음의 덕(心德)을 같이 하는 인인仁人으로서 신하 10인, (iv) 상제를 받들 수 있도록 힘을 실어주는 어진 백성으로서 인인, (v) 조고祖考에게 인순仁順한다 등의 의미를 지닌다. 이 가운데 (i)-(iv)는 『고문상서』라 하여 제외한다고 할지라도 (v)의 「금등」에서 인순仁順의 인仁은 효 혹은 친親의 의미로 읽을 수 있다. 그리고 나머지 『고문상서』에서 인의 의미는 인간의 보편적인 덕이자 인간의 가장 중요한 덕목에 상당히 근접해 있다. 어쨌든 『시경』과 『서경』에서 인은 그 출현 빈도가 극히 드물다는 점에서 주도적인 용어는 아니었다.

그리고 어원학적인 측면에서 살펴보면, 인仁 자는 갑골문에는 출현하지 않는 것으로, 비교적 늦은 시기에 출현했다.[6] 두 사람 사이의 관계를 상징하는 인자형仁字型의 현존하는 가장 이른 자료는 전국시대 중산왕정中山王鼎에 새겨진 명문으로, 사람이 앉아 있는 모습과 어떤 부호(二 곧 人人의 생략형)로 구

---

5   Wing-tsit Chan, "The Evolution of the Confucian Concept Jen", *Neo-Confucianism, Etc.: Essays, Oriental Society*, 1969, p.2.

6   신정근의 논의에 따르면, 仁 字의 출현은 僞書로 보면 기원전 12세기이며, 신봉할 수 있는 서적으로 보면 기원전 8세기라고 한다. 신정근, 『사람다움의 발견』 이학사, 2005, 172쪽.

성되어 있다. 이러한 인仁의 고형은, (1) 임석온난袵席溫暖 즉 사람이 따뜻한 방석 위에 앉아 있는 형상으로 온화하고 따뜻한 사람의 모습을 나타내며, (2) 처음에는 두 사람의 의미를 나타내는 문자로 쓰이다가 후에 '인이人二'와 '인仁'으로 나누어졌거나, 혹은 (3) 원래부터 독립적으로 사용되어 사람과 사람의 관계를 표시하였지만, 이후에 인신引伸하여 사람의 관계상 인간다움의 도리를 다하는 것으로 발전했다. (4) 혹은 추상화되어 사람과 사람 사이의 마음, 즉 사람이 사람을 대할 때의 마음을 인이라고 표현했을 수도 있다. 사람의 마음(人心)이란 바로 다른 사람을 걱정하고 위하는 마음이다. 따라서 맹자가 인仁은 인심人心이라고 표현하면서 측은지심은 인의 단서라고 했을 것이다.[7] 그리고 (5) 이二를 상上으로 해석하여 인仁이란 상인上人(고귀한 사람)으로 군자君子라는 말과 결합하여 그 덕목을 나타냈다는 해석도 있다.[8] 아마도 이런 연유에서 후대의 허신許慎의 『설문해자』(A.D. 90년)에서는 "인仁이란 친애親愛한다는 의미로 인人과 이二에서 유래한다."[9]라고 설명했을 것이다.

2. 『논어』에서 인仁의 정의

공자는 "전술傳述하되 창시하지 않았으며, 옛것을 믿고 좋아할 따름이다."[10]라고 술회하였다. 제자들 또한 "선생님께서 평소하신 말씀은 『시』·『서』, 그리고 예를 지키는 것이었는데, 이것이 평소 하신 말씀의 전부였다."[11]라고 증언하였다. 이러한 언명들을 보면, 공자는 대체로 『시』·『서』의 문장

7　『맹자』 6상:11. "仁 人心也." ; 7상:16. "仁也者 人也." ; 2상:6. "惻隱之心 仁之端也."
8　최영찬 외, 『동양철학과 문자학』 아카넷, 2003, 22-26쪽; 신정근, 『사람다움의 발견』 이학사, 2005, 172-180쪽; 김상래, 「仁과 禮에 대한 연구-『논어』를 중심으로」 『온지논총』15, 2006, 328-358쪽.
9　湯可敬 撰, 『說文解字今釋』 岳麓書社, 2005, 1066面. "仁 親愛也 由人 由二 會意."
10　『논어』 7:1. 子曰 "述而不作 信而好古."
11　『논어』 7:17. "子所雅言 詩書執禮 皆雅言也."

들을 중심으로 제자들을 가르쳤으며, 그의 인仁 개념 또한 이 책들로부터 연역·발전시켰을 가능성이 높다고 하겠다. 그러나 현행『논어』를 살펴보면, 공자의『시』에 관한 언명은 전체 약 500장 가운데 20장에 걸쳐 비교적 높은 비중(1/25)을 차지하지만, 『서』에 대한 언급은 단 2회에 불과하다. 이에 비해『시』·『서』에서는 극히 드물게 출현했던 인仁에 대한 언명이 약 60장(1/9이 상)에 걸쳐 약 109회(전체 12,700여 자로 이루어져 있다) 출현한다.『논어』의 주요 개념들 가운데 인仁은 출현 횟수로도 가장 빈번할 뿐만 아니라,[12] 가장 큰 비중을 차지하는 주도 개념이라고 할 수 있다. 그리고 또 공자는 다른 어떤 이상적 인간상보다 군자君子 개념의 정립에 심혈을 기울였다. 그는 이 개념을 이전에 주로 차지하던 신분적 의미를 넘어서, 인仁을 실천하려고 끊임없이 노력하는 도덕적인 인간상으로 새롭게 정립하였다.[13] 따라서『논어』의 주제는 인仁이며, 그 실천 주체는 군자라고 하겠다.[14] 그렇다면 공자는 이전에 아주 드물게 언급되었던 인仁을 어떻게 새롭게 정립·심화·확장하여, 주도적인 개념으로 정립하였는가? 그는 인仁을 무엇으로 어떻게 정의하고, 어떤 방식으로 실천할 수 있다고 말하였는가? 우리는 우선『논어』에서 인仁의 정의에 근접하는 언명들부터 살펴보도록 하자.

그런데 잘 알려져 있듯이, 『논어』의 인仁 개념은 명료하게 나타나 있지 않다. 공자는 어디에서도 배타적으로 "오직 이것만이 인이다."라고 직접 제시하지 않았다. 그는 대부분 (i) 다른 윤리적 덕목을 제시하면서 은유와 비유의

12　조사자에 따라 약간의 차이가 있지만 禮는 42문장 75회, 義는 20문장 24회 정도 출현한다. 知는 118회 출현하지만, 대부분 동사(見聞의 知, 推悟의 知)로 사용되었으며, 극히 드물게 명사(지혜의 덕)로 쓰인다. 이때 知는 仁·勇과 함께 출현한다.

13　『논어』에서 君子는 95절에 걸쳐 107회 출현한다(약 1/6). 이에 비해 賢人은 24회, 聖(人)은 8회, 大人은 1회, 그리고 成人 또한 1회에 그친다.

14　『논어』 6:26 宰我問曰 "仁者 雖告之日, '井有仁焉.' 其從之也?" 子曰 "何爲其然也? 君子可逝也, 不可陷也, 可欺也, 不可罔也." 참조. 여기서 공자는 仁者와 君子를 상호 교환 가능한 용어로 사용한다는 점에 주목하자.

방식으로 "… 하는 것이 인이다(仁에 가깝다 · 仁이 그 가운데 있다.)." 혹은 부정적인 방식으로 "…하는 것은 인이 아니다(드물다)."라고 말하고 있을 따름이다. 게다가 공자는 질문하는 제자들의 상황과 근기에 따라 각각 강조점을 달리하여 인을 설명한다. 심지어 『논어』에는 한 제자(樊遲)가 세 번 인에 대해 질문(問仁)했는데, 공자는 그때마다 다른 말(방식)로 가르침을 주고 있다.[15] 바로 이 때문에 어떤 연구자는 『논어』를 통해 인을 정의하려고 시도하면 의미가 명료해지지 않고, 오히려 복잡하고 문제만 확대시켜 나가는 경향이 있다고 불평한다.[16] 그렇지만 우리는 공자의 인 개념 정의는 개별 덕 vs 보편 덕, 협의의 인仁—광의의 인, 상대 선—절대 선, 개인의 덕—사회의 덕, 방법—효용, 수단—목적 등으로 나누어 다양하게 논의하면, 어느 정도 그 본모습에 다가갈 수 있다고 생각한다. 그런데 여기서는 개별적 · 상대적 · 협의적 의미의 인과 보편적 · 절대적 · 광의의 덕 혹은 전덕全德으로 제시된 인 개념을 중심으로 다음과 같이 나누어 살펴보도록 하겠다.

먼저 『논어』에서 인은 여전히 여러 덕목들 중의 하나로 언급되는 곳이 있다.[17] 이러한 구절들에서 공자는 2회에 걸쳐(9:29, 14:30) 인이란 인식의 덕인 지혜(智) 및 실천의 덕인 용기(勇)와 합쳐질 때 온전한 군자의 달덕達德이 되는 개별적 · 상대적인 덕목이라고 말했다.[18] 또한 공자는 유명한 「육언육폐六

---

15 『논어』 6:20. 樊遲問智 子曰 "務民之義, 敬鬼神而遠之, 可謂智矣." 問仁 曰 "仁者先難而後獲, 可謂仁矣."; 12:22. 樊遲問仁 子曰 "愛人." 問智 子曰 "知人."; 13:19. 樊遲問仁. 子曰, "居處恭, 執事敬, 與人忠. 雖之夷狄, 不可棄也."

16 Karyn Lai, Ren仁: An Exemplary Life, *Dao Companion to the Analects*(eds, Amy Olberding), Springer, 2014, p.83.

17 9:29. 子曰 "智者不惑, 仁者不憂, 勇者不懼."; 14:30. 子曰 "君子道者三, 我無能焉, 仁者不憂, 智者不惑, 勇者不懼."; 15:32. 子曰 "智及之, 仁不能守之, 雖得之, 必失之. 智及之, 仁能守之. 不莊以涖之, 則民不敬. 智及之, 仁能守之, 莊以涖之, 動之不以禮, 未善也."; 17:8. 子曰 "由也! 汝聞六言六蔽矣乎?" 對曰 "未也." "居! 吾語汝. 好仁不好學, 其蔽也愚, 好智不好學, 其蔽也蕩, 好信不好學, 其蔽也賊, 好直不好學, 其蔽也絞, 好勇不好學, 其蔽也亂, 好剛不好學, 其蔽也狂."

18 『中庸』에서 智仁勇는 천하의 達德으로 규정된다. 20장. "智仁勇三者 天下之達德也 所以行之者 一也 子曰 好學近乎知 力行近乎仁 知恥近乎勇."

言六蔽」장에서 인仁은 여타 지智・신信・직直・영勇・강剛 등의 덕목과 마찬가지로, 호학을 결여하면 객관성과 시의성을 확보하지 못하게 되고, 결국 어리석음(愚)이라는 악덕으로 전락할 수 있다고 경고한다. 그리고 15:32장에서는 "예지가 그 지위에 미치고, 인으로 그 지위를 지켜야 하며, 장엄하게 백성에게 임하면서 예로써 가지런히 해야만 위정자가 선할 수 있다."라고 말하여, 인은 지智・장莊・예禮와 함께 결합・보완될 때 비로소 온전한 역할을 하는 상대적인 덕목으로 제시되었다.

두 번째로 『논어』에는 '인仁은 단순히 어떤 개별적인 덕목으로 환원될 수 없다(仁은 一이 아니다.…을 하더라도 仁이라고 할 수 있는지는 모르겠다).'라고 말하는 곳이 있다.[19] 이러한 구절에서 인仁은 충忠・청淸과 같은 개별 덕목으로 환원될 수 없다는 것, 그리고 "이기려 하고・자랑하고・원한을 갖고・탐욕을 부리는 것 등을 행하지 않을(克伐怨欲不行焉) 정도로 어려운 일을 잘한다고 하더라도, 혹은 정치 등에 종사할 수 있을 정도로 출중한 능력이 있다고 할지라도 그것이 바로 인이라고 말하기에는 부족할 수도 있다고 말했다.

세 번째로 인仁이란 어떤 무엇을 하는 것, 혹은 여러 덕목들을 종합적으로 잘 구현하는 것이다.[20] 여기서 공자는 가장 중요한 정의로서 "인은 사람을 사랑하는 것이다."(12:22. 仁愛人也.)라고 간결하고 함축성 있는 정의한다. 이것은

19　61)『논어』5:7. 孟武伯問子路仁乎? 子曰 "不知也." 又問 子曰 "由也, 千乘之國, 可使治其賦也, 不知其仁也." "求也何如?" 子曰 "求也, 千室之邑, 百乘之家, 可使爲之宰也, 不知其仁也." "赤也何如?" 子曰 "赤也, 束帶立於朝, 可使與賓客言也, 不知其仁也."; 5:18. 子張問曰 "令尹子文三仕爲令尹, 無喜色, 三已之, 無慍色. 舊令尹之政, 必以告新令尹. 何如?" 子曰 "忠矣." 曰, "仁矣乎?" 曰 "未知, 焉得仁?" "崔子弒齊君, 陳文子有馬十乘, 棄而違之. 至於他邦, 則曰, '猶吾大夫崔子也.' 違之. 之一邦, 則又曰, '猶吾大夫崔子也' 違之. 何如?" 子曰, "淸矣" 曰, "仁矣乎?" 曰, "未知, 焉得仁?"; 14:2. "克伐怨欲不行焉, 可以爲仁矣?" 子曰 "可以爲難矣, 仁則吾不知也."; 19:15. 子游曰 "吾友張也爲難能也, 然而未仁."; 19:16. 曾子曰 "堂堂乎張也, 難與並爲仁矣."

20　『논어』12:2. 仲弓問仁 子曰 "出門如見大賓, 使民如承大祭. 己所不欲, 勿施於人. 在邦無怨, 在家無怨.": 12:3. 司馬牛問仁 子曰 "仁者, 其言也訒."; 12:22. 樊遲問仁 子曰 "愛人."; 13:19 樊遲問仁 子曰 "居處恭, 執事敬, 與人忠. 雖之夷狄, 不可棄也."; 13:27 子曰 "剛毅木訥 近仁." 17:6. 子張問仁於孔子 孔子曰 "能行五者於天下爲仁矣." "請問之." 曰 "恭寬信敏惠. 恭則不侮, 寬則得衆, 信則人任焉, 敏則有功, 惠則足以使人."

인에 대한 대표적인 정의로서 후대에 가장 강력한 영향력을 행사하는 것이라고 할 수 있다. 그리고 "강剛・의毅・목木・눌訥하면 인仁에 가깝다(13:27.←巧言令色 鮮矣仁.1:3)."라고 말한다. 또한 시공간상 처하는 상황에서 공恭・경敬・충忠 혹은 공恭・관寬・신信・민敏・혜惠와 같은 덕목들을 적시적소에서 알맞게 잘 실현하여 종합적으로 완성하면 인하게 된다고 말했다(3:19, 17:6).

네 번째로 인仁은 다른 제 덕목들의 근거이자 최종 목표로서 가장 온전한 덕(全德)이다.[21] 여기서 공자는 예禮・악樂과 같은 것들을 아무리 잘 실천하여도, 인에 근거하지 않는다면 무의미하다고 말한다(3:3). 그리고 인은 군자 혹은 선비가 평생토록 뜻을 두고 실현해 나가야 하는 인간의 존재 이유이기 때문에, 아무리 다급한 상황에서도, 심지어 몸을 죽더라도 이루어야(殺身成仁) 할 궁극 목표이다. 이렇게 인은 보편적인 전덕이기 때문에 다른 개별 덕(勇)을 지녔다고 해도 반드시 인하다고 할 수 없지만, 인의 덕을 지니면 다른 모든 덕을 포괄할 수 있다(14:5). 따라서 전덕으로 인을 지니면 어떠한 악도 없으며, 전덕인 인을 완성할 때 비로소 다른 사람을 공평히 평가할 자질을 구비할 수 있다고 공자는 말했다(4:3-4).

증자가 "선비는 드넓고 굳세지 않을 수 없다. 그 임무가 무겁고 길은 멀기 때문이다. 인으로 자기의 임무로 삼으니, 또한 무겁지 아니한가? 죽은 뒤에 그치니 또한 멀지 아니한가?"[22]라고 말했듯이, 『논어』에서는 인간은 모름지기 종신토록 인仁을 구현하면서 살아야 한다고 말한다. 요컨대 전덕으로서

---

21 『논어』 3:3. 子曰 "人而不仁, 如禮何? 人而不仁, 如樂何?"; 4:3 子曰 "唯仁者能好人, 能惡人."; 4:4. 子曰 "苟志於仁矣, 無惡也."; 4:5. 子曰 "君子去仁, 惡乎成名? 君子無終食之間違仁, 造次必於是, 顚沛必於是."; 4:7. 子曰 "人之過也, 各於其黨. 觀過, 斯知仁矣."; 7:6. 子曰 "志於道, 據於德, 依於仁, 遊於藝."; 8:7. 曾子曰 "士不可以不弘毅, 任重而道遠. 仁以爲己任, 不亦重乎? 死而後已, 不亦遠乎?"; 14:5. 子曰 "仁者必有勇, 勇者不必有仁."; 14:6. 子曰 "君子而不仁者有矣夫, 未有小人而仁者也."; 15:8. 子曰 "志士仁人, 無求生以害仁, 有殺身以成仁."; 15:35. 子曰 "當仁, 不讓於師."; 18:1. "微子去之, 箕子爲之奴, 比干諫而死." 孔子曰 "殷有三仁焉."

22 『논어』 8:7. "曾子曰 士不可以不弘毅 任重而道遠 仁以爲己任 不亦重乎 死而後已 不亦遠乎."

인은 인간의 보편 이념이다. 그런데 사회적·관계적 존재로서 신체를 지니고 살아가는 인간은 시·공의 구체적 상황 속에서 현실의 지위(부모, 자식 등)에 요구되는 도리를 다하는 방식으로 보편적 이념으로서의 인을 실현할 수밖에 없다. 그렇다면 인간은 모름지기 인해야 한다는 보편적 도덕 법칙은 시·공간적 현실의 상대적 관계 속에서 상황에 따라 다양하게 구현될 수밖에 없다. 요컨대 인간이 실현해야 할 보편적 인간 일반의 이념으로서 인과 현실의 상대적 관계와 직책에서 요구되는 도리로서의 개별 덕목들이 있다. 그런데 인간 일반이 구현해야 할 보편 덕으로서의 인은 구체적인 상황에서 요구되는 도리와 별개로 추상적으로 존재하는 것이 아니라, 구체적·관계적 상황에서 요구되는 개별 덕의 실천으로 현실화된다. 나아가 구체적인 현실 상황에서 구현되는 덕목들은 인간 일반의 인의 이념과 합치할 때 비로소 그 도덕적 정당성을 인정받는다. 상대적·관계적 상황에서 실현되는 개별 덕은 보편적인 인의 구체화이며, 보편적 이념으로서의 인은 구체적·개별 덕의 종합적 완성이다. 공자가 '인이란 충忠·청淸과 같은 개별 덕으로 환원되지 않는다.'(5:18)라고 말한 것은 한 개별 덕의 실현이 곧 보편 덕의 완성이라고 할 수 없기 때문이다. 그리고 번지의 문인問仁에 "거처할 때는 공손히 하고, 일을 집행할 때는 경건히 하고, 다른 사람과 함께할 때는 충심으로 하라."라고 답하거나, 자장의 문인問仁에 "다섯 가지를 천하에서 능히 행할 수 있으면 인이 될 것이다.…공손함·관대함·미더움·민첩함·은혜로움이다. 공손하면 업신여김을 받지 않고, 관대하면 많은 사람을 얻고, 미더우면 사람들이 신뢰하고, 민첩하면 공적이 있고, 은혜로우면 사람을 부릴 수 있다."(17:6)라고 대답한 것은 처하는 모든 상황에서 개별 덕을 완성하여 종합하면 곧 보편 이념인 인의 온전한 실현이 된다고 할 수 있다.

3. 『논어』에서 인仁의 실천

『논어』에서 인仁은 모든 인간이 구현해야 할 보편 덕이며, 구체적인 상황에서 요구되는 덕목들은 이 보편 덕의 개별적 현실화라고 할 수 있다. 그런데 도덕 법칙은 인간에게 그것을 실천할 근거가 있어야 하고, 인간 주체가 그 근거를 자각하고 자율적으로 실천할 수 있을 때 비로소 그 의미를 얻는다. 공자는 "군자이면서 인하지 못한 사람은 있지만, 소인이면서 인한 사람은 없다."[23]라고 말하여, 인의 도덕을 실천할 주체로 군자를 정립하였다. 그리고 "인을 행함은 자신으로부터 유래하는 것이지, 타인으로부터 외적·강제적으로 부여되는 것이 아니다."[24]라고 말하여, 인을 실천할 근거가 인간 자신에게 있음을 분명히 했다. 기실 웨일리(A. Waley)의 지적대로,[25] 공자가 제시한 인의 실천은 지난한 과제로 끊임없는 극기, 그리고 지혜와 용기를 필요로 한다.[26] 그런데 공자는 "인仁은 멀지 않기 때문에, 내가 인을 의욕하면 인이 나에게 이른다."[27]라고 말하여, 인의 실천에 결코 부정적이지는 않았다.

그렇다면 인은 어떤 방식으로 실천되는 것인가? 인의 실천 방식에 대한 『논어』의 언명을 세밀히 살펴보면, (1) 효제가 인을 실천하는 근본이다(1:2), (2) 극기복례가 인이 된다(12:1), 그리고 (3) 서恕가 인을 실천하는 원리가 된다는 말로 요약할 수 있다. 이것들이 무엇을 의미하는지 차례대로 살펴보자.

먼저 『논어』에서 유약有若은 "효제는 인을 실천하는 근본이다."[28]라고 말했

---

23 『논어』 14:6. 子曰 "君子而不仁者有矣夫, 未有小人而仁者也."
24 『논어』 12:1. 顏淵問仁 子曰 "… 爲仁由己, 而由人乎哉?"
25 A. Waley(trans), The Analects of Confucius, Vintage, 1938, pp.27-28. Waley에 따르며, 『논어』에 仁은 단지 두 차례(12:22, 17:21)만 긍정적이며 온화한 개념으로 언급된다.
26 『논어』 1:3, 4:6, 5:4, 5:7, 5:18, 6:20, 7:33, 9:28, 12:3, 14:2 등 참조.
27 『논어』 7:29. "仁遠乎哉 我欲仁 斯仁 至矣."
28 『논어』 1:2. "孝弟也者 其爲仁之本與."

고, 그리고 공자 또한 『서경』을 인용하면서, 같은 주장을 하였다(2:21). 여기서 '효孝'는 윗사람을 섬기는 수직적 덕목을 대표한다면, '제悌'는 형제간의 우애 혹은 웃어른을 공경하는 덕목을 상징한다. 이렇게 『논어』에서는 가족 윤리인 '효제'를 모든 수직적·수평적 질서를 총망라하는 핵심 원리로 제시하고 있다.[29] 즉 가족 간의 자연스런 사랑의 감정인 효제가 가정을 넘어 사회·국가·천하로 확산되면, 마침내 천하가 인으로 되돌아간다는 것이다. 유교는 이렇게 가장 자연스런 감정에 도덕의 기초를 두고, 그 감정을 자발적·자율적으로 확산시켜 나아가야 한다는 실천 방식을 제시하고 있다. 그렇다면 가족 간의 사랑인 효제에 기초하여 실천되는 인仁은 사적·개인적 차원의 윤리가 아닌가? 이와 연관하여 공자는 극기복례·선난후득先難後得이 인이 된다고 말해 줌으로써, 사적 윤리를 공적인 차원으로 고양하고 있다.

> 안연이 인에 대해 묻자, 공자께서 말씀하셨다. "사사로운 자기를 이기고 예에로 되돌아가는 것이 인이 되니, 하루하루 사사로운 자기를 극복하고 예에로 되돌아가면 천하가 인으로 되돌아갈 것이다.… 안연이 그 조목을 청하여 묻자, 공자께서 말씀하셨다. "예가 아니면 보지도·듣지도·말하지도·행하지도 말라."[30]

> 번지가… 인에 대해 묻자, 공자께서 말씀하셨다. "어려운 것을 먼저하고, 얻는 것을 뒤로 여긴다면 인하다고 할 수 있다."[31]

---

29 신오현, 「유가적 인간이해: 초인이념으로서의 군자의 개념」 『자아의 철학』 문학과지성, 1987, 242쪽.
30 『논어』 12:1. 顔然 問仁 子曰 "克己復禮爲仁 一日克己復禮 天下歸仁焉 … 顔然曰 請問其目 子曰 非禮勿視 非禮勿聽 非禮勿言 非禮勿動."
31 『논어』 6:20. 樊遲 …問仁 曰 "仁者 先難而後獲 可謂仁矣."

여기서 '극기克己'의 '기己'는 주자의 주석대로 '자신의 사사로운 욕심'을 말하고, 회복해야 할 예는 공적인 도덕규범이다. 곧 사사로운 욕심을 극복하고 공적인 도덕규범을 실천함으로서 인이 회복된다는 것이다.[32] "어려운 것을 먼저하고, 얻는 것을 뒤로 여긴다."라는 것 역시 자신의 사사로운 이익을 뒤로 하고 도덕적 의무를 먼저 실천해야 한다는 것으로 극기복례와 그 맥을 같이 한다. 이렇게 공자는 공적인 도덕규범 혹은 마땅히 해야 할 의무를 먼저 고려하는 것이 인이 된다고 말하여, 인의 윤리가 사적·개인적 윤리로 전락하는 것을 경계했다. 그런데 공자가 인의 실천 원리로 최종적으로 제시하는 황금률은 서恕 개념이다. 서의 원리는 다음과 같이 표현되어 있다.

> 자공이 묻기를, "종신토록 행해야 하는 한마디의 말이 있습니까?" 공자께서 대답하시기를, "서恕일 것이다. 자기가 바라지 않는 것을 남에게 베풀지 말아야 한다."[33]

> 중궁이 인을 물으니, 공자께서 말씀하셨다. "문 밖을 나서면 큰 손님을 접견하듯이 하고, 백성을 부림은 큰 제사를 받들 듯이 하고, 자기가 하고 싶지 않은 것을 남에게 베풀지 마라. 그리하면 나라에 원망이 없고, 가정에 원망이 없어질 것이다."[34]

그런데 이러한 수동적·소극적으로 표현되는 서恕의 원리는 다음과 같이

---

32 『논어집주』 12:1에 대한 朱子注. "己謂身之私欲也… 禮者 天理之節文也." 『논어』에서 仁과 禮는 5차례 함께 출현하는데, 仁과 禮는 내적 도덕 근거와 외적 형식이라는 表裏관계라 하겠다. 3:3, 8:2, 12:1, 17:1, 15:32 등 참조.
33 『논어』 15:23. 子貢問曰 "有一言而可以終身行之者乎?" 子曰 "其恕乎 其所不欲 勿施於人."
34 『논어』 12:2. 仲弓問仁. "子曰 出門如見大賓 使民如承大祭 己所不欲 勿施於人 在邦無怨 在家無怨."

능동적 · 적극적으로 표현되기도 한다.

> 대저 인仁한 사람은 자기를 정립하고자 하면 남을 정립시켜 주고, 자기가
> 통달하고자 하면 남을 통달시켜 준다. 능히 가까운 데에서 비유를 취하자면
> 인을 행하는 방법이라고 할 수 있다.[35]

자기를 정립하고자 하면 남을 정립해 주는 것과 같은 방식의 능동적 · 적극적 '서恕'의 원리는 '상호 인정과 호혜의 원리'이다. 내가 욕망의 주체라면 타자 또한 그런 주체로 인정하고, 내가 도덕의 주체라면 상대 또한 그런 주체로 상호 인정하면 호혜 관계가 성립된다. 그러나 이러한 상호 인정과 호혜에는 또 하나의 보완이 필요한데, 그것은 바로 역전환적 동등고려의 원리이다. 역지사지(역전환)의 동등고려의 원리를 공자는 "자신이 하고자 하지 않는 것을 남에게 베풀지 말라."라고 정식화한다. 이러한 역지사지의 동등고려의 원리가 없다면, "내가 통달하고자 하면 남을 통달시켜 준다."라는 상호 인정과 호혜의 원리는 "내가 하기를 원하니, 너도 원해야 한다."라고 하는 방식으로 전락하여, 상대에 대한 나의 선의善意가 오히려 나의 독단적 강요가 될 가능성을 내포할 수 있다. 그리고 또한 그 역으로 상호 인정과 호혜라고 하는 적극적 서恕의 원리가 없다면, 수동적 · 소극적 서恕의 원리는 다른 사람을 적극 사랑하는 인의 윤리로는 무용無用할 수 있다. 그런데 상호 인정과 호혜의 적극적인 서恕의 원리에 대해 '뇌물을 주려고 하는 사람의 예'를 통해 비판하는 경우가 있다. 즉 "내가 뇌물을 받고 싶으니, 상대방도 뇌물을 받고 싶을 것이고, 따라서 뇌물을 주어야 한다."라는 부당한 논리를 함축한다는 것이다. 그리고 "자기가 원하지 않는 것을 남에게 베풀지 말라."라는 소극적 서

---

35 『논어』 6:28. "夫仁者 己欲立而立人 己欲達而達人 能近取譬 可謂仁之方也已."

恕의 원리에 대해서는 '죄수의 예'로 비판하는 경우가 있다. 즉 죄수가 판사에게 "당신은 감옥에 가기를 원하지 않기 때문에, 나에게 감옥형을 선고하지 말아야 한다."라는 부당한 논리로 이 원리를 왜곡할 수 있다는 것이다.[36] 그러나 이러한 비판은 성립하지 않는다. 왜냐하면 서恕의 원리는 사람을 사랑하는 인仁으로 대표되는 보편적 도덕 법칙을 실천하기 위한 방법적인 의미만을 지니기 때문이다. 그래서 『대학』에서는 이 원리를 혈구지도絜矩之道라고 말했다.[37] 여기서 '구矩'는 공자가 일흔이 되어서야 도달한 존재와 당위의 일치의 경지를 나타내는 "종심소욕불유구從心所欲不踰矩"(2:3)의 '구矩'로서 곱자(曲尺)로 상징되는 행위의 준칙(표준, 법도)을, 그리고 '혈絜'은 '헤아리다'의 의미이다.[38] 요컨대 '혈구지도絜矩之道'는 법도 · 표준 · 준칙을 헤아려 실천하려는 방법론일 뿐, 그 자체가 목적은 아니다. 수단(絜矩之道)은 목표(仁의 실현)에 긍정적으로 기여할 때에 비로소 통용될 수 있다. 혈구지도는 인을 온전히 실현하는 길에서 멀지 않을 뿐, 그 자체가 인의 완전한 구현을 보증하지는 않는다.[39] 또한 일관지도로서 서恕는 충忠의 외적 표현이라는 점에서, 여기에는 불의가 개입할 여지가 없다. 충忠은 '중中+심心'으로 마음을 '중中'의 상태, "치우치거나 기울지 않고, 지나침과 모자람이 없는"[40] 표준 상태로 하여 자기를 정립하는 것이다. 그리고 『설문해자』에서는 "서恕란 인仁이다. 마음이란 뜻을 지니고 여如로 소리 난다."[41]라고 했다. 그리고 『이아』에서는 "여如란 미루어 나아가는 것이다(往也)."라고 풀이한다. 따라서 '서恕'란 '어진 마음(心)을 미

36 Peimin Ni, The Philosophy of Confucius, *Dao Companion to Classical Confucian Philosophy*(eds, Vincent Shen), Springer, 2014, p.61.

37 『大學』10장. "所惡於上 毋以使下 所惡於下 毋以事上 所惡於前 毋以先後 所惡於後 毋以從前 所惡於右 毋以交於左 所惡於左 毋以交於右 此之謂絜矩之道也."

38 『大學章句』10장에 대한 朱子注. "絜度也 矩所以爲方也."

39 『중용』13장. "忠恕 違道不遠 施諸己而不願 亦勿施於人."

40 『中庸章句』朱子注. "中者 不偏不倚無過不及之名."

41 『설문해자』 "恕仁也. 從心, 如聲."

루어 나아감(如=往)' 곧 '자기의 어진 마음을 미루어 다른 사람에게 나아가는 것'이다. 이렇게 서恕란 표준상태로 정립한 자신(忠=中+心)의 인한 마음을 미루어 다른 사람에게 나아가는 것이다(推己及人). 표준 혹은 준칙을 정립하여 인한 마음을 미루어 나아가기 때문에, 여기에는 불편不偏・불의不義・부당不當이 개입할 여지가 없다. 이렇게 표준의 인한 마음으로 자기정립을 이루고, 이 마음을 미루어 나아가 타인을 적극 정립해 주고(상호 인정과 호혜) 피해를 최소화함으로써(易地思之의 동등고려) 사람을 사랑하여 인을 실천하는 방법이 바로 서恕라고 할 수 있다.

요컨대 공자는 인의 실천 방법으로 세 가지를 제시하는데, 이것은 궁극적으로 하나의 원리로 통일된다. 그것은 (1) 자신의 가족을 사랑하는 자연스런 마음의 발로인 효제를 기반으로 하여, 수직적・수평적으로 사회-국가-천하로 확산시켜 나갈 때, 마침내 온 천하가 인하게 된다는 것이다. (2) 극기복례・선난후득先難後得으로 표현된 것과 같이 사사로운 자기를 극복하고 본래의 자기를 회복하여, 상호간의 만남에서 공적인 도덕규범 혹은 마땅히 행해야 할 도리를 먼저 온전히 실천할 때 천하가 인으로 되돌아간다는 것이다. 마지막으로 (3) 상호 인정과 호혜 및 역전환적 동등고려의 서恕 원리를 표준으로 자신을 정립하여 인한 마음을 미루어 나아가 다른 사람을 사랑할 때, 보편적 도덕 원리인 인이 실천된다는 것이다.

4. 소결

지금까지 인仁의 정의와 실천 방법을 살펴보았다. 『논어』에서 인은 (1) 상대적인 개별 덕, (2) 단순히 충忠・청淸 등과 같은 개별 덕으로 환원될 수 없는 더 높은 덕, (3) 여러 덕의 종합적 실천, (4) 사람을 사랑하는 것(愛人), (5)개별 덕의 근거이자 인간이 궁극적으로 실현해야 할 전덕全德이다. 그리고 공자는 이 인을 실천할 근거가 우리 인간 안에 있으며, 자각을 통해 자율적으로 실천해야 한다고 말했다. 그리고 그는 인이란 (1) 인간의 가장 자연스런 감정인 효제에서 출발하여 확산되며, (2) 극기복례·선난후득先難後得하는 방식으로, (3) 상호 승인과 호혜 및 역전환적 동등고려의 서恕의 원리에 의해 실천되어야 한다고 말했다.

『논어』에서 공자의 이러한 인 개념에 의한 자기 및 타자 정립은 인간의 자기자각과 자기완성, 그리고 타자정립과 타자완성의 동양적 이념의 원형이 되었다. 인간은 자기정립과 동시에 타자정립을 이룰 때 비로소 본능으로 추동되는 동물적 삶을 넘어서 인간 세계의 인륜화, 야만의 문명화를 이룰 수 있다. 인간이 자기완성과 타자완성을 기도할 때 비로소 인격 존재가 되며, 인격 존재만이 자연과 사실을 넘어서 가치와 문화의 세계를 창조한다. 공자는 인을 인간의 자기 및 타자 완성의 이념으로 정립함으로써 인문 세계를 기획했다. 공자의 이러한 "인간은 모름지기 인을 실천해야 한다."라는 이념은 후대에 (1) 맹자와 순자의 인성론에 의해 정초되고, (2) 동중서董仲舒의 음양오행설에 의해 우주론적으로 확장되었다. 그리고 (3) 한유韓愈에 의해서는 박애博愛로 해석되었고, (4) 정호鄭澔와 왕양명王陽明에 의해서는 만물과 일체가 되는 경지로 고양되었으며, (5) 주자의 이기심성론에 의해서는 마음의 덕이자 사랑의 이치(心之德而愛之理)로 재정의되었으며, (6) 정약용에 의해서는 실천적 덕 개념으로 계승·정립·확장되면서, 유교적 인간 이념의 지표가 되어 왔다.

그런데 『논어』의 인 개념 해석에서는 해명해야 하는 것이 있다. 그것은 바로 공자가 패도覇道를 실현한 관중管仲을 '인仁하다'라고 긍정적으로 평가한 것을 어떻게 보아야 하는가 하는 점이다. 이 구절은 다음과 같다.

자로가 말했다. "환공이 공자 규를 죽이니, 소홀은 함께 죽었지만 관중은 죽지 않았으니, '(관중은) 인仁하지 못하다'라고 할 수 있겠지요?" 공자께서 말씀하셨다. "환공이 제후를 규합하면서 무력으로 하지 않은 것은 관중의 공력이었다. 누가 그의 인仁만 같겠는가? 누가 그의 인만 같겠는가?"

자공이 말하길 "관중은 인자仁者가 아니지요? 환공이 공자 규를 죽였지만, 공자 규를 따라 죽지 못하고, 환공을 돕기까지 하였습니다." 공자께서 말씀하셨다. "관중은 환공을 도와 제후의 패자가 되게 하고, 천하를 하나로 바로잡아 백성들은 지금에 이르기까지 그 혜택을 입고 있다. 관중이 없었다면 나는 (오랑캐처럼) 머리를 풀고, 옷깃을 왼쪽으로 여미었을 것이다. 어찌 필부필부가 작은 신의를 스스로 도랑에 목매어 죽어도 아무도 알아주는 이가 없는 것과 같겠는가?"[42]

그런데 공자는 이러한 긍정적 평가와 상반되게 관중에 대해 부정적인 평가를 한 적도 있다.

공자께서 말씀하셨다. "관중의 그릇이 작구나!" 어떤 사람이 말했다. "관중은 검소했습니까?" 공자께서 말씀하셨다. "관씨는 삼귀를 두고 가신들을 겸직시키지 않았으니 어떻게 검소할 수 있었겠느냐?" (어떤 사람이) 말했다. "그러면 관중은 예를 알고 있었습니까?" 공자께서 말씀하셨다. "나라 임금이라야 병풍으로 문을 가릴 수 있는데 관씨 역시 병풍으로 문을 가렸으며, 나라의 임금이라야 두 임금이 우호를 위한 모임에 반점을 두거늘 관씨 역시 반점을 두었으니, 관씨가 예를 안다면 누가 예를 모르겠는가?"[43]

---

42 『논어』 4:17-8. 子路曰 "桓公殺公子糾. 召忽死之 管仲不死." 曰 "未仁乎." 子曰 "桓公九合諸侯 不以兵車 管仲之力也. 如其仁 如其仁." 子貢曰 "管仲非仁者與. 桓公殺公子糾 不能死 又相之." 子曰 "管仲相桓公霸諸侯 一匡天下. 民到于今 受其賜. 微管仲 吾其被髮左衽矣. 豈若匹夫匹婦之爲諒也 自經於溝瀆而莫之知也."

43 『논어』 3:22. 子曰 "管仲之器小哉 或曰 管仲儉乎 曰管氏有三歸 官事不攝 焉得儉 然則管仲 知禮乎 曰邦君 樹塞門 管氏亦樹塞門 邦君 爲兩君之好 有反坫 管氏亦有反坫 管氏而知禮 孰不知禮."

『논어』에 총 4회 나오는 관중에 대한 공자의 평가는[44] 이렇게 상반된다. 우선 그는 인간됨과 도덕적인 측면에서 관중은 비록 패업을 이루었다고 할지라도 그릇이 작고 검소하지도 않았으며, 그리고 예禮를 알지 못했다고 부정적으로 평가하고 있다. 그러나 다른 한편 공자는 역사적 공과의 측면에서 관중의 역할을 긍정적으로 평가한다. 즉 자로와 자공은 젊었을 때의 관중이 주군으로 섬겼던 공자公子 규糾가 왕위쟁탈전에서 패했을 때 함께 따라 죽지 않고, 오히려 경쟁자였던 공자公子 소백小白(桓公)의 휘하로 들어간 것을 비판하여 인仁하지 못하다고 평가하였다. 그러나 공자는 그런 문제점에도 불구하고 관중이 제후국들을 규합하여 질서를 유지하고 사방의 오랑캐로부터 주나라의 강토와 문화를 지켜내는 긍정적인 역할을 하였다는 점에서 인하다고 할 수 있다는 것이다. 그래서 주자는 다음과 같이 평가한다.

> '여기인如其仁'이란 '누가 그 인만 하겠는가?(誰如其仁者)'라는 말이다. 또 그 말씀을 거듭하시어 깊이 인정하셨다. 대개 관중은 비록 인인仁人이라고 할 수 없지만, 사람들에게 혜택을 미친 것으로 보자면 인의 공로가 있다.[45]

그러나 인인仁人과 인仁의 공로를 이룬 사람을 구분한 주자의 이런 해석에 반대하면서, 다산은 다음과 같이 해석한다.

> 자로는 오직 소홀만 살신성인했다고 여기고, 관중의 공로는 장차 인으로 천하를 덮으려 하는 것임을 알지 못하였기 때문에, 공자께서 관중의 공을 성하게 칭찬하여 '관중은 비록 죽지 않았으나, 또한 소홀의 죽음에 해당할 수

---

44 또한 『논어』 14:10에서도 공자는 관중을 긍정적으로 평가한다.
45 『논어집주』 4:17에 대한 朱子注.

있다.'라고 한 것이다. 살펴보건대 인이란 본심의 온전한 덕이 아니라, 일의 공로에서 이루어지는 것일 뿐이다. 그렇다면 (주자가) 인의 공로가 있는데 인인仁人이 될 수 없다는 것은 아마도 이치에 맞지 않는 듯하다.[46]

주자의 해석에 따르면, 공자는 관중이 인의 덕을 지니지 못한 것은 비판했지만, 인의 공로가 있다는 것을 인정했다. 이에 대해 다산은 인이란 본심의 전덕(주자의 정의:心之德而愛之理)이 아니라 일을 잘 실천한 이후에 성립하는 명칭(行事而後有仁之名)이라고 재정의하면서, 주자가 인인仁人과 인仁의 공로를 구별하는 것을 반대한다. 요컨대 실천적 입장에서 인을 해석하는 다산은 인의 공로를 이루었을 때 비로소 인인이라는 명칭을 부여하기 때문에, 인인과 인의 공로를 별개로 구분하는 것은 어불성설이라고 했다. 일견 인인과 인의 공로를 별개로 구분하는 것은 잘못이라는 다산의 지적은 상당히 타당성이 있는 것으로 보인다. 인이 모든 덕의 종합이라면, 모든 덕을 완성한 인인은 지혜와 용기도 함께 갖추고 마땅히 그에 상응하는 공로를 이루어 내는 것은 당연하다고 하겠다. 실로 체용일원體用一源 · 현미무간顯微無間의 논리로 합내외合內外 · 관동정貫動靜을 견지하는 유가의 입장에서 본다면, 인인과 인의 공로를 구별하여 이원화하는 것은 잘못이다. 그러나 다산의 관점으로 관중을 인인이라고 한다면, 공자가 "관중은 그릇이 작고, 검소하지 않았으며, 더욱이 예를 알지 못했다."라고 비판한 구절은 어떻게 이해할 수 있을까? 즉 인의 공로가 있는 자가 곧 인인이라면, 인의 공로가 있는 관중은 당연히 인인이며, 따라서 인인으로서 관중은 예와 지혜를 겸비한 완성된 인격의 소유자라고 해야 한다. 그런데도 공자는 그런 관중이 그릇이 작고, 검소하지 않았으며, 더욱이 예를 몰랐다고 비판했다. 바로 이 점에서 인인과 인의 공로를 동

---

46 정약용(이지형 역), 『역주논어고금주』4, 사암, 2010, 129쪽.

일시하는 다산의 해석은 설득력이 떨어진다. 그렇다면 공자의 이러한 상반된 평가를 어떻게 이해해야 할까? 여기서 우리의 제안은 두 가지이다. 그 하나는 공자는 대기설법을 하고 있다는 것이고, 다른 하나는 인의 다양한 의미(仁의 一面과 全面, 全德과 個別德 등)에 주목해야 한다는 것이다.

먼저 공자가 피교육자의 근기와 상황에 따라 가르침을 주는 방법·내용을 달리했다는 측면에서 이 구절들을 해석해 보자.[47] 공자가 관중을 부정적으로 평가한 구절(3:22)을 보면, 질문자는 관중이 '구합제후九合諸侯 일광천하一匡天下'한 패업의 공이 크다는 점에서 높이 평가했다. 그러나 덕치를 지고의 이념으로 제창하는 공자의 입장에서 본다면, 패도를 추구한 관중은 그릇이 작다고 할 수밖에 없다.[48] 그러자 질문자는 '그릇이 작다'는 말을 잘못 이해하여 검소하다는 말로 받아들인다. 이에 공자는 관중이 사치한 사례를 들어 교정해 준다. 그러자 질문자는 관중이 사치한 사례를 예에 맞는 행동으로 오해한다. 친절한 교육자인 공자는 관중이 예에 어긋나는 행위를 한 사례를 들어 질문자의 오해를 또 다시 시정해 주었다. 다음으로 공자가 관중을 긍정적으로 평가한 구절을 보면, 자로와 자공은 오로지 작은 도덕주의적 관점으로 관중을 평가하여 그의 공로를 폄하했다. 이에 대해 공자는 관중이 이룩한 성과는 그런 작은 도덕주의적 관점에 의해서 폄하할 수 없다는 점에서 그 공로가 오히려 인하다고 높이 평가한다. 이 구절들에 대한 대기설법적 해석은 인의 다양한 의미에 주목하면 더 잘 이해할 수 있다. 이를 위해 『논어』에서 나타나는 인이라는 용어가 완전한 인, 즉 절대적·보편적 인을 말하는가, 아니면 인의 한 측면 혹은 개별적인 덕을 말하는가 하는 점을 분명히 변별해야 한다. 여기

47　대기설법의 대표적인 사례로는 『논어』 11:21를 들 수 있다. 子路問 "聞斯行諸." 子曰 "有父兄在 如之何其聞斯行之." 冉有問 "聞斯行諸." 子曰 "聞斯行之." 公西華曰 "由也問聞斯行諸 子曰 '父兄在' 求也問聞斯行諸 子曰 '聞斯行之' 赤也惑 敢問." 子曰 "求也 退故進之 由也 兼人故退之."

48　맹자 또한 관중을 도덕의 관점에서 낮게 보았다. 『맹자』 2상:1참조.

서 한 실례로 백이伯夷·숙제叔齊에 대한 공자의 평가를 살펴보자.

> 염유가 들어와서 물어 말하였다. "백이·숙제는 어떤 사람입니까?" 공자
> 께서 말씀하셨다. "옛 현인이다." (염유가) 말했다. "원회(怨)했습니까?" 공자께
> 서 말씀하셨다. "인仁을 구하여 인을 얻었는데, 또한 어찌 원회했겠는가?"[49]

그러나 이렇게 인을 구하여 인을 얻었다는 백이·숙제에 대해 공자는 또한
다음과 같이 평가하였다.

> 초야에 은둔한 인재는 백이, 숙제, 우중, 이일, 주장, 류하혜, 소련이었다.
> 공자께서 말씀하시길, "그 뜻을 굽히지 않고, 그 몸을 욕되게 하지 않는 이는
> 백이와 숙제이다." 류하혜와 소련에 대해 평하시길, "뜻을 굽히고, 몸을 욕되
> 게 하였으나, 말은 윤리에 맞고, 행위는 사려에 맞았으니 그들은 이와 같을
> 따름이다." 우중과 이일에 대해 평하시길, "은거하면서 꺼리지 않고 말하였
> 지만, 몸가짐은 깨끗함에 맞았고, 폐기된 것도 권도에 맞았다. 그러나 나는
> 이들과 달라 가可한 것도 없고 불가不可한 것도 없다."[50]

여기서 공자가 말하는 시중時中의 도로서 '무가無可·무불가無不可'는 "사사
로운 의지와 기필하는 마음과 옛것에 갇힌 고집, 그리고 삿된 이상이 자연히
없어져서"[51] "마음이 하고자 하는 바를 쫓아도 법도를 넘지 않는"[52] 완전한 자유

---

49 『논어』 7:14. 冉有曰 "夫子爲衛君乎?" 子貢曰 "諾, 吾將問之." 入曰 "伯夷叔齊何人也?" 曰 "古之賢人也." 曰 "怨
   乎?" 曰 "求仁而得仁, 又何怨."
50 『논어』 18:8. "逸民 伯夷叔齊 虞仲夷逸 朱張柳下惠少連" 子曰 "不降其志 不辱其身 伯夷叔齊與 謂柳下惠少
   連 降志辱身矣 言中倫 行中慮 其斯而已矣 謂虞仲夷逸 隱居放言 身中清 廢中權 我則異於是 無可無不可."
51 『論語』 9:4. "子絶四 毋意 毋必 毋固 毋我."
52 『論語』 2:4. "七十而從心所慾不踰矩."

인으로서 성인의 경지를 말한다. 공자는 이른바 "인을 구하여 인을 얻었다."라고 평가한 백이 · 숙제가 완전히 자유로운 성인의 경지에 득입하지 못했다고 평가하고 있는 듯하다. 바로 이 점에서 맹자는 백이를 성지청자聖之淸者, 이윤伊尹을 성지임자聖之任者, 류하혜柳下惠를 성지화자聖之和者로 규정하여 성인의 일단만을 갖추었다고 말하면서, 공자는 이 일단들을 집대성한 '성지시자聖之時者'라고 평가하였다.[53] 요컨대 공자가 "구인이득인求仁而得仁"한 현인으로 불렸던 백이 · 숙제는 인의 완전한 체득자가 아니라, 단지 그 일면 혹은 일단만 갖추었다고 할 수 있다. 그와 마찬가지로 관중은 공로의 측면에서 누구보다도 인했다는 공자의 평가 또한 관중이 완전한 인을 구현했다는 것이 아니라, 무력 사용을 자제하고 문명을 수호하는 데 공헌함으로써 중요한 측면에서 인의 일면을 드러냈다는 말로 이해할 수 있겠다.

---

53 『孟子』 2상:2, 5하:1 참조.

II. 다산의 인仁과 서恕 해석

유가에서 인仁 개념은 다른 학파들과 변별되는 가장 중요한 개념이다. 그런데 인 개념은 공자 이전의 『시경』, 『서경』, 『역경』 등에 아주 드물게 나타났을 뿐만 아니라, 치자治者들의 은덕을 칭송하는 여러 덕목 중 하나에 불과했다.[1] 공자는 이러한 인 개념을 확장, 심화시켜 학문의 중심 개념으로 정착시켰다. "선생님께서는 리利, 명命, 그리고 인仁에 대해서는 말씀을 많이 하지 않으셨다."[2]라는 기록이 말해주듯이 공자는 형이상학적인 개념에 대한 발언보다는 일상적 궁행躬行에 힘썼던 것으로 알려져 있지만, 『논어』에는 인이란 용어가 109회(59/499장) 내외로 출현했다. 나아가 그는 인 개념을 예악과 같은 여러 덕목들에 우선하는 보편 덕으로 정립하였다.

사람이 불인不仁하다면 예를 잘 실천하여도 무엇하며, 사람으로서 불인하다면 악을 잘 하여도 무엇하겠는가?[3]

---

1   상세한 논구로는 다음을 참조. Wing-tsit Chan, The Evolution of the Confucian Concept Jen, Neo-Confucianism, Etc.: Essays, Oriental Society, 1969, p.2; 임헌규, 「仁 개념의 변환구조」 『범한철학』34, 2004 가을, 5-28쪽.
2   『논어』 9:1. "子罕言利與命與仁."
3   『논어』 3:3. 子曰 "仁而不仁 如禮何 人而不仁 如樂何."

그런데 공자는 제자들의 자질과 상황에 따라 인과 그 실천 방법을 다르게 표현했지만, 그 도가 일이관지한다고 말했다. 공자의 제자 증자는 그 도를 '충서忠恕'라고 해석하였다. 『논어』의 '충서'는 『중용』의 "충서는 도에서 거리가 멀지 않다. 자기에게 베풀어 원하지 않는 것은 또한 남에게도 베풀지 말아야 한다."[4]라는 언명과 결부되어, 인을 실천하는 가장 중요한 방도로 알려졌다. 『논어』에서 공자는 인을 실천하는 방법을 여러 차례 언급하였는데, 대표적인 구절은 다음과 같다.

대저 인仁한 사람은 자기를 정립하고자 하면 남을 정립시켜 주고 자기가 통달하고자 하면 남을 통달시켜 주는데, 능히 가까운 데에서 비유를 취하면 인을 실천하는 방법이라고 할 수 있다.[5]

중궁이 '인'에 대해 질문하자, 공자께서 말씀하셨다. "문을 나섰을 때에는 큰 손님을 뵙듯이 하고, 백성을 부리기를 큰 제사 받들듯이 하고, 자기가 하고자 하지 않는 것을 남에게 베풀지 말아야 한다."[6]

자공이 묻기를, "종신토록 행해야 하는 한마디의 말이 있습니까?", 공자께서 대답하시기를, "서恕일 것이다. 자기가 하고자 하지 않는 것을 남에게 베풀지 말아야 한다."[7]

공자의 인과 그 실천 방법에 대해 다산 정약용 또한 "우리 인간의 일생 동

---

4   『중용』 13:3. "忠恕 違道不遠 施諸己而不願 亦勿施於人."
5   『논어』 6:28. "夫仁者 己欲立而立人 己欲達而達人 能近取譬 可謂仁之方也已."
6   『논어』 12:2. "仲弓問仁 子曰 出門如見大賓 使民如承大祭 己所不欲 勿施於人."
7   『논어』 15:23. "子貢問曰 有一言而可以終身行之者乎 子曰 其恕乎 其所不欲 勿施於人."

안 행하는 일은 '인'이라는 한 글자를 벗어나지 않는다. 왜냐하면 '인'이란 인류을 사랑하는 일인데, 천하의 일 가운데 인류을 벗어나는 것이 있겠는가?"8라고 반문하면서, "인이란 한 글자는 『논어』 전체의 주재이다."9라고 말했다. 그리고 그는 "옛 성인이 하늘을 섬기는 학문이란 인류을 벗어나지 않는데, 곧 이 '서恕' 자에 의해 사람을 섬길 수 있고, 하늘을 섬길 수 있다."10라고 말하여, '서'를 『논어』의 일관하는 도道로 제시한다. 다산은 "인을 추구하는 자는 반드시 서恕에 힘쓴다."11 혹은 "서를 수단으로 인이 이루어진다(恕 仁之 方也)"라고 말함으로써 '충서'를 독창적으로 해석했다. 여기서 다산의 『논어고금주』에 나타난 인과 그 실천 방법인 '서' 개념을 살펴보려고 하는데, 이 개념은 인의 실천 근거인 '성性' 개념에 대한 논의를 전제한다.12

1. 인仁 개념 재정의

무릇 체계적인 인식(인식의 체계)을 지향하는 '배우고 묻는 행위(學問)'는 전지전능한 신神과 의식을 결여한 동식물에게는 거의 의미가 없다는 점에는 그 중간 존재인 인간의 고유양식이라 할 수 있다. 따라서 모든 배움과 물음은 인

8　『與猶堂全書』 第二集 第12卷, 5쪽(이하 『전서』 II-12, 5로 표기), 『논어고금주』 여강출판사, 1992. 원문은 [한국고전종합DB]를, 번역서로는 다음을 참조하고 다소 수정하기도 하였다. 전남대호남학연구소 역, 『국역여유당전서』 전주대출판부, 1986. "吾人之一生行事 不外乎仁一字 何則仁者人倫之愛也 天下之事 有外於人倫者乎 父子兄弟君臣朋友 以至天下萬民 皆倫類也 善於此者爲仁 不善於此者爲不仁 孔子深知仁外無事 故曰爲之難"

9　『전서』 II-16, 39. 『논어고금주』(논어대책). "仁之一字 二十編主宰."

10　『전서』 II-13, 44. 『논어고금주』 "由是言之 古聖人事天之學 不外乎人倫 卽此一恕字 可以事人 可以事天."

11　『전서』 II-14, 21 『논어고금주』 "求仁者必強恕."

12　기존의 논의로는 다음을 참조. 정일균, 『다산사서경학연구』 일지사, 2000; 정병련, 『다산사서학연구』 경인문화사, 1994; 금장태, 『인과 예 - 다산의 논어 해석』 서울대출판부, 2006; 장복동, 『다산의 실학적 인간학』 전남대출판부, 2002; 백민정, 『정약용의 철학』 이학사, 2008; 장승구, 『정약용과 실천의 철학』 서광사, 2001; 몽배원, 『정약용의 인학관』 『다산학』8, 다산학술재단, 2006. 이 글은 이러한 기존의 성과를 참조하면서, 다산의 견해에 대한 비판적 논구에 천착하였다.

간에 의해 제기되어, 결과적으로 인간을 위해 제시된다는 점에서 '인간이란 무엇인가?' 하는 것은 가장 중요한 근본 물음이자 배움이라고 할 수 있다. 특히 그 명칭에서부터 인간(人)에게 필수(需=須)적인 것을 가르치고 배우고자 했던 유교儒敎(學) 또한 이 물음과 대답으로 일관했는데, 그 관건이 인 개념이다. 선정善政을 베푼 치자治者의 외적 형식미를 칭송하던 여러 덕목들 중 하나였던 인仁 개념은 (1) 공자에 의해 모든 인간이 우선 갖추어야 할 보편 덕으로 정립되고, (2) 맹자에 의해 측은지심惻隱之心(不忍人之心)이 우리의 본성에 의해 무조건적·자발적으로 드러난다는 사실에 의해 증명되면서 '사람의 편안한 집으로 인(仁者 人之安宅)'과 '사람의 바른 길로서 의(義者 人之正路·當行之路)'라는 체용·내외적인 개념으로 전개되고(居仁由義), (3) 한유韓愈에 의해 박애博愛로 해석되기도 하였다. 그리고 송·명 이학의 성즉리性卽理라는 명제에 따라 내재적인 마음의 개념으로 정립되면서, (i) 만물과 하나가 되는 생생生生의 리理로서 인(程顥, 陸-王), (ii) 마음의 덕이자 사랑의 이치(心之德而愛之理: 程頤, 朱子)로 정립되었다.

이러한 인仁 개념의 전개에서 다산은 특히 "마음에는 본래의 덕이 없으므로"[13] "마음의 덕을 인이라고 하지 않으며"[14] 따라서 "인이란 마음의 덕이 아니고, 천리도 아니며", "단순히 허령불매虛靈不昧한 가운데 광막하여 아무런 조짐이 없는 리理를 인으로 지칭하는 것은 고경古經의 예가 아니다."[15]라고 주장한다. 요컨대 다산은 당시의 인 개념이 오도되어, 오히려 그 실천을 방해한다고 생각하고, 『논어고금주』에서 무려 35회에 걸쳐 반복적으로 '인'의 본래 의미를 재규정한다.[16] 그는 "인仁 자의 원의는 성도聖道와 성학聖學에 크게 관

---

13 『전서』 II-1 7-8. 「대학공의」 "心本無德 惟有直性 能行吾之直心者 斯之謂德."
14 『전서』 II-13, 7. 「논어고금주」 "仁 不是仁德 不是天理. II-16, 2, 心德 非仁也."
15 『전서』 II-14, 23. 「논어고금주」 "徒以虛靈不昧之中 沖漠無眹之理 指之爲仁 非古經之例也."
16 정일균, 「다산 정약용의 윤리론」 『다산사서경학연구』 일지사, 2000. 399쪽.

계되는 대강령으로 마음을 다스리고 본성을 양성하는 기본이며 자신을 수행하는 근본이기 때문에, (仁이란 글자에서) 조금이라도 차이가 나면 궁극에서는 천리만리의 착오가 생길 것"[17]으로 보았다. 다산이 해석한 인 개념을 살펴보려는 우리는 (1) 기본이 되는 자의字義의 훈고에서 출발하여, (2) 인에 대한 일반적 개념 규정, 그리고 (3) 인과 다른 덕목들(孝弟 등)과의 관계에 관한 다산의 견해를 살펴보고자 한다.

다산은 "훈고학訓詁學은 경전의 자의字義를 밝혀 도학과 명교의 취지를 알게 한다."[18]라고 평가하면서, 글자의 의미 해석에서 출발한다. 그는 인仁의 자의를 다음과 같이 풀이한다.

> 인仁이란 두 사람이다. 옛 전서篆書에서는 '인人' 자를 중첩(人人)시켜 '인仁' 자로 삼았다. 이는 자子를 중첩(子子)시켜 손孫 자로 쓴 것 같다. 인仁이란 사람(人)과 사람(人)의 지극함이다. 자식이 부모를 효도로 섬기니 자식과 부모는 두 사람이고, 신하가 임금을 충심으로 섬기니 신하와 임금은 두 사람이고, 형과 아우가 두 사람이고, 목민관과 백성이 두 사람이다. 이로 말미암아 보면 창힐과 복희伏羲가 문자를 제작한 처음부터 원래 행사行事로써 회의한 글자이다.[19]

요컨대 다산은 '인仁'의 자의를 '인人+이二'로 해석한다. 사람의 보편덕인 '인'이 '두 사람'을 의미한다는 다산의 지적은 곧 "인간이란 '관계적 존재' 혹은

---

17 『전서』 I-19, 37. 「答李汝弘」 "至於仁字之義 此是聖道聖學大關係大綱領 治心養性之本 行己修身之根 毫髮差錯 其究竟相距千里萬里 誠若畢竟征邁 卒無歸一之日 則雖情同骨肉 歡如仇儷 論以道學門路."
18 『전서』 I-11, 20. 「五學論2」 "訓詁之學 所以發明經傳之字義 以達乎道教之旨者也."
19 『전서』 II-16, 40. 「논어고금주」(논어대책). "仁者二人也 其在古篆 疊人爲仁 疊子爲孫 仁也者 人與人之至也 子事父以孝 子與父二人也 臣事君以忠 臣與君二人也 兄與弟二人也 牧與民二人也 由是觀之 倉義製字之初 原以行事會意."

'공동체적 존재'이다."라는 말이다. "인간은 '관계적(공동체적) 존재'이다."라는
규정은 서양의 그리스적 전통에서 인간을 '사회적·정치적 동물'로 정의한
것과, 후대 마르크스가 로크(J. Locke) 등으로 대표되는 근대 '개인적 인간관
(인간 원자론)'을 추상적인 정의라고 비판하고 인간을 유類적 존재로 정의("인간
의 본질은 인간관계에 있다.")한 것에 유비할 수 있다. 그래서 다산은 '인간人間'을
다음과 같이 정의한다.

> 대저 인간이 이 세상에 태어나 땅에 내려온 처음부터 관으로 덮여지는 날
> 까지 함께 더불어 살아가는 자는 인간일 뿐이다. 가까운 자를 부모형제라고
> 하고, 먼 자를 친구와 이웃이라고 하고, 낮은 자를 신하와 하인·어린이라고
> 하고, 높은 자를 군사와 노인이라고 한다. 무릇 나와 더불어 머리를 같이 둥
> 글게 하고 모난 발을 하고 하늘을 이고 땅을 딛는 자는 모두 나와 더불어 서
> 로 의지하고 서로 돕고 서로 교제하고 서로 접촉하며 서로 바로잡아 주며 생
> 활하는 존재이다.[20]

이처럼 인간을 "더불어 서로 의지하여 돕고, 교제하며 바로 잡아주고, 함께
생활하는 공동체적 존재"로 보았기 때문에 다산은 '유도儒道'란 오직 인간들
간의 만남에서 '교제를 잘하는 것일 따름이다.'라고 말한다.

> 우리 도는 무엇을 하는 것인가? 그 교제를 잘하는 것에 지나지 않는다. 이
> 에 예법을 만들어 선善을 유도하고 악惡을 막으며, 움직임과 고요함, 말할 때
> 와 침묵할 때, 생각이 일어날 때마다 모두 법식과 금하는 계율이 있어 백성으

---

20 『전서』 II-13, 43. 『논어고금주』 "夫人生斯世 自落地之初 以至蓋棺之日 其所與處者人而已 其近者曰 父子兄
弟 其遠者曰 朋友鄕人 其卑者曰 臣僕幼穉 其尊者曰 軍師耆老 凡與我同圓顱而方趾 戴天而履地者 皆與我相
須相資相交相接 胥匡以生者也."

로 하여금 진퇴하게 한다. 그 문장으로 『시』, 『서』, 『역』, 『춘추』가 이미 수많은 말이 되고, 경례 삼백과 곡례 삼천은 가지 치고 잎이 벌어지며, 나눠지고 조각나며, 광대하고 질편하니 끝까지 배울 수 없지만, 귀결점을 요약하면 교제를 잘함에 불과하다.[21]

유가의 도를 사람들 간의 만남에서 '교제를 잘하는 것에 불과하다(不過爲善於其際耳).'라는 다산의 말은 다소 과장된 환원주의적 진술로 볼 수도 있다. 일반적으로 유학은 '수기치인修己治人의 학문' 혹은 '내성외왕內聖外王의 학문'으로 규정된다. 그런데 만일 다산의 진술을 문자대로 해석한다면, '수기修己·내성內聖'과 관련되는 '격물格物-치지致知-성의誠意-정심正心-수신修身' 등과 같이 전통 유가가 중시한 내적 수양론은 외적 교제를 잘하기 위한 한갓 수단일 수 있다는 말로 해석될 수 있다. 즉 '유가의 도는 교제를 잘 하는 데에 있다.'라는 말은 행위의 의도적인 측면보다는 외적 형식과 드러나는 결과(事功)가 중요하다는 말이 아닌가 하는 것이다. 그러나 개인의 측면에서 내적 수양과 외적 행위가 간극이 있는 것이 아니라면, 그리고 사회적 측면에서 볼 때 자아와 타자는 존재론적으로나 논리적으로 항상 상관적 존재로만 의미가 있다면, 나아가 원리적으로 '고립된 자아'란 추상적 개념에 불과하다면 이 진술의 의미는 단순히 결과주의적인 입장이라고 할 수 없다. 다산의 이 말은 맹자의 "인의예지가 마음에 근본한다(仁義禮智 根於心者也, 「진심상」)."라고 말한 의미를 분석하여, "인의예지는 비유하자면 꽃이나 열매라고 할 수 있으니, 그 근본은 마음에 있다. 측은·수오의 마음이 안에서 발동하면 인·의는 밖에서 이루어지고, 사양·시비의 마음이 안에서 발동하면 예·지는 밖에서 이

---

21 『전서』, II-13, 43. 『논어고금주』 "吾道何爲者也 不過爲善於其際耳 於是作爲禮法 以道其善 以遏其惡 一動一靜一言一默 一思一念 皆有刑式禁戒俾 民趨辭 其文則詩書易春秋 旣千言萬語 而經禮三百曲禮三千 枝枝葉葉 段段片片 浩浩漫漫 不可究學 要其歸 不過曰善於際也."

루어진다."라고 말하여 "인의예지의 덕목은 마치 꽃이나 열매처럼 바깥에서 드러난 것이지 땅 속의 뿌리처럼 마음속에 있는 것이 아니다."고 주장한 것과 직결된다. 즉 다산은 당시 성리학자들이 인의예지를 마음속에 내재한 덕으로 보고, 향내적으로 내면에만 몰두함으로써 정적주의靜寂主義에 빠져서 구체적인 사공事功을 등한시하는 폐단을 바로잡고자 하였다.

　　오늘의 유자학자들은 인의예지를 네 개의 낱알처럼 사람의 뱃속에 오장처럼 있어 사단四端이 이를 따라 나오는 것이라고 인식하니, 이것은 잘못이다.[22]

　　인仁은 두 사람(二人)으로 사람(人)과 사람(人)이 서로 함께하는 것이다. 자장이 인을 질문하자, 공자께서 '사람과 사람이 서로 함께하는 법'으로 말씀하였다.[23]

　　안으로 제가와 치국을 할 수 있고, 밖으로 평천하와 협만방協萬邦을 할 수 있다. 선유先儒는 단지 심학心學으로 해명하였는데, 아마도 본래 뜻은 그렇지 않은 듯하다.[24]

요컨대 다산에 따르면, 인간의 내면과 외면, 자아와 타자를 둘로 나누는 것은 추상에 불과하며, 수기修己를 통한 내성內聖의 함양은 반드시 타자와 연관

22　『전서』II-7, 9-10. 『논어고금주』 "孟子日仁義禮智根於心 仁義禮智 譬則花實 惟其根本在心也 惻隱羞惡之心 發於內 而仁義成於外 辭讓是非之心發於內 而禮智成於外 今之儒者 認之爲仁義禮智四顆 在人腹中 如五臟 然 而四端皆從此出 此則誤矣."

23　『논어』 17:6. "子張問仁於孔子 孔子曰 能行五子於天下 爲仁矣 請問之 曰恭寬信敏惠 恭則不侮 寬則得衆 信則 人任焉 敏則有功 惠則足以使人."

24　『전서』II-16, 129-30. 『논어고금주』 "仁者二人也 古篆仁者 人與人之相與也 子張問仁 孔子答之以人與人相與 之法 內之可以齊家治國 外之可以平天下而協萬邦 先儒只以心學爲解 恐本旨不然"

된 외적 행위로 간극 없이 드러나게 마련이다. 따라서 인이란 고요하게(靜) 개인의 내면에서 구할 것이 아니라, 역사적·사회적·구체적 현장인 인간과 인간의 만남에서 실천·구현되어야 한다. 그래서 그는 다음과 같이 말한다.

사람의 길(人道)은 인仁을 구하는 데에서 벗어나지 않고, 인을 구하는 것은 인륜人倫을 벗어나지 않는다. 경례 삼백과 전례 삼천에서 천하만사와 만물에 이르기까지 모두 인륜에서 일어난다.[25]

다산의 이 언명은 공자가 번지의 '인仁'에 대해 묻자 "사람을 사랑하는 것이다."[26]라고 대답한 것에 가장 잘 부합한다. 그는 이 구절을 부연하여 다음과 같이 주석한다.

인이란 다른 사람을 향한 사랑이다(仁者 嚮人之愛也). 자식이 부모를 향하고, 아우가 형을 향하고, 신하가 임금을 향하고 목민관이 백성을 향하는 것이다. 무릇 사람과 사람이 서로 향하여 애틋하게 사랑하는 것, 그것을 일러 인이라고 한다.[27]

이러한 의미에서 다산은 결국 인을 다음과 같이 정의한다.

인仁은 두 사람으로 자식이 어버이를 사랑하고, 신하가 임금을 경애하고,

---

25 『전서』 II-14, 15. 『논어고금주』 "人道不外乎求仁 求仁不外乎人倫 經禮三百 典禮三千 以至天下萬事萬物 皆自人倫起."
26 『논어』 12:22. "樊遲問仁 子曰 愛人."
27 『전서』 II-9, 4. 『논어고금주』 "仁者嚮人之愛也 子嚮父弟嚮兄臣嚮君牧嚮民 凡人與人之相嚮而藹然其愛者 謂之仁也 其心不違則不止顯於行事而已."

목민관이 백성을 사랑하는 것이 모두가 인이다.[28]

인의 명칭은 반드시 두 사람 사이에서 생기는 것이다(단지 자기 한 사람으로
는 인의 명칭이 성립될 수 없다). 가까이는 오교五敎(夫義, 母慈, 兄友, 弟恭, 子孝)에
서 멀리는 천하 백성에 이르기까지 모든 사람과 사람이 그 본분을 다하는 것
을 인이라 한다.[29]

이러한 다산의 언명들은 모두 '인의 인륜성'(仁者 人倫之至也·人倫之至善也·
天下之至善)[30]을 나타낸다. 나아가 다산의 인 개념 정의는 '사공事功'을 강조하
는 것이 특징이다. 다산은 시종일관 "인이란 (朱子가 말하듯이) 본심本心의 덕이
아니라, 인륜의 성덕으로 사공이 이루어진 것"[31]이며, 그 명칭은 "행사를 기다
린 연후에 성립하는 것"[32] 혹은 "선을 행한 후에 성립되는 것"[33]이라고 규정한
다.

인이란 지극한 선이 이루어진 것을 명칭한 것이다. 반드시 임금과 신하,
부자와 자식 사이에 그 인륜의 사랑을 다하거나, 혹은 천하의 백성이 그 덕택
을 입은 연후에 비로소 인이 된다.[34]

---

28 『전서』 II-12, 21. 『논어고금주』 "仁者二人也 子愛親臣愛君牧愛民 皆仁也."
29 『전서』 II-12, 3. 『논어고금주』 "仁之名 必生於二人之間 只一己則仁之名無所立 近而五敎 遠而至於天下萬姓
凡人與人盡其分 斯謂之仁."
30 『전서』 II-13, 7a, II-9, 30. 『논어고금주』
31 『전서』 II-13, 20. 『논어고금주』 "仁者非本心之全德 亦事功之所成耳."
32 『전서』 II-14, 23. 『논어고금주』 "(若仁之名) 必待行事而成焉."
33 『전서』 II-13, 2. 『논어고금주』 "爲善 然後乃爲仁."
34 『전서』 II-8, 35. 『논어고금주』 "仁者至善之成名 必君臣父子之間 盡其人倫之愛 或天下之民 被其德澤 然後方
得爲仁."

그렇다면 이제 인의 인륜적·관계적 실천과 사공을 강조한 다산이 해명할 것은 공자가 『논어』에서 말한 "군자는 자기에게서 구하고, 소인은 남에게서 구한다(君子求諸己 小人求諸人. 「위령공」)."라는 언명이다. 왜냐하면 이 구절은 인의 인륜성보다는 주체성을 강조한 것으로 보이기 때문이다. 여기서 다산은 "군자가 구하는 것은 '인'이다."라고 해석하고, 공자가 안연에게 "인을 행함은 자기로부터 말미암지 남에게 말미암는 것이겠는가?"라는 말이 바로 "군자는 자기에게서 구하고, 남에게서 구하지 않는다."라는 뜻이라고 밝힌다.[35] 그리고 그는 인을 구하는 주체와 타자의 관계를 다음과 같이 명시한다.

> 인이란 두 사람 사이에 일어나는 것이지만 인을 행함은 나로부터 말미암는 것이지 다른 사람으로부터 말미암는 것이 아니며, 두 사람이 함께 인을 이루는 것도 아니다.[36]

그렇다면 인과 여타 개념의 연관성에 대한 다산의 해명을 살펴보자. 다산이 중요한 주제로 다룬 것은 '효제와 인'의 관계이다. 문제의 구절은 유자가 "효제야자孝弟也者 기위인지본여其爲仁之本與"(「학이」)라는 구절이다. 이 구절에 대해 주자는 다음과 같이 주석했다.

> 인이란 사랑의 이치이고 마음의 덕이다. 위인爲仁은 인을 행한다(行仁)는 것과 같다.… 효제는 인을 행하는 근본이다.… 어떤 사람이 질문했다. "효제가 인을 행하는 근본이라면, 효제로 말미암아 인에 이를 수 있다는 말입니

---

35 『전서』 II-14, 15. 『논어고금주』 求謂求仁… 顔淵問仁 子曰 "克己復禮爲仁 繼之曰爲仁由己 而由人乎哉 正是求諸己."
36 『전서』 II-12, 1. 『논어고금주』 "由己謂由我也 仁生於二人之間 父與子二人 兄與弟二人 然爲仁由我 不由人也 非二人與共成之."

까?" 대답하여 말하기를, "아니다. 인을 행함은 효제로부터 비롯되어야 한다는 말이다. 효제는 인의 일부분이므로, 그것이 인을 행하는 근본이라고 말하면 옳지만, 그것이 바로 인의 근본이라고 한다면 옳지 않다. 대체로 인은 성性이고(體), 효제는 그 작용(用)이다. 따라서 성性 속에는 다만 인의예지 네 가지가 있을 뿐이니 어찌 효제에서 오겠는가? 그러나 인은 사랑(愛)을 위주로 하며, 사랑은 어버이를 사랑하는 것보다 더 큰 것이 없다. 그러므로 효제가 인을 행하는 근본이 된다고 말한 것이다."[37]

일반적으로 '덕德'이란 (하늘로부터, 자연적으로) 얻어 지니고 태어난 것(得)을 말한다. 그래서 주자는 "습함은 물의 덕이며, 뜨거움은 불의 덕"[38]이듯이, 우리 마음은 인의 덕을 지니고 태어났다고 말했다. 마음의 타고난 덕으로서 인은 타인을 사랑하는 원리(愛之理)이다. 마치 뜨거운 덕을 지닌 불이 다른 것을 태우고, 습한 덕을 지닌 물이 다른 것을 차게 하는 것처럼, 우리 마음은 인의 덕을 지녀 다른 사람을 사랑할 수 있는 근거를 지니고 태어났다. 정자-주자의 체용론에 따르면, 마음의 덕(體)으로서 인은 마음의 본성이며, 현실의 사랑이라는 감정(用)이 피어나게 하는 근거이다. 나아가 효제는 인을 실천하는 하나의 일이기 때문에 효제를 인이라고 할 수 없지만, 인의 실천은 효제보다 더 큰 것이 없다는 점에서, 혹은 인仁의 구현은 가정의 규범인 효제에서 출발하여 확장되어 나가는 것이기 때문에 효제는 인을 행하는 근본이다. 그런데 다산은 이러한 정주程朱의 체용론을 다음과 같이 직접 비판한다.

---

37 『논어』1:2에 대한 朱子註. "仁者, 愛之理, 心之德也. 爲仁, 猶日行仁. … 所謂孝弟, 乃是爲人之本 … 或問孝弟爲仁之本 此是由孝弟可以至仁否 曰非也 謂行仁自孝弟始 孝弟是仁之一事 謂之行仁之本則可 謂是仁之本則不可 蓋仁是性也 孝弟是用也 性中只由箇仁義禮智四者而已 曷嘗有孝弟來 然仁主於愛 愛莫大於愛親 故日孝弟也者 其爲人之本與."

38 『朱子大全』60:18. "濕者 水之德 燥者 火之德."

오늘날 유학자들은 인의예지를 네 개의 낟알처럼 사람의 복중에 오장처럼 있어 사단四端이 이에 따라 나온다고 생각하는데, 이는 잘못이다. 효제 또한 덕을 닦는 것을 명명한 것이니, 그 성립은 밖에 있다. 어찌 효제라는 두 낟알이 사람의 복중에 간과 폐처럼 있는 것이겠는가?[39]

이렇게 정주의 체용론에 반대하고, "마음에는 본래 덕이 없다. 오직 곧은 성품(直性)으로 나의 곧은 마음(直心)을 행하는 것을 일러 덕德이라 한다.(德이라는 글자는 直心을 행한다는 것이다.) 선善을 실행한 후에야 덕이라는 명칭이 성립된다. 행하기 이전에 어떻게 그 몸에 명덕明德이 있을 수 있겠는가?"[40]라고 주장한 다산은 효제는 본체의 인을 실천하는 작용이 아니라, 오히려 효제가 바로 인의 근본이 된다고 말한다.

인仁이란 두 사람이 서로 더불어 하는 것이다. 부모를 섬김에 효성스러우면 인이 되니, 부모와 자식은 두 사람이다. 형을 섬김에 공경하면 인이 되니, 형과 아우는 두 사람이다. 임금을 섬김에 충성스러우면 인이 되니, 임금과 신하는 두 사람이다. 목민관이 백성을 다스림에 자애로우면 인이 되니, 목민관과 백성은 두 사람이다. 부부와 붕우에 이르기까지 무릇 두 사람의 사이에 그 도리를 다하는 것은 모두 인이다. 그러나 효제는 뿌리가 된다.[41]

다산은 인이 사람과 사람 사이에서 실천된 이후의 명칭인 것처럼 "자식이

---

39 『전서』 II-7, 10. 『논어고금주』 "今之儒者 認之爲仁義禮智四顆 在人腹中 如五臟然 而四端皆從此出 此則誤矣 然孝弟亦修德之名 其成在外 又豈有孝弟二顆在人腹中 如肝肺然哉."

40 『전서』 II-1, 78. 『대학공의1』 "心本無德 惟有直性 能行吾之直心者 斯之謂德 (德之爲字直心) 行善而後 德之名 立焉 不行之前身 豈有明德乎."

41 『전서』 II-7, 9. 『논어고금주』 "仁者 二人相與也 事親孝爲仁 父與子二人也 事兄悌爲仁 兄與弟二人也 事君忠爲仁 君與臣二人也 牧民慈爲仁 牧與民二人也 以至夫婦朋友 凡二人之間 盡其道者皆仁也 然孝弟爲之根."

부모를 섬긴 다음에 효라는 명칭이 성립되고, 젊은이가 어른을 섬긴 다음에 제弟라는 명칭이 성립되고, 목민관이 백성을 양육한 다음에야 자慈라는 명칭이 형성되는데"[42] 이러한 효제(자)가 여러 규범들의 근본이 된다고 말한다.

> 효제孝弟가 인仁이요, 인이 효제이다. 다만 인은 총명總名이니 임금을 섬기고 백성을 다스리고 고아를 구휼하고 과부를 보살피는 것을 포함하지 않음이 없다. 효제는 전칭이니 오직 부모를 섬기고 형을 공경하는 것이 그 실질이 된다. 그러므로 유자는 모든 인의 일들 중에서 효제가 근본이 된다고 했다.[43]

요컨대 다산에 따르면, 인이란 모든 실천 덕목의 총명이고, 효제는 구체적 현실에서 부모를 사랑하고 형을 공경하는 것만을 전칭專稱한 것이지만, 효제는 인이 포괄하는 모든 덕목들 중 최우선이 되는 덕목이기에 인의 근본이라고 말한다.

2. 인仁의 실천 방법, 서恕

다산은 "사서四書는 우리 도의 나침반이고, 『대학』과 『중용』은 모두 이 서恕를 부연한 것이며, 『논어』와 『맹자』에는 서에 힘써 인을 추구하는 것이 거듭 보이고 겹쳐 드러남이 수없이 많다. 공자의 도는 하나의 '서恕' 자일 뿐이

---

42 『전서』 II-8, 14. 『논어고금주』 "仁者 人與人之盡其道也 子事親然後有孝之名 少事長然後有弟之名 臣事君然後有忠之名 牧養民然後有慈之名."

43 『전서』 II-7, 10. 『논어고금주』 "孝弟亦仁 仁亦孝弟 但仁是總名 事君牧民恤孤哀鰥 無所不包 孝弟是專稱 惟事親敬兄 乃爲其實 故有子謂諸仁之中 孝弟爲之本."

며, 이 한 글자를 잡고 사람에 접하면 인을 다 쓸 수 없다."[44]고 인과 서의 관계를 규명했다.

> 인仁은 인륜에서 이루어진 덕이요(人倫之成德), 서恕는 인을 이루는 방법이다(成仁之方法). 이미 성숙한 것이 인이 되고 아직 성숙하지 않은 것이 서恕가 되는 것이 아니라, 마치 죽순이 대나무가 되고, 연꽃봉오리가 연꽃이 되는 것과 같다.[45]

서恕를 실천하는 것이 곧 인을 이루는 방법이기 때문에, 서와 인은 함께 이루어지고 분리되지 않는다는 말이다. 그리고 다산에 따르면, "유가의 도는 인도로서 인륜을 벗어나지 않기" 때문에 인륜의 모든 일, 즉 "오교五教, 구경九經, 경례經禮 삼백과 곡례曲禮 삼천에 이르기까지 모두 하나의 '서' 자로 행한다."[46] 그런데 '서'는 공자의 '일이관지'의 도와 연관되며, 『논어』 전체에서 공자는 '일이관지'란 말을 2회 사용했다.

> 공자께서 말씀하시길, "삼아, 나의 도는 하나로써 관통하느니라." 증자가 말하길, "예, 그렇습니다." 공자께서 나가시니 문인이 물어 말하길, "무엇을 말씀하신 것입니까?" 증자가 말하길, "선생님의 도는 충서忠恕일 따름이다."[47]

---

44 『전서』, II-13, 20. 『논어고금주』 "四書者 吾道之指南也 而大學中庸 都是恕字之衍義 論語孟子 其言強恕以求仁者 重見疊出 不可殫指 則夫子之道 一恕字而已 執此一字 以之接人 仁不可勝用也."

45 『전서』 II -, 권9, 31. 『논어고금주』 "仁者人倫之成德 恕者所以成仁之方法 不是已熟爲仁 未熟爲恕 如筍之爲竹 菡萏之爲芙蕖也."

46 『전서』 II -, 권8, 19. 『논어고금주』 "吾道 不外乎人倫 凡所以處人倫者 若五教九經 以至經禮三百曲禮三千 皆行之以一恕字."

47 『논어』 4:15. "子曰 參乎 吾道 一以貫之 曾子曰 唯 子出 門人 問曰何謂也 曾子曰 夫子之道 忠恕而已矣."

공자께서 말씀하시길, "너는 내가 많이 배워서 그것을 다 기억한다고 생각하느냐." 대답하여 말하길, "그렇습니다. 그렇지 않습니까?" 공자께서 말씀하기길, "아니다, 나는 하나로써 관통하였느니라."[48]

공자는 '일이관지'라는 말을 증자에게는 도로써 말하고, 자공에게는 학과 연관시켜 말했다. 주자는 "증자에게는 행行으로 말했고, 자공에게는 지知로 말한 것"으로 구분하여 해석하면서[49] '충서'를 다음과 같이 해설했다.

> 자기를 다하는 것을 충이라고 하고(盡己之謂忠), 자기를 미루어 나아가는 것을 서라고 한다(推己之謂恕).… 대개 지극히 성실하고 그침이 없는 것은 도의 본체로서 온갖 다름이 근본을 하나로 하는 것이고, 만물이 각각 마땅한 바를 얻는다는 것은 도의 작용으로 하나의 근본이 온갖 다른 것이 되는 까닭이다. 이것으로 본다면 일이관지의 실제를 알 수 있다. 어떤 사람은 중심中心이 충忠이고, 여심如心이 서恕가 된다고 말하니, 또한 통한다.… 정자가 말하기를,… 충서는 하나로써 관통함에 충은 천도이고, 서는 인도이며, 충은 무망无妄한 것이고 서는 충을 행하는 방법이다. 충은 본체이고, 서는 작용으로 대본과 달도이다.[50]

이렇게 정주는 '충서'를 체용관계로 파악하고, 충을 무망한 천도에, 서를 충을 실행하는 방법인 인도에 배당하여, 충을 기준으로 서를 제시했다. 즉 이들

---

48 『논어』15:2. "子曰 賜也 女以予 爲多學而識之者與 對曰 然 非與 曰非也 予一以貫之."

49 『논어』15:2에 대한 朱子註. "說見第四篇 然 彼以行言 而此以知言也 … 愚按 夫子之於子貢 屢有以發之 而他人 不與焉 則顔會以下 諸子所學之淺深 又可見矣."

50 『논어』4:15에 대한 朱子註. "盡己之謂忠 推己之謂恕 … 蓋至誠無息者 道之體也 萬殊之所以一本也 萬物 各得其所者 道之用也 一本之所以萬殊也 以此觀之 一以貫之之實 可見矣 或曰 中心爲忠 如心爲恕 於義亦通 程子曰 …忠恕一以貫之 忠者 天道 恕者 人道 忠者 無妄 恕者 所以行乎忠也 忠者體 恕者用 大本達道也."

은 자기정립으로서의 충을 이룬 다음, 자기를 마루어 다른 사람에게 나아가는 것(推己及人)을 서라 하였다. 따라서 충을 정립한 바탕 위에 서를 행해야 한다는 것이, 정주의 충서에 대한 기본입장이라고 하겠다.

그런데 다산은 우선 이 구절을 두고 "이 장은 도를 전하는 비결이 아니다. 유가에는 도를 전하는 법은 없다."[51]라고 말하여 한유-주자 등의 도통설道統說을 수용하지 않는다.

다음으로 다산은 '일관一貫'이란 '충서忠恕'가 아니라, 단지 '서恕'일 뿐이라고 주장한다. 그래서 다산은 "하나의 '서' 자를 잡고 『논어』·『중용』·『대학』·『맹자』를 보면, 모든 언명이 하나의 '서' 자를 풀이하지 않은 것이 없다. 부자의 도는 참으로 이 하나의 '서'자일 뿐이다."[52]라고 말하여 일이관지하는 것은 충서가 아니라, 서일 따름이라고 주장한다(충은 서로 환원 가능하다). 그래서 그는 서를 알아서 인에 힘쓰는 것도 일관이고, 서를 행하여 인을 이루는 것도 일관이기 때문에, 일이관지라는 말이 나온 두 구절을 "지知와 행行으로 구별하고, 차이가 있다고 의심하는 것은 옳지 않다."[53]고 말한다.

공자께서 본래 일이관지라고 말씀하셨는데, 증자는 이에 충서라는 두 글자로 대답하였다. 그래서 학자들이 둘이지 하나가 아니라고 의심한다. 그러나 『중용』에 이미 '충서는 도에서 어긋나지 않는다.'라고 하면서 그 뜻을 풀이함에서는 '서' 한 글자일 따름이다. 충서는 곧 서이니, 본래 나누어 둘로 삼을 필요가 없다. 하나로써 관통한 것은 서이다. 서를 행하는 것이 충이다.[54]

---

51 『전서』II-, 권8, 20. 「논어고금주」 "章非傳道之訣 儒家無傳道法也."
52 『전서』II-, 권8, 20. 「논어고금주」 "執一恕字 以臨論語中庸大學孟子 其千言萬語 無非一恕字之解 夫子之道 眞是一恕字而已 今不能悉數"
53 『전서』II-, 권16, 40. 「논어고금주」(논어대책). "然一者恕也 行恕以成仁 固一貫也 知恕而強仁 亦一貫也 不可 以知行之別 而疑其有異也."
54 『전서』II-, 권8, 20. 「논어고금주」 "夫子本云一以貫之 而曾子乃言忠恕二字 故學者疑二之非一 然中庸旣云忠

이렇게 다산에 따르면, 일관의 도는 서이고, 충은 서로 환원가능하고, 서가 바로 인을 행하는 방법이다.

그리고 다산은 주자의 "자기를 다하는 것을 충이라 하고(盡己之謂忠), 자기를 미루어 남에게 나아가는 것을 서라 한다(推己之謂恕)."는 해석과 "중심이 충이고(中心謂忠), 여심이 서가 된다(如心謂恕)라는 해석 역시 통한다."에서 '중심위충中心謂忠·여심위서如心謂恕'만을 수용한다. 그래서 그는 '충忠'이란 '중심中心(참마음, 본마음)으로 사람을 섬기는 것(中心事人)'이며, '서恕'는 '남의 마음을 자기 마음처럼 헤아리는 것이다(忖他心如我心).'[55]라고 풀이하여, 충은 서를 행하는 방법이라고 주장한다.

> (주자는) '자기를 다하는 것을 충이라고 하고, 자기를 미루어 다른 사람에게 나아가는 것을 서라 하였다. 그러나 충과 서는 대대하는 것이 아니다. 서가 근본이고, 서를 행하는 방법이 충이다. 사람이 사람을 섬긴 다음에 충이라는 명칭이 있을 수 있으니, 나 혼자 있으면 충이 없으며, 비록 먼저 스스로 자기를 다하고자 하여도 착수할 곳이 없다. 지금 사람들은 모두 충이 앞서고 서가 뒤에 오는 것으로 알고 있으니 심히 잘못되었다. 바야흐로 충할 때에는 서한 지가 이미 오래되었다.… 선유는 자기를 다하는 것을 충이라 하고, 자기를 미루어 다른 사람에게 나아가는 것을 서라고 하였다. 지금 사람들은 마치 먼저 하나의 물건이 내재하여 충이 되고, 그런 다음 스스로 이를 미루고 굴려서 발현하여 서가 되는 것으로 알고 있으니, 어찌 큰 오류가 아니겠는가? 참으로 이와 같다면 공자는 둘로 꿰뚫은 것이지, 어찌 하나로 꿰뚫은 것이겠는가? 서

恕違道不遠 而及其釋義 仍是一恕字而已 則忠恕卽恕 本不必分而二之 一以貫之者恕也 所以行恕者忠也 則忠恕卽恕 本不必分而二之 一以貫之者恕也 所以行恕者忠也."
55 『전서』Ⅱ-, 권8, 19. 『논어고금주』 "蓋中心事人 謂之忠 爲人謀恕 事君忠 忖他心如我心 謂之恕也."

가 근본이고, 서를 행하는 방법이 충이니, 충서는 서가 아닌가?[56]

바로 이런 연유에서 다산은 "옛 성인이 하늘을 섬기는 학문은 인륜을 벗어나지 않는다. '서' 한 글자로 사람을 섬길 수 있고, 하늘도 섬길 수 있는데, 어떤 이유에서 작게 여기는가? 하나는 서이다."[57]라고 말했다.

3. 소결: 다산의 인仁·서恕 개념 비평

다산은 당시의 인仁 개념이 오도되어 있다고 생각하고, 반복적으로 '인'의 원의를 재규정하였는데, 그 주요 언명들은 다음과 같이 요약할 수 있다.

(1) 마음에는 본래의 덕이 없기 때문에, 인은 마음의 덕이 인이 아니며, 또한 천리天理도 아니다.

(2) 인간의 보편 덕으로 '인'은 기본적으로 '인人+이二'로 해석할 수 있으며, 따라서 "인간이란 '관계적 존재', 혹은 '공동체적 존재'이다." 인간이란 '더불어 서로 의지하여 돕고, 교제하고 바로 잡아 주며 함께 생활하는 공동체적 존재'이다.

(3) 인간을 공동체적 존재로 보는 유가의 도는 '교제를 잘하는 것'이며, 교제를 잘한 것이 인이다.

(4) 공자가 '인'을 '사람을 사랑하는 것이다(愛人也)'라고 말했듯이, 인이란

---

56 『전서』 Ⅱ-, 권13, 44. 『논어고금주』 "盡己之謂忠 推己之謂恕也 然忠恕非對待之物 恕爲之本 而所以行之者忠也 以人事人而後有忠之名 獨我無忠 雖欲先自盡己 無以著手 今人皆認吾道爲先忠而後恕 失之遠矣 方其忠時 恕已久矣… 先儒謂盡己之謂忠 推己之謂恕 今人知之 若先有一物在內爲忠 然後自此推轉 發之爲恕 豈不大謬 審如是也 孔子二以貫之 豈一以貫之乎 恕爲之本 而所以行之者忠也 忠恕非恕乎."

57 『전서』 Ⅱ-13, 43. 『논어고금주』 "古聖人事天之學 不外乎人倫 卽此一恕字 可以事人 可以事天 何故而小之也 一者恕也."

'다른 사람을 향한 애틋한 사랑(仁者 嚮人之愛也)'이다.

(5) '인은 인륜의 지극한 것(人倫之至也, 至善)으로 행사를 기다린 후에 성립하는 인륜의 성덕(人倫之成德)이다.

(6) 효제가 바로 인이다. 인은 덕의 총명이고, 효제는 분목分目(專名)이다. 인은 효제로부터 비롯하므로, 효제는 인의 근본이 된다.

다산은 당시 성리학자들이 인을 마음에 선천적으로 내재하는 덕으로 간주하여 내면의 추구에 몰두한 나머지 정적靜寂에 빠져 사공事功을 경시하였기 때문에, 이러한 시폐를 교정하려는 의도에서 강력한 실천 중심의 인 개념을 이끌어 내려고 하였던 것이다.

지금 사람들이 성인이 되고자 하지만, 될 수 없는 것은 세 가지 단서가 있다. 하나는 천天을 이치로 인식하는 것이고, 또 다른 하나는 인을 만물을 낳는 이치로 인식하는 것이고, 또 다른 하나는 용庸을 평상平常으로 인식하는 것이다.[58]

나아가 다산의 다음과 같은 언명을 살펴보면 그의 문제의식을 충분히 이해할 수 있다. 공자가 "인을 당해서는 스승에게도 양보하지 않는다."(「위령공」)라고 말했는데, 주자는 "인이란 사람이 스스로 가진 것이요, 스스로 행하는 것이니(人所自有而自爲), 다툼에 있는 것이 아닌데 어찌 사양이 있겠는가?"라고 말하여 인을 심성에 내재하는 마음의 덕으로 해석하였다.[59] 이에 대해 다산은 다음과 같이 질문하였다.

---

58 『전서』 II-2. 『심경밀의』. "今人欲聖而不能者 厥有三端 一認天爲理 一認爲生物之理 一認庸爲平常.

59 『논어』 15:35. 子曰 "當仁 不讓於師." 朱子註. "言當勇往而必爲也 蓋仁者 人所自有而自爲之 非有爭也 何遜之有."

인仁을 행할 수 있는 이치는 본심에 있고,… 인을 행하는 근거도 본심에 있다.… 그러나 인의 명칭은 반드시 행사한 다음에 이루어진다. 무릇 사람과 사람 사이에서 그 본분을 다한 다음에 인이라 명칭하니, 다만 마음속에 아득하여 아무런 조짐이 없는 이치를 가리켜 인이라고 하는 것은 옛 경전의 사례가 아니다. 인을 이치라고 하면 사서와 『시』, 『서』, 『역』, 『예』의 '인' 자를 모두 읽기 어려워지며, 단지 인에 당하여 양보하지 않는다는 것만 이해하기 어렵게 하는 것이 아니다."[60]

그런데 여기서 주목할 것은 물론 "마음속에 아득하여 아무런 조짐이 없는 리를 가리켜 인이라 하면 사서삼경의 '인' 자를 거의 모두 읽기 어려워진다."라는 말이다. 상황과 근기에 따라 가르침을 주었던 공자의 『논어』에서 109회 정도 나오는 '인'이란 글자 전부를 1,500여 년 뒤에 태어난 주자의 규정인 '마음의 온전한 덕이자 사랑의 이치이다.'라는 말로 치환하면 통하지 않는 것이 있다는 것이다.

그런데 문제는 여기서 다산이 말하는 "인을 행할 수 있는 이치는 본심에 있고(可仁之理. 在於本心)… 인을 행하는 근거도 본심에 있다(行仁之本 在於本心)."라는 말이다. 즉 본심에 존재하는 '인을 행할 수 있는 이치와 그 근거'는 과연 무엇을 말하는 것인가? 불가와 도가의 형이상학에 대적하여 유가의 형이상학적 정초에 몰두했던 주자는 다름 아닌 이 본심에 존재하는 인을 할 수 있는 이치와 그 근거에 초점을 두고, 그것을 천리로서의 인간 본성이라고 말했다. 그런데 다산은 형이상학적 이치에 의한 인간 해석은 후대에 형성된 체계이

---

60 『전서』Ⅱ - 권14, 23. 「논어고금주」 朱子曰 "仁者 人所自有而自爲之 非有爭也 何遜之有 …仁之不明久矣 可仁之理 在於本心 …行仁之本 在於本心 … 若仁之名 必待行事而成焉 …凡人與人之間 盡其本分 然後名之曰仁 徒以虛靈不昧之中 沖漠無眹之理 指之爲仁 非古經之例也 以仁爲理則四書及詩書易禮凡仁字 皆難讀 不但當仁不讓爲難解也."

기 때문에, 그것으로 고경에 접근하면 고경에 대한 이해뿐만 아니라, 그 실천에도 방해가 된다고 말한다. 요컨대 원의를 중시하여 인을 두 사람으로 해석함으로써 인간을 철두철미 공동체적 존재로 파악하고, 사공을 중시한 다산은 현실에 실현된 것만을 인으로 인정하는 입장을 취한다. 그렇다면 여기서 우리가 다산에게 질문할 것은 '본심에 있다고 말하는 인을 할 수 있는 이치와 그 근거는 무엇이라고 불러야 하는가? 하는 점이다. 바로 이러한 '본심에 있다고 말하는 인을 할 수 있는 이치와 그 근거'를 주자는 '마음의 덕이자 사랑의 이치'로서 인(본체)이라고 말하면서, 이것을 현실에 실천하는 행인行仁(작용)과 구별하였다. 여기서 주자와 다산의 차이를 비근한 예로 "세 변의 길이가 같은 삼각형은 정삼각형이다."라는 정삼각형의 원리로 살펴보자.

　논리적 정초를 중시한 주자에 따르면, 어떤 존재의 이념규정(理)이 선재할 때, 비로소 그 이념규정에 따라 그 이념을 갖추어 지닌 존재를 '그 무엇'이라고 명칭한다는 점에서 그 어떤 존재의 이념규정은 그 존재의 존재 근거가 된다. 이때 존재의 이념규정은 그 존재의 보편적인 덕(體)이며, 현실 존재는 그 이념규정을 실현한 하나의 사례이다(用). 따라서 주자의 입장에서 본다면, "세 변의 길이가 같은 삼각형은 정삼각형이다."라는 정삼각형의 원리(이념규정)가 논리적으로 선재하고(정삼각형의 이념규정이 없다면, 우리는 현실적으로 존재하는 세 변의 길이가 같은 삼각형을 정삼각형이라고 부를 수 없다), 이 이념을 현실적으로 충족하는 삼각형을 정삼각형이라고 말한다는 것이다. 이러한 논리적인 입장에서 본다면, 주자는 정삼각형을 정삼각형이게 하는 것은 정삼각형의 존재 근거로서의 이념규정의 선재성에 초점을 두었다고 할 수 있다.

　그런데 철저하게 행사 이후에 덕이 있다고 주장하는 다산은 정삼각형을 구현하는 재료에는 아무런 덕이 없고, 오로지 정삼각형의 이념을 충족시켜 그 이념을 현실에 구현한 정삼각형만이 정삼각형의 덕을 지닌다고 말한다. 즉 정삼각형의 이념규정은 단지 의부지품依附之品에 불과하기 때문에 중요한 것은 그 이념의 현실적 실현이며, 따라서 현실의 어떤 존재에 정삼각형의 이념이 구현되어 있다는 사실을 확인하고, 그 구현된 사실에 대하여 '이것이 바로 정삼각형의 덕이다.'라고 말해야 한다는 것이다. 요컨대 주자는 선험적인 이념으로 규정한 존재원리에서 존재 근거(의미)를 추구했다면, 다산은 그 존재원리에 부합되는 현실적 행위(事功) 혹은 구현된 사실에서 그 존재의 덕을 구명하려고 하였다. 즉 주자는 선험적인 이치에서 인간의 존재 근거를 찾고 그것을 인간됨의 덕(仁)이라고 말했다면, 다산은 인간의 존재 근거에 부합되는 행위에서 인간 됨의 덕을 발견하고 그것을 인이라고 말한다고 하겠다. 즉 주자는 이념규정적인 측면에서 선험적인 사람 됨의 도리를 인이라고 했다면, 다산은 사실기술적인 측면에서 이 도리에 부합하는 현실의 행위를 인이라고 말했다. 그런데 우리는 '인의 원리'와 이 '인의 원리에 부합하는 행위' 가운데 무엇을 인이라고 칭해야 할까? 둘 모두가 인이라고 할 수는 없는 것일까? 우리는 고경에 근거하여, 이 둘 모두를 인으로 규정하고 있다고 생각한다.

주지하듯이 맹자가 "인의를 행한 것이 아니라(非行仁義), 인의에 말미암아 행했다(由仁義行)."[61]고 말하고, 혹은 "인의예지는 밖에서 열을 가해 녹인 것이 아니다. 그것은 본래 나에게 있던 어떤 것이다. 그러므로 말하기를, '구하면 얻고 놓으면 잃으니, 이 구함은 얻음에 유익함이 있으니 자신에게 있는 것을 구하기(求在我者也) 때문이다. 구함에 도가 있고 얻음에 명命이 있어 이 구함은 얻음에 유익함이 없으니, 밖에 있는 것을 구하기 때문이다.'"[62]라고 말했을 때, 나아가 "내가 그러므로 말하기를 고자는 일찍이 의義를 알지 못했다고 말한 것이니, 의를 밖에 있는 것이라고 간주했기 때문이다."[63]라고 말하면

---

61 『맹자』 4하:19. "舜明於庶物 察於人倫 由仁義行 非行仁義也."

62 『맹자』 7상:3. "仁義禮智 非由外鑠我也 我固有之也 不思耳矣 故曰 求則得之 舍則失之 是求有益於得也 求在我者也 求之有道 得之有命 是求無益於得也 求在外者也."

63 『맹자』 2상:2. "其爲氣也 至大至剛 以直養而無害 則塞于天地之間 其爲氣也 配義與道 無是 餒也 是集義所生

서 의는 안에 있는 것이라고 말했을 때의 '재아자在我者'는 분명 주자적인 인의를 의미한다. 그러나 공자가 "인은 사람을 사랑하는 것이다."라고 하는 것과 같이 표현되는 행위에 초점을 둔 언명에서는 분명 다산적인 의미의 인을 말하고 있다. 그런데 우리가 인의예지와 같은 덕목들을 단지 행위가 실천된 이후의 성덕成德으로만 해석할 때에 다음과 같은 구절의 해명에 어려움을 겪게 된다. 『논어』에서 공자는 맹의자의 효孝에 대한 질문에 "어김이 없는 것이다."라고 말하고, 구체적으로 다음과 같이 설명하였다.

> 부모가 살아 계실 때는 예禮로써 섬기고, 돌아가셨을 때는 예로써 장사지내고, 예로써 제사지낸다는 뜻이다.[64]

이 구절은 분명 '효'는 '표준으로서 예를 어기지 않는 것이며', 따라서 예와 효는 동등한 층차의 개념이 아니라, 표준으로서의 예가 현실적 효행의 선험적 원리가 된다고 말하고 있다. 이렇게 『논어』와 『맹자』에 인의예지와 같은 덕목들은 효행과 동등한 층차의 개념이 아니라, 한층 고차적인 것으로 효제와 같은 덕행을 정초하는 도덕원리라는 용례가 있다면, "인과 효제는 같은 차원의 개념이지만 단지 인은 총명이고 효제는 전명으로 구분될 따름이다."라고 주장하는 다산의 해석은 난점이 있다고 판단된다.

서恕에 대한 다산의 언명은 다음과 같이 요약할 수 있다.

> (1) 인은 인륜의 성취된 덕이요(仁者 人倫之成德), 서는 인을 형성하는 방법이다(恕者 成仁之方法).

者 非義襲而取之也 … 我故 曰 告子未嘗知義 以其外之也."

[64] 『논어』 2:5. 孟懿子 問孝 子曰 "無違 樊遲御 子告之日 孟孫 問孝於我 我對日 無違 樊遲日 何謂也 子曰 生事之以禮 死葬之以禮 祭之以禮."

(2) 유가의 도는 인도로서 인륜을 벗어나지 않으며, 인륜에 처하는 모든 일은 서恕로 행한다.

(3) 일이관지하는 도는 서恕일 뿐이며, '충'과 '서'를 분리하여 보는 것은 이이관지二以貫之이다.

(4) '충忠'이란 '중심(참마음, 본마음)으로 사람을 섬기는 것(中心事人)'이며, '서恕'는 '남의 마음을 자기 마음처럼 헤아리는 것(忖他心如我心)'이다.

(5) 서恕가 근본이고 서恕를 행하는 방법이 충忠이다. 사람이 사람을 섬긴 다음에 충이라는 명칭이 성립된다.

여기서 핵심은 공자의 일이관지하는 도는 서恕이고, 충서忠恕에서 서가 근본이고, 충은 서를 행하는 한 방법으로 서로 환원가능하다는 주장이다. 기실 다산의 지적대로[65] 『논어』「위령공」편, 『대학』의 혈구지도絜矩之道, 『중용』의 군자지도君子之道, 그리고 『맹자』「진심장」의 언명 등은 한결같이 '충서'를 '서'로 풀이하거나, 혹은 '서'만을 언급하고 있다.[66] 그렇다면 충서는 진정 서로 환원할 수 있는 것일까?

먼저 출현 시기를 보면, 서恕 개념은 충忠 개념보다 후대에 형성되어 일반적인 개념으로 사용되지 않았다는 사실로 우리는 다산의 입장에 대한 하나의 반론을 제시할 수 있겠다. 충은 이미 『춘추』의 「환공 7년」, 「희공 9년」, 「소공 원년」, 「선공 2년」조 등에 일종의 정치적인 외재적 규범으로 제시되

---

65 『전서』Ⅱ-, 권13, 20. 「논어고금주」 "大學 中庸 都是恕字之衍義 論語 孟子 其言強恕以求仁者 重見疊出."

66 논어」 15:23. 子貢 問曰 "有一言而可以終身行之者乎?" 子曰 "其恕乎 己所不欲 勿施於人."; 『대학」9:4. "君子有諸己而後求諸人 無諸己而後非諸人 所藏乎身 不恕 而能喩諸人者未之有也…" 10:1-2. "所謂平天下… 君子有絜矩之道也 所惡於上 毋以使下 所惡於下 毋以事上… 此之謂絜矩之道也."; 「중용」13:3-4. "忠恕 違道不遠 施諸己而不願 亦勿施於人. 君子之道四 丘未能一焉 所求乎子 以事父 未能也 所求乎臣 以事君 未能也 所求乎弟 以事兄 未能也 所求乎朋友 先施之 未能也 庸德之行 庸言之謹 有所不足 不敢不勉 有餘 不敢盡 『言顧行 行顧言 君子 胡不慥慥爾. 「맹자」진심상. "強恕而行 求仁莫近焉."

다가, 『국어』에서는 "마음 가운데 진실한 본마음을 헤아리는 것이 충이다(考中度衷 忠也)." 혹은 "진실한 속마음으로 외부에 응대하는 것이 충이다(中能應外 忠也)."[67]라고 풀이되어 있다. 또한 『설문해자』에서 "충忠은 경敬이다. 심心에 따르고, 중中으로 소리난다."고 했다. 그리고 단옥재段玉裁의 주注에서는 '중中'이란 '외부(外)와 구별되는 말이며, 치우침(偏)과도 구별되며, 또한 마땅함에 부합(合宜)하는 말이다.'[68]라고 되어 있다. 이러한 전거들은 충忠이 중中과 결부하여 중정中正·무사無私라는 함의를 지니게 되었다는 사실을 알려준다. 그리고 충忠을 갖추고 있는 '중中'이 마음 안에서 발현하며 중정무사中正無私하다는 함의를 지니다가 인신하여 진심갈기盡心竭己를 의미하게 되었다.[69]

'서恕' 자의 출현은 비교적 늦어 갑골문에서는 보이지 않고, 『좌전』에서 단지 6차례 보인다. 「은공 3년」, 「은공 15년」 등에 보이지만, 명확한 것은 「희공 15년」조로 "소인들은 근심하며, 석방되지 않을 것이라고 말하지만, 군자는 미루어보아(君子恕) 반드시 돌아오리라 생각한다.… 진백이 말하기를, 이것이 내 마음과 같다(是吾心也)."[70]라는 구절이다. 여기서 '서恕'는 "자기 자신이 이해한 상황에 근거하여, 이성적으로 추론하면 사정의 결과가 그와 같다."라는 의미이다. 나아가 비록 공자 이후에 획득된 의미이지만, 『설문해자』에서는 "서恕는 인仁이다. 심心에 따르고 여如로 소리난다."고 했다. 그리고 『이아』에서는 "여如는 왕往이다."라고 풀이했다. 따라서 '서恕'란 '심心+여如(=往: 가다)'로 자기의 마음을 미루어 외부의 사물에 나아가는 것이다.[71]

67 徐元誥, 『國語集解』, 中華書局, 2002, 32 및 37面.
68 段玉裁, 『說文海字注』, 上海古籍出版社, 1981, 20面.
69 뤼양, 「공자의 충서사상논고」, 『동서사상』6, 경북대 동서사상연구소, 1009, 95-100쪽 참조.
70 『春秋左傳正義』, 『十三經注疏』, 중화서국, 1980, 1808면. 뤼양, 앞의 논문, 101쪽에서 재인용.
71 뤼양, 앞의 논문, 100-102쪽 참조.

게다가 『논어』에서는 '충' 자는 18회 보이지만,[72] 서 자는 단지 2회에 불과하다. 여기서 충忠은 "임금을 섬기고(事君), 백성을 위하여 공적인 업무를 수행함(爲公爲民)에 사사로움이 없다(無私=中)."라는 의미로 많이 사용하였다. 나아가 '여인충與人忠', '위인모爲人謀' 등에서 사람과 사람 간의 교제함에 도덕적인 요구 혹은 교류하는 일종의 관계 준칙이라는 의미를 지닌다. 다산은 정확히 후자의 의미를 자신의 해석의 전거로 사용한다.[73]

'서恕' 자가 2회 사용된 것은 공자가 일이관지一以貫之의 도를 말할 때 증자가 그에 대한 대답으로 말한 '충서'와 자공이 '종신토록 행해야 할 것'을 묻자 공자가 답한 '자신이 원하지 않는 바로 남에게 베풀지 않는 것으로서의 서'이다. 다산이 말하듯이, 『논어』에서 '서'는 사람과 사람이 교제할 때 준수해야 할 일종의 관계 준칙이었다.

이상의 고찰에 근거하여 다음과 같은 몇 가지 사항만 지적하고 논의를 종결지으려고 한다. 먼저 개념사적인 측면에서 볼 때, 『논어』에 이르기까지 충忠 개념은 서恕 개념보다 훨씬 먼저 발생하여 빈번히 일반적인 의미로 사용되었다는 점에서 충은 서로 환원되기 어렵다는 것이다. 둘째, 글자의 의미로 볼 때, 충忠은 주체의 '중中'의 정립을 요구하고, 서恕는 중中으로 정립된 주체를 미루어 타자에게 나아가는 것(如=往)을 주요 의미로 한다. 비록 이 두 개념은 인간이 사회적 존재인 한에서 분리될 수 없는 것이라고 할지라도, 일자를 타자로 환원하기도 어려운 관계라고 하겠다. 칸트의 언명을 패러디하여, 충과 서의 관계를 말하면 다음과 같다. "자기정립의 충이 없다면 그 정립된 자

---

72 『논어』 1:4 "爲人謀而不忠乎."; 2:20. "問使民敬忠以勸…孝慈則忠."; 3:19. "臣事君以忠."; 5:15. "夫子之道 忠恕而已矣."; 5:18. "令尹子文 三仕爲令尹 無喜色 三已之 無瑘色…子曰 忠矣'" 5:27. 子曰 "十室之邑 必有忠信."; 7:24. "子以四敎 文行忠信."; 9:24. "主忠信."; 12:10. "主忠信."; 12:14. "行之以忠."; 12:23. "忠告而善道之."; 13:191 "與人忠."; 14:8. "忠焉 能勿悔乎."; 15:5. 子曰 "言忠信."; 16:10. "言思忠." 등이다.

73 『전서』 II -, 권8, 19. 『논어고금주』 "蓋中心事人 謂之忠 爲人謀忠 事君忠."

신을 미루어 타자에게 나아가는 서는 유래하는 바가 없고, 나아가 타자와 함께 더불어 살아가는 준칙으로서 서가 없다면 자기정립의 충은 한갓 유아론적 독백에 그치는 것이 되고 말 것이다." 혹은 "공평무사한 자기정립(忠)이 없다면 자신을 미루어 타자에게 나아가는 서는 맹목적이고, 타자와 더불어 타자를 정립하는 서가 아니라면 자기정립의 충은 공허하다."

'충'을 전제하지 않는 '서'에 대해서는 칸트가 제기한 '황금률비판'은 시사하는 바가 크다. 칸트는 『도덕형이상학의 정초』에서 "내가 원하지 않는 바를 남에게 베풀지 말라"라는 방식으로 표현되는 도덕률은 다음과 같은 난점을 지니고 있다고 지적한다. 즉 황금률은 (1) 자기 자신에 대한 의무를 강제하지 않으며, (2) 타인에 대한 사랑의 의무를 강제하지 않으며, 나아가 (3) 상호 간의 책무를 강제하지 않는다. 예를 들면, 범죄자가 재판관에게 "당신이 감옥에 가고 싶지 않다면, 나를 감옥에 보내지 말아야 한다."라는 주장을 용인할수 있다는 것이다.[74] 충이 전제되지 않는 서만을 행위의 도덕 준칙으로 정립한다면, 우리는 이러한 칸트 식의 비판을 감내하기 쉽지 않을 것이다. 그런데 만일 우리가 '공평무사(中)한 지선至善의 마음으로 자신을 정립하고(忠), 이를 미루어 타자를 정립하는(恕) 도덕률을 정립한다면 "당신이 감옥에 가고 싶지 않다면, 나를 감옥에 보내지 말아야 한다."라는 범죄자의 주장은 '중中'에 위배된다는 점에서 용인되지 않는다. 공자의 도덕률은 바로 충 개념을 전제한 다음 서 개념을 제시했기 때문에, 저러한 황금률에 대한 비판이 적용되지 않는 것이 아니겠는가?

주지하듯이 공자는 '남을 사랑하는 것'을 인이라고 규정하면서, 단순히 소극적인 행위만을 준칙으로 제시한 것은 아니다. 공자는 분명 "대저 인한 사람은 자기를 정립하고자 하면 남을 정립해 주고(己欲立而立人), 자기가 통달하

---

74 칸트(최재희 역), 『도덕철학서론』, 박영사, 1991, 223쪽 참조.

고자 하면 남을 통달시켜야 하는데(己欲達而達人), 비근한 예를 들면 인을 실천하는 방법이다.'[75]라고 말했다. 여기서 말하는 '기욕립己欲立'과 '기욕달己欲達'은 충忠이고, '입인立人'과 '달인達人'은 서恕가 아닌가? 충서는 자아와 타자의 통일이다. 자아와 타자의 통일이란 자기를 정립하고, 이를 미루어 남을 정립하는 것으로 사람을 (동물처럼 잔인하게 취급하는 것이 아니라) 사람답게 대우하여 사랑하는 것이다. 물론 다산이 지적하듯, "지금 사람들은 마치 먼저 하나의 물건이 내재하여 충이 되고, 그런 다음 스스로 이를 미루고 굴려서 발현하여 서가 되는 것"과 같은 방식으로 충과 서가 실현되는 것은 아니다. 정주가 말한 체용관계의 충과 서는 다산이 비판하는 그런 방식으로 있는 것이 아니다. 체용은 등잔과 불빛의 관계처럼 '일원一源'이자 '무간無間'의 관계이다. 먼저 하나의 물건처럼 충이 내재하고 이를 미루고 굴려서 발현하여 서가 되는 관계가 아니라, 충서는 등잔과 불빛의 관계처럼 자기정립의 충은 곧바로 타자정립의 서로 나타난다. 자기정립의 충은 타자정립의 서의 근거이고, 타자정립의 서는 자기정립의 충의 공효이다. 발생론적 근거의 측면에서 본다면, 자기정립의 충이 근거가 되어 타자정립의 서가 드러나는 것이며, 인식론적 측면에서 본다면 타자정립의 서의 실현을 통해 자기정립의 충을 확인할 수 있다. 그리고 실제의 측면에서 말하자면 등잔과 불빛의 관계에서 등잔이 곧 불빛인 관계처럼, 충과 서는 간극 없는 동일자의 전면과 배면을 형성한다.

물론 다산이 지적하였듯이, 인간이 관계적 존재인 한에서 모든 행위는 오로지 관계 가운데 성립된다는 측면에서 본다면 '주체의 중中한 마음의 정립으로서 충'은 '자기의 마음으로 타인의 마음으로 헤아려 동등하게 대우하는 서'로 환원될 수 있다. 그런데 그 역으로, 모든 인간 행위는 비록 관계적 상황에서 실현되는 것이라고 할지라도, 그 행위의 주체는 자기 자신이고, 그 자신

---

75 『논어』 6:28. "夫仁者 己欲立而立人 己欲達而達人 能近取譬 可謂仁之方也已."

으로 말미암아 모두 행위가 나온다(由己)는 측면에서 본다면 '타자 정립의 서'
는 '주체의 중한 마음의 정립인 충'에서 나온 것으로 볼 수도 있다. 따라서 우
리는 다음과 같이 말할 수 있다. 즉 '충서'를 '서'로 환원한 다산의 해석은 그가
"마음에는 본래 덕이 없고 선한 행위를 한 연후에 덕이 성립되며, 인간은 관
계적 존재일 뿐이다."라는 그의 철학체계로 볼 때에는 정합적인 관계를 형성
한다. 그러나 우리는 그 역의 측면 또한 간과하지 말아야 한다. 왜냐하면 인
간은 사회적 존재이기도 하지만, 또한 그 역으로 사회 또한 인간의 사회이기
때문이다. 인간은 사회적 존재이기 때문에 개인주의의 덫을 피할 수 있고, 사
회는 인간의 사회이기 때문에 우리는 전체주의의 함정을 벗어날 수 있다. 인
간 마음에는 본래 덕이 없다는 다산의 입장은 고자告子적 자연주의의 덫이
기다리고, 인간이란 관계적 존재일 뿐이기에 충서는 서로 환원될 수 있다는
해석은 전체주의의 함정이 조우를 기다리고 있지는 않는가?

제6장

의義와 리利

I. 『논어』에서 의義와 리利 개념의 의미

　　유교 인문주의의 주창자로서 공자는 외적 형식에서 내적 도덕과 그 완성으로 강조점을 전환하면서, 그 이전에 상대적으로 비중이 낮았던 인仁 개념을 모든 덕목들의 기본이자 종합적 완성으로 정립했다. 공자가 인을 유교의 핵심 개념으로 정립하자, 맹자는 의義 개념을 보완하여, 가족 및 사회 윤리를 통괄함으로써 유가 윤리는 안(가족 간의 親親의 仁)과 밖(사회에서 마땅함으로서 尊賢의 義=宜)의 체계를 일관하는 면모를 갖추었다. 맹자는 인의仁義 개념에 입각한 인륜적 윤리학을 통해, 전체적 효용성을 중시하는 묵자의 인이 결여된 무부無父의 겸애주의와 개인적 삶을 절대시하는 양주의 의義가 결여된 무군無君의 위아주의가 금수적 삶을 주창한다고 비판했다.[1] 그런데『논어』에서는 인(109회)과 예禮(75회)가 가장 빈번이 출현하고, 또한 중요하게 다루어졌다. 그러나 의義(20회 내외)와 리利(11회 내외)는 상대적으로 적게 출현하여 연구에서도 다소 소외되어 왔지만,[2] 나름으로 중요한 개념이기 때문에 다루어 보

1　『맹자』 3상:9. "楊氏 爲我 是無君也 墨氏 兼愛 是無父也 無父無君 是禽獸也." 楊墨之道不息 孔子之道不著 是邪說誣民 充塞仁義也."

2　『논어』에서 義(20회 내외)는 다른 덕목인 仁(109회), 禮(75회), 知(118회), 道(72회 내외), 德(40회 내외)에 비해 그 빈도수가 현격히 떨어진다. 『논어』에는 『맹자』의 첫머리에 장하는 『仁義』라는 표현이 나오지 않을 뿐만 아니라, 仁과 함께 논의되지도 않았다. 그 결과 (필자의 조사에 의하면) 『논어』의 仁禮(혹은 仁·禮)를 주제로 선택한 논문(해설서)은 많지만, 仁義(혹은 仁·義)를 함께 다루지는 않은 듯하다.

고자 한다. 『논어』에 나타난 의義·리利 개념의 용례를 추적하고자 하는 이
장은 (1) 그 이전의 전적들(『시』와 『서』)과의 대비를 통해 이 개념에 대한 공자
의 관점을 정리하고, (2) 후대 주요 주석들(고주 및 주자의 신주, 그리고 다산 정약
용의 고금주)을 대비하며 그 특징을 도출하는 것을 목표로 한다. 이를 위해 먼
저 『논어』에 나온 의·리의 모든 용례와 의미를 유형별로 나눠 살피면서, 공
자의 관점을 정리할 것이다. 그런데 이 과정에서 단순히 용례의 해석뿐만 아
니라, 후대의 주요 주석인 한당의 고주(『論語注疏』) 및 송대 주자의 신주(『論語
集註』)를 다산의 주석(『論語古今註』)과 대비하고, 그 특징을 제시할 것이다. 그
리고 이러한 논의와 고찰을 통해 (1) 공자 이전과 대비해 보았을 때, 『논어』
의 의·리 개념은 용례상 어떤 특징이 있는지, (2) 공자는 의·리 개념을 어
떻게 새롭게 정립했는지, (3) 『논어』의 의·리 개념을 한당의 고주, 송대 주자의
신주, 그리고 최종적으로 한국의 다산 정약용은 이 개념을 어떻게 종합·변
화·개신하였는지를 살펴볼 것이다.

물론 『논어』의 의義·리利 개념은 유교 역사에서 중요한 역할을 하였기 때
문에 많은 선행 연구와 논의가 있었다. 의·리의 자의와 『논어』에서 사용된
용례 및 맹순 철학에서 이 개념의 전개에 대한 연구도 있다.[3] 여기서는 이러
한 선행 연구를 바탕으로, 『논어』 이전에 이 용어가 사용된 실례를 직접 제시
하고(『시』와 『서』에 사용된 용례를 전부 제시), 시대적으로 변화되어 왔던 주요 주
석들을 대비적으로 제시하여, 의·리 개념의 유가적 변용을 살피면서, 다산
정약용의 주석의 특징을 드러내고자 한다.

---

3   유교의 義·利에 대한 총체적 연구는 다음을 참조. 임종진, 『무엇이 의로움인가』, 글항아리, 2015; 임헌규, 『소
     유의 욕망, 利란 무엇인가』, 글항아리, 2013.

1. 공자 이전 『시』·『서』에서 의義와 리利

인仁 개념은 공자 이전의 『시』·『서』 등에서 극히 드물게 나타났고, 그 의미 또한 치자의 공덕을 칭송하는 것에 한정되었다.[4] 『서』의 인은 여러 덕목들 중의 하나(寬과 상보)로서 백성이 칭송하는 치자·신하 그리고 어진 백성을 칭송한 것이었다. 그리고 『시』의 인은 강건한 무용을 드러내는 외적 형식미에 불과했다. 그렇지만 공자는 이러한 인 개념을 모든 덕목들의 기본이자 그 종합적 완성으로 조명하여 유가의 가장 중요한 덕목으로 정립하면서, 유가를 창시했다.

그런데 의義 개념은 공자 이전(혹은 그 이후에 추가되었을) 『서』·『시』에서 도합 20여 회[5](→仁은 7회 내외) 출현하면서, 대부분 정치적 덕목으로 인군(제후, 정승, 義人)이 하늘의 뜻을 따라 덕을 밝혀 중용을 이루고, 마땅함에 따라 일을 마름질하여(制事), 백성들에게 선정을 베풀어 왕도를 완성함으로써 천명을 유지시켜 나가는 방법으로 제시되었다. 따라서 공자 이전에 의는 인(약 7회 출현) 개념에 비해 그 출현 빈도수에서도 3배 정도 높고, 그 의미의 비중 또한 훨씬 중대했다고 할 수 있다. 좀더 상세히 살펴보도록 하겠다.

'의義' 자는 공자 이전의 전적 가운데 『시』에서는 3회, 『역』의 괘효사에는 보이지 않고(공자 혹은 그 이후에 성립된 傳에는 40여 회), 그리고 『서』에서는 (금고문 모두 합하여) 대략 18회 내외로 등장한다. 따라서 『서』가 바로 공자 이전의 '의'의 용례와 개념을 알려주는 가장 좋은 전적이라 하겠다. 『서』에서 '의' 자

---

4 『詩經』에서 仁은 2회("叔于田 巷無居人 豈無居人 不如叔也 洵美且仁":『鄭風』 및 "盧令令 其人美且仁":『齊風』) 출현하며, 『서경』 5회("仲虺之誥』「太甲下」『泰誓』「武成」「金縢」『泰誓』와 「金縢」만 금고문에 함께 나옴) 등 도합 7회(고문상서를 제외하면 4회) 출현한다. 그리고 『易』에는 8회 출현하지만, 후대의 저작인 「繫辭傳」과 「說卦傳」에만 보인다.
5 장현근, 『중국의 정치사상: 관념의 변천사』, 한길사, 2016, 365쪽 참조.

가 사용된 맥락과 의미를 살피면 대략 다음과 같다.

(1) 『우서』「고요모」(今古文皆有)에서 인군이 중용을 이루기 위해 행해야 할 아홉 덕목(行有九德)의 마지막으로 굳세면서 '도리'에 부합'하는(彊而義) 행위.

(2) 『상서』「중훼지고」(古文)의 인군이 큰 덕을 밝히고 백성에게 중용을 세우기 위해 마땅함(義=適宜)으로 일을 절제하는 기능(以義制事).

(3) 「태갑상」(古文)의 이윤이 "이처럼 의롭지 못한 것(玆乃不義)은 습관이 본성처럼 되어 버렸기(習與性成) 때문이다. 나는 하늘의 뜻을 따르지 않는 자와 친할 수 없다."라고 경고하는 가운데 나온, 인군에게 하늘의 뜻에 따라 공적으로 처신하기 위해 요구되는 품성.

(4) 「고종융일」(今古文)에서 조기祖己가 왕에게 "오직 하늘이 아래 백성을 살피시되, 그 의로움에 근거해야 합니다(典厥義)."라고 말했을 때의 하민을 보살피는 하늘을 섬기는 방법이자 백성에 대한 인군의 공적 도리.

(5) 『주서』「태서상」(古文)의 "힘이 같으면 덕을 헤아리고(同力度德), 덕이 같으면 의를 헤아린다(同德度義).… 상나라의 죄가 빠진 곳이 없이 꽉 찼으므로 하늘이 명하여 벌을 주시니"라는 언명에서, 천명을 유지하기 위해 인군이 공적으로 마땅히 해야 할 일.

(6) 「무성」(古文)의 "(무왕이 상나라와 싸울 때) 백성들에게 오교를 중시하되… 신의를 돈돈히 하며 의리를 밝히니(惇信明義)… 천하가 다스려졌다."에서 성군이 정치에서 밝혀야 하는 의리(明義).

(7) 「홍범」(今古文)편의 "(기자가 무왕에게) 치우치거나 기울어짐이 없이 왕의 도의를 따르며(遵王之義)!"에서 치우치거나 기울어짐이 없는 왕의 공적인 도의로서 왕도가 탕탕蕩蕩·평평平平·정직正直해져 궁극(極)으로 모이고 돌아가는 방법.

(8)-(9) 「강고」(今古文)편의 왕(주공)이 강숙에게 "처벌은 은나라 법으로 결단

하여 마땅한 형벌과 마땅한 사형을 실시하고(用其義刑義殺), 자의적으로 처벌하지 말라."라고 말했는데, 제후가 형법을 집행할 때 기준이 되는, 공적으로 '마땅한' 혹은 '정당한' 법 집행(↔자의적·사적)

(10) 「무일」(今古文)의 "조갑에 있어서는 오직 임금 노릇하는 것을 좋게 여기지 않아서(其在祖甲不義) 오랫동안 소인으로 있었는데, 발탁되어 즉위하여서는…"의 불의不義는 '좋게 여기지(=善美) 않다', '정당하게 여기지 않다' 등의 의미.

(11)-(12) 「입정」(今古文)의 (주공이 말하길) "겉으로만 꾸미는 자를 매우 교양 있고 덕 있는 자로 여겨서 그런 사람들을 임명하여 확정하면 이 삼정승의 자리에는 의로운 백성(義民)이 없을 것입니다.…무왕에 이르러서는 (문왕의) 일을 다 완성하여 의덕義德을 가진 자들을 감히 버리지 않으시며, 너그러운 덕(容德)을 가진 자들을 생각하여 따라주셨으므로, 이 크고 큰 터전을 모두 받았습니다."에서 (내면에서 자연스럽게 우러나는) 좋은 품성(義=善美) 혹은 덕성을 수식하는 용어.

(13) 「강왕지고」(今古文)편에서 "(제후들이) 모두 두 번 절하고 머리를 조아리니, 왕은 임시로 자리를 이은 처지(王義嗣)라 마음만으로 답배를 하였다."에서 '임시(義齒, 義手)'라는 의미. 의義에는 자연적인 천륜(天合)이 아니라, 사회 제도적인 계약에 의해서 발생하는 관계(義合)라는 의미.

(14)-(15) 「필명」(古文)의 "이 은나라의 여러 선비들(庶士)은 세력을 믿고 사치하여 의로운 일을 멸시하여(怙侈滅義) 복식이 남보다 아름다우며,…오직 덕을 갖는 것, 오직 의롭게 행하는 것(惟德惟義), 이것이 큰 가르침이니, 옛 가르침을 말미암지 않는다면 무엇으로 가르치겠는가?"에서 세력 및 사치에 반대되는 뜻으로 선비(士)가 지녀야 할 덕성과 연관된 일과 행위.

(16) 「여형」(今古文)의 "옛날에 경계할 본보기가 있으니, 치우가 처음 난을 일으키자 평민에게도 영향을 미쳐, 도적이 되어 의로운 이를 해치니(罔不寇

賊, 鴟義)"의 (도적의 반대말로) 착한 품성을 지닌 평민.

　이 외에 '의義' 자는 「문후지명」에 평왕이 문후를 '부의화父義和'(아버지이신 의화여!)'라고 칭한 데에서 2회 더 나오지만, 여기서 다루는 '의義' 개념과 큰 연관성이 없다.

　즉『서』에서 의義는 인군이 공적으로 (1) 덕을 밝히고, (2) 중용을 이루고(백성들에게 세우고), (3) 하늘의 뜻을 따르고 섬기면서 백성에게 마땅히 해야 할 도리, (4) 성군의 정치 방법(明義), (5) 치우치거나 기울어짐이 없는 왕의 도의로서 왕도가 탕탕蕩蕩 · 평평平平 · 정직正直해져 궁극(極)으로 모이고 돌아가는 방법이며, (6) 적의適宜로써 일을 마름질하는 표준(以義制事)이다. 또한 (7) 제후의 공적인 법에 근거한 '정당한(합당한→자의적)' 형살의 집행(用其義刑義殺), (8) 정승(벼슬)에 오를 사람의 내면에서 우러나는 좋은 품성(덕)(義民, 義德), (9) (사회제도와 계약에 의해) 인위적 관계에서 형성된 도의(義合→天倫), (10) 선비가 마땅히 해야 할 일, (11) 착한 품성을 지닌 사람(義人) 등의 의미이다. 여기서 특징은 의義 자가 출현한 총 13구절 가운데, 의를 행해야 할 주체가 '신분적'으로 인군(제후)이 10회, 정승(士)이 2회, 그리고 의인義人(신분미상,「여형」) 1회이다. 따라서『서』에서 의義는 신분상 인군(제후) 또는 최소한 국정에 참여하여 공적인 업무를 수행하는 치자가 천명에 따라 백성들에게 마땅히 베풀어야 할 당위적 행위 혹은 품성과 연관되어 나왔다. 바로 이 점이『논어』에서 공자의 의 개념과 연관하여 주목할 점이라고 하겠다.

　그렇다면 이제『시』에서 세 번 출현한 의義 자의 의미를 살펴보자. 먼저 『대아』「문왕지십」에 "천명은 유지하기가 쉽지 않으니, 그대 몸에서 끊이지 않도록 하기를, 아름다운 명예가 밝게 빛나고 빛나도록 하고(宣昭義問)"에서 나오는데, 여기서 '의문義問'은 일반적으로 덕을 실천하여 천명을 유지하는 인군의 '영문令聞(善聞)'으로 해석된다.[6] 그리고 「탕지십」에서 "문왕이 말하길, 그대들 은상의 나라들이여! 그대들은 의로운(착한) 사람들을 등용해야 하거늘(而秉義類), 포학하고 원한 많은 사람들을 등용하고.··· 하늘은 그대들에게 술에 빠지지 말라고 하였는데, 옳지 못한 일만 추종하고(不義從式)"라는 구절에서 의義 자가 출현했다.

그런데 『시』에서 3회 출현한 '의義' 자는 인군(문왕)이 (1) 천명을 유지하는 근거가 되며, (2) 선善(令)·미美의 의미이며, 나아가 (3) 등용될 사람이 마땅히 지녀야할 할 좋은 (↔포악하고 많은 원한 지닌 것) 품성이며, (4) 불의不義는 하늘의 명령에 어긋나는 행위로서 주색에 빠지는 것과 같은 사적인 향락을 추구하는 것으로 인군이 하지 말아야 하는 것으로 묘사되었다. 『시』에서도 '의義' 자는 인군 혹은 치자(등용될 사람)가 마땅히 지녀야 할 품성 혹은 추구해야 할 덕목으로, 천명을 유지·보존하는 근거가 된다. 따라서 『시』와 『서』에서 의義 자의 의미는 거의 같다고 하겠다.

이제 공자 이전 『서』와 『시』에 나타난 리利의 용례를 살펴보자. 『서』에서는 '리利' 자는 9회 출현했는데, 정리하면 다음과 같다.

> (1) 「대우모」(今古文皆有)의 "정덕正德·이용利用·후생厚生"에서 기물을 만들어 '편리便利'하게 활용하여 재화의 유통을 '원활'하게 하고, 상공업을 '진작' 시켜(銳利:기물개발, 도로확충 등)' 백성의 일상생활에 '이익利益'을 주는 것[7] 등 의미.
>
> (2) 「중훼지고」(古文)의 "오직 임금께서는 소리와 여색을 가까이하지 않으시고, (사사로이) 재물이나 이식利殖을 늘이지 않으시며(不殖貨利), 덕이 왕성한

---

6   김학주 역, 『신완역시경』 명문당, 1988 참조.
7   『書經』「大禹謨」 禹曰 "···正德利用厚生惟和." 蔡沈註 및 字解 참조.

자에게는 관직에 나가도록 힘쓰시고, 공이 많은 자에게는 상을 주시는 데 힘쓰시고, 남을 오직 자기처럼 여기시고"에서 '리利'는 왕의 사사로운 이익(私利↔公利)으로, 덕과 같은 공적·긍정적 가치의 상대 개념.

(3) 「태갑하」(古文)의 "신하가 총애를 받거나 이익을 얻은 것을 성공으로 여기는 것이 없어야(臣罔以寵利居成功) 나라는 아름다운 상태에서 길이 유지될 수 있을 것입니다."라는 말에서 개인적인 사익私益으로 부정적인 의미.

(4) 「반경중」(今古文)에서는 "때때로 은나라에 재앙이 내리거늘 선왕께서 좋아하지 않으시어 계책을 세운 것은 백성들의 이로움을 살펴 천도를 하시는 것이었다(視民利用遷)."에서 군왕이 항상 고려하고 힘써야 할 긍정적인 의미로서의 민리民利.

(5) 「금등」(今古文)의 "무왕이 돌아가시자…주공이 장차 (무왕의) 어린 아이에게 이롭지 못할 것이다(公將不利於孺子)라고 말했다."에서 유익有益의 의미.

(6)-(7) 「주관」(古文)에서 "땅의 이로움을 옳게 활용해야 한다(時地利)." 및 "그대들은 원칙적이고 정상적인 방법으로 그들의 스승이 되어야 하고, 말재주(利口)로 관직을 어지럽혀서는 안 된다(無以利口亂厥官)."에서 각각 '이로움' 및 부정적인 말재주(銳利)의 의미.

(8) 「필명」(古文)에서 "상나라의 풍속은 사치스러워서 말 잘하는 것을 현명하게 여겼는데(利口惟賢)"에서 앞의 구절과 마찬가지로 부정적인 말재주(날카로움)의 의미.

(9) 「진서」(今古文)의 "하나의 신하가 있어 다른 재주는 없으나 그 마음이 아름다워 용납함이 있으면… 우리 자손과 여민들을 보호할 것이니, 또한 이로움이 있을 것이다(亦職有利哉)."에서 긍정적인 유익함의 의미.

요약하면 『서』에서 금고문에 함께 나타나는 리利 개념은 '이용利用'에서 처럼 (기물 등을 날카롭게 하여) 편리·원활·진작시켜 유익함(유리함)을 가져다주는 것, 땅이 가져다주는 유익(地利), 덕 있는 신하가 가져다 주는 유익함 등의 의미로 쓰였다. 또한 (덕행에 반대되는 부정적인 뜻으로) 말을 잘함(利口)이라는 의미로도 쓰였다. 또한 백성이 살펴야 할 것으로서 '민리'라는 개념이 나타나 있다. 그런데 (후대의 발전을 반영하는) 고문에서는 인군 혹은 신하가 추구하지 말아야 할 사리私利(←德)의 개념으로 나타나기도 한다.

그리고 『시경』에서는 '리利' 자가 단 2회 출현한다. 먼저 『소아』 「보전지십」에서 "저기에 남은 벼 다발이 있고, 여기엔 빠뜨린 벼이삭이 있으니, 과부의 이로움이로다(伊寡婦之利)."라는 구절에서 나왔다. 그리고 두 번째로는 『대아』 「탕지십」에서 "좋지 못한 백성들은 정말로 배반을 잘하네. 백성들에게 이롭지 못한 일을 온 힘을 기울여 하고 있네(爲民不利). 간악한 백성들은 오로지 다투어 그런 일에 힘쓰네."라는 구절이다. 환과고독과 백성들 일반에게 귀속될 리利는 마땅히 추구해야 할 공리公利라는 관점이 드러나 있다.

2. 『논어』에서 의義 · 리利와 그 주석들

1) 의義의 용례와 주석

『논어』 전체 498장 가운데 '의義' 자는 대략 16장(공자의 언명은 11장)에서 21회(仁의 1/5 정도) 내외로 출현한다.[8] 『논어』에서 의는 (1) 도 · 덕에 도달하는 방법이며, (2) 인도의 마땅함으로 지자가 되기 위하여 깨달아 힘써야 하는 것이며, (3) 군자가 체득해야 할 바탕(質)으로, (4) 군자 · 상上 · 사士 · 용자勇者 등이 천하의 모든 일에 대처할 때 최상의 원칙으로 삼고 마땅히 추구해야 할

---

8 『논어』 1:3, 2:24, 4:10, 4:16, 5:16, 6:20, 7:15, 12:10, 12:20, 13:4, 14:13, 14:14, 1516, 15:17, 16:10, 16:11, 17:23, 18:7, 19:1 등.

표준(준거)이며, (5) 따라서 언어(약속) · 행위 · 이익 · 부귀 등의 취사선택을 정당화하는 지도(조절 · 규제 · 절제 · 斷制) 개념 등으로 제시되어 있다. 차례대로 살펴보기로 하자.

『논어』에서 의義는 우선 도에 달達(到達 · 達通)하는 방법으로 제시되었다. 이는 "은거하여 그 뜻을 구하고, 의를 행하여 그 도에 도달한다(行義達其道). 나는 그런 말은 들어보았지만, 그런 사람은 본 적이 없다."[9]는 공자의 말에 나타났다. 이에 대해 고주의 형병은 "은둔하여 깊은 곳에 살면서 자기의 뜻을 이루기를 구하고, '의로운 일(義=義事)'을 행하기를 좋아하여 그 인도仁道(道=仁道)를 달성하는 것을 말한다."[10]라고 주석했다. 다산 정약용 또한 형병의 주석을 그대로 수용했다.[11] 그런데 주자는 "'그 뜻을 추구한다(求其志)'는 이루려는 도를 지키는 것이며, '그 도에 도달한다(達其道)'는 그 추구하는 뜻을 행하는 것인데, 이는 오직 이윤과 태공과 같은 부류의 사람만 해당될 수 있다."고 말하여, 그 도란 '현인이 뜻하여 성취하려고 한 도'라고 주석했다. 그런데『서경』및 『맹자』[12]에 따르면, 이윤과 태공이 뜻을 두고 이루려 했던 도란 하늘의 뜻에 따라 백성에게 은덕을 베푸는 도리(덕치)를 의미한다. 즉 "행의달기도行義達其道"를 고주와 다산은 "의로운 일(義=義事)을 행하여 '인도仁道'에 도달하려고 했다."라고 간략하게 주석하여, 행사行事로써 설명했다. 이에 비해 주자는 의를 행하는 것(行義)은 곧 현인(이윤과 태공의 부류)이 뜻한 도리(덕치)의 실행이라고 규정하여, 도리로써 주석했다.

둘째, 달도達道의 방법인 의義는 또한 숭덕崇德의 방법이기도 하다. 그래서

---

9 『논어』16:11. 孔子曰 "⋯隱居以求其志 行義以達其道 吾聞其語矣 未見其人也."
10 고주는 다음 번역서를 인용하고 필요에 번역을 다소 수정하였으며, 간략성을 위해 본문에 編章節을 표시하여 각주에 기재하지 않는다. 정태현 · 이성민 공역, 『역주논어주소』 전통문화연구회, 2014.
11 다산의 『논어고금주』는 다음의 역주를 인용하고, 필요에 따라 다소 수정했으며, 간략성을 위해 본문의 편장절 표시로 대신하고 각주에 인용하지 않는다. 정약용(이지형 역주), 『논어고금주』1-5, 사암, 2010.
12 『서경』「태갑상」및 『맹자』7상 참조.

공자는 '숭덕崇德(辨惑)'의 방법을 묻는 자장의 질문에, "충신忠信을 주로 하고, 의義로 옮겨가는 것이 숭덕의 방법이다."[13]라고 대답했다. 고주는 이 구절의 숭덕을 도덕의 확충(崇德=充道德)으로 해석하면서, "충신한 사람이 있으면 그를 가까이하여 교유하고, '의로운 일(義=義事)'을 보면 뜻을 옮겨 따르는 것이 덕을 확충하는 방법이라는 말이다."라고 주석했다. 주자는 "충신이 주가 되면 근본이 수립되고, 의에로 옮겨가면 나날이 새로워져" 숭덕하게 된다고 주석하였다. 그런데 다산은 숭덕崇德의 숭崇을 (내면의) 확충으로 해석한 고주를 비판하면서(訓崇爲充, 亦非也), "숭덕은 (군자의) 진덕進德이니, 덕이 진보하면 더욱 높아진다(德進則益高)."라고 주석했다. 그러나 그는 '사의徙義'에 대해서는 고주를 그대로 받아들이고 있다(義=義事). 요컨대 숭덕과 그 방법에 대해 고주는 "충신한 사람을 가까이 하면서, 의로운 일을 보면 뜻을 옮겨 따르면서 (내면에 주어진) 덕(德=得)을 확충(崇=充)하는 것"으로, 주자는 "충신으로 근본을 정립하고, 의에로 옮겨 가서 나날이 새로워지는 것이 내면의 덕을 숭상하는 방법이다."로, 그리고 다산은 "의로운 일을 보고 뜻을 옮겨 그것에 따라 실천하여 매진하면 (실천으로서) 덕이 더욱 진보한다(崇=進)."라고 주석했다. 먼저 '사의徙義'에 대해 고주와 다산은 일(事)의 관점에서 해석하여, "의로운 일을 보고(義=義事), 뜻을 옮겨"라고 주석했지만, 주자는 "충신으로 근본을 정립하고, 의에로 옮겨가서"라고 주석하여, 의를 관념적으로 해석했다. 나아가 숭덕을 고주와 주자는 내면의 덕의 확충(고주) 혹은 숭상(주자)으로 보았지만, 다산은 외적으로 '의로운 일을 보고 따라 행하는 것'이 곧 '덕을 진전시켜(崇=進) 가는 것'(行事 이후 덕의 이름이 있다)으로 주석했다.

셋째, 달도와 숭덕의 방법으로서 의義는 사람이 마땅히 가야 할 길(人道之所宜:주자와 다산)이며, 의에 진력할 줄 아는 것이 지혜로움의 근거가 된다. 그래

---

13 『논어』12:10. 子張問 "崇德辨惑." 子曰 "主忠信 徙義 崇德也."

서 번지가 '지知'에 대해 물었을 때, 공자는 "민지의民之義에 힘쓰면서 귀신은 공경하되 멀리하면, 지혜롭다고 할 수 있다."[14]라고 대답하였다. 그런데 고주는 '무민지의務民之義'를 "백성을 교화·인도하는 도의에 힘씀이다(民之義=所以化道民之義)."라고 주석하였다. 이에 대해 주자는 "민民 또한 인人이다. 오로지 인도의 마땅한 바(民之義=人道之所宜)에만 힘쓰고, 알 수 없는 귀신에게 미혹되지 않는 것이 지자의 일(知者之事)이다."라고 하여, 완전히 다르게 해석했다. 이렇게 주자가 지자가 힘써야 할 일인 '민지의民之義'를 치자 중심(所以化道民之義:고주)이 아니라, (民을 人으로 해석하여) 인문주의적으로 해석(人道之所宜)한 것은 중요한 전환이라 할 수 있다. 다산 또한 주자의 해석에 동의하면서, 다음과 같이 덧붙였다.

> 선을 행하고 악을 제거하는 것을 의라고 한다爲善去惡曰義(일의 마땅함으로 제어하여 나를 선하게 하는 것이다:制其宜以善我). ···○논박하여 말하면 (고주의 해석은) 그릇되었다. 맹자는 수오지심을 의의 단시端始로 삼았으니(羞惡之心 義之端), 의義란 본래 악을 버리고 선을 행하는 것을 말하는 것으로 마땅히 힘써야 할 일은 악을 버리는 것보다 더 급한 것이 없다. 이것이 주자의 이른바 '인도의 마땅한 바(人道之所宜)'이다. 천하의 힘써야 할 것에서 악을 제거하는 것보다 더 급한 것이 없음을 안다면 지자이다(『고금주』).

주자와 다산은 지자가 힘써야 할 '민지의民之義'를 인도의 마땅한 것(人道之所宜)으로 주석한 것은 아마도 공자가 '도를 아는 사람이 지은 시詩'[15]에 근거한 정당한 주석이라 하겠다. '하늘이 내려준 법칙으로 사람이 지켜야 할 떳떳

---

14 『논어』 6:21. 樊遲問知 子曰 "務民之義 敬鬼神而遠之 可謂知矣."
15 『맹자』 5하:6. "詩曰 '天生蒸民 有物有則 民之秉夷 好是懿德.' 孔子曰 '爲此詩者 其知道乎 故有物必有則 民之秉夷也 故好是懿德.'"

한 도리(民之秉夷)로서의 의덕懿德'이 여기서는 '무민지의務民之義'로 표현되었고, 그것은 바로 지자의 일로서 '인도의 마땅함에 힘쓰는 것'이라는 말이다. 그런데 다산은 주자의 해석(民之義=人道之所宜)에 동의하면서도, '수오지심은 의義의 단시端始'라고 했던 맹자의 관점으로 보완하여, 지자가 마땅히 행해야 할 인도로서 의란 "선을 행하고 악을 제거함으로써 나를 선하게 하는 것(義=我+羊)이다."라는 말로 간략하게 행사 중심으로 변용한다. 여기서 다산은 인도의 마땅함이란 천리의 공의로움(天理之公)에서 유래하여 우리의 내면에 갖추어져 있다고 주장하는 성리학적인 심성론의 방식에서 벗어나서, 의義란 선善을 행하고 악惡을 제거하여 나를 선하게 하는 것이라고 해석했다. 이것이 바로 다산의 의義에 대한 총체적인 정의이다.

넷째, 인도의 마땅한 것(人道之所宜)으로 지자가 힘써 추구하여 도에 도달(達道)하고 덕을 숭상(崇德)하는 방법으로서 의는 도덕으로 자기완성을 추구하는 군자가 마땅히 먼저 알아야 할 것이다. 그래서 공자는 "군자는 의義에 유喩하고, 소인은 리利에 유喩한다."[16]라고 말했다. 고주는 여기서 '유喩'를 '밝게 안다(曉也)'라고 주석하면서, "군자는 인의(義=仁義)에 밝고, 소인은 재리財利에 밝다."라고 해석했다. 주자 또한 '유喩'를 '효曉'로 해석하면서도, "의란 천리의 마땅한 것(義=天理之所宜)"이고, "리란 인정이 욕망하는 것(利=人情之所欲)이다."라고 주석했다. 여기서 주자는 특유의 '천리-인욕'의 모순 · 대립관계로 의와 리를 주석했다. 그런데 다산은 다음과 같이 주석했다.

군자는 선인善人이고, 소인은 악인惡人이다. 의란 도심이 지향하는 것(義者道心之所嚮)이고(의란 나를 선하게 하는 것이다:義者善我也) 리利란 인심이 추종하는 것(利者人心之所趨)이다(리란 칼로 벼를 취하는 것이다:利者刀取禾:『고금주』).

---

16 『논어』 4:16. "子曰 君子喩於義 小人喩於利."

요컨대, 고주는 단순히 의義를 인의仁義로, 리利를 재리財利로 부연 설명했다. 이에 비해 주자는 의義-리利를 천리-인욕의 모순대립 관계로 주석하였고, 다산은 청청聽·명命(主·從) 관계인(『서경』「대우모」의) 도심-인심의 개념으로 주석했다. 여기에 고주, 주자 그리고 다산의 의와 리 개념 주석의 특징이 여실히 드러난다. 고주는 주로 용어를 부연 설명했고, 주자는 천리-인욕의 엄숙주의로, 그리고 다산은 도심-인심의 정일精一의 관계로 의와 리를 파악했다.

다섯째, 의義는 군자가 천하의 모든 것을 처리하는 데 유일한 동기로서 최상의 원칙이 된다. 그래서 공자는 "군자는 천하에 대해 무적無適·무막無莫하며, 의義가 여비與比한다."라고 하였다.[17] 고주는 이 구절을 "군자는 천하 사람들에 대해 부후富厚·궁박窮薄한 사람을 가리지 않고(無擇於富厚與窮薄者) 단지 의가 있는 사람과 친할 뿐이다(但有義者則與相親也:義=義人)."라고 주석하였다. 이에 대해 주자는 전거를 제시하면서 '적適'은 '전주專主', '막莫'은 '불긍不肯', 그리고 '비比'는 '종從'이라고 하면서, "군자는 천하의 일에 응대함에 오로지 주창하는 것도 없고, 오로지 하지 말아야 한다는 것도 없고, 의만 따를 뿐이다."라고 해석하였다. 다산 또한 여러 전거를 제시하면서 (고주를 비판하고) "군자는 천하의 만사만물 대해 반드시 기필하는 것도 없고(無必), 하지 말아야 하는 것도 없고(無勿), 오직 의만 계교하여(比=較) 의에 알맞으면 행하고 의에서 위배되면 그만두니, 이것이 이른바 시중時中의 의미이다."라고 주석했다. 여기서 다산은 공자의 언명[18]과 그에 대한 맹자의 해석(聖之時者)을 근거로, 한층 넓게 주자의 해석을 보완했다.

여섯째, 군자가 추구하는 최상의 원칙으로 의義는 여타 덕목(예컨대 용기)들을 일관·인도하는 격정格正의 기능을 한다(義=制事之本:朱子). 그래서 자로가

---

17 『논어』 4:10. 子曰 "君子之於天下也 無適也 無莫也 義之與比."
18 『논어』 18:8. "…我則異於是, 無可無不可."

"군자는 용기를 숭상합니까?"라고 질문했을 때, 공자는 "군자는 의를 최상으로 여긴다. 군자가 용맹만 있고 의가 없으면 난을 일으키고, 소인은 용기만 있고 의가 없으면 도둑이 된다."라고 말했다. 고주는 군자와 소인을 지위의 고하를 말하고, "마땅함에 부합하는 것이 의가 된다(合宜爲義)."라고 주석하였다. 행사 중심의 주석을 시도한 다산은 이 해석에 대해 전적으로 동의한다. 그러나 주자는 "군자와 소인은 모두 지위로써 말한 것이다."라고 주석한 측면에서는 고주를 받아들이지만, 의를 천리의 공의로움에서 유래한다고 주장하여, "마땅함에 부합하는 것이 의가 된다."라고 말하기보다는, 아마도 "마땅함 자체가 의이다."라고 주석했다.

그런데 의義란 용기와 같은 덕목들을 일관하여 바르게 인도하는 지도 개념이지만, 의를 실천으로 옮기는 데는 용기와 같은 덕목들의 도움을 받아야 한다. 그래서 공자는 "의를 보고도 행하지 않은 것은 용기가 없는 것이다."라고 했다.[19] 이에 대해 고주는 "의리로 보아 마땅히 해야 할 일인데도 하지 않는 것은, 용기가 없는 사람이라는 말이다."라고 주석하였으며, 주자는 "알지만 행하지 않는 것(知而不爲), 그것은 용기가 없는 것이다(是無勇也)."라고 해석하였다. 다산은 별다른 해석을 하지 않았다. 그런데 공자는 "인자는 반드시 용감하지만, 용자라고 해서 반드시 인한 것은 아니다."[20]라고 말하였다. 따라서 공자가 인은 다른 모든 덕목들을 포괄하는 보편 덕으로 간주하였지만, 의는 포괄적인 보편 덕으로 간주하지는 않았다.[21]

일곱째, 의義를 최상원리로 삼으면서 천하만사에 대처하는 군자는 '의'를 질質로 삼고 예로써 행한다. 그래서 공자는 "군자는 의를 질로 삼고, 예로써

---

19 『논어』 2:24. 子曰 "見義不爲 無勇也."
20 『논어』 14:4. 子曰 "仁者必有勇 勇者不必有仁."
21 물론 『논어』9:27의 子曰 "知者不惑 仁者不憂 勇者不懼"처럼 仁이 개별 덕으로 지칭된 곳도 있다.

행하고, 손遜으로 출出하고, 신信으로서 이루니, 군자로다!"22라고 말하였다. 고주는 이 구절을 "일을 맡아 행하는 자(操執以行者)는 마땅히 의를 체질體質로 삼고, 예禮로써 문식文飾한 뒤에 의義를 행하고, 말을 공손히 하고 의義를 표출表出하고, 성실함을 지켜 의義를 완성해야 함을 말한 것이다."라고 주석했다. 이에 대해 주자는 "의란 일을 제어하는 근본(義=制事之本)인 까닭에 바탕·근간(質幹)으로 삼아야 한다는 것이다. 의를 행함에 있어 반드시 절문이 있고, 나타낼 때는 반드시 퇴손으로 하고, 이룸에서는 반드시 성실함이 있어야 하니, 곧 군자의 도이다."라고 말하였다. 그리고 다산은 "'출지出之'란 언어로 표현하는 것이고 '예이행지禮以行之'란 고결한 행위(危行)이며, '손이출지孫以出之'란 말이 겸손한 것이고, 신信이란 언행을 총괄하는 것이다. 의義와 신信은 머리와 꼬리가 되고, 언행言行은 그 두 날개이다."라고 해설하여, 주자와 유사한 입장을 피력했다. 여기서도 우리는 고주와 대비되는 주자-다산 주석의 결정적인 차이를 보게 된다. 즉 의義를 질質로 삼고 행위하는 주체인 '군자'에 대해 고주는 '일을 맡아 행하는 자(操執以行者)'라고 주석하였지만, 주자와 다산은 군자를 단순히 '일을 맡아 집행하는 자'가 아니라 도덕으로 자기완성을 추구하려는 사람으로 주석했다. 그래서 주자는 '군자재君子哉'라는 말에 "군자의 도리(君子之道)이다."라고 분명히 말했고, 다산 또한 군자를 덕 있는 사람(유덕자가 높은 지위를 차지한다)으로 해석하면서, 고주의 해석을 명시적으로 '본지가 아니다(非本旨)'라고 비판했다. 그런데 주목할 것은 의義와 예禮의 관계이다. 고주는 "일을 집행하는 자는 마땅히 의를 체질로 삼고, 예로써 문식한 뒤에 의를 행하고"라고 하였으며, 주자 또한 "군자는 제사지본制事之本인 의義를 행함에 반드시 절문이 있다."라고 말하여 의가 근본이고 예란 의를 문식 혹은 절문하는 기능이라고 했다. 요컨대 『예기』에서 "예가 존귀한 것은

---

22 『논어』15:17. 子曰 "君子義以爲質 禮以行之 孫以出之 信以成之 君子哉."

그것이 실현하는 의義가 존귀하기 때문이다. 예가 실현하고자 하는 의를 잃어버리고, 예의 수목(형식)만 늘려 놓는 것은 축관과 사관의 일이다."[23]라고 했듯이, 예는 의를 실천하는 도구로서 문식 혹은 절문의 기능을 한다. 따라서 공자는 일을 주관하는 근본으로서 의를 예의 근본으로 보았다고 하겠다.

여덟째, "의義를 행하는 것이 군자가 벼슬하는 유일한 목적이다."라는 자로의 언명이 있다.[24] 이에 대해 고주는 다음과 같이 기술하였다.

> 이 아래의 말은 모두 공자의 뜻이다. 부자父子의 도의道義는 천성天性이고, 군신君臣의 도의는 인성人性인데, 만약 출사하지 않는다면 이는 군신의 도의가 없는 것이다. 그런데 도리어 군신의 도의를 폐기하여 혼탁한 세상이라 하여 출사하지 않아서야 되겠는가?…군자가 출사하는 것은 구차하게 이록利祿만을 탐하는 것이 아니다. 군신의 도의를 행하기 위해서이지, 또한 자기의 도가 행해지기를 기필해서가 아니다. (『주소』)

그리고 주자 또한 "자로가 공자의 뜻을 이와 같이 서술했다."라고 말하면서, 고주와 유사한 견해를 피력했다. 그러나 다산은 고주와 주자의 관점을 모두 비판한다.

> 살핀다. 자로가 누구를 향해 말했는지는 진실로 알 수 없다. 요컨대 삼태기를 맨 무리들을 향해 말했기 때문에, 끝내 도가 행해지지 않는 것은 이미 알고 있었다고 말했을 것이다.…이 단락은 전혀 갖추지 못했고 또한 이치에도 부합하지 않는다.…『주역』「건괘」에서 말하길, 군자는 세상을 피해 살아

---

23 『禮記』「郊特牲」 "禮之所尊 尊其義也 失其義 陣其數 祝史之事也."
24 『논어』 18:7. 子路曰 "不仕無義 …君子之仕也 行其義也."

도 민망함이 없다고 하였고, 『주역』「곤괘」에서는 천지가 닫히면 현인은 은 둔한다고 하였으니, 군자는 본래 벼슬하지 않는 의리가 있다. 우중·이일이 어찌 모두 난륜자亂倫者이겠는가?…자로의 이 단락은 순전히 무단武斷이며 곧 그의 본색인데, 선유들은 이를 공자의 말씀으로 여겼으니, 아마도 그렇지 않은 듯하다. (『고금주』)

요컨대 고주와 주자는 자로가 한 말을 공자의 뜻을 서술한 것으로 여기면 서 "장유의 예절을 폐지할 수 없듯이, 군신의 의리도 폐할 수 없는 것이기 때 문에 (비록 도의가 행해지지 않더라도) 반드시 출사하여야 한다."라는 뜻으로 해 석했다. 이에 대해 다산은 『주역』 등의 언명을 인용하면서 군자가 출사하 지 않는 의리가 있다고 말하면서, 이 말은 공자의 뜻이 아니라 자로의 말이 며, 도리 또한 온전히 갖추지 못했다고 주장한다. 그런데 『논어』에서도 공자 는 어떤 사람이 "선생님께서는 어찌하여 정치를 하지 않으십니까?"라는 질문 에 『서』를 인용하면서, "'오직 효도하고 형제간에 우애하여, 정치에 베푼다.' 라고 하였으니, 이 또한 정치를 하는 것이다. (어찌 반드시) 벼슬하여 실제 행 정을 하는 것만을 정치한다고 하겠는가?'라고 말했다.[25] 또한 공자는 안연을 평하여, "등용되면 도를 행하고 등용되지 않으면 숨는 것은 오직 나와 너만 이 이렇게 할 수 있다."라고 말했으며, 나아가 "독실하게 믿으면서 학문을 좋 아하고, 죽음을 무릅쓰고 도를 잘 행한다. 위태로운 나라에는 들어가지 않고, 어지러운 나라에는 기거하지 않는다. 천하에 도가 있으면 나타나고, 도가 없 으면 숨는다. 나라에 도가 있는데도 빈천한 것은 부끄러운 것이고, 나라에 도 가 없는데도 부귀한 것은 부끄러운 것이다."[26]라고 말하였다. 이러한 공자의

---

25 『논어』 2:21 참조.
26 『논어』 7:10 및 8:13 참조.

언명들은 "군자가 출사하지 않고도 의를 행할 수 있는 도리가 있다."라는 것을 나타내며, 따라서 이 구절에 대한 다산의 해석이 정당함을 증명한다고 하겠다. 나아가 바로 이 점에서 군신의 '의'란 사회적 계약에 의해 발생하는 것으로 (天合 혹은 天倫인 父子有親 등과 달리) 상대적인 관계에서 발생한 임시적인 것이라고 할 수 있다.

아홉째, 마땅함으로서의 의義는 군자의 백성에 대한 정당한 사역使役을 의미한다는 점에서,[27] 상上이 의를 좋아하면 백성들이 복종하며,[28] 사士가 의를 좋아하면 달達하는 공효를 가져온다.[29] 그래서 공자는 자산子産이 지녔던 군자의 덕 네 가지 평하면서, "백성을 부림에 의로웠다."라고 말했다. 이에 대해 고주는 "의는 마땅함(宜)이니, 백성을 부린 것이 모두 예법에 마땅함을 얻어(義=皆於禮法得宜) 농사에 방해가 되지 않게 한 것을 말한다."라고 주석하여, 의를 '예법에 마땅함을 얻은 것'으로 해석하였다. 주자는 '백성을 부림에 의로웠다(使民義)'란 "예컨대 도시와 시골에는 (각각의 기준에 따른) 법규가 있고(都鄙有章), 상하 간에는 (신분에 따른) 복장의 제한이 있고(上下有服), 밭에는 두둑과 도랑이 있게 하고(田有封洫), 민가에는 오가의 조직이 있게 한 것(廬井有伍) 등을 말한다."고 하였다. 그리고 다산은 "(백성에 대한) 재제가 마땅함을 얻는 것을 일러 의라고 한다(裁制得宜曰義)."라고 풀이하였다.

또한 "상上이 의義를 좋아하면 백성이 감히 복종하지 않음이 없다."[30]라는 공자의 언명에 대해, 고주는 "사람들이 의를 들으면 복종하기 때문에, 상이 의를 행하기를 좋아하면 백성들이 복종하지 않는 이가 없다."라고 주석하였다. 주자는 "예禮·의義·신信은 대인의 일이다."라고 말하면서, "의를 좋아

---

27 『논어』 5:16. "子謂子産 有君子之四道焉 其行己也恭 其事上也敬 其養民也惠 其使民也義."
28 『논어』 13:4. "樊遲請學稼 子曰⋯上好義則民莫敢不服."
29 『논어』 12:20. "士何如斯可謂之達矣⋯夫達也者 質直而好義."
30 『논어』 13:4. 子曰 "上好義則民莫敢不服."

하면, 일이 마땅함에 부합한다(好義事合宜). 복종은 대개 그 유형에 따라 감응한 것이다."라고 주석하였다. 그런데 다산은 이 구절에 대해 대부분 고주를 인용하고 다른 주석을 하지 않고, 다만 "공자께서 배척한 것은 예의를 먼저하고 식화를 뒤로 하고자(先禮義後食貨)했을 뿐이다. 번지의 이러한 질문이 어찌 반드시 대죄大罪가 되었는가?"라고 말하여, 주자의 해석 관점이 편협하다고 비판했다.

다음으로 공자가 '사가 달달하기 위한 조건으로서 의를 좋아함(質直而好義:12:20)'에 대해, 고주는 "달달한 선비의 행실은 품성이 정직하여 좋아하는 것이 의로운 일이다(爲性正直, 所好義事)."라고 주석했다(義=義事). 주자는 "달달이란 덕이 남에게 신뢰를 받아 행하는 일이 모두 이루어지지 않음을 말한다."라고 정의하면서, "안으로 충신을 위주로 하면서 행하는 것이 마땅함에 합치함"(內主忠信而所行合宜)이라고 주석하였다. 그리고 다산은 "질직質直은 내실이고(色取仁과 상반된다) 호의好義는 외행外行이다(行違 '仁'와 상반된다)."고 주석했다. 요컨대 호의好義에 대해 각각 의로운 일(義事)을 좋아함(고주), 행하는 바가 마땅함에 부합함(주자), 그리고 외적 행위가 인仁을 어기지 않음(다산)으로 주석했다.

열째, 인도의 마땅함으로 도에 도달하고 덕을 숭상하는 방법이 되는 의義는 언어(15:16. 言不及義…難矣哉)·약속(1:13. 信近於義…遠恥辱也)·행위의 기준이 되며, 이득(14:13. 見利思義, 14:16 및 19:1. 見得思義)·부귀(7:15. 不義而富且貴, 於我如浮雲) 취득의 정당성을 제공한다.

이러한 구절들에 대해 고주는 "말한 것이 의로운 일(義=義事)에 미치지 못하면, 끝내 이룸이 없다(15:16)." 그리고 "의로운 일(義=義事)에는 언약을 지킬 필요가 없으니, 언약을 지키는 것은 의가 아니다. 그러나 그 말을 반복할 수 있기 때문에 '근의近義'라고 한 것이다(1:13)." "재리財利를 보면 의에 부합한지를 생각한 연후에 취하고(14:13)" "얻음을 보면 의를 생각하여 마땅함에 부합(合宜)한 연후에 취하고(14:16)" "이록을 얻음을 보면 의를 생각한 연후에 취하고(19:1)" 그리고 "부귀는 사람들이 욕망하는 것이지만, 의로써 얻은 부귀가 아니라면 나에게 뜬 구름과 같다는 것은 자기의 소유가 아니라는 말이다(7:15)." 등으로 해석하였다.

그런데 주자는 "의란 (도리이기 때문에) 일의 마땅함(義者事之宜也)이니, 약신이 그 일의 마땅함에 부합하면(約信而合其宜) 치욕을 멀리할 수 있다(1:13)." "말이 의에 미치지 않으면 방자하고 사치스런 마음이 불어나고, 사사로운 잔꾀나 행하기를 좋아하면 위험하게 행하면서 요행을 바라는 기틀이 완숙해질 것이다.(15:16)" 등과 같이 해석했다. 고주는 의를 의로운 일(義事)로 주석하지만, 주자는 도리적인 측면에서 해석하여 그 일의 마땅함(事之宜)으로 수정했다. 이러한 구절들에 대한 해석들에서 행사를 중요시한 다산은 1:13 및 15:16에 대해서는 고주를 취하면서 주자의 주석을 비판하고, 그 나머지 구절(14:13, 14:16, 19:1. 見得思義 및 見利思義)에 대해서는 특별한 의견을 제시하지 않았다. 다만 17:15(不義而富且貴, 於我如浮雲)의 '부운浮雲(공중이 있어 사람들이 비록 우러러 보지만, 진정한 효용은 없는 것)'에 관해서만 고주(나의 소유가 아닌 것)·신주(있으나 없는 것과 같은 것)를 모두 비판하고, 자신의 독자적인 주석을 했다.

2) 리利의 용례와 주석

『논어』에서 '리利' 자는 약 9장(공자의 언명은 7-8장)에 걸쳐 11회 내외로 출현한다.[31] 이러한 장들 중에 도刀(칼 도)에 따라(『설문』) 날카로움을 의미하는 것이 2장(15:9의 先利其器 및 17:18의 惡利)이고, 그리고 나머지는 '禾禾(벼 화)'에 따라 이익利益(財利) 혹은 이롭다는 뜻으로 쓰였다. 이익의 뜻으로 쓰인 것 중에

---

31 『논어』 4:2, 4:12, 4:16, 9:1, 13:17, 14:13, 15:9, 17:18, 20:2 등.

두 번은 의義와 대비되지만(4:16의 君子喩於義, 小人喩於利, 14:13의 '今之成人者…見利思義), 그 자체가 부정적인 의미는 아니다. 또한 정치와 연관하여 소리小利(13:17. 子曰: "無欲速, 無見小利. 欲速則不達見小利則大事不成.")와 대리大利(因民之所利而利之)의 구분이 명확히 나타나 있다. 순서대로 살펴보자.

먼저 리利가 날카로움(15:9의 先利其器 및 17:18의 惡利口)의 뜻으로 쓰인 경우를 살펴보자. 먼저 15:9(子曰 工欲善其事, 必先利其器)에 대해, 고주는 "가령 백공이 자기가 하는 일을 잘하려면, 응당 먼저 사용할 기구부터 예리하게 수리한다(當先脩利所用之器)."라는 말이라고 하였다. 주자는 이 구절을 주석하지 않았지만, 다산은 "장차 백성을 편안하게 하려면 반드시 먼저 자뢰할 바가 있어야하니, 예를 들면 백공이 예리한 기물로써 일을 잘하는 것과 같다(如百工執利器以治事)."라고 하였다. 그리고 17:18(子曰…惡利口之覆邦家者)을 고주는 "말을 잘하는 사람은 말이 많고 진실함이 적으니, 만약 당시 군주에게 아첨하여 환심을 산다면 나라를 경복傾覆시킬 수 있다."라고 주석하였다. 그리고 주자는 "리구利口는 민첩하게 대꾸함(捷給)이고, 복覆은 기울어 망함이다."라고 하였고, 다산은 "리구利口는 마치 자줏빛이 붉은빛을 빼앗고, 정성이 아악을 어지럽히는 것처럼 시비를 뒤바꾸고 어진 이와 사악한 이를 뒤바꾸어 전복케 한다."라고 하였다. '리利'에 대한 해석에서 큰 차이가 있지만(말 잘함, 민첩하게 대꾸함, 말로써 시비를 뒤바꿈), 맥락상 다산의 해석이 가장 좋다.

리利가 의義와 대비되어 나왔을 경우(4:16 및 14:13)는 앞서 의義가 출현한 구절을 논할 때에 살폈다. 고주는 리利를 '재리財利(↔仁義)'라고 단순히 부연했으며, 주자는 '리利란 인정이 욕망하는 바(利者人情之所欲↔義者天理之所宜)'라고, 그리고 다산은 '리란 칼로 벼를 취하는 것인데(利者刀取禾↔義者善我) 인심이 추종하는 것(利者人心之所趨↔義者道心之所嚮)으로 철학적 용어를 사용하여 주석하였다.

『논어』에서 공자는 리利 자체를 부정적으로 본 것이 아니라, 정당한 방법으로 취득하라고 권고했다. 다만 공자는 "리利에 의거하여 행동하면 원망이 많다."[32]라고 말하면서, 소인이 추구하는 "리에 대해 드물게 말하면서" 인의仁義의 실천에 정진할 것을 당부했다(9:1). 요컨대 공자는 인간 행위의 목표를 과정의 적합성(義=宜)에 두고 자기완성을 추구하는 사람을 군자라고 하고, 행위의 적합성보다는 먼저 자기에게 귀속될 결과적 이익의 최대화를 추구하는 사람을 소인이라고 했다. 그래서 그는 결과적 이익보다는 과정의 적합성을 행위의 준거로 삼고 일상에서 실천에 힘쓰면서, 추상적인 사변의 문제에 대해서 제자들에게 드물게 말씀하셨다. 형이상학적인 것은 지극히 미묘하고 인식하기 어려운데, 앎이 미치지 못했는데도 급히 말해주면 의혹만을 키울 수 있고, 덕이 부족한데도 억지로 말해주면 경솔하게 함부로 행해 삼가지 못하게 할 수도 있다. 바로 이 점에서 "공자께서는 리利·명命, 그리고 인仁에 대해서는 드물게 말씀하셨다."라고 하겠다.

그런데 여기서 리利에 대해서 고주에는 『주역』「건괘, 문언전」의 "리란 의의 조화(利者義之和也)"라는 말로 해석했다. 즉 리란 옳은 일을 했을 때 마땅히 귀속되는 조화로움이라는 것이다. 그런데 주자는 "리는 의와 조화를 이루어야 한다. 의에 부합하면 리는 저절로 이른다. 리만 강조하면 사람들은 의를 잊으니 도리어 이를 해친다."[33]라고 해설하였다. 다산은 여기서의 리利를 (小利가 아니라) 대리大利(利民·利國之利)라고 해석하면서도, 입으로 자주 말할 것이 아니라 몸소 실천할 것을 강조한다. 어쨌든 고주는 "하늘이 만물을 이롭게 하는 리利·천명天命·인仁(행실의 성대)은 중인 이하의 사람들 중에는 알 수 있는 자가 적다."라는 인식론의 관점에서, 주자는 "리利는 의義의 조화인데 오로지 리만을 먼저 말하면 의를 해칠 뿐만 아니라, 형이상적인 것은 미

---

32 『논어』 4:16. 子曰 "放於利而行 多怨."
33 『논어』 9:1에 대한 주자의 『論語或問』 참조. 박성규 역, 『논어집주:주자와 제자들의 토론』 소나무, 2011, 338쪽에서 인용.

묘·지대하다.”라는 측면에서, 그리고 다산은 “민리民利·천명天命·인仁(인륜의 성덕) 등은 말이 아니라 몸소 실천해야 하는 것이라는 측면에서 공자께서 리利·명命·인仁에 대해 드물게 말씀하셨다.”고 주석하였다. 각각의 특징이 잘 드러나 있다.

그리고 공자는 정치와 연관하여 리利를 말할 때 소리小利와 '인민지소리이리지因民之所利而利之'(=大利)를 말하고 있다. 먼저 13:17(子夏爲莒父宰, 問政. 子曰 無欲速, 無見小利. 欲速, 則不達 ; 見小利則大事不成.)에 대해 고주는 “작은 이익을 보고서 행하기를 힘쓰면 큰 정사에 방해가 된다. 그러므로 큰일을 이루지 못한다.”라고 해석하였다. 주자는 “작은 이익을 보려고 하면(見小者之爲利) 성취되는 것은 적고 잃는 것은 크다(所就者小而所失者大矣).”라고 주석하였다. 다산은 이에 대해 주석을 하지 않았다. 다음으로 20:2(子張問於孔子曰 “何如, 斯可以從政矣?”…子曰 “因民之所利而利之, 斯不亦惠而不費乎?”)에서 전통적인 주석(고주와 주자)은 '소리小利'를 공사公私(공적 이익 vs 사적 이익)가 아니라, 규모의 대소大小에 의해 해석했다. 또한 '인민지소리이리지因民之所利而利之'의 '민지소리民之所利' 역시 고주는 “백성들이 이익으로 여기는 바에 따라 그 이익을 바꾸지 않게 한다.”라고 해석하였다. 주자는 여기에 대해 주석을 하지 않았고, 다산은 고주가 제시한 실례에 대해 보완적인 설명을 하였다. 그런데 『논어』에서 공자가 정치와 연관하여 말한 소리小利 및 인민지소리이리지因民之所利而利之에 대한 전통적인 주석은 『대학』의 의義-리利의 관점 혹은 『맹자』의 '여민해락與民偕樂'의 관점으로 보완되어야 한다. 즉 『대학』에서는 “국가를 소유한 자(정치가)는 자신의 이로움을 이로움으로 삼지 않고, 의로움(백성들의 福利)으로 이로움을 삼는다(國不以利爲利 以義爲利也).”라고 말하였다.[34] 즉 유교는 진정한 이로움이란 의로움이 조화를 이룸(利者 義之和也)에서 나온다는 점에서 정책의 실행

---

34 『대학』10:22-3. “國不以利爲利 以義爲利也.”

자는 의로운 일(마땅한 일)을 시행해야 하는바, 그 의로운 일은 정치가 자신의 사적인 작은 이익이 아니라, 백성의 복리(民之所利)를 생각하여 백성들을 진정으로 이롭게 해 줄 때(公利, 大利) 비로소 조화를 이루어 여민동락의 최대의 이익(惠而不費)을 가져온다는 것이다. 즉 여기서의 소리小利는 바로 정치가 자신의 사사로운 이익(私利)을 말하며, 나아가 '인민지소리이리지因民之所利而利之'란 바로 백성들의 복리로서 공리公利(公益)를 말한다고 할 수 있는데, 공리의 증진이 바로 치자가 마땅히 해야 할 적의適宜로서의 의義라 할 수 있다.

3. 소결

1) 『논어』 의義 · 리利 개념의 특징

공자는 외적 형식에서 내적 도덕과 그 완성으로 강조점을 전환하면서, 그 이전에 상대적으로 비중이 낮았던 인仁 개념을 모든 덕목들의 기본이자 종합적 완성으로 정립하여 유학의 주창자가 되었다.[35] 『논어』에서 의義는 공자가 새롭게 정립한 인 개념에 비해 그 출현 빈도수(109:20여 회, 약 1/5)와 의미에서 차지하는 비중이 현격히 떨어진다. 앞서 보았듯이, 『논어』에서 공자는 『시』 · 『서』와 비교했을 때 (仁에 대해 시도했던 것과 같이) 의에 대해 구체적인 설명 · 예시 혹은 개념 변환을 시도하지는 않은 것으로 보인다. 여기서 『시』 · 『서』와 공자를 중심으로 제시된 『논어』의 의 개념 사이의 연속성과 창의성에 대해 살펴보자.

---

35 仁 개념은 출현빈도에서도 전체 498장 중 59장에 걸쳐 109회 내외로 출현하는데, 이는 당시 사회에서 가장 중시했던 덕목인 禮(75회)를 능가한다. 공자가 仁을 얼마나 중시했는가 하는 것은 당시 『춘추좌전』과 비교하면 명확해진다. 『춘추좌전』에서 '禮' 자는 462회 나오지만 仁 자는 단지 33회 나왔다. 공자는 仁을 禮의 근본 혹은 완성으로 제시했다.

앞서 살폈듯이,『논어』에서 의義는 (1) 도에 도달하거나 (2) 숭덕崇德의 방법으로 (3) 인도의 마땅한바(民之義=人道之所宜), (4) 도덕적인 군자가 밝게 알고(君子喩於義) 행위의 최상의 원칙으로 삼으면서, (5) 여타 덕목(예컨대 용기)들을 일관·인도하며, (6) 군자의 질質이 되어 예에 의해 행해지는 것, (7) 군자가 벼슬하는 목적이며, (8) 군자(신분상 上)가 정당하게 백성을 사역하여 백성을 복종하게 하는 방법이며, (9) 언어·약속·행위의 기준이자 이득·부귀 취득의 정당성을 제공하는 것이었다.

『논어』에 나타난 의義 개념 가운데 도에 도달하고 덕을 숭상하는 방법이며, 신분상 치자(君子, 上)가 백성들을 정당하게 사역하여 복종시키는 방법이라는 것은『시』와『서』에서 이미 사용된 용례라고 할 수 있다. 그런데『논어』의 의가 (신분이 아닌) 도덕적인 군자의 (1) 최상의 원칙이자 유일한 행위의 동기(義之與比)이며, (2) 예와 결부시켜, 군자의 질質이 되는 의義란 예의 절문에 의해 실행된다는 것(義以爲質 禮以行之) 혹은 예는 의의 제재制裁를 받고 행해져야 한다는 것, 그리고 나아가 여러 덕목들을 지도·절제·관관貫串하는[36] 개념으로 언어·약속·행위의 기준이자 이득·부귀 취득의 정당성을 제공한다는 것은 공자가 명확히 새롭게 부연한 것이라 하겠다. 나아가 (주자와 다산의 해석인바) 의란 인도의 마땅한 것으로 지자가 힘써야 할 것이라는 점 또한 인문주의의 주창자로서 공자가 새롭게 정립한 것이라 하겠다.

이제『논어』에 나타난 리利 개념의 연속성과 창의성에 대해 살펴보자. 리利는『서』에서 리용利用(便利:「대우모」), 식화리殖貨利(私利:「중훼지고」), 총리거성공寵利居成功(利益:「태갑하」), 민리民利(利益:반경중), 불리어유자不利於孺子(利益:「금등」), 지리地利(利益:「주관」), 리구利口(銳利:「주관」및 필명), 유리재有利哉

---

36   陳大齊(안종수 역),『공자의 학설』이론과실천, 1996, 183-207쪽 참조. 이 책에서는 공자의 一貫之道를 증자가 말한 忠恕가 아니라, 義라고 주장한다.

6장: 의義와 리利 /『논어』에서 의義와 리利 개념의 의미 | **277**

(有益:「진서」) 등으로 나왔다. 그리고 『시』에서는 과부지리寡婦之利(利益:甫田之什) 및 위민불리爲民不利(利益:蕩之什)로 출현하였다. 여기서 이용利用·이구利口·지리地利 등은 예리銳利(刂)를, 식화리殖貨利·총리寵利·민리民利·불리어유자不利於孺子·유리有利·과부지리寡婦之利 등에서는 이익利益(禾)을 의미한다. 그런데 이익을 의미할 때에는 공公·사私 개념과 결부시켜 공적인 리利는 긍정하지만, 사적인 리利의 추구는 부정하였다. 그리고 치자와 연관하여 민리民利 및 사회적 약자에게 귀속되는 리利는 공적인 리利로 간주하여 긍정하였다. 그리고 (『논어』와는 달리) 리利가 의義와 함께(대립 혹은 조화) 출현한 용례는 없다.

『논어』에서 아홉 장에 걸쳐 출현하는 '리利' 자는 두 장(先利其器, 惡利)은 도刂(刀)에 따라 예리銳利로 쓰였으며, 그 나머지는 모두 화禾에 따라 이익利益의 뜻으로 쓰였다. 『논어』에서 공자가 말한 리利는 (이전의 용례와 비교했을 때) (1) 의義와 대비되고, (2) 자기정립(爲己)을 이루지 못하여 다른 사람에게 준거를 두고(爲人) 행위하는 소인이 추구하는 것(小人喩於利)이다. 또한 (3) 정사에서 소리小利와 대리大利를 명확하게 구분하고, (4) 이익에만 의거하여 행할 때의 폐해(放於利而行 多怨也)를 명확히 인식하고 있다는 특징이 있다.

그런데 『시』·『서』와 대비되는, 『논어』에서 의義·리利의 용례 중에 가장 특징적인 언명은 "군자란 의義를 바탕(質) 혹은 최상의 원칙으로 삼고, 오직 의만을 따른다(義之與比)."라는 것과 (대비적으로 진술된) "군자는 의義에 밝고, 소인은 리利에 밝다."는 것, 그리고 "리利를 보면 의義를 생각한다." 등이다. 공자는 (신분을 넘어서) 도덕적인 측면에서 군자와 소인 개념을 새롭게 정립했다. 즉 그는 신분(왕자, 귀족 등)을 나타내던 군자 개념을 도덕으로 자기완성을 추구하는 호학자라는 뜻으로 전환했다. 공자에 따르면, "군자는 인으로 자기완성을 이루며,"[37] 그 행위의 표준은 바로 의이다. 바로 여기에 공자의 의 개념의 가장 중요한 의미가 함축되어 있다. 요컨대 공자 이전의 『서』·『시』에서 의는 인군·제후·정승 등이 하늘의 뜻을 계승하고 백성들에게 선정을 베풀어서 왕도를 유지하는 주로 '정치적'인 행위와 연관되었다. 물론 『논어』에서도 의는 아직까지 정치적 신분과 연관(上好義則民莫敢不服)되어 나타나기도 하지만, 가장 특징적인 것은 도덕을 지향하는 군자의 최상이자 유일한 행위의 지침으로 제시되었다는 점이다. 그리고 이러한 의와 상관하여 소인이 추구하는 리 개념이 함께 정립되었다는 것이다.

2) 『논어』 의義 · 리利에 대한 주석들의 특징

다산 정약용이 권고한 주석 방식[38]에 따라 먼저 자의字義의 훈고를 살펴보고, 그것을 근거로, 고주와 주자의 신주 그리고 다산 주석의 특징을 평가해 보자. 『설문해자』와 그 주석을 보면, 의義 자는 다음과 같이 설명되어 있다.

의義란 자기 자신의 위엄(엄숙·장중) 있는 행동거지(己之威儀)이다. 의의 본뜻은 예용이 각각 그 마땅함을 얻었음을 말하고(謂禮容各得其宜), 예용이 마땅함을 얻으면 선하다(禮容得宜則善矣). 또한 아我와 양羊을 따르는데, 위의威儀는 자기로부터 나오기 때문에 아我를 따랐다. 동중서董仲舒는 '인仁이란 인人이며(仁者人也), 의義란 아我이다(義者我也).'라고 했는데, '인仁은 반드시 남에게 미치며(仁必及人), 의義는 반드시 중中에 말미암아 단제斷制한다(義必由中斷制)'라는 말이다. 양羊에서 유래한 것은 모두 선善 · 미美와 같은 뜻이다.[39]

---

37 『논어』 4:5. "君子 去仁 惡乎成名." 및 15:8. 子曰 "志士仁人 無求生而害人 有殺身而成仁." 등 참조.

38 정약용(실사구시학회 역주), 「시경강의서」 『역주시경강의』 사암, 2008, 3쪽.

39 湯可敬 撰, 『說文解字今釋』 岳麓書社, 2005. 1187. 『義』 "義 己之威儀也 從我羊也 從羊者 與善美 同意(臣徐

의義란 아我(己·身)와 양羊(善·美)의 회의자로서 자기 자신의 선미善美한 본성에서 유래한 위엄 있는 행동거지(威儀), 나아가 (正義의 구현으로서) 의식과 형벌을 의미한다.[40] 의義는 손에 칼을 들고(手+戈=我) 희생물(羊)을 잡아(殺) 도마(俎) 위에 진설하여 신이 흠향할 수 있도록 잘 다듬어 놓은 것(宜)으로 알맞다·적당하다·마땅하다(適宜), 그리고 '세세하게 잘 자르고 고르게 나누어 질서가 있는 것'을 의미하며, 공평한 분배(公分)[41] 및 공분한 것이 이치에 알맞다(義理)라는 뜻으로 발전했다.[42] 따라서 의義란 (1) 인간이 그 선미한 본성에 근거하여 사태에 알맞도록 마땅히(宜) 해야 하는 것이며,[43] (2) 당위적인 규범에 부합하도록 행동할 때 선의 가치가 아름답게(美) 드러나며, 그리고 (3) 행동거지가 당위규범을 위반될 때 규범에 맞도록 조절·규제하는 격정格正의 기능을 말한다.[44] 요컨대 선악·시비를 판가름하고, 행위의 정당성 여부를 판별해 주는 기준으로서 특히 인간의 인위적인 행위를 조절·규제하는 것이 바로 의이다.[45] 그 밖에 의義는 의意와 통용되어 진리나 어떤 사실을 지적하거나 밝히기 위해 쓰이는 언어문자의 궁극적인 의미로서, 어떤 형식이나 형상을 넘어서는 상징적 원리·개념(『論語正義』)[46]을 뜻한다.[47]

鉉等曰 此與善美同意故從羊)." 許愼撰·段玉裁注, 『說文解字注』上海古籍蹟出版社, 1981, 634面. 段玉裁注에는 또한 다음과 같이 말한다. "義 자는 본래 儀로 썼는데, 지금 바로잡는다. 옛날에 '威儀'자는 '義'자로 썼는데, 지금은 '仁義'자로 그것을 쓴다. '儀'란 법도(度)인데, 지금은 '威儀'자를 쓴다. '誼'란 사람의 마땅한 바이다(人所宜). 지금은 '情誼'자로 쓴다." 이중톈(유소영 역), 『정치를 말하다』, 중앙books, 2000, 325쪽.

40 許進雄(전남대중국문학연구실 옮김), 『중국고대사회』, 지식산업사, 1993, 431쪽.

41 白川靜, 『字統』, 平凡社, 2004, 168쪽. 『說問解字』 "公 平分." 및 『莊子』 「大宗師」 "吾師乎 吾師乎 齏萬物而不爲義吾師乎." 구절 참조.

42 周桂鈿(문재곤 외 옮김), 『강좌중국철학』, 예문서원, 1992, 286쪽.

43 『荀子』 「强國」 "義謂各得其宜."; 『中庸』 "義者 宜也."; 『禮記』 「祭義」 "義者宜者也."

44 『禮記』 「樂記」 "義以正之"; 『周易』 「坤卦文言」 "敬以直內, 義以方外."

45 『禮記』 「表記」 "義者 天下之制也."

46 『孝經』 "夫孝 天之經也 地之義也. 大經大義"의 뜻.

47 김충열, 「법가에 있어서 사회정의 문제」 『중국철학산고(I)』 온누리, 1988, 190-191쪽 및 「남명학의 요체-敬義」 『남명학연구논총』1, 1988. 1-32쪽; 임종진, 『무엇이 의로움인가』 글항아리, 2015, 1장 참조.

그런데 『논어』의 '의義'에 대해 고주는 의로운 일(義事,16:11. 12:10, 15:16, 1:13), 화도민지의化道民之義(6:21), 인의仁義(4:16), 의인義人(4:10), 합의위의合宜 爲義(17:23), 의宜(2:24, 14:16), 군자지체질君子之體質(15:17), 군신지도의君臣之道 義(=人性不可廢, 18:7), 의宜(義=皆於禮法得宜, 5:16) 등으로 주석하였다.

이에 대해 주자는 현인의 뜻(伊尹之志(16:11), 의義에로 옮겨 감(12:10), 인도지 소의人道之所宜(6:20), 천리지소의天理之所宜(↔利者人情之所欲, 4:16), 의義만 따 를 뿐이다(4:10). 제사지본이군자지질간制事之本而君子之質幹(15:17), 소행합의 所行合宜(13:4), 사지의야事之宜也(1:13), 언어가 의義에 미치지 않으면(15:16) 등 과 같은 표현으로 주석했다. 그리고 다산은 의사義事(16:11, 12:10, 15:16, 1:13), 인도지소의人道之所宜(6:20, 爲善去惡, 制其宜以善我), 도심지소향道心之所嚮(善我 也↔利者人心之所趨, 利者刀取禾, 4:16), 군신지의君臣之義(18:7), 재제득의裁制得宜 (5:16), 외행불위인外行不違仁(12:20) 등의 표현으로 주석했다.

요컨대 고주는 의義의 뜻을 마땅함(宜) 혹은 마땅함에 부합함(合宜)으로 풀 이하면서 그 마땅함을 '예법에 마땅함을 얻는 것'이라고 하였다. 그런데 고주 는 '객관적 실재'로서의 의의 독자성을 인정하지 않고, 그 기원에 대한 어떠한 언급도 하지 않으면서, 주로 의로운 일(義事) 혹은 의로운 사람(義人)으로 주석 했다. 이에 비해 주자는 고유한 이기론에 의해 의義를 해석했다. 그래서 그는 의를 '천리의 마땅함(天理之所宜↔人情之所欲)으로 사람이 마땅히 가야 할 길(人 道之所宜)'이라고 정의하면서, 개념상 (氣와 구별되는) 독립적인 실재로 정립했 다. 그래서 그는 "의에로 옮겨감, 의에 미치지 않으면, 일의 마땅함(事之宜)"이 라는 표현을 사용하고, 단 한 번도 의를 객관적 사물(義事) 혹은 사람(義人)으 로 환원하지 않았다.

그런데 주자의 이기론을 거부한 다산은 의義라는 것은 행사를 통해 성립된 다는 것을 강조한다. 그에 따르면, 의란 객관적 천리의 마땅함이 아니라, 도 심이 추향하는바 선을 행하고 악을 제거하는 외적 행위를 통해 나를 선하게 하는 것(善我)이다. 즉 의란 (주자처럼) 사물의 마땅함(事之宜)으로 객관적으로 실재하는 것이 아니라, 재제가 마땅함을 얻어 이루어진 일에서 성립하는 것이다. 요컨대, 인이 공효를 실현한 인인仁人과 별개가 아니듯이,[48] 의란 의사義事 혹은 의인과 별개가 아니라 재제가 마땅함을 얻은 것(裁制得宜) 혹은 마땅함으로 재제하여 나를 선하게 한 것이다. 일견 다산의 입장은 (의의 객관성을 천리에서 확보하지 않는다는 점에서) 고주와 유사(義=義人, 義事)하기도 하지만, 다산은 의의 근원을 도심의 지향에서 찾는다는 점에서 고주와도 구별된다.

이제 '리利'를 살펴보면,『설문해자』와 그 주에서는 다음과 같이 말한다.

> '리利'는 가래((銛)를 뜻하며, 도刀(刂)' 자에 따른다. 화和가 있은 다음에 리利가 있는데, 화성和省에 따른다. 『역』「문언전」에서 말하기를, '리利란 의義의 조화이다(義之和也).' 번역하여 말하면, '리利는 예리함(銳)으로 칼 도刀에 따른다. 화순和順·협화協調한 연후에 리利가 있으니, 화성和省에 따른 것이다. 『역』에서 말하는 이익利益이란 바로 의義의 화협和協에서 유래했다.[49]

리利는 기본적으로 '도刂(=刀)'에서 유래했기 때문에, 병장기(농기구) 칼날의 예리銳利함(利刃, 利口, 利足)을 의미한다. 또한 '리利'는 이로움(利益)을 뜻하는데, 진정한 이로움이란 화和에 따른 결과(和→利)이다. 그런데 화和(順協調)란 상호 마땅히 해야 할 도의를 다하는 것에 따르는 결과라는 점에서, 이란 의의 조화라고 하였다. 또한 리利(禾+刂=칼로 벼를 베다)란 결실과 수확을 의미하

---

48 다산은 관중과 연관하여 이렇게 말했다. "살펴보건대 仁이란 本心의 온전한 덕이 아니라, 일의 공로에서 이루어지는 것일 뿐이다. 그렇다면 (주자가) 仁의 공로가 있는데 仁人이 될 수 없다는 것은 아마도 이치에 맞지 않는 듯하다." 정약용 (이지형 역),『역주논어고금주』4, 사암, 2010. 4:17-에 대한 다산주.

49 湯可敬 撰,『說文解字今釋』岳麓書社, 2005, 591面. "利 銛也. 從刀. 和然後利 從和省. 『易』曰 利者 義之和也." 譯文 : "利 鋒利 從刀. 和順協調然後有利 所以從和省."; 『易經說』"利益 是由于義的和協."

는데, 결실은 만물의 완성(利者萬物之遂)이라는 점에서 '순조롭게 조화를 이룸'을, 그리고 수확이라는 점에서 결과적 이익이다.

『논어』의 '리利' 자가 예리함이란 뜻으로 쓰였을 때는 거의 문제가 되지 않고 이견 또한 없다. 그런데 '이익利益'의 뜻으로 쓰인 '리利'에 대해 고주는 재리財利(↔仁義), 그리고 「자한」장의 리利에 대해서는 『주역』「문언」의 말을 인용하여 "'리란 의의 조화(利者義之和)'이며', 군자가 만물로 하여금 각각 마땅함을 얻어 의에 부합하게 함으로써 하늘의 리를 본받는 것을 말한다(9:1)."라고 주석했다. 그런데 주자는 "리란 인정이 욕망하는 것(利者人情之所欲↔義者天理之所宜)"으로 정의하고, "리를 헤아리면, 의를 해친다(計利則害義)."라고 하였다. 그런데 다산은 "리란 칼로 벼를 취함"(利者刀取禾↔義者善我) 및 "인심이 추종하는 것(利者人心之所趨↔義者道心之所嚮)"으로 정의하면서, "리를 자주 말하면 의를 몸소 실천하지 못하고, 오히려 해상害傷하기 때문에 공자께서 드물게 말씀하셨다."라고 했다.

이제 『논어』의 의義와 리利(利益)를 주석함에 있어 드러난 특징을 요약해 보자. 고주는 의義를 마땅함(宜)으로 풀이하면서 의인義人 혹은 의사義事 등으로 변환하고, 리利를 재리財利(↔仁義)로 해석하였지만, 그 유래 혹은 기원에 대해 명확하게 정의하지 않았다.

주자는 의를 '천리의 마땅함(義者天理之所宜)' 혹은 '인도의 마땅함(人道之所義)'으로 정의하고, '일을 절제하는 근본(制事之本)'으로 '군자의 근간(君子之質幹)', '행하는 바가 마땅함에 부합함(所行合宜)' 혹은 '일의 마땅함(事之宜也)' 등으로 정의하였는데, 그의 고유한 이기론에 입각한 이원론적 규정이라고 할 수 있다. 그리고 리利 개념 역시 이기론에 입각하여 인욕人欲의 대상으로 정의하고 이를 헤아리면 의를 해친다고 하였다.

그런데 다산은 '의란 도심이 지향하는 것(義者道心之所嚮)'으로 '선을 행하고 악을 제거하고(爲善去惡)', '마땅함으로써 절제하여 나를 선하게 하는 것(制其

宜以善我)'으로 정의하였다. 그리고 리란 '벼를 칼로 취한다(利者刀取禾)'는 뜻에서 '인심이 추향하는 것(利者人心之所趨)'으로 그 유래를 설명하였다.

결론적으로 주자는 의義·리利 관계를 '천리의 공의로움(天理之公)'과 '인욕의 사사로움(人欲之私)'의 관계로 보면서, 실제상으로 모순·대립 관계로 제시하고 말았다(성리학적 엄숙주의). 주자의 '의리관義利觀'을 잘 요약해 놓은 다음 설명을 살펴보자.

> 의義와 리利는 서로 상대되는 것이지만, 실상은 서로 상반되는 것이다.…의는 천리의 마땅한 것이고, 리는 인정이 욕망하는 것이다. 천리의 마땅한 것은 공公이고, 인정이 욕망하는 것은 사私이다.…도모할 것을 도모하고 취할 것을 취하는 것은 의이다. 교묘한 속임수 같은 그릇된 방법으로 도모하지 말아야 할 것을 도모하고 취하지 말아야 할 것을 취하는 것은 리이다.…조금이라도 사심이 있어 천리의 당연함을 실천하지 못하는 것도 모두 리이다. 비록 천하의 일을 백성과 함께 하더라도 사심에 의해 하는 것은 리이다.[50]

그러나 이렇게 의리義利를 실제상 모순 대립의 관계로 파악하는 것은 공자의 언명과 합치하지 않는 측면이 있다. 앞서 공자는 "리를 보면 의를 생각한다(見利思義)."라고 말하여, "의에 부합하는 리를 취하라.(義에 부합하지 않는 利는 취하지 말라.)"라고 말하였지, "리를 버리고 의를 취하라."라고 말하지 않았기 때문이다. 바로 이 점에서 다산은 의·리 관계를 도심과 인심의 관계로 파악하여, (주자처럼 모순 대립의 관계가 아니라) 오직 정일하여(惟精惟一) 중용을 취하는(允執厥中) 관계로 재설정하였다고 생각된다.

---

50 진순(김영민 역), 『性理字義』 「義利」 예문서원, 1993.

제7장

예禮

I. 『논어』에서 예禮의 의미

　공자는 스스로 창시자가 아니라, 단지 옛 것을 좋아하고 민첩하게 추구한 전술자로 자임했다. 그리고 성자聖者 혹은 인인仁人이라는 명칭을 극구 사양하면서, 실천궁행에 부족함이 있다고 겸손해했다. 그러나 그는 현재 남아 있는 문헌상으로 본다면 최초로 금수와 구별되는 인간의 본성에 대해 말했으며, 나아가 인仁을 인간의 보편 덕으로 정립함으로써 인본人本과 인도人道 그리고 인문주의를 창도했다.

　이 장의 주제는 『논어』에서 공자의 예禮 개념 정립이다. 공자는 예 개념에서도 인문주의 이념을 도입했다. 일반적으로 공자는 당시 춘추시대에 주공周公이 제정한 예악의 붕괴를 목도하고, 정명正名의 구현을 통해 주례周禮 회복을 추구했던 복고주의자로 해석되기도 한다. 그러나 우리는 공자의 예론禮論이 단순히 복고적이라고 규정하는 것은 어디까지나 문자적·일면적 해석일 뿐이며, 그 이전에 사용된 예 개념의 용례와 비교해 보면 매우 혁신적이라는 것을 확인할 수 있다고 생각한다.

　여기서는 『논어』에 나타난 공자의 예 개념이 그 이전의 『시』·『서』의 용례와 비교할 때 얼마나 혁신적이었는지를 드러내는 것을 목표로 한다. 이를 위해 우선 『시』와 『서』에 나타난 예 자의 용례를 전부 조사하여 그 의미를 제시할 것이다. 그런 다음 『시』·『서』에서 사용된 '예' 자의 용례가 『논어』

에서 어떻게 바뀌었는지를 그 빈도수, 주체, 대상, 근본, 내용, 형식, 여타 개념(敬, 德, 仁, 恭·愼·勇·直 등)과의 연관관계를 통해 고찰하고자 한다.[1]

1. 공자 이전 예禮의 용례 : 『시』와 『서』를 중심으로

일반적으로 공자는 『시』·『서』·『예』·『악』·『역』·『춘추』 등 육경六經을 산정하여 제자들을 가르쳤다고 전해진다.[2] 그런데 『논어』에 따르면, "공자의 평소 말씀은 『시』·『서』와 집례執禮에 관한 것이었는데, 이것이 평소 말씀의 전부였다."[3] 『논어』 전체 약 498장 가운데 공자는 『시』의 편명(5회)과 내용(10회)을 약 15회 내외로 인용했고,[4] 『서』의 내용 또한 약 2회(2:21 및 14:43) 내외로 직접 인용했다. 그리고 『역』은 단 1회(7:16, 學易無大過)[5]만 언급했고, 『춘추』에 대해서는 어떠한 언명도 없다. 바로 이런 점들을 고려하면, 공자는 그 이전의 전적들 중 특히 『시』·『서』를 가장 많이 언급하며, 제자들을 가르쳤다. 따라서 『시』·『서』에 나타난 예의 용례를 살펴보고, 이를 통해 공자가

---

1 『논어』의 '禮' 개념에 대한 논의로는 다음의 논문 참조. 이경무, 「예와 공자 인학」 『동서철학연구』45, 2007; 남상호, 「육경과 공자 인학」 예문서원, 2003; 남상호, 「공자와 예」 『공자학』8, 2003; 조준하, 「전통 예악의 형성과 그 연원에 관한 고찰」 『동양철학연구』, 1980; 김상래, 「인과 예에 대한 연구-『논어』를 중심으로」 『온지논총』15, 2006. 도민재, 「공자 예악사상의 본질과 사회적 이상」 동양철학연구34, 2001; 또한 뒤의 참고문헌에 제시된 전적을 참조하라. 이 논문을 이러한 기존 연구를 참조하면서, 『시』·『서』와 『논어』에 제시된 禮 개념의 차이에 주안점을 두면서, 특히 공자 예 개념의 혁신성을 위주로 논의했다.

2 『사기』 「공자세가」 및 전손(백종석 역), 『선진유학』 학고방, 2009, 43쪽 참조.

3 『논어』 7:17. "子所雅言 詩書執禮 皆雅言也."

4 (1) 학이1:15에서 자공의 「위풍」<기오>편 인용. (2) 위정2:2에서 공자의 「노송」<경>편 인용. (3) 팔일3:2에서 공자의 「주송」<옹>편 인용. (4) 팔일3:8에서 자하의 「위풍」<석인> (혹은 逸詩) 인용. (5) 태백8:3에서 증자의 「소아」<소민>편 인용. (6) 자한9:26에서 공자의 「패풍」<경>편 인용. (7) 자한9:30에서 공자의 일시 인용. (8) 선진11:6에서 남용의 「대아」<억>편 암송. (9) 안연12:10에서 공자의 「소아」<아행기야>편 인용. (10) 헌문14:42에서 負荷惰스의 「위풍」<포유고엽> 인용. 그리고 『시』의 편명을 거명한 장은 (1) 팔일3:20(「관저」), (2) 태백8:15(「관저」), (3) 자한9:15(雅頌), (4) 위령공15:10-6(鄭聲), (5) 양화17:10(주남소남) 등이다.

5 공자는 만년에 『易』을 좋아했다고 전해지며, 『역』에는 총 9회에 걸쳐 禮라는 글자가 출현하지만, 그 시기를 확정할 수 없다는 점에서 제외한다.

어떻게 예 개념을 혁신하였는지를 알아보는 기준으로 삼고자 한다.

먼저 공자 이전의 군왕의 언명을 기록한 정치적 저술이자 역사서인 『서』에서 예의 용례와 의미를 살펴보자. 현행 『서』에서 '예' 자는 모두 8편에 걸쳐 18회 내외로 출현한다. 그 가운데 가장 오래된 『우서』에서 '예' 자는 「순전」(금·고문) 4회, 「고요모」(금·고문) 2회 등 총 6회 출현했는데, 다음과 같다.

> 그 해 2월 동쪽 지방을 순수하여 대종(泰山)에 이르러 시柴제사를 지내고… 율려와 도량형을 통일하고, 오례五禮(吉凶賓軍嘉 혹은 五常)를 닦고… 오월에 남쪽지방을 순수하여 남악(衡山)에 이르러 대종의 예禮와 똑같이 하시고, 팔월에 서쪽에 순수하여 서악(華山)에 이르러 처음과 똑같이 하시고, 11월에 북쪽 지방을 순수하여 북악(恒山)에 이르러 서쪽의 예禮와 똑같이 하시고, 돌아와 예조의 사당에 이르러서 한 마리 소를 써서 제사 지내셨다.…순임금이 말씀하셨다. "자 사악아! 짐의 삼례三禮를 맡아낼 자가 있겠는가(有能典朕三禮)?" 하니 모두가 "백이입니다."라고 말했다. 순임금이 말씀하시길, "옳지. 자, 백아 너를 질종(백신의 제사를 주관하는 관직)으로 삼으니, 밤낮으로 오로지 공경하여, 마음이 곧아야 맑아질 것이다.… 옳지, 가서 경건하게 임무를 수행하라."[6]

> 고요가 말했다. "하늘이 (군신·부자·형제·부부·붕우의) 윤서倫敍를 펴서 전典이 있게 하여 우리에게 오전五典을 지키도록 타이르시니, 다섯 가지를 후하게 하시며, 하늘이 (존비·귀천의 등급과 隆殺의) 품질하여 예禮가 있게 하시되 우리 오례五禮로부터 하시니 (다섯 가지를) 잘 쓰시도록 하소서! 다 같이 경

---

6   『書經』「虞書·舜典」 "歲二月, 東巡守, 至于岱宗, 柴…同律度量衡. 修五禮…五月南巡守, 至于南岳, 如岱禮. 八月西巡守, 至于西岳, 如初. 十有一月朔巡守, 至于北岳, 如西禮. 歸, 格于藝祖, 用特. …帝曰咨!四岳, 有能典朕三禮? 僉曰伯夷!帝曰俞, 咨!伯, 汝作秩宗. 夙夜惟寅, 直哉惟清."… 帝曰俞, 往, 欽哉!" 『서경』은 다음 번역서를 참고했다. 이기동 역해, 『서경강설』 성대출판부, 2014; 성백효 역주, 『서경집전』 전통문화연구회, 2014.

건하고 다 함께 공손하여 하늘에게 받은 마음을 잘 발휘하소서!'[7]

여기서 '지우남악여대례至于南岳如岱禮' 및 '지우북안여서례至于北岳如西禮'의 '예禮'는 제사를 의미한다. '짐朕의 삼례三禮' 또한 천자로서 순임금이 천신·인귀·지기에게 제사(향)하는 예(祀天神享人鬼祭地祇之禮也)이다. 『설문해자』에서 "예禮는 시행·실천한다(履:신다, 밟다)는 뜻이다. 그러므로 신神을 섬겨 복이 이르도록 하는 것이다. 시示를 따르고 풍豊(祭器에 제수가 담겨 있는 모양)을 따른다."[8]라고 했듯이, 가장 오래된 경전인 『서』의 「순전」에서 예의 원초적 의미가 제사로 제시되어 있음을 확인할 수 있다. 그래서 다산 정약용은 다음과 같이 말했다.

> 예란 제례祭禮이다. 시示는 신神이고, 곡曲이란 대 그릇(竹器)이며, 두豆란 나무 그릇(木器)이다. 신시의 곁(神示之傍)에 변두籩豆·궤조簋俎를 진설한 것이 제례祭禮가 아닌가? 그러므로 「요전」에서 말하길… 길례吉禮를 오례五禮의 으뜸으로 삼고, 흉凶·빈賓·군軍·가嘉를 차명하여 예禮라 말한 것은 그 승강升降·배읍拜揖·사양辭讓·진퇴進退의 절차가 제례와 같기 때문이다.[9]

그런데 제정일치의 고대 사회에서 제기에 제물을 진설하여 신령에게 제사 지낸 데에서 출발한 예는 국가의 주요 의식뿐만 아니라, 개인의 모든 사회생활 속에 영향을 미치는 공동체의 규범으로 확대되는데, 오례五禮(吉·凶·賓·

---

7 『書經』「虞書·皋陶謨」 "皋陶曰天敍有典, 勅我五典五惇哉! 天秩有禮, 自我五禮有庸哉! 同寅協恭和衷哉!"
8 『說文解字』「禮」 "禮 履也. 所以事神致福也 從示從豊."
9 정약용·이재의(실사학사경학연구회 편역), 「답이여홍」 『다산과 문산의 인성론쟁』 한길사, 4-42쪽. "禮者祭禮也. 示其神也. 曲者竹器也. 豆者木器也. 神示之傍. 陳設籩豆簋俎. 非祭禮乎. 故堯典曰典朕三禮. 三禮者. 天神地示人鬼之祭禮也. 祭禮之謂之禮. 非其原義乎. 吉禮於五禮爲首. 而凶賓軍嘉. 借名曰禮. 以其有升降拜揖辭讓進退之節. 與祭禮同故耳."

軍·嘉)가 바로 그것이다. 여기서 말하는 '수오례修五禮'란 바로 천하의 풍속을 공동체의 규범인 오례五禮로써 통일한 것이다(所以同天下之風俗).[10]

그리고 '예의 근거'에 대해 성찰할 수 있는 단서가 나타나 있다. 우주 자연에 천·지와 같은 상하관계가 존재하고 춘·하·추·동의 질서가 펼쳐지듯이, 인류에도 그 관계의 질서를 모방하여 군신·부자·형제·부부·붕우의 윤서倫敍(五典)와 상하·존비·귀천의 등급 및 융살隆殺의 품질品秩이 있도록 천자가 예를 만들었다(勅我, 自我). 자연물이 하늘이 만든 운행 법칙인 자연의 서질敍秩에 따라 운행됨으로써 그 존재를 드러내듯이, 인간은 성인이 인륜적 관계와 존비·귀천의 품질品秩을 규정한 예를 지킬 때 비로소 그 사회적 신분적 존재로서의 그 위상이 정립된다. 후대 주자가 "예禮란 천리의 절문節文이자 인사의 의칙儀則이다."라고 정의한 것은 바로 이 점에 근거했다.[11]

다음으로 『상서』에 출현한 경우를 살펴보자. 『상서』에는 중훼가 탕임금에게 충고한 「중훼지고」(古文)에 2회, 그리고 「태갑중」(古文) 및 「열명중」(古文)에 각각 1회 출현한다.

덕이 날로 새로워지면 만방이 그리워하고, (사사로운) 뜻으로 자만하면 구족이 떠나가니, 임금께서는 큰 덕을 밝히도록 힘쓰십시오. 백성들에게 중용의 정책을 써서, 의로써 일을 절제하시고(以義制事) 예로써 마음을 절제하시면(以禮制心) 후손들에게 넉넉함을 드리울 것입니다.…아! 마무리를 신중하게 잘 하시려면 오직 시작을 잘해야 합니다. 예가 있는 자를 번성하게 하시고(殖有禮), 어둡거나 난폭한 자를 넘어뜨려서 천도를 공경하고 높여야 길이 천명

---

10 『書經集傳』蔡沈注 참조.
11 주자의 『논어집주』에는, 이 정의가 6회 나온다.

을 보존할 것입니다.(「중훼지고」)[12]

　　왕이 손 모아 절하고 머리를 조아리면서 말했다. "나 소자는 덕에 밝지 못하여 스스로 불초함에 이르러 욕심으로 법도를 어그러뜨리고, 방종으로 예를 무너뜨려(縱敗禮) 제 몸에 죄를 불렀습니다. 하늘이 만든 재앙은 오히려 피할 수 있지만, 스스로 만든 재앙은 벗어날 수 없습니다."(「태갑중」)[13]

　　부열이 고종의 명으로 백관을 총괄하였다. 이에 왕에게 진언하여 말했다. "…제사지낼 때 부정을 타면, 이를 '경건하지 않다(不欽)'라고 하는 것입니다. 예가 번거로우면 어지러워지며(禮煩則亂), (그 어지러워진 예로) 신을 섬기면 어렵게 됩니다." (「열명중」)[14]

　　예(禮=示+豊)의 기원(시초)이 되는 제사에서는 그 대상(天神, 地祇, 人鬼)에 대해 오직 흠모欽慕(恭敬, 敬愼)하여 더럽히지(黷) 않고, 번다하거나 요란스럽지 않게 행해야만 그 신명과 교접할 수 있다(「열명중」). 제사에서 그 대상에게 경건했듯이, 왕은 모든 다스리는 일에서 방종하지 않고, 삼가 조심하여(欽은 천자가 관여하는 모든 일에 붙이는 말이다.) 예를 세움으로써(禮治) 재앙을 막을 수 있다. 이것이 바로 유교가 표방한 예치 이념의 근원이다. 이렇게 예치는 그 기점을 왕의 내면적 수양(欽)에 두고 있으며, 왕의 수양이 천하의 난을 예방하는 근본이 된다. 후대에 "무릇 예란 화란이 발생하는 원인을 금지하니, 바

12　『書經』「商書·仲虺之誥」仲虺乃作誥, 曰 "德日新, 萬邦惟懷 ; 志自滿, 九族乃離. 王懋昭大德, 建中于民, 以義制事, 以禮制心, 垂裕後昆. 德日新, 萬邦惟懷 ; 志自滿, 九族乃離. 王懋昭大德, 建中于民, 以義制事, 以禮制心, 垂裕後昆. …嗚呼! 愼厥終, 惟其始. 殖有禮, 覆昏暴. 欽崇天道, 永保天命."

13　『書經』「商書·太甲中」王拜手稽首 曰 "予小子不明于德, 自厎不類. 欲敗度, 縱敗禮, 以速戾于厥躬. 天作孽, 猶可違 ; 自作孽, 不可逭."

14　『書經』「商書·說命中」惟說命總百官, 乃進于王 曰 "…黷予祭祀, 時謂弗欽. 禮煩則亂, 事神則難."

로 제방으로 홍수의 범람을 막는 것과 같다."15라고 말하고 있듯이, 예란 (강제적인 법과 달리) 내면을 규제하여 혼란과 재앙을 방지하는 기능을 한다(규제적 기능). 요컨대 천명을 받은 천자의 소명은 자의로 자만하지 않고, 덕을 새롭게 밝혀 중도를 세우는 것이다. 그런데 이러한 중도를 건립하는 방법은 의로써 일을 제재하여 마땅함을 얻고(義宜也), 예로써 마음을 제재하여 그 바름을 얻어 경건하게 함으로써 안팎으로 덕을 완성시키는 것이다. 『서』의 이 말은 『역』의 이른바 "경으로 안을 곧게 하고, 의로써 밖을 방정히 한다. 경敬·의義가 정립되면 덕은 외롭지 않다."16라는 말과 그 맥락을 같이한다고 생각된다. 또한 『서』는 화복의 기준을 예에 두고 있다(福善禍淫). 그래서 "예가 있는 자를 봉해 주고, 어둡고 포악한 자를 전복시켜 망하게 하는 것이 천도이니, 천도를 공경하고 높이면 천명이 길이 보존된다."17라고 말하였다.

이제 『주서』에 나타난 사례를 살펴보자. 『주서』에서 '예禮' 자는 총 8회 출현한다.

"지금 하늘이 위엄을 부려 주공의 덕을 밝히시니, 오직 나 소자(성왕)가 새로 맞이할 것이다. 우리 국가의 예에도 또한 마땅하다(我國家禮亦宜之)."라고 하고, 왕이 교외로 나갔다.(「금등」:금·고문)18

(성왕이 반란을 일으킨 무경을 처벌하고, 미자를 송나라에 봉하면서) "아 은나라 원자야! 오직 옛것을 살펴, 덕 있는 자를 높이며 현명한 자를 본받으며, 선왕을 계통적으로 이어받으며, 예악·문물을 닦아서(修其禮物) 우리 왕실에 손님이

---

15 『예기』「經解」"夫禮禁亂之所由生, 猶坊止水之所自來也."
16 『周易』「坤卦·文言傳」"敬以直內 義以方外 敬義立而德不孤."
17 『서경집전』蔡沈注.
18 『書經』「周書·金縢」"王執書以泣, 曰 "…今天動威以彰周公之德, 惟朕小子其新逆, 我國家禮亦宜之." 王出郊.

되어 여러 제후국들과 다 같이 아름답게 되어서 영세토록 무궁할지어다. (「미자지명」: 고문)[19]

주공이 말했다. "왕께서는 이제 은나라(혹은 성대한:殷=盛) 예에 맞추어(肇稱 殷禮) 새 도읍지에서 제사를 지내되, 모두 순서대로 행하여 문란하지 않게 하소서."… 왕이 말했다. "공께서는… 문·무왕의 공업을 드러내시고, 천명을 받들고 보답하시며… 백성들과 함께 계시면서 공이 으뜸인 자를 돈독하게 하시고 예우를 하시어(惇宗將禮) 문란하지 않게 하십시오. 아직 공이 으뜸인 자를 예우하는 일이 확정되지 않아서(于宗禮亦未克枚) 또한 아직 공의 공로를 챙기지 못했습니다." (「낙고」: 금·고문)[20]

대개 이 원로들이 있어 은나라를 보호하고 다스렸다. 그러므로 은나라의 예가 융성하여 하늘과 짝이 되어(殷禮陟配天), 해를 이어간 것이 많았다. (「군석」: 금·고문)[21]

총재는 나라의 정치를 담당하는 자이니… 사도는 나라의 교육을 담당하는 자이니,… 종백은 나라의 예를 담당하는 자이니, 신과 사람을 다스려 상하를 화목하게 해야 한다(伯掌邦禮, 治神人, 和上下). 사마는… 사구는… 사공은 국토를 담당하는 자이니… 육경은 직책을 분담하여…. (「주관」: 고문)[22]

---

19 『서경』「周書·微子之命」王若 曰 "猷!殷王元子. 惟稽古, 崇德象賢. 統承先王, 修其禮物, 作賓于王家, 與國咸休, 永世無窮."

20 『서경』「周書·洛誥」周公 "王, 肇稱殷禮, 祀于新邑, 咸秩無文." …王若 曰 "公! 奉答天命, 惇宗將禮, 稱秩元祀, 咸秩無文. …于宗禮亦未克枚, 公功迪將."

21 『서경』「周書·君奭」公曰 "率惟玆有陳, 保乂有殷, 故殷禮陟配天, 多歷年所."

22 『서경』「周書·周官」"塚宰掌邦治…司徒掌邦教…宗伯掌邦禮, 治神人, 和上下. 司馬…司冦…司空…."

나는 들으니, 대대로 관직에 나아가는 집안에서는 예를 따르는 자가 드물 어서(鮮克由禮) 방탕한 자가 덕 있는 자를 능멸하고, 실로 천도를 어지럽힌다. (「필명」: 고문)[23]

예란 천자(제후)가 덕으로 천명을 받들고, 하늘과 짝하고(配天), 천도를 따르는 방법으로 국가를 다스리는 표준이다. 그렇기에 "예는 경중을 헤아리는 저울, 굽고 곧은 것을 바로잡는 먹줄, 그리고 네모와 원을 그리는 그림쇠와 같은 역할을 하기 때문에 백성을 평안하게 다스리는 최상의 원리이다(예치이념)."[24] 『주서』에 나오는 국가례國家禮 · 수기예물修其禮物 · 칭은례稱殷禮 · 은례섭배천殷禮陟配天의 예禮란 우선 천도에 따라 덕으로 천명을 받은 성왕이 국가를 다스리는 표준으로 제정한 전장제도(예제)를 말한다. 또한 순임금이 직접 제정 · 담당하던 삼례(朕三禮)를 이제 담당하는 관리(宗伯掌邦禮)를 두어, 천신天神 · 지기地祇 · 인귀人鬼를 섬기는 동시에 상하 · 존비의 등렬을 다스리고 조화롭게 하는 것을 도모하도록 했다. 예는 이제 신과 인간 및 인간의 상하관계를 구별 짓는 동시에 질서를 유지시켜 주는 기능을 한다. 나아가 하늘이 예의 준수 여부에 따라 복선화음하듯이, 예는 공적에 따라 인간을 평가하고 대우하는 기능(禮遇)을 수행한다.

이제 『시』에 나타난 예의 용례와 의미를 살펴보자. 먼저 「용풍」의 「상서」 편에는 2회 나온다.

쥐를 보니 가죽 있는데, 사람으로서 위의威儀가 없는가? 사람으로서 위의가 없으면, 죽지 않고 무엇하는가?

23　『서경』「周書 · 畢命」 王曰 "我聞曰: 『世祿之家, 鮮克由禮』 以蕩陵德, 實悖天道."
24　『禮記』「經解」 "禮之於正國也, 猶衡之於輕重也, 繩墨之於曲直也, 規矩之於方圜也…" 孔子曰 "'安上治民莫善於禮.' 此之謂也."

쥐를 보니 지체가 있으니, 사람인데 예가 없는가(人而無禮)? 사람으로서 예
가 없으면(人而無禮), 어찌 바로 죽지 않는가?[25]

그런데 「모서毛序」에 따르면, "「상서」는 무례無禮를 풍자했다. 위문공이 능
히 여러 신하를 바로 잡고 선군의 교화를 받들 지위에 있으면서도 예의禮儀
가 없음을 풍자한 것이다." 또한 후대 편찬된 『예기』에 따르면, 공자는 이 구
절에 근거하여 "대저 예란 선왕이 천도를 계승하여 사람을 다스린 것이다.
그러므로 예를 잃은 자는 죽고, 예를 얻는 자는 산다."라고 말했다.[26] 요컨대
예란 천도로 표방되는 초월적 권위 혹은 보편적 질서의 표상이기 때문에, 그
권위를 부여받은 군왕의 존재 근거이자 이행해야 할 준칙이다. 따라서 어떤
지위에 있으면, 그에 합당한 예의를 행해야 할 의무를 지닌다고 할 수 있는
데, 이 구절은 바로 이런 의미의 예 개념을 제시해 준다.

대부가 유왕幽王의 실정을 풍자한 「시월지교」에 예 자는 1회 출현한다.

아아 황보여! 어찌 때가 아니라 하겠소만 어찌 나를 부리면서,
나에게 와서 한마디 상의하지도 않나?
나의 담장과 지붕을 철거하고, 내 논밭이 웅덩이와 쑥밭이 돼도,
내가 그대를 해친 것이 아니라, 예가 그렇다고 하는구나(禮則然矣)![27]

---

25 『시경』「鄘風·相鼠」 "相鼠有皮. 人而無儀 人而無儀. 不死何爲. …相鼠有體. 人而無禮. 人而無禮. 胡不遄死."
    다음 번역서를 참조했다. 김학주 역, 『신완역시경』 명문당, 1988; 성백효 역주, 『시경집전』 전통문화연구회,
    1993; 이기동 역해, 『시경강설』 성대출판부, 2015.
26 『예기』「禮運」 "孔子曰, 夫禮, 先王以承天之道, 以治人之情, 故失之者死, 得之者生, 詩曰, "相鼠有體, 人而無禮,
    人而無禮, 胡不遄死?"
27 『시경』「祈父之什·十月之交」 "抑此皇父. 豈曰不時. 胡爲我作. 不即我謀. 徹我牆屋. 田卒汙萊. 日予不戕. 禮則
    然矣."

마지막 결구에 대해 주자는 "내가 그대를 해친 것이 아니라, 이것이 바로 아랫사람이 윗사람에게 부역을 바치는 상례常禮이다."[28]라고 주석했다. 여기서의 예란 마땅하게 통용되는 원리 혹은 규정을 의미한다.

다음으로 가시나무에 수없이 달려 있는 가시를 보고, 하나의 조상에서 나온 많은 자손을 연상시키면서, 제사를 받드는 모습을 노래한 「초자楚茨」에 '예' 자는 3회 출현한다.

> 빈객이 된 자들이 술잔을 주고받음이 교차하니, 예의가 모두 법도에 맞으며(禮儀卒度), 웃고 말함이 모두 마땅하기에 신의 보우가 이에 강림하는지라….
>
> 내 힘이 심히 다했으나, 예를 행함에 어김이 없기에(式禮莫愆)… 신이 음식을 즐긴지라….
>
> 예의가 이미 구비되어(禮儀既備) 종과 북을 두드리고, 자손들이 복위하면 축관들이 끝 알리네.[29]

이에 대해 여씨는 "「초자」는 제사에서 신을 섬기고 복을 받는 절차를 지극히 말하여, 상세함과 구비함을 다했다."[30]라고 주석했는데, 제사에서 출발하여 뿌리를 기억하고 근본에 보답(報本反始)하고자 하는 예의 본래 정신을 드러내고 있다.

다음은 풍년이 들어 추수할 때 감사의 제사를 드리면서 부른 노래인 「풍년」과 「재삼載芟」에 '예' 자가 각각 1회 출현했는데, 「초자」와 유사한 용례라

---

28 朱子(성백효 역), 『詩經集傳』「祈父之什·十月之交」의 朱子注.
29 『시경』「北山之什·楚茨」 "爲賓爲客. 獻酬交錯. 禮儀卒度. 笑語卒獲. 神保是格.…我孔熯矣. 式禮莫愆…神嗜飲食.…禮儀既備. 鍾鼓既戒. 孝孫徂位. 工祝致告."
30 朱子(성백효 역), 『詩經集傳』「北山之什·楚茨」의 朱子注.

하겠다.

> 풍년이라 벼와 기장 풍성하고… 조상들께 먼저 바쳐 제사하고, 이어서 갖
> 가지 예를 다하니…(以洽百禮).
> 하늘도 큰 복 내려 축원해 주네![31]

> 정성껏 술을 빚고 단술을 담아 조상님 사당에 제사 올리고, 이로써 모든 예
> 절 두루 갖추니…(以洽百禮).
> 향기로운 내음이 번져가듯이 온 나라에 빛이 되어 퍼져 나가네.[32]

이렇게 현존 『시경』에서 '예' 자는 모두 5편에 걸쳐 8회 나왔다. 이 가운데
3편(5회)은 조상에 대한 제사와 풍년에 대한 감사의 예식과 연관된다. 이 또
한 예의 원초적인 의미를 보여준다. 여기서 가장 중요한 것은 「상서」편에 나
타난 예의 의미라고 하겠다. 「상서」편에서는 "충蟲 가운데 가장 천하고 미워
할 만한 미물인 쥐(鼠)도 가죽과 지체가 있듯이, 사람이라면 마땅히 그 지위
에서 요구되는 위의를 갖추고 예의를 이행할 때 비로소 그 존재 근거를 충족
시킨다고 할 수 있다."라는 것이다. 여기서의 예란 인간의 존재 근거이자 그
의의의 실현을 의미한다. 또한 예는 대부와 임금, 즉 군신 간에 일반적으로
통용되는 원리원칙 혹은 규정(常禮, 「시월지교」)을 의미한다.

이제 『시』와 『서』에 나타난 예의 용례와 의미를 총결해 보자. 『서』에서 '예'
자는 모두 8편에 걸쳐 18회 출현했다. 가장 오래된 『우서』에서 예는 그 기원
이 되는 제사와 연관하여 3회(如岱禮. 如西禮. 有能典朕三禮), 하늘의 질서가 예

---

31 『시경』 「臣工之什·豐年」 "豐年多黍多稌…烝畀祖妣. 以洽百禮. 降福孔皆."
32 『시경』 「閔予小子之十·載芟」 "為酒為醴. 烝畀祖妣. 以洽百禮. 有飶其香. 邦家之光."

7장: 예禮/ 『논어』에서 예禮의 의미 | **297**

의 기원이라는 것(天秩有禮), 그리고 천자의 오례제정(自我五禮有庸哉) 1회 등
으로 주로 예의 기원과 유례(제사, 하늘) 그 제정자로서 천자 등에 관한 언명이
대부분이다.

『상서』에서 4회 출현한 '예' 자는 천자의 예의 준수 및 마음가짐과 연관된
것이 대부분이다. "방종하면 예가 무너지며(縱敗禮), 예로써 마음을 통제하고
(以禮制心), 예가 번잡하면 혼란이 오며(禮煩則亂), 예가 있는 자를 번성하게 해
야 한다(殖有禮)."라는 언명이 있었다.

『주서周書』에서 대략 8회 출현한 '예'는 국가례 5회(我國家禮 修其禮物 肇稱殷
禮 殷禮陟配天 伯掌邦禮), 예의 실천과 예우 3회(惇宗將禮 于宗禮亦未克敉, 鮮克由
禮) 등으로 주나라의 개국 및 주공의 예악 정비 그리고 봉건제 실시와 연관되
어 나타났다.

이렇게 『서』에서 '예'는 예의 기원(「우서」), 예의 준수(「상서」), 그리고 예제와
질서(「주서」) 등에 강조점을 두고 발전해 왔다고 하겠다. 그리고 예의 시행 주
체는 대부분 천자(15회) 및 제후 등 귀족(3회)과 연관된다. 예의 대상은 천신·
지기·인귀에 대한 제사(如岱禮. 如西禮. 有能典朕三禮 自我五禮有庸哉 禮煩則亂,
殷禮陟配天 伯掌邦禮), 전장제도로서 국가례國家禮(我國家禮 修其禮物 肇稱殷禮 殷
禮陟配天 伯掌邦禮), 예의 원리(天秩有禮, 以禮制心 縱敗禮: 鮮克由禮), 예의 종류와
형식(修五禮, 有能典朕三禮, 自我五禮有庸哉 禮煩則亂), 예우禮遇(惇宗將禮 于宗禮亦
未克敉), 예인禮人(殖有禮) 등으로 나누어 볼 수 있다.

『시』에서 '예'라는 글자를 보면 「용풍」의 「상서相鼠」에서 2회 나온 예(人而
無禮)는 인간이 마땅히 갖추어야 할 예의를, 「시월지교」의 예(禮則然矣)는 예
적 질서(禮規)를, 「초자」에서는 제사의 예의(禮儀卒度, 式禮莫愆, 禮儀既備)를, 그
리고 「풍년」과 「재삼」의 예 또한 각각 풍년에 대한 감사와 제사의 예의(以洽
百禮)를 말한다. 「상서」와 「시월지교」에 나타나 예는 왕·제후의 실정失政 및
예제와 연관되며, 그 나머지는 모두 제사 및 감사와 연관된다고 할 수 있다.

이에 『시』와 『서』에 나타난 예의 용례와 의미를 정리하면 다음과 같다.

(1) 예는 본래 제사에서 그 대상(天神, 地祇, 人鬼)에 대해 오직 흠모欽慕(恭敬, 敬愼)하는 마음으로 의식을 거행하여 신명과 교접하는 데에서 유래하여, 국가의 중요 의식 및 공동체의 규범(五禮)으로 확대되었다.

(2) 예는 궁극 근원인 하늘(상제)의 운행(질서)에 기원을 두고 성왕이 제정한 것으로 자연에 천지 및 춘하추동의 질서가 있듯이, 인륜에는 상하·존비·귀천의 등급과 군신·부자·형제·부부·붕우의 윤서倫敍(五典)가 있도록 규정한 것이다. 자연적 존재자와 인간은 예적 질서를 통해 자신을 드러내는 동시에 그 규정된다.

(3) 예는 천자(제후)가 덕으로 천명을 받들고(配天), 중도를 세워 천도를 따르면서 국가를 다스리는 표준(전장제도)이다.

(4) 예를 행하는 마음가짐은 종사·방탕·자만하지 않고, 오직 경건(欽)하고·더럽히지(不黷) 않고·번다하지 않는 데(不煩)에서 성립한다. 예란 마음을 규제하는 역할(以禮制心)을 한다. 예는 천자가 마음을 수양하여 혼란을 방지하는 역할을 한다.

(5) 예는 그 지위(천자, 제후 등)에 요구되는 품위 있는 위의이자 행해야 할 규범이다. 가장 천한 미물인 쥐도 가죽과 지체가 있듯이, 인간은 예적 위의를 갖추고 예의에 맞는 행위를 할 때에 비로소 그 존재 의미를 충족시킨다.

(6) 천도는 예에 기준을 두고 화복을 부여하듯이, 천자 또한 공덕에 따라 제후와 백관들을 예우해야 한다.

(7) 예는 근원을 생각하고 (풍년 등) 자연과 조상의 공덕에 대해 감사를 표현하는 것이다(報本反始).

2. 『논어』에서 공자의 예禮 개념 정립

『논어』 전체 498장 중 '예禮' 자는 75회(46장) 등장하며(仁은 109회/59장, 義는 21회/16장), 『시』(9회)·『서』(18회)에 비해 예의 원리·제도·정신·내용·본질·형식·문채 및 다른 덕목과의 관계 등 상대적으로 광범위한 주제와 연관하여 풍부한 함의(禮法, 禮制, 禮節, 禮義, 禮儀, 『禮』 등)를 지니고 출현한다. 『시』·『서』의 예는 주로 왕과 대부의 제사(如岱禮. 如西禮. 有能典朕三禮 自我五禮有庸哉 禮煩則亂, 殷禮陟配天 伯掌邦禮, 禮儀卒度, 式禮莫愆, 禮儀既備, 以洽百禮), 國家制禮(禮制: 我國家禮 修其禮物 肇稱殷禮 殷禮陟配天 伯掌邦禮, 禮遇) 및 예우(悼宗將禮 于宗禮亦未克敉, 殖有禮) 등과 연관되었다. 예禮를 지키는 주체는 왕·제후·대부 등과 같은 일부 귀족에 한정된 신분적 행위 의례였다. 그 주제는 고대 성왕이 예를 지킨 위용과 예법의 제정과 준수 방법, 천명(덕)과 화복의 관계, 그리고 예의에 대한 찬미 등이었다. 왕과 귀족들은 예법을 통해 정당성을 인정받는 동시에 그 권위를 나타냈다.

『시』·『서』의 '예'는 대부분 그 기원이 되는 제사와 국가례(禮制)와 연관되고, 예법의 준수와 그 위용에 대한 찬미가 다수를 차지했다. 그런데 『논어』에는 제사(9회/4장) 및 예제(15회/9장)와 연관하여 예가 출현한 비중(13장/46장, 24번/75회)이 많이 축소되었다. 그리고 예의 준수와 위용에 대한 단순한 묘사가 아니라, 예와 연관된 여러 문제에 대한 이차적·반성적 토론(예의 근본, 知禮者, 예와 여타 덕목과의 관계, 예의 실천과 그 공효 등)이 다수를 차지한다.

먼저 『논어』에 나타난 '예'의 용례에 보이는 특징을 살펴본 다음, 그에 대한 공자의 반성적 토론을 고찰해 보자. 『논어』에서 예는 상喪·제사·사당과 연관하여, 2:5(生事之以禮 死葬之以禮 祭之以禮), 3:4(林放問禮之本 禮…喪與其易也寧戚), 3:15(子入太廟…孰謂鄹人之子知禮乎…是禮也), 17:21(君子三年不爲禮, 禮必壞) 등 대략 9회/4장 내외로 나왔다. 그리고 예치禮治(禮制)와 연관하여 1:12(禮

之用, 和爲貴. 先王之道), 2:3(齊之以禮), 2:23(殷因於夏禮…周因於殷禮), 3:9(夏禮吾能
言之…殷禮吾能言之), 3:17(子貢欲去告朔之餼羊…我愛其禮), 4:13(能以禮讓爲國乎 何
有? 不能以禮讓爲國, 如禮何), 11:25(如其禮樂 以俟君子….爲國以禮), 13:3(事不成則禮
樂不興 禮樂不興則刑罰不中), 16:22(孔子曰天下有道則禮樂征伐自天子出 天下無道則禮
樂征伐自諸侯出) 등 15회/9장 내외로 출현했다. 여기서 공자 또한 예의 제정권
은 천자에게 있으며(16:22), 국가는 예로 다스려야 한다(禮治. 2:3, 4:13, 11:25 등)
는『시』·『서』의 관점을 계승했다. 그런데 그는 자율적으로 실천되는 좁은
의미의 예(禮·樂·刑·政 중의 하나)를 강제적으로 집행되는 형刑·정政과 명
확하게 대비시켜, 예에 대한 종교적인 타율적·맹목적 추종으로부터 자각
적·도덕적 실천으로의 길을 열었다(2:3). 또한 마음의 내면에서 자발적·자
율적으로 실천되는 예의 실질(禮讓)을 타율적인 외적 형식과 분명하게 대비
하고(4:13), 예의 양태와 형식 등은 시대에 따라 손익·가감될 수 있는 상대적
인 것이라 하였다(2:23, 9:3).

『시』·『서』에서 예를 실천하는 주체는 왕·대부 등 신분적인 계급에 한정
되었다. 물론『논어』에서도 예禮는 부유한 사람(1:15. 富而好禮者也) 혹은 신분
상 지위가 높은 사람(13:4. 上好禮則民莫敢不敬. 14:44. 上好禮則民易使也) 등이 먼
저 자율적으로 실천해야 하는 덕목으로 제시되었다. 그러나 공자는 예를 단
순히 신분상의 위의 혹은 거동의 표준이라는 측면뿐만 아니라, 점차 도덕적
인 군자가 자기를 정립하고 타자를 예우하는 행위의 표준(立於禮)으로 제시
했다. 요컨대 공자에 따르면, 명을 인식하여(不知命無以爲君子) 천명을 두려워
하는(畏天命) 군자는 인仁의 실천을 위하여 의義를 바탕으로 하여 예를 행위의
표준으로 삼아 자립하고, 타자 또한 정립시켜 주면서 성인이 되고자 노력하
는 사람이다.

공자께서 말씀하셨다. "군자는 글을 널리 배우고, 예로써 요약한다면 (도에

서) 어긋나지(背違) 않을 것이다."[33]

공자께서 말씀하셨다. "군자가 (일을 제어하는 근본인) 의로써 바탕·근간을 삼고, 예(등급·법도:節文)로써 그것을 행하고, 퇴손함으로써 그것을 드러내고, 믿음(성실)으로써 이루니, 진정 군자(의 도)로다."[34]

그렇다면 이제 우리는 공자의 '예에 대한 반성적 질문'을 살펴보자. 먼저 『논어』에서 "예란 무엇인가?" 하는 질문에 대한 공자의 언명에서 전통성과 혁신성을 살펴보자. 앞서 살폈듯이, 『시』·『서』의 작자들은 "예란 무엇(예의 본질)인가?"에 대한 명시적인 질문과 구체적인 대답을 제기하지 않았다. 『논어』와 『사기』「공자세가」의 평가를 살피면, 공자는 어릴 때부터 (거의 선천적으로) 예를 잘 실천하고, 예를 통해 자신을 정립하였으며(三十而立, 不知禮無以立), 비교적 젊었을 때부터 예에 달통한 사람(知禮者)으로 인정받았다. 그리고 그는 평소 항상 『시』·『서』(博文) 및 집례(約禮)로써 제자들을 교육했다. 그렇지만 『논어』에서 공자 또한 수차례에 걸쳐 예에 관해 반성적으로 토론했지만, 그 어디에서도 명시적인 정의를 제시하지는 않은 듯하다. 그러나 우리는 『논어』에서 공자가 예 개념의 형성에 그 이전과는 결정적으로 구별되는 중요한 공헌을 했음을 확인할 수 있다.

먼저 공자는 예를 초월적 존재의 명령에 의해 그 자체로 준수되어야 할 타율적 계율이 아니라, 인간이 자기완성을 목적으로 자율적으로 실천하는 여러 덕목 중의 하나로 재정립했다. 앞서 『시』·『서』에 따르면, 자연물이 하늘(상제)이 창조한 자연의 법칙에 따라 운행되듯이, 인간 또한 성왕이 제정한 예

---

33 『논어』 6:25. 子曰 "君子博學於文, 約之以禮, 亦可以弗叛矣夫!"
34 『논어』 15:17. 子曰 "君子義以爲質, 禮以行之, 遜以出之, 信以成之. 君子哉!"

의 규제를 받아야 한다. 자연물은 우주적 질서(상·하와 춘·하·추·동 등)를 따라 운행되어 자신을 드러내듯이, 인간은 예의범절의 실천을 통해 그 신분상 위의를 드러낸다. 따라서 예란 천도에 따르는 치국의 방도이자 요체이다. 따라서 왕은 예의 실천을 통해 공덕을 행하여 천명을 보존할 수 있으며, 제후와 백관들 또한 예의 실천에 따른 공덕을 기준으로 예우된다. 가장 하찮고 미워할 만한 미물인 쥐(鼠)가 지닌 가죽과 지체처럼, 예란 신분상지위를 지닌 인간이 반드시 마땅히 드러내야 할 위의이자 준수해야 할 행위 규범이다. 또한 『시』·『서』에서 예는 신분상 지위에 따른 행위와 정치의 표준으로서 주로 절제·규제적 기능을 수행하는 최고의 실천 덕목이었다. 『논어』에서도 공자는 많은 부분 표준으로서의 예가 절제 혹은 규제적 기능을 수행한다고 말한다. "글에서 널리 배우고, 예에서 요약한다(博學於文 約之以禮).", "극기복례克己復禮", "예로써 움직이지 않으면(動之不以禮)", "예악으로 절제하기를 좋아하고(樂節禮樂)", "예로써 가지런히 한다(齊之以禮)" 등과 같은 표현들은 바로 예禮의 규제적 혹은 절제의 기능과 연관된 것이다. 그런데 공자는 예란 단순히 절제(규제)적 기능만 수행하는 것이 아니라, 근본이 마련된 이후에 문식하는 이차적 혹은 보완적 기능 또한 수행한다고 말한다. 이는 공자가 "회사후소繪事後素란, 그림 그리는 일(禮)은 바탕(仁)이 마련된 이후에 하는 것임을 말한다."라는 그의 해석에 잘 나타나 있다.

자하가 물었다. "'어여쁘게 웃는 보조개여! 아름다운 눈동자에 흑백이 선명함이여! 소이위현혜素以爲絢兮(흰 바탕에 채색으로 꾸민다.)'라고 하였는데, 무엇을 일러 말하는 것입니까?" 공자께서 말씀하셨다. "그림 그리는 일은 흰 바탕을 마련한 뒤에 하는 것이다." 자하가 말했다. "예는 뒤라는 것이군요(禮後乎哉)." 공자께서 말씀하셨다. "나의 말을 감발하는 자는 상이로다! 비로소 더불어 시를 말할 수 있겠구나!"[35]

이렇게 공자는 인간이 먼저 필수적으로 갖추어야 할 덕목을 인仁으로 정립하고, 예는 인으로 자신을 정립한 군자가 자신을 문식하는 기능을 수행한다고 하였다. 다음 구절을 대비해보자.

> 『시』 : 쥐를 보니 지체가 있으니, 사람인데 예(威儀)가 없는가? 사람으로서 예(위의)가 없으면, 어찌 바로 죽지 않는가?[36]

> 공자 : "사람이 되어 인仁하지 못한다면, 예는 무엇하겠는가? 사람이 되어 인하지 못하면, 악樂인들 무엇하겠는가?[37]

이렇게 공자는 『시』・『서』에서는 덕치 혹은 전쟁 등을 잘 수행한 인군의 외적 형식미를 지칭하는 인을 인간의 보편 덕으로 정립하고, 예를 인을 보완하는 규제적・문식적 기능으로 정립했다. 혹은 군자는 기본이 되는 인의 덕으로 바탕을 정립하면서, 예의 규제를 받으면서 문식하여 덕을 완성하는 데에로 나아가야 한다고 말했다. 공자가 안회가 인仁에 대해 청문했을 때, "극기복례가 인이 된다."라고 대답한 것 또한 이런 맥락이라고 할 수 있다.

> 자기를 이기고 예로 되돌아오는 것이 인이 된다(克己復禮爲仁). 하루라도 자기를 이기고 예로 돌아가면, 천하가 모두 인하다고 허여할 것이다. 인을 행

---

35 『논어』 3:8. 子夏問曰, "巧笑倩兮, 美目盼兮, 素以爲絢兮. 何謂也." 子曰 "繪事後素." 曰 "禮後乎?" 子曰 "起予者商也! 始可與言詩已矣."

36 『시경』「鄘風・相鼠」"相鼠有皮. 人而無儀 人而無儀 不死何爲…相鼠有體. 人而無禮. 人而無禮. 胡不遄死."

37 『논어』 3:3. 子曰 "人而不仁, 如禮何. 人而不仁, 如樂何."

함은 자기로 말미암는 것이지 남으로부터 말미암는 것이겠는가?[38]

이렇게 공자는 사사로운 자기(私己)를 극복하고 공적인 예(己之公=禮)를 회복하는 것이 바로 인을 완성하는 방법이라고 말했다. 예의 회복이 인을 이루는 방법이라면, 예에 어긋나는 비례非禮 혹은 과례過禮(不及)는 곧 불인과 연관된다. 그렇다면 자기의 공적인 측면인 예의 회복이 어떻게 인간의 자기완성인 인仁을 이루는 방법이 되는가? 그것은 바로 예가 도덕 행위의 표준이 되기 때문이다. 그래서 공자는 안회가 극기복례를 통해 인을 이루는 방법을 질문했을 때, "예가 아니면 보거나 · 듣거나 · 말하거나 · 움직이지 말라."라고 충고했다. 그리고 맹의자가 효에 대해 질문했을 때, 우선 "어김이 없는 것(無違)이다."라고 대답하고 나서, "부모가 살아계실 때에 섬김 · 돌아가셨을 때는 장사 · 제사 등 모두 것은 예라는 행위의 표준에 맞게 행해야 한다."[39]라고 말한다. 요컨대, 예를 어김이 없는 것(無違於禮)이 인을 행하는 근본인 효가 된다.[40] 즉 행위의 표준으로서 예는 다른 덕목들을 일관 · 절제 · 인도 · 문식하여, 인간의 인간다움을 이루는 데(爲仁) 핵심 역할을 한다.[41] 그래서 공자는 다음과 같이 말했다.

공손하되 예禮가 없으면 수고롭고, 신중하되 예가 없으면 두려워하고, 용감하되 예가 없으면 난을 일으키고, 정직하되 예가 없으면 급박하다.[42]

---

38 『논어』 12:1. 顔淵問仁 子曰 "克己復禮爲仁. 一日克己復禮, 天下歸仁焉. 爲仁由己, 而由人乎哉?" 顔淵曰 "請問其目." 子曰 "非禮勿視, 非禮勿聽, 非禮勿言, 非禮勿動." 顔淵曰 "回雖不敏, 請事斯語矣."

39 『논어』 2:5. 孟懿子問孝 子曰 "無違." 樊遲御 子告之曰 "孟孫問孝於我, 我對曰, 無違." 樊遲曰 "何謂也?" 子曰 "生事之以禮, 死葬之以禮, 祭之以禮."

40 『논어』 1:2참조.

41 陳大齊(안종수 역), 『공자의 학설』 이론과실천, 1996. 207~218쪽 참조.

42 『논어』 8:2. 子曰 "恭而無禮則勞, 愼而無禮則葸, 勇而無禮則亂, 直而無禮則絞."

이렇게 예는 행위의 표준으로 다른 덕목들을 일관·절제·인도·문식하는 역할을 하기 때문에, 여타 덕목들이 예를 결여하면 악덕으로 변질될 수 있다. 행위의 표준으로서 예는 자기정립의 근거가 되기 때문에 공자가 "예를 배워 알지 못하면 설 수 없다." 혹은 "예에서 일어선다."라고 말했다. 요컨대 공자에 따르면, "군자는 의로써 바탕 삼고, 예로써 행하여" 인간됨의 근거인 인의 완성을 지향한다. 나아가 예는 인간 행위의 표준일 뿐만 아니라, 교화적으로 이루어지는 이상적인 정치의 표준이기도 하다. 그래서 공자는 "예로써 가지런히 하면(齊之以禮. 2:3)," "천하에 도가 있으면 예악정벌이 천자에게서 나온다(16:2)." 그러나 "예악이 일어나지 않으면, 형벌이 적중하지 않아 백성들이 어떻게 행동해야 할 줄 모르게 된다(13:3)." 그렇지만 "백성들을 예로써 가지런히 하면, 백성들이 부끄러워할 줄도 알고 바르게 된다(2:3)."라고 말했다.

예가 개인의 행위와 정치의 표준이라는 점은 이미 『시』·『서』에서 제시된 당시의 일반적인 관점이었다. 그런데 공자는 그 이전 및 당시의 형식 위주의 일반 관점을 비판하여, "예로다, 예로다 하는 것이 옥백을 말하는 것이겠는가? 악이로다, 악이로다 하는 것이 종고를 말하는 것이겠는가?"[43]라고 말한다. 요컨대 공자는 예禮를 본말 및 문질文質로 나누어 보고 있다. 다음 구절들을 살펴보자.

> 임방이 예의 근본(禮之本)을 물으니, 공자께서 말씀하셨다. "훌륭하구나,
> 질문이여! 예는 사치하기보다는 차라리 검박한 것이 낫고, 상례는 익숙히 처
> 리하는 것보다는 차라리 슬퍼하는 것이 더 낫다."[44]

---

43 『논어』 17:11. 子曰 "禮云禮云, 玉帛云乎哉? 樂云樂云, 鐘鼓云乎哉?"
44 『논어』 3:4. 林放問禮之本 子曰 "大哉問! 禮, 與其奢也寧儉, 喪, 與其易也寧戚."

공자께서 말씀하셨다. "바탕이 문채보다 지나치면 야인이고, 문채가 바탕보다 지나치면 문서리가 된다. 바탕과 문채가 적절하게 균형을 이루어야 군자라고 할 수 있다."[45]

공자께서 말씀하셨다. "선진은 예악에서 야인이고, 후진은 예악에서 군자라 하는데, 만일 예악을 쓴다면, 나는 선진을 따르겠다."[46]

요컨대 공자에 따르면, 예에는 근본-말단, 혹은 실질(내용·정신)-문채(형식·의식)가 있다. 즉 예에는 본말이 있고 예를 실천하는 행위(事)에는 시종始終이 있기 때문에, 먼저 해야 할 것과 뒤에 할 것(所先後)이 있다.[47] 공자는 검박(儉)·슬퍼함(戚)·경건함(敬)·사양함(讓)을 예의 본(내용·정신)으로 먼저 해야 할 것으로, 사치(奢)·익숙히 처리함(易)을 예의 말(문채·형식)로 뒤에 갖추어야 할 것으로 간주하여, 궁극적으로는 이 양자가 빈빈하게 균형(中庸)을 이루어야 군자답고 하였다. 바로 이런 이유에서 공자가 예악의 문제에서 바탕을 갖춘 야인인 선진을 우선 등용하겠다고 말했다. 주자는 이를 다음과 같이 해석했다.

공자께서는 당시에 바야흐로 말단만 추구하는데, 임방만 홀로 근본에 뜻이 있었기 때문에 그 질문을 크게 여기셨다. 대개 그 근본을 얻으면 예禮의 전체가 그 안에 있지 않음이 없다.… 예는 중용(中)을 얻는 것이 귀중하다. 사치함과 익숙하게 처리함(奢易)은 문식이 지나친 것(過)이고, 검소하고 슬퍼하는 것(儉戚)은 미치지 못하면서(不及) 질박한 것이니, 이 두 가지는 모두 예에

<hr>

45 『논어』 6:16. 子曰 "質勝文則野 文勝質則史 文質 彬彬然後 君子."
46 『논어』 11:1. 子曰 "先進於禮樂, 野人也, 後進於禮樂, 君子也. 如用之, 則吾從先進."
47 『대학』 경1장 참조.

합치하지 않는다. 그러나 모든 사물의 이치는 반드시 먼저 바탕(質)이 있고 난 뒤에 문식(文)이 있으니, 바탕이 곧 예의 근본이다.[48]

바로 이런 입장에서 공자는 나라를 다스리는 것(정치) 또한 예의 실질(내용)로 다스려야 한다고 말한다.

> 능히 예양(=예의 실질)으로 나라를 다스릴 수 있다면, 무슨 어려움이 있겠는가? 예양으로 나라를 다스릴 수 없다면, 예(예의 형식)인들 무슨 소용이 있겠는가?[49]

이에 대해 주자는 "'사양함(讓)'은 예의 실질(禮之實)이다. 예의 실질이 있어, 그 실질로써 나라를 다스린다면 무슨 어려움이 있겠는가? 예의 실질이 없다면, 비록 예의 문채가 갖추어졌다고 할지라도 예를 어떻게 할 수 없는데, 하물며 나라를 다스림에 있어서랴!?"[50]라고 정당하게 주석했다. 이렇게 공자는 예를 근본(실질·내용·정신: 儉·戚·敬·讓 등)과 그 말단(문채·형식·의식: 玉帛·奢·易 등)으로 나누고, 먼저 근본을 정립한 이후에 자연스럽게 말단을 갖추어 궁극적으로 빈빈한 중용을 이루어야 한다는 입장을 취했다.[51]

그리고 공자는 "예를 행함에 공경(경건)하지 않는다면,… 내가 무엇으로써 보겠는가?"[52]라고 말하면서, 검儉·척戚·경敬·양讓과 같은 예의 근본정신은 그 실질을 형성하기 때문에 바뀔 수 없지만, 예의 형식(玉帛, 麻冕 등)과 의

---

48   『논어집주』 3:4에 대한 朱子注.
49   『논어』 4:13. 子曰 "能以禮讓, 爲國乎, 何有. 不能以禮讓, 爲國, 如禮何."
50   『논어집주』 4:13에 대한 朱子注 참조.
51   『논어』 1:2. "君子務本, 本立而道生."
52   『논어』 3:26. 子曰 "居上不寬, 爲禮不敬, 臨喪不哀, 吾何以觀之哉?"

308 | 3대 주석과 함께 읽는 논어Ⅲ

식은 역사·상대적인 것으로 바꿀 수 있다고 생각하였다. 공자의 예제禮制 (典章制度)에 대해서도 같은 입장을 견지했다. 그래서 공자는 "자장子張이 십세+世 뒤를 알 수 있습니까?"라고 질문하자 다음과 같이 대답했다.

> 은나라는 하나라의 예를 인습하였으니, 덜고 더한 것을 알 수 있다. 주나라는 은나라의 예를 인습하였으니 덜고 더한 것을 알 수 있다. 그것이 혹 주나라를 계승한 나라라면, 백 왕조 뒤의 일이라도 알 수 있을 것이다.[53]

주자는 여기서 인습된 예란 삼강오상三綱五常과 같은 예의 대체大體이고 손익할 수 있는 것은 문질삼통文質三統과 같은 전장제도라고 했고, 다산은 각각 경례經禮와 같이 예제의 큰 것과 의문儀文과 같이 예제의 작은 것이라고 주석했다.[54] 요컨대 공자는 삼강오상과 같은 예의 대체 혹은 경례는 불가역적이지만, 문질삼통 혹은 의문과 같은 예제의 작은 것은 손익이 가능하다고 생각했다. 그렇다면 예의 형식 혹은 예제의 작은 것은 어떤 때·어떤 조건하에서 바뀔 수 있는가? 이에 대한 공자의 대답은 구체적으로 나타나 있지 않지만, 그의 언명에 의해 추론하면, (1) 예의 본래 정신(敬)을 위배하지 않는 범위 내에서, (2) 현실성(적실성)을 감안하여 예의 형식을 가감할 수 있으며, 나아가 (3) 인정人情에 근거하여 예제의 변혁 또한 가능하다고 말했다고 생각된다.

먼저 공자는 자공이 곡삭告朔의 예에 바치는 희생양을 없애려 했을 때에, "사야! 너는 그 양을 애석하게 여기느냐, 나는 그 예를 애석하게 여긴다!"[55]라고 대답한 것은 바로 예의 형식을 바꾸거나 없애는 것이 오히려 예의 본래 정

---

53 『논어』 2:23. 子張問十世可知也. 子曰 "殷因於夏禮, 所損益, 可知也, 周因於殷禮, 所損益, 可知也. 其或繼周者, 雖百世, 可知也."

54 『논어』 2:23에 대한 『집주』의 朱子注 및 『고금주』의 茶山注 참조.

55 『논어』 3:17. 子貢欲去告朔之餼羊. 子曰 "賜也! 爾愛其羊, 我愛其禮."

신을 해칠 수 있다고 생각하여 그 형식을 유지해야 한다고 했다. 그런데 다음 구절을 살펴보자.

> 검은 베로 짠 관을 쓰는 것이 예이지만, (세밀하여 만들기 어려워) 지금은 생사로 만드니 검약하다. 나도 대중을 따르겠다. 당하에서 절하는 것이 예인데, 지금은 당상에서 절을 하니, 교만하다. 비록 대중과 어긋나더라도, 나는 당 아래에서 절하겠다.[56]

여기서 공자는 분명 예의 형식의 변화가 적실성 혹은 현실성(儉約)을 높일 경우에는 그 변화를 따르겠지만, 예의 본래 정신(敬)을 훼손할 경우에는 비록 당시 대중들의 일반적인 풍속에 어긋난다고 할지라도 옛 형식을 고수하겠다는 입장을 피력했다.

그리고 공자는 (3) 예란 인정에 근거하여 변혁 혹은 수정될 수 있다는 점 또한 인정했다. 이는 "삼년상이 너무 길기 때문에 일 년이면 충분하다."라는 재아의 주장에 답하는 과정에 잘 드러나 있다.

> 재아가 물었다. "3년의 상은 1년이면 이미 (충분히) 오래입니다.…(1년이면) 묵은 곡식은 이미 다하고, 새 곡식이 이미 익고, 또 나무를 뚫어 불씨를 바꾸니 1년으로 그치는 것이 좋지 않습니까?" 공자께서 말씀하셨다. "(부모의 초상에) 쌀밥을 먹고 비단을 입는 것이 네 마음에 편하겠느냐?" (재아가) 말하였다. "편안합니다." (공자께서 말씀하셨다.) "네 마음이 편하거든 그렇게 해라. 대저 군자가 상중에 있으면 맛있는 음식을 먹어도 달지 않고, 음악을 들어도 즐겁지 않고, 거처가 편안하지 않기 때문에 하지 않는 것이다. 지금 네 마음이 편

---

56 『논어』 9:3. 子曰 "麻冕, 禮也, 今也純, 儉, 吾從衆. 拜下, 禮也, 今拜乎上, 泰也. 雖違衆, 吾從下."

안하다면, 그렇게 해라." 재아가 나가자, 공자께서 말씀하셨다. "재여의 불인함이여! 자식은 태어나 3년이 되어야 비로소 부모의 품에서 벗어난다. 대저 3년의 상은 천하의 공통된 상례이다. 재아에게도 부모로부터 3년의 사랑이 있었을 터인데!"57

여기서 재아가 삼년상을 일년상으로 줄여야 하는 근거로 "(1년이면) 묵은 곡식은 이미 다하고, 새 곡식이 이미 익고"라고 말한 것은 공자 이전의 예의 근거에 대한 일반적인 관점이다. 즉 예란 자연의 질서(천지·춘하추동)를 모방하여 인류에 질서를 부여한 것이기 때문에, 1년이면 자연의 질서가 바뀌듯이 인류의 질서(삼년상) 또한 그렇게 제정해야 옳다는 것이다. 이에 대해 공자는 인정, 즉 "(부모의 초상에) 쌀밥을 먹고 비단을 입는 것이 편안하지 않으며(不安)", 나아가 "은혜에 대해 보답(報本反始)하지 않는 것은 불인不仁"이라는 관점에서 반론하였다. 이렇게 공자는 인정에 근거를 두고 예의 형식을 바꿀 수 있다고 생각했는데, 이것이 바로 예에 대한 새로운 입장이라고 생각된다.

3. 소결

『시』와 『서』에서 예의 용례와 『논어』에서 공자의 예 개념 정립을 비교해보면 다음과 같은 몇 가지 점을 확인할 수 있었다.

첫째, 『시』·『서』의 예는 대부분 제사, 예제, 예법의 준수, 예의 위용, 예우 등에 대한 즉자적 묘사가 대부분이다. 이에 비해 『논어』의 예는 단순히 즉자

---

57 『논어』 17:21. 宰我問 "三年之喪, 期已久矣. 君子三年不爲禮, 禮必壞, 三年不爲樂, 樂必崩. 舊穀旣沒, 新穀旣升, 鑽燧改火, 期可已矣." 子曰 "食夫稻, 衣夫錦, 於汝安乎?" 曰 "安." "汝安則爲之! 夫君子之居喪, 食旨不甘, 聞樂不樂, 居處不安, 故不爲也. 今汝安則爲之!" 宰我出. 子曰 "予之不仁也! 子生三年, 然後免於父母之懷. 夫三年之喪, 天下之通喪也, 予也有三年之愛於其父母乎!"

적으로 형용되거나 기술된 것이 아니라, 예와 결부된 여러 문제에 대한 반성적 토론과 비평이 주를 이루었다.

둘째, 여타 덕목들과 연관된 논의의 수준에서 보면, 『시』·『서』에서 예는 의義(以義制事, 以禮制心:1회)와 결부되어 논의되었고, 신분제적 질서에서 천자(제후, 대부 등)가 경건하게(欽) 그 예禮를 행하여 공덕을 드러내고 예우해야 한다고 말하는바, 의義·덕德·흠欽 혹은 천명(天道) 등과 결부되어 논의되면서, 다른 덕목들과 연관하여 광범위한 논의가 상대적으로 부족하였다. 이에 비해 『논어』에서는 예에 대한 반성적·이차적인 논의가 주를 이루면서, 좀더 광범위한 개념들과 결부(德 1회, 仁 4회, 文 3회, 恭·愼·勇·直 1회, 勇1회, 恭 1회, 義·遜·信·智 1회, 樂 7회, 君子 5회, 敬 3회, 泰1회 등)되어 그 연관관계들에 대한 논의가 상대적으로 풍부하게 전개되었다. 이제 예 개념은 초월적인 존재의 명령에 의해 그 자체로 준수되어야 할 타율적·맹목적 계율에서 공자에 의해 점차 인간(군자)이 자기완성을 목적으로 자율적으로 실천하는 여러 덕목들을 일관·인도·규제·문식하는 기능으로 인간의 인간다움을 이루는 데 (爲仁) 핵심 역할을 하는 것으로 재정립되었다.

셋째, 『시』·『서』의 예가 제정일치의 신분사회에서 타율적·맹목적으로 추종(종교적)되어야 할 것이었다면, 공자는 자각적·자율적으로 실천되어 선에 이르는 도덕적 방법(有恥且格. 2:3)으로 제시했다. 또한 예의 중심이 형식적 의식(玉帛)으로부터 내면의 경(爲禮以敬)으로 이동하면서, 공자는 예제 문제에서도 자율적으로 실천되는 좁은 의미의 예(禮樂刑政의 하나)를 타율적으로 강제되는 형정刑政과 명확히 구분하였다.

넷째, 예에 대한 반성적 이차적 질문에 답하면서 공자는 예를 근본-말단, 실질(내용·정신)-문채(형식·의식), 먼저 해야 할 것과 뒤에 할 것(所先後), 현실성과 적실성, 불변적인 것과 손익 가능한 것, 예제의 근거(人情) 등의 문제를 제기하면서, 후대의 다양한 논의를 유발했다.

II. 『논어』
예禮 개념의 주석

『논어』에서 예禮 개념은 비록 가장 중요한 덕목으로서의 지위를 인仁에게 양보했다고 할지라도, 여전히 주도적인 개념의 하나로 남아 있다. 공자는 여러 질문에 답하는 형식으로 그 이전에 비해 훨씬 풍부한 함의를 담아서 예의 원리, 제도, 정신, 본질, 내용, 형식, 문질 등에 대해 설명했다. 그리고 인仁과 의義 등과 같은 주요 덕목과의 연관관계 또한 제시했다.

그동안 『논어』의 예 개념에 대한 많은 저작과 논문이 있었다. 여기서는 이전 연구 성과를 바탕으로 하면서, 그동안 많이 다루지 않았던 소재를 다루고자 한다. 먼저 역사상 『논어』에 대한 가장 중요한 주석가로 알려진 주자가 『논어집주』에서 그 이전(특히 고주인 『주소』)의 예 개념을 어떻게 혁신하였는지에 대해 살펴보기로 한다. 여기서는 주자가 (1) 예를 천리 및 인사와 연관하여 정의하게 된 배경에서 시작하여, 주자의 해석 가운데 (2) 혁신적인 내용인데다가 특히 다산 정약용 또한 그 해석을 지지한 장(「극기복례」 및 「회사후소」)을 중심으로 살펴보고자 한다. 그런 다음 한국의 가장 중요한 『논어』주석가인 다산 정약용의 예 개념 주석의 특징을 살펴보고자 한다. 여기서는 다산이 (1) 주자와 비교해볼 때, 예를 어떻게 정의했는지 그 특징을 살펴보고, (2) 예의 본말 및 문질 관계에 대한 그의 주석을 살펴보고자 한다.

1. 주자의 예禮 개념 주석

『논어』(498장)의 여러 개념들 중 예禮(75회/46장)는 인仁(109회/59장) 다음으로 많은 빈도수를 지니는 핵심적인 것이다. 이 언행록에서 공자는 여러 질문에 답하는 형식으로 예 개념 형성에 중요한 공헌을 했지만, 적극적·구체적인 정의를 제시하지 않았다. 그리고 한당漢唐의 훈고학적『논어』주석(『注疏』)에서도 사정은 마찬가지인 것으로 보인다. 『논어주소』(古注) 전체에는 도합 5회 예에 대한 진술(禮者…)이 있지만, 대부분 그 실행 방법과 공효만을 서술하고 있을 뿐이다.

> 『백호통』에서 말했다.…예란 이행이다(禮者履也). 도를 이행하여 문을 이룬다(履道成文).
>
> 예란 입신의 방법이다(禮者所以立身也).
>
> 예는 군신·부자의 구별을 바로잡고, 남녀·장유의 서열을 밝혀주는 것이다(禮所以正君臣父子之別 明男女長幼之序).…『예기』「예운」에서 말했다. 예란 국정을 다스리고 인군의 지위를 안정시키는 것이다(禮運云 禮所以治政安君也)
>
> 예란 공손·검소·장엄·경근하기 때문에(以禮者恭儉莊敬), 사람이 예가 있으면 편안하고 예가 없으면 위태롭다(人有禮則安 無禮則危).
>
> 예란 공손·검소·장엄·경근이니 입신의 근본이다(禮者恭儉莊敬 立身之本). 예를 알지 못한다면 입신할 방법이 없다(若其不知則無以立也).[1]

한대 『설문해자』에서는 "예는 이행이다(禮履也). 그러므로 신을 섬겨 복이

---

1   『논어주소』2:23, 8:8, 13:3, 16:13, 20:3에 대한 注疏. 이 책은 역주서(정태현·이성민 공역, 『역주논어주소』, 전통문화연구회, 2014)를 참조했다. 간략성을 위해 編·章·節을 알 수 있는 경우, 『주소』로만 본문에 표시하고 각주에 별도로 표기하지 않는다.

이르도록 하는 것이다(所以事神致福也). 시示를 따르고 풍豊을 따른다."라고 풀이했다. 『주소』의 예에 대한 정의는 『설문』을 답습·부연했을 뿐이다. 즉 예란 제사 의식에서 정성껏 귀신을 섬겨 복이 이르기를 기원한 데에 발생했듯이, 공손·검소·장엄·경근으로 (그 신분에 따른) 도리를 실천하여(履道) 문장을 이루는 것(成文)이다. 신분사회의 구성원으로 상하·좌우·직분·서열에 따르는 도리를 공손·검소·장엄·경근으로 실천하는 예란 귀족사회의 일원이 되는 입신立身의 근본·방법이며, 나아가 인군이 국정을 다스리고 지위를 안정시키는 수단이다. 그런데 이행(실천·거행·시행)으로서의 예란 신분적 거동과 국가적 의식을 중심으로 주로 '예의 공효'만을 제시했을 뿐, 그 본질에 대한 규정은 하지 못했다고 하겠다. 『주소』가 성립할 당시 오호십육국五胡十六國의 혼란을 수습한 북위北魏 이후에 정현鄭玄 계열의 예가 남조南朝에서 흥행한 왕숙王肅 계열과 치열한 논쟁 끝에 주도권을 장악했다. 그런데 정현의 『의례주儀禮注』는 너무 번잡하고 대규모의 국가 예제를 중심으로 하였기 때문에 실천 규범으로서는 한계를 지니고 있었다. 또한 후창后蒼 등 금문가今文家가 중시한 『사례士禮』 역시 조정의식朝廷儀禮의 일환으로 정립된 것으로, 그 실현 가능성은 이차적인 문제로 다루어졌을 뿐이었다. 『설문』에 따라 동음同音의 문자로 "禮(li)는 履(li)이다."로 풀이하여, 이행·거행·시행해야 할 규칙(禮式)으로 정의한 것은 바로 이런 사정을 드러낸다. 이 시대의 예란 곧 입신의 방법(근본)으로 결국 귀족 사회에서 그 일원으로 인정받기 위한 외형적 행위 규범을 의미했으며, 따라서 예의 형해화形骸化가 진행됨에 따라, (1) 무엇이 진정한 예이며, (2) 예 실천 주체는 누구인가에 대한 반성 및 (3) 이론적 측면에서 예에 대한 우주론적인 정초가 요구되었다.[2] 주자의 신주인 『논어집주』는 이러한 반성과 요구를 반영하여 집대성한 결과라고 하겠다.

---

2 고지마 쯔요시(김용천 역), 『유교와 예』, 동과서, 2012, 40쪽 참조.

주자는 『논어』의 '예' 자가 처음 나오는 곳에서 곧바로 "예란 천리의 절도·문식이자 인사의 의식·준칙이다(禮者 天理之節文而人事之儀則也)."라고 정의한다.

대개 예의 본체는 비록 엄격하지만, 모두 자연의 이치(自然之理)에서 나왔다. 절節이란 등급이다.(예컨대 천자의 복장은 12장·상공의 복장은 9장 등과 같이 각각 등급이 있는 것이다.) 문文이란 곧장 자르지 않고 부드럽게 돌아가는 모습이니, 치장을 잘한 것이다.(예컨대 산·용·꽃·벌레 등으로 장식하는 것이다.) 예컨대 승강·읍손하는 데(人事)는 천하의 마땅히 그래야 하는 이치(當然之理)가 있지만, 다만 이 이치는 형영形影이 없기 때문에, 이러한 예문禮文을 짓고 하나의 천리를 그려 사람들이 보게 하고, 규구規矩로써 의거할 수 있도록 하기 때문에, 천리의 절도·문식이라고 말한다.[3]

주자의 제자 진순陳淳은 이를 다음과 같이 잘 정리했다.

주문공이… 두 구절로 대구를 만들어 말한 것은 무엇 때문인가? 대개 천리는 단지 인사 중의 이치(理)이면서도 마음에 갖추어져 있는 것이다. 천리는 마음 가운데 있으면 일에서 드러나고, 인사는 밖에 있으면서도 마음 가운데 (천리에) 근본을 두고 있다. 천리가 그 본체이며 인사는 그 작용이다. 의儀는 의용儀容으로 밖에 형상을 지니고 드러난 것을 말하는데, 찬연하게 형상화한다는 뜻이 있어 문文 자와 상응한다. 칙則은 법칙·준칙을 말하는데 뼈대

---

3   朱子, 『論語集註』 1:12에 대한 朱子注. 주자의 『논어집주』와 세주는 다음 책을 주로 참고했다. 김동인·지정민·여영기 역, 『세주완역논어집주대전』1-4, 한울아카데미, 2009. 이 책 또한 간략성을 위해 編·章·節을 알 수 있는 경우, 『집주』로만 본문에 표시하고, 각주에 별도로 표시하지 않는다. 그리고 세주의 경우 『집주대전』으로 본문에 표기한다.

(骨子)가 마음 가운데에 보존되어 확연하게 바꿀 수 없다는 뜻이 있으니, 절節
자와 상응한다. 문文이 있은 이후에 의儀가 있고, 절節이 있은 이후에 칙則이
있다. 필시 천리의 절도·문식이 있은 이후에, 인사의 의용·준칙이 있다.
예란 모름지기 이 두 가지를 겸해야 뜻이 비로소 원만하게 갖추어진다.[4]

주자는 예를 천리 및 인사와 연관하여 규정함으로써 그 보편성과 구체성
을 동시에 확보했다. 그런데 고주에서 예禮(lǐ)를 동음인 리履(lǐ)로 훈고했듯
이, 주자 바로 이전의 북송시대에서는 동음인 리理(lǐ)로 풀이한 바 있다. 그렇
지만 이들이 말한 리는 보편 리가 아니라, 개별 사물에 내재된 조리條理를 의
미했다. 예컨대 북송 이학의 창시자인 주렴계는 "예는 리이고(禮理也), 악樂은
화和이다.… 만물이 각각 그 리를 얻은 연후에 화를 이루기 때문에, 예가 먼
저이고 악은 후이다."[5]라고 했다. 그리고 정자程子 또한 예를 천리로 규정하
면서 "보고 듣고 말하고 움직일 때, 예가 아니면 하지 않는 것이 곧 예이다.
예는 곧 리이니(禮卽是理), 천리가 아니면 곧 사욕私欲이다."라고 했다. 그런데
예를 단순히 만물의 내재적인 (조)리로 정의하면 예의 본래적 의미의 하나인
'의식·절차'는 간과되고, 오로지 '질서'만 부각된다. 그래서 주자는 예禮 개념
정의에서 정자의 천리-사욕 개념은 수용하지만, '예즉시리禮卽是理'라는 명제
를 곧바로 수용하지는 않는다. 왜냐하면 예를 소리·색깔·냄새·형적 등이
전혀 없는 "단지 이치라고 말하면, 오히려 공허한 것이 되고, 예는 천리의 절
도·문식이라고 말해야만 사람들에게 준칙으로 삼을 곳이 있도록 가르치는
것이 되기"[6] 때문이다. 그래서 주자는 복례復禮를 복리復理와 등치시킬 수는
없다고 말했다. 그렇다면 이제 『논어』에서 예에 대한 가장 중요한 언명이 나

4   陳淳(김영민 역), 『北溪字義』, 예문서원, 1993, 118쪽.
5   『通書』卷13. "禮理也 樂和也 … 萬物各得其理然後和 故禮先樂後."
6   『주자어류』권41 참조. 최영찬 외, 『동양철학과 문자학』, 「예」, 아카넷, 2003, 129-130쪽에 재인용.

타나 있는 「극기복례장」(12:1. 顏淵問仁. 子曰 "克己復禮爲仁. 一日克己復禮, 天下歸仁焉. 爲仁由己, 而由人乎哉?" 顏淵曰 "請問其目." 子曰 "非禮勿視 非禮勿聽 非禮勿言 非禮勿動." 顏淵曰 "回雖不敏請事斯語矣.")의 주석을 살펴보자. 고주는 다음과 같이 주석했다.

> 극克은 약約이다. 기己는 몸(身)이다. 복復은 돌아옴(反)이다. 몸을 단속하여 예로 돌아오면 인仁이 된다는 말이다. 인군이 만약 하루라도 몸을 단속하여(克己=約身) 예로 돌아오는 일을 행한다면(人君若能一日行克己復禮), 천하 사람이 모두 이 인덕仁德을 가진 인군에게 귀의한다는 말이다. 하루만 극기복례하여도 천하 사람이 귀의함을 볼 수 있는데, 하물며 종신토록 인을 행함에랴. 선善을 행하는 것은 나에게 달려 있지, 어찌 남에게 달려 있는 것이겠느냐는 말이다. (『주소』)

이에 대해 주자는 인·예를 천리 및 본심과 연관하여 주석했다.

> 인仁이란 본심의 온전한 덕(本心之全德)이다. 극은 이김(勝)이다. 기己는 몸의 사욕(身之私欲)을 말한다. 복復은 돌아옴(反)이다. 예란 천리의 절도·문식(天理之節文)이다. 위인爲仁은 그 마음의 덕을 온전히 하는 것이다. 대개 마음의 온전한 덕은 천리가 아님이 없지만, 또한 인욕에서 무너지지 않을 수 없다. 따라서 인을 행함은 반드시 사욕을 이기고 예에로 돌아옴이 있으면, 일은 모두 천리가 되고, 본심의 덕은 나에게 다시 온전해진다. 귀歸는 허여(與)이다. 또한 하루라도 자기를 이기고 예에로 돌아가면 천하 사람들이 모두 그 인을 허여할 것이라고 말한 것이니, 그 효과가 매우 빠르고 크다는 것을 지극히 말한 것이다. (『집주』)

이렇게 고주(漢學)와 주자(宋學)는 이 장의 (1) 극기복례, (2) 극기복례와 인의 관계, 그리고 (3) 극기복례의 주체 등에 각각 구별되는 해석을 시도했다.[7]

먼저 극기와 복례에 대해 고주에서 마융은 "극기는 자신을 단속함(約身)이고, 복復은 반反이다. 극기복례는 약신반례約身反禮이다."라고, 그리고 범녕范甯은 "극기는 책기責己이다."라고 해석했다. 고주는 이렇게 '기근(身)'에 대한 구체적 설명을 하지 않고, 다만 행사(爲) 위주(能行克己復禮則爲仁)로 부연·설명만 했다. 그래서 형병은 「소」를 내어 보완했다.

> 유현이 말했다. 극克은 승勝이라는 뜻이고, 기근는 몸(身)이다. 몸에는 기욕嗜慾이 있으니, 마땅히 예의禮義로써 가지런히 해야 한다.… 지금 나(邢昺)는 (『논어주소』를) 간정하면서 말한다. 극克은 훈이 승勝이고, 기근는 신身을 말하니, (극기복례란) 몸의 기욕을 이겨 제거하여 예에로 되돌아가는 것(反復於禮)을 말한다. (『주소』)

그런데 신주의 주자는 극기복례의 해석에서 유현과 형병의 주석을 답습했지만, 약간의 수정을 가하여 "극克은 승勝이지만, 기근는 신지사욕身之私欲(〈=身有嗜慾)"이라고 주석했다. 즉 성리학자인 주자는 "인욕의 사사로움을 막고 천리의 공의로움을 보존해야 한다(存天理·遏人欲)."라는 입장에서 주석했다. 그래서 그는 극복해야 할 기근란 기질에서 유래한 신체의 사욕(身之私欲)이며, 돌아가야 할 예는 천리의 절문으로 인사의 의칙이라 했다. 그리고 천리·인욕은 한寒·서暑(陰·陽)처럼 상반되기 때문에, 주자는 극기·복례를 같은 일의 다른 측면(一而二) 혹은 다른 측면의 같은 일(二而一)이라고 했다. 요컨대 극기복례를 고주는 '자신을 단속하여 예에로 되돌아가는 것을 행함(能行克己

---

7   황준지예(최영진·안유경), 『동아시아 유교경전 해석학』 문사철, 2009, 7장 참조.

復禮' 혹은 '자신의 기욕을 선왕이 제작한 행위 기준인 예의로써 이겨내어 가지런하게 함'으로 해석했다. 이에 비해 주자는 극기복례를 '자신의 사욕을 이겨내어 천리의 절문이자 인사의 의칙인 예에로 돌아가는 것'으로 해석했다. 즉 그는 극기·복례를 이기론에 의해 인간 마음에 내재하여 상호 갈등하는 천리·인욕으로 해명하고, 인(性即理, 仁者本心之全德)과 직접 연관시켜, 인의 실천론으로 제시했다.

그런데 청대의 모기령은 "(주자처럼 '克己'를) '자기의 사사로움을 이긴다(勝己之私)'로 해석하면, 필시 기己 자 다음에 '지사之私'라는 두 글자를 첨가해야 하는데, 일찍이 기己를 사私로 해명한 용례는 없다."라고 주장하여, 주자의 해석을 비판했다. 그리고 일본의 오규 소라이 또한 공자학은 예에 있지 마음(心)에 있지 않는데, 예란 "외적 강제력을 지닌 선왕의 도로서 사람의 몸과 마음을 바로잡는 도구"라고 규정하면서, 주자의 인욕·천리에 의한 해명을 비판한다. 그러면서 그는 극기복례란 '몸을 예에다 넣는 것(納身於禮也)'이며, 따라서 '극기복례위인克己復禮爲仁'이란 "사람의 몸을 선왕의 외적 강제력을 지닌 예에 집어넣어 바로 잡아, 안민의 도를 행하는 것이다."라고 해석했다.[8] 그러나 다산은 주자의 극기복례의 해석에 대한 반론을 고찰·비정하면서, 오히려 주자의 해석을 적극 지지·변호한다.

○살핀다. 한유漢儒들은 경설經說에는 모두 문자에서만 나아가 고詁라 하고 훈訓이라 하여, 인심·도심의 구분과 대체·소체의 구별에서 무엇이 인성이 되고, 무엇이 천도가 되는지에 대해 모두 막연하여 분명히 알지 못했다. 마음이 극기克己를 약신約身으로 간주한 것이 곧 그 증험이다.··· 주자가 우리 도를 중흥시킨 시조가 된 까닭 역시 다른 것이 아니라, 『중용』「서」를 지어

---

8 황준지예(최영진·안유경), 앞의 책, 242-244쪽에서 재인용.

이 이치를 밝혔기 때문이다. 요즘 학자들이 송宋·원元의 여러 유학자들의 이기설과 내선외유內禪外儒의 폐단을 바로잡고자, 경전을 담론·해석한 것이 하나같이 한漢·진晉의 설을 따르고자 하며, 무릇 송유에게서 나온 의리는 곡직을 불문하고 하나같이 반대하는 것만을 임무로 삼는다. 마음의 이른바 약신約身이란 사치한 것을 없애고 스스로 검약함을 봉행하는 것이다. 예가 아니면 보거나·듣거나·말하거나·움직이지 말라는 것과 스스로 검약함을 봉행하는 것이 어떻게 합당하겠는가?…어떤 해설자(모기령 등)는 극기克己·유기由己가 동일한 '기己' 자라 하여 주자가 기己를 사私로 풀이한 것을 기롱하였지만, '인을 행함은 사로 말미암는다(爲仁由私)'고 말할 수 없다. 그러나 대체大體는 기己이고 소체小體 또한 기己이다. 나로써 나를 이기는 것(以己克己)이 어찌 나가 아니겠는가(何者非己)? 극기의 기(克己之己)와 유기의 기(由己之己)는 서로 방해되지 않는다. (『고금주』)

이렇게 다산이 분명 고주와 모기령 등의 해석을 비판하고, 주자를 옹호했지만, 어떤 해석자는 오히려 다산이 고주를 따랐다고 잘못 해석하고 있다. 이는 현행 주자학과 다산의 관계를 설정하는 데 중요한 시사점을 제공한다는 점에서 살펴보자.

극기는 본래 몸을 검속한다는 뜻의 약신約身과 같다. 하지만 성리학자들은 사사로운 욕망을 이기는 것이라고 풀이했다. 복례는 선왕의 예법으로 돌아간다는 뜻이다. 정약용도 옛 주석에 따라서 예의로 돌아가는 일이 복례라고 보았다. 이에 비해 성리학자들은 천리인 예를 회복하는 것이라 풀이했다. 옛 주석과 정약용에 따르면, 극기복례는 결국 자기 몸을 검속해서 선왕의 예법을 실천한다는 뜻이었다. 한편 성리학의 관점에 따르면, 극기복례는 사욕을 극복해 천리를 회복하는 것이 된다. 조선시대의 학자들은 대개 성리학의 설

을 따랐다.[9]

그러나 이 해석은 (1) 다산은 극기를 약신으로 해석한 고주를 비판했고, (2) 주자는 천리가 곧 예라고 하지 않았고, 나아가 (3) 다산은 극기복례란 '자기 몸을 검속하여 선왕의 예법 회복을 실천하는 것이다.'라고 해석하지 않았다는 점에서, 심각한 오독이라고 하지 않을 수 없다.

다음으로 극기복례와 인의 관계에 대한 해석을 살펴보자. 앞서 살폈듯이, 고주는 예를 리履(行)라고 훈고하여 신분에 부합하는 거동과 국가적 의식(행사) 중심으로 정의하면서, 귀족의 일원으로 입신하는 근본(방법)이자 인군이 국정을 다스리고 그 지위를 안정시키는 것이라고 했다. 그래서 17:11(子曰 "禮云, 玉帛云乎哉? 樂云, 鍾鼓云乎哉?")을 주석하면서, 정현은 "예란 단순히 옥백만을 숭상하는 것이 아니라, 윗사람을 편안하게 하고 백성을 잘 다스릴 수 있게 하기 때문에 귀하게 여긴다."라고 주석했다. 그런데 여기서 고주는 인을 단순히 선과 동일시하고 말았다(爲仁=行善:爲仁由己=行善在己). 그렇다면 고주는 '극기복례위인克己復禮爲仁'을 결국 "능히 자신을 단속하면서 선왕의 예법을 회복할 수 있다면, 인仁(=善)을 행하는 것이다."라고 해석하여, 예와 인(=善)의 관계를 명확하게 설정하지 않았다고 하겠다.

그런데 인仁을 '마음의 덕이자 사랑의 이치(心之德而愛之理)'로 정의한 주자는 인을 본심의 전덕으로 규정하고, "예란 본심이 갖춘 천리가 드러난 절도·문식이다."라고 해석함으로써, 극기복례를 본심의 전덕인 인을 이루는 방법이라고 해석했다. 여기서 주자는 두 가지의 입장을 지양하는데, 예를 (1) 단순히 행사·행위·의식의 객관적인 표준양태로만 보면서 천리와 연관시키지 않거나(고주), (2) 곧바로 천리와 동일시하는 정자의 입장(復禮=復理)이 그것

---

9 심경호, 『심경호 교수의 동양고전강의:논어2』 민음사, 2013, 118-119쪽.

322 | 3대 주석과 함께 읽는 논어Ⅲ

이다. 예란 단순히 외적 형식이나 공효(安民)가 아니라, 마음의 본성인 천리의 절문이다. 예는 소리·색깔·냄새·형적 등이 없는 천리 그 자체가 아니라, 천리의 절문이기 때문에 규구로서 인사의 의칙이 되며, 따라서 예의 회복이 천리를 구현하는 방법이 되며, 천리의 구현이 곧 마음의 전덕인 인을 완성하는 방법이 된다. 만일 예가 곧 이치라면(禮卽理) 예의 회복은 곧 이치의 회복이 된다(復禮卽復理). 그러나 소리·색깔·냄새·형적 등이 없는 형이상자인 이치는 증감·괴성壞成하지 않는 것인데, 어떻게 회복할 수 있는가? 그리고 예는 곧 이치이고, 이치는 곧 성이고, 성은 (전덕의) 인이라면, 추이율에 따라 "예는 곧 인이다(禮卽理, 理卽性, 性卽仁, 禮卽仁)."라는 논리가 성립한다. 그러나 전덕으로서의 인은 편덕인 예를 포함하지만, 편덕으로서의 예는 전덕인 인을 포괄하지 못한다는 점에서 정자의 논지는 옳다고 할 수 없다. 이렇게 주자는 예의 근거(天理)와 그 실재성, 나아가 당위성(儀則)을 함께 확보했다.

나아가 고주는 극기복례의 주체를 인군(在上之人)으로 보고, "인군이 자신을 단속하여 예(선왕의 예법)로 돌아오는 일을 행한다면, 천하 사람이 모두 이 인덕仁德을 지닌 인군에게 귀의한다는 말이다."라고 했다. 그런데 주자는 극기복례를 본심의 전덕을 구현하는 방법(所以)으로 보았기 때문에, 극기복례의 주체를 신분적인 인군이 아니라, 도덕군자로 정립했다. 그래서 그는 "하루라도 자기를 이기고 예에로 돌아가면, 천하 사람들이 모두 그 인을 허여할 것이다.(←천하 사람이 모두 이 仁德을 가진 인군에게 歸依한다)"라고 해석했다. 그리고 다산 또한 "안연은 인군人君이 아닌데, 공자가 인군의 덕으로 일러주었고, 안연이 자신의 몸을 여기에 해당시켜, '청컨대 이 말씀을 따르겠습니다.'라고 말했다면, 이는 괴이한 일이 아니겠는가?"라고 말하여, 극기복례의 주체에 대해 고주(인군)를 비판하고 주자 해석(군자)에 동의했다.

요컨대 인간이란 사사로운 자기를 극복하고 상호 예로써 존중하며 질서를 유지하고, 함께 인간다운 사회를 추구하는 존재라는 것이 「극기복례장克己復

禮章」에서의 공자의 가르침이다. 그런데 주자는 인간이 타자와 함께 살아가면서 예로써 관계 맺는 도리의 근원이 본심의 전덕으로 본성에 갖추어져 있다고 주장한다. 즉 서양의 아리스토텔레스가 "폴리스적 존재로서 인간은 그 본성상 이성적 동물이다."라고 했듯이, 주자는 "인(二人)한 본성을 지니고 태어난 인간은 타자에 대한 동정심을 지니면서 예(天理之節文)로써 대우할 줄 아는 존재이다."라고 정의한 셈이다. 이성적 동물로서 인간이 동물적 신체에서 유래하는 욕망을 잘 제어하여 이성을 발휘할 때, (본능에 따라 群居하는 자연적 존재자를 넘어서) 공동체적 존재로서 인간 이념을 구현하는 문화적 존재가 된다. 그와 마찬가지로 그 본성상 다른 존재와 함께 공동체적 삶을 영위하는 운명을 지니고 태어난 인간 존재(仁者 本心之全德)가 그 본성을 잘 구현하기 위해서는 현실에서 자신의 이기적인 사욕을 잘 극복하고, 그 본성의 현실화인 예로 대표되는 도덕규범을 회복하여 천리를 구현할 때, 인간이념(仁)이 완성된다고 할 수 있다. 이것이 바로 '극기복례위인'에 대한 주자의 해석이다. 그리고 공자는 "인을 행함은 자기로 말미암는 것이지, 남으로부터 말미암는 것이겠는가?"라고 말하였다. 이에 대해 주자는 인을 행함은 천명으로 주어진 본성(天命之謂性)의 구현이라는 점에서 그 근거가 나에게 있지, 남에게 있다고 할 수 없다고 해석한다. 여기서 다산은 인이란 천명의 본성으로 주어진 것(선천성, 본래성)이 아니라 인륜적 행사에서 실천적으로 구현된다고 주장한 점에서는 주자와 견해를 달리하지만, 극기복례의 대지大旨에서는 고주를 비판하고, 주자를 지지했다고 할 수 있다.

그런데 예와 인의 관계를 규정하면서, 고주는 예를 인을 기초로 도덕적 완성을 이루는 것으로 해석했다. 그래서 3:3(子曰 "人而不仁 如禮何 人而不仁 如樂何.")에 대해, "이 장은 예악은 인에 자뢰資賴하여 행해진다는 것을 말했다.…사람으로서 인하지 못하면 필시 예악을 행할 수 없다는 말이다."라고 해석했다. 그런데 주자는 "사람이 불인하다면 당연히 예악과 아무런 상관이 없고,

예악 또한 나에게 작용하지 않는다."라고 말하여, 이 구절을 "사람이 되어 인仁하지 못하다면 예악과 무슨 상관이 있겠는가?"라고 해석했다. 요컨대 인·예의 관계에 대해, 고주는 '예는 인을 기초로 완성하는 것(인은 예의 필요조건)'으로 보고 있는데 반해, 주자는 인·예를 상호작용을 통해 완성되어 가는 과정으로 보았다.

이에 대해서는 「회사후소繪事後素」장(3:8. 子夏問日 "'巧笑倩兮, 美目盼兮, 素以爲絢兮.' 何謂也?" 子日 "繪事後素." 日 "禮後乎?")의 주석을 통해 좀더 명확히 살펴보자. 먼저 고주는 다음과 같이 주석했다.

> (日 禮後乎) 자하는 "그림을 그리는 일(繪事)은 그림을 다 그린 뒤에 흰색을 칠한다(後素)."고 하신 공자의 말씀을 듣고는, 즉시 그 뜻을 이해하고서 소素(흰 색)를 예禮에 비유한 것임을 알았다. 그러므로 "예가 뒤입니까?"라고 한 것이다. (子日 繪事後素) 공자께서 비유를 들어 자하에게 대답하신 말씀이다. 회繪는 그림이다. 무릇 그림을 그릴 때에는 먼저 여러 색깔을 칠하여 그림을 그린 뒤에 흰 물감을 여백에 칠하여 그림을 완성한다. 이로써 아무리 청반倩盼의 아름다운 자질을 지닌 미녀라 하더라도, 예를 기다려 아름다움을 완성함을 비유한 것이다. (『주소』)

그런데 주자는 다음과 같이 주석하였다.

> '회사繪事'는 그림을 그리는 일이고, '후소後素'는 흰 바탕보다 뒤에 한다는 것이다. 『주례』「고공기」에서는 "그림 그리는 일은 흰 비단을 마련한 뒤에 한다(繪畫之事 後素功)."라고 하였으니, 먼저 분칠할 곳을 바탕으로 삼은 뒤에 다섯 색으로 칠하는 것이 사람도 먼저 아름다운 바탕(質)이 있은 후에 문식을 더할 수 있는 것과 같다는 것을 말한다. 예는 반드시 충신으로 바탕을 삼으

니, 이는 그림 그리는 일에서 반드시 분칠할 흰 바탕을 우선으로 하는 것과 같다. (『집주』)

요컨대 '소이위현혜素以爲絢兮'라는 구절은 많은 사람들이 정현의 「고공기」 해석을 받아들여, 그림을 그릴 때는 먼저 여러 색을 칠한 뒤에 마지막으로 흰 색을 그 사이에 분포하여 문양을 완성하듯, 인간의 여러 덕목을 갖추어 행하였다고 할지라도 모름지기 예를 갖추어야 비로소 모든 덕목을 갖춘 완성된 인간이라고 할 수 있다는 말로 해석해 왔다(예가 완성한다). 그런데 정현 및 고주의 해석에 정면으로 반대한 것이 바로 주자였다. 주자는 이 구절을 본말론적 선후의 입장에서 해석하여, 먼저 바탕(素:忠信)을 이룬 다음에 문채(繪事:禮)로서 수식해야 한다는 말로 해석했다(禮란 文飾이다). 그래서 그는 그림을 그릴 때에 바탕을 먼저 이룬 뒤에(後素) 채색하듯이(繪事), 인간 또한 인간의 근본(忠信)을 닦은 뒤에 예로써 문채를 이루어야 한다는 것이 이 구절의 핵심 뜻이라고 했다. 그런데 다산 당시에 많은 이들이 정현의 해석을 지지하면서, 오히려 주자의 해석이 그릇되었다고 비판했다. 그러나 다산은 실제 그림 그리는 것에 근거를 두고 정현의 해석을 비판하고 주자의 입장을 지지하지만, 주자의 주석에도 찬성하지 않은 부분이 있다.

논박하여 말하면, 정현의 해석은 잘못되었다. 이는 정현이 본래 뜻을 잘못 알았던 것이다. 이미 「고공기」를 잘못 알았고, 이 경문을 잘못 알았다. 주자는 이를 고쳐 바로 잡았지만, 정현을 잘못을 변석·논파하는 데에는 이르지는 못했다. 그래서 오늘날의 학문에 얕은 소유小儒들은 「고공기」의 정현의 주를 받들어 경으로 삼으면서 주자의 설을 공격하지만, 또한 망령되지 않은가? 인증한다. 『예기』「예기」에서 말했다. 선왕이 예를 정립할 때는 본과 문에 토대를 둔 것이다. 충신은 예의 본이요, 의리는 예의 문이다. 본이 없으면 예가 성립되지 않고, 문이 없으면 예가 실행되지 않는다. (『고금주』)

정리하면, 고주는 여러 색깔(덕목)들로 채색한 다음 마지막으로 흰색(禮)을 칠하여 그림을 완성하듯, 예란 여러 덕목들의 완성이라고 했다. 그래서 인 또한 예로써 완성하는 데 기초가 된다고 했다. 이에 비해 주자는 "인은 여러 덕목들의 기본이 되는 동시에 그 종합적 완성이다(인은 예의 필요충분조건)."라고 하였다. 그래서 완전한 덕으로서 인을 이룰 때에는 "먼저 충신으로 바탕(質)을 이룬 이후에 예로써 문식한다."고 했다. 그런데 다산 또한 인은 모든 덕목들의 완성(仁者人倫之成德)이라고 규정하면서, 예를 덕목들의 완성이 아니라 문식으로 해석하여, 고주를 비판하고 주자를 지지했다. 그렇지만 다산은 예 개념의 정의와 해석에서 주자 해석을 전적으로 지지하지 않았는데, 그것은 천리, 본말 혹은 문질론 등과 연관된다.

2. 다산의 예禮 개념 주석

주자는 리理(太極)·기氣(陰陽·五行) 개념으로 모든 존재를 설명했다. 그는 덕 또한 이기론에 의해서, 인은 사랑의 이치(心之德而愛之理)로, 의義는 천리의 마땅함(天理之所宜)으로, 그리고 예는 천리의 절문 등으로 정의했다. 그런데 주자(1130-1200)보다 632년 뒤에 태어난 다산 정약용(1762-1836)은 당시 교조화된 성리학적 세계관과 형해화形骸化된 예가 오히려 인간을 구속하는 질곡으로 작용한다는 사실을 직시하고, 그 해체와 재구성을 시도했다. 그래서 그는 유교의 주요 덕목들을 리(天理)·기(人欲) 같은 우주적·심성적 근원으로 설명하지 않고, 실제의 행사에서 실천·완성된다고 주장하면서, '예' 자의 연원을 다음과 같이 설명한다.

예禮란 제례祭禮이니, 시示는 신神이고, 곡曲은 대 그릇(竹器)이고, 두豆는 나무 그릇(木器)이니, 신시神示의 곁에 변두籩豆·궤조簋俎를 진설한 것이 제례 아닌가? 그러므로 『서경』 「요전」에서 짐의 삼례三禮를 맡으라 했으니, 삼례란 천신天神·지시地示·인귀人鬼의 제례이다. 제례가 예란 말의 원의가 아닌가? 길례吉禮를 오례五禮의 으뜸으로 삼고, 흉凶·빈賓·군軍·가嘉를 차명하여 예라 한 것은 그 승강升降·배읍拜揖·사양辭讓·진퇴進退의 절차가 제례와 동일하기 때문일 뿐이다.…이것으로 미루어보면, 인의예지는 모두 행사로써 이름을 얻었으니, 마음에 있는 이치(在心之理)라고 할 수 없다. 이것이 어찌 조기趙岐의 사언私言이겠는가?[10]

다산에 따르면, '예禮(示+曲+豆)'는 신에게 제물을 바치는 연회의식을 나타내며, 따라서 제례가 모든 예의 근원이다. 신과 만나는 제례에서 출발한 예는 제사의식에서 국한되지 않고, 그 행위의 유사성에 의해 개인(冠·婚·喪·祭)과 공동체 예식(吉·凶·賓·軍·嘉禮)으로 확장되었다. 제사의식 절차의 유사성에 의해 명명되었기 때문에, 예란 마음 안의 이치(在心之理)가 아니라 행사를 나타낸다. 이렇게 다산은 예란 천리와 내재된 마음(심성)에 근거하여 재성裁成한 것이 아니라, "성인이 백성들이 불안해하는 것을 계기로 제정했다."라고 주장한다.

예란 본래 어떻게 하여 만들어졌는가? 백성은 욕심을 지니고 있기에 예로써 절제하지 않으면 사치하여 법도를 잃는다. 그러므로 사치함과 검박함의 중용을 권형(權於奢儉之中)하여 예를 만들었다. 사악하고 음일한 사람은 아침에 (부모 등이) 죽더라도 저녁에 잊어버린다. 그러므로 절차를 지키는 것과 슬

10 정약용·이재의(실사학사경학연구회편역), 「답이여홍」 『다산과 문산의 인성론쟁』, 한길사, 41-42쪽.

퍼함의 중용을 권형(權於易戚之中)하여 상례를 만들었다(불초자가 노력하여 도달하도록 했다). 지나치게 검박하거나 지나치게 슬퍼함이 비록 중용에는 맞지 않지만, 예를 제정한 본의本意는 검박함과 슬퍼함에 있고, 사치함과 익숙히 처리하는 데에 있지 않다. 그러므로 말했다. '중용을 얻으면 크게 선하지만, 만일 중용을 얻지 못한다면 차라리 검박하고, 차라니 슬퍼하라.'(『고금주』3:4)

일찍이 정자는 "예는 하나의 질서일 뿐이고, 악은 하나의 조화일 뿐이지만, 단순한 이 두 글자는 수많은 의리를 함축하고 있다. 천하의 모든 것에는 예·악이 있다."(『집주』17:11)라고 말하고, 제사란 성인의 제작制作이 아니라고 주장했다.

> 제사는 먼저 천성에 근본한다(祭先本天性也). 표범도 제사가 있고, 수달도 제사가 있고, 매도 제사가 있으니, 모두 천성이다. 어찌 사람이 되어 이런 짐 승들만 못할 수 있겠는가? 성인이 천성에 근거(因)하여 예법을 재성裁成하여 사람들을 가르쳤다.[11]

즉 예란 성인이 (無에서) 창작創作·제작制作한 것이 아니라, 천성에 본을 두고 재성裁成했다는 것이 정자의 주장이다. 주자는 이 말을 수정하고 발전시켜 '예란 천리의 절문이자 인사의 의칙'이라 했다. 주자가 예를 천리 자체 아니라 그 절문으로 정의했다면, 다산은 한 걸음 더 나아가 예를 인정을 바로잡기 위해 성인이 제작한 것으로 이해했다.[12] 즉 다산은 예를 더 이상 천리 혹은 천성과 관련지어 정의하지 않고, 성인이 백성이 불안해하는 것을 계기로 혹

---

11 『河南程氏遺書』卷22上 「二程語錄」 "又問, 祭起於聖人制作以敎人否? 曰非也. 祭先本天性也 豹有祭 獺有祭 鷹有祭 皆是天性 豈有人而不如物乎? 聖人因而裁成禮法以敎人耳."
12 박종천, 『예, 3천년 동양을 지배하다』 글항아리, 2011, 51쪽 참조.

은 백성의 욕망을 절제하기 위해 중용을 기준으로 제작(도구적 제도)한 것이라고 했다. 그렇다면 주자와 다산은 예의 근본 말단, 바탕과 문채(내용-형식), 그리고 예에서 불변적인 것과 가변적인 것을 어떻게 주석하는지 살펴보자.

먼저 예에 대한 공자의 중요한 관점이 나타나 있는 17:11(子曰, "禮云禮云, 玉帛云乎哉? 樂云樂云, 鐘鼓云乎哉?")의 주석을 살펴보자. 이 장에 대해 고주의 정현鄭玄은 "예는 단지 옥백만 숭상하는 것이 아니며, 윗사람을 편안하게 하고 백성을 잘 다스리게 하기 때문에 귀하게 여긴다는 것이다."라고 주석하여, 예의 공효의 측면에서 해석했다. 그런데 주자는 본말론의 관점에서 주석했다.

> 경敬하면서 옥백으로 받들면 예가 되고, 화하면서 종고로 표현하면 악이 된다. 예악의 본을 버리고 오로지 그 말만 일삼으면 어찌 예악이라고 하겠는가?(『집주』)

주자의 주석에 대해 다산은 다음과 같이 「질의」했다.

> 살핀다. 계씨가 태산에서 여제旅祭를 지낼 때 경敬을 다하지 않음이 없었을 것이고, 삼가가 「옹雍」으로 철상할 때 스스로 화를 다했다고 여겼을 것이다. 그러나 화和와 경敬이 예악이 되기에 충분하다고 할 수 없다. 그러므로 공자께서는 "사람이 인하지 못하면 예악을 잘 실천하여도 무엇하겠는가?(3:3)"라고 하셨다. 맹자는 "인仁의 실질은 어버이를 섬기는 것이고, 의義의 실질은 형을 따르는 것이고, 예禮의 실질은 이 둘을 절문節文하는 것이다.(「이루상」)"라고 하였다. 예악의 근본은 인륜에 있고, 옥백과 종고는 예악이 되기에 충분하다고 할 수 없다.
>
> 질의한다. 정자가 말했다. "또한 도적처럼 지극히 도의롭지 못한 경우에도 예악이 있다." ㅇ살핀다. 예악의 본은 인이다. 도적은 불인하니, 통솔과 순종이

있지만, 아마도 이를 예악이라 할 수는 없을 듯하다.(『고금주』 3:26 및 17:21 참조.)

이에 대해 호인은 "예악에는 본말이 있으니, 옥백·종고는 말末이다. 예의 본本은 경에 있으니 옥백을 빌려 실행하는 것이다."라고 말하여, 주자의 언명을 잘 설명했다. 주자는 예를 행할 때에는 일심一心의 주재이자 만사의 근본으로 성학의 시종을 관통하는 경敬(主一無適·整齊嚴肅·常惺惺·其心收斂不容一物)으로 본을 삼고, 옥백과 같은 예물(末)을 수단으로 삼는다고 했다. 그런데 다산은 「오학론」에서 다음과 말했다.

> 그러나 옛날의 학자들은 성은 하늘에 근본하고·이치는 하늘에서 나왔고·인륜이 달도라는 것을 인식하고, 효제충신을 하늘을 섬기는 본으로 삼고, 예악형정을 사람을 다스리는 도구로 삼고, 성의정심誠意正心으로 하늘과 사람을 잇는 추뉴樞紐로 삼았으니, 그 총명을 인이라고 하고, 인(효제충신)을 실천하는 방법을 서恕라고 하였고, 예악형정을 시행하는 방법을 경敬이라 한다(其所以施之曰敬). … 예란 효제충신을 절문하여 행하는 것이다.[13]

앞서 주자는 천리의 절문인 예란 거경居敬(本)하면서 옥백과 같은 예물(末)로 행한다고 했다. 이에 비해 다산은 『예기』 「예기」편의 본(仁)·문(禮)의 관계를 인용하여 설명한다. 다산에 따르면, 유학(=하늘을 밝게 섬기는 학문:昭事上帝之學)은 인륜의 달도인 인(=孝悌忠信의 총명)을 서恕의 방법으로 잘 실천하는 데 그 본령이 있고(本), 인을 근본으로 하여 예악형정을 경으로 잘 시행하는 데(文)에서 성립한다. 따라서 다산에게서 예란 인(=효제충신)에 본을 두고 경

---

13 『與猶堂全書』 제집 권11, 19-24面. 「오학론」. "然古之爲學者. 知性之本乎天. 知理之出乎天. 知人倫之爲達道. 以孝弟忠信爲事天之本. 以禮樂刑政爲治人之具. 以誠意正心. 爲天人之樞紐. 其名曰仁. 其所以行之曰恕. 其所以施之曰敬. …禮者所以節文乎孝弟忠信之行者也."

에 의해 절문하여 행하는 것인데, 인이 본이라면 예는 문의 역할을 한다(仁本禮文). 요컨대, 주자에 따르면, 천리의 절문이자 인사의 의칙인 예는 경에 근본을 두고 옥백과 같은 예물로 표현하는 것이다. 이에 비해 다산에 따르면, 근본이 되는 인륜(인, 효제충신)을 경으로 절문하여 시행하는 것(文)이 예이다. 즉 이기론으로 설명하는 주자는 예란 천리를 절문하여 인사의 의칙으로 삼아, 거경을 근본으로 하여 예물(末)로 행하는 것이다. 이에 비해 모든 덕은 인륜에서 실천된다고 주장한 다산은 예란 근본인 인륜(인=효제충신의 총명:근본)을 경으로 절문하여 시행하는 것(其所以施之曰敬)이라고 하였다.

> 주자 : 천리→절문→예(本으로서 敬과 末로서 예물)
>
> 다산 : 인륜(仁=효제충신의 총명:本)→절문→예(文:敬으로 施行)

여기서 경敬에 대해 주자는 예의 본이라고 했지만, 다산은 예의 시행 방법이라고 했다. 주자는 "경敬은 일심의 주재이자 만사의 근본으로 격물치지格物致知(『대학』), 존덕성尊德性・도문학道問學(『중용』), 선립기대자이도자불능탈先立其大者而小者不能奪(『맹자』), 수기이안백성修己以安百姓(『논어』)하는 모든 것이 경에 의해 이루어진다."고 했다.[14] 이에 비해 다산은 경을 성학의 시종을 관통하는 요체가 아니라, 단지 "향하는 대상에게 경근하는 것(所嚮警謹)으로, 향하는 대상이 없으면 경을 쓸 곳이 없다." 따라서 "경사敬事란 그 일의 시종始終을 생각하고 그 유폐流弊를 헤아리는 것이다."(『고금주』5:15)라고 했다. 경

---

14 『大學或問』"程子於此, 嘗以主一無適言之矣, 嘗以整齊嚴肅言之矣, 至其門人謝氏之說, 則又有所謂常惺惺法者焉, 尹氏之說則, 又有所謂其心收斂, 不容一物者 […] 敬者, 一心之主宰, 而萬事之本根也. […] 蓋此心既立, 由是格物致知以盡事物之理, 則所謂尊德性而道問學, 由是誠意正心以修其身, 則所謂先立其大者而小者不能奪, 由是齊家治國以及乎天下, 則所謂修己以安百姓, 篤恭而天下平. 是皆未始一日而離乎敬也, 然則, 敬之一字, 豈非聖學始終之要也哉"

에 대한 관점과 비중에 따라, 주자는 경을 예의 근본이라고 했지만, 다산은
단지 예의 시행 방법이라고 했다. 그래서 예·경의 관계를 나타내는 장(3:26.
子曰 居上不寬 爲禮不敬 臨喪不哀 吾 何以觀之哉)을 각각 다음과 같이 주석했다.

> 주자 : "예를 행하는 것은 경敬을 근본으로 한다.…이미 그 근본이 없다면,
> 무엇으로 그 행한 것의 득실을 살펴보겠는가?"
> 다산 : "예를 (경으로) 행한다는 것은 다른 사람과 더불어 길흉의 모든 예를
> 행하는 것을 말한다.… '내가 무엇으로써 보겠는가?'란 아무것도 볼 만한 것
> 이 없음을 말한다."

이렇게 주자는 "경敬이 예를 행하는 본이다."라고 명시했지만, 다산은 단지
"사람과 사람이 만나는 인륜 가운데에서 경신警愼(시종을 생각하고 流弊를 헤아
려)하여 예의를 행한다."라고 주석했다. 그렇다면 '예지본禮之本'에 대한 공자
의 대답이 직접 나타난 장(3:4. 林放問 禮之本 子曰 大哉 問 禮 與其奢也 寧儉 喪 與其
易也 寧戚)의 주석을 살펴보자. 먼저 주자의 주석은 다음과 같다.

> 공자께서는 당시에 바야흐로 말단만 추구하는데, 임방만 홀로 본에 뜻이
> 있었기 때문에 그 질문을 크게 여기셨다. 대개 그 본을 얻으면 예의 전체가
> 그 안에 있지 않음이 없다.… 예는 중中을 얻음이 귀중하다. 사치함과 익숙하
> 게 처리함은 문식이 지나친 것(過)이고, 검소하고 슬퍼하기만 하는 것은 미치
> 지 못하면서(不及) 질박한 것이니, 이 두 가지는 모두 예에 합치하지 않는다.
> 그러나 모든 사물의 이치는 반드시 먼저 질質이 있고 난 뒤에 문文이 있으니,
> 질質이 곧 예의 본이다. (『집주』)

이에 대해 다산은 다음과 같이 주석했다.

보완하여 말한다. 본本이란 (예를) 제작한 본의本意를 말한다.

질의한다. 사치함과 익숙히 처리하는 것이 반드시 문이 되는 것이 아니다. 검박함과 슬퍼함이 반드시 질이 되는 것도 아니다. 오직 예를 제작한 자의 본의는 사치함과 익숙히 처리하는 것을 우려했지, 검박함과 슬퍼함을 우려하지 않았기 때문에 공자께서 그것을 밝혀 주셨다. 또한 임방은 예의 본을 물었지, 예의 질을 물은 것이 아니다. 하물며 주나라가 바야흐로 쇠퇴함에 예가 괴멸되고 악이 붕괴되어, 우려는 문이 사라지는 것에 있었지 문文이 지나친 것에 있지 않았다. 또한 이런 상황에 편승하여 문을 억제하면, 문이 남아나지 않을 것이니, 어찌 성인의 뜻이겠는가? (『고금주』)

이 장에 대한 주자와 다산의 주석에는 본·말과 문·질에 대한 중요한 논점이 있다. 『논어』 6:16(子曰 質勝文則野 文勝質則史 文質 彬彬然後 君子)에 공자의 문질 관계에 대한 언명이 나와 있다.[15] 주자는 이 장을 단지 "배우는 자가 마땅히 남는 것은 덜고(損有餘) 부족한 것은 보완하여(補不足) 덕을 완성하는 데에 이른다면, 빈빈해지기를 기약하지 않아도 그렇게 된다는 말이다."라고 주석하면서, 양시의 "문이 이겨 질을 소멸시키는 데 이르면 그 본이 없어지니, 비록 문이 있다고 할지라도, 장차 어디에 베풀겠는가?"(『집주』)라는 구절을 인용함으로써, 질과 본을 동일시(質=本, 文=末)하는 견해에 공감을 표했다. 이에 비해 다산은 "질이란 덕행으로 본을 삼는 것이고(質謂本之以德行:忠信하는 사람은 禮를 배울 수 있다), 문이란 예악으로 꾸미는 것이다(文謂飾之以禮樂:선왕의 도를 배우는 것이다)."라고 말하면서, 다음과 같이 반론한다.

보광이 말했다. 야野는 오히려 본本에 가깝고, 사史는 말末에 따른다. ○논

박하여 말하면, 그릇되었다.…성인(공자)은 후학들을 깨우치고자 문·질을 나누어서 말했을 뿐이다. 그러나 진실로 그 질이 아니면 문이 베풀어질 곳이 없기 때문에 먼저 할 것은 질이라는 것이지, 한갓 질만으로 성인이 될 수 있다는 말은 아니다. 한 사람으로 보자면, 한갓 질만 있고 문이 없는 자는 촌사람이 됨을 면치 못한다. 한 나라로 보자면, 한갓 질만 있고 문이 없다면 오랑캐(仁夷)가 됨을 면치 못한다. 그러나 문이란 질과 대대함으로써 완성되니(文者待質以成), 본래 질이 없다면 문 또한 없다. 이미 문이라고 명명한다면, 거기에는 본래 질이 있음을 알 수 있다. (『고금주』)

질(바탕)이란 사물(사람)의 타고난 소박함 그대로 혹은 내용을 말하고, 문(문채, 문식)이란 화려하게 꾸밈(포장) 혹은 외적 형식으로 격식과 절차를 잘 익혀 몸가짐을 세련되게 잘 꾸미는 것을 말한다. 일반적으로 질·문의 선후 문제에 있어 우선 질(바탕, 내용)을 먼저 갖추어야 한다고 말한다. 그래서 "강하고·군세고·질박하고·어눌한 사람이 인에 가깝다."라고 말하고, 그 역으로 "교묘하게 말을 잘하고, 낯 빛깔을 잘 꾸미는 사람 치고 인한 사람은 드물다."라고 하였다.[16] 그런데 공자는 단순히 질박함만을 추구하지 않고, 그 질박함 위에 최선·최적의 균형과 조화를 이상으로 제시하여, 질·문이 빈빈彬彬해야 군자답다고 말했다. 성리학자들은 (주자와 보광의 예에서 보듯이, 질은 본이며, 문은 말로 보아) 문질을 본말 관계로 해석했다. 이에 대해 다산은 여기서 문(예악으로 꾸미기)·질(덕행을 본으로 바탕다지기)은 상호 필수·보완적으로 함께 갖추어 완성되는 상수상대相須相待 관계라고 주장한다. 즉 문이 가장 성대하려고 한다면 질 또한 가장 잘 갖추어져야 하며, 질이 가장 잘 갖추어지면 문역시 가장 성대해진다는 것이다. 따라서 문이 성대했던 시기는 질 역시 그 공

---

16   13:27. 子曰 "剛毅木訥 近仁."라고 말하고 있다. 1:3. 子曰 "巧言令色 鮮矣仁."

능이 가장 잘 발휘된 시기라고 말하면서, 다산은 다음과 같이 주장한다.

> 오늘날 누유陋儒들이 매번 주나라 말기에는 문이 승했다(文勝)라고 하니, 또한 잘못이 아니겠는가? 진실로 주나라 말기에 문이 승했다면(文勝), 주나라는 다시 창성했을 것이다. 문이란 것은 서주 때에 창성했다가, 동주 때에 쇠퇴했으며, 진나라 때에 민멸되었다가, 한나라 때에 불씨가 꺼졌으며, 당나라 때에도 싸늘하게 식었다. 오직 그 문文이 민멸했기 때문에 덕교·예악·전장·법도가 다시 흥기하지 못하여, 임금은 임금답지 못하고·신하는 신하답지 못하고·부모는 부모답지 못하고·자식은 자식답지 못하였고, 교郊·체禘 제사는 교·체답지 못했고, 조朝·종宗은 조·종답지 못했다. 무너지고 어두워져 다시 찾을 길이 없으니, 이는 문이 없어졌기 때문에 질 또한 없어진 것이다. 옛날에는 그 문을 완성하고자 하면, 의당 먼저 그 질에 힘써야 했다. 오늘날은 그렇지 않으니, 그 질을 돌이키고자 하면, 먼저 그 문을 닦아야 한다. 왜 그런가? 선왕의 도가 밝혀지지 않으면, 끝내 질로 돌아갈 수 없기 때문이다. (문질은) 그 형세가 서로 타고 서로 민멸하는 것(相乘相滅)이 이와 같은데도 유자들은 입만 열면 문득 문文을 억제해야 한다고 주장하니, 어찌 이른바 시무時務를 아는 자라고 할 수 있겠는가? 무릇 은나라는 질을 숭상하고, 주나라는 문을 숭상했다고 주장하는 자들은 모두 덮개에 덮어 씌워서 벗어나지 못하는 자들이다. (『고금주』)

다산의 문·질 상수상대론은 (1) 질본·문불-질불가손質不可損(陳櫟:質이 없으면, 文은 의착할 곳이 없다. 文은 앞설 수 없다), (2) 문·질 모두 손익가능損益可能(林泳, 金昌協:문·질 중 남는 것은 깎고 부족한 것을 보충한다), (3) 절충론折衷論(文·

質은 음·양과 같이 상반관계이다:金龜柱)[17] 등과 비교해 보았을 때 참으로 창의적이고 탁월한 해석이라고 하지 않을 수 없겠다. 이제 논점을 다시 정리해 보자. 먼저 주자의 주장을 요약하면 다음과 같다.

(1) 예는 천리의 절문이며, 예를 실행할 때의 본은 경이고 그 말은 예물이다.

(2) 3:4의 예지본禮之本은 그 본을 얻으면 예 전체가 그 안에 갖추어지는 것을 의미하는 바, 곧 (文質의) 질을 의미한다(먼저 質이 존재한 이후에 文이 있다).

(3) 공자 당시(周末)에는 예의 본(=質)이 아니라, 그 말단만 일삼는 폐단이 있었다.

이에 비해 다산은 주석은 다음과 같다.

(1) 예란 그 근본이 되는 인륜(인=효제충신의 총명:本)을 경敬으로 절문하여 행하는 것이다(禮=文).

(2) 3:4의 '예지본禮之本'이란 '예를 제작한 자의 본의'를 말한다(質이 곧바로 本이 되지는 않는다). 질이란 덕행으로 근본을 정립한 충신지인忠信之人이 예(=文)를 배우는 것(質謂本之以德行. 忠信之人可學禮)이고, 문이란 학습한 선왕의 도를 바탕(質)으로 하여 예악으로 꾸미는 것(文謂飾之以禮樂[學先王之道])으로, 따라서 문질은 상수상대相須相待 혹은 상승상멸相乘相滅의 관계이다.

(3) 주말周末은 문승文勝한 것이 아니라(文이 승했다면 質 또한 융성했다), 그 문이 민멸했기 때문에 덕교·예악·전장·법도가 다시 흥기하지 못하여, 질 또한 없어졌다.

17   차이전평(김중섭·김호), 『다산의 사서학:동아시아의 관점에서』 너머북스, 2014, 210-220쪽 참조.

그렇다면 여기서 결정적으로 중요한 것은 '본本'의 의미인데, 다음 두 해설이 잘 풀이해 준다.

　　　면재 황씨가 말하였다. 본本에 대한 설에는 두 가지가 있는데, 그 하나는 (1) '인의예지는 마음에 근본(根於心)하니, 성性이란 예의 본本(本根・根本)'이라는 것이다. 그러므로 중中이 천하의 대본이라고 한다. 또 하나는 (2) '예지본禮之本은 예의 시초(禮之初:本初・本始)'이라는 것이다. 이 두 설은 같지 않는데, 『집주』는 뒤의 설(本初也)을 취하여 "검박함은 사물의 바탕(質)이고, 슬퍼함은 마음의 성실함이니, 곧 검박함과 슬퍼함이 본本이 된다."라고 했다.

　　　쌍봉 요씨가 말했다. 본本의 뜻은 두 가지가 있고, 그 말末도 각각 다르다. (1) 본근本根의 본本은 그 말末이 지엽枝葉이 된다. 지엽枝葉은 본근本根에서 나오지만, 또한 본근을 무성하게 할 수 있으니, 서로 있어야 하고 서로 없을 수 없다. (2) 본시本始(本初)의 본은 말로 흘러가면 반드시 예를 잃게 되니, 검박함에서 시작하여 말단에는 반드시 사치하게 되니, 그러므로 '차라리 말단(의 폐해)보다는 (시초가) 낫다.'라고 말씀하신 것이다. 공자께서는 말류의 폐단 때문에 부득이하게 본(처음)으로 돌아가라고 하셨다." (『논어집주대전』)

　주자가 해석한 예지본禮之本이 시초始初(本始・本初=質)를 의미한다면, 다산의 해석(예의 제작자의 本意)과는 큰 차이가 나지 않는다. 그러나 문질 및 본말을 다르게 보기 때문에 두 사람의 현실인식과 처방은 완전히 달랐다. 주자는 본말에서 (2)의 입장(本始・本初에 대한 末種・末流의 관계)으로 해석했다. 그래서 그는 "본本(始・初)은 말末로 흘러가면 반드시 예를 잃게 되니, 검박함에서 시작하여 말단에는 반드시 사치하게 되니, 그러므로 차라리 말단의 폐해보다는 처음의 것이 낫다고 말씀하신 것이다. 공자께서는 말류의 폐단 때문에 부득이하게 본(처음)으로 돌아가라고 하셨다."라고 하였다. 그리고 이를 질(本)·문(末)으로 해석하여, 공자 당시 주의 쇠퇴와 더불어 예의가 붕괴되었는데, 그 원인은 (그 말단에만 치중하여) "예의 시초가 되는 검박함과 슬퍼함과 같은 질은 부족한 데에 비해, 오히려 과욕에 의한 사치가 지나쳐 문(예의 말단)이 넘쳐났다."라고 진단했다.

이에 비해 다산은 본말本末에 대한 두 해석 중 (1)의 입장 즉 본근本根·지엽枝葉(지엽은 본근에서 나왔지만, 또한 본근을 무성하게 한다:相須相待·相乘相滅)으로 문질관계를 보았다. 즉 다산에 따르면, 질(바탕 다지기)이란 덕행으로 근본을 다진 충신지인이 예를 배우는 것이며, 문(예악으로 꾸미기)이란 충신지인이 선왕의 유문을 배우면서(博文:선왕의 도를 배운다) 인륜(인=효제충신)을 예악으로 현창하는 것이다. 이 양자는 상보적으로 함께 완성·민멸되는 관계이다. 요컨대 질(仁)은 문(禮)의 근본이 되고(質爲文本:사람이 仁하지 않으면 예를 어떻게 하겠는가?:不質則不文), 문의 근본으로서 질質(仁, 孝悌忠信)은 문에 의해 현창되며(質以文顯), 지엽인 문(禮樂刑政)이 융성하면 근본인 질(효제충신)도 보완·완성된다(禮樂刑政者所以輔成乎孝悌忠信之行者也).[18] 이런 이유에서 다산은 공자 당시의 예악의 붕괴 상황은 질에 비해 문이 지나친 것(文勝)에 원인이 있는 것이 아니라, 오히려 문의 부족에 기인한다고 진단했다.

그렇다면 이와 연관된 예의 불가역성과 가변성의 문제가 나타난 2:23(子張問十世可知也. 子曰, "殷因於夏禮, 所損益, 可知也, 周因於殷禮, 所損益, 可知也. 其或繼周者, 雖百世, 可知也.")의 주석을 살펴보자. 이 구절에 대해 고주의 마융은 "인습한 것(所因)은 삼강오상三綱五常이고, 덜고 더한 것이란 문질삼통文質三統을 말한다."라고 주석했는데, 주자는 이를 거의 그대로 답습하여 설명했다.

---

18 「五學論」참조.

삼강·오상은 예의 대체로 3대가 서로 계승하여, 모두가 그것을 인습하였을 뿐 바꿀 수 없는 것이다. 그 덜고 더한 것(=文質三統)은 문장·제도가 조금 넘치거나 미치지 못하는 정도의 차이에 불과하여, 이미 그러했던 자취는 지금 모두 볼 수 있으니, 지금 이래로 혹 주를 계승하여 왕이 되는 자가 있으면 비록 백세나 떨어져 있더라도 인습한 것과 변혁한 것 또한 이에 지나지 않을 것이니, 어찌 단지 십 세뿐이겠는가? (『집주』)

그런데 예란 (천리에서 유래한 것이 아니라) 성인이 백성을 안정시키거나 그 욕망을 절제하기 위해 제작制作한 것이라고 주장하는 다산은 "예란 한 왕조의 전장·법도이다."라고 주장하면서, 여기서 "예에서 불가역적인 것은 경례로서 예제의 큰 것이고, 가역적인 것은 의문으로 예절의 작은 것이다."라고 주석했다.

하례夏禮는 아직 진선盡善하지 않았기 때문에 은殷이 비록 인습했지만 덜고 더한 것이 있었다. 은례殷禮도 오히려 아직 진선하지 않았기 때문에 주나라가 비록 인습했지만 또한 덜고 더한 것이 있었다. 전장·법도는 주에 이르러 크게 갖추어졌으니, 진선진미盡善盡美하여 덜고 더할 것이 없다. 왕자가 일어나 반드시 주나라의 예를 하나같이 따른다면, 비록 백세가 지나도 변하지 않을 것이다.… 또 살핀다. 삼강·오상은 인륜이지 나라의 예제가 아닌데, 마융(주자)은 예제에 해당시켰으니, 또한 억지가 아닌가? (『고금주』)

예에서 왕조를 초월한 불가역적인 것을 주자는 삼강오상과 같은 예의 대체라고 했고, 다산은 경례와 같은 예제의 큰 것이라고 했다. 그리고 왕조에 따라 손익될 수 있는 예에 대해 주자는 문장·제도에서 과·불급한 것(文質三統)을, 다산은 예절의 작은 것으로 의문儀文이라고 했다. 그런데 하·은·주로 계승된 예는 국가적 예제를 말하며, 따라서 계승될 불변의 예는 예제의 큰 것으로서 경례를 말한다는 다산의 해석은 설득력이 있다. 그러나 국가의 예제는 그 제도를 제작한 국가(성인)와 흥망성쇠를 같이하는 시대 상대적인 것이다. 그렇다면 시대 상대적인 예제의 큰 줄기가 백세 이후에도 알 수 있는 불가역적인 것이라고 할 수 있을까? 그런데 주자가 말한 삼강오상이란 인간이 살아가면서 접하는 모든 수직·수평적 사회관계를 대표하는 보편 규범으로 비록 시대가 변하여도 바뀔 수 없는 것이라고 할 수 있다. 그렇다면 백세 이후에도 계승될 예를 시대 상대적이지 않은 불변의 예의 규범 혹은 예의 대체에서 찾고, 덜고 더해지는 가변적인 예는 현실의 예의 제도 혹은 구체적 예의 적용에서 찾는 것이 좀더 설득력이 있지 않을까? 나아가 다산은 (1) 예의 불가역·가역의 기준으로 예제의 대·소(經禮·儀文)를 제시했는데, 이 기준은 다소 모호하며, (2) 주례가 진선진미하다는 주장은 곧 주의 전장제도가 언제 어디서나 보편타당한 제도라고 주장한다는 점에서 오늘날 통용될 수 없는 관점이라 할 수 있다. 그러나 삼강(君爲臣綱·父爲子綱·夫爲妻綱)·오상(仁·義·禮·智·信)이 예의 불변하는 대체라는 주자의 주석은 크나큰 오류를 범하고 있으니, 바로 예를 포함하는 오상(仁·義·禮·智·信)을 예의 불가역적인 대체(仁義禮智信이 禮의 불가역적인 대체이다.)라고 규정한 것이다. 바로 이런 이유에서 다산은 주자(마융)가 말한 것에 대해 "삼강오상은 인륜이지, 예제가 아니다."라고 비판했다고 하겠다.

어쨌든 "성인이 어떤 이유에서 예를 만들었는가?"라는 측면에서 볼 때, 주자는 천리에 인因하여 예를 재성裁成했다고 보기 때문에, 예禮 중에서 천리天理의 품절·준칙 즉 삼강오상을 불가역적인 것이라고 하였고, 그 문양·양식은 가변적이라고 하였다. 이에 비해 다산은 예를 성인이 백성의 불안을 안정시키고·욕망을 절제시켜 중용으로 이끌기 위해 만든 도구적 법도로 보기 때문에, 예의 큰 줄기(經禮)는 불가역적이지만 그 작은 가지(儀文)는 손익이 가능하다고 했다. 또한 인륜주의자인 다산의 입장에서 본다면, 삼강·오상은 사람과 사람의 만남(人+人=仁)에서 이루어지는 인륜의 문제이지 이 장에서 다루는 나라의 예제가 아니라고 할 수 있다. 즉 다산의 문질론의 관점에서 본다면, 삼강오상은 인륜(仁=효제충신의 총명)으로 질이 되고, 예제(禮樂刑政)는 문이 된다는 점에서, 질(삼강오상)을 문의 불가역적 대체로 간주하는 것은 범주 착오라고 하겠다.

3. 소결

『논어』에서 공자의 예 개념은 그 이전의 『시』·『서』와 비교해 볼 때, 중요한 전환을 이루었지만, 구체적인 정의가 결여되어 있었다. 그리고 한당의 『논어주소』에서도 예에 대한 적극적인 진술은 5회 내외로 제시되었지만, 대부분 그 실행 방법과 공효를 서술하는 데 그치고 말았다.

송대의 주자는 예를 단지 동음의 리履(『주소』) 혹은 (조)리理(북송)로 해석하는 입장을 지양하여, "예란 천리의 절문이자 인사의 의칙이다."라고 정의함으로써 그 보편성과 구체성, 그리고 규범성을 동시에 확보했다. 그리고 그는 『논어』「극기복례장」을 고유한 이기론에 의해 천리·인욕으로 해명하고, 극기복례를 인과 직접 연관시켜 해석함으로써 인의 실천론으로 명확히 제시했다. 나아가 그는 극기복례의 주체를 인군(고주)이 아니라, 군자라고 주장함으로써 보편학으로서 유학을 정립함과 동시에 공자를 현성소왕玄聖素王이 아니라, 도덕의 교육자로 해석했다. 또한 「회사후소장」의 해석에서 주자는 예를 모든 덕목의 완성이 아니라, 먼저 충신으로 바탕(質)을 이룬 이후에 문식하는 기능에 한정했다. 다산은 주자의 「극기복례장」 및 「회사후소장」에 대한 해석에서 주자의 해석을 적극 지지하고, 고주 및 여타의 해석을 비판했다. 그렇지만 다산은 예를 (주자처럼) 천리(인욕)와 관련하여 해석하지 않았을 뿐만 아니라, 본말과 문질론에서도 다른 입장을 견지했다.

디산은 주요 덕목들을 주자처럼 리(天理)·기(人欲)로 설명하지 않고, 실제의 행사에서 실천·완성된다는 측면을 강조했다. 그래서 그는 '예禮' 자는 그 연원에서부터 천리 혹은 본성에 근원한 것이 아니라, 행사에 의해 명명된 것이라고 했다. 그래서 그는 예란 백성이 불안해하는 것을 계기로 그 욕망을 절제하기 위해 중용을 기준으로 제작한 것이라고 했다. 나아가 인륜주의자로서 다산은 주자의 예에 대한 경敬 위주의 본말론적 입장을 비판했다. 3:4의 '예지본禮之本'의 해석에서 주자는 본말을 본시(本初)-말단(末流) 관계로 보고, 이를 질(本)·문(末)의 관계로 치환하여, 마침내 공자 당시에 예의가 붕괴된 원인이 문승文勝에 있다고 진단했다. 이에 비해 다산은 본말을 근본-지엽의 상승상멸相乘相滅의 관계로 보고, 이를 통해 문질을 해석하면서, 주말의 예악의 붕괴 상황은 문승文勝이 아니라 오히려 문의 부족에 기인한다고 진단했다. 다산의 문질론은 이에 대해 경쟁하는 다른 견해에 비해 창의적이며 탁월한 장점을 지닌다고 할 수 있다.

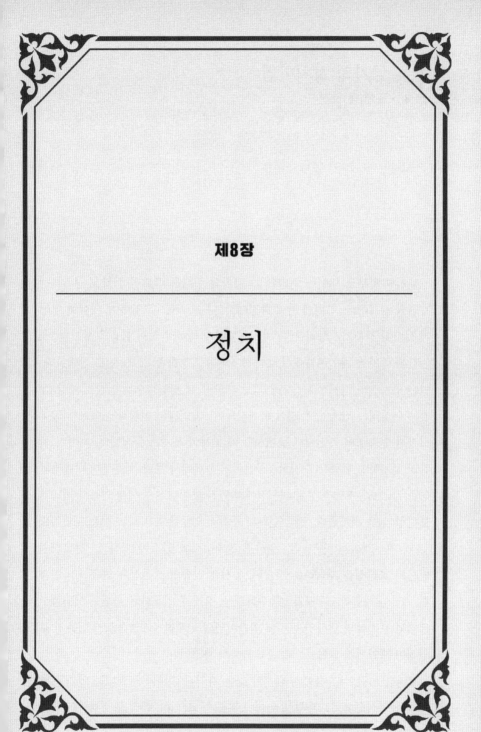

제8장

정치

I. 공자의 정치이념
― '정명' 해석

  자연의 일부로 태어난 인간은 그 이법의 주재를 받으면서 삶을 영위하는 자연적 존재이다. 그런데 삶의 과정에서 "나는 누구·무엇이며, 마땅히 어떻게 살아야 하는가?" 등과 같은 자기정체성에 대한 반성적 물음을 제기할 때, 인간은 즉자적 자연존재에서 대자적·의식적 문화존재(人文化)로 상승한다. 인간이 자신의 정체성(동일성)을 확보하려 할 때 필연적으로 인간의 이상(仁) 혹은 이상적 인간(聖人, 仁人)이 문제시되며, 그 인간의 이상과 삶을 수직적·시간적 연속성의 측면에서 문제시할 때 역사의 문제가 등장한다. 나아가 인간의 자기확인 활동은 수평적·공간적인 측면에서 보면, 처음부터 타인과의 연관(人+二) 속에서 형성된다는 점에서 인간의 이념은 동시에 인류의 이념과 보편성(仁)을 전제한다. 결국 인간이 문화적 인문존재가 되는 것은 자연적으로 태어난 개별적·구체적·역사적 존재로서의 인간이 수직적·전통적인 인류의 보편성을 체득하는 것이며, 동시에 인류의 보편적 문화유산인 인류의 이념이 개별화·구체화·특수화된다. 요컨대 인문화란 자연의 이념화·개체의 보편화의 역사인 동시에 인간이념의 구체화·개별화로서 인류의 보편성이 개인에게 실현되는 보편의 특수화 과정이다.

  공자는 인간이란 (殘忍한) 금수와 같은 자연적 존재와 구별되는 인류적 존재임을 인식하고, 그 정체성(性)에 근본을 두고(人本), 유적 존재로서의 인간의 보편성(仁)을 자각 · 체득 · 실현하는 길(人道)을 제시하고, 나아가 인문사회를 실현할 방도를 제시하고자 했다.[1] 공자가 제시한 이념적 인간으로서 군자君子란 수직적 · 연속적 역사 과정에서 부단한 호학을 통해 전승된 인류의 보편이념을 체득하여 그 완성(聖人)으로 나아가고자 정진하는 가능성의 존재이다. 그리고 인간은 필연적으로 타자와 함께 존재하는 관계적 · 공동체적 · 정치적인 존재인바, 군자의 자기완성은 필연적으로 인류의 이념인 이상국가(大同 사회, 至善의 공동체)에 대한 열망으로 귀결된다. 그런데 이상국가는 필연적으로 이상적 인간에 의해 이루어지며, 또한 역으로 이상국가에 의해 이상적 인간이 양성된다. 그렇다면 이상국가를 실현하려는 인간의 꿈은 구체적 · 역사적 현실에서 국가 구성원을 인간답게 교육하고, 그 교육에 의해 계발된 인간이 이상국가를 실현하는 상호 변증법적인 관계로 귀착된다. 즉 이치를 탐구하고 마음의 자질을 함양(명명덕 : 격물-치지-성의-정심-수신)함으로써 인간이 자기완성을 성취한 것에 비례하여 이상국가(제가-치국-평천하)가 이루어지며, 이상국가가 성취되는 것에 비례하여 그 구성원이 교육되어(親民) 이상적 인간이 형성된다. 이렇게 인간의 이상은 국가의 이상에서 실현되고(止於至善), 국가의 이상은 인간의 이상을 근본으로 한다는 것이 유교 정치철학의 강령이며, 또한 서양 정치철학의 모태인 그리스 철학의 기조를 이룬다.[2]

이 장의 과제는 정의와 선善한 삶을 구현하여 이상국가의 실현을 목표로 제시한 공자의 정치이념을 『논어』의 언명을 통해 살펴보고, 그 의미를 해명하는 것이다. 공자의 정치이념을 살펴보기 위해서는 『논어』의 ('政治'라는 단어

---

1   『논어』 18:6. "夫子憮然曰 鳥獸 不可與同群 吾非斯人之徒與而誰與 天下有道 丘不與易也."
2   『국가』 353d-e. 443b-d, 592a 등 참조. 신오현, 「인간이념의 구조:사상사적 고찰」 『자아의 철학』, 문학과지성, 1986, 144-145쪽 참조.

가 아직 나타나지 않았기 때문에) '정政'3과 '치治'4가 나타난 문장과 그 용례를 살펴보면서 그 의미를 제시하는 것이 기본이 될 것이다. 여기서는 우선 공자의 "정이란 바로 잡음이다(政正也)."는 말, 정명론 "군군, 신신, 부부, 자자"라는 말에 대해 살펴보려고 한다. 공자의 이 언명은 과거에도 여러 주석(正文字, 名實相符, 正名分)이 있었고, 현대 또한 여러 관점과 해석이 있어 왔다. 이 장은 이에 대한 과거의 여러 주석과 현대적 해석들을 비판적 관점에서 살펴보고, 다산 정약용 주석의 특징과 유교사적인 의미를 탐구하여 제시하고자 한다.

1. 전통적 주석과 그 특징

공자는 '정치란 무엇인가?'라는 질문에 "정치란 바로잡음(政正也)이다."5라고 간명하게 정의함으로써 정치가 마땅히 발휘해야 할 작용과 추구해야 할 목적(정의구현)을 제시했다.6 그렇다면 이제 '정치란 무엇인가.'하는 물음은 '정正이란 무엇인가?' 하는 것으로 대치되었다고 할 수 있다.

『설문해자』에서는 "정正은 옳음(是)7으로 지止에서 유래하여 일一에 머무름

---

3 『논어』에서 '政' 자는 1:10(必聞其政), 2:1(爲政以德), 2:3(道之以政), 2:21(子奚不爲政…施於有政. 是亦爲政, 奚其爲爲政), 6:7(仲由可使從政也與…從政乎…從政也與…從政乎…從政也與…從政乎), 8:14(不謀其政, 14:16에 重出), 11:2(政事, 冉有·季路), 2:7(子貢問政), 12:11(齊景公問政), 12:14(子張問政), 12:18(季康子問政), 12:19(季康子問政), 13:1(子路問政), 13:2(仲弓爲季氏宰問政), 13:3(衛君待子而爲政), 13:5(授之以政), 13:7(魯·衛之政), 13:13(苟正其身矣 於從政乎何有), 13:14(有政…其事也 如有政), 13:16(葉公問政), 13:17(子夏爲莒父宰 問政), 13:20(今之從政者何如), 14:26(不謀其政), 16:3(政逮於大夫四世矣), 20:2(斯可以從政矣) 등 전체 약498장 가운데 약 24장에 걸쳐 34회 내외 나타난다. 이러한 구절들에서 공자는 대화 상대자에 따라 '政'의 정의·이념·목표·수단·방법 등에 대해 다양하게 말하고 있다.

4 『논어』에서 '治' 자는 5:7(可使治其賦也), 8:2(舜有臣五人而天下治…予有亂臣十人), 14:19(仲叔圉治賓客, 祝鮀治宗廟), 15:4(無爲而治者…恭己正南面而已矣) 등 도합 약 4장(4회)에서만 출현하는데, 이 중에서 중요한 것은 순임금의 정치적 공적을 형언한 '無爲而治'라는 말이다.

5 『논어』 12:18. "孔子對曰 政者 正也."

6 陳大齊(안종수 역), 『공자의 학설』 이론과실천, 1996, 409쪽.

7 『說文解字』"是 直也, 從日, 正, 凡是之屬皆從是." "是" 자는 日과 正에서 유래한 회의자로 正直, 中正을 나타낸다. 해(日)를 바름(正)으로 간주하여, 천하 모든 사물은 해가 비치는 것에 비례해서 公正해지며, 해를 보는

이다."⁸라고 말한다. 그런데 '일一'이란 (1) 모든 것의 근원(시발지이자 귀착처)으로 실체·본위이며, (2) 모든 명상名相과 사물·사태가 일치를 이룬 것(명실상부: 적합 혹은 적중), (3) 우주에서 모든 존재가 각자의 위치와 공능을 균등하게 부여받고 발휘된 결과가 상호 조화와 균형을 이루는 것(공평과 균형) 등을 의미한다. 그리고 지止는 일一과 결합하여 지나치거나 모자람이 없고(無過·不及), 좌우 어느 한쪽에 치우치지 않는 최 중심에 자리하여 '일一'의 가장 이상적인 의미를 포괄·성취하고(最善·最良), '일一'에 도달하지 못한 것(乏:一+之: 一로 가고 있음)⁹의 목표 내지 본이 되어(止於至善) 미완성의 것들을 바르게 되도록 한다(格正:『좌전』, "政以正民" 혹은 "政人治民")라는 뜻이다. 그렇다면 "정政이란 정正이다."라는 공자의 정의는 곧 "정치란 (1) 최상·최량의 추구 대상이자 성취 내용을 궁극 목표로 하여, (2) 모든 것의 근원을 대본으로 하여, (3) 중용과 중화의 상태에 도달하고, (4) 균형과 조화를 이룬 최선·최량의 바른 상태에 정위하여(正位), (5) 아직 정正하지 못하는 것(乏)을 (성인이 만든 예악형정을 수단으로:攵) 정에 이르도록 바로잡는 것(格正)이다."¹⁰라고 풀이할 수 있다.

그런데 『논어』의 용례를 살펴보면, 공자는 정치(政)란 이러한 '정正'을 지향한다고 정의하고, (1) 그 자신을 바르게 하고(苟正其身), 바름으로써 모범·통솔하여(帥以正) 다른 사람이 바르게 되며(正己而物正), (2) 정치의 우선 과제는 정명에 있으며(必也正名乎), 나아가 (3) 정政이란 궁극적으로 "군군君君 신신臣

위치에 의해 방위가 확정되기 때문에 옳다(是)고 하였다."

8 『說文解字』 "正 是也 從止 一以止(徐鍇日 守一以止也)." "正은 옳음(是)인데, 뜻은 정중正中, 평정平正, 치우거나 기울지 않음不偏斜이다. 止와 一로써 뜻을 나타내는데, 한결같이— 天地人의 도에 관통하여 사람의 언행을 일정한 영역에 머물게(限止)하여, 옳고 바름(是正)에 나아가는 것이다(서개는 일관지도를 엄수하고 머물러서, 밖에서 구하지 않고 非行을 저지르지 않는다고 설명했다)."

9 그리고 正의 반대어는 乏이다. 『說文解字』"春秋傳』曰 反正爲乏." "乏은 不正을 지시하며, 인신하여 匱乏이 되었다. 『좌전』(宣公15년)에 反正爲乏이라 했다. 乏이 正의 反文이라고 했는데, 의미 또한 상반된다; 正道를 지키지 않으면 필시 궤핍匱乏에 이른다."

10 김충열, 「법가에 있어서 사회정의 문제」『중국철학산고(1)』온누리, 1988, 190-191쪽 참조.

臣 부부父父 자자子子"라고 하는 정위正位를 지향한다고 말하였다. 먼저 이에 대한 주요 주석을 살펴보자.

우선 자신을 바르게 하여 다른 사람을 바르게 한다(正己而物正)라는 구절에 대한 주석을 살펴보자. 12:18(季康子問政於孔子. 孔子對曰 "政者, 正也. 子帥以正, 孰敢不正"?)에 대해, 고주는 "이 장은 정치란 수신修身에 달려 있음을 말했다. 정치政敎란 제정齊正에 달려 있으니, 계강자는 노나라의 상경上卿으로 모든 신하들의 모범이니, 만약 자신이 능히 매사를 바름으로 할 수 있으면(若己能每事以正) 아래의 신민臣民이 누가 감히 바르지 않겠느냐는 말이다."¹¹라고 주석하였다. 신주의 주자는 단지 "자기가 바르지 않으면서 남을 바르게 할 수 있는 사람은 없다."라는 범조우의 말을 인용만 하였다. 다산 정약용은 "수帥는 (통)솔率이다.(글자가 상통한다.) 바른 사람이 정치를 하는 것(正人爲政)은, 예를 들면 장자가 군사를 통솔하면 삼군이 감히 명령에 따르지 않음이 없는 것과 같다."라고 주석했다. 고주는 "매사에 바름으로써 모범을 보인다."라고 해석하였고, 주자는 다소 능동적으로 "스스로 바르게 됨으로써 남을 바르게 한다."라고, 그리고 다산은 가장 적극적으로 "바름으로써 통솔한다."라고 주석하였다. 물론 고주는 바로 다음 구절에서 공자가 "그대(계강자)는 정치를 하면서 어찌 살육의 방법을 쓰려고 합니까? 그대가 선하고자 하면 백성도 감화되어 선해질 것입니다. 군자의 덕은 바람이고, 소인의 덕은 풀입니다. 풀에 바람이 불면 반드시 눕습니다."¹²라고 말한 것과 조화를 이룬다는 장점이 있다. 그런데 다산의 주석은 '정政' 자에 '복攵' 자가 있다는 점에서 단순한 솔선수범을

---

11 고주는 다음의 역주본을 참조하였다. 정태현·이성민 공역, 『역주논어주소』 전통문화연구회, 2014. 이 책은 篇·章이 표시되어 있는바, 본문에 편-장이 기재되어 있기 때문에 간략성을 기하기 위해 각주에서 출처를 명기하지 않는다. 이하 주자의 『집주』 및 다산의 『고금주』 또한 본문의 편장의 표시로 대신한다.

12 『논어』12:19. 季康子問政於孔子曰 "如殺無道, 以就有道, 何如?" 孔子 對曰 "子爲政, 焉用殺?子欲善而民善矣. 君子之德風, 小人之德草. 草上之風, 必偃."

넘어, 예악형정으로 '통솔한다(바르지 못한 사람을 바로잡는다:正不正人)'라는 측면을 가장 강조하고 있다.

다음으로 12:18과 연관되는 13:6(子曰 "其身正, 不令而行, 其身不正, 雖令不從.") 및 13:13(子曰 "苟正其身矣, 於從政乎何有?不能正其身, 如正人何?")의 주석을 살펴보자. 고주는 앞에서(12:18) '정政'을 '정교正敎'라고 했듯이, 여기서(12:18)도 령令을 교령敎令(임금의 교화적인 명령)으로 해석하면서, "이 장은 위정자가 마땅히 자신이 솔선해야 함을 말했다. 윗사람이 자신을 바르게 하면, 교령을 내리지 않아도 백성들이 스스로 교화를 보고 행한다."라고 말하여, (강제적인 형정보다는) 자연스런 교화를 강조했다. 그리고 13:13에서는 "다른 사람을 바르게 하려 한다면, 먼저 그 자신을 바르게 해야 한다."라고 주석하였다. 그런데 이 두 구절에 대해서도 주자는 아무런 주석을 하지 않았다. 그리고 다산은 "여정인하如正人何란 그 근본이 어지러운데 그 말단이 다스려지는 자가 없음을 말한다."라고 말하여, 자신을 바르게 함(正己)와 다른 사람이 바르게 됨(物正)의 관계를 근본과 말단 관계로 파악했다.

다음으로 '정명正名'이 나타난 구절(13:3. 子路曰 "衛君待子而爲政, 子將奚先?" 子曰 "必也正名乎!"…)에 대한 각각의 주석을 살펴보자.

고주 : 마융이 말했다. "(正名이란) 온갖 일의 명칭을 바로잡음(正百事之名)이다." 형병이 말했다. "대체로 일은 (사리에) 순응함으로 이루어지고, 이름은 말로 인해 칭해지니, 이름이 바르지 않으면 말이 순리와 질서에 맞지 않고, 말이 순리와 질서에 맞지 않으면 정사政事가 이루어지지 않는다." ○정현이 말했다. "정명이란 글자를 바로잡는 것을 말한다(正名謂正書字也). 옛날에는 명名이라 했고, 오늘날에는 자字라 한다. 공자께서 당시에 가르침이 시행되지 않은 것을 목도하셨기 때문에, 그 문자의 오류를 바로잡으려고 하셨다."

주자 : "이때 출공은 그 아버지를 아버지로 여기지 않고, 그 할아버지를 아버지로 모셔 명과 실이 문란했다. 그래서 공자께서 정명正名을 우선하였다." ○양시가 말했다. "명이 그 실에 합당하지 않으면(名不當其實) 말(言)이 순조롭지 않고, 말이 순조롭지 않으면 그 실을 고찰할 수 없어(無以考其實) 일이 이루어지지 않는다." ○정자가 말했다. "이름과 실제는 서로 필요로 하는 것(名實相須)이다. 한 가지 일이 구차해지면 그 나머지는 모두 구차해진다."

다산 : "명名이란 부자・군신 간에 (身分상) 정해진 이름(定名)이다. 부자・군신의 이름이 전도되어 인륜을 상실했다. ○살핀다. 명이란 무엇인가? 선유들은 애매모호하게 지적한 것이 없으니, 공자의 이른바 정명이 무엇인지 어떻게 알 수 있었겠는가? 명이란 본래 인륜에서 기원한다. 공자께서 제경공에게 대답하여 말하길, '군군 신신 부부 자자'가 곧 이른바 정명이다." 「질의」 살핀다. 공자께서 말씀하신 '이름이 바르지 않다(名不正)'란 반드시 할아버지(祖)를 아버지(禰)라 한 것(주자)이라고 할 수 없다."

정명에 대해 (1) 고주는 온갖 사물・사태의 명칭을 바로잡는다(正百事之名) 혹은 서자를 바로잡는 것(正名謂正書字也)이라고 했고, (2) 주자는 명・실은 상수이며, 명은 실에 합당・상부해야 하는데, 당시 제나라에서 마땅히 아버지라고 해야 할 사람을 아버지라고 하지 않고 할아버지를 아버지로 모셔(不父其父而禰其祖) 명・실이 문란하여(名實紊矣) 공자가 정명을 우선했다고 설명했다. 그리고 (3) 다산은 명이란 사람과 사람의 관계(父子・君臣 간), 곧 인륜에서 생겨난 정해진 명칭(定名)인데, 마땅히 '군군 신신'해야 하지만, 당시에 이름이 전도되어 인륜을 상실했기 때문에 이를 바로잡는 것이라고 해석하였다. 즉 정명을 고주는 백사지명・서 자를 바로 잡아 말(言)이 순리와 질서에 맞도록 하는 것으로, 주자는 문란하여 전도된 명실을 상수・합당・상부의 관계로 바로잡는 것으로, 그리고 다산은 인륜에서 발생하는 신분상 정해진 명칭 (定名)에서 부여된 도의(倫義:本分, 역할, 몫 등)를 온전히 수행하도록 하는 것 등으로 해석하였다.[13]

그렇다면 다산이 '정명'과 연관시킨 12:11(齊 景公問政於孔子. 孔子對曰 "君君, 臣臣, 父父, 子子")의 주석을 살펴보자.

고주 : "정政이란 정正이니, 임금이 임금의 도리를 잃지 않는 데서부터 시작하여 자식이 자식의 도리를 잃지 않는 데까지 이르러, 존비와 상하가 질서를 잃지 않은 뒤에야 국가가 바르게 된다. 이때를 당하여 진항자陳桓子가 제齊의 대부大夫가 되어 제의 국정을 제압하여, 임금은 임금답지 못하고 · 신하는 신하답지 못하며 · 어버이는 어버이답지 못하고, 자식은 자식답지 못하였다. 그러므로 공자께서 이 말로 대답하신 것이다."

주자 : "이는 인도의 크나큰 원리(人道之大經)이고 정사의 근본이다. 이때 경공이 실정失政하여… 군신 · 부자 간에 모두 그 도를 잃었기 때문에 공자께서 이렇게 알려 주셨다."

다산 : "정政이란 정正이니, 자기를 바르게 한 이후에 남이 바르게 되는 것이다. 이때에 노나라 소공 또한 삼환에게 축출당하여 제 · 노나라 모두 '인륜의 의분(倫義)'을 상실하였으니, 급한 것은 여기에 있었다."

---

13 오늘날의 정명에 대한 해석 또한 이 범주를 벗어나지 않는다. 이경무와 김기주는 正名을 (1)正文字(개념과 지시 대상과의 일치 혹은 올바른 언어 사용), (2) 正名實(하나의 사건이나 사태의 실질을 밝혀 그것에 대해 올바른 이름의 부여), (3) 正名分(구분, 직분을 바로 잡음)으로 나눈 것이 그 실례이다. 김기주, 「공자의 정치적 이상사회, '正名'의 세상」 『동방한문학』43, 2010; 이경무, 「공자의 정명사상 연구」 「인문논총」20, 전북대, 1990 참조.

즉 당시 임금(신하, 어버이, 자식)이 임금답지 못한 이유에 대해 고주는 각자가 그 도리를 잃어 존비상하의 질서가 없어진 것, 주자는 인도의 대경이자 정사의 근본인 군신·부자 간의 소당연지칙으로서 도리를 잃어버린 것, 그리고 다산은 인륜에서 생겨난 의분義分을 충실히 행하지 않는 것 등으로 주석하였다. 그렇다면 다시 우리가 묻고자 하는 것은 이 구절("군군 신신 부부 자자")은 '정백사지명正百事之名·정문자正文字'(고주), (2) 명실상부·상수·합당(주자), 그리고 (3) 정륜분正倫義(父子有親, 君臣有義, 夫婦有別, 長幼有序, 朋友有信:다산) 등으로 해석되는 정명正名과 어떤 연관이 있는가 하는 점이다.

2. 현대의 해설과 그 한계

이제 근자의 정명正名과 연관된 여러 해석을 살펴보자. 가장 보수적인 관점으로는 유택화의 해설을 들 수 있다.

> 기器와 명名을 타인에게 양도해서는 안 된다는 것과 명분론名分論은 공자의 예학에 대한 중요한 발전이고 보완이었다. 기器란 예기禮器를 가리키며, 명名이란 예의 규정에 의한 명분을 가리킨다.… 명분이란 관념과 제도적 차원에서 사람을 여러 등급으로 나누는 것이다. 공자는 기器와 명名을 군주가 장악해야 한다고 주장한다.… 문제는 어떻게 정명하느냐이다. 공자의 정명은 '현실에서' 명분을 취한 것이 아니라, 기존의 명분을 가지고 현실을 교정하려 한다. 즉 전통적 등급·명분으로 변화무쌍한 현실을 바로잡으려 한다. 등급·명분이란 바꿀 수 없는 성스러운 것으로 취급하는데, 이는 공자의 강렬한 교조주의 정신을 드러낸 것으로 후대 막대한 영향을 끼쳤다.[14]

---

14 劉澤華(장현근 역), 『중국정치사상사: 선진편(上)』 동과서, 2002.

즉 유택화에 따르면, "공자의 정명이란 성스러워서 바꿀 수 없는 예의 명분에 표준을 두고 '변화하는 현실'을 교정하는 명분론이다." 그런데 소공권(正名은 주나라가 가장 융성하던 시기의 봉건 천하의 제도를 가지고 군신상하의 권리와 의무를 규정하는 것이다), 송영배(정명은 周禮에 따라 실제를 그 이름에 본래적으로 부여되어 있는 요청들과 일치시키는 것으로, 근본적으로 사회질서 확립을 목표로 한다)", 그리고 임계유(공자는 관념적 보수주의 관점에서 實의 변화를 있을 수 없는 일로 여겨 명 즉 주례의 규정으로써 이미 변했거나 변화 중에 있는 實을 바로 잡으려 했다.) 등도 비슷한 해석을 하였다.[15] 최근의 다음 주장 또한 "정명이란 사물 혹은 실재를 명에 따르도록 한다."라고 해석한다는 점에서 그 맥락이 유사하다고 하겠다.

공자는 도덕교사였다. 가르치는 일은 언어적 커뮤니케이션의 활동이다. 여기에서 "정명正名"의 문제에 위상을 부여한다. 정명을 주창하는 일은 의례의 평면에서 지성의 평면으로 이동하는 일이다.… 모든 것은 명에 의해 정의된다. 명은 말이다. 명을 이해하는 것은 사고의 활동이다. "사물을 그 명에 따르게 하는 데"에는 통치 활동이 없으면 안 된다. 통치와 정명을 동일시하는 것은 논리적으로 볼 때, 예를 법으로 치환하는 것이다. 군주가 지성으로 사물을 정의하는 것은, 권력으로 사물을 정의定義와 일치시키는 일이다.[16]

그런데 박성규는 "'공자의 정명론이 변화된 실實을 인정하지 않고 주례에 고정된 명命만 강조함으로써 관념적 보수적 한계에 머물렀다.'라는 이들의 결론은 정명에 대한 잘못된 이해에 기초하고 있다."라고 정당하게 비판한다. 즉 그에 따르면, 정명正名이란 '바른 이름' 혹은 '틀린 이름을 바른 이름으로

---

15 소권권(최명·손문호 역), 『중국정치사상사』 서울대출판부, 2002, 2장2절; 송영배, 『중국사회사상사』 한길사, 1986, 76-78쪽; 박성규, 「공자의 정명(正名)의 의미-『논어』 구절을 중심으로」 『철학연구』84, 2009 참조.
16 나타지마 다카히로(신현승 역), 『잔향의 중국철학: 언어와정치』 글항아리, 2015, 92-96쪽.

바로잡다.'이며, 따라 '실實에 맞게 명名을 붙여라!'가 정명의 우선적 함의다. 즉 실의 성격이 명백한 것은 명실관계를 시비하는 정명론의 대상에 포함되지 않고, 현군 등과 같이 그 실을 지칭하는 명의 시비가 문제되는 그런 이름이 정명의 대상이 된다. 요컨대 "사회 현실을 바로잡는 일('정치')"이란 "잘못된 이름을 바른 이름으로 바로잡는 일"(正名)이며, '이름을 바로잡겠다'라는 공자의 말은 곧 '정치를 잘 하겠다'라는 말과도 같다. 주자의 주석에 대한 다음과 해설은 박성규의 입장과 상당 부분 일치한다.

> (주자의) 『집주』에서는 '정명正名'과 '명부정名不正'에 대해 모두 세 번 '실實'을 써서 주석했다(名實紊, 名不當其實, 無以考其實).⋯ 대개 명칭이 그 실제와 부합하면 그 명칭은 바른 것이고, 명칭과 실제가 문란하면, 명칭이 바르지 않은 것이다. 명칭이란 실제의 손님(賓)이고, 실제는 명칭의 주인(主)이다. 실實 자는 명칭에서 가장 긴요·절실한 것이다.[17]

박성규에 따르면, "무도한 사회란 사태의 진상(實)에 부합하게 명이 정해지는 것이 아니라, 권력 혹은 돈의 유무에 따라 명이 멋대로 결정됨을 의미한다." 박성규의 이 해석은 앞의 잘못된 해석을 비정하는 옳은 지적이라고 할 수 있다. 그러나 결국 다음과 같이 말한 것은 과도한 해석이라고 생각된다.

> 사태에 대한 정명권을 내가 장악한, 주인의 삶을 사는 것이다. 자기 스스로 어떤 사태에 대한 바른 이름(正名)을 규정하는 삶이 주체적인 삶이다. 남이 규정해 준 명을 그대로 받아들이는 사람이, 언어에 의해 부림 당하는 삶, 남에게 부림 당하는 삶이다. 요컨대 우리는 언어를 장악한(정명권을 행사하는)

---

17 『논어집주대전』 13:3에 대한 신안진씨 세주.

그만큼만 주체적인 삶을 살 수 있다.… 그러나 어떤 실에 대해 어떤 명을 붙일지는 사람, 학파, 계층, 시대, 장소 등에 따라 각기 다를 수 있다.[18]

앞서의 해설자들(유택화, 소공권, 송영배, 임계유 등)은 불가역적이고 성스러운 주례(혹은 봉건예제)에서 유래하는 '불변의 명을 기준'으로 '변화하는 현실'을 변화하지 못하도록 교정하여 사회질서를 유지하는 것이 공자의 정명론이라고 해석했다. 이렇게 공자의 정명을 '주례에서 유래한 명칭에 부합하도록 실제를 바로잡는 것이다.'라고 해석하는 것은 공자를 주례의 형식을 회복·고수하고자 했던 과거지향적인 예 지상주의자로 규정하는 것이다. 그런데 공자는 예의 형식보다는 그 실질(禮讓)·근본[19]을 더 중시했으며, 예는 인과 의에 근본을 두며, 나아가 "도가 인간을 넓히는 것이 아니라, 인간이 도를 넓힌다."라고 말했다.[20] 즉 공자는 형식적 예의 이전에 그 실질과 근본을 중시한 인본·인도·인문주의를 주창했다고 하겠다.

박성규가 공자의 정명론에 대한 여러 보수적인 해석을 비정하고, 정명이란 우선 '잘못된 이름을 바로잡는 일'이며, 이는 곧 '사회 현실을 바로잡는 일(정치)이라고 지적한 것은 상당히 일리가 있다. 정명의 우선적 함의는 시·공간에 구체적·개별적으로 현존하는 실이 타자와 영향을 주고받으며 변하기 때문에, 그 변화가 한계를 넘어 변질된다면, 그 변질된 실에 대한 '정당한 바른 이름 붙이기'라고 할 수 있다. 예컨대, 한때 덕이 있어 추앙되었던 군주가 세월이 지나 교만하고 난폭해져, 말하자면 덕을 잃고 학정虐政을 일삼는다면,

---

18 박성규, 「공자의 정명(正名)의 의미-『논어』구절을 중심으로」, 『철학연구』84, 2009. 81쪽.
19 『논어』 4:13. 子曰 "能以禮讓爲國乎, 何有? 不能以禮讓爲國, 如禮何?"
20 『논어』 15:17. 子曰 "君子義以爲質 禮以行之 孫以出之 信以成之 君子哉."; 『論語』 3:3. 子曰 "人而不仁 如禮何 人而不仁 如樂何." 『춘추좌전』에서는 '禮' 자는 462회 나오지만 仁 자는 단지 33회 출현하는 데 그쳤다. 그런데 공자의 언행을 기록한 『논어』에서는 禮자는 75회, 仁 자가 109회 출현한다. 공자의 禮와 연관한 가장 큰 공헌은 예의 근본을 문제시하고, 인이 예의 근본 혹은 그 완성이 된다고 주장한 데 있다고 할 수 있다.

그 군주를 이제 폭군(一夫)이라고 칭하는 것이 바로 정명이다. 그러나 그는 "사태에 대한 정명권을 내가 장악해야 주인의 삶을 사는 것이며,… 그러나 어떤 실에 대해 어떤 명을 붙일지는 사람, 학파, 계층, 시대, 장소 등에 따라 각기 다를 수 있다."라고 주장하여, 명에 대한 '약정주의' 혹은 '상대주의'적 접근법을 피력한 것은 명의 자의성을 강조하는 것으로 오해될 소지가 다분하다. 명에 대한 상대주의 혹은 약정주의적 접근은 "만물에는 천명의 본성과 그 덕이 있으며, 그 본성과 덕에 따른 삶을 영위하는 것이 바른 삶이다."[21]라고 주장하는 공자-맹자로 대표되는 정통 유가의 입장이 아니라, 순자적인 것[22]이라고 할 수 있다. 그리고 박성규는 정명을 '바른 이름' 혹은 '잘못된 이름 바로잡기'라는 우선적인 의미에만 집착한 나머지, 진정한 정명이란 "실재(현실)를 이름(도의, 본분)에 맞게 개혁, 심지어 혁명까지 요구한다."라는 측면을 다소 도외시하였다고 하겠다.

물론 정명의 목적은 명칭이 그 실상에 부합하도록 하는 것,[23] 즉 명칭이 그 본질적 속성을 지닌 실에 부합하도록 하여 그 명칭의 정체성을 회복하고, 다른 것과 구별 짓는 것이다. 그런데 "사물(존재)을 그 명에 따르게 한다."라고 한다면, 정명의 명은 단순히 언어적 차원뿐만 아니라, 실천적인 차원을 포함하는 것이 된다. 이 점을 이경무는 다음과 같이 잘 말해 준다.

공자에 있어서 명名은 단순한 언어가 아니다. 거기에는 이미 그 구실이나 역할이 주어져 있는 것으로서, 명은 그 구실과 이미 불가분의 관련을 맺고 있

---

21 『맹자』 6상:6. "仁義禮智 非由外鑠我也 我固有之也 弗思耳矣 故曰求則得之 舍則失之 或相倍蓰而無算者 不能盡其才者也 詩曰天生蒸民 有物有則 民之秉夷 好是懿德 孔子曰 爲此詩者 其知道乎 故有物必有則 民之秉夷 故好是懿德."

22 『荀子』 「정명」편 참조. 순자에 따르면, 正名은 인간에게 공통된 감각기관과 마음에 의해 同異를 구별하고, 그 구별에 근거하여 約定·命名하여 관습으로 정립된다.

23 이승모, 「공자의 정의관에 대한 일고찰: 義와 正名을 중심으로」, 『동양철학연구』 84, 2015, 96쪽 참조.

다. 즉 명은 개념과 원리를 포함할 뿐만 아니라, 실천적 차원의 역할과 구실마저도 포함하는 것으로, 언어적 차원의 범주인 동시에 실천적 차원의 범주인 것이다. 정명이란 결국 명과 실의 일치인 것으로, 정명이 명과 실의 일치를 뜻한다고 할 때, 그것은 곧 명과 실이 분리될 수 없는 하나로 서로가 서로를 상즉하고 있음을 의미한다.[24]

정치적인 측면에서 볼 때, 정명의 진정한 의미는 '바른 이름 부여하기'를 통해 변질된 현실 혹은 현실을 변질의 폭로하고, 그 변질된 이름을 개정하는 데에서 시작하여 궁극적으로는 실천적인 측면에서 '정의의 현실화 혹은 현실의 정의화'를 기도하는 데 있다. 그래서 김인규는 "정명은 단순히 직위의 고수가 아니라, 그 직위에 부합하는 역할을 다하지 못할 때에는 시정해야 한다는 적극적인 의미, 즉 정치적으로는 혁명의 의미를 내포한다."[25]라고 해석한다. 맹자의 '역성혁명론'은 바로 이 점에 착안하여 정명론의 궁극적인 의미를 드러낸 것이라고 하겠다.

제선왕이 물었다. "탕왕이 걸왕을 추방하시고, 무왕이 주왕을 정벌하셨다고 하니, 그러한 사실이 있습니까?" 맹자가 대답했다. "『전』에 있습니다. (제선왕이) 말하였다. "신하가 그 임금을 시해해도 됩니까?" (맹자가) 말했다. "인仁을 해치는 자를 적賊이라고 하고, 의義를 해는 자를 잔殘이라고 하고, 잔적한 사람을 일부一夫라고 하는데, 일부인 주紂를 죽였다는 말은 들었지만, 인군을 시해하였다는 말은 듣지 못했습니다."[26]

---

24   이경무, 「공자의 정명사상 연구」 『인문논총』20, 전북대, 1990, 216쪽.
25   김인규, 「공자의 정치사상」 『한국철학논집』14, 37-68쪽 참조.
26   『맹자』 1하:8.

요컨대 공자의 정명이란 (1) 주례처럼 과거에 존재했던 성스럽고 불변하는 명(제도, 예제)을 표준으로, 변화된 현실을 교정·고착화하는 ('과거의 명'에 기준을 두고 '지금의 실'을 바로잡고자 하는) 보수주의적인 관점이 아니다. 그것은 (2) 우선 변화된 현실 혹은 현실적 변화에 대해 정당한 이름 붙이기('변질된 실'에 대해 새로운 '바른 이름'을 부여)로 출발한다. 나아가 (3) 이러한 바른 이름의 부여는 결국 정의로운 사회구현을 위한 실천으로 나아가는 첫걸음이다. 명칭에서 요구되는 역할(分)을 제대로 수행하지 못하는 실제(王)가 있으면 그에 상응하는 정당한 새 명칭(一夫)을 부여함으로써 심지어 그 지위(王)를 박탈하고, 그 이름·지위에 부합하는 실제(有德者)를 찾아 민심의 동의를 얻어 새로운 명칭을 부여하는 것이 정명의 궁극 목적이라고 할 수 있다.

다시 말하면, 명名과 실實은 상호 함축하는 상즉·상수의 관계로 실에 의해 명이 생겨나고, 명에 의해 실이 규정된다. 즉 (1) 인지의 발달과 인류 경험의 축적에 의해 실제를 이해하고 다른 것과 구별하기 위해 명(임금)과 그 개념(임금다움)이 형성되는데, 우선 실제와 그 본성(본질, 개념, 정의)에 따라 올바른 명을 정립해야 한다. (2) 명·실은 상호 합당하게 부합해야 한다(正名實). 만일 명실이 상부하지 않으면, 말이 순리에 따르지 않고, 일이 이루어지지 않는다. 주자는 이를 다음과 같이 설명하고 있다.

> 만일 어떤 사람이 불에 휩싸였다면, 급히 '물'을 가져와 구해야 옳은데, 오히려 그에게 '불'을 가져오라고 한다면, 이는 곧 (명과 실이 상호 부합하지 못하여) 말이 이치에 따르지 못한 것이니, 어떻게 일이 이루어지겠는가?[27]

그런데 (3) 이러한 명·실 관계는 인간이 정치·사회적 존재라는 점에서 타

---

27 『논어집주대전』 13:3의 주자 세주.

자와의 관계에서 유래하는 지위의 관점(身分)로 보았을 때는 명名·분分 관계로 전환된다. 채인후는 말한다.

> 공자는 정치 질서를 확립하기 위해서는 반드시 '지위와 그에 해당하는 책임을 바르게 해야 하며 권한을 침범하지 않는 것'이 중요하다고 생각했다. 이것이 바로 공자의 정명주의이다.… 군주는 군주다워야 한다는 것은 군주라는 명칭을 가지고 있는 사람은 반드시 군주의 직분職分을 충실히 하여 그 임무를 완성해야 한다는 것을 의미한다. 동시에 군주는 군주라는 이름에 상응할 때 군주의 권리를 누릴 수 있음을 의미한다. 신臣, 부父, 자子 및 사회 각층의 명칭과 지위도 모두 이와 같다. 각각의 명칭에 따라 그 실질적인 모습(實)을 구함으로써, 명·실이 부합해야 한다.[28]

즉 사회적 관계상 부여된 직명은 그 실(擔持者)로 하여금 상호 합당한 몫·임무·역할·권리(名分)를 수행하도록 지시·정립·인도하는데(임금은 임금답고, 신하는 신하다워야 한다), 그 실이 요구된 몫·역할·권리를 온전히 수행하지 못하거나 변질되면 새로운 명(王→暴君)으로 교정·시정되어야 한다(正名分). (4) 또한 계속되는 인지와 생산력의 발전은 새로운 실을 출현시키고 인간 및 사회관계에서 그 역할을 변화시키는바, 이러한 새로운 실의 출현과 변화된 사회관계는 또한 새로운 명의 출현 및 지위(역할) 변화를 필연적으로 동반한다. 즉 시·공간상에서 타자와 영향을 주고받는 실(역사 상대적으로 변화한다)에 의해 명이 출현하고, 개념(임무, 역할)을 지닌 명(職名)에 의해 실 또한 규정되며, 나아가 변화 과정에 놓여 있는 실이 변질되면 그 명을 개정해야 한다. 그렇다면 명名·실實 혹은 명名·분分을 합당하게 부합시켜 정명을 구현

---

28 채인후(천병돈 역), 『공자의 철학』, 예문서원, 2005, 90쪽.

하는 것은 일시적으로 고착·고정되어 완수되는 것이 아니라, 끊임없는 역사 과정 속에서 거듭 재생되는 변증법적 과정에 있다고 하겠다. 기실 역사적 삶의 맥락에서 본다면, 명이란 단순히 실(分:王)의 표상이 아니라 실(分)의 내용(덕치)을 형성하며, 실(分)이 먼저 존재하고 명을 부여한 것이 아니라 명을 통해 실(分)이 형성된다. 따라서 실(分)과 명은 동일자의 다른 측면이라고 할 수도 있겠다.[29]

명名과 실實(分)에 대한 이러한 이해를 바탕으로 공자가 '정치의 우선과제'라고 말한 정명正名(13:3) 및 "군군, 신신, 부부, 자자"(12:11)라는 말에 대한 고주(正名謂正百事之名·文字), 주자(名實相須·符合·合當), 그리고 다산(正倫義·義分)의 주석을 평가해 보자.

공자는 "정치를 담당하면, 우선 반드시 정명하겠다!"라고 말하면서, "정명正名이 이루어질 때 비로소 '말이 순조롭고(言順)', 말이 순조로우면 '일이 성립되고(事成)', 일이 성립되어야 '예악이 흥기하고(禮樂興)', 예악이 일어날 때 비로소 '형벌이 알맞아(刑罰中)' '백성들의 행위 규범이 정립된다(民有所措手足).'"[30]라고 말했다. 따라서 공자의 정명正名은 언순言順→사성事成→예악흥禮樂興→형벌중刑罰中→민유소조수족民有所措手足으로 나아가는 '필요조건(necessary condition)'이다. "명이 바르게 되면(正名) 비로소 말이 순조롭다(言順)."라는 표현으로 볼 때, 명은 실체(문장의 主辭)이며, 언言은 실체를 설명하는 빈사賓辭이다. 따라서 여기서 공자가 말한 '정명正名'이란 고주의 주석대로, 우선 문자 혹은 온갖 사물과 사태의 이름을 바로잡는다('正'百事之名·文字)라는 것으로, '군군… 자자'란 '각자 그 이름에서 유래하는 도를 잃지 않아 존비·상하의 질서를 유지하여 국가가 바르게 된 상태'를 말한다고 볼 수도 있

---

29 신오현, 「언어와 철학」『철학의 철학』 문학과지성, 1988, 225-238쪽 참조.
30 「논어」13:3. 子曰 "…名不正則言不順, 言不順則事不成, 事不成則禮樂不興, 禮樂不興則刑罰不中, 刑罰不中則民無所措手足."

을 것이다. 그렇다면 명名(百事之名, 文字)은 무엇을 기준으로 바로잡을 것인가? 아마도 고주는 선왕이 만든 문자 혹은 선왕이 만든 법도가 기준이라고 말하는 듯하다. 마치 덕과 지혜, 그리고 지위를 함께 갖춘 "천자가 아니면 예를 의논하지 못하며, 제도를 만들지 못하고, 문자를 상고하지 못하듯이!"[31]

그런데 주자는 명名·실實은 상수관계에 있기 때문에 '명을 바로잡는다'라는 것은 반드시 실에 기준에 두고 이루어지며, 나아가 정명이란 단순히 '이름 바로잡기'만이 아니라, 더 나아가 명실이 상부하는 데(職分을 완수하는 데)에 이르러야 한다고 주장하였다. 그리고 명실상부하여 '군군… 자자'를 온전히 이루는 것이 인도의 대경大經이고 정사의 근본이라고 하였다. 맹자의 역성혁명론 또한 이 점에 근거한 것이라고 생각된다.

다산 정약용의 해석은 정명이란 사물·사건·문자를 바로잡는다(고주)는 견해와 명·실이 상부하도록 한다(주자)는 해석을 거부하는 것이 아니다. 다만 그의 질문은 공자가 말한 '정명'의 '명'이 무엇을 말하는가?(선유들은 애매모호하게 말하여 지적한 것이 없으니, 공자의 이른바 정명이 무엇인지 알 수 없다.)라는 것이다. 『설문해자』에 따르면, "명名은 스스로 부른다는 의미이다. 구口 자와 석夕 자에서 유래했다. 석夕은 어둡다(冥)이다. 어두우면 서로 볼 수 없기 때문에, 입口으로 스스로 부르는 것(自命)이다."[32] 그렇다면 명名이란 우선 다른 것과 구별하기 위하여 사물, 단체, 현상 따위를 칭하는 말이다.[33] 그런데 다산이 제기하는 문제는 '정正'의 대상인 '명名'의 유래와 외연이다. 명의 외연에 대해서는 앞의 고주에서도 정현은 '서자書字(文字)'라고 했고, 마융은 '온갖 일의 명칭(正百事之名)'이라고 하여 각각 의견을 달리했다. 주자는 명시적인 언명은 하지 않았지만, 그의 "격물치지론格物致知論(사사물물마다 내재하는 理를 하

31 『中庸』 28장. "非天子 不議禮 不制度 不考文."
32 『설문해자』 "名 自命也, 從口從夕. 夕者 冥也. 冥不相見 故以口自命." 이승모, 앞의 논문 참조
33 이승모, 앞의 논문, 96쪽 참조.

나씩 차례로 格하여, 마침내 누증하여 豁然貫通하는 데에로 나아간다.)"을 볼 때, 아마도 다음과 같을 것이다.

> 쌍봉 요씨가 말했다. "공자께서 '필야정명必也正名'이라고 말한 것은 모든 사물과 사건에 정명이 필요하다는 것이다. 군신과 부자는 본래 정명 중에 큰 것이다. 그러나 오로지 이것만을 지시하지는 않는다. 대개 하나의 일(물)이라도 이름을 바로잡지 않으면 입을 열 때마다 막혀서 말해 나갈 수 없다. 말해 나가지 못하는데, 어떻게 시행해 나갈 수 있겠는가?"[34]

기실 공자의 정명正名에서 명名은 분명한 것 같지만, 해석자들 사이에서 의견의 일치가 전혀 이루어지지 않고 있다. 다음의 해설은 (1) 명을 예악규정(제도)에서 유래한 것에 한정하는 입장이다.

> 유택화 : 기器란 예(禮器)를 가리키며, 명名이란 예禮의 규정에 의한 명분名分을 가리킨다.
> 석영지 : 명名은 천하의 공공기물이며, 국가사회의 제도, 규범과 질서를 대표하기 때문에 사회와 국가는 반드시 행위규범과 윤리질서 위에서 건립되어야 한다. 이러한 규범과 질서는 일반적으로 전장제도典章制度로 표현되며, 그래서 명名이 혼란되면 반드시 사회가 혼란하게 된다. 명의 내용은 먼저 예악제도를 가리킨다.[35]

(2) 박성규는 명名이란 논란이 되는 실의 모습에 따라 시비의 대상이 되는

---

34 『논어집주대전』 13:3에 대한 쌍봉 요씨의 세주.
35 石永之(이승모 역), 「공자 정의사상 및 그 현대의의」, 『퇴계학』18, 103쪽.

364 | 3대 주석과 함께 읽는 논어III

것에 한정해야 한다고 주장했다.

정명正名의 명名은 결국 군, 신, 부, 자 등 신분질서를 지칭하는 이름뿐만 아니라, 충, 효, 장, 신, 요, 인, 예 등 모든 이름으로 확장된다.… 그런데 이처럼 그 실이 구체적으로 어떤 모습이냐에 따라 그 실을 지칭하는 명이 바른지 그른지가 문제시되는 그런 이름이 정명론에서 다루는 명임을 알 수 있다.[36]

(3) 최병철은 정명의 명名은 그 직명職名의 담당자에게 그에 합당한 자세와 역할을 요구하는 것, 곧 '직분상의 사람'이라고 하였다.

(정명이란) 소여된 직분상의 태도로써, 신분과 관계없이, 그 이름에 적당한 자세와 합당한 제구실을 강조한 자기동일성의 논리….[37]

(4) 다음은 절충적 혹은 종합적 해설이다.

안외순 : '정명'이란 '모든 질서를 구성하는 만물만사의 기본 개념[名]을 본래의 개념답게 바로잡는다[正].'라는 것을 의미한다.… 자연, 사물 등은 이름값대로 존재하는 것이기에 문제가 되는 것은 인간이고, 인간들이 구성하는 질서, 곧 정치사회의 이름값만은 이름값대로 못하고 질서가 뒤죽박죽된 사례가 적지 않다.… 정명, 곧 만인이 각각의 직위에 맞는 능력, 역할을 하는 것이, 즉 이름값을 제대로 하는 것이 가장 중요한 것이다.[38]

---

36 박성규, 앞의 논문, 64-73쪽.
37 최병철, 「正義를 중심으로 한 공자와 플라톤의 비교연구」 『동양철학연구』10.
38 안외순, 『정치, 함께 살다』 글항아리, 2016, 75쪽.

풍우란 : 각각의 이름들은 그 정의定義가 있으며, 그 정의가 의미하는 것은 그 이름이 지시하는 '그 사물이 다름 아닌 바로 그 사물이 되게 하는 까닭(-다움)' 즉 그 사물의 본질 혹은 개념(이데아)이다.··· '군군·신신·부부·자자'에서 앞의 '군' 자는 실제 임금을 지칭하고, 뒤의 '군'은 '군'이라는 이름 즉 군君에 대한 정의(-다움)를 지시한다.··· 만일 (실제) 군·신·부·자가 그 정의에 부합한다면, 모두 각자의 도리를 다하는 것이고 그러면 천하에 도리가 서게 된다(天下有道).[39]

정명의 범위에 대한 이러한 해설들은 명名의 기원 문제를 제기하게 한다. 명의 유래와 연관하여 (1) 선왕의 제작, (2) 개념(정의, 이데아)에 근거한 것, (3) 실제(事事物物)를 본으로 형성된 것, (4) 실제에 내재된 천리(所以然之故而所當然之則), (5) 공동체(사회, 국가 등), (6) 천관天官이 식별한 동이同異에 근거하여 약정約定한 것 등등 다양하게 설명될 수 있다. 이런 설명들은 상호보완 혹은 상반되기도 한다. 그리고 정正의 대상인 명에 대해서도 (1) 모든 사물과 사건, (2) 실상과 연관하여 시비 대상이 되는 명, (3) 정치사회적 신분상 역할과 연관된 명, (4) 예제(주례 등)와 결부된 명분, (5) 신분상 명의 담지자 등으로 나누어 볼 수 있다.

유택화와 석영지는 정명이란 '예의 규정에 의한 명분' 혹은 '예악제도를 내용'으로 하는 불변의 명名으로 실제를 규제한다는 해석이다. 그런데 공자는 "명이 바르지 않으면,··· 예악이 흥기하지 않고···"라고 말하여, 정명이 예악 흥기의 필요조건, 즉 예의 규정에 따라 명이 도출되는 것이 아니라, 명에 의해 예악이 흥기된다고 말했다는 점에서 그 관계가 역전되어 있다. 또한 『논

---

39 풍우란(박성규 역), 『중국철학사-상』 까치, 2002, 103쪽. 또한 다음 논문 참조. 박성규, 「공자의 정명의 의미」, 『철학연구』 84, 2009, 66쪽.

어』에서 공자는 명을 선왕의 제작이라고 말하고 있지 않다.

　공자는 "모난 그릇이 모가 나지 않았다면, 모난 그릇이겠는가?"[40]라고 말하여, 명칭과 실제 혹은 개념과 그 지시 대상은 일치해야 한다고 말했다. 나아가 공자는 "누가 나갈 때에 문으로 말미암지 않을 수 있으랴만, 어찌 이 (인간의) 도로 말미암지 않는가?"라고 말하여, 금수와 구별되는 인간의 도(길)가 있으며, 그 길로 가야 한다고 말했다.[41] 그렇지만 공자는 명이 그 내용 및 실제와 연관한 어떤 역할(몫, 권리)을 요구하는 것이 어디(개념, 天理, 약정 등)에서 유래하는지에 대해서는 구체적으로 말하지 않았다. 다만 그는 천명(命)이 있다고 말하면서, 그 명의 인식(知天命, 畏天命, 知命) 여부에 의해 군자·소인이 나누어진다고 말했을 따름이다.[42] 천명(命)은 인간에게 필연의 영역으로 운명(夭壽·窮通)과 자유의 영역으로서 사명(仁)을 부과한다(天分). 인간은 자유의 영역으로서 도덕적 사명(仁 등의 덕목)을 체득·실현하여, 신분상 주어진 사회적 책무를 완수하여 운명에 순응하라는 것(窮理盡性以至於命)이 공자의 천명에 대한 입장이었다. 공자가 정치적 우선 과제로 제시한 정명 또한 도덕적 사명(仁 등의 덕목)을 체득·실현하여, 정치사회적 직분에서 유래하는 역할을 온전히 수행하는 것을 그 궁극 목표로 한다. 바로 이것이 공자가 정치의 우선 과제인 정명이 언순言順→사성事成→예악흥禮樂興→형벌중刑罰中→민유소조수족民有所措手足으로 나아가는 필요조건(근본)이며, 또한 '정政'이란 궁극적으로 '군군, 신신, 부부, 자자'를 지향한다고 말한 것의 의미이다. 유가에서 일의 우선순위를 말하는 것에 따르면, "무릇 만물에는 본말이 있고, 일에는 종시가 있어 먼저 할 것과 뒤에 할 것을 알면 도에 가깝다." 혹은 "군자는 근본에 힘

40　『논어』6:25. "觚不觚 觚哉 觚哉."
41　『논어』6:15. 子曰 "誰能出不由戶?何莫由斯道也?"
42　『논어』2:4, 16:8, 20:3 등.

쓰는바, 근본이 정립되면 도가 생겨난다."[43] 공자는 정치이론을 정립하고 그 우선순서를 정립할 때는 항상 본말과 경중을 헤아려서 먼저 할 것과 나중에 할 것을 판단하고(知所先後),[44] 나아가 가져올 이익이 의로움에 부합하는가(見利思義:公益:因民之利而利之) 하는 것에 항상 염두에 두고 방도를 정립했다. 공자가 정치의 우선과제로 제시한 정명은 근본으로, 중요하여 먼저 해야 할 것인 동시에, 나아가 의로움(마땅함)에 부합해야 하는 것이다. 공자의 정명론은 바로 이 기준에서 평가해야 하는바, 다산은 이것에 염두에 두고 해석하였다. 그의 주석에 다음과 같은 구절이 보인다.

> 반드시 이름을 바로 잡겠다(必也正名)는 것은 위나라의 정치가 이것보다 급한 것이 없으니, 반드시 먼저 해야 할 것에 있다는 것이다. ○(자로가) 다스리고 가르치는 데에는 본말이 있다는 것을 알지 못하고….[45]

물론 정명正名의 명名은 언言→사事로 연결된다는 점에서 백사지명百事之名을 의미하며, 따라서 궁극적으로 사사물물마다 모두 명실상부하도록 하는 것이라고 해석할 수도 있다. 또한 심지어 "천자가 예의, 제도, 그리고 문자를 상고한다."라는 원리에 비추어본다면, 정명正名은 '정문자正文字'를 의미한다는 설명이 가능할 수도 있다. 그렇지만 정치에서 문자의 교정이 근본적인 처방이며, 반드시 우선되어야 할 중한 것인가? 정확한 자전을 편찬하고, 백사지명百事之名을 바로잡는 것이 정치의 근본이자 중한 우선과제인가? 물론 정치는 국가 내에서 발생하는 모든 것과 연관되며, 나아가 "모든 사물과 사건에 대한 정명이 필요하다. 그러나 그것이 정치의 궁극 과제라고 하더라도,

---

43 『대학』 1:3 및 『논어』 1:2.
44 『논어』 13:17. 子夏爲莒父宰, 問政. 子曰 "無欲速, 無見小利. 欲速則不達, 見小利則大事不成."
45 『논어고금주』 13:3에 대한 다산의 주석.

비록 (요순과 같은 성왕이 정치를 하더라도) 재화와 그 능력이 미치는 범위의 한계상 중용(균형과 조화)의 원리에 의해 급선무가 있는데, 어떻게 사사물물을 모두 명실상부하게 하는 것이 중한 우선과제가 될 수 있겠는가? 나아가 우선과제라고 하더라도, 그 과제는 역사적 관점에서 본다면, 끊임없이 되풀이되는 것으로 결코 완결될 수 없는 것인데, 어떻게 그것부터 완수할 수 있겠는가? 사사물물 모두에 대해 정명하겠다는 것이야말로 자로의 표현대로 우원한 것이 아니겠는가? 또한 실상과 연관하여 시비의 대상이 되는 명名만이 정正의 대상이라고 한다면, 그 외연은 어디까지일까? 박성규가 하나의 실례로 제시한 정의, 자유, 평등 등과 같은 추상적인 개념들의 실상이 진정 존재하며, 비록 공자라고 하더라도 이런 시비와 논란이 되는 모든 개념어들에 대한 완전한 정의를 부여할 수 있었을까? 비록 공자가 그 개념어에 대한 완전한 정의를 할 수 있다고 하더라도, 그것을 어떻게 모든 일반인들을 설득시킬 수 있을까? 시비의 대상이 되는 모든 이름을 바로잡는 것이 정치의 근본이고, 먼저 해야 할 중한 것인가? 물론 시비의 대상이 되는 명의 상당 부분은 정명에서 다루는 명에 포함되겠지만, 그 전부가 정치의 근본이자 우선대상이라고 할 수는 없을 것이다.

그렇다면, 공자가 정치적 우선과제로 제시한 정명正名에서 정正의 대상은 정치적인 명칭, 사람과 사람의 만남에서 형성되는 명칭에 제한되어야 한다. 정치하는 사람이 자신의 직책에서 요구되는 도덕적 품성을 체득하여 본분의 역할을 제대로 수행할 때(正名), 그 직책에서 정당하게 나오는 말(명령, 훈령)이 도리에 맞으며, 도리에 맞는 말(명령, 훈령)을 할 때 국가사업[46]이 성립하며, 국

---

46 '事' 자는 손(又)으로 장식이 달린 붓을 잡은 모습으로 역사나 문서를 기록하는 모습을 형상화한 것. 이로부터 관직, 사업, 업무를 통칭하는 '일'을 뜻하게 되었다. 일(事有終始), 관직(無功受事), 국가대사, 직업, 工業(立功立事), 섬기다(事君之道), 일삼다(事商賈 爲技藝), 변고(事變), (재능(吳起之裂 其事也), 다스리다(勞力事民而不責焉), 힘쓰다(先事後得), 부리다(無所事得), 벌(管紘三兩事), 전고典故 등을 뜻한다.

가의 사업이 성립될 때 예악이 홍기하여 백성들이 교화되어 각자 자신의 지위에서 합당한 역할을 수행할 수 있게 된다. 바로 이것이 정의구현과 공익증대를 목표로 하는 정치의 근본이고, 정치의 우선과제라고 할 수 있다.

요컨대, 공자의 '정명正名'이란 '정치'의 맥락에서 나온 것이며, 따라서 '정명'의 '명'은 '정치적 존재'로서 인간의 정치사회적 신분상의 명칭(군, 신, 부, 자)과 그 직분·역할·몫·권리 등과 관계한다. 그런데 공자가 말하는 넓은 의미의 '정치'란 사람과 사람의 관계에서 유래하는 인륜상의 도의와 품성, 그리고 그에 따른 역할 수행을 말한다.[47] 그래서 다산은 정명의 명은 "본래 인륜에서 기원한다."라고 말했다. 즉 다산에 따르면, 정명은 단순한 "사물과 사태 혹은 문자의 바로잡기(고주)" 혹은 "각각의 명칭에 따라 그 실질적인 모습(實)을 구함으로써, 명실상부하게 하는 것(주자)" 등을 말할 수도 있지만, 공자가 정치의 근본이자 중요한 우선과제로 설정한 정명이란 인륜상에서 즉 사람과 사람이 만나는 구체적 현실에서 요구되는 덕목을 온전히 체득·실현하여 그 직책에서 요구되는 역할을 온전히 수행하는 것을 말한다. 이는 다산이 인간의 보편 덕인 인仁을 두 사람(二人)이라고 해석하면서, "인이란 사람에게 내재하는 본성의 도리가 아니라, 사람과 사람의 만남에서 지극한 도리를 다하는 것이다."라고 해석한 것과 관계된다. 요컨대 인이 사람과 사람의 만남에서 지극한 도리를 다하는 것이듯이, 구체적 현실에서 사람과 사람이 교제함에 있어 상대방에게 해야 할 역할을 다하여 그 덕목을 온전히 실현하는 것이 바로 정명正名이다. 공자가 "임금이 신하를 부리고, 신하가 임금을 섬기는 때에 어떻게 해야 합니까?"라는 정공의 질문에 공자가 "임금은 신하를 예로써 부려야 하고, 신하는 임금을 충忠으로 섬겨야 합니다."[48]라고 대답했듯이, 사람

---

47 공자는 가정에서의 孝悌 또한 넓은 의미의 정치라고 말하였다. 『논어』 2:21. 或謂孔子曰 "子奚不爲政?" 子曰 "《書》云, '孝乎惟孝, 友于兄弟, 施於有政.' 是亦爲政, 奚其爲爲政?"

48 『논어』 3:19. 定公問 "君使臣, 臣事君, 如之何?" 孔子對曰 "君使臣以禮, 臣事君以忠."

과 사람이 만나는 구체적 상황에서 그 역할을 다하여 요구된 덕목을 온전히 실천하는 것이 바로 정명이라는 것이다. 그래서 다산은 다음과 같이 말한 것이다.

> 인仁이란 두 사람이다.… 인이란 사람과 사람의 지극함이다. 자식이 어버이를 효로 섬기니 자식과 어버이는 두 사람이고, 신하가 임금을 충으로 섬기니 신하와 임금은 두 사람이고, 형과 아우가 두 사람이고, 목민관과 백성이 두 사람이다.[49]

요컨대 유가의 정치서인 『대학』의 강령에서 "대학의 길은 명덕明德을 밝히는 데 있고, 백성을 새롭게 하는 데 있으며, 지극한 선에 머무르는 데 있다(止於至善=正=止+一)."[50]라고 했다. 여기서 다산은 명덕이란 '본심本心의 정리正理(주자)'가 아니라 효제자와 같은 덕목이며, 따라서 명명덕明明德이란 명덕 즉 효제자의 실천이라고 말한다. 즉 명명덕이란 자식이 부모를 만났을 때 효도를 행하고, 동생이 형을 만났을 때 공경하고, 인군(부모)이 백성(자식)에게 인자함으로써 그 본분을 다하는 것, 이것이 바로 명名(子, 弟, 君)의 정正(一+止:一은 각자의 지위에서 요구되는 덕목이며, 止는 그 덕목을 완전히 실천하는 것을 말한다.)이다. 다산은 자신의 이 해석이 정당함을 『대학』의 언명으로 증명한다(以經證經).

> 문왕이 인군으로서 인에 머무셨고(止於仁:正=一+止), 신하로서는 인군을 공경하는 데에 머무셨고(止於敬), 자식으로서는 부모에게 효도하는 데에 머무

---

49 「여유당전서」2, 2:16, 「논어고금주」(논어대책). "仁者二人也 其在古篆 疊人爲仁 疊子爲孫 仁也者 人與人之至也 子事父以孝 子與父二人也 臣事君以忠 臣與君二人也 兄與弟二人也 牧與民二人也."
50 『大學』 경1장. "大學之道 在明明德 在親(新)民 在止於至善."

셨고(止於孝), 아비로서는 자식을 자애하는 데에 머무셨고(止於慈), 국인들과 교류함에서는 신뢰하는 데에 머무셨다(止於信)."[51]

　요컨대 '정正'(↔乏:缺乏) 자는 '일一'(이상적인 시발점이자 귀착처. 중용, 평형, 균형, 하늘)+'지止'(도달하여 머물러 있음)의 형성자라고 할 수 있다. 사람과 사람의 모임(人+侖=倫→倫理)에서는 그 모임이 원활하게 돌아가기 위해서(侖:둥글다, 돌아가다, 요리조리 생각하다, 조리를 세우다)는 (수레바퀴:輪가 道를 따라가야 원활하게 굴러가듯) 도리(倫理)에 따라야 하는바, 그 도리를 체득하여 실천하는 것(德得也)이 바로 덕(德:行+直+心: 도리를 정직하게 행하다)이다.[52] 덕은 구체적인 사람과 사람의 만남에서 그 도리(一)를 충족시켜 실천하는 데(止=足[53])에서 형성된다(行事以後有德之名). 공자가 말한 정치적 우선과제로서 정명이란 사람과 사람의 만남(際於其人)에서 선善(좋음, 행복)을 실현하기 위해 요구되는 도리(一)를 충족시켜 온전히 실천(止)하여 덕을 이루는 것, 즉 정덕正德을 말한다.[54]

51　『大學』傳3장. "詩云 穆穆文王 於緝熙敬止 爲人君 止於仁 爲人臣 止於敬 爲人子 止於孝 爲人父 止於慈 與國人交 止於信."

52　다산은 다음과 같이 말했다. "마음에는 본래 德이 없다. 오직 곧은 성품(直性)으로 나의 곧은 마음(直心)을 행하는 것을 일러서 德이라고 한다(德이라는 글자는 直心을 行한다는 것이다). 善을 실행한 후에야 덕이라는 명칭이 성립되는 것이다. 행하기 이전에 어떻게 그 몸에 明德이 있을 수 있겠는가? 『여유당전서』 II-1, 78, 「大學公議1」 "心本無德 惟有直性 能行吾之直心者 斯之謂德 (德之爲字直心) 行善而後 德之名立焉 不行之前 身 豈有明德乎."

53　'止'는 사람의 발(足)과 발가락 셋(가야 할 때, 멈추어야 할 때, 역사를 일구어 나아가는 것)을 그린 상형자로 '그치다'는 물론 '나아가다' '실천하다'라는 뜻으로 다가올 미래까지 포함하는 개념으로 발전하였다. '足'은 갑골문 및 『설문』에서는 사람 몸의 무릎 아래 다리를 형상화했다. 이후 발을 뜻하게 되었다. 다리는 몸을 지탱해 주는 기초이므로 充足 혹은 滿足처럼 충실하다는 뜻이 나왔다. 또한 다리나 발의 동작과 연관하여 다른 공간으로 이동을 나타내어 시간의 경과나 걸어온 길(蹤迹)을 나타내게 되었다.

54　『여유당전서』 II-13, 43, 「논어고금주」 "吾道何爲者也 不過爲善於其際耳."

3. 소결: 다산의 정명 주석의 의의

인간은 자연을 문화화함으로써 자기실현을 한다는 점에서 근원적으로 노동하는 존재이다. 그런데 자연을 개척하여 자신의 동일성과 연속성을 확보하려는 인간의 노동에서는 필연적으로 그 '소유'의 문제가 등장한다. 나아가 사회적 존재인 인간이 노동을 통해 자신의 동일성을 확보하는 창조 활동에서는 '자유'가 전제되어야 한다. 인간의 자유는 타인의 자유를 등근원적으로 전제해야 할 필연성으로부터 '평등'의 이념이 대두되고, 자유의 모든 '조건'과 자유 실천의 모든 '성과'는 정당하게 향수되어야 한다는 데에서 '정의'의 문제가 등장한다. 그리고 정의가 지향하는 궁극 목적은 인간의 좋은 삶(善, 복지, 행복)이라는 것이 국가의 제일 원리이다.[55]

국가의 발생 이유에 대해서는 다양한 학설이 있겠지만, 고전적 설명 중의 하나는 "인간은 개별적으로 자족하기 못하기 때문에, 필요에 의해 서로 동료·협력자가 되어 일정한 지역에 모여 공동생활체를 형성하였는데, 그것이 폴리스(국가)"[56]라는 것이다. 즉 단순히 본능에 따라 군거群居하는 여타 동물과는 구별되게, 인간은 그 본성인 이성에 의해 목적(행복, 최고선 등)을 추구하기 위해 국가를 구성하여 함께 삶을 영위한다. 요컨대 "인간이란 그 본성상 정치적 동물이다."[57] 그렇다면 정치란 무엇인가? 플라톤(『국가』, 『법률』, 『정치가』)-아리스토텔레스(『정치학』)에서 비롯된 서양의 고전이론에서는 "'정치'란 정의구현과 공익증진을 목표로 한다."라고 주장하였다.

---

55 신오현, 「인간이념의 구조: 사상사적 고찰」 『자아의 철학』 문학과지성, 1986, 144-145쪽 참조.
56 『국가』 369b-c 참조.
57 바로 이 점에서 '인간은 폴리스적 동물이다.'라고 규정한 아리스토텔레스는 다음과 같이 말했다. "인간은 본성상 다른 사람과 함께 살아야 하는 운명을 지니고 태어난 '폴리스적' 존재이며, 인간의 목표인 행복은 폴리스적 삶에서 유래하며, 또한 사회적 본성이 자연적으로 모든 인간에게 심어져 있다." 『니코마코스 윤리학』 1097b.

정체政體는 여러 공직, 특히 모든 일에 최고 결정권을 지닌 공직에 관한 국가의 편제이다. 어느 국가에서나 정부가 최고 권력을 지니는 만큼, 정부가 사실상 정체이다.… 이제 결론은 분명하다. 공공의 이익을 추구하는 정체는 절대 '정의正義'의 기준으로 판단하건대, 올바른 정체이고, 치자治者의 개인적 이익만을 추구하는 정체는 잘못된 것이고, 올바른 정체가 왜곡된 것이다.[58]

플라톤-아리스토텔레스의 정치이념은 한자어 '정치政治'라는 말에도 그대로 담겨 있다. 우선 '정政' 자는 정正(바루다)+복攵(치다)의 형성자로 회초리로 쳐서 바르게 함(正), 즉 공권력을 행사하여 정의를 구현함을 뜻한다.[59] '치治' 자는 본래 하류명河流名이지만, 고대 중국문명의 발생기에 가장 중요한 국가사업이 하수 유역의 물길(氺)을 다스리는 것(台)이었기 때문에 뜻이 확장되었다. 즉 '치治'란 수水(=修)+태台(兌·泰·太:크다, 빛나다, 기름이자, 양육하다, 기쁘다 등)의 형성자로 범람하는 물길을 다스려 비옥한 옥토를 만들고, 농사지어 많은 곡식(재화)을 생산하여 사람들을 기쁘게 한다는 의미이다.[60] 그렇다면 유교적 정치란 "하늘의 뜻을 계승한 성인이 만든 예악·형정으로 다스려(攵) 정의를 구현하고, (治水와 같은) 다양한 국가사업을 통해 공익을 증대시키고, 그것을 기반으로 하여 백성들을 양육·교육·수양시켜 위대한 자아 및 인류의 이상을 실현하게 하는 일체의 공적 행위이다."라고 규정할 수 있다. 이러한 유교의 정치철학 이념은 치수治水의 제왕인 우임금의 언명(「大禹謨」)에 이미

---

58 『정치학』 1279a16-21.

59 바로 이 점에서 현대정치학에서 정치(政治 politics)란 '희소자원의 권위적 분배과정(autho-ritative allocation of scarce resources:D. Easton)' 혹은 '합법적 물리력을 사용한 공공의 이익창출(W. Weber)' 등으로 정의한다. 안외순, 『정치, 함께 살다』 글항아리, 2016, 31쪽.

60 『설문해자』에 따르면, '治'는 河流名으로 원래 東萊郡 曲城縣 陽丘山에서 나와 남으로 흘러 大海로 들어가는 강을 말하였다. "治 水, 出東萊曲城陽丘山南入海 從水 台聲" 이후 물길을 다스린다는 뜻으로 전의되고, 引伸하여 사람을 다스린다(治人) 등과 같은 다양한 의미(治山, 治賦, 治賓客 등)로 쓰인다.

'정덕正德·이용利用·후생厚生'의 삼사三事로 잘 나타나 있다.

> 우임금이 말했다. "아름답도다, 제게서는 유념하소서! 덕은 정치를 잘 하
> 는 것이고, 정치는 백성들을 잘 양육하는 데 있습니다. 물과 불과 쇠와 나무
> 와 흙과 곡식이 닦이며(六府), 정덕·이용·후생이 조화를 이루게 하십시오
> (三事). 아홉 가지 공(육부와 삼사)이 펼쳐지고, 아홉 가지 공이 펼쳐져 노래하
> 거든 경계하여 아름답게 하고, 감독하여 두렵게 하고, 아홉 가지 노래로써 권
> 면하여 무너지지 않게 하소서."[61]

  "'정덕正德'이란 백성의 덕을 바로잡음이고, '이용利用'은 기물을 만들고 재
화의 유통을 원활하게 하여 백성의 일상생활에 이로움을 주는 것이며, 그리
고 '후생厚生'은 솜옷을 입히고 고기를 먹을 수 있게 하여 굶주리거나 춥지 않
게 하는 등과 같이 백성들의 생활을 풍족하게 하는 것이다."[62] 요컨대 "정덕은
윤리倫理를 밝힘이며, 이용은 상공업을 발달시킴이며, 후생은 생명을 보전함
이다."[63] 이렇게 우임금 이래 유교는 만세평치萬世平治와 교화적공敎化積功의
기초로서 여러 기물들과 유통수단 등을 편리하게 활용하여(利用), 의식주 등
의 재물을 풍부하게 함으로써 백성의 삶을 풍요롭게 만들고(厚生), 궁극적으
로는 백성들이 모두 각자 자신의 덕을 온전히 바르게 실현하여 인간다운 삶
을 영위하도록 하는 것(正德)을 추구하는 정치이념을 표방하였다. 그렇다면
정덕이란 무엇인가? 정덕은 우임금 이전의 순임금이 사도인 설로 하여금 오
교를 펼치게 한 데에서 유래하였다.

---

61 『書經』「大禹謨」 "禹曰 於 帝念哉. 德惟善政, 政在養民, 水火金木土穀惟修, 正德利用厚生惟和. 九功惟敍, 九
    敍惟歌. 戒之用休, 董之用威, 勸之以九歌, 俾勿壞."
62 『書經』「大禹謨」 蔡沈註.
63 『儒教經典諺解叢書:書經』中和堂, 大正13(1925), 8쪽의「字解」

순임금이 말했다. "설아! 백성이 친목하지 않아 오품五品이 순하지 않으니, 너를 사도로 삼으니, 공경히 오교五敎를 펼쳐, 너그러움이 있게 하라."[64]

맹자는 이 구절의 오품五品과 오교五敎를 오륜五倫의 이념으로 해석하여, 다음과 같이 말했다.

후직이 백성들에게 농사짓는 법을 가르쳐서 오곡을 심고 가꾸게 하였는데, 오곡이 익어 백성이 길러지니 사람에게 도리가 있게 되었다. 그런데 배부르고 따뜻한데 가르치지 않으니 (사람이) 금수에 가까웠다. 성인이 그것을 걱정하여 설을 사도로 삼아 인륜을 가르치게 하였다. 부자 간에는 친함이 있고(父子有親), 군신 간에는 의리가 있고(君臣有義), 부부 간에는 구별이 있고(夫婦有別), 어른과 어린이 사이에는 차서가 있고(長幼有序), 벗들 간에는 믿음이 있다(朋友有信)라는 것이다.[65]

순임금과 그 사도였던 설契(은나라를 세운 탕임금의 조상으로, 공자의 시조라고 할 수 있다)이 정치의 근본인바 인륜의 도로써 오륜(父子有親, 君臣有義, 夫婦有別, 長幼有序, 朋友有信)을 제시했고, 우임금은 그것을 정덕(백성의 덕을 바로 잡음, 明倫理)이라 하였다. 이러한 순(설)과 우의 정치이념을 계승하여, 공자는 (1) '정政'이란 '정正'을 의미한다고 말하여, 정치의 작용과 목표를 설정해 주면서, (2) 정치가는 먼저 자신을 바르게 하고 남을 바르게 하며(正己而物正), 나아가 (3) 정치를 담당하면서 반드시 먼저 정명하겠다고 말했다. 다산은 공자의 이러한 정치의 작용이자 목적으로서 '정正'이란 인륜상 사람과 사람이 교제할 때

---

64 『서경』「舜典」 "帝曰 契 百姓不親 五品不遜 汝作司徒 敬敷五敎 在寬."
65 『맹자』 3상 :4. "后稷教民稼穡 樹藝五穀 五穀熟而民人育 人之有道也 飽食煖衣 逸居而無敎 則近於禽獸 聖人有憂之 使契爲司徒 敎以人倫 父子有親 君臣有義 夫婦有別 長幼有序 朋友有信."

에 그 선함을 완전히 실현하는 것(爲善際於其人), 즉 사람과 사람이 함께 삶을 영위하는 구체적 현실에서 그 직분에 요구되는 역할을 온전히 다함으로써, 인륜상 요구되는 도의(倫義:一)를 체득·실천(止)하는 것이 덕德(孝·悌·慈)이 된다(正德)라고 해석함으로써 고주(正文字, 正百事之名) 및 주자주(名實相符)와 차별되게 주석했다. 다산의 이 주석은 순(설)임금의 정치이념인 오품과 오교 및 그것을 오륜으로 해석한 맹자, 그리고 우임금의 정치이념인 정덕과 잘 부합한다고 생각된다.

II. 경敬과 덕치德治

　내성외왕內聖外王의 도를 추구하는 유교는 '수기치인의 학문(修己治人之學)'으로 규정된다. 또한 유교는 덕치德治를 표방하는바, 천명의 본성을 자각하여 덕을 닦은 유덕자가 먼저 솔선하여 자신을 바르게 함으로써 만백성 또한 교화를 통해 바르게 되는 것을 그 이념으로 한다. 그렇다면 여기서는 '무엇으로 수신하여 덕을 닦고, 어떻게 덕치를 시행할 것인가? 하는 것이 문제가 된다. 이 문제에 대해서는 물론 공자 이전의 정치서인 『서경』, 그리고 『시경』에도 많은 연관된 구절이 있다. 나아가 술이부작述而不作의 정신으로 계승자를 자임했던 공자 역시 그 이전의 전통 중국의 문화로부터 전수받은 것이 있었을 것이다. 그런데 성지시자聖之時者로서 공자의 위대성은 단순히 전수받은 것에 그치지 않고, 옛 것을 찾아 풀어내고 새 것을 알아(溫故知新) 집대성하였다는 데 있다고 할 것이다.

　『논어』에서 공자 또한 유교 전통을 계승하여 덕치 이념을 주장한다. 그런데 공자는 그 이전에 주로 천자 1인과 관계했던 덕과 덕치 이념을 군자 일반으로 확장하였다. 나아가 천자의 덕과 연관된 '경敬' 개념을 군자가 수기修己-안인安人-안백성安百姓하는 방법으로 제시하였다. 요컨대 공자는 천자의 정치와 연관되던 경덕敬德의 정치이념을 군자 일반의 이념으로 확장시켰다고 할 수 있다.

이 글은 『논어』에 나타난 공자의 정치이념의 특징을 알아보는 데 주요한 단서가 되는 경敬과 덕치 개념을 고·신주 및 다산의 주석을 중심으로 대비적으로 살펴보는 데 목적이 있다. 이를 위해 우리는 경과 덕치 개념의 유래가 되는 『서경』의 언명을 정리하는 데에서 출발할 것이다. 그런 다음 『논어』에서 정치와 연관하여 제시된 경과 덕치 개념에 대한 주요 주석을 대비적으로 살펴보면서, 공자의 정치이념을 제시할 것이다. 마지막 결론으로서 주자와 다산의 경과 덕치 개념의 주석에 나타난 중요한 특징들을 대비적으로 제시하고자 한다.

1. 『서경』의 덕德과 경덕敬德

공자는 정치이념으로 '덕치'를 표방했다.[1] 그런데 유교는 요임금 이래 덕치를 표방하였다. 그래서 유교의 정전인 『서경』은 다음 구절로 시작한다.

> 요임금을 계고하면, 큰 공이 널리 미쳤으니, 공경(欽)·총명(明)·문장(文)·심사(思)가 마땅히 편안해야 할 바에 편안하셔서, 진실로 공손하시고 겸양하셔서 광휘가 사방을 밝히시고 천지에 이르렀다. 능히 큰 덕을 밝히시어(克明俊德), 구족을 친하게 하시니 구족이 이미 친목하고, 백성을 공평하게 다스리시니 백성이 (그 덕을) 밝히고, 만방을 협화하자 여민이 아! 변화하여 이에 화하였다.[2]

요임금은 덕에 의한 교화정치를 구족九族(親而睦)→백성百姓(平章而昭明)→

---

1 『논어』 2:1. "爲政以德." 2:3. "道之以德." 등 참조.
2 『서경』「요전」 "若稽古帝堯, 曰放勳, 欽明文思安安, 允恭克讓, 光被四表, 格于上下. 克明俊德, 以親九族, 九族旣睦, 平章百姓, 百姓昭明, 協和萬邦, 黎民於變時雍."

만방萬邦(協和)→여민黎民(變時雍)으로 펼쳐나갔다는 것이다. 이러한 덕치 이념은 후대 『대학』의 삼강령(明明德→親民=止於至善)·팔조목(格物→致知→誠意→正心→修身→齊家→治國→平天下)으로 계승되어 나타났듯이, 유교 정치의 전형이 되었다. 그리고 이때부터 이미 유덕자가 제위帝位에 올라 정치를 시행해야 한다는 관념을 드러내고 있다. 그래서 요임금이 그 지위를 사악四岳에게 선양하려고 하자, 그는 "저는 덕이 없어, 제위를 욕되게 할 것입니다."라는 말로 사양하면서, 우순虞舜을 천거했다.[3] 「순전」에서도 "순은 중화重華가 요임금과 합하여, 예지(睿)·명철(哲)·문채(文)·총명(明)하시고, 온화(溫)·공손(恭)·진실(允)·독실(塞)하셔서 현덕玄德이 올라 알려지셔서, 이에 직위를 명받고,… 요임금이… '네가 제위에 오르라.'라고 하니, 순이 유덕자에게 양보하고 계승하지 않으셨다.… 유덕자를 후대하고…"[4]라고 기록되어 있다. 그리고 순이 임명한 대법관 고요는 우임금에게 일러준 정치적 훈시에서 이미 "천명은 덕 있는 자에게서는(天命有德) 오복五服으로 오장五章(公·侯·白·子·南)하시고… 천은 죄 있는 자를 토벌하시거든(天討有罪) 오형五刑으로 오용五用하여 정사에 힘을 다하소서."[5]라고 말하였다.

그런데 여기서 '천명'이란 말에서 알 수 있듯이, 유교의 근원은 천이며, 따라서 유도儒道는 천도天道라는 점에서 유교의 정치적 정당성은 천명과 연관된다. 즉 천명에 근거하여 정벌과 역성혁명의 정당성이 주장되었다. 그래서 상商의 탕湯은 당시 천자였던 하夏의 걸桀을 방벌할 때 다음과 같이 말했다.

---

3 『서경』「요전」 "帝曰, 咨四岳, 朕在位七十載, 汝能庸命, 巽朕位. 岳曰, 否德忝帝位."
4 『서경』「순전」 "若稽古帝舜. 曰重華協于帝. 濬哲文明, 溫恭允塞, 玄德升聞, 乃命以位. …帝曰 …汝陟帝位. 舜讓于德, 弗嗣. …惇德允元…" 필자의 (금고문의 구별을 하지 않고) 조사결과, 『서경』의 「虞書」에서 '德' 자는 「요전」 2, 「순전」 3, 「대우모」 10, 「고요모」 6, 「익직」 2회 등 약 23회 출현했다. 그리고 『夏書』에는 전체 5회, 『商書』에는 약 58회, 그리고 『周書』에는 약 100회 내외로 '德' 자가 출현했다.
5 『서경』「고요모」 "天命有德, 五服五章哉. 天討有罪, 五刑五用哉. 政事, 懋哉懋哉."

탕임금이 말했다.… "나 소자가 감히 군대를 동원하여 난을 일으키려는 것이 아니라, 하나라가 죄가 많아 하늘이 명하여 정벌하게 하신 것이다(天命殛之).… 하나라가 죄가 있으므로, 나는 상제를 두려워하여 감히 바로잡지 않을 수 없다.… 하나라 왕이 덕을 멸하고 위엄을 부려(滅德作威) 만방의 백성에게 학정을 베푸니… 하늘의 도는 선한 자에게 복을 내리고 음탕한 자에게 화를 내리니(天道福善禍淫), 하나라에 재앙을 내려 그 죄를 드러내신 것이다."[6]

상의 탕은 천명에 의해 하의 걸을 방벌했고, 또한 천명을 부여받고 새로운 왕조를 개창했다고 간주하면서,[7] 지성至誠으로 천에게 제사하면 그 명에 의해 왕조가 영속할 것이라고 생각했다. 그래서 마지막 왕인 주紂에 이르기까지 천명을 보유하고 있기 때문에 제국이 멸망하지 않을 것이라고 확신했다. 그러나 그들은 귀신에게 제사하는 데는 충실했지만, 백성들을 돌보는 데에는 소홀히 한 결과[8] 멸망의 길을 걷게 된다.

그런데 조상신祖上神인 상제上帝를 섬기면서 선민의식을 지녔던 상을 멸하고 새로운 제국을 건설했던 주 역시 천명에 가탁하여 역성혁명易姓革命[9]의 정당성을 호소한다.[10] 그렇지만 그들은 천명을 지녔다고 믿은 왕조를 멸했기 때문에, 저들이 천명을 잃은 까닭과 자신들이 새롭게 수명受命한 근거를

---

6   『서경』「탕서」 王曰 "…非台小子, 敢行稱亂. 有夏多罪, 天命殛之…夏氏有罪, 予畏上帝, 不敢不正."; 「湯誥」 "夏王滅德作威, 以敷虐于爾萬方百姓… 天道福善禍淫, 降災于夏, 以彰厥罪."「商書」에는 '天命'이란 용어가 총 5회 출현하지만, 「周書」에는 약 17회 나타난다.

7   『詩經』「商頌, 玄鳥」 "天命玄鳥, 降而生商."

8   『禮記』「表記」 "子日 殷人尊神, 率民以事神, 先鬼而後禮."

9   革命은 天命의 改革을 의미한다. '革'은 가죽(皮)에서 털을 제거(去毛)하여 반듯하게 펼쳐 말리는 모습으로 '가공을 거친 가죽'을 의미한다. 命은 口와 令의 회의자인데 '입으로 하게끔 하다(口令)'에서 나온 것으로 命令'을 뜻한다(『설문』). 가죽(皮)은 사용하려면 가공을 거쳐야 하듯이, 천명 또한 그러해야 한다는 것을 의미한다. 이는 곧 천명의 조건성과 제한성을 함축하는 것으로 곧 인지의 발전과 해방을 의미한다. 즉 天命 또한 改革되어야 한다는 것이다.

10   『서경』「大誥」 "其有能格知天命, …天命不僭."

설명해야만 했다. 바로 이런 이유에서 이들은 천명에 의한 통치자의 지지에는 조건과 제한이 따르며, 따라서 천명을 유지하는 것은 쉽지 않다(天命不易)고 하는 천명미상天命靡常(不于常)의 관념을 정립한다.[11] 요컨대 천은 흠欽·명明·문文·사思 혹은 예睿·철哲·문文·명明 및 온溫·공恭·윤允·색塞의 덕을 지닌 유덕자에게 명을 내려 천자가 되게 하였지만, 그 명을 받은 왕이 덕치를 펼치지 못하여 그 백성들의 원성이 하늘에 상달되면, 하늘은 그 명을 거두어서 새로운 유덕자有德者에게 옮겨 간다는 것이다.[12] 즉 덕에 의해서만 천명을 받고, 천명을 유지시켜 나갈 수 있다는 것이다. 바로 여기서 경덕敬德(明德)의 관념이 제기되는데, 그것은 「소공」편에 집중적으로 나온다.

> 아, 황천상제께서 그 원자와 이 대국인 은의 명命을 개혁하셨으니, 오직 왕께서 명을 받은 것이 끝없이 아름답지만, 또한 끝없이 우려해야 할 것입니다. 아! 어찌하여야 합니까? 어찌 경敬하지 않으십니까?… 아! 하늘은 또한 사방의 백성을 애상하게 여기서, 둘러보아 덕에 힘쓰는 자에게 명하시니, 왕께서는 빨리 경덕敬德하소서!… 왕께서는 경을 처소로 삼아야 하니, 경덕하지 않을 수 없습니다.… 하나라를 살펴보지 않을 수 없으며, 또한 은나라를 살펴보지 않을 수 없습니다.… 하나라가 천명을 간직하여… 천명을 연장하지 못한 것은 오직 그 덕을 경하지 못하여 이에 일찍이 천명을 실추하였습니다.… 은나라가 천명을 받아… 그 덕을 연장할 수 없었던 것은 오직 그 덕을 경하지 않아, 이에 일찍이 천명을 실추하였기 때문입니다.… 새로운 도읍에 머무시어 왕께서는 빨리 경덕하소서. 왕께서 그 덕을 쓰는 것이 하늘의 영원한 명을 비는 것입니다.… 왕위가 덕이 으뜸이 자에게 있으면, 소민이

---

11 『서경』「康誥」王曰 "嗚呼. 肆, 汝小子封. 惟命不于常, 汝念哉, 無我殄享." 또 『詩經』「大雅, 文王之什」 "天命靡常…有命自天 命此文王." 참조.
12 『서경』「周書, 酒誥」 "不有德馨香 祀登聞于天 誕惟民怨."

이를 본받아 덕을 천하에 써서 왕의 덕이 더욱 빛날 것입니다.[13]

　　청말 마지막 황제의 스승이었던 왕국유王國維(1877-1927)가 『은주제도사』에서 "소공의 말은 사관이 기록하여 천하에 공개한 것으로 (주나라를 개국한) 문왕·무왕·주공이 천하를 다스린 정의대법精義大法이 모두 이(「소고」편) 안에 있다."라고 했듯이, 이 편이 바로 문왕·무왕·주공의 정치철학의 핵심이며, 경덕敬德이 바로 이 편의 키워드이다.[14] 그런데 공자는 "주나라가 하·은 2대의 문화를 본받아 가장 융성하기 때문에 주나라를 따르겠다."라고 말하면서, "문왕의 문화(道)가 자신에게 있다."라고 말하였다. 나아가 무왕의 음악을 평하여, "지극히 아름답지만, 아직 지극히 좋지는 못하다."라고 말하면서, "노쇠하여, 꿈에서 다시 주공을 뵐 수 없다."[15]라고 했다. 심지어 공자는 "만약 나를 등용하는 이가 있다면, 나는 그곳을 동주로 만들 것이다."[16]라고 말하여, 주문화의 부흥과 문왕·무왕·주공의 정의대법의 계승을 필생의 사명처럼 생각했다. 그렇다면 공자가 유교의 정전인 『서경』에서 계승했던 제일관념은 바로 '경덕敬德'이라 하겠다. 서복관은 '경덕' 개념이 도입됨으로써 동아시아 초기 문명은 비로소 신화·전통·관습에 대한 맹신에서 벗어나 자각을 통해 우

13　『서경』「召誥」"嗚呼. 皇天上帝改厥元子玆大國殷之命, 惟王受命, 無疆惟休, 亦無疆惟恤, 嗚呼, 曷其柰何弗敬. … 嗚呼. 天亦哀于四方民, 其眷命用懋, …王敬作所, 不可不敬德. 我不可不監于有夏, 亦不可不監于有殷. …有夏服天命…不其延, 惟不敬厥德, 乃早墜厥命…有殷受天命…不其延, 惟不敬厥德, 乃早墜厥命…宅新邑, 肆惟王其疾敬德. 王其德之用, 祈天永命…其惟王位在德元, 小民乃惟刑, 用于天下, 越王顯." 『서경』에서 '敬' 자는 「우서」7회, 「하서」1회, 「상서」5회, 「주서」42회 등 총55회 내외로 출현한다. 「주서」 중에서도 「소고」에서만 敬 자는 7회(德자 또한 7회) 출현한다. 그리고 '敬德'이란 표현은 『서경』 전체에서 「주서」에서만 출현(총5회)하는데, 그중 「소고」에서만 3회 나온다(나머지는 「무일」과 「군석」에서 각 1회). 「소고」에서만 敬 자는 7회, 德 자 또한 7회 출현한다.
14　위중(이은호 역), 『상서尙書 깊이읽기』 글항아리, 2013, 295쪽.
15　『논어』 3:14. 子曰 "周監於二代, 郁郁乎文哉!吾從周."; 9:5. 子畏於匡 曰 "文王旣沒, 文不在玆乎?"; 3:25. 子謂 〈武〉 "盡美矣, 未盡善也."; 7:5. 子曰 "甚矣, 吾衰也!久矣, 吾不復夢見周公." 등 참조.
16　『논어』17:5. "如有用我者, 吾其爲東周乎!"

환의식[17]을 갖고, 신본주의로부터 인본주의에로 이행하게 되었다고 말한다.

> 우환의식은 원시의 종교적 동기에서 비롯되는 공포나 절망과는 다른 것이다.… 우환이 공포나 절망과 가장 다른 점은 우환 심리는 곧 길흉성패에 대한 당사자의 심사숙고로부터 오는 원견遠見에서 형성된다는 점이다. 이러한 원견에서 중요한 점은 길흉성패와 당사자의 행위는 밀접한 관계가 있고, 또 당사자는 행위에 대해 응분의 책임을 진다는 것이다. 우환이란 바로 이러한 책임감에서 온 것으로… 인간의 자각의 표현이다.[18]

2. 공자의 덕치 이념

1) 경敬과 그 주석

공자에 따르면, 인간은 (鳥獸와 구별되는) 인간의 길(人道=仁=愛人)을 가야 하며, 인도는 정치(政)에서 그 공효가 가장 신속하게 나타난다. 그리고 정치(政)란 '바로잡다(正)'라는 뜻으로, 군주가 바름으로 솔선수범하여 신하와 백성들이 교화되어 바르게 되는 것을 목표로 한다.[19] 그런데 정치가(君子=在上之人)는 경으로 자신을 닦아(修己以敬) 바름으로 솔선수범하여 만백성들을 바르게 정립하여(正己而物正) 평안하게 이끈다(安人, 安百姓)는 점에서 경이 바로 정치의 근본이라고 할 수 있다. 『예기』의 다음 언명은 이를 잘 말해준다.

17　『주역』「계사상전」 "易之興也 其於中古乎 作易者 其有憂患乎."
18　徐復觀, 『中國人性論史』 20-22쪽, 김충열, 『김충열교수의 중국철학사1: 중국철학의 원류』 예문서원, 2006, 179쪽에서 재인용.
19　『논어』 12:18. 季康子問政於孔子. 孔子對曰 "政者, 正也. 子帥以正, 孰敢不正?"

애공이 말했다. "감히 묻습니다. 인도는 무엇을 큰 것으로 합니까?" 공자가 초연히 낯빛을 고치고 대답하여 말했다. "…인도는 정치(政)를 큰 것으로 합니다." 애공이 말했다. "감히 묻습니다. 정치를 한다는 것은 무엇을 말합니까?" 공자가 대답하여 말했다. "정치란 바르게 하는 것(正)입니다. 임금이 바르게 하면, 백성이 (바르게 하는) 정치에 따르는 것입니다. 임금이 하는 바를 백성이 따르는 것입니다. … 부부는 분별(禮, 差等)이 있고, 부자는 친(仁=愛人)함이 있고, 군신은 엄(嚴, 義, 宜)해야 하니,[20] 이 세 가지가 바르면 모든 것들이 이에 따라 바르게 될 것입니다.… 옛날의 정치란 사람을 사랑하는 것(愛人=仁)을 잘 다스리는 것으로 여겼고, 사람을 사랑하는 것을 잘 다스리는 방법은 예를 크게 여깁니다. 예를 다스리는 방법은 경(敬)을 크게 여깁니다.…. 이런 까닭으로 군자는 경을 일으켜 친(仁, 愛人)하려고 합니다. 경을 버리는 것은 곧 친(仁)을 버리는 것입니다. 사랑하지 않으면 친하지 않고, 경하지 않으면 바르게 되지 않습니다(弗敬不正). 사랑(愛人=仁)과 경은 정치의 근본일 것입니다."[21]

요컨대 인간은 인간의 길(人道)을 가야 하는데, 인도를 구현함에서는 정치(政)를 가장 중요하게 여기고, 정치(政)란 바르게 하는 것(正)으로 인군이 바름으로 솔선수범하여 백성이 바르게 되는 것을 목표로 한다. 바름(正)이란 인륜적 관계(夫婦, 父子, 君臣)에서 요구되는 덕목(五倫, 仁義禮智信 등)을 온전히 구현하여, '임금은 임금답게, 신하는 신하답게, 부모는 부모답게, 자식은 자식답

---

20 『中庸』 20:5. "仁者人也 親親爲大 義者宜也 尊賢爲大 親親之殺 尊賢之等 禮所生也."
21 『禮記』 「哀公問」 哀公曰 "敢問人道誰爲大." 孔子愀然作色而對曰 "…人道政爲大." 公曰 "敢問何謂爲政." 孔子對曰 "政者正也 則百姓從政矣 君之所爲 百姓之所從也…夫婦別 父子親 君臣嚴 三者正則庶物從之矣… 古之爲政 愛人爲大 所以治愛人 禮爲大 所以治禮 敬爲大…是故君子興敬爲親 舍敬是遺親也 愛不親 弗敬不正 愛與敬其政之本與."

게' 그 도리를 다하는 것이다.[22] 그런데 이러한 덕목은 경敬으로 구현되는 것이기 때문에 경이 바로 정치가 지향하는 바름을 성립시키는 근본이 된다. 그렇다면 '경(恭敬, 敬虔, 敬畏, 敬愼, 驚異, 警戒)'이란 무엇인가?

'경敬'은 "갑골문에서는 구苟(진실로)로 썼으나, 금문에는 손에 몽둥이를 든 모습인 복攵(치다) 자가 더해졌다. 구苟는 양羊의 머리에 꿇어앉은 사람을 그렸는데, 절대자(정복자)에게 꿇어앉아 '진실하고 경건한 마음'으로 복종하여 비는 모습을 나타낸다."[23] 따라서 구苟+복攵의 회의자로서 경敬은 (1) 정복자 앞에 꿇어앉아 비는 것(恭敬, 尊敬), (2) 참된 마음으로 절대자를 섬기는 것(敬畏, 敬虔)을 의미했다. 다른 한편 '경敬' 자의 초기 형태는 '경驚(敬+馬:놀란 말)'으로 주체적 대처 능력이 없는 동물적 형태의 본능적 놀람을 의미했다. 그 후 경警(敬+言:놀라움을 표현함)으로 발전하여 인간이 어떤 사태에 부딪치기 이전에 지식이나 경험에 의거하여 경계警戒·경비警備하는 상태를 의미한다.[24] 종합하면, 경敬은 본래 정복자(절대자)에 대한 참된 복종(순종) 또는 사태에 대한 본능적 놀라움(驚異感)에서 출발하여 그 놀라운 사태를 대비하는 '주체'의 마음가짐, 그리고 타자(사태)와의 만남에서 자신이 해야 할 도리를 다하기 위한 내적인 마음가짐, 마침내 천명이 부여한 운명을 책임지기 위한 참된 마음가짐(敬以直內)[25] 등으로 내면화된다. 『서경』「소고」의 '경덕敬德'이란 말은 바로 이런 연유에서 형성되었는데, 여기서 경敬은 덕을 자각·구현함으로써 바름을 지향하는 치자의 내적 마음가짐이라고 하겠다.

그렇다면 이제 『논어』에 나타난 '경敬' 자와 그에 대한 주석을 살펴보자.

22　『논어』12:11. 齊 景公問政於孔子. 孔子對曰 "君君, 臣臣, 父父, 子子."

23　하영삼, 『한자어원사전』 도서출판3, 2013 . '敬'자부.

24　김충열, 앞의 책, 179~181쪽. 신창호, 『敬이란 무엇인가』 글항아리, 2018, 1장 참조.

25　『주역』「坤卦·文言傳」 "君子敬以直內." 直은 글자의 형성 과정상 德(彳+直+心)과 연관된다고 생각된다.

『논어』에는 '경덕敬德'이란 말은 보이지 않지만, 경敬과 덕德[26] 혹은 덕치를 직접 연관시키는 표현은 찾아볼 수 있다. 『논어』의 경은 자기를 닦는 근본이며 (修己以敬), 또한 예(祭祀)의 근본[27]으로 자기의 행동을 바르게 하여 부모(孝)·인군·상上·선배·귀신 등을 섬기는 방법이며, 나아가 정치에서 백성에게 임臨하거나 사역하고[28] 정사를 처리하는 방법(敬事而信)이 된다.[29]

이제 『논어』의 '경敬'에 대한 주석을 살펴보자. 고주는 『논어』의 '경敬' 자를 정치하는 주체(己, 身)에 한정하여, 경신敬愼(1:5)·장경莊敬(3:26)·공경恭敬 (4:18, 15:5)·근경謹敬(5:16, 13:4, 16:10) 등으로 부연할 뿐, 특별한 철학적 의미를 부가하지 않았다. 그런데 성리학의 집대성자인 주자는 '경敬'에 각별한 철학적 의미를 부여하여 『논어』 주석에 적용했다. 주지하듯이 성리학의 '경敬'은 주렴계가 『통서』에서 성인이 되는 수양 방법으로 제시한 '정靜'[30]을 불교적 허무적멸로 오해할까 염려한 정자程子가 '경敬'으로 수정하면서, 거경居敬(涵養須用敬)은 궁리窮理(進學在致知)와 함께 공부방법론의 양날개로 정립되었다.

---

26 『논어』德은 도합31章(40회 내외)에서 주로 道德·德性·品德·德行 등 행위 일반과 그 행위를 가능하게 하는 내면상태로서 (1)풍속·생활양식(1:9. 民德; 4:25. 德不孤 등), (2)정치의 수단 혹은 정치양식(2:1. 爲政以德; 2:3. 道之以德; 8:20. 周之德; 12:19. 君子之德風 小人之德草; 16:1. 修文德以來), (3)恩惠(14:35. 以德報怨), (4)인식과 대처능력(18:5. 鳳兮鳳兮! 何德之衰), (5)군자의 지향·의지처(4:11. 君子懷德; 7:3. 據於德; 14:6. 君子哉若人 尚德哉若人; 17:2. 執德不弘 등), (6)좋은 행실(11:2. 德行), (7)節槪(19:11. 大德…小德) 등을 뜻한다.

27 『논어』 3:26. 子曰 "居上不寬, 爲禮不敬, 臨喪不哀, 吾何以觀之哉?" 「예기」 「곡례」 "曲禮曰, 毋不敬, 儼若思, 安定辭. 安民哉!"

28 『논어』6-1. 子曰 "雍也, 可使南面." 仲弓問子桑伯子 子曰 "可也簡." 仲弓曰 "居敬而行簡, 以臨其民, 不亦可乎? 居簡而行簡, 無乃太簡乎?" 子曰 "雍之言然."; 12:2. "使民如承大祭."

29 『논어』에서 '敬' 자는 1:5(道千乘之國: 敬事而信), 2:7(子游問孝…不敬, 何以別乎?), 2:20(使民敬忠以勸…, 臨之以莊, 則敬), 3:26(爲禮不敬), 4:18(事父母幾諫…又敬不違), 5:16(子謂子產 有君子之四道…其事上也敬), 5:17(晏平仲善與人交, 久而敬之), 6:1(仲弓曰 居敬而行簡), 6:20(務民之義, 敬鬼神而遠之, 可謂知矣), 11:14(門人不敬子路), 12:5(君子敬而無失, 與人恭而無禮, 四海之內, 皆兄弟也). 13:4(上好禮, 則民莫敢不敬), 14:43(脩己以敬), 15:5(言忠信, 行篤敬, 雖蠻陌之邦行矣. 言不忠信, 行不篤敬, 雖州里行乎哉?), 15:32(不莊以涖之, 則民不敬), 16:10(君子有九思…事思敬), 19:1(士見危致命…祭思敬) 등으로 모두 17장에 걸쳐 19회 출현한다. 敬의 대상은 事 2회, 부모(孝)와 君(民) 혹은 上 및 사람(子路, 안평중) 8회, 禮를 행할 때 1회, 鬼神 및 제사에서 2회, 자기(修己) 혹은 자기의 행동(行)과 연관하여 4회 출현한다.

30 『近思錄』 권4, 「存養」 "'或問聖可學乎?' 濂溪先生曰, '有.' '要乎?' 曰, '有.' '請問焉.' 曰, '一爲要, 一者無欲也. 無欲則靜虛動直, 靜虛則明, 明則通, 動直則公, 公則溥. 明通公溥, 庶幾乎!"

정자는 경敬을 주일무적主一無適·정제엄숙整齊嚴肅으로, 그의 문인들은 상성성常惺惺(謝上蔡) 혹은 '기심수렴불용일물其心收斂不容一物(尹焞)' 등으로 풀이했다. 주자는 이 학설들을 종합·계승하면서, 경敬을 '일심의 주재이자 만사의 근본'으로 정립한다.

대개 이 마음이 (敬으로) 이미 정립되고, 이로 말미암아 격물치지(『대학』)로써 사물의 이치를 전부 궁구하면 이른바 존덕성尊德性·도문학道問學(『중용』)이며, 이로 말미암아 성의·정심으로써 수신해 나가면 이른바 "먼저 그 큰 것을 정립하면 작은 것이 빼앗지 못한다(『맹자』)."라는 것이며, 이로 말미암아 제가·치국하여 천하에 미루어 나가면 이른바 '수기이안백성修己以安百姓'이며, '돈공이천하평篤恭而天下平'(『논어』)이다. 이 모두가 처음부터 하루라도 경에서 떠나지 않는 것이다. 그렇다면 경이라는 한 글자가 어찌 성학의 시종을 관통하는 요체가 아니겠는가?[31]

이렇게 경敬을 사서의 핵심을 관통하는 이른바 '성학시종지요聖學始終之要'로 규정한 주자는 『논어』 주석에서도 '경'을 '주일무적主一無適'으로 풀이했다.[32] 그러나 정약용은 주자의 이런 정의를 수용하지 않는다. 그는 『논어』의 '경敬' 자를 대부분 고주처럼 부연설명하면서, 다음과 같은 말을 덧붙인다.

조심스런 마음으로 받드는 것(小心供奉)을 공恭이라고 하고(『釋名』에서 말했

---

31 『大學或問』. "程子於此, 嘗以主一無適言之矣, 嘗以整齊嚴肅言之矣, 至其門人謝氏之說, 則又有所謂常惺惺法者焉, 尹氏之說則, 又有所謂其心收斂, 不容一物者 [⋯] 敬者, 一心之主宰, 而萬事之本根也. [⋯] 蓋此心旣立, 由是格物致知以盡事物之理, 則所謂尊德性而道問學, 由是誠意正心以修其身, 則所謂先立其大者而小者不能奪, 由是齊家治國以及乎天下, 則所謂修己以安百姓, 篤恭而天下平. 是皆未始一日而離乎敬也, 然則, 敬之一字, 豈非聖學始終之要也哉"

32 『논어집주』 1:5에 대한 주자주. "敬者 主一無適之謂."

다), 향하는 대상에게 경계하고 삼가는 것(所嚮警謹)을 경敬이라고 한다(향하는 대상이 없으면, 敬을 쓸 곳이 없다).[33]

또한 다산은 다음과 같은 말을 덧붙인다.

혹자가 물었다. "이천伊川은 일찍이 사람에게 정좌靜坐를 가르쳤는데, 만약 마음 쓸 바가 없다면, 단지 정좌만 하는 것은 옳습니까?" 쌍봉 요씨가 말했다. "정좌할 때는 모름지기 경敬에 주력해야 하니, 곧 마음을 쓰는 곳이 있는 것이다". ○살핀다. 경敬이란 향하는 대상이 있는 것의 명칭이다. 만약 향하는 대상이 없다면, 이는 또한 경을 씀이 없는 것이다. 오직 본심을 함양하는 데에는 '경으로써 안을 바르게 하는 것'보다 더 좋은 방법은 없다. 그러므로 군자는 초월하여 상제를 대면(對越上帝)하듯이, 주경主敬 공부를 한다. 그러나 이 공부는 손을 쓰고 입을 놀리는 공부에 비해 갑절이나 어렵고 격이 높으니, 어찌 마음 쓰는 것이 없다고 하겠는가? 만약 아무 까닭 없이 정좌한다면, 이는 또한 불가의 좌선坐禪과 무엇이 다르겠는가? (『고금주』 17:22.)

그렇다면 『논어』에서 정치와 연관하여 '경敬'이 언급된 세 구절에 대한 주석을 살펴보자. 먼저 정치가의 수신에서 평천하까지 총체적으로 피력된 구절(14:43. 子路問君子. 子曰 "修己以敬," 曰 "如斯而已乎?" 曰 "修己以安人," 曰 "如斯而已乎?" 曰 "修己以安百姓. 修己以安百姓, 堯·舜其猶病諸!")을 살펴보자. 고주는 다음과 같이 말하였다.

이 장은 군자의 도를 논한 것이다. (脩己以敬이란) 군자는 마땅히 그 자신에

---

33 『논어고금주』 5:15에 대한 다산주. 이하 본문에 『고금주』로 표기함.

8장: 정치 / 경敬과 덕치德治 | **389**

게 경敬해야 한다(君子當敬其身)는 말이다.… (安人의) 인人은 붕우와 구족을 이른다. 자신을 닦고, 또 은혜로써 친족을 편안하게 해야 한다. … (安百姓의) 백성百姓은 중인을 이른다. 병病은 난難(어렵게 여기다)과 같다. 자신을 닦아 백성을 편안하게 하는 일은 요순 같은 성인으로서도 오히려 어렵게 여기셨는데, 하물며 군자이겠느냐는 말이다. (『주소』)

그런데 경敬을 성학의 시종을 관통하는 요체로 간주하는 주자는 다음과 같이 주석한다.

'수기이경修己以敬'이라고 말한 공자의 말씀은 지진至盡한 것이다. 그런데도 자로는 부족하다고 여겼기에 그 가득차고 쌓인 (덕의) 성대함이 자연히 남에게 미친다는 것으로 다시 알려주셨으니, 다른 방도란 없다. 인人이란 기己와 상대하여 말한 것이고, 백성이란 사람 모두를 포괄한다. '요순기유병저堯舜其猶病諸'란 '여기에 더할 것이 없다(최상이다)'라고 말한 것이다. 만일 나의 다스림이 이미 충분하다고 말한다면, 성인이 될 수 없다. (『집주』)

이에 대해 다산 정약용은 다음과 같이 주석했다.

군자는 윗자리에 있는 사람(정치가)을 말한다. ○ 적생쌍송이 말했다. "경敬하는 대상을 말하지 않았으니, 하늘을 공경하는 것이다. 수기함으로써 하늘을 공경하는 것이다. 안인安人은 효제·돈목으로 구족을 친애하는 것을 말한다. 백성은 백관과 만인을 말한다. '병病'은 '난難(어렵게 여긴다)'이다.' ○ 살핀다. 경敬이란 향하는 대상이 있는 이름이니, 향할 바가 없으면 경할 대상이 없다. 군자가 자신에게 경하는 것은 또한 하늘에게 경하는 것이면서 어버이에게 경하는 방법이 된다. 수기이경修己以敬이란 성의정심誠意正心이다. 수기이안인修己以安人이란 수신·제가이다. 수기이안백성修己以安百姓이란 치국治國·평천하平天下이다. ○손월봉孫月峰이 말했다. "요순은 백성의 불안을 어렵게 여긴 것이 아니라, 자기 자신을 닦지 못하여 안백성安百姓하지 못한 것을 어렵게 여겼다. 안백성하지 못한 것은 수신하지 않은 데에서 나온다." ○살펴보면, 이 설은 심히 정통하다.(『고금주』)

정리하면, 고주는 "군자의 도란 자신에게 경敬하는 데에서 출발하여, 넓게 은혜로써 친족과 천하의 중인을 평안하게 하는 데에로 확장하는 것인데, 이것은 요순 같은 성인도 오히려 어렵게 여기셨다."라고 풀이하였다. 이렇게 고주는 '경敬'의 대상을 '군자의 신身'에 한정하고, 자신에게 경하고 나서, 미루어 나아가 은혜로써 친족과 백성을 평안하게 하는 것이 요순도 어렵게 여긴 군자의 도라고 하였다. 그런데 '경敬을 일심의 주재이자 만사의 근본이며, 성학의 시종을 관통하는 요체'로 규정한 주자는 "경으로써 자신을 닦아 그 덕이 성대해지면, 안인과 안백성은 자연스럽게 이루어진다."라는 점에서 '수기이경修己以敬'이 곧 지진한 군자의 도이며, 이는 요순도 오히려 병통으로 여길 최상의 경지라고 주석하였다. 그런데 이에 대해 다산은 "진정한 정치가(君子=在上之人)의 길이란 자신을 닦음으로써 (하늘을) 공경해야 하는데(誠意正心), 자신을 닦아 효제와 돈목으로 구족을 친애하며(修身齊家), 자신을 닦아 백관과 만인을 편안히 하는 것(治國平天下)이다. 자신을 닦음으로써 백성을 평안하게 해 주는 것은 요순마저도 어렵게 여겼다."라고 주석하였다.

다음으로 6:1(子曰 "雍也, 可使南面" 仲弓問子桑伯子 子曰 "可也簡" 仲弓曰 "居敬而行簡, 以臨其民, 不亦可乎?居簡而行簡, 無乃太簡乎?" 子曰 "雍之言然")의 '경敬'에 대한 주석을 살펴보자. 여기서 고주는 "만약 자신을 경숙敬肅하게 하고 관략寬略하게 행사하여(若居身敬肅而行寬略) 그 백성을 다스린다면, 또한 괜찮지 않겠습니까?"(『주소』)라고 말한 것으로 주석하였다. 이에 대해 주자는 "스스로 경에 처하면(自處以敬), 마음 가운데 주재가 생겨(中有主) 자신을 다스림이 엄격해진다."라고 주석하면서, "경에 머물면서 어떠한 혼란도 없기(居敬而無物) 때문에 행하는 것이 자연히 간략해진다."라는 정자의 말을 인용하였다(『집주』). 이에 대해 다산은 다음과 같이 보완했다.

> 거居는 자신을 단속하여 스스로 처신하는 것(持己以自處)을 말하고, 행行은 정령을 베풀어 남을 다스리는 것(施令以治人)을 말한다. 경敬은 향하는 바에서 삼가는 것(謹於所嚮)을 말하고(향하는 바가 없으면 경하는 바가 없다), 간簡은 세부적인 절목에서 소략함(略於細節)을 말한다. 경에 머물면서(居敬) 사안을 생각함이 주도면밀하면, 그 행하는 바가 비록 간략할지라도 빠뜨리는 것이 없을 것이다. 간략함에 머물면서(居簡) 사안을 생각함도 소략하다면 그 행하는 바가 비록 간략할지라도 끝내 틀림없이 어지러울 것이다. (『고금주』)

이렇게 다산은 거居(=持己以自處)와 행行(=施令以治人)을 명료하게 해석하고, '경'에 대한 성리학자들의 향내적인 해석(居敬하면 마음 가운데 자연히 주재가 생겨 자신을 다스림이 엄격해진다)에 대해 비판적인 입장을 내비춘다. 즉 다산은 "경이란 향하는 바(임금, 백성, 부모, 형제 등)에서 삼감(謹於所嚮)이다."라고 말하여, 경에는 필연적으로 그 향하는 대상이 있다는 것을 강조하면서, 무게중심을 행사적인 측면으로 옮긴다.

다음으로 1:5(子曰 "道千乘之國, 敬事而信, 節用而愛人, 使民以時.")의 주석을 살펴보자. 먼저 고주는 "천승의 나라를 다스리는 자는 일처리에서 반드시 경신敬愼하고, 백성을 반드시 성신誠信으로 대해야 한다. 절용은 사치하지 않음이다. 나라는 백성을 근본으로 삼기 때문에 백성을 애양愛養한다. 공사를 일으켜 백성을 사역할 때에는 반드시 농한기를 이용하여 농사를 방해하거나 농시를 빼앗지도 않는 것이다."(『주소』)라고 주석하였다. 그런데 주자는 다음과 같이 주석한다.

> '경敬'이란 마음을 하나로 집중하여 다른 곳으로 가지 않는 것(主一無適)을 말한다. 나라를 다스리는 요체는 이 다섯에 있다는 말이니, 또한 근본에 힘쓰라는 뜻이다. 호병문이 말했다. 이 몇 가지는 또한 모두 경敬이 주主가 된다. 내가 말한다. "이 다섯 가지는 거듭해서 서로가 원인이 되며(反復相因) 각각 순서가 있다."(『집주』)

이에 대해 다산은 다음과 같이 주석하였다.

> 보완하여 말한다. 도道는 인도(導)이다. 경사敬事는 그 시종을 생각하고 그 유폐를 헤아리는 것을 말한다. 그런 뒤에 시행한다면 막히거나 흔들림이 없어 백성들이 신뢰하게 된다. 질의한다. 세 구가 각각 한 가지 일이 되는데, 선유先儒들은 이것을 다섯 가지 일로 여긴 이가 많았다. 아마도 그렇지 않은 듯하다.

'경敬'에 대해 고주는 경신敬愼으로, 주자는 성리학적 전통에 따라 '주일무적主一無適'으로, 그리고 다산은 간명하게 '시종과 유폐를 헤아려 일을 처리하는 것'으로 해석했다. 그런데 여기서 제시된 항목에 대해 고주와 주자는 경사敬事, 신信, 절節, 애민愛民, 사민이시使民以時 등의 다섯 가지로 나누고, 이들은 반복상인反復相因하며 차서가 있다고 말했다. 그리고 주자는 "이 다섯 항목에서 경敬이 주가 된다."라는 주석을 인용하였다. 이에 대해 다산은 "치자가 경사敬事하면 백성으로부터 신뢰를 받고, 치자가 절용節用하는 것이 곧 애민愛民이다."고 해석하면서, 이 구절은 세 항목이며, 각각 하나의 일이라고 주석하였다. 여기서도 주자는 '경敬'을 성학의 종시를 관통하는 요체로 보지만, 다산은 경을 여러 항목 중의 하나의 일로 본다는 것을 확인할 수 있다.

2) 덕치德治와 그 주석

주지하듯이 유교는 덕치를 지향한다. 공자 이전의 『시경』과 『서경』에서 본래 천자의 중요한 정치적・군사적 행적(彳=行:巡行・施惠・征伐)을 말하던 덕 개념은 처음에는 가치중립적(桀德・受德・文王德・酒德)이었지만, 점차 가치지향적 개념(文王德・寧王之德)으로 정착된다. 그리고 서주西周 초기에 '심心' 부가 추가되면서, 훌륭한 치적을 나타내던 외적 형식미에서 그 성과를 이룬 치자治者의 내면 상태・능력이 강조된다. 유교에서 덕은 통치자가 천명을 부여받는 근거이자 이상정치의 필요조건이며, 나아가 그 후예들이 유업을 계승해 나가는 근간이다. 이러한 덕 개념이 주체의 자각적・성찰적인 참된 마음가짐을 뜻하는 경과 결합하여, '경덕敬德'(「소고」) 개념이 형성되었다.

『논어』에서 '덕德' 자는 도합 31장(40회 내외)에서 출현하는데, 여기서 다루고자 하는 구절은 정치의 수단・양식・목표와 연관된 언명들이다.[34] 먼저 2:1(子曰 "爲政以德, 譬如北辰, 居其所, 而衆星共之")을 살펴보자. 고주는 다음과 같이 주석하였다.

> 포함이 말했다. "덕은 무위無爲이니, 북신이 이동하지 않지 않되(不移) 뭇별들이 '공존共尊'하는 것과 같다. 정현이 말했다. 정치를 잘하는 데에는 덕만한 것이 없다는 말이다. 덕은 얻음(得)이니, 만물이 얻어서 태어난 것을 덕이라 한다(物得以生謂之德.).… 임금이 덕으로써 정치하여 무위청정無爲淸靜하면

---

34 『논어』에서 '德'은 道德・德性・品德・德行 등 훌륭한 행위와 그 행위를 가능하게 하는 내면상태로서 (1)풍속・생활양식(1:9. 民德; 4:25. 德不孤 등), (2)정치의 수단・목표・양식(2:1. 爲政以德; 2:3. 道之以德; 8:20. 周之德; 12:19. 君子之德風 小人之德草; 16:1. 修文德以來), (3)恩惠(14:35. 以德報怨), (4)상황에 대한 인식・대처능력 (18:5. 鳳兮鳳兮! 何德之衰), (5)군자의 지향・의지처(4:11. 君子懷德; 7:3. 據於德; 14:6. 君子哉若人 尚德哉若人; 17:2. 執德不弘 등), (6)좋은 행실(11:2. 德行), (6)節槪(19:11. 大德…小德) 등을 의미한다.

역시 중인이 공존共尊함을 비유한 것이다." (『주소』)

한편 주자는 다음과 같이 주석했다.

'정政'이란 바로잡는다(正)라는 말이니, 사람의 바르지 못함을 바로잡는 것이다. 덕德이란 얻음(得)이니, 도를 행하여 마음에 체득한 것이다(行道而得於心也). '북신北辰'은 북극이니 하늘의 축이다. '거기소거其所'는 부동不動이고, 공共은 향向이니, 뭇별들이 사방에서 둘러싸서 돌되 그곳을 중심으로 향한다는 말이다. 정치를 덕으로 하면 무위이지만 천하가 그에게 귀속하니, 그 형상이 이와 같다. 덕과 정치는 두 가지 일이 아니다. 다만 덕으로 근본을 삼으면 백성이 돌아오게 할 수 있다. 정자가 말했다. 정치를 덕으로 한 연후에야 무위할 수 있다. (『집주』)

고주와 주자는 공히 덕을 얻음(得)으로 해석했다. 그런데 고주는 덕의 생득적인 측면을 강조했지만, 주자는 도를 행함으로써 마음에 터득된다는 측면 역시 함께 제시하였다. 또한 양자는 공히 덕치를 무위와 연관시킨다. 그런데 다산은 "덕德이란 직심直心(바른 마음)이니, 인군이 먼저 효제함으로써 천하 사람들을 인仁하도록 이끄는 것이다. 공共이란 동同이니, 북신北辰이 제자리에 있으면서 천추天樞를 선회하면 뭇별들이 북신을 따라 회전하여 북신과 같이 운행하므로(운행하기 때문에) '공지共之'라고 했다. 정政이란 윗사람이 백성을 바로잡는 것이니, 교화에 따라서 같이 전회하니(백성이 선으로 옮겨간다), 그러므로 북신으로 비유했다."라고 말하면서, 고주(및 주자의 신주)를 직접 비판한다.

청정무위淸淨無爲는 곧 한유들의 황로학이며, 진대晉代의 청허학淸虛談이다. 천하를 어지럽히고 만물을 파괴하는 것으로 이단사술異端邪術 중에서도 더욱 심한 것이다. 어찌 일찍이 우리 유가의 대성大聖께서 무위로 법을 삼았다고 할 수 있겠는가? 대저 무위란 정치를 하지 않는 것이다. 공자는 분명히 위정爲政이라고 말하였는데, 유자들이 무위라고 말하면 되겠는가?(『고금주』)

다산은 이렇게 치자가 효제를 행하여(正己) 백성들을 인으로 이끄는 것(物正)을 덕치라고 말하면서, 무위로 해석할 수 없다고 주장한다. 그렇다면 『논어』에서 공자가 무위정치를 예찬한 것은 어떻게 보아야 할까? 다산의 해석과 배치되는 것이 아닌가? 이제 문제의 구절(15:4. 子曰 "無爲而治者, 其舜也與!夫何爲哉?恭己正南面而已矣")을 살펴보자. 여기서도 고주의 형병은 "제왕의 도는 무위·청정하여 백성들을 교화하는 것을 귀중하게 여겼다."라고 주석하여, 무위청정라는 말을 직접 사용하였다(『주소』). 그리고 주자는 "무위이치無爲而治란 성인의 덕이 융성하여 백성이 교화되어, 작위할 필요가 없다는 것이다. 공기恭己란 성인이 덕을 공경하는 모습이니, 이미 작위할 바가 없으니, 사람들이 보기에 이와 같을 뿐이다."라고 주석하여, 무위를 무작위無作爲라는 말로 풀이했다. 그런데 다산은 이들의 해석에 대해 적극 반론한다.

순임금이 비록 사람을 얻었지만 일찍이 무위로 다스린 적은 없다. 여기서 말한 무위란 사람을 얻어 편안함을 지극하게 말한 것이니, 찬탄하고 칭양한 것이다. ○공기恭己는 경신敬身과 같다. ○살핀다. 청정무위清靜無爲란 노자의 학설이다. 한나라 이전의 『서전』에는 이런 학설이 없었다.(『고금주』)

그렇다면 이와 연관된 2:3(子曰 "道之以政, 齊之以刑, 民免而無恥. 道之以德, 齊之以禮, 有恥且格")의 주석까지 살피면서 쟁점을 정리해 보자. 2:3에 대해 고주는 "정政은 법제와 교령을 말하니, … 군상이 백성을 화유化誘하기를 덕으로 하지 않고 법제와 형벌로써 하면, 백성들은 모두 교묘한 방법으로 속여 구차하게 면하려고만 하고 마음에 부끄러워함이 없다는 말이다. 덕은 도덕을 말하고, 격格은 정正이니, 군상이 백성을 화유하기를 반드시 도덕으로써 해야 한다는 말이다. 예를 제정해 백성으로 하여금 예가 있으면 편안하고 예를 잃으면 수치스럽다는 것을 알게 하여,… 또 스스로 몸을 닦아 바름으로 돌아온다는 말이다.”라고 주석하였다(『주소』). 이에 대해 주자는 다음과 같이 주석하였다.

> 정政(法制禁令)이란 다스림의 도구이다. 형刑이란 다스림을 보조하는 법규이다. 덕과 예는 다스림을 내는 근본이고, 덕 또한 예의 근본이다. 이들은 서로 시작과 끝이 되니, 어느 한쪽을 폐할 수는 없다. 그러나 정형政刑은 백성으로 하여금 죄에서 멀어지게 할 수 있을 뿐이지만, 덕과 예의 공효는 백성으로 하여금 매일 매일 자신도 모르게 선으로 옮겨가게 함이 있다. 그러므로 백성을 다스리는 자는 단지 정치의 말단에 의존해서는 안 되며, 또한 마땅히 그 근본을 깊이 탐구해야 한다. (『집주』)

그런데 다산은 다음과 같이 주석하였다.

> 도道는 도導이다. 정政이란 법제이니 백성을 바로잡는 수단이다. 제齊는 위가 평평하게 가지런한 것이다. 형刑으로써 악한 것을 벌하고, 예로써 넘치는 것을 막는 것이 마치 물에 울뚝불뚝 고르지 않음이 있을 때 잘라서 가지런하게 하는 것과 같다. 덕은 효제이다. 격格은 격假 자와 통용하여 쓰는데, 감화를 말한다. (『고금주』)

총괄하면 (1) 덕치와 무위의 관계, (2) 덕과 예악·형벌의 관계, 그리고 (3) 문자에 대한 해석으로 '중성공지衆星共之'에서 '공共'(共尊, 向, 同)과 '유치차격有

恥且格'에서 '격格'(正, 至於善, 假=感化)[35] 등에 대해 서로 다른 해석을 내놓았다. 이들의 주장을 정리해 보자.

(1) 먼저 덕치와 무위의 관계에 대한 논의를 고찰해 보자. 고주는 "도는 형체가 없기에 사모할 뿐이다. 덕은 형체를 이루기(成形) 때문에 붙잡을 수 있다.…도는 허통하여 잡을 수 없는 자연을 일컫는다(虛通無擁自然之謂道). 덕이란 얻음이니(德者 得也), 만물이 제자리를 얻는 것을 덕이라 한다(物得其所謂之德).(『주소』7:6)" 혹은 "덕이란 얻음(得)이니, 만물이 얻어서 생겨나는 것을 덕이라고 한다(物得以生謂之德). 순후한 덕을 버리지 않고 무위화청無爲化淸하면 정치가 선해진다(2:1)."라고 했다. 즉 고주에서 덕이란 얻음(得)으로, 무형의 도를 만물이 얻어 지니고 태어나 형체를 이루고 제자리를 얻는 것(得其所)인데, 군주가 이 덕을 체득하여 행하면 무위청정하여 최선의 정치를 이룬다고 하였다. 그리고 주자 역시 덕이란 얻음(得)의 뜻으로 도를 행하여 마음에 터득함이 있는 것(行道而得於心也. 2:1, 7:6), 혹은 의리가 자기에게 터득된 것(德謂義理之得於己者:5:13), 나아가 고유의 선(固有之善)을 보존하는 것(4:11) 등으로 정의했다. 이에 대해 다산은 다음과 같이 반론한다.

선유들은 매양 덕을 풀이하여 득得이라고 한 것은 해성諧聲이기 때문이다. 그러나 그 근거를 더듬어 찾아보기란 실로 어려운 일이다. (『고금주』15:3)

다산에 따르면, '덕德(彳+直+心)'이란 곧은 마음으로 (본성을) 행行하는 것, 즉 효제를 행하는 것일 따름이며(『고금주』5:13), 따라서 덕치란 인군이 효제자를 실행하여 백성들을 인으로 이끄는 것(正己而物正)을 말한다.

---

35 '共' 자에 대한 해석은 덕치와 무위를 어떻게 보느냐에 따라 자연스럽게 도출된다. '格' 자에 대해서는 正, 至, 假=感化로 서로 다르게 해석하는 것처럼 보이지만, 感化되어 선에 도달하는 것(至於善)이 바르게 된 것(正)이라는 점에서 세 해석이 결국 같은 뜻이라 하겠다.

덕이란 인류에 독실한 것을 명명한 것이니, 효·제·자가 그것이다. 『상서』「요전」에 이르길 "능히 준덕을 밝히어 구족을 친애한다."라고 하였으니, 준덕이란 효·제·자가 아니겠는가? 선왕의 도는 몸소 먼저 효제를 실천하여 천하를 거느렸으니, 이를 두고 "이끌기를 덕으로써 한다(道之以德)."라고 했으니, 덕은 모호하거나 애매한 것이 아니다. (『고금주』2:3)

그렇다면 덕치와 무위의 관계는 어떻게 보아야 하는 것일까? 고주는 덕치를 인군이 (북신이 不移하듯이) 무위청정하는 것이라고 했고, 정자는 "덕치 이후에 무위할 수 있다."라고 했으며, 주자 역시 덕치를 (북신이 不動하듯이) 무위(=無作爲)라고 말하여, 무위와 연관시켰다.

그런데 다산은 덕치를 무위로 해석하는 것을 적극 비판한다. 여기서 문제는 덕치를 무위로 해석할 수 있는가 하는 것이다. 그렇다면 '무위'란 무엇인가? 철학사에서 무위란 (1) 그야말로 아무것도 하지 않는 즉자적 무위(無爲徒食), (2) 도를 체득하여 자연에 따르는 도가적 무위(無爲自然, 無爲而無不爲), (3) 극기복례를 통해 변화[36]하여 천명의 본성(인의예지)을 작위 없이 행하는 유가적 무위, (4) 인위적인 형법이 작용하도록 하면서 자신은 법위에 군림하는 법가의 군주무위 등이 있다.[37]

이 가운데 아무것도 하지 않는다는 (1)의 입장은 성립될 수 없는 것이기에 논외로 하고, (2)의 도가적 무위부터 살펴보자. 『노자』에는 도합 11회 내외로

---

36 『맹자』7하25. "可欲之謂善 有諸己之謂信 充實之謂美 充實而有光輝之謂大 大而化之之謂聖 聖而不可知之之謂神."

37 이런 우리의 생각에 반대되는 견해로는 張舜徽(1911-1992)가 있다. 그는 『周秦道論發微』에서 덕은 동아시아 초기 사상의 핵심 개념으로 無爲로 이해되었다고 주장한다. 그는 덕의 함의를 고증하면서, 결론으로 "법가와 도가가 말한 덕이 무위일 뿐만 아니라, 유가의 공자도 덕을 무위로 간주했다"고 말했다. 관자, 노자, 공자, 순자 등 선진제가들이 말한 덕은 모두 윤리적인 도덕이 아니라, 그들이 말한 도와 덕은 모든 人君南面術로 君主無爲를 강조하는 帝王學이라는 것이다. 위중(이은호 역), 앞의 책, 295-300쪽 참조.

'무위無爲'라는 표현이 나온다.[38] 『노자』에서 무위는 도, 현덕(玄德), 그리고 도를 체득한 성인의 무위로서, 자생·자화하여 이루어지지 않음이 없고(無不爲) 다스려지지 않는 것이 없는(無不治) 공효를 가져온다. 여기서는 주객이 상호 대립하거나 혹은 어느 일방이 다른 쪽을 흡수하는 것이 아니라, 덕을 체득한 주체가 객체와 함께 도의 세계에서 함께 소요하는 무위이다. 장자 또한 무위라는 용어로 도의 특징(특히 『대종사』와 「각의」)과 우주의 변화(「각의」, 「지락」), 그리고 특히 개인의 정신에 대해 말하고 있다. 즉 장자는 정신이 속박에서 벗어나서 자유롭게 우주 전체와 교감(萬物與我竝生)하는 (心齋, 坐忘 등을 거친) 정신의 최고단계로서의 무위를 말했다.[39]

그런데 (4) 이른바 형명가刑(形)名家[40]라고도 불리면서 유위의 극치를 지향하는 법가에서도 '무위'라는 표현은 『관자』(9회)와[41] (『상군서』에는 보이지 않는다) 『한비자』(17회)에 나타난다.[42] 물론 『사기』 「열전」 편에 노자가 법가가 함께 나열되어 있고, 『한비자』에 「해로解老」편(무위라는 말이 8회 나온다)이 존재한다는 점에서 법가의 무위와 도가의 무위가 유사한 것으로 언급되기도 한다. 그러나 그것은 단지 외형상 혹은 표현상의 일치일 뿐이다. 이른바 '군주의, 군주에 의한, 군주를 위한 통치'를 정당화하는 법가에서는 인간적·사적 요소를 완전히 제거하고, 성문화된 법에 의해 기계적으로 사안을 처리하고, 질서를 유지하기 위해 군주의 무위가 주장된다. 요컨대 법가의 무위는 군주

---

38 『노자』 2장(聖人處無爲之事); 3장(爲無爲則無不治); 10장(明白四達, 能無爲乎); 37장(道常無爲而無不爲); 38장(上德無爲而無以爲); 43장(吾是以知無爲之有益, 不言之敎, 無爲之益, 天下希及之); 48장(爲道日損, 損之又損, 以至於無爲, 無爲而無不爲); 63장(爲無爲); 64장(是以聖人無爲故無敗) 등이다.

39 로저 에임즈(정병석·김대수), 『중국고대정치철학』 영남대출판부, 2017, 87쪽.

40 法家를 刑名家라고도 한다. 이때 刑名은 形名과 통하고, 그는 바로 名實(겉에 드러난 이름과 속의 실상)이란 말이 된다. 다만 법가는 사변적이 아니고 사실적이기 때문에 법가의 名實(形名)론이 된다. 이른바 '順名而責實'이라는 즉 刑法적인 뜻을 강하게 지닌다. 김충열, 「법가에서 사회정의의 문제」『중국철학산고(I)』 1988, 온누리, 208쪽.

41 『관자』 「乘馬」1회, 「勢」1회, 「兵法」1회, 「心術」 6회이다.

42 로저 에임즈(정병석·김대수), 『중국고대정치철학』 영남대출판부, 2017, 제2장 「무위」 참조.

의 통치 혹은 처세술로서 유위의 극치라고 할 수 있다.[43] 도가의 무위는 사욕을 완전히 버리고 자연의 도에 내맡기지만(任自然), 법가의 무위는 군주의 욕망을 달성하기 위해 인위적인 법에 맡긴다. 도가에서 무위의 주체는 도를 체득한 성인으로 정신의 최고경지에 올라 자연에 내맡기고 자유롭게 소요하지만, 법가에서 무위의 주체는 법 위에 군림하는 인군으로 자신의 국가를 유지하고 세력을 얻기 위해 술수를 쓰는 권력자일 따름이다.

그렇다면 (3) 유가의 무위 혹은 공자가 말한 무위 혹은 순임금의 무위이치無爲而治는 무엇을 말하는가? 『논어』에서 공자는 학문에 뜻을 두고 호학하여 점차 자립·불혹·지천명·이순을 거쳐 마침내 존재와 당위가 일치(마음이 하고자 하는 바를 좇아도 법도를 넘지 않음)하는 종심소욕불유구의 경지에 도달했다고 술회했다. 또한 그는 사사로운 의지·기필하는 마음·옛것에 갇힌 고집·사사로운 아상이 자연스럽게 없어져서, 시중時中의 도에 자유롭게 적중하는 '무가無可·무불가無不可'의 성지시자聖之時者에 도달했다.[44] 또한 『중용』에서는 "이롭게 여기거나 선을 선택하여 굳게 잡고 힘써 노력하는 단계를 넘어 변화하여, 힘쓰지 않아도 알맞고·생각하지 않아도 얻어 넉넉히 도에 적중하니 성인"의 경지가 바로 무위라고 하겠다.[45] 그리고 결정적으로 맹자에서 본성을 그대로 행한 성자性者(性之)로서 요순에 대한 묘사[46]는 유교적 무위가 무엇인지를 잘 말해 준다.

---

43 『한비자』「外儲說右上」참조.

44 『논어』 2:4 및 9:4. "子絶四 毋意 毋必 毋固 毋我"; 18:8. "逸民 伯夷叔齊 虞仲夷逸 朱張柳下惠少連 子曰 不降其志 不辱其身 伯夷叔齊與 謂柳下惠少連 降志辱身矣 言中倫 行中慮 其斯而已矣 謂虞仲夷逸 隱居放言 身中清 廢中權 我則異於是 無可無不可."

45 『중용』 20장. "或生而知之 或學而知之 或困而知之 及其知之 一也 或安而行之 或利而行之 或勉強而行之 及其成功 一也…誠者 天之道也 誠之者 人之道也 誠者 不勉而中 不思而得 從容中道 聖人也 誠之者 擇善而固執之者也."

46 『맹자』 7상:3. "堯舜性之也 湯武反(身)之也."

사람이 금수와 다른 것은 거의 드문데, 서민은 버리지만 군자는 보존한다. 순임금이 뭇 사물에 밝아서 인륜을 살폈으니, 인의에 (자연스럽게) 말미암아 행했고(由仁義行), 인의를 (의도하여 고의로) 행하시지는 않았다(非行仁義).[47]

따라서 유가의 무위는 생이지자生而知者이거나 혹은 끊임없는 노력을 통해 마침내 대화大化한 성인의 경지에 도달한 사람이 본성(인륜의 덕, 인의)을 (의도하지 않고도) 그 자체로서 그대로 드러내는 것(由仁義行)을 말한다. 이에 비해 도가의 무위는 말하거나 설명할 수 없는 현묘한 도를 체득한 성인이 도와 합일하여 자유로운 경지에서 소요하는 것을 말한다. 그리고 도가는 유가처럼 인륜과 인의에서 유래한 덕에 대해 결코 말하지 않는다. 도가의 관점에서 유가적인 인륜과 인의는 (무위자연의 도가 아니라) 작위를 통해 억지로 실현되는 유위 혹은 외적 강제일 뿐이다. 그런데 고주는 『논어』의 덕치를 무위로 해석하면서, 당시 시대적인 영향으로 현학 혹은 황로학 등의 영향을 받았다. 그래서 도를 현묘한 것으로 묘사하고, 덕을 그 도의 형성으로 보면서, 무위를 '불이不移'에 비유하였다. 다산은 공자의 덕치가 이런 도가적인 무위로, 그리고 도가적 무위는 결국 (1)의 아무것도 하지 않는 무위 혹은 허무주의 내지는 부정적 소극주의로 귀결될 수 있다고 우려하여 비판적 경고를 보낸다.

그렇다면 다산은 주자의 덕치와 무위에 대한 해석을 어떻게 보는가? 고주가 덕의 생득적生得的인 측면을 강조했다면 주자는 마음에 터득되는 측면을 아울러 강조했고, 다산은 덕의 실천적인 측면(行事以後 有德之名)을 강조했다. 그런데 다산은 주자 또한 덕을 '득得'으로 해석하면서, 덕치를 무위라고 설명한 것은 고주와 비슷한 견해로 귀결될 수 있다고 의심한다. 그렇다면 다산의

---

47 『맹자』 4하:19. "孟子曰 人之所以異於禽於獸者幾希, 庶民去之, 君子存之. 舜明於庶物, 察於人倫, 由仁義行, 非行仁義也."

순임금의 무위이치無爲而治에 대한 주석을 세밀하게 살펴보자. 그는 순임금의 정치를 다음과 같이 묘사했다.

순이 섭정한 연간에 분발하여 사업을 일으킨 공적은 모두 서책에 실려 있다. 그가 관리를 임명한 이후에 대해서는 『서』에서 언급한 바가 없는 것은 다스림이 이루어지고 제도가 정비되어 법을 살펴 시행했기 때문에 다시 기재하지 않았던 것인데, 어찌 무위를 이루어 그렇게 하였겠는가? 3년에 한 번 고과하고, 3번 고과하여 1번 내치며, 5년에 1번 순수하며, 여러 제후들은 5년에 1번 입주하며, 일을 의논하고 언사를 살피고, 널리 주상하게 하고 공적을 시험하여, 연년세세 법을 살펴 시행하여 이미 분분하게 일이 많았던 것이 아닌가? 여러 신하들과 온갖 장인들이 분주하게 직책을 좇지 않음이 없었는데, 순임금만 홀로 무위할 것을 생각했겠는가? 고적考績을 반드시 몸소 행하고, 순수를 반드시 몸소 행하고, 형옥을 반드시 경청하고, 교훈을 반드시 먼저 하였으니 순임금이 어찌 무위하였겠는가? (『고금주』 15:4)

내가 보건대, 사공事功에 분발한 이로는 요순만한 이가 없다. (『고금주』 2:1)

요컨대 다산은 순임금의 정치란 (아무것도 하지 않는다는 것을 뜻하는) 무위가 아니라, 그 반대로 인군으로서 해야 할 도리를 온전히 다한 '사공의 극치'라고 주석하였다. 그렇다면 다산의 이 해석은 주자의 해석을 반박하는 것인가? 순임금의 무위이치無爲而治에 대한 주자의 해설을 살펴보자.

주자가 말했다. "정치를 덕으로 한다는 것은 형벌과 호령을 사용하지 않는다는 말이 아니라, 다만 덕으로써 앞장선다는 것일 뿐이다.… (無爲란) 흙덩이처럼 전혀 작위함이 없다는 것이 아니라, 다만 일을 억지로 만들어내어 백성을 어지럽히지 않는다는 말이다. 덕을 자신에게서 닦으니 남이 자연히 감화되어 작위하지 않아도 천하가 저절로 그에게 귀속하니, 유위의 자취가 보이지 않았을 뿐이다." (15:4에 대한 주자세주)

다산은 순임금의 정치를 (1) '무위(아무것도 하지 않음)'라고 할 수 없으며, (2) 사공에 최대한 분발했다고 말했다. 그런데 주자 또한 덕치에도 호령과 형벌을 사용하며, 유교적 무위에는 작위가 있지만, 다만 순임금의 정치는 덕치가 지극하여 백성들이 스스로 감화되어 유위의 자취가 보이지 않았기 때문에 무위라고 하였다는 것이다. 그렇다면 덕치와 형벌의 관계에 대한 주석을 좀 더 소상하게 살펴보자. 다산은 다음과 같이 말했다.

> 덕으로써 인도할 때도 형벌을 사용하였으니, 『상서』에 '백이에게 법전을 반포케 하여 백성을 형벌로써 제재하였다(伯夷降典 折民維刑)'(「여형」)라고 한 것은 '먼저' 五典을 펴 나가고 그 가르침을 따르지 않는 자에게는 형벌로써 제재하였음을 말한 것이다. 『주례』「대사도」에는 향팔형鄕八刑으로써 만민을 규찰하였는데, 그 죄목은 불효不孝・부제不弟・불목不睦・불인不婣 등이고, 『상서』「강고」에는 불효不孝・불우不友를 원악元惡으로서 큰 증오의 대상으로 여겨 형벌을 주고 용서하지 않았으니, 이는 모두 덕으로써 인도하는 것(爲政以德)이 형법을 포함시켜 논한 것에 해당한다. (『고금주』2:3)

이렇게 다산 또한 위정이덕爲政以德에는 형벌이 포함된다고 말하면서, "먼저 덕을 실천하여 솔선수범하여 백성들을 인으로 이끌고, 이후에 따르는 않는 자를 형벌로써 제재한다는 입장을 견지한다. 그런데 주자 또한 다음과 같이 말하였다는 점에서 다산과 다르지 않다고 하겠다.

(어떤 사람이) 물었다. "위정이덕爲政以德이란 무엇입니까?" (주자가) 답했다. "덕으로써 정치를 해 나가려 한다는 뜻이 아니다. 반드시 '이以' 자에 구애될 필요는 없다. 다만, 정치를 함에 덕이 있다(爲政有德)라는 말과 유사하다. 위 정이덕하면 사람들이 저절로 감화된다. 그러나 감화는 정사에 있지 않고, 오 히려 덕에 있다. 대개 정치라는 것은 사람의 바르지 못함을 바로잡는 것이 니, 어찌 하는 일이 없겠는가? 단지 사람이 돌아오게 되는 까닭은 곧 그 덕 때 문일 따름이다. 그러므로 작위를 기다리지 않아도 천하가 그에게 귀속하는 것은 마치 뭇별들이 북신을 향하는 것과 같은 것이다.… 덕예가 있으면 정형 政刑은 그 가운데 포함되어 있으니, 정형이란 전적으로 불선하다고 말할 수 는 없다. 다만 정형만을 써서는 안 된다는 것뿐이다. 성인의 생각에 당시에 오직 정형만을 써서 백성을 다스릴 뿐, 덕례는 쓰지 않는다고 여겼기 때문에 이런 말씀을 하신 것이다. 성인께서 천하를 다스리심에 어찌 일찍이 정형을 폐했겠는가?"[48]

3. 소결

주자는 경敬을 '주일무적主一無適'(整齊嚴肅·常惺惺·其心收斂不容一物)으로 풀 이하면서, '일심의 주재이자 만사의 근본'으로 성학의 시종을 관통하는 요체 라고 하였다. 따라서 그에 따르면, 수기修己·안민安民·안백성安百姓(格物致 知·治國平天下)이 모두 '경'을 요체로 성립된다. 나아가 천승지국을 다스리는 데 경사敬事·신信·절용節用·애인愛人·사민이시使民以時 등이 반복상인反 復相因하지만, 그중에 경이 주가 된다. 요컨대 주자에 따르면, 경은 마음을 일 一에 집중하면서 혼란스러움(다른 곳으로 감)이 없는 것(主一無適)이다. 그런데

---

48 『논어집주대전』 2:3에 대한 주자세주.

여기서 '일一'은 (1) 모든 것의 근원으로 (2) 명실의 일치, (3) 공평과 균형 등을 의미한다고 볼 수도 있다. 따라서 주일무적主一無適으로서 경敬이란 과過·불급不及이 없이, 명실일치로서 공평과 균형을 이루어 모든 것의 근원(天)인 본래의 상태를 회복하도록 정제엄숙하여 그 마음을 수렴하여 한 사물도 용납하지 않게 항상 깨어 있는 것을 말한다. 이것이 바로 주자가 말하는 경이다.

한편 고주와 다산은 주자처럼 경敬에 대해 '성학의 시종을 관통하는 요체'라는 커다란 의미를 부여하지 않았다. 고주는 단지 자신에게 경신敬愼하는 것이라고 하였고, 은혜를 미루어 안인·안백성하는 데에로 나아가야 한다고 말하였다. 그런데 다산은 "향하는 대상에게 경계하고 삼가는 것이 경이다(所嚮警謹謂敬)."라고 규정하고, 주자처럼 "일심의 주재로서 만사의 근본이다."라고 말하지 않았다, 다만 그는 "경이란 향하는 바의 대상을 지니는데, 곧 자신에서 시작하여 어버이 그리고 하늘에 대해 경근敬謹하는 것이며, '자신에게 경함'이 어버이·가정·국가·천하·하늘 등을 경敬하는 데에로 나아가는 방법(所以)이 된다."라고 말할 따름이다.

요컨대 주자에 따르면, '경으로써 수기(修己以敬)'하면 덕이 쌓여 자연스럽게 안인·안백성에 이르기 때문에, 수기이경修己以敬은 요순마저도 병통으로 여긴 최상의 성취이다. 즉 안백성(평천하)은 수기(修身)를, 그리고 수기는 '경敬'을 그 요체로 하기 때문에, 경이 곧 수기에서부터 안백성에 이르는 성학의 종시를 관통하는 요체가 된다. 이에 비해 다산은 경이란 '일심의 주재이자 만사의 근본'이라는 관념적 해석을 수용하지 않고, 단지 "그 지향하는 대상(己, 父, 天)에 경근警謹하는 것이다. 그 홀로 있을 때에도 상제가 내려다보고 계시다는 것을 자각하여 경근하면서 자신을 닦고(성의정심), 이를 미루어 친족에게 효제·돈목하고(修身齊家), 궁극적으로 안백성(治國平天下)에 나아가야 한다."라고 다산은 말한다.

그런데 경敬에 대한 허신의 『설문』과 단옥재의 주는 다음과 같다.

"경敬은 엄숙(肅)이다." 율聿 부에서 말하길, "숙肅이란 일에서 경敬을 진작하는 것이다(持事振敬)." 이로써 전주轉注했다. 심心 부에서 말하길, '충忠은 경敬이다. 난懯(두려워하다, 공경하다)은 경敬이다. 경憼(공경하다, 갖추다)은 경敬이다. 공恭은 숙肅이다. 타惰는 불경不敬이다. 의미가 모두 서로 갖추었다. 뒤의 유자儒者들(정자와 주자)은 '주일무적主一無適'을 경敬이라고 하였지만, 대저 주일主一은 경敬의 의미와 아무런 상관이 없다. 또한 문자文字는 "일一이란 무적無適의 도道이다."라고 말했다. 『회남자』「전언詮言」에서 "일一이란 만물의 근본이며, 무적無適의 도이다."라고 하였는데, 적適이란 '적敵(대적)'이지, 다른 곳에 간다(他往)라는 것을 말하는 것이 아니다.

"복攴과 구茍에서 유래하였다." 복攴은 추追(따르다, 추구하다, 목적을 이루다)와 같다. 추구하여 참되게 되었다(追而苟).[49]

이와 대비되게 주자의 개념을 총괄 정리한 『북계자의』의 「경敬」항에는 다음과 같이 기술되어 있다.

정자는 주일主一을 경敬이라고 하고, 무적無適을 일一이라고 하였는데, 주자가 합하여 주일무적主一無適을 경敬이라고 하여 말한 뜻이 더욱 분명해졌다.… 주일主一이란 마음이 이 일에 집중하여 달리 일을 불러들이지 않는 것이다.… 무적無適이란 마음이 항상 여기에 있어 동으로, 서로, 남으로, 그리고 북으로 달려가지 않는 것(不走)이다. 격물치지도 모름지기 경敬으로 하고, 성의·정심·수신도 경으로 하고, 제가·치국·평천하도 경으로 해야 한다. 경이란 일심의 주재이고, 만사의 근본이다.… 정제엄숙은 경의 모습(容)이

---

49 『說文解字注』「敬_부」. "敬肅也 聿部日 肅者持事振敬也 與此爲轉注 心部日 忠敬也 懯敬也 憼敬也 恭肅也 惰不敬也 義皆相足 後儒或云 主一無適爲敬 夫主一與敬義無涉 且文子日一也者無適之道 <淮南>詮言日 一者萬物之本也 無適之道也 適卽敵也 非他往之謂 從攴苟 攴猶追也 追而苟也."

다.… 상채가 말한 상성성법常惺惺法은 마음의 측면에서 공부하는 것을 말한 것으로 매우 적적절하다.[50]

앞의 단옥재의 『설문』 주에 의해 『북계자의』의 경敬에 대한 해설을 비평하면, 다음과 같은 추론이 가능하다.

(1) 경敬이란 복夊+구苟에서 유래하여, 추구하여 참되게 되었다(追而苟)가 원뜻이다.

(2) 경敬의 본의는 엄숙(肅)이며, 전주轉注하면 충忠, 난戁, 경憼, 공恭, 숙肅, 불타不惰 등과 연관된다.

(3) 경敬이란 주일무적主一無適과 관련이 없다.

(4) 다만 문자文子는 '일一이란 무적無適의 도道이다.'라고 했고, 『회남자』에서 '일一이란 만물의 근본이며, 무적無適의 도이다.'라고 한 말이 있다. 그런데 이때 적適이란 '적敵(대적)'이지, 다른 곳에 간다(他往)라는 뜻이 아니다. 따라서 일一이란 만물의 근본이면서 대적對敵이 없는 절대의 도를 지칭한다.

(5) 그런데 정자는 경敬이란 '주일主一'이며, (主一의) 일一이란 무적無適이다 (主 '一=無適')라고 풀이하였다.

(6) 주자는 (정자의 말을 '主一은 敬이며, 無適도 敬이다.'라고 잘못 읽어) 주일主一과 무적無適을 합하여 주일무적主一無適이 경敬이라고 정의하고, 주일主一이란 마음이 하나의 일에 집중하는 것이며 무적無適이란 (하나의 일에 집중하여) 다른 곳으로 가지 않는 것이라고 풀이하고 말았다.

요컨대, 문자나 『회남자』에서 "만물의 근본으로서 일一이란 대적對敵 없는

---

50 진순(김영민 역), 『북계자의』, 예문서원, 1993, 「敬」

(無適=無敵) 절대絶對의 도이다.”라는 말을 하였으며, 이는 ‘경敬’이란 말과 상관이 없는 것이었다. 그런데 정자는 ‘경敬’ 자를 설명하면서 “일一에 집중하는 것(主一)이 경”이며, 이때 “(主一의) 일一이란 무적無適(二, 三이 아니다)이다.”라고 하였지만, 주자는 “마음을 한 곳에 집중하여 다른 곳으로 가지 않는 것(主一無適)을 경이라 한다.”라고 해설하였다. 따라서 주자는 경 자와 상관없는 정자의 주석을 수용했을 뿐만 아니라, 정자의 해석마저도 오해했다고 하겠다. 다산이 경을 해석하면서 주자의 ‘주일무적’을 원용하지 않은 것은 아마도 이런 점에 착안하여 경의 원의에 충실하고자 했던 것이라고 할 것이다. 그런데 다산 또한 “경敬이란 향하는 대상에 대해 경근敬謹하는 것으로, 오직 본심을 함양하는 데에는 ‘경으로써 안을 바르게 하는 것’보다 더 좋은 방법은 없다. 그러므로 군자는 초월하여 상제를 대면(對越上帝)하듯이, (戒愼恐懼하여) 주경主敬 공부를 한다.(『고금주』 17:22)”라고 말했다. 여기서 다산이 말한 ‘상제上帝’를 성리학에서 말하는 리理와 대비시켜, 즉 ‘주일무적主一無適’의 ‘일一’을 각각 ‘일리一理’와 상제로 이해하면, 양자 간의 흥미로운 철학 체계의 차이가 도출된다. 이에 대한 상론은 많은 논의와 논란을 동반하기에 다음 기회로 미룬다.

결론적으로 주자와 다산의 정치이념 주석에 나타난 덕치와 무위, 덕과 예악·형정의 관계를 비교하여 기술하면 다음과 같다.

먼저 이 두 사람은 정치(政)란 바르게 하는 것(正)이며, 인군이 바름으로써 인도하여 바르지 못한 사람(人之不正)을 바로잡는 것이라는 데에 의견의 일치를 보인다. 그리고 덕치라고 하더라도 거기에는 반드시 형정刑政이 보완적으로(혹은 후차적으로) 필요하다는 점에 대해서도 의견을 같이한다.

그런데 둘째, 덕과 예악 그리고 형정의 관계에 대해서는 강조점의 차이를 보인다. 심성론과 이치를 강조한 주자는 ‘덕’에서 마음(心)의 체득을 중시한다. 주자에 따르면, 치자는 도를 행하면서 마음에 덕을 체득하여 유덕자가 되어(爲政以德=爲政有德) 덕에 기반하여 먼저(先, 本) 예악(先, 本)으로 자발적으로 따르게 하고 후에 형정(後, 末)으로 다스려야 한다. 이에 비해 다산은 덕의 실천(行事)을 강조한다. 다산에 따르면, "인군이 인륜의 덕인 효제자를 실천하여 백성들을 감화시켜 바르게 인도하고" 그 이후에 따르지 않는 자에게 "형으로써 악한 것을 벌하고, 예로써 넘치는 것을 막음으로써 가지런하게 해야 한다." 다시 말하면, 주자는 위정이덕爲政以德 혹은 덕치에 대해 "도를 행하여 덕을 체득한 유덕자가 (마음과 도가 하나가 된 경지에서:心與理爲一謂德)[51] 예악(先, 本)과 형정(後, 末)으로 바르게 다스려야 한다."고 해석한다. 이에 비해 다산은 치자가 그 지위에서 해야 할 온갖 도리를 다하여 효・제・자를 실천하여 감화시킨 이후에, 따르지 않는 자를 예악・형정으로 가지런해지도록 다스려야 한다고 해석하였다.

셋째, 순임금의 '무위이치無爲而治'에 대해서도 주자는 "덕을 자신에게서 닦으니 다른 사람이 자연히 감화되어 작위하지 않아도 천하가 저절로 그에게 귀속하니, 유위의 자취가 보이지 않았을 뿐이다."라고 말하여, 덕의 체득과 그 쌓인 덕에서 자연적으로 실현되는 공효를 강조했다. 이에 대해 다산은 "이 말은 순임금이 22인의 어진 신하를 얻어 그들에게 각각 알맞은 직책을 맡김으로써 천하가 잘 다스려졌기에 이때를 당해서는 오직 용모를 단정히 하여 남면하여 앉아 있는 것이 마땅하였음을 말한 것이다(2:1)."라고 주석하여, 순임금이 그 직책에서 해야 할 도리를 다하여 덕을 실천함으로써 사공의 극치를 이루었다(따라서 無爲라고 할 수 없다)라고 말하여, 행사 이후에 덕의 명칭이 있게 됨을 강조하였다고 하겠다.

---

51   신안 진씨는 주자의 덕을 이렇게 해석했다. "'德' 자는 절실하여 나의 마음이 홀로 얻는 것이다. 도를 행한다는 것은 그것을 몸으로 행한다는 것이니, 덕이라고 말하기는 부족하다. 반드시 마음에 얻는 것이 있어야 하니, 몸소 행하는 자가 마음으로 얻어서 마음과 이치가 하나가 되면(心與理爲一) 비로소 그것을 덕이라고 할 수 있다." 「논어집주대전」 2:1에 대한 신안 진씨의 세주.

제9장

심성론

I. 성性
개념의 해석

1. 서론: 다산과 『논어』

다산 정약용(1762-1836)은 16세에 이익李瀷의 유고遺稿를 읽고, 이듬해에는 동림사에서 『논어』와 『맹자』를 숙독한 다음 학문의 입지를 굳혔다. 28세에 등용되어 정조(재위 1776-1800)의 두터운 신임을 받았지만, 정조 사후 종교적인 문제로 다산은 18년간 유배 생활(1801-1818)을 하였다. 이 오랜 유배 생활은 독자적인 거대한 체계를 지닌 위대한 학자로서 다산이 탄생하는 계기를 제공했다. 그는 당시 조선 후기 사회의 심화된 모순을 절감하며 극복할 새로운 학문 체계 정립에 온갖 힘을 기울여 "육경과 사서로 수기를 이루고, 일표이서로 천하국가를 다스림으로써 마침내 본말을 갖추게 되었다."[1]라고 『자찬묘지명』(61세)에서 자부하였다. 그는 유학의 수기치인의 정신에 입각하여 총 232권의 경학과 관련된 저술을 했으며, 또한 경학을 근본으로 경세를 논하였다.

반드시 먼저 경학으로 토대를 정립한 다음 역사를 섭렵하여, 득실과 치란

---

1   『與猶堂全書』第二集 第16卷(이하 『전서』 II-16로 표기), 「自撰墓誌銘」 여강출판사, 1992. "六經 四書以之修己 一表二書以之天下國家 所以備本末也." 원문은 [한국고전종합DB]를, 번역서로는 다음을 참조하고 다소 수정하기도 하였다. 전남대호남학연구소 역, 『국역여유당전서』 전주대출판부, 1986.

의 근원을 알아야 한다. 또한 모름지기 실용의 학문에 마음을 두고 옛 사람이 세상을 경영하고 백성을 구제했던 글들을 보기를 좋아하고, 이 마음에 항상 만백성을 보존하고 윤택하게 하며 만물을 육성하겠다는 의지를 지녀야 한다. 이런 뒤에라야 독서하는 군자가 될 수 있다.[2]

다산은 당시 지배적인 성리학적 도통의 경학을 비판하여 "유가에는 도를 전하는 비결은 없다."[3]라고 선언했다. 나아가 그는 "도의 큰 근원은 요순에서 일어나 하와 은을 거쳐 주나라의 예禮로 흘러, 마침내 공자 문하에서 『대학』과 『중용』 두 권의 책이 형성된 뒤에 그치었다."[4]라고 말했다. 특히 그는 사서를 중시하여 "사서는 우리 도의 나침반이다."[5]라고 말했다. 사서 가운데에도 다산은 유독 『논어』를 중시하였는데, 이는 초기(30세)의 「논어대책」에서부터 분명히 드러나 있다.

인간보다 신령한 것은 없고, 성인보다 존귀한 사람은 없고, 공자보다 위대한 성인은 없으며, 공자의 한마디 말과 한 글자도 살아가는 백성의 모범이 되고 세상을 유지하는 벼리가 되기에 진실로 충분하다.… 후학이 높이 믿고 체득하여 실천할 것은 오직 『논어』 한 권뿐이다.[6]

---

2 『전서』 II-21, 「寄二兒 壬戌」 "必先以經學 立著基址 然後涉獵前史 知其得失理亂之源 又須留心實用之學 樂觀古人經濟文字 此心常存澤萬民 育萬物底意思 然後方做得讀書君子."

3 『전서』 II-8, 20쪽, 『논어고금주』 "儒家無傳道法也"

4 『전서』 II-22, 『尙書古訓 皐陶謨』 "道之大源 起於堯舜 歷夏與殷 流於周禮 終于孔門 爲中庸大學二書而止."

5 『전서』 II-13, 20, 『논어고금주』 "四書者 吾道之指南也."

6 『전서』 II-16. 39, 『논어고금주』 "論語對策" "臣對曰 臣聞 臣對曰 臣聞 物莫靈於人 人莫尊於聖 聖莫盛於孔子 則孔子之片言隻字 實足爲生民之模範 持世之維綱 則後學之尊信體行 惟論語一部是已." 여기서 다산이 들었다는 구절에서 星湖에서 연유한 듯하다. 다음과 같은 구절이 보인다. 『星湖先生全集』 권47, 「論語疾書序」 "物莫靈於人 人莫大於聖 聖莫盛於吾夫子 而敎莫備於論語."

다산의 이러한 입장은 서간 곳곳에서 "육경이나 여러 성현의 글은 모두 읽어야 하겠지만, 오직 『논어』만은 종신토록 읽음직하다."[7] 혹은 "예지가 있고 성스러워서 어떠한 하자도 없는 것이 『논어』이다."[8] 같은 표현으로 이어진다. 이런 관심에서 다산은 "『논어』를 취하여 『집해』나 『집주』의 사례를 따라 천고의 잘된 주를 수집하여 묶어 하나의 책으로 만들려고" 결심하였다.

> 평소 『논어』에 대한 고금의 여러 학설을 수집한 것이 적지 않았지만, 매번 1장씩 대할 때에 고금의 여러 학설을 모두 고찰하여 그 잘된 것을 취하여 논단하였으니, 비로소 이 밖에 새로 더 추가할 것이 없다.[9]

이런 과정을 통해 탄생한 걸작이 바로 다산의 『논어고금주』이다. 「연보」에 다음과 같은 글이 보인다.

> 1813년(순조 13, 52세) 겨울에 『논어고금주』가 이루어졌다. 이 책은 여러 해 동안 자료를 수집하여 이 해 겨울에 완성했는데 40권이다. 이강회李綱會, 윤동尹峒이 도왔다. 『논어』에 대해서는 이의異義가 워낙 많아 「원의총괄」표를 만들어 「학이」편에서 「요왈」편까지 원의를 총괄한 것이 175조가 된다. 『춘추삼전』이나 『국어』에 실린 공자의 말을 모아 한 편을 만들어 책 끝에 붙였는데, 『춘추성언수』 63장이 그것이다.[10]

---

7 『여유당전서』 I-18, 「爲尹惠冠贈言」 "六經諸聖書皆可讀 唯論語可以終身讀."

8 『전서』 I-11, 「五學論3」 "叡聖無瑕疵者 論語."

9 『전서』 I-20, 「答仲氏」 "方欲取論語依集解集注之例 集千古而取其所長 勒成一部…平生蒐輯論語古今諸說 不爲不多 每臨一章 盡考古今諸說 取其善者而節錄之 取其訟者而論斷之 始謂此外無可新補者 其奈歷考古今之說."

10 송재소, 「사암선생연보(俟菴先生年譜)」 『다산시연구』 창작과비평사, 1986.

총 40권에 이르는 다산의 『논어고금주』는 그의 『논어』 관계 대표적 저술로 여섯 가지 경전 해석 방식을 사용하였는데, (1) 「보왈」로 표기하여 본문의 의미를 여러 학설을 인용하여 보완하고, (2) 「박왈駁曰」로 시작하여 포함包咸, 형병刑昺, 황간皇侃 등의 경문 해석을 비판하고, (3) 「안案」으로 다산 자신의 입장을 개진하고, (4) 「질의」를 통해 원문 자체에 회의를 표하거나, 다른 주석가(특히 朱子)에 대한 의문을 표하였고, (5) 「인증引證」으로 경서 및 역사서의 사실을 인용하여 본문의 사건과 문장의 의미를 밝히고(以史證經), (6) 「사실事實」을 통해 여러 주석을 참조하면서 본문의 사건 내용을 설명하였다. 이 『고금주』에서 다산은 주자를 398회, 한대의 공안국을 305회, 후한의 정현을 150회, 일본의 다자이 슌다이를 148회, 포함包咸을 117회, 오규 소라이 50회 인용하였다.[11] 그런데 다산은 특히 「질의」의 형식으로 주자의 『논어집주』에 대해서 주자의 해석을 보완하거나 의문을 표시하였지만, 「박왈駁曰」로 직접 비판하지는 않았다. 나아가 그는 『논어』에서 공자가 말한 학學과 사思의 병진 정신에 입각하여 고금의 주석을 논단하였다고 말하였다.

한유漢儒의 경전 주석은 옛 것을 상고하는 것으로 법도로 삼고 명변이 부족하였으므로 참위와 사설을 함께 거두어들이는 것을 면하지 못하였으니, 이것이 배우고서 생각하지 않은 폐단이다. 후유의 경전 해설은 궁리를 위주로 하고 고전을 소홀히 하여 제도와 명물에 때로 어긋나는 것이 있으니, 이것은 생각만 하고 배우지 않은 허물이다.[12]

다산은 "『논어』 전체가 학學에서 시작하여, 명命으로 끝난다는 사실로 판

11 　장곤장, 「정다산과 다자이 슌다이의 「논어」해석 비교연구」, 「다산학」8, 293쪽, 주17.
12 　「전서」 II016, 30, 「논어고금주」 "儒注經 以考古爲法 而明辨不足 故讖緯邪說 未免俱收 此學而不思之弊也 後儒說經 以窮理爲主 而考據或疎 故制度名物 有時違舛 此思而不學之咎也."

단할 때 바로 '하학이상달下學而上達'을 표방한다."[13]라고 말한다. 그런데 여기서 말하는 '하학'이란 도를 배움에 인사로부터 시작함을 말하고, '상달'이란 노력을 쌓아 나가 천덕에 이르러서 그치는 것이니, 곧 어버이를 섬기는 것(事親)에서 시작하여 하늘을 섬기는 데(事天)에서 마치는 것을 표방한다고 말한다.[14] 그래서 그는 하학과 상달의 관계를 인仁과 성聖으로 표현하여 "인은 타인을 향한 사랑이지만, 성聖은 하늘의 덕에 통달하는 것"[15] 혹은 "학은 장차 성聖을 이루는 것이며, 교敎는 인을 넓이는 방법이다."[16]라고 하였다. 그런데 그는 "옛 성인이 하늘을 섬기는 학문이란 인륜을 벗어나지 않고, 곧 이 '서恕' 자에 의해서 사람을 섬길 수 있고, 하늘을 섬길 수 있다.[17]"라고 말했다. 그리고 이 '서恕'란 공자의 『논어』를 일이관지하는 것이고, 이 서를 수단으로 인이 이루어진다(恕仁之方也)고 보았다.

> 인仁을 추구하는 자는 반드시 서恕에 힘써야 하니, 서에 힘쓰는 자는 반드시 극기한다. 그러나 극기는 인을 추구하는 방법이지, 인은 아니다.[18]

따라서 다산이 파악한 『논어』는 '하학이상달'하는, 말하자면 성인이 되는 것을 목표로 하는데, 그 방법은 서恕의 실천을 통한 인의 구현을 이념으로 하는 것이다. 바로 이 때문에 다산은 "인이란 한 글자는 논어 전체의 주재主宰

---

13 『전서』 II-16, 38, 『논어고금주』 "魯論一部 始之以學 終之以命 是下學上達之義."
14 『전서』 II-13, 32, 『논어고금주』 "補曰下學 謂學道自人事而始 卽孝弟仁義 上達 謂積功至天德而止 卽所云始於 事親 終於事天."
15 『전서』 II-9, 22, 『논어고금주』 "仁者嚮人之愛也 君收仁於民 聖者達天之德也."
16 『전서』 II-9, 40, 『논어고금주』 "補曰爲之者學也 學將以成聖也 誨人者敎也 敎所以廣仁也."
17 『전서』 II-13, 44, 『논어고금주』 "由是言之 古聖人事天之學 不外乎人倫 卽此一恕字 可以事人 可以事天"
18 『전서』 II-14, 21, 『논어고금주』 "求仁者必強恕 強恕者必克己 朱子以絶私欲爲仁 良以是也 然克己是求仁之方 非卽爲仁也."

이다."[19]라고 선언한다.

> 우리 인간이 일생 동안 행하는 일은 '인仁' 한 글자를 벗어나지 않는다. 왜
> 냐하면 인이란 인류를 사랑하는 일인데 천하의 일에서 인륜을 벗어나는 것
> 이 있겠는가? 부모와 자식, 형과 아우, 임금과 신하, 그리고 벗들에서부터 천
> 하 만민에 이르기까지 모두 인륜을 형성한다. 이것을 잘하는 자는 인이 되
> 고, 이것을 잘못하는 자는 불인이 되니, 공자는 인 이외에 어떤 일도 없다는
> 것을 깊이 아셨기 때문에 행하기 어렵다고 말한 것이다.[20]

바로 이런 이유에서 인 개념을 중심으로 다산의 『논어고금주』를 살펴보려
고 한다. 그런데 인 개념은 논리적으로 성性 개념을 전제로 하기 때문에, 여
기서는 성 개념만을 살펴보겠다.

2. 다산의 '성性' 개념 해석

유교 도통론의 관건인 16자심법十六字心法은 "인심은 오직 위태롭고, 도
심은 오직 은미하니, 오직 정성스럽고 한결같이 하여, 진실로 그 중을 잡으
라."[21]라고 하는 말이다. '16자심법'은 하늘이 부여한 천리天理를 지향하는 공
적인 도심과 기질로 구성된 신체적 욕망에서 유래한 사적인 인심의 관계를
규정하는 것으로, 유교에서 마음과 신체의 관계 설정의 중요한 단서가 된다.

---

19 『전서』 II-16, 39, 『논어고금주』(논어대책). "仁之一字 二十編主宰."
20 『전서』 II-12, 5, 『논어고금』. "吾人之一生行事 不外乎仁一字 何則仁者人倫之愛也 天下之事 有外於人倫者乎
    父子兄弟君臣朋友 以至天下萬民 皆倫類也 善於此者爲仁 不善於此者爲不仁 孔子深知仁外無事 故曰爲之
    難."
21 『書經』「大禹謨」"人心惟危 道心惟微 惟精惟一 允執厥中."

이 구절은 또한 『논어』 「요왈」편에 요임금이 순임금에게 제위를 물려주면서 "그 중을 잡으라(允執厥中)."라고 훈계하는 것으로 나타났다.[22] 다산은 여기서 '중中'을 『중용』 「수장」과 연관시켜 '천명의 성(天命之性)'이라고 해석한다.

> 중이란 천명의 성이다. 사람의 성은 지극이 선하니, 이 성을 잡고 지킬 수 있으면 천하가 인仁으로 돌아간다.[23]

즉 '중中'으로서의 천명의 성은 우리가 인을 실천하는 기반이 된다. 그리고 선한 성으로 말미암아 인간은 인을 실천하여 사람의 도리를 온전히 하고 만물의 성을 완성하여(能盡物之性), 궁극적으로 천지의 조화작용에 능참할 수 있다(與天地能參)는 것이 유가의 정통 입장이다. 이제 이러한 '성' 개념을 다산은 『논어고금주』에서 어떻게 해석하는지를 살펴보자. 이를 위해 우선 『논어』 원문에 대한 다산의 해석을 살펴보고, 그런 다음 '성' 개념에 대한 다산의 정의를 논구할 것이다.

1) 성性·습習의 관계 및 '불이不移'의 해석

성性 개념은 도덕주의를 주창하는 유가의 인간 이념과 정치이론의 토대이지만, 『논어』에는 단지 2회만 제시되어 있다.

> 자공이 말했다. "선생님의 문장은 볼 수 있지만, 선생님께서 성性과 천도天道를 말씀하는 것은 들을 수 없었다."[24]

---

22 『논어』 20:1. 堯曰 "咨爾舜 天之曆數 在爾躬 允執厥中 四海困窮 天祿永終."

23 『전서』 II-16, 32, 『논어고금주』 "案中者天命之性也 人性至善 能執守此性 則天下歸仁矣."

24 『논어』 5:12. 子貢曰 "夫子之文章 可得而聞也 夫子之言性與天道 不可得而聞也."

공자께서 말씀하셨다. "성性은 서로 비슷하지만, 습習은 서로 멀다."[25]

기실 성은 명命 개념과 체용관계로 동일자의 다른 이름이다. 하늘이 부여한다는 측면에서는 '명'이고, 인간과 만물이 부여받았다는 측면에서는 '성'이라고 한다. 그런데 '성'과 '명' 등과 같은 형이상적 개념에 대해 공자는 언급을 자제하고 일상적 실천궁행에 힘썼다. 그래서 "공자께서는 리利와 명, 그리고 인에 대해서 별로 말씀하시지 않았다."[26]라고 전해진다. 따라서 문제의 구절은 "성은 서로 비슷하나, 습은 서로 멀다."[27]라는 구절이다. 그리고 이 구절은 연이은 "오직 상지와 하우만이 옮겨갈 수 없다."[28]라고 한 것과 연관하여, 후대에 한유韓愈 등의 '성삼품설性三品說'과 같은 이론을 낳는 전거가 되기도 하였다.

> 나면서 아는 자는 상지이고, 배워서 아는 자는 그다음이며, 막혔으나 배우는 자는 또 그다음이며, 막혔으면서도 배우지 않으면 민으로서 하우가 된다.[29]

> 중인 이상은 (형이)상을 말할 수 있으나, 중인 이하는 (형이)상을 말할 수 없다.[30]

다산은 이와 연관하여 "공자는 성에 대해 말하지 않았다. 맹자는 도가 장차 멸절할 것을 염려하여 심성의 이치를 드러내고 밝혔는데, 마지못해 밖에 근

---

25 『논어』 17:2. "性相近 習上遠也."

26 『논어』 9:1. "子罕言利與命與仁."

27 『논어』 17:2. "性相近 習上遠也."

28 『논어』 17:3. "唯上知與下愚 不移."

29 『논어』 16:9. 孔子曰 "生而知之者 上也 學而知之者 次也 困而學之 又其此也 困而不學 民斯爲下矣."

30 『논어』 6:19. 子曰 "中人以上 可以語上也 中人以下 不可以語上也."

거를 두고 안을 밝혔다. 『논어』의 경우에는 인을 말한 곳에서 성을 함께 말하지 않았으니, 그 본래 의미가 더욱 분명해졌다."[31]라고 말했다. 본문과 연관하여, 다산은 우선 17:2(性相近 習上遠也)과 17:3(唯上知與下愚 不移)은 연결되는 구절이라고 말하고, 한유 등이 제기한 '성상품설'을 집중 비판한다. 즉 그는 "상지는 비록 악인과 친숙해도 오염되지 않고, 하우는 비록 선인과 친숙해도 훈도되지 않으니, 이것이 옮겨지지 않는다는 뜻이다."[32]라고 말하고, 상지·하우의 불이不移(옮겨가지 않음)를 능동적으로 옮겨가지 않는 것이라고 해석한다.

> 지知와 우愚는 지혜의 우열이다. 지와 우는 성性이 아니다.… 상지와 하우는 그 성에서는 서로 같고, 다만 그 지혜에 우열이 있을 뿐이다.… 옮겨가지 않기 때문에 상지라고 하는 것이지, 상지이기 때문에 옮겨지지 않는 것이 아니다. 옮겨가지 않기 때문에 하우라고 하는 것이지, 하우이기 때문에 옮겨지지 않는 것이 아니다. 지혜로움과 어리석음은 자신을 도모함에서 교묘하고 졸렬한 것이지, 어찌 성의 등급이겠는가? 성이 서로 가깝다는 것은 단지 한 등급일 뿐이지, 어찌 상·중·하의 세 등급이 있겠는가? 천고의 큰 장애물이니, 변석하지 않을 수 없다.[33]

요컨대 상지와 하우의 '불이不移'란 선천적인 기질의 차이가 옮겨지지 않는

---

31 『전서』 I-19, 「答李汝弘」 "孔子不言性 孟子知道之將絶 發明心性之理 不得不因外而明內 若論語言仁則以不言性之故 其原義尤著."

32 『전서』 II-15, 8-9, 「논어고금주」 "補曰上知 雖與惡人相習而不受染汚 下愚 雖與善人相習而不受薰陶 是不移也."

33 『전서』 II-15, 9, 「논어고금주」 "知愚者 知慧之優劣 知愚非性也 上知下愚一節 只就習遠上立論 非就性近上添說也 上知下愚 其性亦相同 特其知慧有優劣耳. …以其不移之故 謂之上知 非以上知之故 不得不移也 以其不移之故 謂之下愚 非以下愚之故 不得不不移也 智愚者 謀身之工拙 豈性之品乎 性相近 只是一等而已 安有上中下三等乎 上中下三等之說 爲千古之大蔀 不可以不辨."

다는 것이 아니라, "적극적으로 옮겨가려고 하지 않는다(不肯移)."라고 해석해야 한다는 것이다. 이는 인간의 생득적 기질의 차이보다 주체의 노력을 중시해야 한다는 언명으로 상당히 합리적인 해석이다. 기실 공자는 "어떻게 할까, 어떻게 할까 하고 말하지 않는 자는 나도 어떻게 할 수 없다."[34]라고 말했다. 그런데 공자가 말한 하우를 후대 맹자-정자는 자포자와 자기자로 수정하였다.

> 맹자가 말했다. "자포자는 함께 말할 수 없고, 자기자는 함께 일할 수 없다. 예의가 아닌 것을 말하는 자를 자포자라고 하고, 나 자신이 인仁에 기거하고 의義에 말미암을 수 없다고 말하는 자를 자기자라고 한다."

요컨대 "자포·자기자만 아니라면, 모두가 노력하면 성인이 될 수 있다."라는 것이 이 구절에 대한 맹자-정자의 해석이다.[35] 다산은 우선 이 구절에 대한 자신의 견해가 정자의 해석과 일치한다고 주장했다.[36] 그런데 다산은 성을 '본심이 좋아하고 싫어하는 것(本心之好惡)'으로, 그리고 '습'을 '보고 듣는 것의 익숙함(見聞之慣熟)'으로 정의하여, 성과 습을 본심과 신체적 습관의 차이로 확인하면서, 결국 문제의 구절을 다음과 같이 해석한다.

> 덕을 좋아하고 악을 부끄러워하는 성은 성인과 일반인이 모두 같기 때문에 본래 서로 가깝다. 현인과 친하게 지내거나 소인과 허물없이 지내는 습관

---

34 『논어』 15:15. 子曰 "不曰如之何如之何者 吾未如之何也已矣."
35 『맹자』 2상:10. 孟子曰 "自暴者 不可與有言也 自棄者 不可與有爲也 言非禮義 謂之自暴也 吾身不能居仁由義 謂之自棄也. 그리고 『二程全書』 『遺書』 卷18 및 19참조.
36 『전서』 II-15, 8-9, 『논어고금주』 "補曰上知 雖與惡人相習而不受染汚 下愚 雖與善人相習而不受薰陶 是不移也 程子之意如此."

은 이 사람 저 사람이 다르기 때문에 끝내 서로 멀다.[37]

2) '성性' 개념의 정의

이제 '성'을 기호, 즉 '본심의 호오(本心之好惡)'로 정의한 다산의 주장을 구체적으로 살펴보자. 다산은 고전에 전거를 두고 해석했다.

『시경』에 의하면 "백성이 떳떳함을 잡으니, 이 아름다운 덕을 좋아한다."라고 했으니, 여기서 '떳떳함을 잡는다(秉彝)'라는 것은 곧 성性을 말한다. 반드시 덕을 좋아한다(好德)라는 것으로 말했으니, 이 말이 그 증거가 된다. 『상서』 「소고」에서 "성을 절제하여 오직 날마다 매진한다(節性 惟日其邁)."라고 하고, 『예기』 「왕제」에서는 "육례를 정비하여 백성들의 성을 절제한다(修六禮 以節民性)."라고 하고, 『맹자』에서는 "마음을 분발하여 성을 참는다(動心忍性)."라고 하였으니, 이 모두가 기호로서 성을 말한 것이다."[38]

요컨대 '성'이 기호가 아니라면, '절제한다(節)', '참는다(忍)' 등과 같은 표현을 쓸 수 없다는 것이 다산의 주장이다. 그렇다면 다산이 말하는 기호로서의 성이란 우리가 일상에서 말하는 '성향' 혹은 '성질'을 의미한다고 생각된다.

문득 또 생각해 보니, 기호를 성으로 간주한 것은 예로부터 지금까지 다반

---

37 『전서』 II-15, 9, 「논어고금주」 "補日性者 本心之好惡也 習者 聞見之慣熟也 補日好德恥惡之性 聖凡皆同 以此之故 本相近也 兩人之賢不肖 本相近 親賢狎小之習 甲乙有殊 以此之故 終相遠也."

38 『전서』 II-15, 10, 「논어고금주」 "性也者 以嗜好厭惡而立名 詩云民之秉彝 好是懿德 秉彝卽性也 而必以好德爲言 斯可驗也 召誥日節性唯日其邁 古今注皆以爲飲食男女之欲 王制日修六禮以節民性 孟子日動心忍性 皆以嗜好爲性也."

사로 말해 왔다. '사안謝安의 성性은 음악을 좋아한다.'라고 하거나, '두부杜甫의 성은 시율을 좋아한다.'라고 하고, '위징魏徵의 성은 검소함을 좋아한다.'라고 하거나, '왕유王維의 성은 산수를 좋아한다.'라고 하고, 심지어는 '꿩의 성은 산림을 좋아한다.'라고 하고, '물오리의 성은 연못을 좋아한다.'라고 하며, 식성·색성·안일지성 등 입에서 나오는 대로 말하면 모두 기호를 통해 성을 말하였다. 그런데 유독 성을 논의하는 자리에서만 기호라는 말을 물리치고 거창하게 현묘하고 심원한 태극·이기·음양오행으로 별도의 어렵고 깊은 이론을 지어낸다. 어찌 맹자가 성을 논의한 방법이, 믿고 의지하기에 부족하겠는가?[39]

이렇게 성을 '본심의 호오'로 정의한다면, '좋아하고 싫어하는 성(向, 質)'을 지닌 주체인 본심이란 무엇을 말하는가? 그는 옛 경전을 검토하고, 『맹자』에서 '대체大體'와 『서경』의 16자심법의 '도심'으로 이를 해명한다.

옛 경전에서는 허령의 본체로 말하면 대체라 하고, 대체가 발현하는 것을 도심이라 하고, 대체가 좋아하고 싫어하는 것을 성이라고 말한다. "하늘이 명한 것을 성이라고 한다."라는 것은 하늘이 사람이 태어날 때에 덕을 좋아하고 악을 부끄러워하는 성을 부여한 것을 말하는 것이지, 성을 본체라고 명명할 수 있다는 것은 아니다. 성이란 기호와 염오로 명칭을 세운 것이다.[40]

39 『전서』 II-32, 「매씨서평梅氏書評」 「남뢰황종희의서록南雷黃宗羲序錄」 "忽又思之 嗜好爲性 自古及今 爲吾人茶飯話頭 謝安性好絲竹 杜甫性好詩律 魏徵性好儉素 王維性好山水 以至雉性好山林 鳧性好水澤 食性色性安逸之性 順口直說 都以嗜好爲性 獨於論性之席 撤去嗜好 必蒼蒼然 玄遠 太極理氣 陰陽五行 別作艱深之論 豈孟子論性之法 不足憑信歟."

40 『전서』 II-15, 10, 「논어고금주」 "其在古經 以虛靈之本體而言之則謂之大體 見孟子以大體之所發而言之則謂之道心 見道經以大體之所好惡而言之則謂之性 天命之謂性者 謂天於生人之初 賦之以好德恥惡之性於虛靈本體之中 非謂性可以名本體也 性也者 以嗜好厭惡而立名."

이렇게 다산은 『맹자』의 "대체를 따르면 대인이 되고, 소체를 따르면 소인이 된다."[41]라는 구절에서 대체의 개념을 가져와서 영명靈明한 본심의 대체라고 말하고, 그 대체가 도의를 위해 피어나는 마음을 도심이라고 하고, 이 대체의 선을 좋아하고 악을 싫어하는 성향을 '성'이라고 한다. 그런데 이 성이바로 『중용』의 이른바 천명의 성이다. 그리고 다산에 따르면, 인간의 대체는식물 및 동물과 변별된다.

> 무릇 천하에 살아 있기도 하고 죽어 있기도 하는 만물은 3등급으로 구별된다. 초목은 생명은 있으나 지각이 없고, 금수는 지각은 있으나 영명함은 없고, 인간의 대체는 이미 생명이 있고 지각이 있으며 또한 영명하고 신묘한 작용이 있다. 모든 사물을 포함하여 빠뜨림이 없고, 모든 이치를 유추하여 깨달음을 다할 수 있으며, 덕을 좋아하고 악을 부끄러워함이 양지에서 나오니이것이 금수와 뚜렷이 변별되는 점이다. 다만 그 산천과 풍속이나 부모의 정기와 혈액을 받아 기질을 형성하니, 청탁淸濁·후박厚薄의 차이가 없을 수 없다. 그러므로 대체는 이 기질에 갇히니 지혜로움과 우둔함, 통함과 막힘의차이가 따른다.[42]

나아가 다산은 '영명한 대체·도심·천명의 성'을 '소체·인심·형구의 성'과 대립시켰지만, 현실에서 이 양자는 오묘하게 결합되어 나눌 수 없는 인간현실을 구성한다고 말한다.

---

41 『맹자』 3상:15. "鈞是人也 或爲大人 或爲小人 何也 孟子曰 從其大體爲大人 從其小體爲小人."
42 『전서』 II: 권15, 11, 「논어고금주」. "大體何如者也 凡天下有生 有死之物 止有三等 草木有生而無知 禽獸有知而無靈 人之大體 旣生旣知 復有靈明神妙之用 故含萬物而不漏 推萬理而盡悟 好德恥惡 出於良知 此其迥別於禽獸者也 但其山川風氣 父母精血 受之爲氣質 不能無淸濁厚薄之差 故大體之囿於是者 隨之有慧鈍通塞之異."

그 체를 논한다면 다만 하나의 체이지만, 오직 하나의 대체 중에 초목처럼 생활을 포함하고, 금수처럼 지각하며, 또한 역상易象을 궁구하고 역수曆數를 계산하여 신묘하고 영통하니, 하나의 체 가운데 세 가지 성(生, 知, 靈)이 정립鼎立한다고 말할 수 없다. 만약 하나의 체 가운데 세 가지 성이 정립한다면 사람은 반드시 영묘가 이미 끊어져도 오히려 촉각할 수 있는 자가 있고, 촉각이 이미 끊어져도 오히려 생활할 수 있는 자가 있을 것이다. 어느 세상의 사람이든지 살면 전체가 살고 죽으면 전체가 죽는 것이지 이러한 차이가 생길 수는 없으니, 그 오묘하게 결합하여 분리될 수 없음(妙合而不能離)을 알 수 있다. 이미 오묘하게 결합하여 분리될 수 없다면, 본연지성과 기질지성이라고 크게 두 가지 체로 확고하게 나눈 것은 아마 착오인 듯하다. 하물며 성이란 대체의 전명全名이 아니며, 그 좋아하고 싫어하는 이치를 붙잡아 별도로 하나의 명칭을 세운 것이니 이것을 두세 가지로 지칭할 수 없다.[43]

그렇다면 이제 문제는 "인간에게 분리될 수 없게 오묘하게 결합되어 있지만 상호 대립하는 대체·소체, 도심·인심, 그리고 대체의 성·형구의 성의 관계를 어떻게 해결할 것인가?" 하는 문제가 제기된다. 다산은 이 문제를 인간이 하늘로부터 선을 좋아하고 악을 미워하는 성을 부여받았다는 사실과 더불어 인간 존재는 하늘로부터 선을 행할 수도 있고 악을 행할 수도 있는 의지가 자주의 권형(自主之權)으로 부여받았다는 사실로 해결하려고 한다.

---

43 『전서』 II-15, 11, 「논어고금주」. "皆大體小體 相須相關 妙合而不能離之明驗也 雖然若論其體 只是一體 惟一大體之中 含生如草木 知覺如禽獸 又能窮易象算曆數而神妙靈通 不可曰一體之中 三性鼎立也 若一體之中 三性鼎立 則人必有靈妙已絶而猶能觸覺者 觸覺已絶而猶能生活者 何世之人 活則全活 死則全死 不如是之差池也 其妙合而不能離 居可知矣 夫旣妙合而不能離 則命之曰本然之性 氣質之性 磊磊落落 確分二體 恐亦有差舛者 何況性也者 非大體之全名 乃就大體之中 執其好惡之理 而別立一名 斯又非可以指之爲二三者也."

(사람의 본성이) 단지 선하지 않을 수 없다면 사람에게는 아무런 공이 없다. 이에 선할 수도 악할 수도 있는 권형權衡을 부여하였다. 그 스스로의 주장(自主)을 들어서 선을 향하고자 하면 들어주고 악을 따르고자 하면 들어주니, 이것이 공과 죄가 일어나는 까닭이다. 하늘이 이미 덕을 좋아하고 악을 부끄러워하는 성을 부여해 놓고 그 선을 행하거나 악을 행함은 흐름에 따라 그 하는 바에 맡겨 두니, 이것이 신권의 오묘한 뜻(神權妙旨)으로 엄숙하고 두려워할 일이다. 왜냐하면 덕을 좋아하고 악을 부끄러워하는 것은 이미 분명하니, 이로부터 선을 향하는 것은 너의 공이며, 악을 따르는 것 또한 너의 죄이니, 두려워하지 않을 수 있겠는가?[44]

다산의 이 주장은 비록 그가 인간을 관계적 존재로 이해한다는 점에서 '인간 원자론'과 '사회 명목론'을 주장하는 서양의 근대적 인간 이해와 다른 방식으로 출발하였지만, 인간을 도덕 행위의 자율적 주체로 뚜렷이 부각시키고 있다는 점에서 칸트의 '자율의 원리'를 연상시키기에 충분하다. 나아가 인간이 도덕 주체로서 자주의 권형을 지닌다고 명시적으로 말한 다산의 언명은 유교의 역사에서 중요한 의미를 지닌다. 물론 다산이 말한 도덕 주체로서 인간의 자주의 권형은 맹자가 "인간 마음은 사유할 능력이 있기 때문에 물에 이끌려 물화되지 말아야 한다."[45]라고 입론한 것, 그리고 '심통성정설心統性情說'을 주장한 주자가 "마음은 사람의 몸을 주재하는 것이고, 하나이지 둘이 아니며, 주체이지 객체가 되지 않으며, 사물에 명령을 내리지 사물의 명령을 받지 않는

---

44 『전서』 II-15, 12 「논어고금주」 "但不得不善 人則無功 於是又賦之以可善可惡之權 聽其自主 欲向善則聽 欲趨惡則聽 此功罪之所以起也 天旣賦之以好德恥惡之性 而若其行善行惡 令可游移 任其所爲 此其神權妙旨之凜然可畏者也 何則好德恥惡 旣分明矣 自此以往 其向善汝功也 其趨惡汝罪也 不可畏乎."

45 『맹자』 3상:15. "大體…小體…耳目之官 不思…心之官則思…心之官 不思而蔽於物 物交物 則引之而已矣."

것이다."[46]라고 말한 것의 논리적 연장선상에 있는 것으로 이해할 수 있다.

3. 소결: 주자와 대비한 다산 성 개념의 비평

이제 다산의 성론性論을 평가해 보기로 하자. 그의 성론은 다음과 같이 요약할 수 있겠다.

(1) 성性은 '본심이 좋아하고 싫어하는(本心之好惡) 기호'이고, '습習'은 '보고 듣는 것의 익숙함(見聞之慣熟)'이다. 상지·하우에서 지와 우는 지혜의 우열이지 성의 우열은 아니다. "'상지'와 '하우'가 옮겨가지 않는다."에서 상지와 하우는 천부적 자질이 아니라, 습관의 축적으로 형성된 것이다. 따라서 '옮겨가지 않는다'는 것은 천부적 자질 때문에 옮겨지지 않는 것이 아니라, "적극적으로 옮겨가려고 하지 않는다(不肯移)."라는 말이다.

(2) 성性이란 기호嗜好이다. 인간의 성은 둘로 대별해 볼 수 있는데, 본심의 성과 형구의 성이다. 본심의 성의 주체는 맹자가 말한 영명한 대체이고, 이 대체의 발현이 도심이고, 대체의 기호를 성이라고 말한다. 형구의 성의 주체는 소체이고, 소체의 발현이 인심이며, 그 기호를 형구의 성이라 말한다.

(3) 초목은 생生만 지니고, 금수는 생과 지각을 함께 지닌다. 그러나 인간은 생과 지각 이외에 영靈을 지녀 이치를 인식하고 도덕적 행위를 할 수 있는 주체가 된다. 주자의 본연·기질지성은 성을 이분한 것으로 오류가 있다.

(4) 인간은 대체·소체, 도심·인심, 본심의 성·형구의 성의 묘합으로 구성되어 있다. 이 양자는 분리될 수 없다. 그런데 주자는 성性을 본연지성과

---

46 『朱子大全』 67권, 「觀心說」 "心者 人之所以主乎身者也 一而不二者也 爲主而不爲客者也 命物而不命於物者也."

기질지성으로 이분함으로써 인간 현실을 올바르게 파악하지 못했다. 그리고 분리될 수 없는 대체와 소체의 묘합으로 구성되어 있는 인간은 선악을 판단하고 도덕 행위를 할 수 있는 자주의 권형을 지니고 있다.

(5) 맹자의 성 개념이 유교 심성론의 근간이자 정통이지만, 선악설·무선무악설·선악혼재설 등도 대체·소체, 도심·인심, 본심의 기호·형구의 기호 등의 관계에서 어느 한 단면을 해명한 것으로 의미가 있다.

여기서 우선 (1)에 대한 다산의 주장은 매우 합리적이다. 다만 다산이 이미 말했듯이, '불이不移'란 수동적으로 옮겨지지 않는 것이 아니라, 능동적으로 '기꺼이 옮겨가지 않는다(不肯移)'라는 뜻으로, 이는 정자의 언명을 적극적으로 해석한 것이다. 『논어집주』를 살펴보자.

여기서 이른바 성은 기질을 겸하여 말한 것이다. 기질의 성에는 본디 미오(美惡)가 있다. 그러나 그 처음을 가지고 말한다면, 모두 서로 크게 멀지 않다. 다만 선을 익히면 선해지고, 악을 익히면 악해지니 여기에서 비로소 멀어지게 된다. 정자가 말하기를 이것은 기질지성을 말한 것이고 성의 근본을 말한 것이 아니다.… 정자가 말하기를 사람의 성은 본디 선한 것이지만, 변화시키지 못한다는 것은 무엇인가? 그 성을 말한다면 모두 선하지만, 그 재才로 말한다면 하우로서 변화시키지 못할 것이 있다는 것이다. 이른바 하우에는 두 가지 있는데 자포자와 자기자이다. 사람이 진실로 선으로 스스로 다스리면 옮겨가지 못할 자가 없다. 비록 지극히 어둡고 어리석은 자라고 할지라도 다 점점 닦아서 나아갈 수 있는데, 오직 자포하는 자는 거부하고 믿지 아니하고 자기하는 자는 끊어서 하지 않으므로 비록 성인과 더불어 살더라도 변화하여 들어가지 못하니, 이것이 중니가 말한 하우이다. 그러나 그 기질이

반드시 어둡고 어리석다는 것이 아니다.[47]

여기서 정자와 주자가 본연지성과 기질지성으로 나누어 말한 것을 제외하면, 다산의 해석과 별반 차이가 없다. 그런데 다산은 앞서 장재-주자의 본연지성과 기질지성을 "(대체와 소체가) 이미 오묘하게 결합하여 분리될 수 없다면 본연지성과 기질지성이라고 크게 두 가지 체로 확고하게 나눈 것은 아마착오인 듯하다."라고 비판하였다. 이러한 다산의 주장은 근거가 없는 것은 아니지만, 정확한 비판은 아니다. 왜냐하면 주자는 분명 다음과 같이 말했기 때문이다.

> 천명의 성은 기질이 없다면 놓일 자리가 없다. 한 움큼의 물이 있더라도 담을 그릇이 없다면, 물이 어디에 귀착하겠는가? 정자는 "성을 논하고 기질을 논하지 않으면 갖추지 못했고, 기질을 논하고 성을 논하지 않으면 밝지 못하며, 둘로 보면 옳지 않다."고 말함으로써 천고의 성현들이 다하지 못한 뜻을 드러내 밝혔으니 (성인의 문하에서) 공이 심히 크다. 대저 이 이치를 확연히 알지 못했기에 진한秦漢 이래 실려 전한 설은 단지 잠꼬대에 지나지 않는다. 한유는 간략·근사했다. (그러던 중 마침내) 천여 년 만에 정자 형제가 나와 이 이치가 더욱 밝아졌다.[48]

---

47 『논어집주』17:3에 대한 朱子註. "此所謂性 兼氣質而言者也 氣質之性 固有美惡之不同矣 然 以其初而言 則皆不甚相遠也 但習於善則善 習於惡則惡 於是 始相遠耳 程子曰 此 言氣質之性 非性之本也 … 程子曰 人性本善 有不可移者 何也 語其性則皆善也 語其才則有下愚之不移 所謂下愚有二焉 自暴自棄也 人苟以善自治 則無不可移 雖昏愚之至 皆可漸磨而進也 惟自暴者 拒之以不信 自棄者 絶之以不爲 雖聖人與居 不能化而入也 仲尼之所謂下愚也 然 其質 非必昏且愚也."

48 『朱子語類』4:44. "天命之性 若無氣質 却無安頓處 且如一勺水 非有物盛之 則水無歸着 程子云 論性不論氣不備 論氣不論性不明 二之則不是 所以發明千古聖賢未盡之意 甚爲有功 大抵此理有未分曉處 秦漢以來傳記所載 只是說夢 韓退之略近似 千有餘年 得程先生兄弟出來 此理益明."

이렇게 주자는 본연지성과 기질지성을 둘로 나누어 보지 않았다. 기실 다산 또한 앞서 '대체'를 말하면서, 대체는 "다만 그 산천과 풍속이나 부모의 정기와 혈액을 받아 기질이 되니, 청탁·후박의 차이가 없을 수 없다. 그러므로 대체는 이 기질에 간히니 지혜로움과 우둔함, 통함과 막힘의 차이가 따른다."라고 말하였다는 점에서 용어상의 차이를 제거하면 양자가 변별되는 점은 그렇게 크지 않다. 그러나 다산은 용어상의 차이 또한 크다고 본다. 다산은 '본연本然'이란 말이 불교에서 유래한 것으로 유교의 용어가 아니며, 나아가 현실과 실천을 중시하는 자신의 눈으로 보면 그 용어 자체가 성립되지 않는다고 했다.

> 하늘이 속마음을 내려준 것은 반드시 신형身形이 잉태된 이후이니, 어찌 본연本然이라고 할 수 있겠는가? 불가에서 말하는 청정한 법신은 시작하는 때가 없고 본래 자재하니 하늘의 창조를 받지 않아 시작도 끝도 없으므로 본연이라고 명명한 것이니, 본래 스스로 그러함을 말하는 것이다. 그러나 신체는 부모에게서 받았으니 시작이 없다고 말할 수 없고, 성령性靈은 하늘로부터 받았으니 시작이 없다고 할 수도 없다. 시작이 없다고 말할 수 없다면 본연이라고 할 수 없으니, 이것이 의심하지 않을 수 없는 점이다. 허령한 본체를 맹자가 대체라고 했으니, 이것이 바른 명칭이지 않겠는가?[49]

그런데 이런 다산의 주장에, 주자는 아마도 다음과 같이 응대할 것이다.

> 대개 본연지성本然之性은 지극히 선할 따름이다. 그러나 기질로 논하지 않으

---

49 『전서』 II-15, 11, 『논어고금주』 "天之降衷 必在身形胚胎之後 何得謂之本然乎 佛家謂淸淨法身 自無始時 本來自在 不受天造 始無終 故名之曰本然 謂本來自然也 然形軀受之父母 不可曰無始也 性靈受之天命 不可曰無始也 不可曰無始 則不可曰本然 此其所不能無疑者也 虛靈本體 孟子謂之大體 斯其不爲正名也乎."

면 어둡고 밝음, 열리고 막힘, 굳세고 부드러움, 억세고 허약함이 있음을 알지 못한다. 그러므로 갖추지 못한 것이 있다. 한갓 기질지성氣質之性만을 논하고 본원으로부터 말하지 않으면 비록 어둡고 밝음, 열리고 막힘, 굳세고 부드러움, 억세고 허약함이 있음을 알지라도 지극히 선한 근원은 일찍이 다르지 않음을 알지 못한다. 그러므로 그 논의는 밝지 못한 것이 있다. 모름지기 성과 기질을 합하여 본 이후에야 완전하니 대개 성이 곧 기질이고, 기질이 곧 성이다.[50]

다음으로 우리는 (2)의 "성은 기호이다(以嗜好爲性)."라는 주장 및 여기에서 파생되는 문제를 살펴보자. 이 문제의 열쇠는 '성'이란 말의 함의이다. 일반적으로 인성의 문제와 연관하여 성이란 두 가지, 즉 (i)본성(性品)ㆍ성품 (ii) 성향(質)ㆍ성질이란 뜻이 있다. 여기서 다산이 말한 기호로서의 성이란 성향 혹은 성질을 의미한다. 우리가 자연주의적ㆍ심리주의적ㆍ현상주의적 입장에 선다면 인간에게서 관찰 가능한 것은 가변적인 성향 혹은 성질뿐이다. 현대 메타윤리학의 정의주의(emotivism)가 바로 그런 입장이다. 그런데 우리가 통상 '인성론'이라고 말할 때의 '성'은 단순히 인간의 성향만을 말하는 것일까?

철학자들은 인간을 실로 다양하게 정의해 왔는데, '이성적 동물', '정신적 존재', '사유하는 존재', '형이상학적 존재', '종교적 존재', '언어적 존재', '도구를 사용하는 존재' 등이 그 전형적 표본이다. 그런데 이런 정의는 인간과 종차가 나는 것에 초점을 두고, 인간에게 고유한 것을 '인성'이라고 말해 왔다. 즉 인간이 다른 존재자와 공유하는 성질은 비본질적 우연으로 차치하고, 인간에게 고유한 것만을 인간 본질(性)로 말해 왔다. 기호로서의 성을 주장하는 다산은 주자 등이 해명한 '본성으로서의 성'을 간과한 한갓 자연주의자가

---

50 『朱子語類』 59:47. "蓋本然之性 只是至善 然不以氣質而論之 則莫知氣有昏明開塞剛柔柔弱 故有所不備 徒論氣質之性 而不自本原言之 則雖知有昏明開塞剛柔强弱之不同 而不知至善之源未嘗有異 故其論有所不明 須是合性與氣觀之 然後盡 蓋性卽氣 氣卽性也."

아닌가? 특히 다산의 주장은 무생물 혹은 사유의 대상이 되는 관념적 존재의 본성은 해명할 수 없는 것으로 보인다. 여기서 '정삼각형'의 본성에 대해 말해 보자. 우리는 정삼각형의 본성을 '삼각형 가운데 세 변의 길이가 같다.'라는 원리에 입각하여 그 본성을 생각한다. 그런데 만일 다산처럼 성을 기호로 간주하여, 정삼각형의 성을 생각한다면 어떻게 정의될 수 있을까? 정삼각형에게 기호가 있다고 말할 수 있을까? 우리는 정삼각형의 본성이 있다고 말할 수는 있지만, 정삼각형의 기호는 말하기 어렵다는 점에서 본성과 기호는 다른 것이라고 할 수 없을까? 아직 자주적인 정신적 지각 능력이 없는 어린아이, 아직 도덕적 호오의 감정(기호)을 드러낼 수 없는 어린아이가 있다면 인간의 성을 지니고 있지 않은 것인가? 마음에 어떠한 미동도 없는 인간이 있다면, 그에게는 인간의 성이 없는 것인가? 이런 문제에 다산의 성기호설은 대답을 줄 수 있을 것인가? 주자는 마른 잎, 타다 남은 재에게도 성(理)이 존재한다고 했는데, 이는 단지 한갓 형이상학적인 요청 혹은 가설인가?

그러나 우리는 다산을 한갓 자연주의자로만 규정할 수는 없을 것이다. 왜냐하면 다산은 주자와 같은 본성론자들과 그 용어 사용을 달리 할 뿐, 그 또한 주자의 본성에 대비되는, 상제와 직통直通하는 도심 및 우리의 영명한 대체로서의 본심을 인정하고 있기 때문이다. 다산은 단지 이 성性이 단순히 내재적 실체로 오인되어 실천상 그 내재적인 것을 해명하고 내면에만 몰두하여 정적靜寂 혹은 공적空寂에 빠질 것을 염려하고 새로운 이해 방식을 제시한 것으로 해석할 수 있다. 다산은 영명한 대체와 선을 지향하는 도심을 인정했다는 점에서 도덕주의자이지, 한갓 자연주의자는 아니다. 즉 성론에서 다산이 '형구의 기호로서의 성'만을 말했다면, 다산은 순수 자연주의라고 할 수 있다. 그러나 본심의 도덕적 성을 말했을 뿐만 아니라 영명한 대체 및 그 대체가 지향하는 도심이 있다고 주장한다는 점에서, 그는 단순한 정의주의자情意主義者가 아니라 도덕주의자이다. 바로 이 점에서 다산은 고자적인 자연주의자가 아니라, 맹자적인 성선을 주장하는 도덕주의자라고 할 수 있다. 이는 자신의 성선론을 해명하는 다산의 언명에 분명히 드러나 있다.

성이 선하다는 것은 하늘이 부여한 성이 덕을 좋아하고 악을 부끄러워하는 것이다. 선으로 기르면 성대하여 충만하고 악으로 머물면 불만스러워 굶주린 듯하니, 본성이 순선함이 분명하다. 사람이 선하다는 것은 이 선한 성에 따라서 마음을 바르게 하고 자신을 닦아 끝까지 의義를 행하고 인仁을 이루어 그 덕을 온전히 하는 것이다.[51]

이제 (3)-(4)의 요약과 연관하여 인간과 여타 존재자와의 변별점에 대한 주장을 살펴보자. 성리학의 '이일분수설理一分殊說' 혹은 '이통기국설理通氣局說'에 따르면, 이 우주에서 태극(理)에서 유래하는 성은 두루 통하는 보편적인 것이지만, 이 보편적인 성(理一)은 편전·통색하는 기질에 타재되어 현실화되고, 다양한 편차를 지닌 기질의 국한에 따라 기질지성의 차이가 있어 만물의 본성 또한 변별된다. 그런데 다산은 이와 대비되게 신령한 대체를 지녀 만물의 이치를 인식하고 도덕적 주체가 되는 인간은 이미 생명(식물)만 지닌, 혹은 생명과 지각(동물)만을 지닌 존재자와는 명백히 질적으로 구별되는 무엇을 지니고 있다고 말한다.

기질지성氣質之性은 사람과 사물이 같이 얻은 것이지만, 도의지성道義之性이라고 말할 것 같으면 오직 사람만이 지니고, 금수 이하는 얻을 수 없는 것이다.[52]

---

51 『전서』 II-15, 17, 『논어고금주』 "性善與人善不同 性善者謂天賦之性 好德而恥惡 養之以善則浩然以充 餒之以惡則欲然以餒 明本性純善也 人善者率此善性 正心修身 畢竟行義而成仁 以全其德者也."
52 『전서』 II-15, 13-4, 『논어고금주』 "然則氣質之性 人物之所同得 而若所云道義之性 惟人有之 禽獸以下所不能

이렇게 성리학과 다산은 '인간이란 무엇인가'라는 문제에 대해 어떻게 보면 정반대의 접근법을 취한다. 즉 성리학에서는 우주 만물에 보편적으로 내재하는 이치를 인간 본성으로 간주했지만, 다산은 도의적인 성의 관점에서 인간이 여타 존재자와 변별되는 차이점의 관점에서 정의했다. 성리학에서는 오직 인간만이 우주 만물의 보편자를 가장 온전히(全通) 지니고 있고, 여타 동식물은 이 보편자를 국한하고 편색적으로 지니고 있다고 주장함으로써 만물의 층위를 인정한다. 말하자면 만물의 층위를 정함에 있어 보편성을 가장 온전히 지닌 것을 정점으로 세우고, 위에서부터 아래로 내려오는 방식으로 그 층위를 설명했다. 그런데 다산은 초목, 금수, 인간을 생활生活 → 지각知覺 → 영명한 대체의 순으로, 말하자면 아래에서 위로 더하여 올라가는 방식으로 만물의 층위를 규정했다. 그런데 성리학과 다산은 인간을 이렇게 다른 방식으로 접근하면서도, 그 결론에서는 큰 차이를 나타내지 않는다는 점에서, 우리는 다산의 세계관과 인간관이 그렇게 개혁적 혹은 혁명적이지 않았다고 말할 수 있지만, 바로 그 때문에 다산은 유가로 남아 있다고 말할 수 있다. 왜냐하면 주자가 인간을 인식의 주체로서 "온갖 이치를 갖추고 만사에 응한다."라고 말하여 도덕적 행위를 수행할 수 있는 주체라고 보았듯이,[53] 다산 또한 인간을 정의하여 "모든 사물을 포함하여 빠뜨림이 없고, 모든 이치를 유추하여 깨달음을 다할 수 있으며, 덕을 좋아하고 악을 부끄러워함이 양지에서 나오니 이것이 금수와 뚜렷이 변별되는 점이다."라고 말하고 있기 때문이다. 나아가 주자의 '천명지성' 혹은 '본연지성'은 기질에 타재되어 있는 '기질지성'으로서만 현실화될 수 있다. 요컨대 주자에 따르면, 본연지성과 기질지성은 하나이면서 둘이고 둘이면서 하나(一而二, 二而一)인 관계이다. 다산은 "대체

得 今先正之言 反以爲本然之性 人物皆同 而氣質之性 人與犬不同 顧安得無惑哉 本然之說 本出佛書."

53 『孟子集註』 7상:11에 대한 朱子註 "心者人之神明 所以具衆理而應萬事者也 性則心之所具之理 而天 又理之所從以出者也 人有是心 莫非全體 然 不窮理 則有所蔽而無以盡乎此心之量"

는 이 기질에 갇히니 지혜로움과 우둔함, 통함과 막힘의 차이가 따른다."라고 말하였다. 그런데 다산에게서 '대체-도심-천명지성'과 '소체-인심-형구지성'은 '묘합하여 떨어질 수 없는(妙合而不能離)' 관계에 있다. 이 두 표현의 차이가 일반적으로 해석되는 것만큼 그렇게 큰 것인가?

이제 (5)의 문제로 나아가 다산과 그 이전의 성론과의 차이점을 살펴보도록 하자. 주지하듯이 공자의 '성상근性相近 습상원習相遠'이라는 간명한 언명은 후대 맹자의 성선설, 고자의 선악무기설, 순자의 성악설, 양웅의 선악혼재설, 한유의 성삼품설, 장재의 본연·기질지성, 정이천의 성즉리, 주자의 종합 (맹자의 성선설을 정통으로 인정하면서 여기에 제한을 가하고, 순자를 암묵적으로 흡수하면서 장재와 정이의 입장을 수용)으로 이어지면서 다양하게 변형·수정·발전되어 왔다는 것이 유학의 일반 상식이다. 그 맥락에서 다산은 이른바 '성기호설'이라고 하는 독특한 입장으로 유가의 '성' 개념을 해명하였다. 그런데 다산은 자신의 성기호설의 체계가 유가의 역사에서 나타났던 모든 인성론을 융해·종합하고 있다고 생각한다.

사람이란 신神과 형形이 오묘하게 결합하여 혼연하게 하나가 된 것이다. 그러므로 그 발동하여 마음이 된 것으로 도의로 인하여 피어난 것이 있으니 도심이라 하고, 형질形質로 인하여 피어난 것을 인심이라 말한다. 도심이 있으므로 선악을 밝게 구별하고, 또한 덕을 좋아하고 악을 부끄럽게 여기므로 끝내는 살신성인에까지 이른다. 이는 맹자가 말하는 성선의 근본이다. 인심이 있으므로 재물을 탐하고 여색을 좋아하며 일신의 편안을 생각하고 벼슬을 사모하므로 선을 따르기란 하늘에 오르는 것처럼 어렵고 악을 따르기란 언덕이 무너지는 것처럼 쉬우니, 이는 순자가 말하는 성악설이다. 도심을 주장하면 선할 수 있지만, 인심에 그 천을 함몰시켜 악하게 되는 것이다. 선악이란 행사 이후에 이루어지는 것으로 태어나서 고요한 처음에는 아직 정해지지 않았다. 이는 공손자가 말하는 성무선악性無善惡이다. 도심과 인심이 서로 싸우니 이는 양자가 말하는 선악혼륜이다. 그러므로 사람이 사람다울 수 있는 까닭은 덕을 좋아하고 악을 부끄럽게 여기기 때문이니 이것이 천명이고 이것이 본성이다. 그러나 형체에 얽매임으로써 선이 가는 길을 막고, 악으로 빠지게 하는 도구가 되는 셈이다. 그러므로 그 사이에서 인심이 나타나고 도심이 잠겨 버리는 것이다. 이를 어찌 본성이라고 할 수 있겠는가? 맹자가 말하는 것은 성이며, 순자가 말하는 것은 형구에 의해 파괴된 성이며, 공손자가 말하는 것은 성이 형구를 만나 공과 죄가 아직 분리되지 않은 것이며, 양자가 말하는 것은 성이 형구와 만나 경건함과 태만함이 서로 싸우는 것이다. 성을 말하려면 마땅히 맹자의 말에 근본하지 않을 수 있겠는가? 오직 덕을 좋아하고 악을 부끄럽게 여기니, 이 어찌 순선純善이라고 말하지 않을 수 있겠는가? 이 때문에 맹자설이 대체의 근본을 얻었다고 말하는 것이다. 맹자는 성을 성이라고 하였고, 순자·양자·공손자는 성과 형을 함께 성으로 부르는 것이니, 누구의 말이 옳고 누구의 말에 잘못이 있겠는가?"[54]

여기서 다산이 종합하여 비평하고 있는 기존의 성론性論을 대체-소체, 도심-인심, 본심성-형구성으로 나누어 요약하면, (1) 성선설은 대체의 영명한 본체가 밝게 드러나 도심으로 선악을 밝히고, 본성의 덕과 선을 좋아하는 마음에 따라 살신성인에 이르는 것을 말하여 성의 대본처를 밝혔고, (2) 성악설

---

54 『전서』II-15, 17, 『논어고금주』 "人者 妙合神形而混然爲一者也 故其發之爲心者 有因道義而發者 謂之道心 有因形質而發者 謂之人心 以其有道心 故能明別善惡 又能好德而恥惡 終以至於殺身而成仁 此孟子所謂性善之本也 以其有人心 故貪財好色 懷安慕貴 從善如登 從惡如崩 此荀子所謂性惡之說也 道心爲之主而可使爲善 人心陷其天則可使爲惡 善惡成於行事之後 而未定於生靜之初 此公孫子所謂無善惡者也 道心人心 交發而角戰 此揚子所謂善惡渾者也 然人之所以爲人者 以其好德而恥惡 此天命也 此本性也 惟其形軀相圍 爲沮善陷惡之具也 故人心得橫發於其間 而道心爲之陷溺 是豈本性也哉 孟子所言者性也 荀子所言者 性之因形而壞者也 公孫子所言者 自性之遇形 功罪未分者而言之也 揚子所言者 自性之遇形 敬怠交戰者而言之也 言性者 顧不當以孟子爲本乎 夫惟好德而恥惡 曷不謂之純善乎 此孟子之言 所以獨得其本者也 孟子以性爲性 荀."

436 | 3대 주석과 함께 읽는 논어Ⅲ

은 대체가 드러나지 못하고 인심이 발동하여 재물과 색을 탐하고 형구의 성에만 따르고 본심의 성에 따르지 않는 것을 말하는데 본심의 성이 형구의 성에 의해 파괴된 것을 해명했으며, (3) 성무선무악설은 선을 지향하는 대체-도심-본심지성과 악을 지향하는 소체-인심-형구지성이 결합되어 있기는 하지만 아직 행사되지 않아 선악 미정의 상태로서 본심의 성이 형구를 만났으나, 공·죄가 아직 나누어지지 않은 상태를 해명한 장점이 있고, (4) 성선악혼설은 대체와 소체, 도심과 인심, 본심의 성과 형구의 성이 교대로 맞서 싸우는 것을 말하는데, 이는 본심의 성과 형구의 성을 만나 경건했다가 태만했다가 하면서 함께 교전하는 상태를 밝혔다. 여기서 다산이 비평하고 있는 여러 성론의 주창자들이 과연 다산의 방식으로 그러한 주장을 하였을까 하는 점에 대해서는 의문을 제기할 수 있을 것이다. 그러나 다산의 체계에서 보자면 이러한 비평은 정합적이며 하등의 무리가 없다고 판단된다. 바로 이렇게 다산은 그 이전의 모든 인성에 대한 논의를 비판·비정·종합할 수 있는 독자적·정합적인 거대한 체계를 구축했다고 할 수 있다. 바로 여기에 그의 위대성이 있다고 생각된다.

II. 『논어』에서 몸과 마음

　『한서』「예문지」에 의하면, "공자께서 제자 및 당시 사람들에게 응답하신 것과 공자께 직접 들은 말들을 그 당시 제자들이 각자 기록한 것인데, 공자께서 돌아가시자 문인들이 모아서 편찬하였기에 『논어』라고 칭했다." 그런데 여기서 "론論이란 륜綸(經綸世務)·륜輪(圓轉無窮)·리理(蘊含萬理)·차次(篇章有序)·찬撰(群賢集定)"의 의미이며, 또 "답술答述을 어語라고 하는데(『周禮』注), 이 책에 기록한 것은 모두 중니께서 제자 및 당시 사람들에게 응답한 말씀이므로 어語라고 했다."[1]라고 한대 경학의 집대성자 정현鄭玄(127-200)은 훈고했다.

　『논어』 주석에서 가장 영향력 있는 인물인 송대 주자(1130-1200)는 "사서四書란 본성 회복을 근본지귀로 하는 이학理學 체계이며, 『논어』는 성인 공자의 가르침이 나타나 있는 유일한 책으로 오로지 인을 말하고 있는데(論語只說仁), 읽는 자로 하여금 근본을 세우게 해준다."고 말했다.[2] 한국의 다산 정약용 또한 "공자보다 위대한 성인은 없으며,… 후학이 높이 믿고 체득하여 실천할 것은 오직 『논어』 한 권뿐이다."라고 하고 또 "육경이나 여러 성현의 글은 모두 읽어야 하겠지만 오직 『논어』만은 종신토록 읽음직하다."라고 했다. 그 또한

1　정태현·이성민 공역, 「논어주소경해서」, 『역주논어주소』, 전통문화연구회, 2014. 45-46쪽.
2　『朱子語類』 권19, 「語孟綱領」 참조.

"인이란 한 글자는 『논어』 20편의 주재이다."[3]라고 명시하였다.

이렇듯 『논어』에서 인仁은 출현 빈도수(59장 109회)와 그 의미에서 가장 주도적인 개념이다. 그 외 『논어』에서는 예禮(42장 75회)·의義(20장 24회)·지知(82장 118회)·도道(50장 72회)·덕德(31장 40회)·학學(42장 62회) 등도 중요한 개념으로 다루어지고 있다. 나아가 군자君子(95장 107회) 개념이 현인賢人(24회)·성인聖人(8회)·대인大人(1회)·성인成人(1회)과 비교해 보았을 때, 가장 중요한 인간상으로 제시되고 있다. 주요 개념의 측면에서 본다면, 『논어』란 호학을 통해 인·의·예·지를 실천하는 도덕군자 양성을 목적으로 시설된 공자의 언행으로 구성된 책이다. 그런데 군자 개념으로 정립된 인간 일반의 이념은 개별 자아에 의해 실현되어야 하며, 그 자아는 심·신을 지닌 구체적 인간이라고 할 수 있다. 그런데 다른 도덕 개념과는 달리, 『논어』에 나타난 심·신과 연관된 용어들의 용례와 의미에서는 간헐적으로 다루어져 있기에, 이에 대해 살펴보려고 한다.[4] 『논어』에서 마음과 몸 혹은 마음·몸과 직접 연관된 용어로는 우선 심心·성性·정情·지志·의意, 그리고 신身·기己·궁躬·기氣 등을 들 수 있을 것이다. 이들 용어들이 출현한 빈도를 살펴보면, 우선 마음을 지시하는 대표 용어인 '심心' 자는 『논어』 전제 약 498장 가운데 도합 5장에서 6회 출현하였다.[5] 그리고 '성性'[6]과 '정情'[7] 자는 각각 2회만 사용되

---

3 『與猶堂全書』(이하 『여전』) II, 16:39, 『論語古今註』「論語對策」 "聖莫盛於孔子…則後學之脅信軆行 惟論語一部是已 …仁之一字, 二十篇主宰."; 권18, 「爲尹惠冠贈言」 "六經諸聖書皆可讀 唯論語可以終身讀."

4 비교적 최근 선행연구는 다음과 같다. 최연찬 외, 『동양철학과문자학』 아카넷, 2003; 조원일, 「공자의 인성론연구」 『중국학논총』30, 2010; 신순정, 「『논어』의 성심(性心)과 락(樂)의 구조」 『한국철학논집』51, 2016; 김명석, 「논어의 情개념을 어떻게 이해할 것인가」 『동양철학』28, 2009; 정대환·유지웅, 「공자철학에서 성(性)과 습(習)의 의미」 『유교사상문화』59, 2015; 지준호, 「'종심소욕불유구'를 통해 본 공자의 인성론」 『동양철학연구』39, 2010.

5 「위정2:4」 「옹야6:5」 「헌문14:42」 「양화17:22」 「요왈20:1」

6 「공야장5:12」 「양화17:2」

7 「자로13:4」 및 「자장19:19」 등에 쓰인 '情'이란 용어는 誠實 혹은 實情 등의 의미로 감정과 큰 연관이 없기 때문에 다루지 않는다.

었다. 그리고 마음의 뜻인 '의意' 자는 단 1회 나타났지만,[8] '자志'는 도합 14장에서 17회 나왔다.[9] 그리고 몸과 관련된 대표 용어인 '신身' 자는 총 12장에서 16회 나왔으며,[10] '궁躬'은 모두 7장에 걸쳐 10회 나왔다.[11] 그리고 '기己' 자는 총 21장에서 28회 출현하였으며,[12] 존재론적 용어인 '기氣'는 총 4장에서 도합 6회 나타난다.[13] 『논어』에 나타난 이러한 용어의 의미를 살피면서, 특히 이에 대한 체계적인 해설을 시도했다고 판단되는 다산의 주석을 중심으로 제시할 것이다. 그런데 여기서는 주로 주자의 주석을 실마리로 하여 다산의 대안적·비판적 주석을 제시·고찰함으로써, 다산 주석의 특징을 명확히 드러내어, 그 의의를 제시하려고 한다.

1. 마음과 그 연관어의 주석

먼저 '심心' 자부터 살펴보자. 심心은 갑골문에서 우리 몸의 정중앙에 위치한 심장의 상형자라고 했으며, 『설문』에서도 오행의 중심으로 만물을 생성하는 토土에 해당하는 장기(肝-金, 脾-木, 腎-水, 肺-火)라고 하였다.[14] 그래서 중국의 가장 오랜 의학서인 『황제내경』에서도 정신이 깃들어 있는 "심心은 오

---

8 「자한9:4」
9 「학이1:11」 「위정2:4」 「리인4:4」 「리인4:9」 「리인 4:18」 「공야 5:25」 「술이7:6」 「자한9:26」 「선진11:25」 「헌문14:38」 「위령공15:8」 「계씨16:11」 「미자18:8」 「자장19:6」 등.
10 「학이1:11」 「위정2:4」 「리인4:4」 「리인4:9」 「리인 4:18」 「공야 5:25」 「술이7:6」 「자한9:26」 「선진11:25」 「헌문14:38」 「위령공15:8」 「계씨16:11」 「미자18:8」 「자장19:6」
11 「리인4:22」 「술이7:33」 「향당10:4」 「향당10:5」 「자로13:18」 「헌문14:6」 「위령공15:14」 「요왈20:1」
12 「학이1:8」 「학이1:16」 「리인4:14」 「공야장5:15」 「옹야6:28」 「술이7:28」 「태백 8:7」 「자한9:25」 「안연12:1」 「안연12:2」 「자로13:20」 「헌문14:25」 「헌문14:32」 「헌문14:42」 「헌문14:43」 「헌문14:45」 「위령공15:4」 「위령공15:18」 「위령공15:20」 「위령공15:23」 「자장19:10」
13 「태백8:4」 「향당10:4」 「향당10:8」 「계씨16:7」
14 『說文解字』「心部」 "心卽人之心臟 心爲土臟主土 在身體正中 象形字 象心之形 今文經博士僞心主火. 安: 心之官則思 古人的錯誤僞定 心用爲偏多與思慮有關."

장육부의 대주大主로서 군주의 기관이다."[15]라고 하였다. 최대 자전인 『강희자전』(1716)에 '심心'으로 구성된 한자는 1,170자에 이르며, 그 대부분이 사상·감정·심리 활동 등과 연관되어 있다. 이렇게 중국인들은 두뇌가 아니라 심장에서 생각과 상상 등이 일어난다고 여기면서, 심心을 인간 신체기관의 중추이자 사유 주체로 생각했다.[16]

『논어』에서 심心 자는 공자가 "칠십이종심소욕불유구七十而從心所欲不踰矩" (「위정2:4」)라고 말한 곳에서 처음 나온다. 주자는 "공자께서 마음이 하고자 하는 바를 좇아도 자연히 법도를 넘지 않았으니, 편안히 행하고·애쓰지 않아도 법도에 맞은 것이다."라고 설명하면서, 호씨의 "성인의 가르침… 그 요체는 사람들에게 본심을 잃지 않게 하는 것일 따름이다. (본심이) 하나의 하자도 없는 데 이르고 모든 리에 완전히 밝아진 이후에 나날이 쓰는 사이에, 본심이 맑아져 욕망하는 바를 좇아도 지극한 리가 아닌 것이 없어진다."[17]라는 주석을 인용했다. 이렇게 주자는 이른바 인욕人欲과 천리天理에 근거하여 해석했다.

> 성인께서는 표리表裏·정조精粗에 밝게 관철하지 않음이 없으니, 그 몸은 비록 이렇게 인간이지만 그 실實은 오로지 이 하나의 천리이니, 이른바 '마음이 하고자 하는 바를 좇아도 법도를 넘지 않는 것'이다. 어디를 가고 오든 간에 모두가 이렇게 천리이니, 어찌 쾌활하지 않을 수 있겠는가?[18]

그런데 주자에 따르면, 단 한 사람의 마음이 도리에 부합하는 천리와 정욕에 따르는 인욕은 "서로 다른 두 개의 물건 곧 두 개의 돌멩이가 서로 밀치고

---

15 『皇帝內徑』「靈樞, 邪客」 "心者 五臟六腑之大主也 … 心爲君主之官."
16 전병술, 『심학과 심리학』 모시는사람들, 2014, 34쪽.
17 朱熹, 『論語集註』 2:4에 대한 朱子注.
18 김동인·지정민·여영기 역, 『세주완역논어집주대전』 2:4에 대한 朱子細注.

부딪치는 것과 같은"[19] 모순 대립(즉 천리가 아니면 인욕이고, 인욕이 아니면 천리이다) 관계이다. 그러나 주자의 이러한 해석은 『논어』 본문의 구도와 어긋날 수 있다. 왜냐하면 본문은 자연적 욕망이 법도에 따랐다고 말했지만, 주자는 인욕의 제거(去人欲)를 통한 천리의 보존(存天理)으로 설명하였기 때문이다. 그래서 다산은 제거와 보존의 관계가 아니라, 청명聽命과 주재主宰의 관계로 인심·도심을 주석한다. 그런데 일찍이 『서경』「대우모」의 인심·도심이란 말에 특히 주목했던 인물은 바로 주자였다. 그는 일찍이 "마음의 허령지각은 하나일 뿐이지만, 인심이란 형기의 사사로움에서 발생하고(或生於刑氣之私), 도심이란 성명의 바름에 근원하는데(或原於性命之正), 지각하는 것이 다르기 때문이다."라고 말하였다(或生或原說). 그런데 주자는 인심과 도심 또한 '유정유일惟精惟一'이란 말과 연관하여 인욕-천리의 관계로 설명하였다.

> 인심과 도심은 하나의 마음속에 섞여 있으므로 이를 다스릴 줄 모르면 위태로운 인심은 더욱 위태롭고, 은미한 도심은 더욱 은미해져서 마침내 천리의 공公이 인욕의 사私를 이기지 못한다. 정精은 인심과 도심 사이를 살펴 섞이지 않도록 하는 것이고, 일一은 그 본심의 올바름을 지켜 떠나지 않는 것이다.[20]

그러나 다산은 "기질의 발현인 인심과 도의의 발현인 도심은 그 가운데 하나를 가려 잡을 수 있는 것이 아니기 때문에 유정유일惟精惟一할 수 없으며, 나아가 그 중을 추구하여 잡으려 한다면 이는 반드시 천리와 인욕이 서로 뒤

---

19 『朱子語類』 78:45. "此不是有兩物 如兩箇石頭樣 相埃相打 只是一人之心 合道理底是天理 徇情欲底是人欲 正當於人心道心分界處理會."
20 『中庸章句』 「序」 "心之虛靈知覺 一而已矣 而以爲有人心道心之異者 則以其或生于形氣之私 或原于性命之正 而所以爲知覺者不同 二者雜於方寸之間 而不知所以治之 則危者愈危 微者愈微 而天理之公 卒無以勝夫人欲之私矣 精則察夫二者之間而不雜也 一則守其本心之正而不離也."

섞여 시비가 절반씩 혼합되게 될 것이다."라고 말한다. 요컨대 다산은 "인심과 도심은 정일부잡精一不雜하거나 혹은 집중執中의 문제가 아니라, 형상·기질이 없지만 영명靈明·통혜通慧한 도심이 기질에 깃들어 주재가 되는"[21] 관계라고 해석한다. 이런 관점에서 다산은 본문을 다음과 같이 해석한다.

> 도심이 주재가 되고 인심이 도심을 청명하면, 마음이 하고자 하는 바를 좇아도 도심이 하고자 하는 바를 좇는 것이 되기 때문에 법도를 넘지 않는다. 만일 보통사람이 마음이 하고자 하는 바를 좇으면 인심이 하고자 하는 바를 좇는 것이 되기 때문에 악에 빠진다.[22]

요컨대 성지시자聖之時者로서 공자의 경지(벼슬할 만하면 벼슬하고, 그만둘 만하면 그만두고, 오래 머물 만하면 오래 머물고, 빨리 떠날 만하면 빨리 떠나는 것)가 바로 이런 경지라는 것이다.

옹야6:6(子曰 "回也 其心三月不違仁 其餘則日月至焉而已矣")에서는 심心이란 인에 의거해야(依於仁, 7:6)함을 나타내고 있다. 이에 대해 인을 마음의 덕(心之德)으로 정의한 주자는 "심불위인心不違仁이란 심心이 사욕이 없으면서 인의 덕을 지닌 것이다."라고 주석한다. 그런데 다산은 "무릇 사람과 사람이 서로 향하여 애련하게 사랑하는 것을 인이라 한다."라고 말하면서, "그 마음이 떠나지(違=離) 않는다면 일을 행하는 것에 나타나는 데 그치는 것이 아니라, 중심이 실제로 그런 것(中心實然)"[23]으로 주석하였다. 즉 인을 마음의 덕으로 정

21 『여전』 II, 권2, 29. 「심경밀험」 "人心道心 不可以擇執其一 將何以惟精惟一乎 且所謂執中者 ⋯若就人心道心 求其中而執之 則必天理人欲 相雜相糅 爲半是非之義."; 『여전』II, 권6, 20. 「맹자요의」 "惟其道心所發. 無形無質. 靈明通慧者. 寓於氣質. 以爲主宰. ⋯人心者氣質之所發也. 道心者道義之所發也."
22 정약용(이지형 역주), 『역주논어고금주』1, 사암, 2010, 167쪽.
23 『論語集註』6:6에 대한 朱子注. 『역주논어고금주』2, 29쪽.

의한 주자가 이 구절 또한 천리-인욕의 관점에서 해석하였다면, "마음에는 선천적으로 주어진 덕이 없으며, 행사 이후에 덕의 명칭이 있다(行事以後有德之名)."라고 주장한 다산은 체득과 실천의 관점에서 해석했다.

그리고 「헌문14:42」("子擊磬於衛. 有荷簣而過孔氏之門者曰 有心哉 擊磬乎")의 '유심재有心哉'에 대해 주자는 "성인의 마음은 천하를 잊은 적이 없으니"라고 해석했고, 다산은 "경쇠 소리를 들으면 풍악을 익히는 것을 알고, 풍악을 익히는 것을 알면 도를 행할 마음이 있는 것을 알게 된다."라고 해석하여, 좀더 구체적으로 부연하여 주석했다.[24] 따라서 여기서 "마음이 있다."라는 것은 곧 "천하를 생각하는 마음이 있다." 혹은 "천하에 도를 행할 마음 있다."라는 것을 의미하는바, (3) 무엇(천하 혹은 도)에 대한 의향意向·의지意志로 해석할 수 있다.

「양화17:22」("子曰飽食終日 無所用心 難矣哉 不有博弈者乎 爲之猶賢乎已")의 '무소용심無所用心'에 대해 주자는 "성인께서 사람들에게 장기나 바둑을 하라고 가르치신 것이 아니라, 마음 쓰는 데가 없어서는 안 된다는 것을 심하게 말씀하신 것이다."라는 이욱의 말을 인용만 하고 있다. 이에 대해 다산은 "의지도 없고 하는 일도 없이 해이하고 나태하게 생각을 운용하고, 일에 전력함이 없는 것이다."라고 해석했다. 즉 '우리 마음이란 의지를 지니고 생각을 성실히 운용해 나가면서, 일에 최선을 기울여야 하는 것'[25]으로 설명했다고 하겠다.

마지막으로 「요왈20:1」("予小子履… 有罪不敢赦 帝臣不蔽 簡在帝心…興滅國 繼絶世 舉逸民 天下之民歸心焉.")에 대해서 주자와 다산은 공히 여기서 두 번 나온 심心 역시 (무엇에 대한 가치를 판단하는) 의지(도)와 마음의 지향(향방)이란 뜻으로 사용되었다고 이해했다.

지금까지 고찰한 결과 『논어』에서 심心은 (1) 욕망하는 존재로서 법도(矩)

---

24 『論語集註』 14:42에 대한 朱子注. 『역주논어고금주』4, 221쪽.

25 『論語集註』 17:22에 대한 朱子注. 『역주논어고금주』5, 233쪽.

의 제재를 받아야 하며, (2) 인仁과 같은 덕목에서 떠나지 말아야(의거해야) 하며, (3) 무엇(천하 혹은 도)에 대한 의향意向(志)을 지니며, 그리고 (4) 생각을 성실히 운용하면서, 일에 최선을 기울여야 하는 것으로 나타나 있다. 글자의 원의에 정통했던 다산은 '심心'이란 '우리의 생물학적 신체를 주관하여 밖으로 운용하는 것을 가차假借한 것'이라고 했다.[26] 그런데 그 마음은 보편적인 인仁·도道의 실행을 욕망하고, 궁극적으로는 당위적 법도를 준수함으로써 존재와 당위가 일치하는 성인의 경지에 도달하는 것을 목표로 한다. 그런데 주자는 심心을 주석함에 있어 사욕을 없애고(無私欲) 천리가 유행할 때 인의 덕을 지니게 된다고 하는 엄숙한 도덕주의적인 관점에서 주석했다. 이에 비해 다산은 인심·도심의 개념에 의해 해석하면서, 도심이 주재가 되고 인심이 청명하는 관계가 되어야 한다고 주장했다.

다음으로 '성性'에 대한 언명을 살펴보자. 『중용』 및 『맹자』에서 매우 중시된 이 용어는 『논어』에서 5:12(子貢曰 "夫子之文章 可得而聞也 夫子之言性與天道 不可得而聞也.")와 17:2(子曰 "性相近 習上遠也性.")에서 단 2회 나왔다.[27] 성性이란 심心+생生의 형성자로 우선 사람이 태어나면서 갖는 천성적인 마음(心)을 뜻한다. 나아가 심心이 우리 몸을 주관한다는 점으로 본다면, 성性이란 우리의 생물학적 몸(生)을 주관하여(心), 인간을 (禽獸와 구별하여) 인간답게 해 주는 가치 있는 것이다. 그런데 심心+생生의 결합으로서 성性 개념은 생물학적 몸(生)에 대한 사유·도덕적 판단에 의한 주재主宰(心生으로 生에 대한 心의 主宰)로 볼 수도 있고, 다른 한편으로 어떤 무엇을 지각했을 때에 발생하는 자연적·생물적 마음(生心으로 발출하는 욕망)으로도 볼 수 있다. 이 양자 중 어느 쪽에 비중을 두느냐에 따라 다양한 입론이 가능하다. 맹자는 전자에 초점을

---

26 「여전」, 5:32. 「맹자요의」 참조. "心爲血府 爲妙合之樞紐 故借名曰心."
27 '性' 자는 『大學』1회, 『中庸』9회, 『孟子』36회 나온다. 『중용』과 『맹자』에서 주도 개념이 되었다.

두고 성선性善[28]을 말하였고, 『설문』에서도 "사람의 양기로서 성性은 선하다. 심心에서 유래하여 생生으로 발음된다."[29]고 했다. 어쨌든 성性 개념이 제기됨에 따라 인간은 드디어 자연적·생물적 신체의 차원을 넘어서, 그것을 주재하는 도덕적 인간으로서 자기정립을 문제시하게 되었다. 이제 인간은 동물과 공유하는 식食·색色·안일安逸과 같은 신체적 욕구를 넘어서는 고유본성과 그 본성에 따르는 인간의 길과 인문세계를 추구할 단서를 마련하였다.

'성상근性相近 습상원習相遠'에 대해 고주는 "성性은 사람이 하늘로부터 부여받은 것으로 태어나서 고요한 것을 이른다. 외물外物의 자극을 받기 전에는 사람들의 성이 모두 서로 비슷하니, 이것이 '상근相近'이다. 외물의 자극을 받은 뒤에는 습관이 천성이 되므로 선에 습관이 되면 군자가 되고 악에 습관이 되면 소인이 되니, 이것이 '상원相遠'이다."라고 주석하였다. 그런데 주자는 "기질을 겸하여 말한 것이다. 기질지성은 본래 선·악의 차이가 있지만 그 처음을 말한다면 모두 서로 크게 먼 것은 아니다. 다만 선에 습관이 되면 선해지고 악에 습관이 되면 악해지니, 이에 비로소 서로 멀어지게 된다."[30]라고 말하여 자신의 본연·기질지성의 개념으로 주석하였다. 주자의 이 주석은 많은 논란이 있었는데, 특히 왕양명王陽明은 다음과 같이 비판하였다.

공자가 말한 성상근性相近이란 곧 맹자가 말한 성선이니, 오로지 기질의 측면에서 말한 것일 수는 없다. 만일 기질의 측면에서 말한 것이라면, 강剛·유柔처럼 대립하는 것인데 어찌 서로 가까울 수 있겠는가? 오직 성性의 선善함만 같을 뿐이다. 사람이 처음 태어났을 때에는 선함만이 같을 뿐이지만, 단지 강이 선함에 습관이 되면 강선剛善이 되고 악에 습관이 되면 강악剛惡이

---

28 『맹자』 3상:1, 6상:2, 6상:6 등.

29 『설문해자』 '性部' "人之陽氣性善也. 從心 生聲."

30 『논어주소』 17:2에 대한 邢昺疏. 『논어집주』 17:2에 대한 朱子注.

되며, 유柔가 선함에 습관이 되면 유선柔善이 되고 악함에 습관이 되면 유악柔惡이 되어, 나날이 서로 멀어지게 된다.[31]

요컨대 공자의 성상근性相近이란 곧 맹자가 말한 동일한 본성의 선함을 의미한다는 것이 양명의 해석이다. 그런데 다산은 고주, 주자는 물론 양명의 해석마저도 엄밀하지 못한 것으로 비판하고 제3의 해석을 시도한다. 다산은 우선 "성이란 본심의 호오(本心之好惡)이고, 습이란 문견의 관숙(聞見之慣熟)이다."고 정의한다. 그리고 그는 공자가 말한 성이란 도의지성으로 맹자의 이른바 "사람은 모두 요순이 될 수 있다."라고 말하는 근거로서의 성과 같은 하나의 성이기 때문에 주자처럼 기질지성이라고 할 수 없다고 말하면서, 다음과 같이 주석한다.

'성상근性相近'이란 갑과 을, 두 사람의 성性을 근거로 볼 때 그 현賢·불초不肖가 본래는 서로 가깝다는 것이고, 습習을 근거로 볼 때 그 현·불초가 마침내 서로 멀다는 것이다. 아래 구절의 '습상원習相遠'으로 미루어보면 그 뜻이 분명해진다. 요순과 걸주는 그 측은·수오의 성이 털끝만큼도 차이가 나지 않는데, 이것을 다만 성은 서로 가깝다는 것으로써 논해서는 안 된다(말이 명확하지 못하다). '습상원'이 이미 현·불초가 서로 멀어진 것이라면, '성상근'은 또한 어찌 현·불초가 서로 가까웠던 것이 아니겠는가?[32]

이제 이 구절에 대한 각각의 논의를 정리하면 다음과 같다.

---

31 『傳習錄』 항334. "夫子說性相近, 孟子說性善 不可專在氣質上說, 若說氣質, 如剛與柔對, 如何相近得, 性善則同耳. 人生初時善, 原是同的, 但剛的習於善則爲剛善, 習於惡則爲剛惡, 柔的習於善則爲柔善, 習於惡則爲柔惡, 便日相遠了."
32 『역주논어고금주』5, 75쪽.

고주 : "성性은 사람이 하늘로부터 부여받은 것으로 태어나서 고요한 것으로 외물의 자극을 받기 전에는 사람들의 성이 모두 서로 비슷하지만, 선악의 습관에 의해 군자·소인으로 멀어진다."

주자 : "성(=氣質之性이 지닌 美·惡)은 처음에는 서로 멀지 않았지만, (선·악의) 습관에 의해 서로 (천양지차로) 멀어진다."

양명 : "본성(맹자가 말한 性善)은 서로 같지만(近=同), (剛·柔의 기질이 선·악의) 습관에 의해 서로 멀어진다."

다산 : "현賢·불초不肖(知·愚)는 성(=本心의 好·惡)의 측면에서 본다면 서로 가까웠지만, 습관(聞見之慣熟)의 측면에서 보면 서로 멀어진다."

그리고 5:12(子貢曰 "夫子之文章, 可得而聞也. 夫子之言性與天道, 不可得而聞也.")와 연관하여 고주는 "성이란 사람이 부여받아 태어난 것(性者人之所受以生也)이고, 천도란 우주의 원기元氣가 두루 미쳐 만물이 나날이 새로워지는 도(元亨日新之道)이다."라고 설명한다. 그런데 주자는 "성은 사람이 부여받은 천리(性者人之所受之天理)이고 천도는 천리자연의 본체(天理自然之本體)이니, 기실은 일리一理이다."라고 말하여, 천즉리天卽理 및 성즉리性卽理의 입장에서 고주를 수정하고 있는 것을 여실히 확인할 수 있다. 이에 대해 다산은 성性이란 『중용』의 "천명을 일러 성이라고 한다(天命之謂性, 1장)."라고 할 때의 성과 명이라고 설명했다. 그런데 다산은 "명命·성性·도道·교教를 모두 하나의 리로 귀속시키면 리란 본래 지각知覺·위능威能이 없는데, 무엇 때문에 계신공구戒愼恐懼할 것인가?"[33]라고 말하여, 주자의 천즉리天卽理의 입장을 비판한다. 즉 천을 무형·무위하여 의부지품依附之品에 불과한 리라고 한다면, 도덕을 실

---

33 『여전』Ⅱ, 1:5. 「중용자잠」 "君子處暗室之中 戰戰栗栗 不敢爲惡 知其有上帝臨女也 今以命性道敎 悉歸之於一理 則理本無知 亦無威能 何所戒而愼之 何所恐而懼之乎."

천할 근거를 상실할 수 있다는 것이다. 바로 이 점에서 다산은 국군國君을 국國이라고 칭하듯이 상제上帝를 천天이라 부른 것이며, 따라서 천도란 다름 아닌 상제의 명령이라고 해석했다. 그리고 상제의 명령은 인간에게 도심(本心)으로 부여되어 있으며, 그 도심이 지닌 기호가 바로 성이라고 했다. 이렇게 성이 본심의 기호(好德恥惡)라면, 이제 다산에게는 본래의 리가 아니라, 주체로서의 본심이 자주의 권형을 갖고 그 기호에 따라 결단하는 것이 중요한 문제로 등장한다.[34]

이제 '지志'에 대해 살펴보자. 지志는 원래 심心과 지之의 형성자(心之所之之謂)로[35] 마음의 지향과 그 대상(뜻)을 말한다. 이후 지之가 사士로 바뀌어 선비(士)의 굳은 마음(心)으로서 의지·주재主宰를 뜻하였다. 『논어』에서 지志(14장 17회)는 마음이 가는바(心之所之) 혹은 마음의 정향(心之定向)으로서 '(…에) 뜻을 두다'라는 동사적 의미로 4회 나왔는데(「위정2:4」의 "志于學", 「이인4:4」의 "苟志於仁矣", 「이인4:9의 "士志於道」, 「술이7:6」 "志於道" 등), 그 대상은 학學·인仁·도道와 같은 가치 있는 것이다. 여기서의 지志를 고주는 '사모하다'[36]로, 주자는 '마음이 가는바(心之所之也)' 혹은 '마음의 욕구(心之欲求)'[37]로, 그리고 다산은 '마음의 정향(心之定向)'으로 주석하였다. 다만 다산은 인仁을 마음의 덕이 아니라, 효제충신의 총명이라 했다. 그리고 '지어도志於道'에 대해 "마음과 본성을 다스리고자 하는 것이다. 대체가 근심하지 않고(心性은 大體이다), 소체의 아름다움만 추구하는데(口體는 小體이다) 어찌 (도를) 의논할 만하겠는가?"[38]라고 주석했다.

---

34 『역주논어고금주』5, 78-9쪽. "於是又賦之以可善可惡之權 聽其自主."
35 「설문해자」「志部」 "志 意也. 從心 之聲, 志是意念 心情 形聲字."
36 『논어주소』 "志 慕也. 道不可體 故志之而已."
37 『논어집주』 2:4, 4:9, 7:6, 4:4에 대한 朱子注.
38 『역주논어고금주』 2:4, 4:9.

다음으로 지志가 의지·의향·소망·목표 등과 같이 명사형으로 사용된 경우는 「학이1:11」("父在觀其志"), 「이인4:18」("見志不從"), 「공야장5:25」("盍各 言爾志… "願聞子之志."), 「자한9:26」("匹夫不可奪志也"), 「선진11:25」("亦各言其志 也."… "亦各言其志也已矣.") 「계씨16:11」("隱居以求其志"), 「미자18:8」("不降其志… 降志辱身矣"), 「자장19:6」("博學而篤志") 등 총 8장에서 11회이다. 주자와 다산은 이러한 명사적 의미의 지志에 대해 특별한 주석을 하지 않았다. 다만 9:26(三 軍可奪帥也 匹夫不可奪志也)의 지志에 대해 주자는 위기지학爲己之學의 의미에 서 "지志란 자기에게 있는 것이기 때문에 빼앗을 수 없다."라는 후중량의 말 을 인용만 했다. 다산은 맹자의 "지志는 몸을 구성하는 기운의 장수이다(志 氣 之帥也)."라는 말은 공자의 이 언명에 기초했다고 말한다. 다산의 해석대로 이 해한다면, 공자는 군대를 통솔하는 장수처럼 마음의 의지가 몸을 주재해야 한다고 생각했다.

그리고 「위령공15:8」(子曰 志士仁人 無求生而害仁 有殺身而成仁)에 대해 주자는 "지사志士는 뜻있는 선비이고, 인인仁人은 덕을 이룬 사람이다."라고 주석하 고, 다음과 같이 해설을 덧붙였다.

> 인仁은 단지 내 마음의 바른 이치일 뿐이다(仁 只是吾心之正理). 삶을 구하여 인을 해치는 것은 비록 무도하게 삶을 얻기는 하지만, 오히려 내 마음 안의 온전한 이치를 깨뜨리는 것이다. 몸을 죽여 인을 이룰 때, 내 몸은 죽지만 오 히려 이치의 완전함을 얻는다. 삶을 구함이 왜 인을 해치는지, 몸을 죽임이 왜 인을 이루는지, 이는 단지 편안한가 편안하지 않은가의 차이일 뿐이다.[39]

그런데 우리 마음에는 선천적인 덕은 없고, 오직 행사 이후에 인과 덕의 명

---

39 『논어집주대전』 15:8에 대한 朱子細注.

칭이 성립한다고 주장하는 다산은 인인仁人은 덕을 지닌 사람이 아니라 인한 마음을 지닌 사람이며, 인은 마음이 지닌 바른 이치가 아니라 인한 마음을 실천함으로써 도달하는 인륜의 지덕至德이라고 말한다. 즉 인이란 인륜의 지덕이기 때문에, "도에 뜻을 세운 선비와 인한 마음을 지닌 사람은 소체로써 대체를 손상시키지 않기 때문에, 삶을 구하여 인을 해치는 일이 없고, 몸을 죽여서도 인을 완성한다."[40]라는 것이다. 요컨대 선비는 학學에 뜻을 두고 도道·인仁 등의 실천을 통해 보편적인 자기완성을 지향하는바, 사적인 삶과 신체 등을 가치상 보편적인 덕에 종속되는 부차적인 것으로 간주한다는 것이다.

이제 '의意'에 대해 살펴보자. '의意'란 '심心'과 '음音'의 회의자로 마음(心)의 소리(音)가 뜻이자 의지임을 나타낸다. 『설문해자』에서는 "의意는 뜻(志)을 나타내는데, 언어와 성음에 근거하여 그 사람의 마음의 뜻을 알 수 있다."[41]라고 하였다. 그런데『논어』에서 '의意' 자는 단지 1회(子絶四 毋意 毋必 毋固 毋我, 9:4)만 나왔다. 고주는 사서四書에 나오는 공자의 언행에 근거를 두고 공자께서는 "도로써 헤아린 까닭에 임의任意로 처리하지 않았다는 것이다. 등용되면 도를 행하고, 버려지면 감추기 때문에 전필專必이 없다."고 주석했다. 이에 비해 주자는 "의意는 사의私意이다. 필必은 기필期必이다. 고固는 집체執滯이다. 아我는 사기私己이다."라고 주석했다. 요컨대 "사익을 위해 사의가 발동하고, 이 사의에 의해 기필하는 마음이 생기며, 기필하는 마음에서 고집이 일어나서 나에 대한 집착이 생겨난다. 또한 나에 대한 집착에서 사의가 생겨나며, 이러한 사의에서 기필하는 마음이 생겨나고, 이 기필하는 마음에서 고집과 아집이 또다시 강화되어 생겨난다. 이렇게 이 네 가지는 서로 견인하는 악

---

40 『역주논어고금주』4, 305쪽.
41 『설문해자』「意部」"意 志也 從心察言而知意也 從心從音."

순환을 일으켜 우리를 고통으로 몰고 가는데, 공자께서는 이 네 가지가 전혀 없었다(絶 無之盡者)."라는 것이다. 그런데 다산은 『논어』에 전거를 두고, 글자의 훈에 바탕을 두고 해석하였다. 그는 다음과 같이 말하고 있다.

> 의意란 억측(億)이다. 사사로운 뜻으로 억측하여 헤아리는 것을 의意라 한다(以意億度日意也). 필必은 기期이다. 고固는 견집堅執이다. 아我란 기己이니, 자기를 버리고 남을 좇는 것을 무아毋我라고 말한다.[42]

즉 '무의毋意'의 '의意'를 고주는 임의任意로, 주자는 사의私意로 보았지만, 다산은 억탁臆度이라고 주석하였다. 다산은 "공자께서는 네 가지가 전혀 없으셨다. 억측으로 헤아림(億)이 없으셨고(意=臆度), 기필(必=期)함이 없으셨고, 고집(固=堅執)이 없으셨고, (자기를 버리고 남을 좇아) 사사로운 자기를 지니지 않으셨다."라고 해석했다. 플라톤의 『국가』편에 나오는 이른바 '선분의 비유'로 말하면, 공자께서는 영상影像을 참된 실재라고 믿는 억견(doxa=臆見)을 단절하고 누스(NOUS, 존재=사유)의 단계에 도달한 것으로 다산은 해석했다. 혹은 하이데거 식으로 말하면, 공자께서는 존재자에 대한 표상을 단절하고, 표상 없는 사유 즉 존재사유를 하였다는 것이다. 그런데 장재張載의 지志와 의意에 대한 다음과 같은 구별은 주자와 다산의 견해를 종합한 것으로 아주 정확한 해석일 수 있다고 생각된다.

> 성심成心을 잊은 뒤에야 도에 참여할 수 있다(成心이란 私意이다). 화化하면 (聖人이 되어) 성심成心이 없다. 성심成心이란 의意를 말한다.[43]

---

42 『논어주소』 9:4에 대한 王淑注; 『논어집주』 9:4에 대한 朱子注; 『역주논어고금주』2, 351쪽.
43 『正蒙』「大心」 "成心忘 然後可與於道(自注: 成心者 私意也) 化則無成心矣 成心者 意之謂與"

대개 지志와 의意는 나누어 말하면, 지志는 공公적이지만 의意는 사私적인 것이다.[44]

『논어』의 지志는 공적·긍정적 가치(學, 道, 仁 등)를 (無恒産이어도 그 恒心을 바꾸지 않는 선비:士의 마음:心처럼) 오랜 기간 변함없이 지향하여 우리를 더 높은 인격(善人, 信人, 美人, 聖人, 神人)으로 나아가도록 주재하는 역할을 한다. 그에 비해, 의意는 한때의 충동에서 우발적으로 일어난 사사로운 동기이자 억측(私見)으로 공자처럼 대이화지大而化之한 성인聖人[45]에게는 자연스럽게 없어지는 것이라고 할 수 있다.

2. 몸과 그 연관어의 주석

이제 몸과 연관된 신身, 궁躬, 기己, 기氣 등에 대해 살펴보자. 『설문』에 따르면, 사람 몸을 그린 상형자인 '신身' 자로 구성된 한자들은 모두 몸과 관련된다.[46] 금문今文에서 신身은 임신하여 배가 불룩한 모습을 그려 '임신하다'라는 뜻을 나타내었으며, 머리에서 발끝까지 '신체'를 지칭하였다. 또한 신身 자는 행위의 주체나 자신自身, 그리고 자신이 몸소·직접 실행하는 것을 말한다. 그런데 『논어』에서 16회/13장 출현한 신身은 '(자기) 자신'이란 의미로 사용된 것이 최소 11회로, 「학이1:4」(吾日三省吾身), 「이인4:6」(不使不仁者加乎其身), 「안연13:21」(一朝之忿 忘其身以及其親 非惑與), 「자로13:6」(其身正 不令而行 其身不正 雖令不從), 「자로13:13」(苟正其身矣 於從政乎何有 不能正其身 如正人何),

---

44 『正蒙』「中正」"蓋志意兩言 則志公而意私爾."
45 『맹자』7하25. "可欲之謂善 有諸己之謂信 充實之謂美 充實而有光輝之謂大 大而化之之謂聖 聖而不可知之之謂神."
46 『설문해자』「身部」"身 躬也 象人之身. 從人 厂 聲. 凡身之屬 皆從身."

「양화17:7」(親於其身爲不善者), 「미자18:7」(欲絜其身 而亂大倫), 「미자18:8」(不辱其身… 降志辱身矣) 등이 그것이다. 또한 개별적 혹은 물리적 몸으로서의 신身은 공적 혹은 보편 덕의 실현에 종속(희생)될 수 있다고 하는데, 「학이1:7」(事君 能致其身), 「위령공15:8」(有殺身以成仁) 등이 그 실례이다. 「향당10:6」(必有寢衣 長一身有半)에서는 몸의 길이를 나타낸다. 그리고 「자한9:27」(子路終身誦之), 「위령공15:23」(有一言而可以終身行之者乎)에서의 '종신終身'은 생애 전체 혹은 항상(다산)이란 뜻이다. 『논어』에서 말하는 '신身'은 대체로 (행위의) 주체・(자기) 자신・생애(삶)의 의미를 지니며, 도덕적 성찰과 수양의 대상(省吾身・其身正・潔身)이다. 그리고 물리적 신체로서의 신身은 권리상(de jure) 보편 덕의 실현에 종속(희생)되는 것이다. 주자와 다산이 『논어』의 신身에 대한 자의字義를 직접 주석하지는 않는다. 다만 주자는 「극기복례장」(12:1)을 주석하면서 "기己란 신身의 사욕私欲을 말한다."라고 하였으며, 다산 또한 "기己는 신身을 말하는데, 신身에는 기욕嗜慾이 있으니 마땅히 예의禮義로서 절제하여야 한다."[47]라는 유현劉炫의 주석을 인용했다. 이렇게 『논어』에서 신身은 사욕(주자) 혹은 기욕(다산)이 있기 때문에, 삼가고(勤)・깨끗하게(潔)・닦고(修)・선하게(善)・바로잡고(正)・정립(立)되어야 하는 대상으로 묘사되어 있다.

이제 '신身'에서 파생된 '궁躬' 자를 살펴보자. 궁躬은 신身과 궁弓의 형성자로, 활(弓)처럼 약간 휜 신체(몸을 굽히다)를 그려서 (1) 몸, (2) 자기 자신, (3) 몸소(행하다), (4) 굽히다 등의 뜻을 나타낸다. 『논어』에서 궁躬이 몸소 직접 실천하다(身行)라는 뜻으로 쓰인 것은 「이인4:22」(恥躬之不逮也), 「술이7:33」(躬行君子), 「헌문14:6」(然禹稷躬稼而有天下) 등이다. 그리고 자기 자신(몸)이란 의미로 쓰인 경우는 「자로13:18」(吾黨有直躬者), 「위령공15:14」(躬自厚而薄責於人), 그리고 「요왈20:1」(天之歷數在爾躬… 朕躬有罪… 罪在朕躬) 등이다. 여기서 '궁躬'은 몸

---

47 『논어집주』 12:1에 대한 朱子注. 『역주논어고금주』3, 289쪽.

으로 번역할 수 있지만, 물리적인 몸이 아니라 행위의 주체로서 책임을 지는 '자기 자신(나 1인)'으로 볼 수 있다. 그리고 「향당10:4」(入公門 鞠躬如也…攝齊升堂 鞠躬如也…復其位, 踧踖如也. 鞠躬如也), 및 「향당10:5」(執圭 鞠躬如也)에서는 '몸을 굽히다'로 쓰였다. 궁躬은 처음에는 몸(身)이란 의미에서 출발하여, 몸의 굽힘(弓)으로서 직접·몸소 실천하다, 몸소 행하는 주체로서 자기 자신, 그리고 그 주체에게 직접 책임이 있음을 나타내었다. 주자와 다산은 '직궁直躬'의 '궁躬'을 제외하고는 궁躬 자를 직접 해석하지는 않았다. 직궁直躬에 대해 (1) 고주와 주자는 자신의 몸가짐을 곧게 하여 행한 자(直身而行者)로, (2) 다산은 이름은 궁躬(弓)이며 몸을 곧게 행하여 직궁의 호를 붙였다고 주석하였다. 이렇게 '몸소 행한다'라는 의미의 궁躬 자는 이론(언어)과 대비된 실천(행실)을 나타낸다.

이제 '기己' 자를 살펴보자. "기己는 본래 사람의 배를 형상화한 글자이다. 사람의 배는 모두 정형定形이 있어 구별하는 표지가 되었기에, 인신하여 타인과 자기自己를 구분 짓는 뜻이 되었다. 기己는 안에 있고 인人은 밖에 있어 구별된다."[48] 『논어』에서 총 28회/21장 나타난 '기己' 자는 대부분 타인과 구별되는 '자기自己'를 지칭한다. 기己는 보편가치(仁)를 자각하여 자율적으로 실현할 수 있는 주체이다(爲仁由己). 그런데 기己가 보편가치인 인의 책무를 자각적으로 실현하는 도덕주체(士, 君子)가 되기 위해서는 새로운 재정립을 필요로 한다. 즉 기己는 경敬으로 닦고, 드넓고 굳세어져(弘毅), 자기의 사사로움을 극복하고 예에로 되돌아갈 때[49] 비로소 도덕 주체로 다시 태어나는 것이다. 그래서 증자는 "선비는 드넓고 굳세지 않을 수 없으니, 맡은 것이 무겁고 갈 길은 멀기 때문이다. 인으로 자기 임무를 삼았으니, 또한 무겁지 아니

---

48 이충구, 『한자부수해설』, 전통문화연구회, 1998, 80-81쪽.
49 『논어』12:2. "克己復禮."; 14:45. "修己以敬."

한가? 죽은 이후에 그치니, 또한 멀지 아니한가?"[50]라고 말하였다. 기는 자기 내에 도덕 가치와 책임을 지고 도덕을 실현하는 '주체'인 동시에 도덕 실현을 위해 극복 혹은 수양되어야 할 대상이라는 이중적인 의미를 지닌다. 주자는 바로 이 점에 착안하여 「극기복례장」을 해석하여 한학漢學과 결별하였으며[51] 다산은 주자의 이 관점을 계승하고 있다. 먼저 고주를 살펴보자.

> 극克은 약約이다. 기근는 몸(身)이다. 복復은 돌아옴이다. 인군이 몸을 단속해 예로 돌아오면 천하가 인이 된다는 말이다.… 선을 행하는 것은 나에게 달린 것이지 어찌 남에게 달린 것이겠느냐는 말이다.…『예기』「곡례」에 말한 "남의 집의 방문을 들어갈 때 시선을 이리저리 돌리지 말라."라는 것과 "수레 위에 서 있을 때는 오휴五嶲를 보고, 식式할 때는 말 꼬리를 보라."라고 한 따위가 바로 예이니, 이것이 아니면 보지 말아야 한다. 〈곡례〉에 '은밀히 나누는 남의 말'을 귀를 기울여 듣지 말라."라고 하였으니, 귀를 기울여 듣는 것은 예가 아니다. 말에 비례非禮가 없으면 입에 가려낼 말이 없고, 행동에 비례가 없으면 몸에 가려낼 행실이 없다. 이 네 가지는 모두 인을 실행하는 방법이다.[52]

고주는 이렇게 극기克己를 약신約身으로, 극기복례의 주체를 인군으로, 위인유기爲仁由己의 '기근'는 타인에 대립되는 자기로, 그리고 '비례非禮'의 예禮[53]는 일상의 예의범절로 보았다. 그런데 송학宋學을 대표하는 주자는 이 장을

50 『논어』8:7. "曾子曰 士不可以不弘毅, 任重而道遠. 仁以爲己任, 不亦重乎 死而後已 不亦遠乎."
51 程德樹, 『論語集解』 中華書局, 1990, 818面.
52 『논어주소』12:2에 대한 邢昺注.
53 『논어』에서 禮는 (1)고대 역사나 문화(하례, 은례 등), (2)이상적인 典章(齊之以禮), (3)禮라는 서적(詩書執禮), (4)일상생활의 예의규범 등의 의미이다. 이에 대해서는 다음을 참조. 황준지에(최영진·안유경 역), 『동아시아유교경전해석학』 문사철, 2009, 230-231쪽.

천리-인욕의 관점에서 주석한다.

> 인이란 본심의 온전한 덕(仁者本心之全德)이다. 극克은 이김(勝)이다. 기己는 몸의 사욕(身之私欲)을 말한다. 복復은 돌아옴(反)이다. 예란 천리의 절도와 문식(天理之節文)이다. 인을 행한다(爲仁)란 그 마음의 덕을 온전히 하는 방법이다. 대개 마음의 온전한 덕은 천리가 아님이 없지만, 또한 인욕에서 무너지지 않을 수 없다. 따라서 인을 행하는 것은 반드시 사욕을 이기고 예에로 돌아옴이 있게 되면, 일은 모두 천리天理가 되고, 본심의 덕은 나에게 다시 온전해진다.… 또한 인을 행함은 자기로 말미암고 다른 사람이 간여할 수 있는 것이 아니라고 말하였으니,… 비례非禮란 자기의 사사로움(己之私)이다. 물勿은 금지사이다.… 사사로움을 극복하면 모든 행동거지가 예에 맞지 않음이 없고, 일상생활의 모든 순간들이 천리의 유행이 아님이 없다.[54]

요컨대 주자는 천리(公)-인욕(私)의 관점에서 주석하여, 인이란 본심의 전덕으로, 극기를 신체의 사욕을 이김(勝身之私欲)으로 보았다. 그리고 복례의 예는 천리의 절문으로 보았으며, 비례는 기지사己之私 즉 인욕의 사사로움으로 보았다. 그리고 유기由己의 기己 또한 행위의 주체로서의 자기自己로 보았다고 하겠다. 그런데 다산은 우선 마융(克己는 約身이다), 범녕(克은 責이다) 그리고 모기령(克己의 己를 己之私라고 할 수 없다)의 설을 살피고, "한유들은 경설에는 모두 문자에서만 나아가 훈고하여, 인·도심의 구분과 대·소체의 구별에서 무엇이 인성이 되고, 무엇이 천도가 되는지에 대해 모두 막연하여 분명히 알지 못했다. 마융이 극기를 약신으로 간주한 것이 곧 그 증험이다. 명명백백하게 욕과 도 두 가지는 마음속에서 싸워 승부를 겨루는 것이다. 유현과

---

54 『논어집주』12·2에 대한 朱子注.

주자가 아무런 전거 없이 말한 것이 아니다."라고 주장한다.

> 어떤 주석자(모기령)는 극기克己·유기由己가 동일한 기근 자라고 하여 주자가 기근를 사私로 풀이한 것을 기롱하였지만, "인을 행함은 서로 말미암는다(爲仁由私)."라고 말할 수 없다. 그러나 대체大體는 기근이고, 소체 또한 기근이다. 나로써 나를 이기는 것이 어찌 나가 아니겠는가(以己克己 何者非己)? 극기의 기와 유기의 기는 서로 방해가 되지 않는다.

그리고 그는 "(由己의) 기근란 아我이다. 나에게는 두 체體가 있고, 또한 두 심心이 있다. 도심이 인심을 이기면 대체가 소체를 이긴다."[55]라고 해석한다. 즉 다산은 인이란 본심의 전덕이 아니라, 두 사람 사이에서 그 본분을 다하는 데에서 성립한다고 주장하는 점에서는 주자와 해석 체계를 달리한다. 그러나 극기의 방법과 그 주체의 이중성에 대해 대체로 동의했다. 다만 여기서도 주자는 천리-인욕의 관점에서, 다산은 인심-도심으로 해석했다.

이렇게 『논어』에서는 행위의 주체로서 '기근'는 (1) 실현해야 할 도덕 임무를 지니고, (2) 그 임무를 완수하기 위해서는 경敬으로 수양하여 드넓고 굳세어져서, 마침내 극기복례하여 보편 덕인 인을 실천하는 도덕행위자로 재정립해야 하며, (3) 인은 타자와 상관관계에서 실현되는바, 그 방법은 서恕(如心)라고 할 수 있다.[56]

---

55 『역주논어고금주』3, 289-297쪽. 다음 해설은 다산의 주석을 정밀하게 읽지 않은 데에서 나온 오독이라고 할 수 있다. "극기는 본래 몸을 검속한다는 뜻의 約身과 같다. 하지만 성리학자들은 사사로운 욕망을 이기는 것이라고 풀이했다. 복례는 선왕의 예법으로 돌아간다는 뜻이다. 정약용도 옛 주석에 따라서 예의로 돌아가는 일이 복례라고 보았다. 이에 비해 성리학자들은 천리인 예를 회복하는 것이라 풀이했다. 옛 주석과 정약용에 따르면 극기복례는 결국 자기 몸을 검속해서 선왕의 예법을 실천한다는 뜻이었다. 한편 성리학의 관점에 따르면, 극기복례는 사욕을 극복해 천리를 회복하는 것이 된다. 조선시대의 학자들은 대개 성리학의 설을 따랐다." 심경호, 『심경호교수의 동양고전강의:논어2』 민음사, 2013, 118-119쪽.

56 『논어』 6:29, 12:2, 15:23 등 참조.

마지막으로 존재론적으로 깊은 연관이 있는 기氣 자가 『논어』에 나타난 용례를 살펴보자. 기는 기气+미米의 형성자로 기운氣運을 말한다. 기氣란 쌀(米)로 밥을 지을 때 일어나는 증기蒸氣처럼 수직 및 수평 이동을 하는 구름·바람·비 등과 같이, 보이지 않는 에너지로서 우주를 구성하는 질료를 총칭한다. 『논어』에서 '기氣'는 말의 기운(出辭氣, 8:4), 밥 기운(不使勝食氣, 10:8), 그리고 호흡(屛氣似不息者) 등의 의미로 쓰였다. 이렇게 볼 때 『논어』에서는 우리 몸의 구성과 연관한 존재론적 관심이 크게 드러나 있지 않다.[57] 그런데 심신의 문제에서 중요한 것은 「계씨16:7」에서 3회 나온 '혈기血氣'[58]이다. 주자는 "혈기는 형상을 지닌 것이 의지하여 살아가는 것으로 혈血은 음이고 기氣는 양이다.… 시기에 따라 경계할 줄 알아 리로써 이겨 나가면, 혈기에 의해 부림을 당하지 않는다."라고 주석하였다. 그리고 범씨는 맹자의 언명[59]을 응용하여 "성인이 다른 사람과 같은 점은 혈기血氣이고, 다른 사람과 다른 점은 지기志氣이다. 군자는 지기志氣를 양성했기 때문에 혈기血氣에 의해 휘둘리지 않는다."라고 주석했다. 이에 대해 다산은 "살핀다. 범씨가 말한 지志와 주자가 말한 리理는 모두 도심을 두고 하는 말이다."[60]라고 주석했다. 즉 혈기血氣란 우리 신체를 이루는 물질적 구성요소로서, 우리 마음의 공적 의지 혹은 도의를 지향하는 도심의 규제를 받아야 한다는 것이다. 여기서도 다산은 주자가 천리로 주석한 것을 도심으로 치환하여 해석했다.

---

57 『論語』에 6회 나온 '氣' 자는 『대학』에는 0회, 『中庸』에는 1회 나오지만, 『孟子』에 19회 나온다. 유가에서 氣 개념 정립에는 맹자의 공헌이 크다고 하겠다.

58 『논어』 16:7. 孔子曰 "君子有三戒 少之時, 血氣未定, 戒之在色 及其壯也, 血氣方剛, 戒之在鬥 及其老也, 血氣旣衰, 戒之在得."

59 『맹자』 2상:2. "夫志 氣之帥也 氣 體之充也…持其志 無暴其氣…志壹則動氣 氣壹則動志也 今夫蹶者趨者 是氣也而反動其心."

60 『논어집주』 16:7의 朱子注. 『역주논어고금주』4, 497-499쪽.

3. 소결

지금까지 『논어』에 나타난 마음의 개념과 연관하여 심心・성性・정情・지志・의意 등에 대해 살폈다. 욕망하는 존재로서 심心(총6회/5장)은 법도의 제재를 받으면서, 인과 같은 보편 덕에 의거하여 떠나지 말고(不離仁), 성실하게 운용되어야 한다. 그러나 『논어』에 나타난 성性과 정情(實情, 誠實)은 그 용례로 볼 때, 후대에 논의된 것과 같은 선・악, 체・용 혹은 본성과 감정 등의 범주로 정밀하게 논의되지는 않았다.

『논어』에서 성性은 문헌상 최초로 단 2회 나왔다. 성性 개념의 출현으로 말미암아 인간은 비로소 생물학적 몸과 그(食・色・安逸) 욕망을 사유・도덕적 판단으로 주재하는 (禽獸와 구별되는) 인간 본성, 인도 그리고 인문세계를 문제시할 철학적 단서를 마련할 수 있게 되었다. 공자가 말한 '성상근性相近'이란 말은 자공과 같은 뛰어난 제자들도 이해하기 힘들었으며, 또한 후대의 다양한 해석과 논란을 불러 일으켰다. 주자는 『논어』의 성을 기질지성으로 해석했지만, 다산은 성기호설性嗜好說을 제시하여, 대체로서의 심心과 그 기호로서 성性에 대한 독자적인 해석을 추구하였다.

심신心身의 문제와 연관하여 『논어』에서 가장 중요하게 제시된 개념은 지志(17회/14장)이다. 지志란 학・도・인과 같은 보편 덕을 변함없이 지향하면서, 생물학적 욕구를 추구하는 우리 몸의 주재자이다. 이러한 지志는 일시적인 충동에서 우발적으로 일어난 사사로운 동기이자 억측인 의意와 구별된다. 유교는 『논어』에서부터 도덕의지의 자유를 긍정했으며, 도덕의 자각적 능동성 또한 긍정하였다.[61]

몸과 연관하여 신身・궁躬・기己・기氣 등에 대해 살펴보았다. 『논어』에서

---

61 장대년(박영진 역), 『중국윤리사상연구』, 소명, 2012, 297쪽.

신身(16회/13장) 자는 주로 '(자기) 자신'이란 의미로 사용되었으며, 도덕적 성찰과 수양의 대상으로 권리상 보편 덕의 실현에 종속되어(殺身而成仁) 상대적으로 덜 중요한 것이었다. 신身에서 파생된 궁躬 자는 몸의 펼침(弓)으로써 몸소 실천하는 것과 그 주체를 지칭하였다.

'기己' 자는 본래 사람의 배를 형상화한 글자였지만, 『논어』(총 28회/21장)에서는 대부분 타인과 구별되는 자기를 지칭한다. 주체로서의 기己는 경으로 닦고(修己以敬), 드높고 굳세어져(弘毅), 마침내 자기의 사사로움을 극복하고 공적인 예를 회복하여 보편적인 인을 실현하는 도덕 주체로 재정립되어야 하는 존재이다. 존재론적으로 몸과 깊은 연관성이 있는 기氣 자는 『논어』에서 (말, 밥) 기운, 혈기, 호흡 등의 의미로 쓰였다. 기운 혹은 혈기로서의 기氣는 (天理, 道心 등으로) 경계되어야 할 대상으로 나타나 있다.

『논어』의 몸과 마음에 관련된 용어들은 아직 분명하게 정의·분류되지 않아, 후대 다양한 논의를 가능하게 해 주는 맹아적 소재를 제공하고 있다. 『논어』의 심신 관계 용어들은 도덕 실현을 위해 수양이 필요함에 각별한 주의를 기울이고 있다. 우선 마음과 연관하여, (1) 심心의 욕欲은 법도(矩)를 넘지 말아야 한다는 것, (2) 처음에는 거리가 멀지 않았던 성性은 후천적 습習에 의해 서로 멀어진다는 것(군자·소인, 선·악), 그리고 (3) 욕망을 주재하면서 변함없이 바람직한 덕목을 지향하는 지志는 일시적·사적 욕망을 추구하고 억측하는 의意와 구분된다. 다음으로 몸과 연관하여 (1) 신身은 성찰·수양되어서 공적·보편적 덕의 실현에 종속되어야 하며, (2) 궁행躬行은 말(이론)에 우선하며, (3) 기己는 극복되어야 할 것(克己)이기도 하지만 도덕 실현의 주체가 되는(爲仁由己) 이중적인 측면을 지니며, 그리고 (4) 몸을 구성하는 기氣는 강剛해져 넘칠 수 있기 때문에 (天, 道心 등으로) 경계해야 한다는 것이다.

『논어』에서 명확하게 규명되지 않은 심心과 성性·정情의 관계, 그리고 신身과 심心(意志) 등의 관계는 그 뒤에 다양하게 규명되었다. 『중용』(수장)은 『논어』의 성을 천명으로 확인하고, 마음의 상태를 희로애락喜怒哀樂의 미발未發과 이발已發로 나누어 설명하였다. 맹자는 이른바 '유자입정의 비유'(2상:6)에서 순수하게 선한 사단이 있다는 사실을 근거로 성선(사덕)을 논증하였다. 나아가 심신관계를 지志·기氣의 관계로 설명하고, 상호 영향을 미치는 양자의 조화관계에서 바람직한 심신관계를 모색하였다. 『대학』은 신身을 우리의 심心이 주재하고, 심心은 의意에 의해 정향된다는 점에서 의意가 성실해지면 마음이 바로잡히고(心正), 마음이 바로잡히면 신身이 닦인다고 설명하였다.

불교의 정교한 형이상학 및 심성론의 영향을 받으면서, 그것의 극복을 시도한 송대 신유학자들은 심성에 대한 이기론적 정초를 시도하였다. 그 단서를 제시한 인물은 정이程頤였다. 정이는 인성과 천리를 동일시함으로써 인성의 실현은 곧 천리의 공의로움이라고 주장하였다. 정이의 성즉리性卽理와 장재의 심통성정설을 계승하고, 성리학을 집대성한 주자는 『논어』에 심신心身 및 보편 덕(仁)의 실현과 연관된 용어를 주석할 때 주로 상호 모순·대립하는 천리·인욕의 개념으로 설명하였다. 물론 심신과 도덕의 실현을 이분법적·엄숙주의적으로 설명한 주자의 입장은 그 이전의 훈고학을 철학적으로 고양시킨 것이라고 할 수 있다. 그러나 우리의 몸 혹은 형기形氣는 비록 보편 덕을 실현하는 데 방해가 된다고 하더라도, 개체적 생명을 유지하게 하는 질료인이라는 점에서 결코 멸절滅絶될 수 없는 것이다. 나아가 우리의 몸과 형기에서 유래한 욕 또한 제거시켜야 할 것이 아니라, 순순醇馴·주재되어야 할 것이라고 하겠다. 욕欲에 대한 부정적인 관점을 갖고 인욕의 제거를 주장한 성리학적 심성론에 대해 다산은 다음과 같은 비판하고 있다.

우리 인간의 영체靈體 내에 본래 원욕願欲의 일단一端이 있다. 만일 이 욕심이 없다면 세상의 어떤 일도 전혀 할 수 없다. 오직 리利만 밝은 자는 욕심이 이록利祿을 좇아 나아가며, 의義에 밝은 자는 욕심이 도의를 좇아 나아가는 것이다.… 내 일찍이 어떤 한 사람을 보았는데 그 마음이 담박하고 무욕하여 선을 행하지도 악을 행하지도 못하고, 문사文詞를 이룰 능력도 없고 산업을 이룰 능력이 없어 단지 천지간에 버려진 물건이 되었다. 사람으로서 욕심이 없을 수 있겠는가? 맹자가 (寡慾해야 한다고) 말한 것은 이록利祿의 욕慾이다.[62]

이렇게 이록에 사사로운 욕망은 멸절할 것이 아니라 줄여야 하며(寡慾), 도리와 같은 것에 대한 원욕願慾은 더욱 더 추구되어야 한다는 것이 다산의 주장이다. 나아가 천리의 보존을 주장하는 리 철학의 체계에 대해 다산은 극단적으로 비판한다.

지금 사람들이 성인을 희구하나 될 수 없는데, 거기에는 세 가지 단서가 있다. 하나는 천天을 리로 인식하는 것, 다른 하나는 인仁을 만물을 낳는 리로 인식하는 것, 또 다른 하나는 용庸을 평상平常으로 인식하는 것이다.[63]

다산은 "리理란 본래 옥돌의 맥리脈理이다.… 가만히 자의를 탐구해 보면 맥리, 치리治理, 법리法理를 가차한 것이다."[64]라고 해석한다. 그리고 그는 "리는 애증·희로도 없으며, 텅 비어 막막하여 이름·형체가 없는데, 우리 인간들이 이러한 리에서 품부된 성을 받았다고 말한다면, 또한 도로 삼기에 어렵다."[65]라고 말한다. 바로 이런 이유에서 다산은 "천리를 보존하고 인욕을 제거

---

62 『여전』 2:29. 「심경밀험」 "案吾人靈體之內 本有願欲一端 若無此欲心 卽天下萬事 都無可做 唯其喩於利者 欲心從利祿上穿去 其喩於義者 欲心從道義上穿去 …余嘗見一種人 其心泊然無欲 不能爲善 不能爲惡 不能爲文詞 不能爲産業 直一天地間棄物 人可以無慾哉 孟子所指 蓋利祿之慾耳."

63 『여전』 2:40. 「심경밀험」 "今人欲聖而不能者 厥有三端 一認天爲理 一認爲生物之理 一認庸爲平常."

64 『여전』, 6:36. 「맹자요의」 "理者本是玉石之脈理… 靜究字義 皆脈理治理法理之假借爲文者." 이 저서의 번역본으로는 다음을 참조하였다. 정약용(이지형 역), 『역주 맹자요의』 현대실학사, 1994.

65 『여전』. 6:37. 「맹자요의」 "夫理者何物 理無愛憎 理無喜怒 空空漠漠 無名無體 而謂吾人稟於此而受性 亦難乎其爲道矣."

한다"는 성리학적 심성 수양론의 체계를 버리고, 도심의 주재와 인심의 청명 관계로 심신과 연관된 용어를 주석했다고 할 수 있다.

제10장

인문학과 교육

I. 군자와 인문학의 이념

일본인 학자 가지노부유키(加地伸行)는 유교에 대한 일반 학생들의 이미지를 조사하고 다음과 같이 말했다.

> 학생들에게 불교의 이미지를 그림으로 표현해 보도록 한 적이 있다. 그랬더니 대부분 원圓을 그렸다.… 유교를 제시했다. 모두 정사각형을 그렸다. 유교란 정사각형이란 것이 유교에 대한 일반적인 이미지일 것이다. 정사각형이란 견실, 성실, 정의, 중후, 진심, 정진, 양심, 근엄, 기품, 위의 등의 느낌을 나타낸다. 물론 좋은 의미이다. 그러나 그 반대의 의미도 들어 있을 것이다. 딱딱하고 숨쉬기 힘들고, 재미없고 힘들고, 농담도 꺼릴 것 같은 느낌의 말이다. 확실히 유교에는 그런 딱딱함이 있다.[1]

나아가 유교가 제창하는 전형적인 인간인 '군자君子' 또한 역사적으로 양의적인 이미지로 비춰졌다. 유가의 군자는 한편으로 올곧은 기개와 절의의 상징이라는 긍정적인 이미지를 연상시키는가 하면, 그 역으로 형식적 의례의 틀에 갇힌 무능하고 나약한 도덕주의자로서 묘사되면서 묵자墨子와 도가의

---

[1] 가지노부유키(이근우 역), 『침묵의 종교 유교』, 경당, 2002, 115쪽.

『장자』이래 수많은 해학諧謔과 조소의 대상이 되어 왔다.

　여기서는 이러한 이미지로 나타났던 유가철학의 주체인 "군자란 진정 누구이며, 어떤 행위와 활동을 하는 사람인가?" 하는 것을 『논어』에 나타난 공자의 언명으로 재구성하려고 한다. 공자의 군자론은 비록 오래된 주제이지만, 아직도 군자란 누구이며 무엇을 추구하는 사람인지, 그리고 군자의 철학적 의미 등을 새롭게 조명할 필요가 있다고 생각된다.

　여기서 공자의 군자 개념에 대한 선행 연구를 살펴보자. 먼저 이경무는 군자를 세 측면, 즉 (1) 수기修己, (2) 안인安人, (3) 천인합일天人合一로 살피면서 다음과 같이 정의하였다. "군자는 첫째, 개인의 인격 완성이나 자아실현을 추구하면서, 이를 위한 실천과 수양(修己)에 힘쓰는 사람이다. 둘째, 자신의 인격 완성으로부터 나아가 조화로운 인관관계(安人) 및 공동체의 건강성(安百姓)을 실현 또는 중진하고자 구체적이고 실천적인 자세와 태도를 확립하는 사람이며, 셋째, 우주 자연에 대한 체득을 지향하고 자연과 하나가 되는 조화를 추구하면서, 인간과 자연 초월적 존재와의 관계를 올바르게 이해하고자 하는 사람이다."[2]

　다음으로 장현근은 "공자의 군자론은 공자 시대 급변하는 신분 변동의 춘추전국의 과도기를 거치며 학문과 정치의 중심자로 부상한 지식인 계급인 사士 계급과 연계되어, 기존의 귀족계급으로서의 군자에다 품성이 고결한 어진 선비의 모습을 덧씌웠다."라고 주장하면서 다음과 같이 결론 짓고 있다.

　　군자라는 말이 갖는 애초의 정치적 변수에서 출발하여 군자론을 다룬 결과… 그동안 생각되어 왔듯이 군자는 도덕적 신사(moral gentleman) 또는 뛰어난 인격의 소유자(superior man)인 것만은 아니다. 보다 궁극적으로 훌륭한 정

2　이경무, 「'군자'와 공자의 이상적 인간상」『동서철학연구』 54, 104-122쪽.

치가의 표상으로 군자를 정의할 때 유가 사상가들의 원래 의도와 가깝다.… 신분적 정치적 지배계급에서 출발하고 발전되어 온 유가 군자론의 요체는 훌륭한 정치가에 있다.… 모름지기 실제로 정치를 하는 사람은 군자적 품성을 지녀야 한다는 말이며, 모름지기 정치 세계를 벗어날 수 없는 모든 사람들이 군자의 인격을 가지고 직·간접적으로 정치에 참여해야 한다는 말이다.[3]

송영배와 최상천은 한발 더 나아가 공자의 군자를 기본적으로 가부장적 종법체제인 서주의 몰락과 춘추시대의 전개라는 역사적 과정 속에서의 군자와 소인으로 파악한다. 즉 농업 공동체의 해체와 서주의 종법적 정치사회 체제가 무너지면서 사적 소유가 발생하고 이에 따라 성장하는 신흥지주와 상인 계층을 소인층으로, 이들 소인계층의 도전에 직면한 구 세습귀족을 군자층으로 파악한다. 그래서 이들은 공자가 탈역사적인 이념적 인간상을 제시하려고 했지만, 사회 계층으로서 군자를 제시하여, 군자 계급의 지배 정당성을 역설했다고 주장한다. 즉 공자는 새로운 정치세력인 신흥 정치세력(小人)의 도전을 저지하기 위하여, 구체제를 옹호하는 논리를 전개했다는 것이다.[4]

그리고 안외순은 자유주의적 민주주의의 한계를 제시하고 '시민의 군자화'를 통해 보편적인 민주주의 이념을 구현해야 한다고 역설한 논문에서 군자란 (1) 최고통치자부터 사士 신분의 정치가, (2) 도덕적 품성을 갖춘 인격자, (3) 적극적인 정치적 자유 실천, (4) 모든 사회적 상황에서 유익한 전인적 존재라고 규정한다. 그러면서 그는 "군자는 (1) 항상 공동체에 관심을 기울이는 정치의 적극적인 주체요, (2) 항상 사회에 열려 있는 적극적 자유의 주체요, (3) 끊

3   장현근, 「君子와 世界市民」『유럽연구』 5, 1997 봄, 347-369쪽; 장현근, 「도덕군주론: 고대 유가의 聖王論」『한국정치학회보』 38-1호, 2004, 49-66쪽.
4   송영배, 『중국사회사상사』 한길사, 1986, 1-2장; 최상천, 「孔子의 修己治人의 정치사회학」『사회과학연구집』 5, 1998. 45-59쪽.

임없이 자기성찰하는 도덕적 인격의 주체이며, (4) 완전한 전인격을 추구하는 개방적 인간이다."라고 결론짓는다.[5]

우리는 이러한 선행 연구들이 모두 나름대로 문헌 및 사료에 대한 치밀한 연구에서 도출된 것으로, 철학 혹은 정치적, 경제적, 사회학적인 관점에서 의미 있는 결론을 제시해 주고 있다고 판단한다. 그러나 이러한 논의들에 나타난 군자에 대한 개념 정의는 그 속성에 대한 단순 사실을 기술하였을 뿐, 군자가 왜, 어떻게 해서 그러한 존재인지에 대한 구체적인 해명을 결여하고 있다. 즉 이들은 공자의 군자란 하학이상달을 통해 자기정립을 이루는 '가능성'의 존재[6]라는 점을 간과하거나 소홀히 다루고 있다. 바로 이 점을 주시하고 해명하였을 때 비로소 우리는 호학자好學者로서 유가의 군자君子는 서양의 플라톤의 애지자愛知者로서의 철인처럼 인간의 전형으로 영구철학적인 의미를 지니며, 나아가 "공자가 어떤 특정계급의 지배정당성의 논리를 피력했다."는 것과 같은 범주착오적인 잘못된 해설이 종식될 수 있다고 판단한다.

1. 인간의 이념으로서 군자

'군자'라는 용어는 공자에 의해 결정적인 의미 전환을 겪으면서 유교가 추구하는 이상적 인격의 전형으로 정립되었다. 이는 선행연구들이 잘 밝혀 주었듯이, '군자'라는 글자의 형성 과정, 그리고 『논어』와 그 이전 문헌에서 사용된 용례를 비교해 보면 곧바로 드러난다.

먼저 어원부터 살펴보자. '군君' 자는 '윤尹'과 '구口' 자로 구성되어 있다. 그리고 '윤尹'(다스리다, 바로잡다, 벼슬이름)은 '곤ㅣ + 차乂'로 구성되어 있는데, '곤

---

5   안외순, 「君子와 市民 그리고 '시민의 군자화'」, 『동방학』10, 2004, 210-236쪽.
6   『논어』 2:12. 子曰 "君子 不器."

│’은 신장神杖으로 성직자聖職者가 손에 잡는 물건을, 그리고 ‘차叉’는 손을 나타낸다. 따라서 ‘군君’이란 신장을 손에 든 성직자로서 의례를 행하거나 정사를 맡아보는 사람을 뜻한다. 그리고 ‘군君’의 한자적 의미는 ‘존귀尊貴’를 뜻하며, 군주가 앉아 있는 모양을 형상화한 글자이다. 독음은 벼슬 이름으로 다스린다는 의미를 지니는 ‘윤尹’ 자에서 비롯되었으며, 의미는 ‘입 구口’로 명령을 하달하여 백성을 통치한다는 형성된 회의문자이다.[7] 군자君子 또한 정치적 의미가 부여된 군君의 연장선상에서 생각할 수 있다. 공자 이전 문헌에서 사용된 용례를 보면, 군자는 (君·人君·君者·人主 등과 거의 비슷한 의미로) 최고 통치자인 천자로부터 ‘정치하는 귀족 계급 일반’을 지칭하는 지위 또는 신분을 나타내다가 점차적으로 그 군자가 갖추어야 할 덕목을 말하기도 하였다. 어쨌든 공자 이전에 ‘군자’라는 용어는 “점차 도덕적 품성을 지칭하는 용어로 사용되기도 하였지만, 어느 경우든 지위 혹은 신분의 의미를 다분히 내포하고 있었다.”[8]

『논어』의 가장 중요한 주제인 ‘인仁’ 자는 총 499절 가운데 59곳에 걸쳐 109회 내외로 나왔다. 그런데 ‘군자’라는 말은 ‘인’보다 더 많은 85절에서 걸쳐 107 내외로 나왔다. 그리고 군자와 유사한 개념군에 속하는 이상적 인격을 나타내는 현인賢人이 24회(실제 공자의 언명으로는 13회), 성聖(人)이 8회, 대인大人이 1회(『계씨』8), 그리고 성인成人이 1회(『헌문』13) 출현한 사실로 미루어보면, 우리는 공자가 군자 개념의 정립에 얼마나 열중하였는지를 알 수 있다. 나아가 공자와 시대적으로 많이 차이가 나지 않는 도가의 『도덕경』에서 ‘도’가 73회, ‘성인’이 30회, 그리고 ‘군자’가 단지 1회(31장:兵者不祥之器 非君子之器) 출현하는 것과 대비해 보면, 공자가 최상의 완성된 인격인 ‘성인’보다 일상

7   湯可敬 撰, 『說文解字今釋』 岳麓書社, 2005, 188쪽, ‘君’部.
8   장현근, 「君子와 世界市民」 『유럽연구』 5, 1997 봄, 355-357쪽 참조.

에서 호학을 통해 '인'을 실천하려고 끊임없이 노력하는 군자를 유교적 인간의 전형으로 제시하려고 했다는 것을 알 수 있다. 『논어』의 대부분에서 '군자'는 '도덕적 인격을 갖춘 사람'과 관계가 있다.[9] 그런데 『논어』에서 군자는 좁은 의미로 쓸 때는 성인과 인자의 다음으로[10] 이상적인 인격의 세 번째 단계를 나타낸다. 그리고 넓은 의미로 쓰일 때는 이상적인 인격 일반의 명칭으로 위로는 성인을 포괄하고, 아래로는 인자 및 거기에 도달하려고 노력하는 군자를 포함한다. 그리고 이렇게 군자가 넓은 의미로 쓰일 수 있기 때문에 공자가 생각한 이상적 인격의 대표적인 명칭이라고 할 수도 있다.[11] 그런데 우리는 앞으로 좁은 의미의 군자, 즉 인격의 완성형으로서의 성인이 아니라, 성인을 희구하여 끊임없이 노력하는 자인 군자에 관심을 집중하려고 한다. 왜냐하면 '인간'이란 '기성의 어떤 존재자(器)'가 아니라, 완전한 존재를 향해 끊임없이 나아가는 가능성의 존재(不器)이며, 나아가 완전한 정신을 향한 불완전한 정신의 귀향 편력이 바로 철학의 본령이라고 판단하기 때문이다. 이와 연관하여 여기서 우리는 공자의 인간 해석을 살펴볼 필요가 있다고 판단한다.

주지하듯이 공자는 "인간은 무엇보다도 인仁의 덕을 갖추고 실천하기 위하여 노력해야 한다."[12]라고 말했다. 그런데 "인간이란 모름지기 인仁(人+二)

---

9   김승혜는 격언을 등을 이용하여 사회적 신분을 나타낸 9차례를 제외하면 거의 대부분 '도덕적 인격'을 가리키고 있다고 말한다. 김승혜, 『원시유학』, 민음사, 1994, 94쪽, 각주20. 대표적으로 다음의 구절들에서 '君子'는 신분적인 명칭이라고 지적되는 듯하다. 『논어』 17:4. 子游 對曰 "昔者 偃也 聞諸夫子 曰君子學道則愛人 小人 學道則易使也."; 4:7. 子曰 "君子而不仁者 有矣夫 未有小人而仁者也."; 8:9. 子曰 "民可使由之 不可使知之."; 12:19. 季康子問政於孔子曰 "如殺無道 以就有道 何如?" 孔子對曰 "爲政焉用殺 子欲善而民善矣 君子之德風 小人之德草 草上之風必偃." 그런데 진대제는 "몇몇 구절은 사회적 지위에 대해 말하며 이상적 인격을 말하지 않지만, 판별이 쉽지 않다."고 말하는데, 필자 또한 진대제의 입장에 동의한다. 陳大齊(안종수 역), 『공자의 학설』, 이론과실천, 1996, 345쪽.

10 다음 구절은 君子의 도덕적 성취가 聖人 및 仁人 다음 단계임을 시사한다. 『논어』 7:25. 子曰 "聖人 吾不得而見之矣 得見君子者 斯可矣."; 14:7. 子曰 "君子而不仁者 有矣夫 未有小人而仁者也."

11 陳大齊(안종수 역), 앞의 책, 345-346쪽.

12 『논어』 3:3. 子曰 "人而不仁 如禮何 人而不仁 如樂何."; 4:5. "君子 去仁 惡乎成名 君子 無終食之間 違仁 造次 必於是 顚沛 必於是." 등 참조.

해야 한다."라는 공자의 주장은 곧 "인간은 정치적-사회적 존재(homo politicus-socius)이며, 다양한 사회적-관계적 상황에서 마땅히 해야 할 도리를 다해야 한다."[13]라는 것을 함축한다. 인간은 정치적-사회적 동물이기 때문에, 여타 동물처럼 타자에 무관심하거나 잔인殘忍한 것이 아니라 측은惻隱히 여길 줄 알아 사랑하며,[14] 다양한 인간적-사회적 관계 상황에서 주어진 도리를 온전히 다해야 한다(正名)는 것이 공자의 윤리관이라고 할 수 있다. 요컨대 인간은 사회적-정치적 동물로서 관계적 상황에서 마땅히 해야 할 도리(仁의 덕)를 행할 수 있는 존재이기 때문에 단순히 본능과 욕망의 충족을 통해 자기보존(自體同一性)에 급급한 동물적 존재자를 넘어서, 문화와 문명의 창시자로 자기정립을 기하는 인간으로 도약할 수 있다. 인간은 자기 존재에 대한 자각을 통해 끊임없이 미래를 향해 현재 자기존재를 선택·계획하면서 자기동일성自己同一性의 정립을 추구할 때 비로소 동물적 자연 상태에서 벗어나서 대자존재로서의 '인간적 지평'을 확보할 수 있다. 바로 여기에 자연과 사실에 대립하는 문화와 가치의 세계가, 본능에 대립하는 의지의 동력이 추동되어 자연의 문명화, 사실의 가치화가 본능을 제압하는 의지의 투쟁으로 나타나면, 이러한 투쟁이 다름 아닌 인간의 인간화의 본질인 '자유의 영역'에 속한다. 그리고 인간의 자유 영역이 인간을 다른 어떤 존재자와도 다르게 '자기를 의식하는 존재' 혹은 자기를 정립하는 존재, 즉 '인격 존재'가 되게 하는 원천이 된다.[15] 그렇다면 인간은 언제 어떤 방식으로 단순히 동물적인 차원을 넘어, '인간적인 자유의 영역'으로 비상할 수 있는 것일까? 그것은 누구에게나 가능한 것일까? 공자는 다음과 같이 인간의 자질을 나누어 제시한다.

13　『논어』 12:11. 齊景公問政於孔子 孔子對曰 "君君臣臣父父子子."
14　『논어』 12:22. 樊遲問仁 子曰 "愛人 問知 子曰 知人."
15　신오현, 「그리스의 인간이해 : 고전적 시민이념」 『자아의 철학』 문학과지성, 1986, 217-218쪽 참조.

태어나면서 아는(삶이 곧 앎인) 자는 상지上知이고, 배워서 아는 자는 그다음이며, 막혔으나 배우는 자는 또 그다음이며, 막혔으면서도 배우지 않으면 민民으로서 하우下愚가 된다.[16]

오직 상지와 하우만이 변화될 수 없다.[17]

여기서 우리는 공자가 인간의 우열을 그 앎과 지혜에 따라 상지·중지·하우의 3단계(혹은 生知·學知·困知·困不學이라고 하는 4단계)로 나누는 것을 볼 수 있다. 이 구절의 해명에 도움을 주는 것은 『중용』의 다음 구절이다.

어떤 사람은 태어나면서 알고(삶이 곧 앎이며), 어떤 사람은 배워서 알고, 어떤 사람은 경험하여 아는데, 그 앎에 미쳐서는 같은 하나이다. 어떤 사람은 편안히 행하고, 어떤 사람은 이롭게 여겨 행하고, 어떤 사람은 힘써 노력하여 행하는데, 그 공을 이룸에서는 같은 하나이다.… 성실함 자체는 하늘의 길이고, 성실하고자 노력하는 것은 사람의 길이다. 성실함 자체는 힘쓰지 않아도 알맞고, 생각하지 않아도 얻어 넉넉히 도에 적중하니 성인聖人이고, 성실하고자 노력하는 자는 선을 선택하여 굳게 잡는 자이다.[18]

여기서 태어나면서 아는(삶이 곧 智慧인) 상지는 크게 변화하여(大而化之之謂聖) 고의로 힘쓰지 않고 억지로 알려고 하지 않아도 알맞게 적중하여 편안히

---

16 『논어』 16:9. "孔子曰 生而知之者 上也 學而知之者 次也 困而學之 又其次也 困而不學 民斯爲下矣."

17 『논어』 17:3. "唯上知與下愚 不移."

18 『중용』 20장. "或生而知之 或學而知之 或困而知之 及其知之 一也 或安而行之 或利而行之 或勉强而行之 及其成功 一也. … 誠者 天之道也 誠之者 人之道也 誠者 不勉而中 不思而得 從容中道 聖人也 誠之者 擇善而固執之者也." 또한 『맹자』의 다음 구절 참조. 『맹자』 7하:25. "何謂善 何謂信 曰可欲之謂善 有諸己之謂信 充實之謂美 充實而有光輝之謂大 大而化之之謂聖 聖而不可知之之謂神."

도를 행하는 성인을 말한다. 군자의 길로서 배워서 알거나 경험하여 아는 중지는 도를 이롭게 여겨, 선을 선택하여 힘써 노력하여 행하는 자이다. 타고난 기품이 천박하여 막혀 있으면서도 배우려고 노력조차 하지 않는 자는 하우로서 어리석은 백성이 된다. 상지는 삶 그 자체가 도의 앎이자 실천이기 때문에 하락하지 않고, 하우는 배우려고 하지 않기 때문에 상승하지 못한다. 그래서 공자는 "오직 상지와 하우만이 변화될 수 없다."라고 말했다.

'하우'란 맹자가 "인간과 금수의 차이는 아주 드물다. 대부분의 사람들은 버리지만, 군자만은 보존한다."[19]라고 설파했듯이, 지혜나 학문에 전혀 관심이 없어 노력하지 않기 때문에 자기보존에 급급한 금수와 같은 존재라고 하겠다. 그리고 성인이란 지극한 노력을 통해 정신의 일대 변화를 이루어 마침내 "사사로운 의지나 기필하는 마음, 인습에 사로잡힌 고집과 사사로운 아상이 자연히 없어져"[20] "자연스런 마음이 우주적 표준(법도)과 일치하는"[21] 말하자면 존재와 당위가 일치하여 가함도 불가함도 없는 무애자재한 삶 자체라고 하겠다.[22] 여기서 하우는 인간의 모습을 하고 있지만 그 존재 근거를 상실하여 전혀 '인간적'이지 않으며, 성인은 어떤 측면에서는 인간의 완전한 자기완성을 이룬 존재이지만 다른 한편으로 본다면 인간적 존재를 초월한(至人) 신神처럼 완전한 존재라고 하겠다. 하우가 인간의 완전한 전락顚落으로 그 어떠한 인간적인 존재 근거도 상실하고 있다면, 성인은 인간의 완전한 자기실현을 이룬 이상형으로 인간적인 측면을 넘어서 완전자와 합일하고 있다고 할 수 있다. 그런데 현실적 인간이란 그 언제나 전락된 자기를 부정, 초극하여 완전히 이상적인 자기를 실현하는 과정에 있는 '가능성의 존재'로서 자

---

19 『맹자』 4하:19. 孟子曰 "人之所以異於禽獸者 幾希 庶民去之 君子存之."
20 『논어』 9:4. "子絶四 毋意 毋必 毋固 毋我."
21 『논어』 2:4. 子曰 "… 七十而從心所慾不踰矩."
22 『논어』 18:8. "我則異於是 無可無不可."

유의 영역에 속해 있을 때 비로소 자신의 존재 의미를 획득하며, 군자란 바로 그러한 존재를 상징한다고 할 수 있다.

2. 군자의 학문과 삶의 방식

이제 공자가 유가의 인간 전형으로 제시한 군자란 누구이며 어떤 사람을 말하는지를 살펴보자.

공자가 제시하는 군자의 가장 큰 특징은 '학문을 좋아함으로써 성인의 경지에 도달(好學以至於聖人)하기를 희구하는 자'라는 것이다. 무릇 '학문學問'이란 자신에게 결여되고, 아직 알지 못하는 세계를 조명하는 활동, 즉 반성적 사고이자 '물음'이다. 『중용』에서는 '학문'을 "널리 배우고(博學), 깊이 묻고(審問), 신중히 생각하고(愼思), 밝게 분별하며(明辨), 돈독하게 실천하는(篤行) 활동"[23]의 총화로 규정하였다. 그리고 공자는 '학문에 뜻을 두는 것'을 인격형성의 첫 단계로 설정하였으며, '존재와 당위가 일치하는 성인'을 학문의 완성이라고 말했다.[24]

공자는 겸손하게 "(나는) 성인, 인인, 혹은 나면서부터 아는 자라고 할 수는 없지만, 학문을 좋아하여 민첩하게 구하며, 또한 남을 가르침에 있어서 권태로워 하지 않는다."라고 말했다.[25] 그래서 그는 "열 가구 정도의 마을이면 반드시 나와 같이 충신忠信하는 사람이 있겠지만, 아마도 나처럼 배우기를 좋아하는 사람은 없을 것이다."[26]라고 자부하고, "일찍이 종일토록 먹지 않고 밤

---

23 『중용』 11장. "博學之 審問之 愼思之 明辨之 篤行之."
24 『논어』 2:4. 子曰 "吾十有五而志于學 … 七十而從心所慾不踰矩."
25 『논어』 7:19. "我非生而知之者 好古敏以求之者也." 7:33. 子曰 "若性與仁 則吾豈敢 抑爲之不厭 誨人不倦 則可謂云爾已矣."
26 『논어』 5:27. 子曰 "十室之邑 必有忠信如丘者焉 不如丘之好學也."

새도록 잠자지 않고 사유하여 보았지만 유익함이 없어, 학문하는 것만 못하였다.”[27]라고 말하여 호학의 중요성을 역설한다. 그는 '육언육폐六言六蔽'를 통해 호학의 중요성을 역설한다.

'인(仁)'을 좋아하면서도 학문을 좋아하지 않으면, 그 폐단은 어리석게 된다. '지식(知)'을 좋아하면서도 학문을 좋아하지 않으면 그 폐단은 허황되게 된다. '믿음(信)'을 좋아하면서도 학문을 좋아하지 않으면, 그 폐단은 해치게 된다. '정직(直)'을 좋아하면서도 학문을 좋아하지 않으면, 그 폐단은 급하게 된다. '용기(勇)'를 좋아하면서도 학문을 좋아하지 않으면, 그 폐단은 어지럽게 된다. '강함(剛)'을 좋아하면서도 학문을 좋아하지 않으면, 그 폐단은 경솔하게 된다.[28]

그렇다면 여기서 공자가 '좋아한 학문'이란 어떤 것을 말하는 것일까? 다음의 두 구절이 그 이해의 단서를 제공해 준다.

군자는 먹음에서 배부르기를 구함이 없고, 거처에서 편안하기를 구함이 없고, 일에서 민첩하면서 말에서 신중하고, 도가 있는데 나아가 올바르면 학문을 좋아한다고 이를 만하다.[29]

애공이 묻기를, "제자 가운데 누가 학문하기를 좋아합니까?" 공자께서 대답하시길, "안회라는 사람이 있어 학문을 좋아하여, 노여움을 옮기지 아니하

---

27 『논어』 15:30. 子曰 "吾嘗終日不食 終夜不寢以思 無益 不如學也."
28 『논어』 17:8. "好仁不好學 其蔽也 愚. 好知不好學 其蔽也 蕩. 好信不好學 其蔽也 賊. 好直不好學 其蔽也 絞. 好勇不好學 其蔽也 亂. 好剛不好學 其蔽也 狂."
29 『논어』 1:14. 子曰 "君子 食無求飽 居無求安 敏於事而愼於言 就有道而正焉 可謂好學也已."

고(不遷怒) 잘못을 되풀이하지 않았습니다(不貳過). 불행히 단명하여 죽었습니다. 이제는 없으니, 학문을 좋아하는 자를 들어 보지 못했습니다."[30]

'학문을 좋아하는' 군자는 우선 우리의 의지가 신체를 지녔다는 점에서 발생하는 인심人心의 대상인 의식주와 같은 세속적 이익(利)에 골몰하는 것이 아니라, 인격 완성에 뜻을 두고 당위적 도를 지향한다. 나아가 '학문을 좋아한다는 것'은 단순한 이론적 인식을 추구하는 것이 아니라, '노여움을 옮기지 않음(不遷怒)' 및 '잘못을 되풀이하지 않음(不貳過)'과 같이 극기의 수행을 통해 선을 아는 지혜와 반성하고 실천하는 용기가 있음을 말한다. 주지하듯이 이 학문이 어떤 성격의 것인지는 송대宋代 호원胡瑗의 "안자가 좋아한 것은 어떤 학문인가?(顔子所好何學論)"라는 질문에 정이천程伊川이 대답한 내용에 잘 나타나 있다.

성인의 문하에 그 무리가 삼천인데 오로지 안자만이 학문을 좋아한다고 일컬어졌다. 대저 『시』·『서』와 육예六藝를 삼천 제자가 익혀 통하지 않음이 없었지만, 안자만 홀로 좋아한 것은 어떤 학문인가? 학문으로써 성인에 이르는 길이다(學以至聖人之道也). "성인도 가히 배워서 이를 수 있는가."라고 묻자, "그렇다."고 말하였다. "학문의 길은 어떠한가."라고 묻자, 말하기를… "무릇 학문의 길은 그 마음을 바로잡고(正心), 그 성품을 기를 따름이니(養性), 알맞고 바르고(中正) 성실(誠)하면 성인이다."[31]

---

30 『논어』 6:2. 哀公問 "弟子 孰爲好學?" 孔子對曰 "有顔回者 好學 不遷怒 不貳過 不幸短命 死矣 今也則亡 未聞 好學者也."
31 『二程全書』『伊川文集』卷43,「顔子所好何學論」"聖人之門 其徒三千 獨稱顔子爲好學 夫詩書六藝 三千者 非 不習而通也 然則顔子所獨好者 何學也 學以至乎聖人之道也 聖人可學而至歟 曰然 學之道如何 曰 凡學之 道 正其心養其性而已 中正而誠則聖矣."

바로 이런 맥락에서 안회는 "순임금은 어떻게 성인이고, 나는 어떻게 하여 평범한 사람인가?"라고 자문하며, 성인의 길로 나아가고자 다짐했다.[32] 이렇게 '군자가 좋아하는 학문'이란 다름 아닌 본성의 덕을 길러 자기완성을 추구하여 '성인이 되고자 하는 학문(聖學)'이다. 그렇기에 『논어』는 군자가 향유하는 학문의 즐거움을 예찬하는 것으로 시작하는데(學而時習之 不亦說乎), 여기서 말하는 '학'에 대해 주자는 다음과 같이 주석했다.

> 학學이란 말은 본받는다(效)라는 뜻이다. 사람의 본성은 모두 선하지만, 깨달음에는 선후가 있으니, 뒤에 깨닫는 사람은 반드시 먼저 깨달은 사람이 한 바를 본받아 (본성의) 선을 밝혀 그 처음을 회복할 수 있다.[33]

요컨대 유학의 제일이자 최종 주제는 '인간의 선한 본성'이라고 할 수 있다. 따라서 '학문을 좋아한다'라는 것은 인간다운 선한 본성을 좋아하여 굳게 견지하면서[34] 그 선한 본성으로 자기완성을 이룬 성인을 본받고자(效) 끊임없이 노력하는 것이다. 이렇게 선한 본성을 단서로 자기완성의 길로 가기 위해 자강불식하는 사람이 바로 호학자로서 군자이다.

군자의 두 번째 특징은 '자기정립을 이룬 자'를 말한다. 공자는 '학문에 뜻을 두는 것(志于學)'을 인격 형성의 첫 번째 단계라고 말하고 두 번째 단계로 '의지 정립'을 말한 바 있다.[35] 그리고 군자의 자기정립(爲己)에 대해 다음과 같이 말했다.

---

32 『맹자』 3상:1. 顏淵曰 "舜何人也 予何人也."
33 『논어』 1:1에 대한 朱子註. "學之爲言效也 人性皆善 而各有先後 後覺者 必效先覺之所爲 乃可以明善 而復其初也."
34 『맹자』 5下:6. "詩曰天生蒸民 有物有則 民之秉夷 好是懿德. 孔子曰 爲此詩者 其知道乎 故有物必有則 民之秉夷也 故好是懿德."
35 『논어』 2:4. 子曰 "… 三十而立."

옛날에 배우는 사람은 자기를 정립하였지만, 오늘날에 배우는 사람은 남이 알아주기를 바란다.[36]

자리가 없는 것을 근심하지 말고, 자기를 정립하지 못한 것을 근심하라. 자기를 알아주지 않는 것을 근심하지 말고, 알아줄 만한 사람이 되기를 구하라.[37]

군자는 자기에게서 구하고, 소인은 다른 사람에게서 구한다.[38]

이렇게 군자는 자기정립을 통해 모든 도덕적 시비·선악의 근원을 자기에게서 찾는다. 『논어』에 나타나는 "군자는 자신의 무능함을 근심하지, 타인이 자신을 알아주지 않는 것은 근심하지 않는다."[39] 혹은 "타인이 알아주지 않아도 화내지 않으면, 또한 군자가 아닌가?"[40] 등과 같은 표현은 모두가 군자의 자기정립과 연관된다. 그렇다면 군자는 '자기정립(爲己)'을 통해 '자기에게서 구한다(求諸己)'라고 말하였는데, 무엇으로 자기정립을 이루고, 무엇을 구한다는 말인가? 그 해명의 단서를 제공하는 것은 다음 구절이라고 판단된다.

안연이 인에 대해 묻자, 공자께서 말씀하시길, "삿된 자기를 극복하고 예에로 되돌아가면 인이 되니, 하루하루 삿된 자기를 이기고 예에로 되돌아가면 천하가 인으로 귀속될 것이니, 인을 행함은 자기로 말미암는 것이지 타인

---

36 『논어』 14:25. 子曰 "古之學者爲己 今之學者爲人."
37 『논어』 4:14. 子曰 "不患無位 患所以立 不患莫己知 求爲可知也."
38 『논어』 15:20. 子曰 "君子求諸己 小人求諸人."
39 『논어』 15:18. 子曰 "君子病無能焉 不病人之不己知也."
40 『논어』 1:1. "人不知而不慍 不亦君子乎."

으로부터 말미암는 것이겠는가?" 안연이 그 조목을 묻자, 공자께서 말씀하시
길, "예가 아니면 보지 말고, 예가 아니면 듣지 말고, 예가 아니면 말하지 말
고, 예가 아니면 움직이지 말라."[41]

이렇게 군자의 자기정립이란 '삿된 자기(人欲之私)를 극복하고 참된 자기(己
之公)로 되돌아가는 것(克己復禮)'이며, 그리고 여기서 정립된 참된 자기는 도
덕 행위(禮)를 할 수 있는 근거(仁)를 지닌 도덕주체라고 할 수 있다(爲仁由己).
따라서 "군자는 자기에게서 구한다."라는 말은 바로 "군자가 도덕의 근거와
행할 능력을 자기에게 갖추고 있기 때문에, 그 근거와 능력을 자기에게서 구
한다."라는 말이라고 할 수 있다. 그렇다면 이러한 도덕의 근거는 어디에서
유래하는 것일까? 바로 여기에 군자의 다음 특징이 도출된다.

셋째, 군자는 형이상자에 통달(上達)하기를 추구한다. 공자는 인간을 그 앎
과 지혜에 따라 상지(生而知之), 중지(學而知之, 困而知之), 하우(困而不學) 등 삼
단계로 구분하고, "중인 이상은 (形而)상上을 말할 수 있으나, 중인 이하는 (形
而)상上을 말할 수 없다."[42]라고 말했는데, 바로 여기서 군자와 소인이 나누어
진다.

군자는 위로 통달하지만, 소인은 아래에 통달한다.[43]

군자는 세 가지 두려워하는 것이 있는데, 천명을 두려워하고, 대인을 두려
워하고, 성인의 말씀을 두려워한다. 소인은 천명을 알지 못하여 두려워하지

---

41 『논어』 12:1. 顔然 問仁 子曰 "克己復禮爲仁 一日克己復禮 天下歸仁焉 爲仁 由己而由人乎" 顔然曰 "請問其
目." 子曰 "非禮勿視 非禮勿聽 非禮勿言 非禮勿動."
42 『논어』 6:19. 子曰 "中人以上 可以語上也 中人以下 不可以語上也."
43 『논어』 14:24. "君子上達 小人下達."

않으니, 대인에게 버릇없이 굴고, 성인의 말씀을 업신여긴다.[44]

하학과 상달의 관계를 칸트의 언명을 빌려 패러디하면 "아래로 인사에 통달하는 '하학下學'이 없으면 '상달上達'은 공허하고, 위로 천리에 통달(도달)하는 '상달'이 없으면 우리의 삶은 한갓 세속에 사는 속인 혹은 소인적인 것에 불과하다."라고 할 수 있다. 그런데 우리는 거의 일차적·대체적으로 세속의 이익과 수단의 세계에 매몰되어, 형이상의 가치와 이상 그리고 목적의 세계가 존재한다는 것을 망각하고 살아간다. 공자와 같은 철인도 쉰이 되어서야 천명을 알았다[45]라고 말했으며, 결국 끊임없는 노력과 변화를 통해 '아래로 인사를 배우면서 형이상자에 통달'(下學而上達)하는 학문방법론으로 천명을 알고, 천인합일의 경지에 이르렀음을 암시하고 있다.

> 공자께서 말씀하시길, "나를 아는 자가 없을 것이다.… 하늘을 원망하지 않고, 남을 탓하지 않고, 아래로 인사人事를 배워 위로 하늘과 통했으니, 나를 아는 자는 하늘일 것이다."[46]

> 공자께서 말씀하기를, "나는 말을 하지 않으려고 한다." 자공이 말하기를, "선생님께서 말씀을 하지 않으시면 저희들은 어떻게 기술하겠습니까?" 공자가 말하기를, "하늘(天)이 무슨 말을 하던가? 사시(四時)가 운행되고 온갖 만물이 생장하는데, 하늘이 무슨 말을 하던가?"[47]

---

44 『논어』 16:8. 孔子曰 "君子 有三畏 畏天命 畏大人 畏聖人之言 小人不知天命而不畏也 狎大人 侮聖人之言."

45 『논어』 2:4. 子曰 "…五十而知天命."

46 『논어』 14:37. 子曰 "莫我知也夫." 子貢曰 "何爲其莫知子也?" 子曰 "不怨天 不尤人 下學而上達 知我者 其天乎."

47 『논어』 17:19. 子曰 "予欲無言." 子貢曰 "子如不言 則小子何述焉." 子曰 "天何言哉 四時行焉 百物生焉 天何言哉."

그렇다면 왜 공자는 형이상자인 하늘과 그 명령에 대한 인식(知天命)을 요구하는 것일까? 그것은 바로 하늘이 우리가 지니고 태어난 덕의 근원이며, 우리는 이 덕을 통해 인간으로서 자기정립이 가능하기 때문이다. 그래서 공자는 "하늘이 나에게 덕을 주셨으며,"[48] 나아가 "하늘의 명령인 이 덕을 알지 못하면, 인간의 자기정립이 불가능하기 때문에 자기를 정립하는 군자가 될 수 없다."[49]라고 말하였다. 천명과 인간 본성의 덕, 그리고 인도의 관계는 『중용』수장에 잘 나타나 있다.

> 하늘의 명을 일러 성이라 하고, 본성에 따르는 것을 일러 도라 한다.[50]

하늘의 명령으로 우리가 지니고 태어난 본성의 덕은 다름 아닌 인仁이라고 할 수 있다. 따라서 인을 행하는 것이 곧 사람의 길이라고 할 수 있다. 그래서 공자는 "군자는 인을 떠나서 어디에서 이름을 이루겠는가? 군자는 밥 먹는 사이에도, 급하고 구차한 때에도, 그리고 심지어 넘어지고 엎어지는 때에도 인을 어기지 않는다."[51]라고 말했다.

그렇다면 여기서 군자의 네 번째 특징을 들 수 있는데, 그것은 인을 실천한다는 것이다. 자기정립을 이루지 못하는 소인은 세상사에는 밝지만(下達) 형이상자에 통달하지 못했기 때문에 하늘과 하늘의 명령을 알지 못하며, 따라서 하늘의 명령으로 우리가 지니고 태어난 본성의 덕으로 자기정립을 하지 못하기 때문에 인과 의를 실천하지 못한다.[52] 그러나 군자는 천명으로 우리

---

48 『논어』 7:22. 子曰 "天生德於予 桓魋其如何."
49 『논어』 20:3. 子曰 "不知命 無以爲君子也."
50 『중용』 1장. "天命之謂性 率性之謂道 脩道之謂敎."
51 『논어』 4:5. "君子 去仁 惡乎成名 君子 無終食之間 違仁 造次 必於是 顚沛 必於是."
52 『논어』 17:23. "小人有勇而無義."; 14:7. "未有小人而仁者."; 4:16. 子曰 "君子 喩於矣 小人 喩於利."

가 지니고 태어난 본성의 덕인 인를 실천하는데, 여기에는 의·예·지 또한 포함된다. 이에 대한 공자의 대표적인 언급을 예시해 보면 다음과 같다.

군자가 천하의 일을 도모함에 있어 오로지 해야만 하는 것도, 하지 말아야 하는 것도 없고, 오직 의義만을 따를 뿐이다.[53]

삿된 자기를 이기고 예에로 되돌아가는 것이 인을 실천하는 것이니, 하루 하루 삿된 자기를 이기고 禮에로 되돌아가면 천하가 仁으로 돌아갈 것이다.

인이란 사람을 사랑하는 것이며, 지知란 사람을 아는 것이다.[54]

성인이 되기를 추구하는 군자에게 인간됨의 도리인 인은 도덕의 근거가 되며, 의는 인간의 도덕 행위의 동기가 되며, 예는 도덕 행위의 표준이며, 그리고 도덕 행위의 근거와 동기를 알아 행할 줄 하는 것이 바로 지이다.

그리고 다섯 번째로 인간의 본성을 깨달은 군자는 목적의 학문에 종사하는 바, 공동체가 나아갈 방향(至善)을 깨닫고 먼저 해야 할 것과 나중에 해야 할 바를 헤아려 조화로운 공동체를 이루고자 끊임없이 노력하는 통치자로서의 역할을 수행한다는 것이다. 바로 이런 의미에서 공자는 "군자는 그릇이 아니다(不器)."[55]라고 말하였다. 여기서 '그릇이 아니다'라는 말에 대해, 주자는 "그릇이란 각각 그 쓰임에 적당함이 있어 서로 통용되지 않는다. 덕을 이룬 선비는 본체를 갖추지 않음이 없는 까닭에 두루 쓰이지 않음이 없어 특별한 하나

---

53 『논어』 4:10. 子曰 "君子之於天下也 無適也 無莫也 義之與比."
54 『논어』 12:22. 樊遲問仁 子曰 "愛人." "問知." 子曰 "知人."
55 『논어』 2:12. 子曰 "君子 不器."

의 재질과 한 가지 기예에 그치지 않는다."[56]라고 주석했다. 그렇다면 성인을 목표로 하는 군자의 학문은 상대적인 수단의 세계에 관여하는 기술이 아니다. 성학으로서 군자의 학은 인간이 살아가는 데 필요한 수단(의식주 등)을 생산하는 데 요구되는 전문 지식이 아니라, 모든 전문 지식과 수단이 '인간 목적'에 봉사하도록 수단의 세계에 상대적인 가치와 질서를 부여하고, 거기에 종사하는 모든 전문직종의 사람들이 조화롭고 통일적인 인간 공동체에 가장 적절히 봉사하도록 통치하는 '가장 높고 가장 포괄적인 지혜의 학문이자 목적의 학문'이다. 이러한 군자의 학문은 어떠한 특정 수단에도 봉사하지 않기에 부분적으로는 아무런 쓰임이 없는 학문(無用之學)이지만, 모든 수단들이 하나의 큰 목적을 향해 각자 제 구실을 다하도록 크게 쓰이는(大用) 학문으로, 곧 군자가 좋아하고 추구하는 성학이다. 이러한 성학을 하는 군자만이 자기정립을 통해 다른 사람과, 그리고 궁극적으로 모든 백성을 제자리에서 제 역할을 하게 하는(安人, 安百姓) 통치자를 지향한다.[57] 이에 대해서는 기존의 논의에서 상당 수준으로 논의되어 있으며, 나아가 인을 실천하는 군자는 치자가 되었을 때 반드시 덕치를 수행한다는 것은 논리적 귀결이라는 점에서 군자의 특징에 대한 논의는 여기서 줄이고자 한다.

3. 소결: 군자, 철학, 그리고 인문학의 이념

공자가 제시한 군자란 (1) 학문을 좋아함으로써 성인에 도달(好學以至於聖人)하기를 희구하는 자이며, (2) 본성의 덕으로 자기정립을 이룬 자이며, (3)

---

56 『논어』 2:12에 대한 朱子註. "器者, 各適其用, 而不能相通. 成德之士, 體無不具, 故用無不周, 非特爲一材一藝而己."

57 『논어』 14:45. 子路問君子 子曰 "修己以敬." 曰 "如斯而已乎?" 曰 "修己以安人." 曰 "如斯而已乎?" 曰 "修己以安百姓 修己以安百姓 堯舜 其猶病諸."

본성의 근원인 천명을 인식하고, (4) 천명의 본성인 인의예지를 실천하려고 노력하는 자이며, (5) 하나의 사물이나 사실처럼 자체 동일성을 지닌 존재자가 아니라, 항상 가능성의 존재로서 자기동일성을 추구하는 자유인이며, 목적의 학문에 종사하면서 통치자의 자질을 함양하는 존재라고 할 수 있다. 요컨대 공자의 군자는 소유되어야 할 어떤 외적 존재자가 아니라, 끊임없는 극기복례를 통해 인간의 도리를 실천하고자 노려하는 인간의 이념을 나타낸다. 현실의 인간은 바로 이러한 존재이기에 학문을 좋아하고(好學), 지혜를 사랑하여(愛智), 문화와 가치의 세계를 창조한다. 동서 철학의 원류는 바로 이러한 인간 이해에서 출발하였는데, 플라톤 또한 애지자로서 철학하는 인간 존재의 이념을 다음과 같이 분명히 제시해 주었다.

> 파이드로스여, 그를 지혜 있는 자(sophon)라고 부르는 것은 내가 보기엔 너무 높이 올라간 것 같고, 그런 말은 신神에나 적용하면 적절한 것 같네. 그러나 지혜를 사랑하는 자(philosophon) 혹은 그 비슷한 말로 부른다면, 그 자신도 차라리 동의할 것이고, 보다 더 합당할 것 같네.[58]

여기서 '그'란 풍요의 신 포로스(Poros)를 아버지로 하고, 가난의 신 페니아(Penia)를 어머니로 하여 태어난 에로스(Eros)이다.[59] 자신에게 결핍된 것(眞·善·美)에 대한 사랑으로서 에로스는 가난한 어머니에게서 태어났기에 궁핍하고 유한하여 가사적可死的이지만, 풍요한 아버지의 피를 이어 받았기에 풍요와 무한 그리고 불사不死를 희구한다. 인간은 바로 이러한 에로스와 같은 운명을 지니고 태어난 존재이다. 인간이란 신처럼 진·선·미를 완전히 갖

---

58 Phaidros, 278d.
59 Plato, Symposion, 202e.

추고 있는 존재는 아니지만, 우둔한 동물처럼 진선미를 추구할 수 없는 존재도 아니다. 그러기에 인간은 진선미를 사랑하고, 지혜를 사랑한다. 따라서 '지혜사랑(愛智)'을 지시하는 철학은 '지혜 그 자체'로 불멸하는 신에게는 불필요한 것이며, 동물처럼 우둔한 자에게는 불가능한 것으로 오직 의식을 지닌 인간만이 추구할 수 있는 인간의 고유한 삶의 방식이다. '배우고 묻기를 좋아하는 것'은 완전자로서 전지전능한 궁극 존재(天)에게는 불필요한 것이며, 우둔한 동물에게는 불가능한 것으로, 오직 의식적인 인간 존재에게만 가능한 것인데, 공자는 이러한 인간 존재를 호학하는 군자라고 불렀다. 따라서 오직 인간은 군자일 때에만 비로소 철학을 할 수 있고, 철학을 할 때 비로소 인간의 자기 정위가 가능하다고 말할 수 있다. 요컨대 가치와 목적의 세계에 대한 형이상학이 있기에 진·선·미를 추구하는 철학은 가동될 수 있는데, 군자는 철학함을 통해 그 가치와 목적의 세계를 창출하는 성인에 다가갈 수 있다.

그런데 유가의 군자가 추구하는 지혜의 학이자 목적의 학으로서 성학 이념은 그리스의 '파이테이아' 및 인문학의 이념과도 상통하는 측면이 있다. 주지하듯이 '인문학(humanitas)'이란 용어를 사용한 최초의 인물은 기원전 1세기의 키케로(Cicero:B.C 106-43)이다. 키케로는 그리스의 자유교양교육(paideia: artes liberales)을 아우르는 명칭으로 인문학이란 명칭을 사용하였다.[60] 그런데 그리스적 '파이테이아'란 인간이 다른 동물과 구별되기 위하여 필요한 적절한 도구로서의 교양교육을 말하는데, 이것은 바로 유가의 군자의 학과 그 정의가 일치한다.

한 사람이 생업을 위해 전문적 기술을 배우는 것이 아니라, 자유인으로서

---

60 그리스어 paideia는 본래 '어린아이들의 놀이'를 의미한다(여기서 라틴어 ludus 학교라는 단어가 유래하였다). 일차적으로 놀이를 의미하지만, 이미 교육을 지칭하는 전문용어로 사용되고 있었기 때문에 키케로는 '사람이 되게 하는'의 의미, 즉 교육을 지칭하는 전문어로 humanitas를 번역-조어했다고 한다.

스스로 살아나가는 데 합당하기 위하여 '파이테이아'를 배우려 한다.[61]

요컨대 그리스의 '파이테이아'는 전문기술이 아닌 인간의 이념에 접근하는 것으로, 이성적 인간의 자기자각과 공동체적 존재의 자각으로서 (1) 정신을 돌보는 일과 (2) 공동체를 위한 훌륭한 사람을 만드는 일(313e-319a)을 목적으로 하였다.[62] 그런데 키케로는 학문의 중심에 진리(veritas)가 아니라, 사람됨(humanitas)을 두고, '사람답게 사는 법'(humaniter vivera)을 가르쳐 '인간을 인간답게 해 주는 목적에 봉사하는 학문'으로서 인문학을 구상했다. 그래서 '후마니타스(humanitas)'란 (1) 학문방법론, (2) 교양교육, (3) 그리스어 philanthrophia(인간사랑, 인본주의) 정신을 의미하는 개념으로 발전하였다.[63]

이러한 그리스의 자유인의 학문으로서 파이테이아와 키케로적인 후마니타스의 이념은 동양적 '인문학人文學'[64]의 정수로서 유학 또한 그러한 의미를 지녔으며, 그것이 바로 군자가 좋아하는 학문이라고 말할 수 있다. 글자의 의미에서 단서를 얻어 동양적 인문학의 의미를 살펴보자. 여기서 '문文'이란 (1) 무엇이 드러나 보임(文采, 文飾), (2) 현상(天文), (3) 법도(節文, 繁文), (4) 결이나 길(文理, 物理), (5) 선善이나 미美(文德, 崇文)를 의미하는데, 총괄하면 '어떤 것이 그것의 본성(法, 理)에 따라 드러남'을 의미하며, '그 본성에 따라 드러나는 것'이 빛나고 아름다우며, 선하다는 것이다.[65] 그렇다면 '인문人文'이란 "인간이 인간의 본성으로부터 아름답고 선하게, 그 결(理)과 길(道)을 따라 표장되고 현상하는 사태"를 지칭한다. 따라서 동양적 인문학이란 "인간이 인간의 본성

---

61 Protagoras, 312b.

62 조요한, 「그리이스의 인간관」 『인간의 본질』 형설출판사, 1984, 73-74쪽.

63 안재원, 「인문학(humanitas)의 학적 체계화 시도와 이에 대한 비판에 대해서 : ars 개념을 중심으로」 『서양고전연구』39, 2010 참조.

64 人文이란 말은 다음에 기원한다. "觀乎天文以察時變 觀乎人文以化成天下." 『周易』 「賁卦」 象辭.

65 신오현, 「절대와 언어」 『절대의 철학』 문학과지성, 1993, 241-242쪽.

으로부터 아름답고 선하게 살아갈 수 있도록 결과 길을 배우고, 묻고, 신중하게 사려하고, 밝게 분별하여, 돈독하게 실천하는 행위의 총체(博學之 審問之 愼思之 明辨之 篤行之:『중용』11장)"라고 할 수 있다. 그렇다면 여기서 우리는 '군자가 좋아하는 학문'이란 바로 그리스-로마의 파이테이아와 후마니타스의 이념과 일치하는 것이며, 따라서 동서양 학문이념의 원류는 '인간의 자기완성'이라는 동일한 정신에서 출발했다고 말할 수 있다.

II. 공자와 교육

1. 인성교육

『논어』는 호학을 통해 인·의·예·지의 실천을 지향하는 군자 양성을 목적으로 시설된 공자의 언행을 모은 책이다. 공자가 좋아한 학문이란 단순한 이론적 탐구만이 아니라, '노여움을 옮기지 않음(不遷怒)'과 '잘못을 되풀이하지 않음(不貳過)'과 같은 덕행과 연결된다.[1] 나아가 공자는 자신의 인격 성숙 과정을 학문에 뜻을 두는 것에서 출발하여, 상달하여 천명을 인식하고 수양을 거쳐, 마침내 존재와 당위가 일치하는 성인의 경지에 도달한 것으로 묘사하였다.[2] 요컨대 공자의 학문이란 지·덕·행의 일치로서 철학하는 자의 자기완성, 즉 성인에 이르는 것을 목표로 하는 성학이라고 말할 수 있다.

그런데 주자는 의식주를 충족하기 위한 활동(技術) 및 인간의 도리를 실천하기 위한 육예六藝, 그리고 삼경三經의 문장 등을 배우는 일도 거기에 대응하여 'ㅇㅇ학'이라고 할 수 있지만, 『논어』의 학은 무엇에 대응하는 수단의 학

---

[1] 『논어』 6:2. 哀公 問弟子孰爲好學 孔子對曰 "有顏回者好學 不遷怒 不貳過 不幸短命死矣 今也則亡 未聞好學者也有顏回者 好學 不遷怒 不貳過."

[2] 『논어』 2:4. 子曰 "吾十有五而志于學 三十而立 四十而不惑 五十而知天命 六十而耳順 七十而從心所慾不踰矩."

이 아니라, 단적인 학 그 자체로서 이른바 '목적의 학'을 의미한다고 말한다. 이는 처음부터 선비가 배워 성인에 이르고자 하는 것으로, 정이천程伊川이 말한바 (詞章·訓詁의 학과 유를 달리하는) 유자지학儒者之學을 말한다. 그렇다면 『논어』의 학學이란 곧 "인간 이념으로서 이성적 인간의 자기자각(成己)과 공동체적 형식의 존재의 자각(成物)"을 목적으로 하는 그리스적 파이데이아 및 사람답게 사는 법을 가르쳐 인간을 인간답게 해 주는(盡爲人之道) 목적에 봉사하는 학문인 저 키케로의 후마니타스의 이념에 상당히 근접하는 것이라고 할 수 있다고 했다.[3]

그렇다면 사람이 되는 도를 극진히 하여 사람의 이상인 성인의 경지에 도달하기 위해서, 궁극적으로 자기를 완성하고 타자마저도 완성시키기(成己成物) 위해서 먼저 배워 깨달아야 하는 것은 무엇일까? 그것은 바로 인간의 본성(人性)이다. 그래서 주자는 "학學이란 말은 본받는다(效)라는 뜻이다."라고 말하면서 "인간의 본성은 모두 선하지만, 깨달음에는 선후가 있기 때문에 뒤에 깨닫는 사람은 먼저 깨달은 사람이 한 바를 본받아서 (본성의) 선함을 밝혀 그 처음을 회복하는 것이다."[4]라고 말한다. 요컨대 인도를 극진히 하여 성인에 이르기 위해서는 인간 본성의 선함을 깨닫고, 선각자가 했던 바를 본받아 처음의 선한 본성을 회복함으로써 자기를 완성하고, 궁극적으로 다른 사람의 본성 또한 완성시켜야 한다는 것이다. 바로 여기에서 유교에서의 인성의 문제가 제기되었다고 할 수 있다.

만일 우리에게 인간을 인간답게 하는 본성이 없다고 한다면, 우리는 무엇을 기준으로 어떻게 살아야 하는 것일까? 우리에게 본성이 존재하지 않는다

---

3 Protagoras, 312b. 안재원, 「인문학(humanitas)의 학적 체계화 시도와 이에 대한 비판에 대해서 : ars개념을 중심으로」, 『서양고전연구』39, 2010 참조.
4 『논어』 5:12. 子貢曰 "夫子之文章 可得而聞也 夫子之言性與天道 不可得而聞也." 17:2. 子曰 "性相近 習上遠也 性."

면, 우리에게는 생生 즉 생물학적 몸만이 존재한다. 이러한 생물학적 몸을 절대시한 사람들이 바로 양주楊朱로 대표되는 양생학파養生學派(쾌락주의)이다. 그런데 우리의 생물학적 몸은 사적인 것이고, 따라서 사적인 자신의 몸을 절대시하는 하는 입장(爲我主義)은 인간이 지닌 공동체적-사회적 측면을 무시할 수밖에 없다(無君). 그런데 쾌락의 역설(paradox of pleasure)이 말해주듯이, 우리에게서 쾌락이란 더 많이 추구할수록 오히려 감소하며, 사회로부터 자신을 고립시키거나 즉자적 자연 상태에 들어갈수록 오히려 자신의 생명을 온전히 보존하지 못하게 된다.

우리의 생물학적 몸에서 우리 삶의 정당한 표준을 찾을 수 없다면, 우리 외부의 어떤 객관적 기준(지표)을 정립하여 거기에 따르는 삶이 올바른 삶이라고 할 수도 있으리라. 그 기준으로 여러 가지를 제시할 수 있지만, 가장 대표적인 것이 공리주의자들이 제시하는 이익(유용성, 효율성 등)일 것이다. 실제로 맹자의 표적이었던 묵자墨子는 이익과 성과를 계량하여 최대 이익을 가져오는 것에 따라 행하는 것이 옳다고 말했다(義利也).[5] 묵자가 겸애兼愛, 비공非攻, 절장節葬, 절용節用 등의 실천 원리를 주장한 것은 바로 이러한 공리주의적 기준에 의한 것이었다. 그가 제시한 삼표三表(성왕의 사적에 근거했는가, 실제 경험에서 실증되었는가, 정치제도에 응용되어 국가와 인민의 이익에 알맞게 적용되었는가?)[6]는 바로 공리주의적 검증의 기준에 의해 유교적 실천윤리를 비판하고, 무성론無性論에 입각하여 새로운 윤리를 주창한 것이었다. 그러나 공功·리利를 도덕 행위의 판단 기준으로 제시한 묵자의 입장은 "누구를 위한 공적이고, 무엇을 위한 이익인가?" 하는 목적을 간과한다는 치명적인 난점을 지닐 수밖에 없다. 인간이 행위의 기준을 이익에 두고, 오로지 이익만을 추구한다

---

5 『墨子』「경상」참조.
6 『墨子』「비명상」참조.

면, 그 어디에서 인간의 참모습, 인간다움을 발견할 수 있을까? 맹자는 묵자의 공리주의를 '무부無父의 윤리학'이라고 비판한다. 바로 이 점에서 우리는 도덕의 기준을 생물학적 몸에서 찾을 수도 없고, 외적 효용성에서 찾을 수도 없다. 바로 이런 상황에서 유교의 성性 개념이 정립되었다.

성性이란 글자는 그 이전에 존재하였던 생生(땅에서 초목이 進出하는 형상)에서 심心 자가 추가되어 나왔다. 처음 출현했던 『논어』에 단지 2회밖에 출현하지 않았던 성 개념은 『중용』에서는 그 원천이 천명으로 확인되고(天命之謂性), 『맹자』의 탁월한 공적에 힘입어 유가의 인간 이해에서 가장 중요한 교리(性善說)로 성립되었다.[7]

성性 자의 의미를 형성하는 '심心'이란 갑골문과 『황제내경』에서 "우리 몸의 정중앙에 위치하여 오장육부의 대주大主(五行의 중심으로 만물을 생성하는 土에 해당하는 장기)로서 군주의 기관"[8]으로 인간 신체의 중추이자 사유 주체로 간주된다.[9] 그리고 『설문』에서는 "사람의 양陽의 기운으로 성性은 선하다. 심心에서 유래하여 '生'으로 발음된다."[10]고 하였다. 따라서 인성人性(心+生: 生에 대한 心의 主宰)이란 우리의 생물학적 몸(生)을 주관하여(心), 인간을 (禽獸와 구별되게) 인간답게 해 주는 추구할 만한 것(可欲之謂善)이다. 바로 이 점에 근거하여 맹자는 성선性善[11]을 말하여, 후대 정통으로 인정받았다. 물론 성性 개념은 다른 한편으로 우리의 생물학적 특성에 의해 발출하는 자연적 · 생물적 마음(生하는 心으로)으로 볼 수도 있기 때문에, 이에 대한 다양한 입론이 가능하다. 그러나 우리는 인성이란 말이 형성된 이론사적인 측면에서 본다면, 맹

---

7 '性' 자는 『大學』 1회, 『中庸』 9회, 『孟子』 36회 나온다. 『중용』과 『맹자』에서 주도 개념이 되었다.
8 『皇帝內徑』 「靈樞, 邪客」 "心者 五臟六腑之大主也 … 心爲君主之官."
9 전병술, 『심학과 심리학』 모시는사람들, 2014, 34쪽.
10 『설문해자』 「性部」 "人之陽氣性善也. 從心 生聲."
11 『맹자』 3상:1, 6상:2, 6상:6 등.

자의 입장이 정통 유가의 관점이라고 생각한다. 어쨌든 공자가 성 개념을 제기함에 따라 인간은 단순히 생물학적 신체를 넘어서, 금수와 구별되는 자신의 고유 본성을 찾으면서 자신의 정체성을 정립하여 인간의 길(도리)을 모색할 단서를 마련하였다.

그렇다면 인간의 본성은 무엇을 내용으로 하고 어떻게 실현되는 것일까? 이에 대해 서양의 파이데이아-후마니타스적 전통에서는 이성의 능력에 초점을 두었다. 인간은 이성을 지니기 때문에 그 본성상 여타 동물과 구별되며, 또한 이성적 존재이기 때문에 본능에 의해 군거群居하는 것이 아니라 공동체를 구성하여 합목적적 생활을 영위할 수 있다는 것이다. 그래서 아리스토텔레스는 다음과 같이 말했다.

> 인간은 본성상 다른 사람과 함께 살아야 하는 운명을 지니고 태어난 '폴리스적' 존재이며, 인간의 목표인 행복은 폴리스적 삶에서 유래하며, 또한 사회적 본성이 자연적으로 모든 인간에게 심어져 있다.[12]

요컨대 동물은 아직 공동체를 구성할 능력이 없고, 신神은 이미 공동체를 형성하지 않기 때문에, 오직 인간만이 이성을 지니고 공동체를 형성·영위한다. 그런데 유교 또한 이와 유사하게 인간의 본성은 인仁(人+二)하기 때문에 금수와 구별되는 공동체적 생활을 영위하며, 나아가 그 관계에서 형성되는 도리의 실천을 추구한다고 대답한다. 즉 유적 존재로서 인간은 인의 본성을 지니기 때문에 잔인한 금수와 구별되며, 타인에 대한 사랑(仁 愛人)·의무·공경(禮) 그리고 시비선악에 대한 앎(知)을 통해 인간다운 품성을 실현해 나가는 존재라는 것이다. 유교의 이러한 인간관은 "공동체적 존재로서 개별

---

12 『니코마코스 윤리학』 1097b, 1169b. 이창우 외 역, 『니코마코스윤리학』 이제이북스, 2008.

적인 인간 안에 국가가 존재하며, 국가는 인간성의 실현일 따름이다."라는 그리스적 관점과 그 논리적 맥락이 유사하다고 할 수 있다. 나아가 이 양자는 같은 논리로 이상적 인간이념(仁)은 이상적 국가 공동체의 인륜적 목표가 되며, 이상적 국가공동체의 인륜적 이념은 이상적 인간이 실현해야 할 이념적 목표가 된다고 주장했다.

주지하듯이 인仁의 (1) 고형古型은 임석온난衽席溫暖(따뜻한 방석 위에 앉은 온난한 사람의 모습)으로, (2) 사람됨(仁也者 人也), (3) 두 사람(人二)에서 인신하여 인간관계와 그 도리, (4) 추상화되어 인간들 간의 마음(仁 人心也)을 의미한다.[13] 『설문』에서도 "인仁이란 친애親愛의 의미를 지니며, 인人과 이二에서 유래한다."[14]라고 설명했다. 『논어』에서 공자는 인仁을 불인不忍·불안不安의 감정 및 타자에 대한 사랑(愛人)과 연관 지으면서, 인간의 보편 덕으로 정립하였다.[15]

『맹자』는 측은지심惻隱之心을 단서로 인간의 본성이 인仁하다는 것을 증명하였다. 여기서 측惻이란 마음의 아픔(心痛) 혹은 간절히 가련하게 여김(傷之切)을, 은隱이란 깊이 아픔(痛之深)을 나타낸다.[16] 인仁이 깊이 가련하게 여기는 마음(惻隱之心)으로 확인된다는 말은 곧 인간은 잔殘(歹+戔:죽은 시체:歹를 조각내는 것:戔)·인忍(心+刃:칼날로 마음을 찌름)한 금수와 구별되는 본성을 지니고 있음을 나타낸다. 무릇 인간이란 다른 사람에게 동정심을 지니면서 차마 잔인하지 못하고·불안해하며·깊이 가련히 여기며·친애하는 마음의 본성을 지닌 존재라는 것이 유교의 주장이다.

---

13 『맹자』 6상:11. "仁 人心也."; 7상:16, "仁也者 人也."; 2상:6. "惻隱之心 仁之端也."
14 『說文解字』 「仁部」 "仁 親愛也 由人 由二 會意."
15 『논어』15:26, 17:21, 12:22 등.
16 최영찬 외, 『동양철학과 문자학』 아카넷, 2003, 292-294쪽.

2. 교과교육

앞서 우리는 공자의 학문 이념은 자기정립 및 완성을 통해 성인이 되고자 하는 것이며, 그 관건은 성性 개념이라고 하였다. 이제 공자는 성인이 되고 자 하는 학문의 교과목을 어떻게 제시하고 있는지 살펴보자. 일반적으로 말 하면 공자의 문하에서 성인이 되고자 학문하는 '유자儒者'란 공자가 『시』· 『서』·『예』·『악』을 산정하여 학파를 개창한 이래 (陰陽家·墨家·名家·法家·道德家 등과 구별되는) 공자학파에서 육예六藝(禮-樂-射-御-書-數)와 육경六經 등을 익히고, 천지인의 원리에 통달하고, 내성외왕의 이념을 구현하려고 한 선비들을 지칭한다.[17] 이와 연관하여 공자가 문하의 제자들을 무엇으로 가르 쳤는지에 대해서는 다음 구절이 잘 말해준다.

> 공자는 물러나 『시』·『서』·『예』·『악』으로 닦으니 제자가 더욱 늘어났 다.…『서전』과 『예기』를 서술하고, 『시』를 산정하고, 『악』을 바로잡으며, 『역』의 「단전」·「계사전」·「상전」·「설괘전」·「문언전」을 지었다. 제자가 대개 3,000이었는데, 육예六藝에 통달한 자가 72명이었다.[18]

여기서 72명의 제자가 통달한 육예六藝는 소학의 육예六藝(禮·樂·射·御· 書·數) 및 대학의 육경六經 전부를 포괄하는 것이라 하겠다.[19] 주자는 소학과 대학의 차이를 다음과 같이 기술했다.

---

17 김충렬, 「'儒'의 자의와 기능」 『중국철학산고(II)』 온누리, 1988, 160-165쪽.
18 『史記』 「공자세가」 "孔子…修詩書禮樂 弟子彌衆…乃敍書傳禮記 刪詩正樂 序易彖繫象說卦 文言 弟子蓋三千 焉 身通六藝者七十二人."
19 전손(백종석 역), 『선진유학』 학고방, 2009, 43쪽.

대학大學이란 책은 옛날 태학太學에서 사람을 가르쳤던 도리와 방법을 기술한 것이다.… 사람이 태어나 8세가 되면 왕과 제후의 자제에서부터 서민들의 자제에 이르기까지 모두 소학에 들어가게 하여 쇄灑·소掃·응應·대對·진進·퇴退의 절도와 예·악·사·어·서·수의 문文으로 가르쳤다. 그리고 15세가 되면 천자의 맏아들과 여러 아들로부터 공公·경卿·대부大夫·원사元士의 적자 및 백성들 가운데 준재를 모두 태학에 들어가게 하여 '이치를 탐구하고 마음을 바로 잡으며', '자기를 닦고 다른 사람을 다스리는' 도리로 가르쳤다. 이것이 또한 학교의 가르침에 크고 작은 절차가 나누어진 까닭이다.[20]

이와 연관하여 다산 또한 주자처럼 쇄·소·응·대·진·퇴의 절도를 하학의 말단으로 삼고, 성명지학性命之學을 상달의 근본으로 인식하면서, "학은 선왕의 도예道藝이다."[21]라고 정의했다. 그리고 그는 자공이 말한 "어진 자는 그 큰 것을 기록하고, 어질지 못한 자는 그 작은 것을 기록하니, 문왕과 무왕의 도가 있지 않음이 없다. 공자께서는 어디에서 배우지 않았겠는가?"[22]라는 구절에 대해 다음과 같이 주석하였다.

큰 것이란 성명性命과 덕교德敎이다. 작은 것은 예악과 문장이다.… 마땅히 육경이 공자가 배운 것이다.[23]

요컨대 공자는 소학小學의 육예(禮-樂-射-御-書-數)를 통하여 인간의 기본 소

---

20 朱子, 「大學章句」 「序」 " 大學之書 古之大學 所以敎人之法也… 人生八歲 則自王公以下 至於庶人之子弟 皆入小學 而敎之以灑掃應對進退之節 禮樂射御書數之文 及其十有五年 則自天子之元子衆子 以至公卿大夫元士之嫡子 與凡民之俊秀 皆入大學 而敎之以窮理正心修己治人之道 此又學校之敎 大小之節 所以分也."

21 『與猶堂全書論語』 권8, 24, 「논어고금주」 "學者 先王之道藝."

22 『논어』 19:21. " 賢者識其大者 不賢識其小者 莫不有文武之道焉 夫子焉不學."

23 『與猶堂全書』 권16, 29, 「論語古今註」 "大者 性命德敎 小者 禮樂文章…宜以六經爲孔子之所從學."

양을 함양하도록 하고, 특정한 일부 준재들을 대상으로 궁리정심窮理正心과 수기치인修己治人을 이념으로 하는 대학의 이념으로 가르쳤다고 하겠다. 공자의 이런 교육은 우선 18세까지 체육과 시가詩歌를 교육하고, 이후 병역을 필한 수호자들에게 산술·기하학·천문학·화성학 등과 같은 철학의 예비교육을 통해 영혼을 고양시키고(20-29세), 협의의 철학으로서 변증론을 가르치고(30-35세), 나아가 15년간 실무교육(36-50세)을 하고, 최종적으로 영혼의 눈을 뜨고 철학에 연구하다가 순차적으로 국가에 봉사하도록 규정한 플라톤의 교육론과 좋은 비교가 된다.[24]

우선 공자의 학문 교과목에는 당연히 밭을 갈고, 씨를 뿌리고, 채소를 가꾸는 것과 같은 농사짓는 생산 활동 및 기예(爲人之學)는 포함되지 않았다. 다음 구절은 이를 잘 드러내준다.

> 번지가 곡식 기르는 법을 가르쳐 달라고 청하자 공자께서 말씀하셨다. "나는 늙은 농부만 못하다." 다시 채소밭 가꾸는 법을 가르쳐 달라고 청하자 공자께서 말씀하셨다. "나는 늙은 채소 가꾸는 사람만 못하다." 번지가 나가자, 공자께서 말씀하셨다. "소인이로다 번수여. 윗사람이 예를 좋아하면 곧 백성들은 감히 공경하지 않을 수 없게 되고, 윗사람이 의義로우면 백성들은 감히 복종하지 않을 수 없게 되며, 윗사람이 신의를 좋아하면 백성들은 감히 성실하지 않을 수 없게 된다. 이렇게만 되면 곧 사방의 백성들이 제 자식을 포대기에 싸 업고 모여들 것인데, 곡식 기르는 법을 어디에 쓰겠는가?"[25]

공자의 교과목은 예·의·신과 같이 수기치인하는 데 필요한 소양과 결부

---

24 Politeia, 522c-531c.
25 『논어』 13:4. 樊遲請學稼 子曰 "吾不如老農." 請學爲圃 曰 "吾不如老圃." 樊遲出 子曰 "小人哉 樊須也 上好禮則民莫敢不敬 上好義則民莫敢不服 上好信則民莫敢不用情 夫如是則四方之民 襁負其子而至矣 焉用稼."

된 것이었다. 그래서 『논어』에서는 우선 공자가 가르친 교과목을 문·행·충·신으로 제시하고, 나아가 제자들의 자질을 이른바 공문사과孔門四科로 평가했다.

공자께서 네 가지로 가르치셨으니, 학문(文)·행실(行)·충성(忠)·신의(信)이다.[26]

덕행으로는 안연·민자건·염백우·중궁이 있고, 언어에는 재아·자공이 있고, 정사에는 염유·계로가 있고, 문학으로는 자유·자하가 있다.[27]

요컨대 공자는 학문(文)·행실(行)·충성(忠)·신의(信)로써 가르치면서, 덕행·언어·정사·문학과 같은 공문사과로써 제자들의 자질과 장점을 함양했다. 이제 우리는 이러한 언명을 참조하면서 공자가 가르친 중요한 교과목을 『논어』에 제시된 언명을 통해서 살펴보고자 한다. 그런데 여기서 우리는 지면의 관계상 공자의 시·예·악에 대한 언명만을 간명하게 살펴보고 그 의미를 간취해 보는 것으로 대신하겠다.[28] 공자는 시·예, 그리고 악을 배움으로써 얻을 수 있는 공효에 대해 다음과 같이 말한다.

공자께서 말씀하시길, "시詩를 배웠는가?"… "시를 배우지 않으면 말할 수

---

26 『논어』 7:24. "子以四敎 文行忠信."
27 『논어』 11:2. "德行 顔淵閔子騫冉伯牛仲弓 言語 宰我子貢 政事 冉有季路 文學 子游子夏."
28 물론 "공자께서는 평상시에 하신 말씀은 詩와 書 그리고 禮를 지키는 것이었다."(子所雅言 詩書執禮 皆雅言也, 7:17)라는 언명과 "나에게 만일 나이를 몇 해만 연장해 주어 끝내 『周易』을 배우게 한다면 큰 허물이 없을 수 있을 것이다"(子曰 加我數年 五十以學易 可以無大過矣, 7:16)로 판단하여, 여기에 『書經』과 『周易』을 부가할 수 있을 것이다. 역사서로서 書經은 인물비평과 사건의 시시비비의 비정을 통해 善惡是非를 판단할 수 있는 거울의 역할을 하며, 變易의 책으로서 周易은 天地人의 不易의 이치를 알 수 있게 해준다고 할 수 있다. 그런데 『논어』에는 이에 대한 많은 언급이 없고, 논의가 복잡해지는 관계로 생략한다.

없다."… "예禮를 배웠는가?"… "예를 배우지 않으면, 자립할 수 없다."29

"예를 알지 못하면, 자립할 수 없다."30

"시에서 홍興을 일으키고, 예에서 자립하고, 악樂에서 완성한다."31

유가에서는 '시詩'란 인간의 감정을 조절함으로써 도덕 실천의 기초를 형성하여 미풍양속을 고양한다고 생각하였다. 즉 "시는 감흥을 불러일으키며, 볼 수 있게 하고, 어울리게 하고, 원망할 수 있게 하며, 가까이로는 부모를 섬길 수 있게 하고, 멀리로는 임금을 섬길 수 있게 한다."32 그리고 시를 배움으로써 타인과 소통할 수 있다. 그래서 공자는 "사람으로서 시를 배우지 않으면, 마치 담장을 맞대고 서 있는 것과 같다."33라고 말했다. 이렇게 시를 배우는 것은 인간의 인격 형성의 첫 단계로서 "배움의 초기에 선을 좋아하고, 악을 미워하는 마음을 흥기시켜, 스스로 그만두지 못하는 것을 여기에서 터득하게 된다."34

그리고 일반적으로 예란 주자의 정의에 따르면 '천리의 절문'이자 '인사의 의칙'35으로 인간 행위에 합당한 절도와 문식을 규정해 주고(約我以禮) 친소와 도덕의 체득 정도에 따라 인간 상호간의 관계를 구분해 주는 역할을 한다.36

---

29 『논어』 16:13. …日 "學詩乎 …不學詩 無以言." … 日 "學禮乎 … 不學禮 無以立."
30 『논어』 20:3. "不知禮 無以立也."
31 『논어』 8:8. 子曰 "興於詩 立於禮 成於樂"
32 『논어』 17:9. 子曰 "詩可以興 可以觀 可以群 可以怨 邇之事父 遠之事君 …"
33 『논어』 17:10. 子謂伯魚曰 "女爲周南召南矣乎 人而物爲周南召南 其猶正牆面而立也與."
34 『논어』 8:8의 朱子註. "…學者之初 所以興起其好善惡惡之心而不能自己者 必於此而得之."
35 『논어』 1:12의 朱子註. "禮者 天理之節文 人事之儀則也."
36 『中庸』 20장. "仁者人也 親親爲大 義者宜也 尊賢爲大 親親之殺 尊賢之等 禮所生也."

나아가 악이란 조화를 본질로 하면서[37] 예에 의해 구분된 인간관계를 조화시켜 윤리와 통하게 한다.[38] 그래서 공자는 "성인成人이란 무엇인가?"라는 자로의 물음에 "장문중의 지혜와 공탁의 욕심 없음, 변장자의 용맹과 염구의 기예에 예악으로 문식한다면, 또한 성인이라고 할 만하다."[39]라고 대답했던 것이다. 요컨대 유가에 따르면, "선왕이 예악을 제정한 것은 신체적 욕망을 극대화하려는 것이 아니라, 백성들에게 장차 호오好惡를 화평하게 하는 것을 가르쳐서 인도人道의 바름을 회복하게 한 것이다."[40]

공자는 이러한 시·예·악에 관하여 다음과 같이 그 한계를 규정하였다.

시경 삼 백편을 외웠으되, 그에게 정사를 맡기면 일에 통달하지 못하고, 사방에 사신으로 가서는 전문적으로 응대하지 못한다면 비록 많이 외웠다고 할지라도 무슨 소용이 있겠는가?[41]

예로다 예로다 말하지만, 옥이나 비단만을 뜻하겠는가? 악이로다 악이로다 말하지만, 종과 북만을 말하겠는가?[42]

요컨대 시·예·악으로 대표되는 육예 및 육경의 교과는 "사람으로서 인仁하지 못하다면 예는 무슨 소용이 있으며, 사람으로서 인하지 못하다면 악은 무슨 소용이 있겠는가?"[43]라는 공자의 말에서 알 수 있듯이, 예와 악으로 대표

---

37 『禮記』「樂記」 "禮者 天地之和也. 禮以和其聲."
38 『禮記』「樂記」 "樂者 通倫理者也."
39 『논어』 14:13. 子路問成人 子曰 "若臧武仲之知 公綽之不欲 卞莊子之勇 冉求之藝 文之以禮樂 亦可以爲成人矣."
40 『禮記』「樂記」 "是故先王之制禮樂者也 非極口腹耳目之欲也 將以敎民平好惡 而反人道之正也."
41 『논어』 13:5. 子曰 "頌詩三百 授之以政不達 使於四方 不能專對 雖多亦奚以爲."
42 『논어』 17:11. 子曰 "禮云禮云 玉帛云乎哉 樂云樂云 鐘鼓云乎哉."
43 『논어』 3:3. 子曰 "人而不仁 如禮何 人而不仁 如樂何."

되는 교과목들은 인간의 보편적이며 가장 온전한 덕인 인의 구현에 종사하는 수단들이다. 공자가 제시한 모든 여타 교과 및 덕목들은 진정한 인간다움의 구현을 목적으로 한다. 이것이 바로 공자가 제시한 교과목들의 이념이라고 할 수 있다. 공자의 모든 교과목은 인의 구현이라는 하나의 도리로 관통하고 있다(一以貫之).

3. 공자의 교육 방법론

풍우란의 지적대로, 인류의 스승으로 후대의 유자들로부터 만세사표로 추앙받는 공자는 중국 역사상 사학을 처음으로 일으켜 많은 제자를 가르친 최초의 사숙私塾의 스승이었다.[44] 그는 가르침에 있어서는 그 어떠한 신분이나 재능에 차별을 두지 않고,[45] 최소한의 예물을 갖추고 정성을 표한 사람에게는 가르치지 않은 적이 없었다.[46] 그는 그 언제나 배우는 것을 싫증내지 않고, 가르치는 것을 권태로워하지 않으면서[47] "옛 것을 익혀 새로 올 것을 알아 스승의 자격을 갖추고"[48] 차례차례 순서대로 제자들을 잘 이끌어나갔다.[49] 이제 우리는 이러한 교육자로서의 공자의 교육 방법론을 살펴보기로 하겠다.

교육자로서의 공자의 교육 방법에서 가장 두드러진 특징은 바로 '자기계발'이라고 할 수 있다. 여기서 자기계발이란 주입식 지식의 습득이 아니라, 철학하는 주체 자신의 무지의 자각에서 출발하여 진정한 앎에 이르러서 도약을 통해 자신의 본성을 정립하고, 그 본성으로 자아를 정립·실현하도록

---

44 풍우란(정인재 역), 『간명한 중국철학사』 형성, 2010, 73쪽.
45 『논어』 15:38. 子曰 "有敎無類."
46 『논어』 7:7. 子曰 "自行束脩以上 吾未嘗無誨焉."
47 『논어』 7:33. 子曰 "若聖與仁 則吾豈敢 抑爲之不厭 誨人不倦 則可謂云爾已矣."
48 『논어』 2:11. 子曰 "溫故而知新 可以爲師矣."
49 『논어』 9:10. 夫子 "循循然善誘人."

계도하는 것을 말한다. 기실 이러한 공자의 자기계발의 방법은 '궤변술'로 지식의 판매상 역할을 하던 당시의 소피스트들에 반대하고, '산파술'과 '대화법'으로 철학하는 정신을 계도했던 소크라테스의 철학교육 방법과 그 맥락을 같이한다고 보아도 좋을 것이다. 그런데 공자가 이러한 자기계발의 방법을 제시한 것은 '모든 인간은 인의 덕을 지니고 태어났으며', "인간이라면 그 누구나 인에 힘쓰면 인을 이룰 수 있다."라고 하는 확고한 믿음에 근거해 있다.

> 하루라도 자기의 힘을 인을 위해 쓸 수 있는 사람이 있었던가? 나는 아직 인을 위해 힘을 쓰면서 힘이 부족한 자는 보지 못했다.[50]

> 인은 멀리 있는가? 나는 인을 행하고자 하면 곧 인이 도달한다.[51]

요컨대 존재와 당위가 온전히 일치하는 성인이 되기를 지향하는 공자의 학문에서는 인간의 본성으로 갖추고 태어난 인의 실현이 바로 자기계발이 되며, 따라서 이 인은 인간의 존재 근거로서 바로 자기 자신에 근거를 두고 주체적으로 실현되는 것이다. 이는 공자는 유일하게 호학자로 칭송했던 안연에게 말한 다음 언명에 잘 드러나 있다.

> 안연이 인을 묻자, 공자 말하기를, "자기를 이기고 예에로 복귀함이 인이니, 하루라도 자기를 이기고 예에로 복귀하면 천하가 인으로 돌아갈 것이다. 인을 행함은 자기로 말미암는 것이지(由己) 남으로부터 말미암는 것이겠는

---

50 「논어」 4:6. "有能一日 用其力於仁矣乎 我未見力不足者."
51 「논어」 7:29. 子曰 "仁遠乎哉 我欲仁 斯仁至矣."

가?"[52]

　이렇게 공자는 참된 인간 본성의 실현으로서 인의 실천은 자기로 말미암는 것(由己)이지 다른 사람으로부터 유래하는 것이 아니라는 점에서, '자기정립의 학문(爲己之學)'을 철학의 전형으로 내세우고 있다. 그래서 그는 "옛날의 공부하던 사람들은 자기 충실을 위해 공부하였으나, 지금의 공부하는 사람들은 남의 인정을 받기 위해 공부한다."[53] 혹은 "군자는 자기에게서 구하지만, 상대적인 이익을 추구하는 소인은 남에게서 구한다."[54]라고 말했다. 바로 이 때문에 증자는 다음과 같이 말하여 선비들이 평생토록 실현해야 할 책무를 인이라고 했다.

　　선비는 드넓고 굳세지 않을 수 없다. 그 임무가 무겁고 길이 멀기 때문이다. 인仁으로 자기의 임무로 삼으니 또한 무겁지 아니한가. 죽은 뒤에 그치니 또한 멀지 아니한가?[55]

　나아가 증자는 공자의 '일이관지'하는 도를 충서[56]로 해석하는데 이 또한 '충忠'(中 + 心)과 '서恕'(如 + 心)라는 글자의 구성에서 알 수 있듯이, (仁을) 나의 중심으로 삼고, 그 마음을 남에게까지 미루어 나아간다고 하는 자기계발 혹은 자기정립의 외적 확장이라고 할 수 있다. 바로 이런 의미에서 공자는 "남이 자기를 알아주지 않는 것을 근심하지 말고, 자신의 무능함을 근심하라."[57]

52　『논어』 12:1. 顏淵問仁 子曰 "克己復禮爲仁 一日克己復禮 天下歸仁焉 爲仁由己 而由人乎哉"
53　『논어』 14:25. "古之學者 爲己 今之學者 爲人."
54　『논어』 15:20. "君子求諸己 小人求諸人."
55　『논어』 8:7. 曾子曰 "士不可以不弘毅 任重而道遠 仁以爲己任 不亦重乎 死而後已 不亦遠乎."
56　『논어』 4:15. 子曰 "參乎 吾道 一以貫之 曾子曰 唯 … 夫子之道 忠恕而已矣."
57　『논어』 14:32. 子曰 "不患人之不己知 患其不能也."

혹은 "지위가 없음을 근심하지 말고, 입신할 방법을 탐색해야 하며, 자기를 알아주지 않음을 근심하지 말고, 알아주게 되도록 애써야만 한다."[58]라고 말했던 것이다.

공자의 교육 방법의 또 다른 특징으로 우리는 학문과 사유, 지식과 행위의 병진, 그리고 일이관지와 도약을 통한 상달을 주장한 것을 들 수 있다. 이는 물론 앞서 제시했듯이, 유가에서 '학'이란 '박학지博學之', '심문지審問之', '신사지慎思之', '명변지明辨之', '독행지篤行之'를 총괄하는 것으로 지智・덕德・행行의 일치를 추구한다는 것에서 유래한 것이라고 할 수 있다. 물론 공자는 '자신에게 없는 것을 찾고, 자신에게 가리어진 세계를 조명하는 활동으로서' 과거의 전통이 역사적 공간 속에 표현되어 있는 문화 및 문물을 대한 학문을 중요시하여 다음과 같이 말했다.

나는 일찍이 종일토록 먹지 않고 밤새 자지도 않으며 사유했지만 유익한 것이 없었고, 배우는 것만 못하였다.[59]

그런데 유가의 근본 입장에서 본다면 수신修身을 위해서는 객관적인 지식을 추구하는 격물-치지에는 주체의 자각적 자기정립인 성의誠意-정심正心이 요구된다는 점에서 객관적 지식을 배우는 학문은 주체의 자각에 입각한 반성적 사유를 필요로 한다고 하겠다. 바로 이 점에서 공자는 결국 학문과 사유의 병진을 요구한다.

배우기만 하고 사유하지 않으면 자기의 것으로 체득되는 것이 없고, 사유

---

58 『논어』 4:14. 子曰 "不患無位 患所以立 不患莫己知 求爲可知也."
59 『논어』 15:30. 子曰 "吾嘗終日不食 終夜不寢以思 無益 不如學也."

만 하고 배우지 않으면 위태로워진다.[60]

이렇게 주체의 자각적인 사유가 객관적인 학문에 병진할 때에 비로소 온전한 학문이 이루어져, 옛 것을 찾아 익히는 온고溫故는 새로 올 것을 아는 지신知新의 역할을 하게 만든다. 그리고 학學·사思가 병진할 때에 하학을 일이관지하고,[61] 일대도약(上達)을 통해[62] 형이상자인 천과 천명의 본성을 알아 군자로서의 자기정립이 가능하다.[63]

공자의 철학교육 방법의 세 번째 특징은 자질에 따라 교육했다(因才施敎·對機說法·應病與藥)는 점이다. 이에 대한 전형적인 전거는 다음 구절이다.

자로가 물었다. "들은 것은 곧 행해야 합니까?" 공자께서 대답하였다. "부형이 계시는데, 어떻게 들을 것을 바로 행하겠는가?" 염유가 물었다. "들은 것은 곧 행해야 합니까?" 공자께서 대답하셨다. "들으면 그것은 곧 행해야 한다." 공서화가 말하였다. "자로가 '들은 것은 곧 행해야 하느냐'고 물었을 때는 선생님께서는 '부형이 계시다'고 말씀하셨고, 염유가 '들은 것은 곧 행해야 하느냐'고 물었을 때는 선생님께서 '들었으면 바로 그것을 행하라'고 말씀하셨습니다. 저는 영문을 모르겠기에, 감히 그 까닭을 여쭙고자 합니다." 공자께서 말씀하셨다. "염유는 소극적이기 때문에 그를 나아가게 한 것이고, 자로는 남을 이기려 하기 때문에 그를 물러서게 한 것이다."[64]

---

60 『논어』 2:15. 子曰 "學而不思則罔 思而不學則殆."
61 『논어』 15:2. 子曰 "賜也 女以予 爲多學而識之者與." 對曰 "然 非與." 曰 "非也 予一以貫之."
62 『논어』 14:37. "下學而上達 知我者 其天乎."
63 『논어』 20:3. 子曰 "不知命 無以爲君子也.'."
64 『논어』 11:21. 子路問聞斯行諸 子曰 "有父兄在 如之何其聞斯行之." 冉有問聞斯行諸 子曰 "聞斯行之." 公西華曰 "由也問聞斯行諸 子曰 '父兄在' 求也問聞斯行諸 子曰 '聞斯行之' 赤也惑 敢問." 子曰 "求也退故進之 由也兼人故退之."

이와 같이 공자는 제자들에게 획일적인 교훈을 강요한 것이 아니라, 그 재질과 그릇에 따라 적절하게 이끌어 주는 교육 방법으로 제자들을 진보시켰다. 이는 공자가 행위의 준칙으로 중용을 내세우는 것과 연관된다고 할 수 있다. 주지하듯이 공자는 "중용의 덕이 최상이다."[65]라고 주장하고, 지나침은 모자람과 같다고 말하였다.

> 자공이 물었다. "자장과 자하는 누가 더 현명합니까?" 공자께서 대답하셨다. "자장은 지나치고 자하는 모자란다." (자공이 물었다) "그렇다면 자장이 더 낫습니까?" 공자께서 말씀하셨다. "지나친 것은 모자라는 것과 같다."[66]

인재시교因才施敎와 중용의 추구라는 공자의 교육 방법은 또한 피교육자의 끊임없는 자기 계도의 노력을 요구하였다. 그래서 그는 "알려고 애쓰지 않으면 계발해 주지 않고, 답답해하지 않으면 알려주지 않으며, 한 모퉁이를 들어 보였을 때 나머지 세 모퉁이를 드는 노력을 하지 않으면 다시 가르치지 않았다."[67] 그리고 "어찌할까 어찌할까 애쓰지 않는 자에게는 더 이상 교육을 베풀지 않았다."[68] 공자의 이러한 가르침의 방법은 끊임없는 호학(學而不厭)과 사유, 그리고 가르침을 권태로워하지 않는(敎而不倦) 삶의 자세에서 나왔다. 그랬기에 제자 안연은 교육자로서 공자의 모습을 다음과 같이 묘사하고 있다.

> 안연이 깊이 탄식하여 말하기를, 선생님은 우러러볼수록 더욱 높고, 뚫어 볼수록 더욱 굳으며, 바라볼 때는 앞에 있더니 홀연히 뒤에 있도다. 선생님

---

65 『논어』6:27. 子曰 "中庸之爲德也 其至矣乎."
66 『논어』11:15. 子貢問師 "與商也 孰賢?" 子曰 "師也過 商也 不及." 曰 "然則師愈與" 子曰 "過猶不及."
67 『논어』7:8. 子曰 "不憤不啓 不悱不發 擧一隅 不以三隅反 則不復也."
68 『논어』15:15. "子曰 不曰如之何 如之何者 吾末如之何也已矣."

께서는 차근차근히 사람을 잘 이끄시고 문文으로 나의 학문을 넓혀 주시고, 예禮로써 나의 행동을 단속하셨다. 공부를 그만두려 해도 그만둘 수 없어, 이미 나의 재력을 다하였는데도 우뚝하게 선 것이 있는지라, 비록 그것을 따라가고자 하여도 말미암을 방도가 없구나?[69]

바로 이 때문에 공자는 제자들에게 넘지 못할 비범한 존재로 인식된 듯하다. 그러나 그는 제자들에게 "여러분들은 내가 무언가를 숨기고 있다고 생각하느냐. 나는 숨기는 것이 없다. 내가 행함에 여러분들에게 보이지 않는 것이 없다. 이것이 바로 나이다."[70]라고 말하여, 교육에 있어 언행이 일치하였다고 말하였다. 마지막으로 하나 덧붙일 것은 공자는 인간의 주체성을 가장 강조하는 교육을 주장했다는 점이다. 이는 공자가 "사람이 도를 넓히는 것이지 도가 사람을 넓히지 것은 아니다."[71]라고 단언한 것에서 알 수 있다. 나아가 공자는 "새, 짐승과는 같은 무리로 어울릴 수 없다. 내가 이 세상 사람들의 무리가 아니라면 누구와 더불어 어울릴 것인가? 천하에 바른 도가 행해지고 있다면 나는 다른 사람과 함께 개혁하려 하지 않을 것이다."[72]라고 말한 데에서 알 수 있듯이, 공자는 인도를 세우는 것을 교육의 목표로 간주했다.

4. 소결: 공자와 교육

지금까지 『논어』를 중심으로 거기서 제시된 공자의 학문(聖學) 이념에서

---

69 『논어』 9:10. 顔淵 喟然歎曰 "仰之彌高 鑽之彌堅 瞻之在前 忽焉在後 夫子 循循然善誘人 博我以文 約我以禮 欲罷不能 旣竭吾才 如有所立 卓爾 雖欲從之 末由也已."
70 『논어』 7:23. 子曰 "二三者 以我爲隱乎 吾無隱乎爾 吾無行而不與二三子者 是丘也."
71 『논어』 15:28. 子曰 "人能弘道 非道弘人."
72 『논어』 18:6. 子路行以告 夫子憮然曰 "鳥獸 不可與同群 吾非斯人之徒與而誰與 天下有道 丘不與易也."

시작하여, 그가 제시한 교과론 및 교육 방법론을 차례대로 살펴보았다.

주지하듯이 지혜사랑으로서 철학이란 모든 것을 아는 지자(神)와 자신의 무지조차 알지 못하는 우둔한 자(동물)의 중간 존재인 인간의 숙명으로 곧 "완전한 정신을 향한 불안전한 정신의 자기초월적 귀향편력"[73]이라고 정의할 수 있다. 전형적인 고전철학으로서 공자의 유학 또한 '애지의 학문'이며, 유가의 애지인인 군자는 호학을 통해 성인이 되기를 희구하는 자이다. 그 누구보다도 학문을 좋아한다고 자부했던 공자는 학문을 덕행의 실천과 연결시키고, 지·덕·행의 일치로서 철학하는 자의 자기완성을 지향하는 성학을 주창하여 고전적인 철학 이념의 한 전형을 제시하였다.

공자는 3,000여 명의 제자에게 예·악·사·어·서·수의 육예와 『시』·『서』·『예』·『악』·『역』·『춘추』의 육경으로 가르쳤다. 즉 공자는 소학의 육예 교육을 통해 인간의 기본 소양을 함양하도록 하고, 특정한 일부 준재들을 대상으로 궁리정심과 수기치인을 이념으로 하는 대학의 육경을 가르쳤다. 이러한 공자의 교과에는 어쩌면 당연하게 생산 활동과 기예들은 포함되지 않았다. 특히 『논어』에서는 공자가 가르친 교과목을 문文·행行·충忠·신信으로 제시하고, 제자들을 공문사과(德行·言語·政事·文學)로 평가했다. 그런데 공자는 특히 시·예·악을 중시했지만, 이런 교과목들은 인간의 보편적이며 가장 온전한 덕성인 인의 구현에 종사하는 수단이라고 말할 수 있다.

주지하듯이 공자는 만세의 사표師表로서 중국 역사상 처음으로 사학私學을 열었던 인물이다. 그는 언제나 배우는 것을 싫증내지 않고, 가르치는 것을 권태로워하지 않으면서 순순연循循然하게 제자들을 잘 이끌었다. 공자의 교육 방법에서 가장 두드러진 특징은 바로 '자기계발'을 중시한 것이다. "인간이라면 그 누구나 인에 힘쓰면 인을 이룰 수 있다."라고 확신하면서 '자기정립의

---

73   신오현, 「유가철학의 교학이념」, 『철학의 철학』, 문학과지성, 1987, 385쪽 참조.

학문(爲己之學)'을 제창하였다. 그의 교육 방법의 또 다른 특징은 學과 사思, 지知와 행行의 병진을 통한 일이관지, 그리고 하학이상달로써 궁극적으로 천과 천명의 본성에 대한 인식과 체득 및 그 실천을 중시한 것이다. 나아가 공자는 그 언제나 자질에 따라 교육을 베풀었으며, 중용을 추구하며 또한 피교육자의 끊임없는 자기 계도의 노력을 요구하였다. 이러한 자기계도의 강조는 곧 보편적 덕에 의한 자기정립에 대한 요구라고 할 수 있다. 요컨대 공자의 학문 이념은 곧 자기정립의 학문(爲己之學)으로서 곧 인간의 본성을 증득하여(人本), 그 본성에 따르는 길을 감으로써(人道) 찬란한 인문세계(人文)를 건설하는 데에서 완성된다고 할 수 있는바, 그의 교육론의 요체 또한 여기에 그 초점이 있다고 할 수 있다.

III. 『논어』와 공자의 시詩

공자는 "사람이 능히 도를 넓힐 수 있는 것이지, 도가 사람을 넓히는 것이 아니다."[1]라는 관점에서 인문주의 이념을 제창하였다. 그는 이 이념을 실현하기 위하여 천하를 주유하면서 제후들을 만나 유세·설득하고, 만년에는 『시』·『서』·『예』·『악』·『역』·『춘추』등 전래의 경전을 산정하면서 제자들을 훈육하였다. 그런데 공자가 육경을 논찬하고 그것으로 직접 제자들을 교육하였다고 하지만,[2] 『논어』에서는 『춘추』 및 『역』으로 교육하였다는 기록은 보이지 않는다.[3] 공자는 주로 『시』와 『서』의 문장으로 제자들을 교육하였으며, 또한 "시에서 흥기하고·예에서 자립하고·악에 완성한다."[4]라고 하였다. 그런데 『논어』를 살펴보면, 공자는 『시』에 관해서는 20여 회 내외로 언급하였지만, 『서』에 대해서는 단 2회 언급하였다. 이 점에서 공자는 아마도 『시』에 가장 많은 비중을 두고, 제자들을 교육했을 것이라고 추정할 수 있다.

여기서는 『시경』이란 어떤 책으로 어떻게 형성되었으며, 공자는 이 책의

---

1 『논어』15:28. 子曰 "人能弘道 非道弘人."
2 『莊子』「天運」孔子謂老聃曰 "丘治詩書禮樂易春秋 六經自以爲久矣." 또한 『禮記』「經解」및 『史記』「孔子世家」참조.
3 『논어』에서 『易』에 관한 언명은 단 1회 등장하며(7:16), 『春秋』에 관한 언급은 없다.
4 『논어』7:17(子所雅言 詩書執禮 皆雅言也) 및 8:8(子曰興於詩 立於禮 成於樂) 참조.

완성에 어떤 공헌을 하였는지, 나아가 공자는 어떠한 시론詩論을 피력하였는지를 『논어』의 언명을 통해 살펴보고자 한다. 지금까지 공자의 시론과 연관하여 여러 연구 성과가 있었다.[5] 그중 남상호의 저서는 '시적 방법으로 철학하기'를 모토로 공자 시학의 집대성인 『시경』의 사적 배경과 공자의 『시경』 인용법과 활용법을 잘 보여주었다. 또한 그의 논문은 공자의 인학과 『시경』의 관계를 여러 자료를 활용하여 설득력 있게 설명해 주었다. 윤인현과 김기철의 연구 또한 『논어』에 인용된 시의 성격을 유형별로 나누어 잘 해설하고 있다. 그리고 송창기의 논문은 중국의 저명한 『시경』 연구자인 굴만리屈萬里의 연구를 참조하면서, 특히 공자의 시교詩敎로 알려진 '사무사思無邪'의 의미를 해명하면서, 도덕주의적인 공자 및 그 이후의 유가적 시론에 비평을 가한다. 여기서는 이러한 연구들을 참조하면서 하나의 보완적인 관점에서 우선 『시경』이란 책의 성격과 형성에 대한 기존의 연구 자료들을 정리하면서, 특히 공자의 시산정설詩刪定說에 대한 비정을 시도할 것이다. 그런 다음 『논어』에서 공자가 제시한 시의 기능 및 시교의 종지를 『논어』의 언명에 입각해서, 그리고 제시된 문자의 어원에 특히 주목하면서 논의하고자 한다.

1. 시詩, 『시경』, 그리고 공자

인간과 자연의 분화가 상대적으로 미약했던 원시시대에는 주술로서 노랫말(언어)·리듬(음악)·율동(무용)이 삼위일체로 함께 어우러진 이른바 '원시종

---

5   남상호, 『孔子의 詩學』 강원대출판부, 2011 및 『육경과 공자인학』 예문서원, 2003; 남상호, 「시경의 사무사와 공자인학」 『공자학』9; 윤인현, 「『論語』에서의 『詩經』 詩」 『국제어문』60, 2014; 안현수, 「공자의 시·예·악의 사상」 『국민윤리연구』13, 1982; 김기철, 「논어의 '素以爲絢'今로 본 詩經 衛風碩人의 인물묘사」 『중국학연구』 70, 2014; 유현주, 「詩·禮·樂을 통한 참된 예술의 완성」 『한국무용연구』31-2, 2013; 송창기, 「「思無邪」 詩敎의 재평가」 『어문학논총』13, 1994. 그리고 다음의 번역서 참조. 劉若愚(이장우 역), 『중국시학』 명문당, 1994.

합예술(Ballad dance)'이 행해졌다. 그런데 인간의 자의식이 성장하면서 자연과 인위의 대립이 생겨나고, 인간은 영·육 및 지·정·의로 나누어 설명되고, 나아가 총체적으로 하나였던 원시종합예술(Ballad dance) 역시 음악·무용· 문학 등과 같은 영역으로 분화된다. 그런데 문학에서는 주술에서 운율을 지닌 가사歌詞 역할을 했던 시(韻文)가 산문보다 먼저 정립되었다. 중국 문헌에서 '시'에 관한 최초 언명이 나타나는 다음 구절은 이런 사정을 잘 말해준다.

> 시는 지를 언표한 것이고(詩言志), 노래는 그 말을 길게 뽑는 것이다(歌永言).[6]

그리고 『한서』「예문지」에서는 이 말을 다음과 같이 풀이하였다.

> 『서』에 '시언지詩言志 가영언歌永言'이라 했다. 그러므로 슬프거나 즐거운 마음이 감응하여 노래하는 소리가 발현하는데, 그 말을 읊조리는 것(誦)을 시詩라고 하고, 그 소리를 길게 뽑는 것(咏)을 가歌라고 하였다.[7]

여기서 우선 주목할 것은 "'시詩'는 지志를 말로 표현한 것이다."라고 할 때의 '지志' 자이다. 지志는 심心+지之로 구성된 형성자(心之所之之謂)인데, 여기서 심心을 (1) 도덕주의자는 마음의 의지(心意)로 읽고 (2) 낭만주의자들은 마음의 감정(心情)으로 읽는다. 그래서 도덕주의자들은 지志(心+之→士+心=선비의 굳은 의지)를 지향志向·의지意志·이상理想으로, 낭만주의자들은 정회情

---

6   『書經』「舜典」 "詩言志 歌永言." (十三經주소본에 따르면, 「舜典」에 있다.)
7   『漢書』「藝文志」 "書曰 詩言志 歌咏言 故哀樂之心感 而歌咏之聲發 誦其言謂之詩 咏其聲謂之歌."

懷·정욕情欲·정서情緖 등으로 해석한다.[8] 그렇다면 시詩란 마음이 가는 바로서 지志, 즉 (1) 마음의 지향·의지·이상, 혹은 (2) 마음의 정회·정욕·정서를 운율에 맞추어 언어로 표현한 것이라고 하겠다. 이는 시詩라는 글자가 형성된 유래를 통해서도 설명된다. 일반적으로 '시詩'란 언言+사寺의 형성자로 간주되지만, 원래는 언言+지之로 구성되어 말(言)이 가는 대로(之) 표현했다는 뜻이었다. 말(言)은 입(口)에서 나오는 음파(≡)를 나타낸다. 입에서 나오는 음파인 말(言)에 운율을 담아 가공·손질하여 깃들게 한 것(寺)이라는 의미에서 '지之'를 '사寺'로 바꾸어 문학의 한 장르인 시詩가 되었다. 마음의 지향(의지, 이상) 혹은 마음의 정회(정욕, 정서)를 운율을 갖추어 가공하여 말로 표현할 때 비로소 시詩가 되고, 이 시를 길게 읊을 때 노래(歌)가 된다. 그런데 여기서 '가歌' 자는 흠欠(입 벌릴 흠)+가哥(노래 가)의 형성자로 입을 벌려(欠) 부르는 노래(哥)를 뜻한다. 그리고 가哥 자는 '가可'를 이어서 계속한다는 뜻이다. 그런데 '가可'는 원래 갑골문에서 괭이(→柯)와 입(口)을 그렸던 것으로, 각각 농사일과 노래를 상징하여 농사를 지으면서 부르는 노래(노동요)를 뜻하였는데, 노래를 부르면 고된 일도 쉽게 이루어진다는 뜻에서 '가능하다'라는 의미가 파생되었다.[9] 그렇다면 원래 가歌는 몸의 행위(노동)와 불가분의 관계에 있다고 할 수 있는데, 운율이 있는 말(詩)에 맞추어 입을 벌려 노래 부르고 (歌), 그 노래에 맞추어 몸을 움직이는 것이 무용이라고 하겠다.

　고대 중국문화는 주나라 때에 이르러 비로소 하나의 온전한 문명체로 정립되는데, 『시』(『시경』)는 이러한 문화를 배경으로 황하 중심의 민간가요에 기원을 둔 중국 최고의 시가총집이다. 『시경』에는 주나라 초기의 역사적 사건과 전설, 사회제도, 그리고 당시의 정치사회적 상황이 반영되어 있다. 중국의

8　劉若愚(이장우 역), 『중국시학』 명문당, 1994, 131-132쪽 참조.
9　하영삼, 『한자어원사전』 도서출판3, 2014, 『詩』 『志』 『歌』항 참조.

『시경』은 서양의 그리스적 전통에서 나온 대서사시인 호머(Homeros: B.C 800?-750)의 『일리아드(Iliad)』와 『오디세이(Odyssey)』에 비교된다. 그러나 그것은 한 저자가 썼던 그리스적 대서사시보다는 오히려 헤브라이적 전통에서 나온 성서의 『시편(PSALMS)』과 비견되는 측면이 더 많다. 유대인들의 고유한 정서를 반영하는 『시편』은 모세(B.C. 13C?-13C?)로부터 바빌론 유수(B.C.586-537) 이후(A.D.3C)까지 1,000여 년에 걸쳐 기록되었다. 150여 편의 시(50여 편은 저자 미상이고, 나머지 100여 편은 최소 7명의 저자에 의해 기록)로 구성되어 5권으로 분류되는 『시편』의 내용은 일반적으로 찬양, 하나님의 우주적 통치, 왕과 왕권, 묵상, 감사, 예배, 이스라엘 역사, 저주, 회개 등으로 분류된다.[10] 이에 비해 중국 최초의 시가총집인 『시경』은 서주 초(B.C.1122년:12세기)로부터 춘추 중기(B.C.570년:6세기)까지 약 600년에 걸쳐 민간이나 귀족들이 창작하였거나, 혹은 궁중의식 및 제사 때에 연주된 시를 집성한 것이다. 『시경』의 각 편의 작자는 거의 알려져 있지 않으며, 그 계층 또한 다양한 것으로 분석된다.

『시경』의 체제(내용)와 형식에 대해서는 흥興·비比·부賦·풍風·아雅·송頌이라고 하는 육의설六義說이 있다.[11] 여기서 흥興(연상법:托物興詞), 비比(비유법:以彼狀此), 그리고 부賦(직설법:直陳其事)는 표현 기법(방식)을 말한다. 풍風·아雅·송頌은 시의 성격이나 체제를 나타낸다. '풍風'은 풍속風俗·풍화風化·풍유諷諭를 뜻하는데, 윗사람이 아랫사람을 풍교風敎하고, 아랫사람이 윗사람을 풍자諷刺한다는 뜻으로 쓰인 경우가 많다. '아雅'는 사대부 문학으로 문인들이 조정의 정치를 찬미하거나 풍자하여 지은 것으로 주대에 널리 통용되던 정악正樂이자 공인된 정성正聲이다. 정政이 바르다는 뜻이고(政正也), 아

---

10 『라이프성경사전』, 생명의말씀사, 2006. 「시편」항 참조.

11 『周禮』「春官:太師」"敎六詩 曰風 曰賦 曰比 曰興 曰雅 曰頌."「毛氏大序」"詩有六義焉, 一曰風, 二曰賦, 三曰比, 四曰興, 五曰雅, 六曰頌."

雅도 역시 바르다는 뜻이기 때문에 아雅라고 불렀다. '송頌'[12]은 묘당廟堂문학으로 공덕을 형용하여 송축頌祝·송미訟美한 것이다. 그래서 「모씨대서」에서는 다음과 같이 풍風·아雅·송頌에 대해 말하였다.

위에서는 풍風으로 아랫사람을 교화하고, 아래에서는 풍風으로 윗사람을 풍자한다. 글을 위주로 은근히 간언하는데 말한 자는 죄를 받지 않고, 듣는 자는 충분히 경계할 수 있기 때문에 풍風이라고 한다.… 아雅는 정正의 뜻이니, 왕정王政이 이로 말미암아 폐하거나 흥하는 것을 말한다. 정사에 대소大小가 있기 때문에 소아小雅가 있고 대아大雅도 있다. 송頌은 성덕盛德의 형용을 찬미하여 그 성공을 신명에게 고하는 것이다.[13]

현존 『시경』의 구성을 보면 15개국의 풍인 국풍國風이 160편, 대아大雅·소아小雅로 나누어지는 아雅가 각각 31편과 80편(6편은 제목만 있고 시가 없다), 그리고 송頌이 40편으로 총 311(305)편이다. 이 책은 채시采詩·헌시獻詩·진시陳詩·산시刪詩 등의 과정을 거치면서, 이항里巷의 가요인 풍風과 사대부들의 아와 송을 종합하여 마침내 중국 최고의 정전으로 완성되었다. 여기서 채시란 왕이 풍속을 살피고 정치의 득실을 알아 스스로 고정하기 위해 관리를 두어 시를 채집하는 것을 말한다.[14] 진시란 채집된 시를 조사·진달陳達(述)하여 민간의 풍속을 살피는 것을 말한다.[15] 또한 공경대부들이 시를 헌상하기도

---

12 『說文解字』에는 다음과 같이 풀이하였다. '頌' 자는 '頁' 部를 따르고 '公' 音을 따르는데, 본래 音은 容이다. 頌은 皃(얼굴 모)라고 했는데, 皃는 지금의 貌이니, 容貌가 頌 자의 본의이다.

13 「毛詩大序」 "上以風化 下 以風刺上 主文而譎諫 言之者無罪 聞之者足以戒 故曰風 …雅者, 正也, 言王政之所由廢興也. 政有小大, 故有小雅焉, 有大雅焉. 頌者, 美盛德之形容, 以其成功告於神明者也."

14 『漢書』「藝文志」 "古有采詩之官 王者所以觀風俗 知得失 自考正也."

15 『禮記』「王制」 "天子五年一巡狩…觀諸侯 問百年者就見之 命太師陳詩以觀民風." 鄭玄注. "陳詩謂采其詩而視之."

했다.[16] 공덕을 청송·풍자(諫)·경계한 송 및 대아·소아의 상당 부분은 헌시獻詩인데, 이 중에 간혹 작자가 명시된 경우도 있다. 그런데 산시刪詩란 공자가 전래의 3,000여 편의 시 가운데에서 교육의 목적상 음시淫詩 등을 빼고 300여 편으로 산정하여 편집했다고 하는 것이다. 사마천이 산시설刪詩說을 주장했다.

> 옛날에는 『시』가 3,000여 편이었으나 공자에 이르러 그 중복된 것을 빼고 예의에 응용할 수 있는 것만 취하였다. 위는 설契과 후직后稷에 관한 시이고, 중간은 은과 주나라의 성대함을 서술한 시이며, 아래는 유왕과 려왕의 실정에 관한 시에까지 이르렀다. 시의 내용은 임석衽席 등 비교적 이해하기 쉬운 것으로부터 시작하였다. 그래서 "「풍」은 「관저」편으로 시작하고, 「소아」는 「녹명」편으로 시작하고, 「대아」는 「문왕」편으로 시작하고, 「송」은 「청묘」편으로 시작한다."라고 말하였다. 이렇게 정리한 305편의 시에 공자는 모두 곡조를 붙여 노래로 부름으로써 「소」·「무」·「아」·「송」의 음악에 맞추려고 하였다. 예와 악이 이로부터 회복되어 서술됨으로써 왕도가 갖추어지고 육예가 완성되었다.[17]

『한서』「예문지」에서도 "공자는 순수하게 주나라의 시만 취하였는데, 위로는 은나라의 시를 채집하고, 아래로는 노나라의 시를 취하였다. 그것이 모두 305편이다."[18]라고 했다. 이렇게 한대에서는 유교가 국교로 숭상되면서, 공

---

16 『國語』「周語」 "是故爲川者 決之使導 爲民者 宣之使言 故天子聽政 使公卿至於列士獻詩 瞽獻曲 史獻書."

17 『史記』「孔子世家」 "古者詩三千余篇 及至孔子 去其重 取可施於禮義 上采契后稷 中述殷周之盛 至幽厲之欠 始於衽席 故曰關雎之亂以爲風始 鹿鳴爲小雅始 文王爲大雅始 淸廟爲頌始 三百五篇孔子皆弦歌之 以求合 韶武雅頌之音 禮樂自此可得而述 以備王道 成六藝."

18 『漢書』「藝文志」 "孔子純取周詩 上采殷 下取魯 凡三百五篇."

자가 육경을 모두 산정했다고 간주하고, 이를 통해 육경을 정립하고 통경치용通經致用의 이데올로기를 완성하였다. 이에 따라 본래 시가집이던 『시』가 『시경』으로 칭해지고, 역사상 가장 오래되고 광범위한 가르침을 펼친 경전經典이 되었다. 다른 한편 『시』는 '경經'이라는 관념 아래 정교에 광범위하게 응용되면서, 시설이 지닌 본래 의미가 왜곡되었다고 할 수도 있겠다. 예컨대, 국풍國風 중 연정을 읊은 시편들이 한결같이 특정인을 찬미·풍자하는 작품으로 곡해되는 것과 같이, 생생한 문학작품을 죽은 교조로 만들었다는 것이다. 요컨대 한인漢人들은 경經이 있음을 알았지, 시詩가 있음을 몰랐다는 비판이 있다.[19]

그런데 당대唐代의 공영달孔穎達(574년-648)은 "서산書冊에 인용되어 전하는 시 가운데 현재 남아 있는 것이 많고, 없어진 것은 얼마 되지 않는다. 그렇다면 공자가 채록할 때에 9/10를 버렸으며, 고시古詩가 3,000여 편이 있었다는 사마천의 말은 믿을 수 없다."[20]라고 하여, 공자의 『시』 산정설을 부정하였다. 공영달 이후 정초鄭樵·주자朱子·주이존朱彝尊·최술崔述 등도 공자의 산시설에 대해 회의를 품었다. 그런데 『논어』의 언명으로 살펴보면, 공자가 본래 3,000여 편에 이르는 시를 300여 편으로 산정했다는 설명은 쉽게 납득이 가지 않는다. 공자의 『시』 산정설과 가장 많은 연관을 지니는 『논어』의 언명은 다음의 구절이다.

공자께서 말씀하셨다. "내가 위나라에서 노나라로 되돌아온 뒤에, 음악이 바르게 되었고, 〈아〉와 〈송〉이 각각 제자리를 얻었다(순서의 마땅함을 얻었

---

19 屈萬里, 「先秦說詩的風尚和漢儒以詩說教之迂曲」 『詩經硏究論集』 學生書局, 1983, 383面; 송창기, 「'思無邪' 詩教의 재평가」 299-300쪽 참조.
20 『毛詩正義』 "書傳所引之詩 見在者多 亡佚者少 則孔子所錄 不容十分去九 馬遷言古詩三千餘篇 未可信也."

다)."21

　그런데 『춘추좌전』에 근거해 볼 때, 공자가 위나라에서 노나라로 되돌아
온 때는 노나라 애공 11년 겨울로 당시 공자 나이 68세였다.22 그래서 주자는
"이때 주나라의 의례는 노나라에 있었으나, 『시』와 『악』은 자못 손상되어 어
질러지고 빠지거나 순서가 뒤바뀌었다. 공자께서는 사방을 주유하면서 서
로 참고·교정하며 그 학설을 알게 되었다. 만년에 도가 끝내 행해지지 않을
것을 알았기 때문에 돌아와 그것들을 바로 잡으셨다."23라고 주석하였다. 즉
주자는 공자가 『시』에 대해 취한 것은 '손상되어 어질러지고 빠지거나 순서
가 뒤바뀐 것(殘闕失次)'을 '서로 참고·교정하여(參互考訂)' '올바로 잡은 것(正
之)'이라고 해석했다. 주자의 이러한 해석은 『춘추좌전』 양공襄公 28년 여름
조(B.C. 543년, 당시 공자 나이 8세)의 기록의 지지를 받는다. 당시 오吳나라 공자
인 계찰季札은 새 임금의 즉위를 알리려고 이웃인 노나라를 방문하여 종경宗
卿 숙손목자叔孫穆子에게 주악周樂을 들려달라고 요청하고, 감상하면서 간단
히 평론하였다. 이때 계찰의 주악 평론의 순서를 보면 현존하는 『시경』의 분
류 명칭 및 순서와 거의 일치한다. 나아가 『논어』에서 공자는 두 차례에 걸쳐
'시 삼백을 한마디로 말로…'24 혹은 '시 삼백을 외우고도…'라고 말하고 있는
것을 보면, 공자가 평상시에 외우고 익히면서 제자들에게 가르친 것은 300편
이 전부라고 보는 것이 타당할 것 같다. 또한 『묵자』에서도 "시 삼백을 암송
하고, 시 삼백을 악기로 연주하며, 시 삼백을 노래하고, 시 삼백을 춤춘다."25

21　『논어』 9:15. 子曰 "吾自衛反魯 然後樂正 雅頌各得其所."
22　이에 대해서는 鄭玄과 邢昺 古注, 朱子의 新注, 그리고 다산 등 모두가 동의한다. 『역주논어주소』 2, 78 - 89
　　쪽. 『논어집주』 9:15의 朱子注, 그리고 『역주논어고금주』 2, 394 - 397쪽 참조.
23　『논어』 9:15의 朱子注.
24　『논어』 2:2. 子曰 "詩三百…"; 13:5. "子曰 誦詩三百…."
25　『墨經』 「公孟」 "誦詩三百 弦詩三百 歌詩三百 舞詩三百."

라고 말했다. 이렇게 공자는『시』의 편수를 '300'이라고 대거大擧하여 말하였을 뿐, '내가 편한『시』 300편'이라고 말하지 않은 것으로 볼 때, 공자는 3,000편의 고시古詩 가운데 305편을 산삭하여 취한 것이 아니라 악(보)을 바로잡아 아와 송에서 잔결殘缺된 것을 보완하고 순서를 바로잡는 일을 하였다고 보는 것이 타당할 것이다. 게다가 후대 사람들은 정貞·음淫을 공자의 산시 기준으로 제시하지만, 이 기준으로 본다면 305편의『시』 가운데 적어도 1/5은 다시 산삭해야 하고,『논어』(9:30)에서 나오는 일시逸詩 등을 위시해 오히려 보존할 만한 것이 많다. 술이부작의 정신에 충실하고자 했던 공자는 분명 정성鄭聲은 음란하다[26]라고 비평했지만, 오히려 보존되어 있다. 나아가 여배림余倍林의 조사에 의하면, 여러 서적에 인용된 시는 모든 411편이며, 그 가운데『시경』에 없는 일시逸詩는 20편이라고 한다. 그리고 류극웅劉克雄의 조사에 의하면, 제자백가들이 인용한 시의 숫자로 본다면, 모두 248편이며 그 가운데 일시는 21편뿐이라고 한다.[27] 그렇다면 중국 고대의 여러 경전에서 인용된 시는『시경』에 나타나는 시가 일시에 비해 10-20배 이상 출현하고 있다. 따라서 우리는 이를 근거로 일시가 현존하는『시경』의 시보다 9배나 많은 3,000편이 있었는데, 공자가 300편만으로 산정하였다고 하는 주장은 신빙성이 크게 떨어진다고 할 수 있다. 만일 공자가 진정 그렇게 하였다면, 아마도 그는 중국문화의 창시자가 아니라 오히려 문학의 왜곡자라고 할 수도 있을 것이다.

앞서 말했듯이 시는 서주 초부터 채采·헌獻·진陳되었던바, 특히 주 평왕의 동천(B.C.770년경) 전후 정치와 사회가 급격히 변동하던 시기에 지어진 것이 많으며, 춘추 중기 진헌공陳靈公(B.C.570) 이후의 시는 편입되지 못했다.

---

26 『논어』 15:10. "放鄭聲 遠佞人 鄭聲淫 佞人殆."
27 남상호,『육경과 공자인학』 예문서원, 2003, 32-33쪽 참조.

그래서 맹자는 "왕자의 자취가 사라지자, 시가 없어졌다."²⁸라고 했는데, 춘추 중기 이후에는 주 왕실이 쇠잔하여 시를 전문적으로 채采·헌獻·진陳하는 관리가 없어져서, 그렇게 되었을 것이다. 우리는 ⑴ 시는 아마도 처음부터 채·헌·진되는 동시에 태사太師 등에 의해 산정되었을 것으로 판단한다. 즉 약 5-600여 년 동안 채·헌·진되었던 시는 3,000편 혹은 그 이상이었을 수도 있지만, 당시의 보관과 전수의 어려움 때문에 중요한 의미와 가치를 지니는 것만 산정되어 전해져 왔을 것이다. 또한 『시』가 300여 편으로 정립된 것은 춘추 중기 진영공陳靈公(B.C.570) 이후이면서 공자(B.C.551-479)가 '시 삼백…'이라고 말하기 이전에 그렇게 확정되었을 것이다. 나아가 ⑶ 공자는 이렇게 정립된 300편의 시詩에 곡조를 붙이고 노래로 부름으로써 음악을 바르게 하였고(樂正), 나아가 사방을 주유하면서 서로 판본들을 참고하며 '손상되어 어질러지고 빠지거나 순서가 뒤바뀐 것'을 교정하여 바로잡는 역할을 하였을 것이다.

2. 『논어』와 공자의 시론詩論

사마천이 "공자는 『시』·『서』·『예』·『악』을 산정하고, 만년에 『역』을 좋아했다. 『시』·『서』·『예』·『악』으로 가르쳤는데, 몸소 육예에 통달한 자만 72명이었다."²⁹라고 기술했듯이, 공자는 주로 『시』·『서』·『예』·『악』·『역』 등 이른바 오경(혹은 『춘추』를 포함한 육경)의 문(장)으로 논찬·교육했을 것이다. 그런데 『논어』에서 공자의 『역』에 관한 언급은 단 1회에 불과하고,³⁰

---

28 『맹자』 4하:21. "王者之跡 熄而詩亡 詩亡然後 春秋作."
29 『사기』 「공자세가」 "退而脩詩書禮樂 弟子彌衆…孔子晩而喜易…以詩書禮樂敎 弟子蓋三千焉 身通六藝者 七十有二人."
30 『논어』 7:16. 子曰 "加我數年 五十以學易 可以無大過矣."

『악』은 『시』의 악보로 추정되며, 그리고 『예』는 문장보다 궁행이 더 중시되었을 것이다. 그랬기에 제자들은 "공자께서 평상시에 하신 말씀은 『시』· 『서』, 그리고 예를 지키는 것이었는데, 이것이 평상시에 하신 말씀의 전부였다."[31]라고 증언했을 것이다. 그렇다면 공자가 "군자는 널리 문을 배우고, 예로써 요약한다면 어긋나지 않을 것이다."[32]라고 말했고, 안연이 "선생님께서는 순서대로 사람들을 잘 이끌어 주시고, 문으로 나를 넓혀 주시고 예로써 나의 행동을 단속해 주셨다."[33]라고 찬탄했을 때의 '문'이란 주로 『시』· 『서』의 문장을 지칭하며, 그중에서도 『시』에 더 큰 비중을 두었던 것처럼 보인다. 왜냐하면 현행 『논어』에서 공자가 『서』를 직접 인용하거나 토론한 것은 각각 1회에 지나지 않지만,[34] 『시』의 구절과 편명을 직·간접적으로 인용·해석하고 있거나 시론을 전개하는 구절은 약 20회 내외에 이르기 때문이다. 이 중 시를 대화에 인용하는 것은 약 10회(1:15, 2:2, 3:2, 3:8, 8:3, 9:27, 9:30, 11:5, 12:10, 14:42)이며, 편명을 지칭하면서 직·간접적으로 (음악 등과 연관하여) 비평하는 구절은 약 5회(3:20, 8:15, 9:15, 15:10-6, 17:10)이며, 공자의 시론이 직접 피력된 구절(2:2, 7:17, 8:8, 13:5, 16:13, 17:9, 17:10 등)은 약 7회에 이른다. 여기서 우리는 공자의 시 인용은 다음의 논의로 미루고, 시론이 피력된 구절을 직접 인용하여 살펴보도록 하겠다.

> 2:2. "시 삼백 편을 한마디 말로 포괄(蓋)하면, 생각에 사특함이 없는 것이다." (子曰 詩三百 一言以蔽之 曰思無邪.)
>
> 8:8. "시에서 흥기하고, 예에서 자립하고, 악에서 완성한다." (子曰 興於詩 立

---

31 『논어』 7:17. "子所雅言 詩書執禮 皆雅言也."
32 『논어』 6:26. 子曰 "君子博學於文 約之以禮 亦可以弗畔矣夫"
33 『논어』 9:10. 顏淵 喟然歎曰 "夫子 循循然善誘人 博我以文 約我以禮"
34 『논어』 2:21과 14:43 참조.

於禮 成於樂.)

13:5. "시 삼백 편을 외우고도 정치를 맡기면 통달하지 못하고, 사방에 사신으로 가서 단독으로 응대하지 못한다면, 비록 많이 외운다고 할지라도 또한 무엇에 쓰겠는가?"(子曰 誦詩三百 授之以政 不達 使於四方 不能專對 雖多 亦奚以爲.)

16:13. 진항이 백어에게 물었다. "그대는 (아버지인 공자로부터) 남다른 들음이 있는가?" 백어가 답했다. "없었습니다. 하루는 홀로 서 계실 때에 내가 종종걸음으로 뜰을 지나가니, '시를 배웠느냐?'라고 하셨습니다. '아직 배우지 못했습니다.'라고 했더니, '시를 배우지 않으면 말할 수 없다.'라고 하셨습니다. 저는 물러나 시를 배웠습니다. (陳亢問於伯魚曰 子亦有異聞乎 對曰 未也 嘗獨立 鯉趨而過庭 曰學詩乎 對曰未也 不學詩無以言 鯉退而學詩.)

17:9. "제자들아! 어찌 저 '시'를 배우지 않는가? 시는 감흥시키고, 관찰할 수 있게 하고, 어울리게 하고, 원망할 수 있게 하며, 가까이로는 부모를 섬기고 멀리로는 임금을 섬길 수 있게 하며, 조수와 초목의 이름도 많이 알게 해줄 수 있느니라."(子曰, 小子何莫學夫詩 詩 可以興 可以觀 可以羣 可以怨 邇之事父 遠之事君 多識於鳥獸草木之名.)

17:10. 공자께서 백어에게 일러 말씀하셨다. "너는 (『시경』의) 「주남」과 「소남」을 배웠느냐? 사람으로서 「주남」과 「소남」을 배우지 않으면, 마치 담장을 마주하고 서 있는 것과 같다."(子謂伯魚曰 汝爲周南召南矣乎 人而不爲周南召南 其猶正牆面而立也與.)

위의 인용문에서 2:2는 공자의 시교詩教의 종지宗旨로서 널리 알려진 구절이며, 그 나머지는 시를 학습함으로써 얻을 수 있는 공효(시의 기능)에 관한 언명들이다. 먼저 시의 기능에 대한 진술을 살펴보면, 공자는 시에서 일어날수 있고(8:8. 興於詩), 시를 배워 응용하면 정치와 외교에 달통할 수 있고(13:5), 말할 수 있게 하고(16:13. 不學詩無以言), 흥興·관觀·군羣·원怨·가까이로는 부모를 섬기고 멀리로는 인군을 섬김(邇之事父·遠之事君·多識於鳥獸草木之名, 17:9)의 기능을 하며, 그리고 시의 첫 편인 「주남」과 「소남」을 배우지 않으면 담장을 마주하고 서 있는 것과 같다(17:10)고 말한다. 이 가운데 이른바 학시칠법學詩七法으로 시의 기능을 총체적으로 설명해 주고 있는 17:9의 구절을 중심으로 살펴보자.

여기서(그리고 8:8에서) 공자는 먼저 "시가 흥기할 수 있게 한다(可以興)."라고 말한다. '흥興'은 동同(함께 동)+여舁(마주들 여)의 형성자로서 함께(同) 힘을 합쳐 드는 것(舁), 즉 '일으키다(起)'라는 뜻이다. 갑골문에서는 큰 쟁반(시루)을 여러 사람이 손으로 함께 들어올리는 형상으로 나타나는데, 그 최초의 의미는 고대 종교적 제사의식에서 행해지는 일종의 모방 행위이자 또한 영감 현상으로 감정을 이끌어내고 예술을 표현하는 심미적 창의 과정 혹은 방법에 속하는 범주이다.[35] 시에서 흥기한다는 말은 사람의 성정에 근본을 두고 발생한 시를 반복하여 읊으면, 감발되어 선을 좋아하고 악을 싫어하는 마음이 흥기하게 된다는 것이다. 즉 시를 반복하여 읊는 가운데 자연적으로 인격 형성의 첫 단계가 진행된다는 말이다.[36]

둘째로 "시는 관(관찰, 관점 정립)할 수 있게 한다(詩可以觀)."고 했다. '관觀'이란 견見(볼 견)+관藋(황새 관)의 형성자로서 큰 눈을 가진 수리부엉이(藋)가 목표물을 응시하는 것에서 '관찰한다' 혹은 '무엇에 대한 인식 혹은 관점의 정립'을 뜻한다. 『시』에는 "예컨대 서민·천한 노예·여염집의 일에서 비루하고 상스러운 일에 이르기까지, 군자가 평소 보고·듣지 못한 것의 실정과 상황… 성인께서 덕을 닦으신 것과 일에 베푸신 모든 것이 갖추어져 있기에"[37] 시를 배움으로써 인정·사물의 이치·풍속의 성쇠·정치의 득실을 관찰하

---

35 유현주, 앞의 논문, 176-177쪽 참조.
36 『논어집주』 8:8에 대한 朱子注 참조.
37 김동인·지정민·여영기 역, 『세주완역논어집주대전』, 한울아카데미, 2009, 13:5의 朱子細注.

고 관점을 정립할 수 있다는 것이다. 『시』가 이러한 관찰 및 관점 정립의 기능을 하기 때문에 왕이 시를 채집·진달陳達하게 했다. 즉 "옛날 시를 채집하는 관리를 두었으니, 왕이 풍속을 관찰하고 정치의 득실을 알아 스스로 잘잘못을 고정考正하려는 것이었다." 혹은 "태사에게 명하여 시를 진달하도록 해서 민풍을 관찰한다."[38]라는 말은 모두 '관觀'이 바로 『시』의 가장 중요한 고유 기능 중의 하나였음을 나타낸다고 하겠다.

셋째로 공자는 "시를 통해 어울릴 수 있다(詩可以群)."라고 말한다. 군群이란 양羊+군君의 형성자로 무리지어 생활하는 양羊을 나타낸다. 그런데 양羊자는 양의 굽은 뿔과 몸통과 꼬리를 나타내는 상형자이다. 양은 온순한 성질, 좋은 고기 맛, 그리고 유용한 털(훌륭한 옷) 때문에 고대에는 단순히 가축을 넘어 길상吉祥과 선善과 정의正義, 그리고 미美의 표상이었다(善·義·美가 모두 羊에서 유래하였다). 그렇다면 '군群'이란 선하고, 올바르고, 아름다운 행동으로 함께 어울리는 것이라고 하겠다. 여기서 군群의 의미를 분명히 해 주는 『논어』의 언명은 다음과 같다.

> 군자는 몸가짐을 장엄하게 하면서도 남과 다투지 않으며, 뭇사람들과 어울리면서(群)도 편당하지 않는다.[39]

이 구절과 맥락을 같이 하는 것은 "군자는 두루 조화를 이루되 치우쳐서 파당을 만들지 않지만, 소인은 치우쳐서 파당을 만들지만 두루 조화를 이루지는 않는다." 혹은 "군자는 조화를 이루지만 똑같이 따라하지 않고, 소인은 똑

---

38 앞의 『漢書』 「藝文志」 및 『禮記』 「王制」 참조.
39 『논어』 15:21. 子曰 "君子矜而不爭 羣而不黨"

같이 따라하지만 조화를 이루지는 않는다."[40]라는 구절이다. 그렇다면 군群은 두루 조화를 이루는 것(周, 和)이며, 획일적이거나(同)·치우쳐 파당을 만들지(黨, 比) 않는 것이다. 그리고 당黨이란 흑黑(검을 흑)+상尙(숭상할 상)의 형성자로서 모여서 나쁜 것(黑)을 숭상(尙)하는 무리나 집단을 말한다. 주자는 '군이부당群而不黨'을 "조화로움으로 무리에 처하는 것을 군群이라고 하고, 아첨하는 뜻이 없으므로 파당을 만들지 않는다."라고 해석하였으며, 다산 또한 여기에 찬동하여 다음과 같이 보완하였다.

> 보완한다. 장중하게 스스로를 단속하는 것(莊重自持)을 긍矜이라 하고, 높음을 서로 다투는 것(高亢相競)을 쟁爭이라 하고, 화목하여 모여 마음을 같이 하는 것(和輯同心)을 군群이라 하고, 아첨하여 힘을 보태는 것(比暱助力)을 당黨이라 한다. 주자의 설명이 가장 명확하고 절실하다.[41]

따라서 "시詩를 배우면 군群할 수 있다."는 말은 이익을 좇아서 편당을 만들어 시속에 영합하지 않으며(不同), 선善·의義·미美를 행함으로써 사람들과 두루 조화로운 공동체를 형성해 나가는 바탕을 시에서 기른다는 말이다.

넷째로 "시는 원망怨望할 수 있게 한다(詩可以怨)."라고 했다. 원怨(夗:누워 뒹굴다+心: 怨恨, 哀怨, 怨望)은 『논어』에서 긍정적으로 사용된 경우는 거의 없고, 주로 인인仁人·혜인惠人이 되기 위해서는 하지 말아야 할 것으로 제시되었다.[42] 그런데 인간이란 정감의 존재이고, 원怨 또한 그 정감의 일부라면, 문제

---

40 『논어』 2:14. 子曰 "君子 周而不比 小人 比而不周." 또한 13:23의 "子曰 君子 和而不同 小人 同而不和." 참조.
41 정약용 (이지형 역주), 『역주논어고금주』4, 사암, 2010, 361쪽.
42 『논어』4:12. 子曰 "放於利而行 多怨."; 4:18. "勞而不怨."; 12:2. "在邦無怨 在家無怨."; 14:2. "克伐怨欲."; 14:10. "沒齒無怨言."; 14:11. "貧而無怨難."; 14:36. 或曰 "以德報怨… 以直報怨."; 14:37. "不怨天."; 15:14. 子曰 "躬自厚 而薄責於人 則遠怨矣."

는 어떻게 원怨을 발현할 것인가 하는 것이다. 정적주의靜寂主義를 배격하는
유교에서는 정감을 발현하되, 절도에 맞게(中節) 발현하였을 때 조화를 이룬
다고 한다.[43] 그래서 주자는 "시가이원詩可以怨"의 '원怨'의 의미를 중화中和의
덕을 지킨 것으로 보고 '원망하되 분노하지 않는 것(怨而不怒)'으로, 그리고 경
원 보씨는 "원망하되 분노하지 않음이 인정의 변화에 알맞게 응대하는 것이
다."[44]라고 풀이하였다. 아마도 주자의 주석은 「대서大序」의 다음 구절에서
암시를 받은 듯하다.

> 치세의 음악은 편안하여 즐거우나, 난세의 음악은 원망하여 분노하니(怨以
> 怒) 그 정치가 괴리된다.… 윗사람은 풍風으로써 아랫사람을 교화하고, 아랫
> 사람은 풍風으로써 윗사람을 풍자하여, 글을 위주로 하면서 은근히 간하여
> 이것을 말하는 자는 죄를 받지 않고, 이것을 듣는 자는 충분히 경계를 삼을
> 수 있다. 이 때문에 풍風이라고 한다.[45]

그리고 다산 또한 「대서」의 구절을 다음과 같이 상세하고 설득력 있게 풀
이해 주고 있다.

> 임금과 어버이의 과실이 크다고 할지라도 원망할 수 없다면, 더욱 소원해
> 질 것이다(『맹자』「고자하」).[46] 따라서 성인은 원망하는 것을 인정하되 그 원망
> 하는 것이 일방적으로 비방하거나 헐뜯는 것에 가깝다면, 커다란 죄가 된다

---

43 「중용」 경1장. "喜怒哀樂之未發 謂之中 發而皆中節 謂之和也."
44 김동인·지정민·여영기 역, 『세주완역논어집주대전』4, 한울아카데미, 2009. 17:9의 세주.
45 『毛氏大序』 "治世之音 安以樂 其政和 亂世之音 怨以怒 其政乖 上以風化下 下以風刺上 主文而譎諫 言之者
無罪 聞之者足以戒 故曰風."
46 『맹자』 5하:3. "凱風 親之過小者也 小弁 親之過大者也 親之過大而不怨 是愈疏也 親之過小而怨 是不可磯也
愈疏 不孝也 不可磯 亦不孝也."

고 여겼다. 『시경』의 시를 잘 공부하는 사람이 성인의 충후忠厚하고 간절한 뜻을 터득하였다면, 원망하는 뜻을 알고 원망하는 법을 알았기에 원망할 수 있다고 말한 것이다. 이 뜻을 가장 정밀하게 잘 밝혀 놓은 것은 오직 맹자뿐이다. (『맹자』「만장상」 제1장: 순舜이 부르짖으며 운 장이다.)[47]

요컨대 중용을 추구하는 유교 원리에 따르면, 인간 감정은 멸절滅絶하거나 혹은 과도過度·불급不及하게 드러낼 것이 아니라, 마땅히 발현되어야 할 때에 발현하되 절도에 맞게(中節) 조절되어야 한다. 원망의 감정 역시 과도하게 폭발하거나 무조건적으로 억압할 것이 아니라, 시를 배움으로써 순화·절제하여 도리에 맞게 발현할 줄 알아야 한다. 일례로, 대효大孝로 유명한 순舜이 완고한 아버지의 사랑을 받지 못하여 밭에 나가 하늘을 부르며 울부짖고 아버지의 사랑을 받지 못한 처지를 원망하였지만 여전히 사모했기(怨慕) 때문에, 그 원망은 절도에 맞는 것이라고 맹자는 분석하였다.[48] 다산은 『시』를 보고 도를 깨달았던 맹자가 원망하는 법을 잘 터득했기 때문에 이러한 도리를 정밀하게 잘 밝혔다고 말했다.

다음으로 시는 (다섯 번째로) 가까이로는 부모를 섬길 수 있게 하고, (여섯 번째로) 멀리로는 임금을 섬기는 자질을 함양할 수 있게 해 준다. 이는 곧 시를 배움으로써 요순지도堯舜之道로서 효·제와 오륜(父子有親·君臣有義·夫婦有別·長幼有序·朋友有信),[49] 나아가 『대학』의 제가-치국-평천하의 도리를 터득할 수 있다는 것이다. 이는 흥興·관觀·군群·원怨할 수 있는 개인적 자질의 함양에 바탕을 두고, 인간이 처하는 모든 관계 상황에서 해야만 하는 도리 또

---

47 『역주논어고금주』 5, 177쪽.
48 『書經』「大禹謨」참조. 『맹자』 5상:1. 萬章問曰 "舜往于田 號泣于旻天 何爲其號泣也." 孟子曰 "怨慕也."이하 참조.
49 『맹자』 3상:4 참조.

한 시를 배움으로써 터득할 수 있다는 것이다.

일곱 번째로 시를 배우면 기타 부대적인 효과로서 조수초목의 이름을 많이 알 수 있다. 다산 정약용의 2남 정학유丁學游(1786-1855)는 『시경』에 나오는 조수초목의 이름을 고증하여 4권 2책의 『시명다식』을 저술했다. 이 책에서는 『시경』의 조수초목을 총 8부(識草 · 識穀 · 識木 · 識菜 · 識鳥 · 識獸 · 識蟲 · 識魚) 326항에 걸쳐 정리하고 310여 물명物名(이중 초목이 132종)을 해설하였다.[50] 『시경』은 이렇게 310여 종에 이르는 조수초목의 물명을 위시하여, 전장典章과 인물제도 · 민간풍속 등이 다채롭게 기술되어 있는 소백과사전으로 간주되어 왔다. 또한 민간의 생활풍속 · 왕조와 각국의 정치적 흥망성쇠, 종묘제사, 군주찬송, 귀빈연회, 술역, 우정 등 다양한 내용으로 구성되어 있다. 이렇게 풍부하고 다양한 어휘와 내용, 그리고 심대한 함의를 지니고 있기에 『시』의 인용은 이미 춘추전국시대부터 교양의 증표가 되어 왔다. 그래서 제후와 경대부들의 회동에서는 시의 어느 한 구절의 의미를 취하거나, 뜻을 확장하거나 혹은 시어를 통해 은근히 비유(斷章取義 · 詩義引伸 · 比喩詩句)하여 사람됨과 뜻을 헤아리고 · 전하고 · 협상하는 것(賦詩言誌)이 하나의 기풍이 되었다.[51] 이런 맥락에서 공자는 "시 삼백 편을 외우고도 정치를 맡기면 통달하지 못하고, 사방에 사신으로 가서 단독으로 응대하지 못한다면, 비록 많이 외운다고 할지라도 또한 무엇에 쓰겠는가?"(13:5)라고 했던 것이다.

시의 이런 기능을 일언이폐지하여 말한다면, "시는 말할 수 있게 한다(可以言)."라는 것이다. 그런데 말은 소통의 도구이므로, 말할 수 있다는 것은 소통할 수 있다는 것이다. 즉 시를 배우지 않으면 자신의 의지(心意)와 심정心情을 적절하게 표현할 수 없어 상대방과 의사소통할 수 없다. 바로 이런 맥락에서

---

50 丁學游(허경진 · 김형태 역), 『시명다식』, 한길사, 2007 참조.
51 「좌전」 僖公23年組. 「正義說」 "古者禮會 因古詩以見意 故言賦詩斷章也." 『漢書』 「藝文志」 "古者諸侯卿大夫交接隣國 以微言相感 當揖讓之時 必稱詩 以諭其志."

공자는 아들 백어에게, "사람으로서 「주남」과 「소남」을 배우지 않으면, 전혀 소통이 되지 않아 마치 담장을 마주하고 서 있는 것과 같다."라고 말했다. 물론 "시를 배우지 않으면(不學詩) 말할 수 없다(無以言)."라는 것은 다양함 함의를 지닌다. 이는 우선 『시』에는 일상생활에서 시작하여 사회문화・학문・정치외교를 망라하여, 말하자면 입신처세의 격언格言에서 정치에 종사하면서 사건을 처리하는 준칙, 심지어 사령辭令에 관한 다양한 시구가 포함되어 있기 때문에, 시를 잘 배워 응용하면 처하는 모든 상황에서 적합한 언어로 대처하는 능력을 함양할 수 있다는 말이다. 그런데 『논어』에 따르면, 공자는 문・행・충・신으로 제자들을 가르쳤으며, 그들은 각각 덕행・언어・정사・문학 등의 장점이 있었다.[52] 그렇다면 『시』를 배운다는 것은 문・행・충・신 가운데 특히 『시』의 문文을 배운다는 것이며, 덕행・언어・정사・문학 가운데 우선 언어 능력을 함양한다는 뜻이다. 앞서 공자는 "시에서 흥기하고, 예에서 자립하고, 악에서 완성한다."(8:8)라고 말했다. 요컨대 시를 암송하면 자연스럽게 선을 좋아하고 악을 싫어하는 도덕적 마음이 흥기될 수 있지만, 그것이 곧바로 도덕적 자립과 완성을 의미하지는 않는다. 따라서 시를 배우면 흥興・관觀・군群・원怨・미지사부邇之事父-원지사군遠之事君・다식어조수초목지명多識於鳥獸草木之名・달정達政・사어사방능전대使於四方能專對할 수 있는 자질을 함양할 수 있지만, 그것이 곧 도덕적 자립과 완성이라고 하지는 않았다.[53] 즉 문・행・충・신 가운데 『시』의 문을 잘한다고 하여도 행・충・신을 전부 잘 할 수 있는 것은 아니며, 혹은 덕행・언어・정사・문학에서 언

---

52 『논어』 7:24. "子以四敎 文行忠信."; 11:2. "德行 顔淵閔子騫冉伯牛仲弓 言語 宰我子貢 政事 冉有季路 文學 子游子夏."

53 물론 『예기』에서는 '五至'를 말하여 마치 志・詩・禮・樂・哀이 동시동연적인 것처럼 말하지만, 이 또한 앞의 것이 뒤의 것을 이루기 위한 필요조건임을 말한다고 하겠다. 『禮記』 「孔子閒居」 子夏曰 "民之父母 旣得而聞之矣 敢問何謂五至." 孔子曰 "志之所至 詩亦至焉 詩之所至 禮亦至焉 禮之所至 樂亦至焉 樂之所至 哀亦至焉 哀樂相生 是故正明目而視之不可得而見也 傾耳而聽之 不可得而聞也 志氣塞乎天地 此之謂五至."

어를 잘 할 수 있다고 하여도 나머지 덕행·정사·문학에 전부 능한 것은 아니다. 이 관계는 아마도 공자의 언言과 덕德의 관계에 대한 다음 언명에 잘 나타나 있는 듯하다.

> 덕 있는 사람은 반드시 말이 있지만, 말이 있는 사람이라고 해서 반드시 덕이 있는 것은 아니다. 인한 사람은 반드시 용감하지만, 용감한 사람이라고 하여도 반드시 인함이 있는 것은 아니다.[54]

그런데 "시를 배우면 말할 수 있다(學詩可以言)."라는 것은 곧 "시를 배우면 말이 무엇인지를 알 수 있다(學詩可以知言)."라는 주장을 함축한다. 왜냐하면 무엇에 대한 앎과 그것을 사용하는 능력은 상호 병진 관계에 있기 때문이다. 그렇다면 '말을 알 수 있다(知言)'[55]는 것은 무엇인가? 『논어』에 이에 대한 설명은 없지만, 『맹자』에 다음과 같은 구절이 보인다.

> (공손추가 물어 말하길) "무엇을 지언知言이라고 합니까?" 맹자께서 말씀하셨다. "편벽된 말에 그 가려진 바를 알며, 방탕한 말에 그 빠져 있는 바를 알며, 부정한 말에 그 괴리된 바를 알며, 도피하는 말에 그 궁한 바를 알 수 있다. 마음에서 생겨나(生於其心) 정사에 해를 끼치며, 정사에서 발로되어 일에 해를 끼친다. 성인께서 다시 일어나서 반드시 내 말을 따를 것이다." (공손추가 말했다.) "재아와 자공은 말을 잘 하였습니다. 염우와 민자와 안연은 덕행을 잘 말했습니다."[56]

---

54 『논어』 14:5. 子曰 "有德者 必有言 有言者 不必有德 仁者必有勇 勇者不必有仁."
55 知言이란 (1) 말할 줄 안다, (2) 말을 잘 할 줄 아는 지혜를 지녔다, (3) 말이 무엇인지를 안다는 등의 뜻을 지닌다.
56 『맹자』 2상2. "何謂知言?" 曰 "詖辭知其所蔽 淫辭知其所陷 邪辭知其所離 遁辭知其所窮 生於其心 害於其政

사람의 표면의 말은 그 내면의 조리를 나타낸다. 즉 사람의 말은 생각의 표현이기 때문에, 그 말을 보면 그 마음에서 일어나는 생각의 조리를 알 수 있는데, 그것이 바로 맹자의 이른바 지언知言이다.[57] 이러한 맹자의 지언은 바로 공자의 "말을 알지 못하면(不知言), 사람을 알 수 없다."[58]라는 언명의 부연 설명이다. 요컨대 말을 안다는 것은 그 사람의 말을 보고 그 사람의 말이 나오게 된 생각의 조리를 알고, 미루어 그 사람의 됨됨이를 알 수 있다는 것이다. 바로 이런 이유에서 공자는 "그 사람의 행동을 살피고, 그 사람의 행위의 동기를 살피고, 그 사람의 편안히 여기는 마음의 지향처를 살피면 그 사람됨을 알 수 있다."[59]라고 했다. 그렇다면 공자의 "시를 배우면 말할 수 있다."라고 하는 것은 (1) 시를 배우면 온전한 마음이 정립되어 그 마음의 생각이 온전한 조리를 이루게 되어, 편벽·방탕·부정·도피하지 않는 온전한 말로 타자와 의사소통할 수 있는 능력을 함양할 수 있으며, (2) (知言으로 해석할 경우) 학시자學詩者가 타자의 말을 들으면 그 생각의 조리 및 그 생각이 일어나는 마음의 상태를 알고, 궁극적으로 그 사람의 됨됨이를 미루어 알 수 있는 능력을 기를 수 있다는 것이다. 그렇다면 시는 궁극적으로 (1) 학시자의 온전한 마음의 정립과 (2) 대화하는 다른 사람의 됨됨이를 알게 해 주는 역할을 한다고 하겠다. 바로 이런 이유에서 공자는 시교詩敎의 종지는 다음과 같이 표현했을 것이다.

시 삼백 편을 한마디 말로 포괄하면(단정하면), 생각에 사특함이 없는 것이

發於其政 害於其事 聖人復起 必從吾言矣 宰我, 子貢善爲說辭 冉牛, 閔子顏淵 善言德行."

57 남회근(설순남 역), 『맹자와 공손추』 부키, 2014, 137쪽 참조.

58 『논어』 20:3. 孔子曰 "不知言 無以知人也."

59 『논어』 2:10. 子曰 "視其所以 觀其所由 察其所安 人焉廋哉 人焉廋哉."

다.[60]

여기서 '사무사思無邪'라는 말은 원래 『시경』「노송・경」편의 구절로서 '말(馬)이 달리는 것에 전념하고, 다른 생각이 없음'을 뜻하는 것인데, 공자는 『시』 전체를 포괄하는 말로 단장취의斷章取義하였다. '사무사思無邪'를 두고 고주古注에서는 '올바름으로 복귀하는 것(歸於正)', 정 자는 '참됨(誠也)'으로 해석하였다. 그리고 주자는 시의 공효로써 시를 배우는 자의 '생각에 사특함이 없게 한다'고 해석한 반면에, 다산은 "시를 지은 사람의 그 심지心志의 발현이 사특함과 편벽됨이 없음을 말하는 것이다."라고 반론했다.[61] 그런데 이에 대한 평가는 많은 논의를 필요로 한다는 점에서 유보하고, 시詩의 발생과 연관하여 몇 가지 언명만 하고자 한다. '사무사思無邪'에서 '사思' 자는 田 + 心으로 마음에 밭을 가는 것, 마음의 결을 트는 것을 말한다. 그렇다면 '사무사思無邪'란 마음에 사악邪惡・사특私慝함이 일어나지 않도록 마음에 밭을 갈아 생각의 결을 트는 것을 말한다. 그런데 중국 고유의 시론에 따르면, "시詩는 지志를 말로 표현한 것이다(詩言志: 『서경』「순전」)." 혹은 "시詩는 지志가 향하는 것으로, 마음에 있으면 지志가 되고, 말로 발현되면 시詩가 된다."(詩者志之所之也, 在心爲志, 發言爲詩: 「毛氏大序」)라고 했다. 요컨대 시詩란 마음의 의지 혹은 정서가 운율을 지닌 언어로 표현된 것이다. 운율을 지닌 언어로서 『시』 삼 백편의 시는 도덕적 감흥을 불러일으키도록(詩可以興) 간정・고안된 것이다. 아리스토텔레스의 표현을 빌리면, 시 삼백 편을 자주 암송하면, "연민과 두려움을 재현함으로써 그러한 종류의 감정에 대한 카타르시스(淨化)를 실현

---

60 『논어』 2:2. 子曰 "詩三百 一言以蔽之 曰思無邪."
61 『역주논어고금주』1, 157쪽.

한다."[62] 이러한 정화淨化의 실현을 공자는 사무사思無邪라고 한 것이다. 인격을 지닌 인간은 마음(心)의 존재이며, 마음은 생각(思)하는 것을 그 본질로 한다.[63] 인간의 마음은 그 인격에 걸맞게 어떤 성향(정서)을 지니는데, 그 성향이 굳어지면 의지(志)가 되고, 그렇게 굳어진 의지가 인간의 말과 행위를 결정한다. 여기서 사무사思無邪란 시를 배움으로써 마음에 밭을 갈고 결을 터서 사악한 생각이 없어지는 것을 말한다. 그 마음에 사악한 생각이 일어나지 않는다는 것은 곧 (1) 그 내면의 인격이 성인의 경지에 있다는 것을 함의하고, (2) 그 생각의 성향 또한 항상 올바른 곳으로 향하여 그 의지가 참다워져서(誠意) 그 말과 행위가 항상 올바르게 발현됨을 말한다. 즉 학시자學詩者가 사무사思無邪가 된다는 것은 곧 (1) 그 생각을 일으키는 마음과 그 지향(의지, 정서)이 올바로 정립되어 그 인격이 온전하게 정립되며, (2) 그 마음에서 일어나서(生於其心) 밖으로 표출되는 생각의 조리로서 말과 행동 또한 온당하다는 것이다. 이렇게 안으로의 인격이 온전하게 정립되고 밖으로의 말과 행동이 정당할 때 내외가 일치하는 온전한 인간이 된다고 하겠다. 이것이 바로 공자가 말한 시교詩敎의 종지의 의미라고 생각된다. 바로 이런 이유에서 공자는 『예기』에서 다음과 같이 시교를 피력하였다.

그 나라에 들어가면 그 가르침을 알 수 있다. 그 사람됨이 온유·돈후한 것은 『시』의 가르침이다. 그러므로 『시』를 배우지 못하면 어리석다. 온유·돈후하면서 어리석지 않다면, 『시』에 깊다고 할 수 있다.[64]

---

62 아리스토텔레스, 『시학』 49b24.

63 『맹자』 6상15. "耳目之官不思… 心之官則思."

64 『禮記』 「經解」 子曰 "入其國 其敎可知也 其爲人也溫柔敦厚 詩敎也… 故詩之失 愚 … 溫柔敦厚而不愚 則深於詩者也."

여기서 온유溫柔는 내면의 성품이 따스하고 부드러움을 말하고, 돈후敦厚는 외적으로 다른 사람에게 인정을 베푸는 것이 두텁다는 것을 말한다. 그리고 『시』는 소백과사전의 역할을 할 정도로 많은 물목과 다양한 내용을 지니고 있는바, 시를 배운다면 어리석거나 어둡지 않다고 하겠다. 여기서 온유돈교溫柔敦厚가 사무사思無邪에 대응한다면, 불우不愚는 흥興·관觀·군群·원怨·미지사부邇之事父-원지사군遠之事君·다식어조수초목지명多識於鳥獸草木之名·달정達政·사어사방능전대使於四方能專對에 대응한다고 하겠다.

3. 소결

중국 문헌에 나타난 최초의 시론詩論에 따르면, 시란 지志(마음의 志向·意志·理想, 혹은 情懷·情欲·情緒)를 운율을 띤 언어로 나타낸 것이다. 『시경』은 중국 문화의 형성기에 황하 중심의 민간가요에 기원을 둔 중국 최고最古의 시가총집詩歌總集으로 약 B.C. 12세기- B.C. 6세기에 걸쳐 형성된 것이다. 『시경』은 흥興·비比·부賦의 표현 기법을 지니고, 채시采詩·헌시獻詩·진시陳詩·산시刪詩 등의 과정을 통해 풍風·아雅·송頌 등 총 311(305)편으로 구성되어, 한대 때에는 중국 최고의 정전正典으로 완성되었다. 그런데 이 책의 편찬과 연관하여 사마천은 공자가 전래의 3,000여 편의 시 중에서 음시淫詩 등을 빼고 300여 편으로 산정하였다고 주장하는 이른바 '공자시산정설孔子詩刪定說'을 주장하였다. 그러나 이러한 설은 공영달孔穎達 이래 여러 학자들에 의해 의심의 대상이 되어 왔다. 우리는 이와 연관하여, (1) 공자가 『논어』에서 "내가 위나라에서 노나라로 되돌아온 뒤에, 음악이 바르게 되었고, 〈아〉와 〈송〉이 각각 제자리를 얻었다."라고만 말하였고, (2) 음시淫詩가 현재 『시경』의 1/5을 차지하며, (3) 여러 서적들에 나타나는 일시逸詩의 비율이 극히 낮다는 점에서, 공자는 3,000여 편의 시를 300여 편으로 산정한 것이 아니라, 이미 정립되어 전해 왔던 300여 편의 시에 곡조를 붙이고(樂正), 다양한 판본들을 참고하며 '손상되어 어질러지고 빠지거나 순서가 뒤바뀐 것'을 교정하여 바로잡는 역할을 하였다고 판단하였다.

『논어』에서는 『시』의 구절과 편명을 직·간접적으로 인용·해석하거나 시론을 전개하는 구절은 약 20회 내외에 이른다. 공자는 시의 기능 혹은 학시법으로 7가지를 제시했는데 흥興·관觀·군群·원怨·미지사부邇之事父-원지사군遠之事君·다식어조수초목지명多識於鳥獸草木之名(17:9) 등이 바로 그것이다. 또한 공자는 시는 말할 수 있게 하며(16:13. 不學詩無以言), 다른 사람과 소통할 수 있게 한다(17:10)고 하였다. 그런 다음 공자는 시교詩敎의 최종 종지宗旨로서 "시 삼백 편을 한마디 말로 포괄하면(단정하면), 생각에 사특함이 없는 것이다."(2:2) 라고 말하였다. 그런데 공자의 이러한 '사무사思無邪'라는 말에 대해 여러 해석(歸於正, 誠也 등)이 있어 왔다. 그리고 사무사의 주체에 대해서도 (1) 작시자作詩者(다산), (2) 학시자學詩者(주자) 등으로 간주되어 왔다. 이 문제와 연관하여 우리는 중국 고유의 시론과 심心·사思·지志·언言 등의 연관 관계에 주목하면서 그 의미를 살폈다.

Ⅳ. 『논어』 인용시詩 해석

　　공자는 제자들을 인간다운 도리를 온전히 실천하는 군자로 양성하려고 하였는데, 그 교육 방법은 박문약례博文約禮로 요약할 수 있다. 그래서 공자는 "군자는 널리 글을 배우고, 예로써 요약한다면 (도에서) 어긋나지 않을 것이다."[1]라고 말했다. 그리고 제자 안연 또한 "선생님께서는 차근차근 순서대로 사람들을 잘 이끌어 주시고, 글로써 우리를 넓혀 주시고 예로써 단속해 주셨다."[2]라고 찬탄했다. 그런데 공자가 주로 강학했던 글이란 주로 『시』와 『서』를 지칭한다. 그래서 "선생님의 평소 말씀은 『시』·『서』, 그리고 예를 지키는 것인데, 이것이 평소 말씀의 전부였다."[3]라고 증언하고 있다. 이 글은 『논어』에 인용된 『시』의 구절과 그 편명 등이 인용된 장에 대한 주자(朱子:1130-1200)의 주석과 그에 대한 다산 정약용(1762-1836)의 비평을 살펴봄으로써, 다산 주석의 독창성과 창의성을 제시하는 것을 목표로 한다.[4]

1 　『논어』 6:26. 子曰 "君子博學於文 約之以禮 亦可以弗畔矣夫."
2 　『논어』 9:10. 顏淵 喟然歎曰 "夫子 循循然善誘人 博我以文 約我以禮."
3 　『논어』 7:17. "子所雅言 詩書執禮 皆雅言也."
4 　지금까지 『논어』에 인용된 시(詩)에 대한 연구로는 다음 참조. 남상호, 『孔子의 詩學』 강원대출판부, 2011; 윤인현, 「『論語』에서의 『詩經』 詩」 『국제어문』 60, 2014; 이영환, 「『논어』에 수용된 『시경』 시의 교육적 해석」 『한국교육사학』 35, 2013; 이영환, 「『논어』의 시교육론」 『한국교육사학』 34-3, 2012; 하춘덕, 「논어에 나타난 공자의 시사상」 『석당논총』 18, 1992; 그러나 현재까지 필자의 조사에 의하면, 『논어』에 인용된 시와 그 편명에 대한 평론에 대해 주자와 다산의 해석을 직접 비교한 연구는 없다.

필자의 조사에 의하면, 『논어』에서 '시詩'를 직접 인용한 곳은 약 11장[5]이며, 『시』의 편명 등을 인용하면서 평론한 곳은 5장이며, (직접적인 시의 인용은 없지만) 공자의 시론詩論이 개진된 곳은 모두 7장[6]이다. 따라서 『논어』 전체 약 500장 내외 가운데 시와 직접 관련된 곳은 약 22장 내외로 적지 않은 비중을 차지한다고 할 수 있다.[7] 『논어』에서는 시를 인용하여 학문의 정진(「학이 1:15」, 「자한9:26, 9:30」, 「양화17:10 등 4장), 감정과 덕성의 함양(「위정2:2」, 「팔일3:8」 등 2장), 언행 및 의리 분별(「안연12:10」, 「선진11:5」 등 2장), 불인무례의 비판(「팔일3:20」 1장), 신체보존과 효도(「태백8:3」 1장), 처세(「헌문14:42」 1장) 등에 대해 논의했다.[8] 그리고 『시경』의 편명 등을 거명한 장은 (1) 「팔일3:20」(「관저」), (2) 「태백8:15」(「관저」), (3) 「자한9:15」(雅頌), (4) 「위령공15:10-6」(鄭聲), (5) 「양화17:10」(「주남」·「소남」) 등이다. 여기서 공자는 시교의 총론(팔일), 음악의 득실 (태백, 위령공), 『악』과 『시』의 정리 혹은 산정(자한), 그리고 시의 학습(연주)에 대해 말했다.[9]

그렇다면 역사상 『시』에 대해 가장 혁신적인 주석을 했던 사람 중의 한 사람인 신유학의 완성자 주자는 『논어』에서 시와 연관된 장들에서 그 이전의

---

5   (1) 학이1:15에서 자공의 「위풍」 <기오>편 인용. (2) 위정2:2에서 공자의 「노송」 <경>편 인용. (3) 팔일3:2 에서 공자의 「주송」 <옹>편 인용. (4) 팔일3:8에서 자하의 「위풍」 <석인>(혹은 逸詩) 인용. (5) 태백8:3에서 증자의 「소아」 <소민>편 인용. (6) 자한9:26에서 공자의 「패풍」 <경>편 인용. (7) 자한9:30에서 공자의 일 시 인용. (8) 선진11:6에서 남용의 「대아」 <억>편 암송. (9) 안연12:10에서 공자의 「소아」 <아행기야>편 인 용. (10) 헌문14:42에서 負荷者의 「위풍」 <포유고엽> 인용.

6   위정2:2, 술이7:17, 태백8:8, 자로13:5, 계씨16:13, 양화17:9, 양화17:10 등.

7   『논어』에서 『서(書)』에 관한 언명은 1회(7:17)이고, 그 내용의 직접 인용은 2회(2:21, 14:43)이다. 『역(易)』은 1 회(7:16) 언급했지만, 그 내용의 언급은 없다. 그리고 『춘추(春秋)』에 관한 언급은 없다.

8   『논어』에 인용된 시와 편명 등은 대부분 필요에 따라 斷章取義했기에, 이러한 구별은 논자에 따라 상대적이 다. 이영환은 앞서 제시한 논문에서 『논어』에 인용된 시 10수를 (1)학문정진과 의리 탐구의 촉진, (2)심성함 양과 덕행실천의 촉구로 대별하여 상세히 논하였다.

9   그리고 공자의 詩敎論이 피력된 구절은 위정2:2, 술이7:17, 태백8:8, 자로13:5, 계씨16:13, 양화17:9, 양화 17:10 등 약 7회 내외인데, 여기서는 상술하지 않는다.

고주[10]와 비교했을 때 어떻게, 얼마나 구별되는 독창적인 해석을 했을까? 필자가 『논어』에서 시 혹은 편명 등을 인용한 전체 15장에 걸쳐 고주인 『논어주소』와 신주인 『논어집주』를 비교한 결과 (논란의 여지가 있지만) 다음과 같은 결론을 얻었다. 즉 (1) 주자가 이전의 고주의 의미 해석을 거의 그대로 수용하고 있는 장절은 「팔일3:2」, 「태백8:3」, 「자한9:26」, 「헌문14:42」, 「위령공15:10-6」, 「양화17:10」 등 6곳이다. 그리고 (2) 약간의 내용상 수정을 거쳐 부분적으로 다르게 해석한 장절은 「태백8:15」, 「자한9:15」, 「선진11:6」 등 3곳이다. 나아가 (3) 거의 전면적으로 새롭게 해석하거나 장절의 배치마저 달리한 곳은 「학이1:15」, 「위정2:2」, 「팔일3:8」, 「팔일3:20」, 「자한9:30」, 「안연12:10」 등 6곳이다. 이제 이러한 구분에 따른 주자의 해석을 제시하고, 다산은 어떤 관점과 근거에서 그에 대한 비평을 하였으며, 다산의 비평은 어느 정도 근거가 있고 어떤 특징이 있는지를 살펴보고자 한다.

1. 주자의 고주 수용과 다산의 비평

우선 『논어』에 인용된 '시'의 해석에서 주자의 신주인 『논어집주』가 고주인 『논어주소』를 거의 그대로 따르고 있는 장절(「팔일3:2」, 「태백8:3」, 「자한9:26」, 「헌문14:42」, 「위령공15:10-6」, 「양화17:10」) 6곳을 다산 정약용이 어떻게 주석하였는지 살펴보자. 다산은 이러한 장절에 대해 어떻게 주석했을까? 놀랍게도 다산은 총 6장 가운데 1장만 제외하고[11] 총 5장에서 거의 새로운 주석을 시도하였다(5/6).

먼저 「팔일」3:2(三家者 以雍徹 子曰 相維辟公 天子穆穆 奚取於三家之堂.")의 주석

---

10 何晏 注·邢昺 疏(정태현·이성민 역), 『역주논어주소』1-3, 전통문화연구회, 2012-2016 참조.
11 다산은 「자한」9:26에 대한 해석에서 사소한 부분(狐貉와 終身 등)을 제외하고, 이전의 주석을 그대로 따르고 있다.

을 살펴보자. 이 구절에서 주자는 고주를 거의 그대로 따르면서 동시에, 정자의 "주공의 공로는 진실로 크지만, 모두 신하의 직분으로 마땅히 해야 할 것이니, 유독 노나라만 어찌 천자의 예악을 쓸 수 있다는 말인가?"라는 말을 인용했다.[12] 즉 주의 성왕이 주공이 세운 노나라에 천자의 예악을 쓸 수 있게 함으로써, 당시 삼가가 예악을 참월하는 단서를 제공했다는 것이다. 그런데 이에 대해 다산은 『좌전』「소공4년조」의 자가구子家駒의 말을 근거로 "주의 성왕은 천자의 예로써 주공을 제사하라고 했지, 일찍이 노나라에 천자의 예를 내려주지는 않았다."[13]라고 주장한다. 즉 다산은 기존에 마치 정설처럼 인정되던 이른바 '노용천자예악설魯用天子禮樂說'을 수정하면서, 이 구절의 해석 근거를 재검토했다. 그런데 여기서 문제는 현재 『예기』에는 이렇게 상충하는 두 주장 모두를 정당화시켜 주는 언명이 있다는 것이다. 그래서 호씨는 다음과 같이 말하였다.

> 『예기』「명당위」편을 보면, "성왕이 주공에게 천하에 큰 공로가 있었기 때문에 노나라 제후에게 명하여 세세토록 천자의 예악으로 주공을 제사하게 했다."고 했다. 「제통」편을 보면, "성왕과 강왕이 주공이 공을 세운 것을 추념하여 노나라를 존중해 주려고 했던 까닭에 중제重祭를 하사했는데, 도성 밖의 제사로서는 교사郊社가 그것이고, 도성 안의 제사로서는 대상제大嘗禘가 그것이다."라고 했다. 「예운」편에서는 "노의 교제郊禘는 예가 아니니, 주공의 도가 쇠한 것이다."라고 했다. 노나라가 천자의 제도를 참용하니, 삼가가 노나라를 참용했고, 드디어 천자의 예를 참용하기에 이른 것이다. 이것이

---

12 『논어집주』 3:2의 朱子注.
13 정약용(이지형 역주), 『역주논어고금주』1, 사암, 2010, 275-276쪽.

정자가 주고받음이 모두 잘못된 것이라고 비판한 까닭이다.[14]

    이렇게 『예기』「명당위」편은 "주의 성왕이 천자의 예로 주공을 제사하라고 했다."라고 말하고, 「제통」편에서는 "천자의 제사를 노나라에 내려주었다."라고 말했다. 그리고 「예운」편은 정자가 취한 양비론의 근거가 되는 언명을 하였다. 어느 편을 취하는 것이 옳을까? 필자는 여기서 다음과 같이 추론해 본다. 즉 성왕이 아버지 무왕과 함께 주나라 개국 과정에서 위대한 업적을 이룬 숙부 주공을 천자의 예악으로 예우하라고 명했다는 것은 어느 정도 납득할 수 있다. 그러나 주공이 봉해졌다고 하더라도 엄연히 제후국인 노나라에 천자의 예악을 허여했다는 것은 사리에 어긋나지 않을까 한다. 아마도 처음에는 주공에게만 허여했던 천자의 예악을 천자의 국가인 주나라가 쇠약해지자 노나라 제후들이 참월하여 천자의 예악을 계속 시행했고, 그 후 노나라 제후의 권력이 약해지자 실세 대부들이 또한 참월하여 천자의 예악을 자신의 당에서 시행하지 않았을까 한다. 만일 그렇다면 여기서 다산이 제기한 주장은 이전의 고주 및 주자의 신주보다 더 큰 설득력이 있다고 하겠다.

    다음으로 「태백8:3」("曾子有疾 召門弟子曰 啓予足 啓予手 詩云 戰戰兢兢 如臨深淵 如履薄氷 而今而後 吾知免夫 小子.")의 구절에 대한 주석을 살펴보자. 여기서 다산은 증자가 '오지면부吾知免夫'라고 말한 근거를 다른 시각에서 조명하였다. 고주와 주자는 이 구절을 증자가 죽음에 이르기까지 몸을 훼상하지 않음으로써 부모님께 효도를 다하였다고 말하는 것으로 주석하였다. 그런데 다산은 "몸을 훼상하지 않은 것은 진실로 효자의 지극한 뜻이지만, 증자가 임종 때에 했던 말뜻은 여기에 그치지 않는다."라고 주장한다. 즉 다산은 증자는 군자였기 때문에 "(증자가 제자들에게) 그 손과 발을 보게 하여 스스로 '형륙刑

---

14   김동인·지정민·여영기 역, 『세주완역논어집주대전』, 한울아카데미, 2009, 3:2의 세주.

戮'에서 면하게 된 것을 다행으로 여긴 것이니, 이것이 그 뜻이다. 군자는 형벌을 생각(懷刑)하기 때문에 죄악을 범하는 것을 중하게 여겨서 언제나 전전긍긍 깊은 못가에 임한 듯, 얇은 살얼음을 밟은 듯 조심했다."15라고 주석했다. 요컨대 고주와 주자는 증자를 부모에게 효도를 다하고 임종을 맞는 효자로 해석했다면, 다산은 사람의 도리를 다하고 임종을 맞는 군자로 재해석했다. 여기서도 다산의 해석은 나름으로 상당한 근거를 지닌다. 왜냐하면 여기서 쓰인 '임종'이란 소인이 아니라, 군자에게만 쓰는 명칭이며,16 또한 『논어』에서는 분명 "군자는 (몸을 경건하게 하는 것을 중하게 여겨) 형벌을 생각하고, 소인은 (재물을 아끼려고) 혜택을 생각한다."17라고 말했기 때문이다. 여기서 다산의 '경으로써 경을 증명한다(以經證經)'라는 태도를 여실히 확인할 수 있다.

그리고 「헌문14:42」("子擊磬於衛 有荷蕢而過孔氏之門者日 有心哉 擊磬乎 旣而日 鄙哉 硜硜乎 莫己知也 斯已而已矣 深則厲 淺則揭 子日 果哉 末之難矣.")에 대해서도 다산은 '경경硜硜'이란 의태어와 인용된 시의 구절인 '심즉려深則厲, 천즉게淺則揭' 그리고 이어지는 '과재果哉, 말지난의末之難矣' 등에 대해 이전과는 완전히 다르게 주석했다. 고주와 주자는 여기서 '경경硜硜'이라는 경쇠 소리를 '오로지 확고한(專確) 뜻이 있는 것'으로 해석했다. 그리고 그 앞의 '유심재有心哉'란 말을 "공자가 아직 세상에 대한 미련을 두고 있다."라고 비판하는 구절로 보면서, 뒤의 구절 또한 이에 맞추어 해석하였다. 그래서 이 구절을 "마음이 있구나, 경쇠 소리에.… 비루하구나, 저 경경한 소리여! 아무도 나를 알아주지 않으면 그만 둘 뿐이로다. '물이 깊으면 옷을 입고 건너고, 얕으면 옷자락을 걷고 건너면 될 것'을 공자께서 말씀하셨다. '과감하도다. 그러면 어려움이 없을 것이다.'"라고 해석했다. 이에 대해 다산은 다음과 같이 말했다.

---

15 『역주논고금주』2, 279-283쪽.

16 『禮記』「檀弓」子張病 召申祥而語之 日 "君子日終 小人日死 吾今日其庶幾乎."

17 『논어』4:11. 子日 "…君子懷刑 小人懷惠."

살핀다. '경경磬磬'이란 경쇠에서 나는 소리이다.… 경경이 어찌 폄하하는 말이겠는가? 경쇠 소리를 들으면 풍악을 익히는 것을 알고, 풍악을 익히는 것을 알면 도를 행할 마음이 있다는 것을 알게 된다. ○보완하여 말한다. '과재果哉'는 그 말이 이치에 맞음을 인정한 것이고(과연 말한 바와 같다는 것이다), '말지난의末之難矣'는 답변할 만한 말이 없다는 것이며, '난難'이란 힐난하여 논변하는 것이다. ○질의한다. 『집주』에서 말했다. 과재果哉는 과감하게 세상을 잊은 것을 탄식하신 것이다. 또 사람이 나오고 머무는 것을 다만 이처럼 한다면 또한 어려운 일이 없을 것이라고 말씀하셨다. ○살핀다. '물이 깊으면 잠방이를 입고 건너고, 얕으면 옷을 걷고 건넌다'라는 것은 본래 재고 참작해서 세밀하게 한다는 말이지, 세상을 잊는 데에 과감하다는 말이 아니다. 또 '과果' 한 글자의 내용에는 세상을 잊는다는 뜻을 포함할 수 없다. 『이아爾雅』 「석수釋水」에 무릎 이하에서 걷고 건너는 것을 게揭라 하고, 무릎 이상에서 걷고 건너는 것을 섭涉이라 하며, 허리 이상일 때는 려厲라 하는데, 잠방이를 입고(以衣) 건너는 것을 려厲라 한다(郭璞은 衣는 褌:잠방이라고 했다). 곤褌이란 속옷이다. 선왕의 시대에는 백성이 예의를 중시할 줄 알아 특별히 작은 잠방이를 만들어 이를 입고서 깊은 물을 건넜는데, 자체로 음부를 노출시키지 않기 위함이다.[18]

즉 다산은 이 구절을 삼태기를 매고 간 자가 공자의 경쇠 소리를 듣고 도를 행할 마음이 있다는 것을 알아차리고 했던 말로 보았다. 그래서 앞의 '유심재(有心哉)'라는 말은 공자가 세상에 미련을 버리지 못하는 마음이 있다고 조롱한 것이 아니라, 공자가 도를 행할 마음이 있음을 높이 평가한 말이라고 해석했다. 그리고 이렇게 삼태기를 지고 가는 자가 자신을 알고 있기에 공자는 그

---

18 『역주논어고금주』4, 221-227쪽.

말에 동의하여, '과연 그렇구나(果哉), 힐난할 것이 없구나(末之難矣)!'라고 말했다는 것이다.

그렇지만 이러한 다산의 해석을 따른다면, '비재(鄙哉:비루하구나!)'라는 말을 어떻게 해석할 것인가 하는 것이 문제로 남지 않을까? 만일 이 말이 공자를 기롱한 표현이라면, 부하자負荷者가 공자의 경쇠 소리를 듣고 공자가 도를 행할 마음이 있다는 것을 알아차렸다고 긍정적으로 해석한 다산의 주석은 설득력이 떨어질 수 있다. 나아가 고주와 주자의 해석은 『논어』의 바로 앞 구절의 공자가 당시에 '안 되는 줄 알면서도 하는 사람'으로 일컬어지고 있었다는 말과 연관하여 볼 때 상당한 지지를 받는다고 생각된다.

> 자로가 석문에서 유숙하였는데, 신문이 물었다. "어디에서 오는 거요?" 자로가 말하였다. "공씨 문하에서 왔소." (신문이) 말했다. "바로 그 안 되는 줄 알면서도 하는 사람 말이지요?"[19]

다른 한편 이 구절에 대해 다산은 주자가 해석을 하지 않고 단지 인용만 했던 『시경』의 '심즉려深則厲'의 '려厲'가 '이의以衣(=褌)'로서 '잠방이를 입고 건너다'의 뜻이라는 것을 전거를 통해 밝혀주었다. 여기에 자원에 풍부한 식견을 지녔던 다산의 박학함을 확인할 수 있다.

그렇다면 「위령공15:10-6」("放鄭聲 遠佞人 鄭聲淫 佞人殆.")의 주석을 살펴보자. 여기서 쟁점은 '정성鄭聲'을 어떻게 볼 것인가 하는 것이다. 고주와 주자는 여기서 '정성'을 정나라의 음악(鄭國之音也)으로 보았다. 그래서 이 구절을 "정나라의 음악을 물리치고, (비굴하게 아첨하면서) 말 잘하는 사람을 멀리하라. 정나라 음악은 음란하고, 말 잘하는 사람은 위태롭다."라고 해석하였다. 이

---

19 『논어』 14:41, "子路宿於石門. 晨門曰 "奚自." 子路曰 "自孔氏." 曰 "是知其不可而爲之者與."

에 대해 다산은 「안」을 내어 다음과 같이 말한다.

> 살핀다. 정나라와 위나라의 음란함을 풍자한 시는 있었지만, 이는 아마도 음시淫詩는 아닌 듯하다. (본문의) '정성鄭聲'이란 정나라의 속악俗樂이다. 당시에는 원래 아악雅樂과 속악이 있어 나뉘어 둘로 되어 있었다. 그러므로 양혜왕이 "과인은 선인의 음악을 좋아하는 것이 아니라, 다만 세속의 음악을 좋아할 따름이다."(『맹자』,「양혜왕하」)라고 하였다. 확실히 두 종으로 구분되어 서로 혼칭되지 않았으니, 정풍鄭風이 어찌 정성鄭聲이겠는가?[20]

그래서 다산은 이 구절을 "정나라의 세속 음악을 물리치고, 말 잘하는 사람을 멀리하라. 정나라의 세속 음악은 음란하고, 말 잘하는 사람은 위태롭다."라고 해석했다. 여기서 다산은 『시경』의 시 삼백 편은 모두 현인이 지은 것으로서 이른바 음란함을 풍자한 시(刺淫之詩)는 있지만, 음란한 시(淫詩)는 없었다는 관점을 견지한다. 그래서 여기서 공자가 추방하라고 말한 정성이란 현존하는 『시경』의 정풍이 아니라, 정나라의 세속 음악이라고 주장한다. 여기서 우리는 주자와 다산의 『시경』의 '시'에 대한 관점의 차이를 확인할 수 있다.

이제 마지막으로 「양화17:10」("子謂伯魚曰 女爲周南召南矣乎 人而不爲周南召南 其猶正牆面而立也與.")에 대한 해석을 살펴보자. 이 구절에 대해서 주자는 고주와 의견을 같이하면서 다음과 같이 주석한다.

> 여기서 '위(爲)'는 배운다(學)는 뜻이며,「주남」과 「소남」은 『시경』 머리편의 이름으로, 말한 것은 모두 수신·제가의 일들이다. "바로 담장을 마주하여

---

20 『역주논어고금주』4, 333-335쪽.

선다."라는 것은 지극히 가까운 거리에서 마주하여 하나의 사물도 볼 수 없고, 한 걸음도 앞으로 갈 수 없다는 말이다.[21]

따라서 고주와 주자는 이 구절을 "공자께서 백어에게 일러 말씀하셨다. '너는 (『시경』의) 「주남」과 「소남」을 배웠느냐? 사람으로서 「주남」과 「소남」을 배우지 않으면 마치 담장을 마주하고 서 있는 것과 같다.'"라고 해석했다고 하겠다. 이에 대해 다산은 다음과 같이 적극 항변한다.

살핀다. 『시경』의 시 삼백 편은 모두 풍교風敎에 관계되는 것이니, 어찌 유독 이남二南만 그러하겠는가? 또 공자는 백어에게 『시경』의 시를 배우라고 권할 때에 원래 『시경』 전부를 배우라고 권하였는데, 이제 갑자기 축소하여 이남만 권하는 것에 그쳤다면, 어찌 통할 수 있겠는가? 또 이남의 시는 하루 아침에 배울 수 있고, 백어는 바로 성인의 아들인데 일찍이 한 번도 읽지 않았다면, 이는 또한 너무 늦은 것이다. 무릇 공자 문하의 사람은 마땅히 하루 아침에 이남에 다 통달했을 것인데, 백어가 비록 노둔했더라도 반드시 그 자신이 담장을 맞대고 서는 데까지 이르지는 않았을 것이다. 나의 생각에는 현가絃歌가 남음南音을 가장 어려운 음조로 하고 있는 것으로 보인다. 당시에는 사람을 가르치며 모두 몸에 예악을 익히게 하였다. 사람으로서 노래를 읊조리며 비파를 타고 「주남」·「소남」의 악을 연주하지 못하면, 연사燕射와 이업肄業 그리고 빈객의 모임에서 쓸쓸히 한쪽 구석으로 밀려 체모를 잃었다. 이런 것을 우리나라의 풍속에서 이른바 답답한 사람이라고 한다. 그러므로 "마치 담장을 맞대고 선 것과 같다."라고 하였다. 또 '위爲'라는 글자의 뜻은 '음

21 『논어집주』 17:10에 대한 朱子注.

악을 연주하는 것'이다.[22]

　요컨대 다산의 보충에 따르면, 이 구절은 "너는 「주남」·「소남」을 음절에 맞게 거문고와 비파에 올려 노래할 수 있겠는가? 사람으로서 이름만 지어져 있고 이를 연주하지 못하면, 마치 담장을 향해 맞대고 서 있는 것과 같아 마음과 눈이 소통하지 못한다."라는 뜻이다. 즉 고주와 주자는 '위爲' 자를 '학學' 자로 해석하여, 『시경』의 머리편인 「주남」·「소남」을 배워 수기·치인의 토대를 닦아야 한다는 말로 해석했다. 『시경』의 「주남」·「소남」을 익히는 것은 마치 『역경』의 부모 괘인 건곤乾坤을 익히는 것처럼, 기초 소양을 함양한다는 것이다. 이에 대해 다산은 '위爲' 자를 '(음악을) 연주演奏하다'로 해석한다. 『시경』의 시 삼백 편은 모두 풍교에 관계되기 때문에 공자가 아들 백어에게 「주남」·「소남」만 학습하라고 하지 않았을 것이라는 말이다. 다산은 자신의 해석의 논거가 되는 다양하고 풍부한 전거를 제시한다. 다산의 해석을 따르면, 이 구절은 시에 관한 것이 아니라 음악에 관한 것이 된다. 그런데 만일 이 장이 바로 앞 장과 연관성을 지니고 있어 편집상 연결시켜 놓은 것이라면, 바로 앞 장(17:9. "子曰小子何莫學夫詩 詩 可以興 可以觀 可以群 可以怨 邇之事父 遠之事君 多識於鳥獸草木之名.")은 시에 관해 말하고 있기에 이 장 또한 시와 연관된 언명으로 해석하는 것이 더 설득력이 있지 않을까?

　이렇게 다산은 『논어』에서 시와 그 편명 등을 인용하면서 평론한 전체 15장 가운데 주자가 고주를 거의 그대로 받아들인 총 6장 중에서 무려 5장에 대해서 이전 해석과 구별되는 혁신적인 주석을 했다.

22　『역주논어고금주』5, 181-183쪽.

2. 주자의 고주 수정과 다산의 비평

이제 주자가 이전 고주를 부분적으로만 다르게 해석한 3곳(「태백8:15」, 「자한9:15」, 「선진11:6」)을 살펴보고, 그에 대한 다산의 비평도 살펴보자.

먼저 「태백8:15」("子曰 師摯之始 關雎之亂 洋洋乎 盈耳哉.")에 대한 주석을 살펴보자. 고주에서는 "주나라의 도가 쇠미해지자 정나라와 위나라의 음악이 나와서 정악正樂이 폐지되고 절주節奏를 잃었다. 노나라의 태사 지가 『시경』「관저」의 성조를 기억하여 처음으로 그 어지러운 것을 정리하자 맑고 우렁찬 소리가 귀에 가득하니, 공자께서 들으시고 찬미하셨다."[23]라고 주석했다. 즉 고주에서는 '난亂' 자를 "어지러운 것을 정리하다(理其亂也)."로 해석하고 있다.

이에 대해 주자는 『사기』의 용례(關雎之亂以爲風始:관저의 끝장은 국풍의 시작으로 삼았다)에 근거를 두고, "난亂이란 악의 끝장이다(樂之卒章)."라고 해석함으로써 고주를 수정한다. 그래서 그는 이 구절을 "악사 지가 초창기(始)에 연주한 「관저」의 끝 곡이 아름답고 성대하도다. 아직도 귀에 쟁쟁하구나!"라고 해석하였다. 이에 대해 다산은 '(만일 주자처럼 해석하면) 앞의 '始' 자는 어떻게 된 것인가?'라고 질문하면서, 다음과 같은 설명을 부가한다.

> '시始'란 (『시경』 시의) 세 편의 시작이고('終'은 세 편의 마침이다), '난亂'이란 (『시경』 시의) 한 편의 졸장이다. 옛날 합악合樂에는 반드시 세 편을 노래했는데, 「주남」에서는 「관저」·「갈담」·「권이」이다. … 『사기』에서 '관저지란이위풍시關雎之亂以爲風始'라고 했는데, 이는 사마천이 '난亂' 자를 잘못 읽고 해석한 것이다.[24]

---

23 『역주논어주소』2, 32-33쪽.
24 『역주논어고금주』2, 311-313쪽.

즉 다산은 이 구절을 "악사인 지가 「주남」 세 편(「관저」, 「갈담」, 「권이」)을 연주하는 시작에서 「관저」의 끝 장이 성대하고 넘치는구나. 아직도 귀에 쟁쟁하다."라고 말하여, 공자가 찬탄한 것으로 해석한다. 다산의 이러한 해석은 앞의 주자가 설명하지 못한 '시始' 자의 의미를 잘 알 수 있게 해 주는 온전한 해석으로 상당한 설득력이 있다고 하겠다.

다음으로 「자한9:15」("子曰 吾自衛反魯 然後樂正 雅頌各得其所.")에 대해 살펴보자. 이 구절에 대해 고주에서는 "이 장은 공자께서 퇴폐된 '악'을 바로잡은 일에 대해 말씀한 것을 기록한 것이다."[25]라고 주석했다. 그런데 주자는 "노나라 애공11년 겨울(공자 68세)에, 공자께서 위나라에서 노나라로 되돌아왔다. 이때 주나라의 의례는 노나라에 있었으나, 『시』와 『악』은 자못 손상되어 어질러지고 빠지거나 순서가 뒤바뀌었다(殘闕失次). 공자께서는 사방을 주유하면서 서로 참고·교정하며(參互考訂)' 그 설을 알게 되었다. 만년에 도가 끝내 행해지지 않을 것을 알았기 때문에, 돌아와 그것들을 바로잡으셨다(正之)."[26]라고 말하여, 악과 『시』를 바로잡았다고 해설했다.

그런데 다산은 "득기소得其所는 그 차례의 마땅함을 얻은 것을 말한다."라고 말하면서, 왕응린王應麟의 『석림石林』에서의 언명을 인용한 다음 "계찰이 본 악樂과 초나라 장왕이 논한 〈송〉은 모두 『시경』이 산정刪定되기 이전의 시이다."[27]라고 말하여, 산정이라는 말을 분명히 사용하면서 공자의 '시산정설'을 인정하는 바탕 위에서 원문을 주석했다. 주지하듯 공자의 시산정설은 사마천이 주장한 이래, 한대에 이르기까지 정설로 받아들여졌지만, 당대 공영달 이래 회의를 품어 왔다. 주자는 공자의 시산정설에 대해 회의한 쪽을 지지했다. 그래서 그는 "『시』와 『악』은 자못 잔궐실차殘闕失次한 것을 참호고정

---

25 『역주논어주소』2, 78-79쪽.
26 『논어집주』 9:15의 朱子注.
27 『역주논어고금주』2, 397쪽.

參互考訂하여 바로잡았다(正之).'라고 말하면서, '산정'이라는 용어를 쓰지 않았다. 그런데 다산은 사마천의 언명을 신봉하면서, 공자의 시산정설을 인정하면서 이 구절을 해설했다. 이 또한 주자와 다산의 시에 대한 관점의 차이를 여실히 나타낸다.

다음으로 「선진11:6」("南容三復白圭 孔子以其兄之子妻之.")의 해석을 살펴보자. 이 구절에 대해 고주에서는 "남용이 『시』를 읽다가 이 「억」편에 이르러 세 번 되풀이하여 읽었으니, 이는 그 마음이 말을 삼가는 데 있는 것이다."[28]라고 주석했다. 이에 대해 주자는 "남용이 하루에 이 말을 세 번 반복했는데, 이 일은 『공자가어』에 나온다. 대개 말을 삼가는 데 깊게 유의했다. 이에 '나라에 도가 있으면 버려지지 않고, 나라에 도가 없으면 재앙을 면할 수 있었다 (5:2).' 그래서 공자께서는 형의 딸로 아내를 삼게 하셨다."[29]라고 주석했다. 요컨대 주자는 여기서 '삼복三復'을 "하루에 세 번씩 반복하여 암송했다."라고 해석했다. 그런데 이에 대해 다산은 주자가 인용한 『공자가어』가 위서僞書이기 때문에 근거가 박약하다고 하면서, 주자의 해석을 『사기』 등을 인용하면서 부정하고 고주를 지지하고 있다.[30] 그러나 이 구절은 상식적으로 볼 때, 비록 『공자가어』가 위서라고 하더라도, 주자처럼 하루에 세 번 반복하여 암송했다고 하는 것이 더 순조롭지 않을까 생각한다. 단순히 『시』를 읽다가 중요한 혹은 마음에 새길 구절이 나올 때 세 번 암송하는 것이 흔한 일이 아닐까?

이렇게 다산은 주자가 고주에 대해 부분적으로 다르게 해석한 총 3장 가운데 2곳에 대해서는 완전히 새로운 주석을 했다. 그리고 나머지 1장에 대해서는 주자의 의견을 받아들이지 않고, 고주를 지지했다.

---

28 『역주논어주소』2, 160 - 161쪽.
29 『논어집주』 11:6의 朱子注.
30 『역주논어고금주』3, 155쪽.

3. 주자의 고주 비판과 다산의 비평

이제 주자가 『논어』에서 시와 그 편명을 인용한 장들 가운데 고주와 원문을 다르게 분리·재배치하거나 혹은 전혀 다른 새로운 해석을 내놓은 「학이1:15」, 「위정2:2」, 「팔일3:8」, 「팔일3:20」, 「자한9:30」, 「안연12:10」 등 6곳을 살펴보자.

먼저 「학이1:15」[31]에 대한 고주의 공안국과 형병의 주석은 다음과 같다.

> 이 시詩는 「위풍, 기욱」편인데, 위나라 무공武公의 덕을 찬미한 것이다. 뼈(骨)를 다듬는 것을 절切이라고 하고, 상아(象)를 다듬는 것을 차磋라고 하고, 옥을 다듬는 것을 탁琢이라고 하고, 돌(石)을 다듬는 것을 마磨라고 하는데, 그 학문이 이루어졌음을 말한다. 신하들의 규간規諫을 듣고 스스로 수양한 것이, 마치 옥과 돌이 쪼아지고 갈아진 것과 같다는 말이다. 자공이 "가난하면서도 도를 즐거워하고, 부유하면서도 예를 좋아하면 능히 절차탁마切磋琢磨한다고 말할 수 있습니까?"라고 말한 것이다. 자공이 시를 인용하여 공자의 뜻을 찬성할 줄 알았으니, 비슷한 것을 취하여 비유를 잘하였다. 그러므로 그의 이름을 불러 이렇게 말씀하신 것이다.[32]

이렇게 고주에서는 '절차탁마'를 각각 뼈·상아·옥·돌 등을 다듬는 것(治)으로 보고, 이는 무공의 '학문이 이미 이루어졌다'는 것을 말한다고 해석하였다. 그리고 지난 것(往)은 '빈이락도貧而樂道, 부이호례富而好禮'를, 올 것(來)은 '절차탁마'를 가리킨다고 해석했다. 그런데 주자는 "절차를 뼈와 뿔(骨

---

31 『논어』 1:15. 子貢曰 "貧而無諂 富而無驕 何如." 子曰 "可也 未若貧而樂 富而好禮者也." 子貢曰 "詩云 如切如磋 如琢如磨 其斯之謂與." 子曰 "賜也 始可與言詩已矣."
32 『역주논어주소』1, 102~103쪽.

角)을 가공할 때에 이미 자르면 다시 다듬고, 탁마는 옥돌을 다듬을 때 이미 쪼았으면 다시 가는 것으로, 가공한 것이 이미 정밀하지만 더욱 정밀하기를 추구한다."라는 것으로, 끊임없이 학문의 진보를 추구하는 과정으로 해석했다. 그리고 그는 또 "지난 것(往)이란 공자께서 이미 말한 것이고, 올 것(來)이란 공자께서 아직 말하지 않은 것이다."[33]라고 해석한다. 요컨대 절차탁마가 학문의 완성을 말하는가, 아니면 더 정밀한 것을 추구하여 끊임없이 나아가는 학문의 과정인가 하는 것이 이 구절에 대한 고주와 주자 해석의 차이라고 할 수 있다. 여기서 다산은 절차탁마를 끊임없는 학문의 진보 과정으로 본 주자의 해석이 탁월한 견해라고 말하면서 적극 지지한다.

> 논박하여 말한다. 형병의 해석은 그릇되었다. 이것(절차탁마)은 본래 『이아』 「석기釋器」의 글이다. 그러나 뼈도 갈지 않을 수 없고, 상아도 자르지 않을 수 없다. 옥은 갈지 않으면 비록 쪼았다고 하더라도 쓸 수 없고, 돌은 쪼아내지 않으면 갈려고 해도 할 수 없다. 『이아』에서 한 물질에 하나의 명칭을 붙인 것은 본래 그 뜻이 잘못되었다. 정밀함과 거칢으로 그 뜻을 설명한 것은 주자에서 처음 나왔는데, 그것은 천고의 탁월한 견해이다. 만약 정밀한 것과 거친 것의 비유가 아니라면, 이 경문의 문답은 싱거워서 아무런 의미가 없을 뿐만 아니라, 필경 해석할 수도 없을 것이다.[34]

이제 「위정2:22」("子曰 詩三百 一言以蔽之 曰 思無邪.")의 해석을 살펴보자. 이 구절에 대해 고주에서는 "이 장은 정치를 하는 도는 삿됨을 버리고 올바름으로 회귀하는 데 있음을 말하였다."라고 주석하였다. 그리고 '일언一言'이란

---

33 『논어집주』 1:15의 朱子注.
34 『역주논어고금주』, 135-137쪽.

'(『시』의) 일구一句'이고, '폐색'는 '당當'과 같고, '사무사'는 '올바름으로 돌아옴(歸於正)'이라고 해석했다.[35] 이에 대해 주자는 '폐색'는 '덮는다(蓋)'와 같다고 말하면서, '사무사'는 "사람들에게 본성과 감정의 올바름을 얻게 하는 것(性情之正)으로 귀결될 따름이다."라고 해석했다. 즉 그에 따르면, 성정은 사思에 연결되고, '정正'은 '무사無邪'에 연결된다. 따라서 주자는 이 구절을 성정론 혹은 심성론의 관점에서 시를 배우는 공효를 말하는 것으로 주석하여, "시 삼백 편을 한마디 말로 포괄(蓋)하면, 생가(性情)에 사특함이 없게 히는 것(올바름)이다."라고 해석했다. 이에 대해 다산은 다음과 같이 반론한다.

> '사무사'란 시를 지은 사람의 심지心志의 발현이 사특함과 편벽됨이 없음을 말하는 것이다. 만약 공능과 효용에 귀착시키는 것으로 '사악함이 없게 함(无邪)'이라고 말한다면, '사思'라는 한 글자는 풀이할 수 없다. 사마천은 시 삼백 편은 모두 현인과 성인이 지은 것이라고 말하였는데, 이는 근거가 있는 말이다. 그러므로 공자가 산정刪定하여 이것을 바르게 해서 성인의 경전으로 삼았다. 만약 시를 지은 자가 원래 음사淫邪한 사람이었다면, 어떻게 그 말을 성인의 경전이라고 명명할 수 있었겠는가? 필시 그렇지는 않을 것이다.[36]

요컨대 고주에서는 시를 정치적 풍교風敎의 관점에서 해석하여, '사무사'를 '올바름으로의 복귀(歸於正)'라고 하였다. 이에 대해 주자는 성정론의 관점에서, '시의 공효'라고 해석했다. 즉 시를 읽는 자의 선한 마음이 감발感發되고 나쁜 마음은 징창懲創되어 사악한 생각이 없어지게 된다는 것이다. 그런데 다산은 이 구절이 시의 작자에 해당하는 것이며, 현인 혹은 성인인 시의 작자에

---

36 『역주논어고금주』, 157쪽.

게는 사악한 생각이란 없다는 것을 말해 주는 구절이라고 주석했다. 이렇게 주자와 다산은 생각에 '사특함이 없는 것(思無邪)'이 시를 지은 자에게 해당하는가, 아니면 시를 읽는 자에게 나타나는 공효인가 하는 점을 두고 이견異見을 보이고 있다. 이는 시비의 대상의 아니라, 시에 대한 관점의 차이라고 할 수도 있다. 그런데 이 구절이 비록 시를 지은 자의 생각에 사특함이 없음을 말하는 것이라고 할지라도, 시를 읽음으로써 초래되는 공효로써 시를 읽는 자의 '생각에 사특함이 없도록 하는 것'이라고 말할 수도 있을 것이다. 나아가 그 역으로, 사특함을 없게 하는 시를 짓는 자 또한 사특함이 없어야 하지 않겠는가?

이제 「팔일3:8」("子夏問曰 巧笑倩兮 美目盼兮 素以爲絢兮 何謂也." 子曰 "繪事後素 曰 禮後 曰 起予者 商也 始可與言詩已矣.")의 주석을 살펴보자. 이 구절에서 가장 중요한 해석의 관건은 '소이위현혜素以爲絢兮'라는 말을 어떻게 해석할 것인가 하는 것이다. 여기에 대해 (주자 이전에는) 정현의 「고공기」 해석을 받아들여, '그림을 그릴 때에 먼저 여러 색을 칠한 뒤에 마지막으로 흰색을 그 사이에 분포하여 문양을 완성하는 것'으로 보고, 다음과 같이 해석하였다.

> 자하가 물었다. "'어여쁜 웃음에 보조개여, 아름다운 눈이 움직임이여! 소이위현혜(素以爲絢兮:흰 분으로 채색한 것이로다!)'라고 하였는데, 무엇을 일러 말하는 것입니까?" 공자께서 말씀하셨다. "그림 그리는 일은 (여러 색을 칠하고 마지막 문양으로) 흰 색을 나중에 칠한다." 자하가 말했다. "예로써 뒤에 완성해야 한다는 것이군요." 공자께서 말씀하셨다. "나의 말을 감발하는 자는 상이로다! 비로소 더불어 시를 말할 수 있겠구나!"

그런데 주자는 이러한 정현의 「고공기」 해석에 영향을 받은 주석을 정면으로 논박하였다. 그는 바탕(質)과 문채(文)를 선후적 본말론으로 해석하여, 먼저 바탕을 이룬 다음에 문채로 수식해야 한다고 주장한다. 그래서 그는 그림을 그릴 때에 바탕을 먼저 이룬 뒤에 채색을 하듯이, 인간 또한 그 근본(忠信 등)을 닦은 뒤에 예로써 문채를 이루어야 한다는 것이 이 구절의 뜻이라고 말한다. 그런데 다산 당시에도 많은 이들이 정현의 해석에 바탕을 두고 주자의 해석이 오히려 그릇되었다고 비판한 듯하다. 그러나 다산은 이러한 정현의 해석이 잘못되었음을 실제 그림 그리는 것에 근거를 두고 논증하면서, 주자의 해석이 옳다고 적극 변호한다.

> 살핀다. 소공素功이란 오늘날 이른바 분칠할 바탕(紛本)을 말한다. 매번 화공畵工들이 청색과 적색의 아름다운 채색을 칠하려 할 때를 보면, 반드시 먼저 분칠할 지면을 만들어 놓은 뒤 이에 붉고 푸른 것을 써서 칠하니, 이는 고금이 다를 수 없다. 「고공기」에서는 흰색을 백白이라고 하고, 분칠할 바탕을 소素라고 하여, 이 두 가지가 서로 구분되며, 글자의 용법이 혼동되지 않았다. 그런데 정현은 여기서 소공素功을 백채白采로 여겼으니, 잘못된 주석이 아닌가? 화공이 쉽게 물들까 가장 두려워하는 것은 청색과 백색이다. 대개 그 색이 선명할수록 애석하게도 더욱 절실하다. 지금 어떤 사람이 그림 그리는 일을 화공에게 가르쳐주면서 말하기를, "먼저 청색과 적색을 칠한 뒤에 백색을 칠하라."라고 말한다면 그림판과 붓을 던지고 가 버리지 않는 자가 없을 것이니, 정현의 주를 받들 수 있겠는가?[37]

다음으로 「팔일3:20」(子曰 "關雎 樂而不淫 哀而不傷.")에 대한 주석을 살펴보자. 이 구절에 대해 고주는 후비后妃의 덕에 초점을 두고 해석하였다. 즉 후비가 선한 여인을 얻어 군자의 배필로 삼아 주는 것을 즐거워하면서 남편의 사

---

37 『역주논어고금주』1, 305쪽.

랑을 지나치게 독차지하려고 하지 않은 것이 '낙이불음(樂而不淫)'이며, 요조숙녀를 가엾게 여기면서도 현재賢才를 지닌 선녀善女를 해치려는 마음이 없었던 것이 '애이불상哀而不傷'이라는 것이다.[38] 그런데 주자 또한 이 시가 후비의 덕을 칭송한 것이라는 점은 인정하면서도, 그 의미는 고주와 완전히 다르게 해석한다. 즉 주자에 따르면, 배필을 구하면 즐거워하되 그 즐거움이 과도하게 흐르지 않는 것이 낙이불음이며, 배필을 구하지 못하면 마땅히 슬퍼하되 그 슬픔이 조화를 해치는 데에 이르지 않음이 애이불상이다. 그리고 그는 한 걸음 더 나아가 공자가 이렇게 말한 까닭은 배우는 사람들로 하여금 성정의 올바름(性情之正)을 얻도록 하기 위한 것이었다고 말하여, 시에 대한 교육학적인 의미를 부가했다.[39]

다산은 낙이불음과 애이불상의 의미 해석은 주자의 견해에 동의한다. 그러나 그는 「관저」라는 말은 단순히 시의 수편 1편만을 말하는 것이 아니라, 3편(「關雎」, 「葛覃」, 「卷耳」)을 말한다는 것을 옛 전적에 근거하여 밝히고 있다.

「관저」는 「관저」의 3편(「관저」, 「갈담」, 「권이」)을 말한다. 금슬종고琴瑟鐘鼓는 그 공경함을 잊지 않으니 곧 즐거우면서 음란하지 않는 것이다. 저 높은 산마루에 오르려고 하지만, 내 말이 병들어 오르지 못하지만, 길이 상심하거나 그리워하지는 않겠다는 것은 곧 슬퍼하지만 상심하지 않겠다(哀而不傷)는 것이다. 살핀다. 『춘추전』에 목숙穆叔이 진나라에 가니, 진후晉侯가 향연을 베풀었다(『좌전』양공4년조). 이때 악공들이 「문왕」3편을 노래하고 또 「녹명鹿鳴」3편을 노래하였다. 이와 같이 3편의 시는 모두 첫 편의 제목을 앞에 내놓았는데, 이는 옛 사람들이 시를 일컬을 때 사용하는 하나의 법례이다. 「관

---

38 『역주논어주소』1, 206쪽.
39 『논어집주』 3:20의 朱子注.

저」라고 말한 것은 「관저」가 첫 편이 되고, 「갈담」과 「권이」편은 그 안에 포함된다. 「관저」편은 즐거워하면서 음란하지 않음(樂而不淫)이요, 「갈담」편은 부지런하면서도 원망하지 않음(勤而不怨)이요(延陵季子의 말이다), 「권이」편은 슬프면서 상심하지 않음(哀而不傷)이다.[40]

요컨대 이 구절을 주자는 "「관저」편은 즐겁되 음란하지 않고, 슬퍼하되 상심하지 않아서 성정의 올바름을 얻었다."라고 해석하고 있다면, 다산은 "「관저」의 3편(「關雎」, 「葛覃」, 「卷耳」)에서 「관저」는 즐겁되 음란하지 않고, (「갈담」은 부지런하되 원망하지 않고:勤而不怨), 「권이」는 슬퍼하되 상심하지 않는다."라고 해석했다.

이제 「자한9:30」("唐棣之華, 偏其反而. 豈不爾思 室是遠而 子曰未之思也 夫何遠之有.")에 대한 해석을 살펴보자. 고주에서는 이 구절을 앞의 구절(9:29. "子曰可與共學 未可與適道 可與適道 未可與立 可與立 未可與權.")과 연결하여 하나의 장으로 간주하고, 다음과 같이 해석한다.

(당체의) 꽃잎이 뒤집힌 뒤에 합해진다고 했으니, 이 시를 지은 자는 권도權道가 반대된 이후에 대순大順에 이른다는 것을 말하였다. 그 사람을 생각하지만 직접 만나지 못한 것은 그 집이 멀기 때문이라고 한 것은 권도를 생각하지만 증득할 수 없는 것은 그 도가 멀리 때문이라고 말한 것이다.[41]

이에 대해 주자는 다음과 같이 반론한다.

---

40 『역주논어고금주』, 369쪽.
41 『역주논어주소』2, 92쪽.

선유先儒는 이 장(9:29)을 다음 문장(9:30장)의 '편기반(偏其反)'과 잘못 연결시켜 한 장(一章)으로 만들어 "경에는 어긋나지만 도에 합치한다(反經合道)."의 설로 해석하였다. 정자가 이것을 비판했으니, 옳다.… 이 시는 육의六義로는 흥興에 속하니, 앞의 두 구절은 의미가 없고 단지 뒤의 두 구절의 말을 흥기한다. 이른바 이(爾=그대)란 누구를 가리키는지 알 수 없다.… 공자께서 『시』의 말을 빌려 그 뜻을 반박한 것이다. 대개 전편의 "인이 멀리 있겠는가(仁遠乎哉:7.30)."라는 말과 뜻이 같은 듯하다.[42]

요컨대 고주에서는 이 구절을 반경합도反經合道의 권도를 설명하는 것으로 보았다. 그러나 주자는 앞의 권도를 말한 것과 시를 해석한 구절을 분리하면서, 전혀 다른 해석을 시도하였다. 다산 또한 앞의 고주(하안)와 모기령의 "당체의 꽃이 펄럭이며 뒤집히는 것은 권도를 행하는 것과 비슷한 면이 있다."라는 말을 논박하면서, 주자의 해석을 적극 지지한다.

논박하여 말한다. 하안과 모기령의 설명은 잘못되었다. 하안의 설은 견강부회하고 왜곡되어 전혀 문리를 이루지 못하였다. 주자가 그 어지러웠던 것을 정리하고 바른 데로 돌려놓아, 마치 안개가 그쳐 청명하게 환해진 것과 같았다. 그런데 모기령이 구설을 다시 세우려 하니, 그 심술이 공정하지 못함이 이와 같다.[43]

그러면서 그는 "이 시의 뜻은 비록 상세하지 않으나, 요컨대 형제간의 괴리와 반목이 있거나 혹은 부부간에 서로 반목하는 것을 당체가 펄럭이며 뒤집

---

42 『논어집주』 9:30의 朱子注.
43 『역주논어고금주』 2, 437-439쪽.

히는 것에 비유한 것이다.··· 배우는 자가 생각하고 또 생각하면 아무리 견고
하여도 뚫지 못할 것이 없고, 아무리 심원하여도 도달하지 못할 것이 없으니,
공자께서 이 시를 인용하여 경계하셨다."라고 해석했다. 따라서 여기서도 다
산은 고주를 비판하면서, 주자의 해석을 적극 지지했다.

이제 「안연12:10」(子張問崇德辨惑 子曰 "主忠信 徙義 崇德也 愛之欲其生 惡之欲其
死 旣欲其生 又欲其死 是惑也 誠不以富 亦祇以異.")의 해석을 살펴보자. 고주의 설
명을 보면, 이 구절은 다음과 같이 해석된다.

> 자장이 덕을 확충하고 미혹을 분별하는 일을 묻자, 공자께서 말씀하셨다.
> "충신하는 이를 가까이 하고(主=親), 의에로 옮겨가면 덕이 확충된다. 어떤 사
> 람을 사랑하면 잘 살기를 바라고, 어떤 사람을 미워하면 죽기를 바란다. 그
> 런데 이미 살기를 바라면서 동시에 죽기를 바라는 일은 미혹이다. '진실로 부
> 유하게 될 수 없고, 단지 이상하게 여겨질 뿐이다.'"[44]

그런데 주자는 앞의 구절에서는 고주의 대부분을 수용했지만, 『시경』에서
인용된 "성불이부誠不以富, 역지이이亦祇以異"에서는 정자의 착간설을 인용하
면서 원문을 다르게 배치한다.

> 이는 『시경』「소아」〈아행기야我行其野〉편의 말이다. 구설舊說에서는 "공자
> 께서 이 구절을 인용하여, 아무개가 살거나 죽기를 바란다고 해서 아무개를
> 살리거나 죽일 수는 없다는 것을 밝혔다. 마치 이 시에서 말한 것처럼 부유
> 하게 되지도 못하면서, 다만 이상하다고 의심받을 뿐이다."라고 하였다. 정
> 자가 말했다. "이 구절은 착간이다. 마땅히 16:2의 '제경공유마천사齊景公有馬

---

44 『역주논어주소』2, 222-225쪽 참조.

千駟'라는 구절 앞에 있어야 한다. 다음 장의 문장에도 '제경공齊景公'이란 글자가 있는데서 생긴 착오이다."[45]

이에 대해 다산은 주자가 인용한 정자의 착간설을 부정하고, 다음과 같이 보충하여 이 구절을 해석한다.

'기욕생지旣欲生之'란 전지를 나누어 주는 것이다(分田). '우욕기사又欲其死'는 과세를 무겁게 부과하는 것이다. 덕을 숭상함으로써 자신을 닦고, 의혹을 변별하여 백성을 다스린다. 세금을 취렴하는 정치는 진실로 부를 이루지 못하고, 다만 선왕이 제정한 법도를 어겨서 백성들로부터 이상하게 보일 뿐이다. 천하의 온갖 일을 두루 헤아려 보아도 오직 전지를 나누어주고 부세를 무겁게 하는 것만이 이 항목에 해당할 수 있다. 이 한 가지 일을 제외하고는 사랑함과 미워함이 동시에 함께 발생하고, 살았으면 하는 것과 죽었으면 하는 것이 동시에 함께 욕구되는 경우는 다시는 없을 것이다. 선유들은 이 점에 대해 깊이 생각하지 않았기 때문에 명확한 주석이 없었다. 본뜻이 이와 같았기 때문에 시를 인용하여 진실로 부도 이루지 못하면서도 또한 다만 이상하게만 보일 뿐이라고 하였다.[46]

그렇다면 다산은 문제의 구절을 "어떤 사람을 사랑하면 (토지를 분배하여) 잘 살기를 바라고, 어떤 사람을 미워하면 (과세를 무겁게 하여) 죽기를 바란다. 이미 (토지를 분배하여) 살기를 바라면서 동시에 (과세를 무겁게 하여) 죽기를 바라는 일이 미혹이다. '진실로 부유하게 될 수 없고, 단지 이상하게 보일 뿐이

---

45 『논어집주』 12:10의 朱子注.
46 『역주논어고금주』 3, 359-363쪽.

다.'"라고 해석하였다. 이렇게 다산은 이 구절에서 그 이전에 누구도 생각하지 못한 새로운 해석으로 고주를 비판할 뿐만 아니라, 정자·주자의 착간설 또한 부정하는 독자적인 주석을 내놓고 있다. 따라서 다산은 주자가 고주의 원문 배치를 부정하거나 전혀 다른 새로운 해석을 내놓은 여섯 장 중 세 장(「학이1:15」, 「팔일3:8」, 「자한9:30」)은 주자에 거의 동의하는 해석을 하였다(3/6). 그러나 「위정2:2」, 「팔일3:20」, 그리고 「안연12:10」 등에서는 독자적인 주석을 통해 해석의 새로운 지평을 열고 있디(3/6).

4. 소결

지금까지 『논어』에서 '시'와 그 편명 등을 직접 인용한 전체 15장에 대해, 다산은 그 이전의 고주와 신주를 어떻게 비평했는지를 살펴보았다. 그 결과 다산은 (1) 주자의 신주가 고주를 거의 그대로 수용한 총 6장 가운데 무려 5장에 대해 다른 관점과 근거에서 새로운 주석을 시도하였다. 그리고 (2) 주자가 고주에 대해 부분적으로 다르게 해석한 총 3장 중에 1장에서는 다른 관점에서 새로운 해석을 시도하였고, 1장에서는 문자와 문장에 대해 부분적으로 다른 해석을 시도하였고, 나머지 1장에서는 다시 고주를 지지하였다. 나아가 다산은 (3) 주자가 고주의 원문 배치를 부정하거나 전혀 다른 새로운 해석을 내놓은 전체 6장 가운데 총 3장에 대해서는 주자의 새로운 해석을 긍정하고, 나머지 3장에서는 관점과 근거를 달리하는 새로운 해석을 시도하였다.

따라서 『논어』에서 시와 그 편명을 인용한 전체 15장 중 고주와 주자의 신주, 그리고 다산의 주석이 모두 일치하는 곳은 단지 1장(「자한9:26」)에 불과하다. 그리고 그 나머지 중에서도 다산은 단 1장(「자한9:15」)에서만 고주를 지지했다. 따라서 다산과 고주의 관계를 정리하면, 전체 15장 가운데 다산이 고주를 지지한 것은 2곳이며, 부분적으로 수정한 것은 1곳(「태백8:15」)이며, 나머지 12장에 대해서는 완전히 다른 관점에서 원문을 수정·재해석하였다.

그리고 다산과 주자의 신주의 관계를 정리하면, 다산은 전체 15장 가운데 ⑴ 주자와 함께 고주를 지지한 것은 1장, ⑵ 주자의 신주를 거부하고 고주를 지지한 것 역시 1장, ⑶ 주자의 신주를 수용한 것은 3장, ⑷ 주자의 신주를 부분적으로만 수정한 것은 1장, ⑸ 고주와 신주를 모두 거부하고 독자적인 관점과 근거에서 주석한 장은 모두 9장이다. 그렇다면 다산은 『논어』에서 시와 편명 등이 인용된 총 15장 가운데 9-10장(거의 2/3)에 대한 주석에서 이전의 고주·신주와 다른 근거와 관점에서 새로운 해석을 시도하였다. 이렇게 다산은 『논어』에 인용된 시와 연관된 해석에서, 고주와 주자의 신주마저도 넘어서는 그 누구보다도 독창적이면서 창의적인 주석을 하였다고 하겠다.[47]

주지하듯이 주자는 역사상 『시』와 연관하여, 타의 추종을 불허할 정도로 새로운 관점과 근거에서 재해석을 시도했던 인물로 알려져 있다. 그는 우선 그 이전에 공자의 제자 자하 등으로부터 유래한다고 알려진 「시서詩序」의 문헌적 신뢰성을 의심하면서 후대에 추가된 것에 불과하다고 주장하였다.[48] 결국 그는 "「시서」를 통해 시를 이해할 것이 아니라(非以序解詩), 시로써 시를 해석해야 한다(以詩解詩)."라고 주장했다. 이렇게 시를 그 자체로서 이해하고자 했던 주자는 『시』305편 가운데 최소 24편은 도덕적인 교훈을 담은 것이 아니라, 음시淫詩로 해석했다.[49] 나아가 그는 사마천 이래 주장되어 온 공자의 시 산정설을 부인하고, 공자는 단지 당시 잔궐실차殘闕失次한 『시』를 참호고정 參互考訂하여 바로잡는(正之) 역할만 하였다고 주장하였다.

---

47 심경호 교수는 다산이 "실제로 「시서」와 주자의 「시집전」과 다른 해석을 한 경우는 드물다."고 주장하였는데, 『논어고금주』에서는 사정이 완전히 판이하다고 할 수 있다. 심경호, 「정약의 시경론과 청조 학술」 『다산학』3, 2003, 227쪽.

48 『朱子大典遺集』 권3, 「詩序辨說」 참조.

49 진영첩(표정훈 역), 『주자강의』, 푸른역사, 2001, 83 및 203쪽 참조. 주자가 음시淫詩로 해석한 것은 제42, 48, 64, 72, 74, 76, 81, 83-95, 137, 140, 143 등이다.

주자의 이러한 시 해석에 대해, 다산은 (1) 주자의 「시서변설詩序辨說」의 긍정적인 역할을 인정하면서도, 거기에 미진한 것이 있기 때문에 「시서」의 장점 또한 취해야 한다는 입장이다.[50] 다산의 이러한 「시서」에 대한 입장은 『논어고금주』에는 명시적으로 나와 있지 않지만, 그의 해석에 암묵적으로 내재되어 있다. 또한 시의 성격에 대해서도 주자와 다산은 입장을 달리한다. 주자는 일찍이 "풍風이란 이항里港의 가요에서 나온 작품이 많아 남녀가 서로 읊고 노래하여 각기 그 성을 말했는데, 특히 「주남」과 「소남」은 친히 주왕의 교화를 입어 덕을 이루어서 사람들이 모두 그 성정의 올바름을 얻었다."[51]라고 하였다. 이에 대해 다산은 "시 삼백 편은 (이항의 가요가 아니라) 모두 현인과 성인이 지은 것으로 공자가 산정刪定한 성경聖經으로 삼은 것이다. 만약 시를 지은 자가 원래 음사淫邪한 사람이었다면, 어떻게 그 말을 성경으로 삼을 수 있었겠는가? 『시경』에는 음분을 풍자한 시(刺淫奔詩)는 있지만, 음시란 없다."라고 주장하였다. 그래서 그는 공자가 추방하라고 했던 정성鄭聲이란 정풍과 같은 것(주자)이 아니라, 정나라의 세속 음악(鄭之俗樂)이라고 주장했다. 요컨대 다산은 '사무사思無邪'란 현인과 성인이 지어 공자가 산정한 시 자체의 성질을 말하는 것이지, 시를 읽음으로써 오는 공효로 보지 않았다. 그래서 그는 풍風이란 주자처럼 윗사람이 아랫사람을 교화하는(上以風化下者) 풍교風敎 · 풍화風化 · 풍속風俗 등을 의미하는 것이 아니라, 덕 있는 아랫사람이 윗사람을 풍자하는(下以風刺上者) 풍간諷諫 · 풍자諷刺 · 풍유諷諭 등을 뜻한다고 하였다.[52]

즉 다산은 주자 이후 시에는 풍교의 의미만 남고, 풍간 · 풍자 · 풍유의 의미가 사라졌다고 주장하면서, 그 의미를 되살리고자 했다. 요컨대, 앞서 「위

---

50 이에 대한 주자의 주장이 집중적으로 나타난 곳으로 다음을 참조. 『주자대전』 권34, 「答呂伯恭」

51 朱子, 『시경집전』 「序」

52 정약용(실시학사 경학연구회 역주, 『역주시경강의』1, 「시경강의보유」 사암, 2008, 83-84쪽.

정2:2」에서 살폈듯이, 고주는 『시』의 정치적인 풍교(思無邪=歸於正) 기능을 강조하였다면, 주자는 심성론 혹은 성정론의 입장에서 시의 공효를 중시하면서, 시를 그 자체로 이해할 것을 주장하였다. 그런데 다산은 풍간의 의미를 되살림으로써 시의 정치적인 기능을 다시 강조하는 듯하다. 그러나 앞의 고찰 결과가 보여주듯이, 다산의 시 해석은 단순히 고주로의 복귀가 아니라, 주자의 성정론적 해석과 그 후대 고증학의 연구 성과를 자신의 창의적 관점으로 지양한 새로운 종합이라고 할 수 있다. 이러한 새로운 종합의 관점에서 다산은 『논어』에서 『시』를 인용한 장의 해석에서, 전체 15장 가운데 9-10장에 대해 고주 및 주자의 신주와 거의 완전히 구별되는 새로운 해석을 시도하였다.

V. 죽음의 의미
—『논어』와 그와 연관된 해석을 중심으로

의식의 존재로서 인간은 항상 그 무엇에 대해 묻고·배우고·익히고·실천하면서 살아가는 문제의 존재이다. 문제의 존재로서 인간은 비록 불완전한 존재자이지만, 동시에 더 높은 존재로 비약할 수 있는 '가능성의 존재'이다. 바로 이러한 가능성의 존재이기 때문에 유교에서는 인간을 우주의 근간이 되는 삼재三才(天·地·人) 중의 하나로 간주하였으며, 노자 또한 인간을 우주의 4대(天·地·道·人) 중의 하나로 간주하면서[1] 우주의 역사에 능참能參하는 존재로 정위定位하였다. 요컨대 공자가 창시한 유학에서 인간이란 학문을 좋아함으로써 존재와 당위가 일치하는 자기완성으로 나아가는 '수직적·수평적 사이'의 존재이다. 수직적으로 하늘과 땅의 사이, 혹은 지자인 신神과 우둔한 동물의 사이, 그리고 수평적으로 다른 사람들과 사이에 존재하는 인간은 부단히 그 무엇을 인식하면서 자신의 고유한 존재방식을 모색하는 존재이다. 인간이 만물을 의식하면서 자신의 존재방식을 모색한다는 것은 곧 불완전하면서 유한한 자신의 존재를 자각한다는 것이다. 수직적·수평적 사이의 불완전한 유한자로서 오직 인간만이 죽음에 이르는 존재라는 고유한 존

---

1   『老子』25장. "故道大 天大 地大 王亦大 域中有四大 而王居其一焉 人法地 地法天 天法道 道法自然."

재 규정을 지닌다.[2] 요컨대 인간 존재란 죽음을 의식하고 염려하면서 현재 고유한 삶의 방식을 선택하는 '죽음에 이르는 현존재'라고 하겠다.

이 글은 유교, 특히 『논어』에서 공자의 언명에 나타난 죽음의 의미를 살펴보는 글이다. 이를 위해 주로 공자의 언행을 기록해 놓은 『논어』에서 '죽음(死)'과 연관된 용어들을 발췌하여 의미를 살펴볼 것이다. 그런데 주로 여러 질문에 대한 대답으로 구성된 『논어』에서는 죽음과 연관된 여러 문제에 대한 철학적-형이상학적 성찰이 충분히 개진되어 있지 않다. 그리고 후에 송대 성리학자들이 이기론을 통해 이 문제를 정립함으로써 유교를 도가와 불가에 대적할 수 있는 이론체계를 갖추게 되었다는 것은 철학사의 상식이다. 그런데 성리학자들 가운데 한국의 율곡栗谷 이이李珥는 여러 「책문策問」들을 통해서 죽음과 연관된 여러 문제(生死·事鬼神·祭祀·命 등)에 대한 철학적-형이상학적 대답과 정립을 시도하였다. 따라서 여기서는 이러한 율곡의 책문들을 중심으로 죽음에 대한 유교적 세계관의 일단을 살펴보고자 한다.

1. 『논어』에서 죽음(死)의 문제

일반적으로 공자는 죽음보다는 삶에 대해, 귀신보다는 사람 섬김에 말했으며(11:11), 특히 괴怪·력力·난亂·신神에 대해서는 거의 언급하지 않았다고 전해진다.[3] 그렇지만 죽음의 문제는 인생의 일대사—大事로서 『논어』에서도 적지 않은 비중을 차지하고 등장한다. 『예기』에 근거하면, 군자의 죽음을 종終이라고 하고, 소인의 죽음을 사死라고 한다.[4] 여기서 '종終'이란 사糸 + 동冬

---

2   하이데거(소광희 역), 『존재와 시간』 경문사, 1995, 351-352쪽.
3   『논어』 7:20. "子不語怪力亂神." 그리고 『논어』에서 鬼는 2회(2:24, 11:11), 神은 4회(3:12, 3:13, 7:20, 7:35), 그리고 鬼神은 3회(6:20, 8:21, 11:11) 등장한다.
4   『禮記』「檀弓」"子張病, 召申祥而語之, 曰,「君子曰終, 小人曰死. 吾今日其庶幾乎."

(冫:얼음이 언 모양: 계절의 마지막)으로 실로 끝을 맺는 것으로 '임무를 마쳤다'는 뜻이다. '사死'란 '알歹(=歺:살을 바른 뼈)' + '비匕(죽은 사람을 거꾸로 놓은 둔 모양: 삶에서 죽음으로 變化)'로서 '사람의 혼백魂魄과 형체가 나뉘어 땅 속에 뼈만 남아 있는 것'을 나타낸다. 즉 사死란 "'다했다(澌=盡)'라는 뜻으로 사람의 정기精氣가 완전히 다하여(窮盡) 형체와 혼백이 서로 이별하는 것이다."[5] '생生'이 땅 속에서 잠재되어 있던 것이 현실로 나타나는 것[6]이라면, '사死'란 사람이 정기精氣를 다하여 천지로부터 부여받은 혼백과 형체가 분리되어 다시 땅 속의 잠재적인 장소로 되돌아감(歸)을 의미한다. 『논어』에서 '사死' 자는 전체 500여 장에 이르는 대화 가운데 29번에 걸쳐 37회 출현한다.[7] 그런데 '종終' 자는 9회 출현하지만(1:9, 2:9, 4:5, 9:27, 15:16, 15:23, 15:30, 17:22, 17:26, 201:1) 주로 종일終日, 종신終身, 종식終食 등으로 나타나며 죽음과 연관된 것은 1-2회 정도에 지나지 않는다. 또한 죽음과 연관하여 '몰沒' 자도 몇 차례 나타나지만 큰 비중과 의미는 없다.[8] 따라서 『논어』에 나타난 죽음 문제의 고찰은 주로 '사死' 자와 연관하여 탐구해야 한다. 먼저 『논어』에 제시된 죽음의 이미지와 관련된 어구를 살펴보자.

자로가 물었다. "선생님께서 삼군을 통솔하시면 누구와 함께하시겠습니까?" 공자께서 말씀하셨다. "맨손으로 호랑이를 때려잡고 맨몸으로 하수를 건너다가 죽어도 후회하지 않는 자와는 나는 함께하지 않을 것이다. 전쟁에 임해서는

---

5 『說文解字今釋』「死部」 "死 澌也 人所離也. 從歹從人.…死 精氣窮盡 是人們形體與魂魄相離的名稱 由歹 由人會意… 澌爲凡盡之稱 人所離 形體與魂魄相離 故其字從歺人."

6 『說文解字今釋』「生部」 生進也 象艸木生土.

7 『논어』에 仁 자가 59문장, 공자가 禮가 35문장, 義가 16문장, 愛 자가 10문장에서 사용된 것과 비교해 보면, 死 자가 차지하는 비중은 크다고 할 수 있다.

8 『논어』 1:11. 子曰 "父在觀其志, 父沒觀其行."; 9:5. "文王旣沒, 文不在玆乎?"; 10:4. "沒階, 趨進, 翼如也."; 14:10. "沒齒無怨言."; 15:19 子曰 "君子疾沒世而名不稱焉." 17:21. "舊穀旣沒."

반드시 두려워하고, 계획을 잘 세워서 성공하는 자와 함께할 것이다."9

중자가 질병이 깊으니, 맹경자가 문병했다. 중자가 말했다. "새가 장차 죽으려 할 때에는 그 울음이 슬프고, 사람이 장차 죽으려 할 때에는 그 말이 선하다."10

안연이 죽으니, 공자께서 말씀하셨다. "아! 하늘이 나를 버리는구나, 하늘이 나를 버리는 구나!" 안연이 죽으니, 공자께서 너무도 비통하게 곡을 했다. 따르는 자가 말하길 "선생님께서는 너무 비통해 하십니다." 공자께서 말씀하셨다. "너무 비통해 한다고? 이 사람을 위해 비통해 하지 않으면 누구를 위해 하겠는가?"11

공자께서 말씀하셨다. "어떤 사람을 사랑하면 잘 살기를 바라고, 어떤 사람을 미워하면 죽기를 바란다. 이미 살기를 바라면서 동시에 죽기를 바라는 일이 미혹이다."12

살기를 좋아하고 죽기를 싫어하는 것(好生惡死)은 인지상정人之常情이다. 그러나 고도의 철학적 논리나 종교적 이유에서 이러한 인지상정을 억제하는 경우가 허다하다. 순수 이성적 사유를 동경한 소크라테스-플라톤 전통에서는 (육체적) 죽음을 영혼의 정화淨化라는 차원에서 바라본다. 그래서 이들은

---

9   『논어』 7:10. 子路曰 "子行三軍則誰與" 子曰 "暴虎馮河 死而無悔者 吾不與也. 必也臨事而懼 好謀而成者也."
10 『논어』 8:4. 曾子有疾 孟敬子問之 曾子言曰 "鳥之將死 其鳴也哀 人之將死 其言也善."
11 『논어』 11:9-10. 顏淵死. 子曰 "噫 天喪予 天喪予" 顏淵死 子哭之慟. 從者曰 "子慟矣" 曰 "有慟乎 非夫人之爲慟而誰爲."
12 『논어』 12:10. 子曰 "愛之欲其生 惡之欲其死 既欲其生又欲其死 是惑也."

말한다.

> 제대로 지혜를 사랑하는 사람들은 실은 죽는 것을 수련하고 있으며, 죽음
> 이 모든 것 가운데 가장 덜 무서운 것이다.[13]

죽음에 관한 이러한 애지자愛智者들의 사유 전통은 중세 기독교를 통해 서양의 한 사조를 형성하였다는 것은 주지의 사실이다. 또한 삶과 죽음을 별개로 보면서, 죽음이란 우리와 상관없는 것으로 파악하여 회피하는 에피쿠로스(Epikouros, B.C.342?-B.C.271)의 불가지론적인 입장도 있었다. 불교 또한 이른바 제행무상諸行無常·제법무아諸法無我·일체개고一切皆苦라는 삼법인三法印의 교리 아래 죽음으로부터의 달관達觀을 수행의 정도를 알려주는 중요한 척도로 간주하고 있다. 이들에게서 (육체적) 죽음이란 이른바 여러 겁劫의 윤회輪廻에서 낡은 수레를 새 수레로 갈아타는 것에 지나지 않은 것일 수도 있겠다. 그런데 도가의 장자는 아내의 주검 앞에서 곡을 못할지언정 양동이를 두들기며 노래했다고 하는데,[14] 이는 너무 멀리 나간 것은 아닐까?

물론 이러한 철학적·종교적 근거에서 죽음의 감정을 정화·달관·초탈하라는 입장들은 자살을 선동하는 세속적 염세주의와는 그 유를 달리한다. 이들이 말하는 죽음이란 우리가 일상적으로 말하는 신체적 죽음과는 다르게, 고도의 정신적 영적 차원으로 거듭 태어남(重生)의 상징이기 때문이다. 소크라테스-플라톤에서 철학적 훈련으로서 죽음의 연습은 애육자愛肉者가 아니라 애지자愛智者가 되고자 하는 불멸의 인간 이상을 나타내며, 노장과 불교는 우주적 깨달음에 입각하여 생사일여生死一如의 경지를 제시했다고 하겠

---

13 『파이돈』 67e.
14 『장자』「至樂」편 참조.

다. 그런데 일상에서 중용의 진리를 추구하는 유교는 이러한 보편 고등종교 혹은 철학과는 달리 죽음과 연관하여, 우선 우리의 진술한 감정을 자연스럽게 표출하라고 말하는 듯하다. 그래서 공자는 사랑하는 제자의 죽음에 "하늘이 나를 버렸다!"라고 크게 애통해 하였으며, 삼군을 통솔하면서 용맹하게 죽으면서 후회하지 않는 것도 그렇게 탐탁하게 여기지 않는지도 모르겠다. 『논어』「향당」편을 보면, 공자께서는 "주무실 때는 시체처럼 눕지 않으셨다."[15]라고 말하고 있는데, 이 말은 어쩌면 공자와 기록자가 죽음 그 자체를 터부시하고 있음을 드러내고 있는 것은 아닐까? 서양의 애지자는 자신의 죽음 앞에서 하반신이 거의 다 식었을 때에 그는 얼굴을 가렸던 것을 제치고, "오, 크리톤, 아스클레피오스에게 내가 닭 한 마리를 빚졌네. 기억해 두었다가 갚아 주게."라고 마지막 말을 남긴, "우리가 알았던 사람들 가운데 가장 훌륭했으며, 가장 지혜로웠으며, 가장 정의로웠던 우리의 벗의 최후"로 기술되었다.[16] 또한 "다 이루었다."라는 말로 대표되는 예수의 가상칠언架上七言[17] 또한 어떤 측면에서 영웅적 승리자의 말로 들릴 수 있다. 이에 비해 공자의 최후에 관한 언명은 영웅의 죽음이라기보다는, 오히려 애절하게 다가와 우리의 심금을 울린다.

자로子路가 위衛나라에서 죽었다. 공자가 병이 나자, 자공이 뵙기를 청하였다. 공자는 이때에 지팡이에 의지하여 문 앞을 거닐고 있다가 물으셨다.

---

15 『논어』 10:18. "寢不尸, 居不容."
16 『파이돈』 118d.
17 (1) "아버지여, 저희를 사하여 주옵소서! 자기의 하는 것을 알지 못함이니이다."(눅 23:34). (2) "내가 진실로 네게 이르노니, 오늘 네가 나와 함께 낙원에 있으리라"(눅 23:43). (3) "여자여 보소서 아들이니이다. 보라 네 어머니라"(요 19:26, 27). (4) "나의 하나님, 나의 하나님, 어찌하여 나를 버리셨나이까?"(마 27:46). (5) "내가 목마르다"(요 19:28). (6) "다 이루었다"(요 19:30). (7) "아버지여! 내 영혼을 아버지 손에 부탁하나이다"(눅 23:46).

"사賜야! 너는 왜 이렇게 늦게 왔느냐?" 그리고 탄식하며 노래를 불렀다. "태산이 무너진다는 말인가! 기둥이 부러진다는 말인가! 철인哲人이 죽어 간다는 말인가!" 그리고는 눈물을 흘렸다. 또 자공을 보고 말씀하였다. "천하에 도가 없어진 지 오래되었다! 아무도 나의 주장을 믿지 않는다.…" 그 후 7일이 지나서 공자는 세상을 떠났다.… 공자는 노나라 도성 북쪽의 사수泗水 부근에 매장되었다. 제자들은 모두 3년간 상복을 입었다. 그들은 마음에서 우러나는 슬픔으로 삼년상을 모두 마치고 서로 이별을 고하고 헤어졌다. 헤어질 때에 한바탕 통곡하고 각자 다시 애도를 다하였다. 어떤 제자는 다시 머무르기도 하였다.[18]

철인 공자가 죽음 앞에서 슬퍼한 것은 죽음을 외면하거나 두려워서가 아니라, 사람에 대한 사랑의 감정과 보은 때문이었을 것이다.[19] 이런 인간애와 보은에 바탕을 두고 유교는 "상례喪禮를 신중히 하고, 제례祭禮를 정성껏 추모하면, 백성의 덕이 두터움으로 돌아갈 것이다."[20]라고 말한다. 그런데 가장 사랑했던 제자 안연의 죽음에 통곡한 공자는 수레를 팔아 안연의 외곽外槨을 해 주자는 그 아버지의 청을 거절한다.[21] 요컨대, 장례는 형편과 절도에 맞게 해야 한다는 것이 공자의 지론이다.

공자께서 말씀하셨다. "맹손이 나에게 효를 묻기에, 내가 '어김이 없는 것

---

18 『사기』「공자세가」

19 특히 『논어』 17:21 참조. "汝安則爲之! 夫君子之居喪, 食旨不甘, 聞樂不樂, 居處不安, 故不爲也. 今汝安則爲之!" 宰我出. 子曰, "予之不仁也! 子生三年, 然後免於父母之懷. 夫三年之喪, 天下之通喪也, 予也有三年之愛於其父母乎!"

20 『논어』 1:9. 曾子曰 "愼終追遠 民德歸厚矣."

21 『논어』 11:7. 顔淵死, 顔路請子之車以爲之槨. 子曰, "才不才, 亦各言其子也. 鯉也死, 有棺而無槨. 吾不徒行以爲之槨. 以吾從大夫之後, 不可徒行也."

이다.'라고 대답했다." 번지가 말했다. "무엇을 일러 말씀하신 것입니까?" 공자께서 말씀하셨다. "부모가 살아 계실 때에 예로써 섬기고, 돌아가셨을 때는 장사를 예로써 하고, 제사지내기를 예로써 한다."²²

그래서 공자는 자유가 상례 기물에 대해 물었을 때, "집안이 소유하고 있는 재산에 걸맞게 해야 한다."²³라고 말하고, 형편을 고려하지 않고 너무 후하게 장례하는 것을 깊이 경계했다.

안연이 죽자, 문인들이 후하게 장례지내고자 하니, 공자께서 말씀하셨다. "그렇게 할 수 없다." 문인들이 후하게 장례를 치르니, 공자께서 말씀하셨다. "안회는 나를 애비처럼 보았지만, 나는 그렇게 하지 못했다. 내가 아니라, 여러분이 그렇게 만들었다."²⁴

이런 이유에서 공자는 예의 근본에 대한 물음에, "예는 사치하기보다는 차라리 검박한 것이 낫고, 상례는 익숙히 처리하는 것보다는 차라리 슬퍼하는 것이 더 낫다."²⁵라고 대답하였다. 혹은 "윗자리에 있으면서 너그럽지 않고, 예를 행하면서 경건하지 못하고, 상례에 임하면서 슬퍼하지 않는다면, 내가 (다른) 무엇으로써 그 사람(의 행실의 득실)을 살펴보겠는가?"²⁶라고 말하였다.
공자를 위시한 유가는 삶과 장수를 하나의 축복으로 간주했다. 생명 그 자체를 자기 목적(녁)으로 간주하고 최고의 축복으로 여긴 것이다. 그래서 맹자

---

22 『논어』 2:5. 曰 "孟孫問孝於我 我對曰 無違." 樊遲曰 "何謂也." 子曰 "生事之以禮 死葬之以禮 祭之以禮."
23 『예기』 「檀弓」 子游問喪具 夫子曰 "稱家之有無."
24 『논어』 11:10 顔淵死 門人欲厚葬之 子曰 "不可." 門人厚葬之 子曰 "回也視予猶父也 予不得視猶子也 非我也 夫二三子也."
25 『논어』 3:4. 林放問 禮之本 子曰 "大哉 問 禮 與其奢也 寧儉 喪 與其易也 寧戚."
26 『논어』 3:26. 子曰 "居上不寬 爲禮不敬 臨喪不哀 吾 何以觀之哉"

는 "불효에는 세 가지 큰 것이 있는데, 그중에 후사後嗣가 없는 것이 가장 크다."[27]라고 말했으며, 공자는 "부모님의 연세는 알지 않을 수 없으니, 한편으로는 기쁘고, 한편으로는 두렵기 때문이다."[28]라고 말했다. 게다가 연세 높음(老)은 그 자체로 어른(長) 혹은 존귀함이란 의미를 함축한다.[29] 그래서 맹자는 "천하에 두루 통용되는 존귀함이 셋 있으니, 관작(爵)이 하나며, 나이(齒)가 하나며, 덕(德)이 그 하나이다. 조정에서는 관작에 견줄 것이 없고, 향당에서는 연세에 견줄 것이 없고, 세상을 돕고 백성을 자라게 하는 데에는 덕에 견줄 것이 없다."[30]라고 말했다.

장수가 축복이라면, 단명은 불행이다. 공자는 단명短命한 안회의 죽음에 대해 2번이나 '불행不幸'이라는 말을 사용했다(6:2, 11:6). 공자의 이런 입장은 『서경』의 「홍범洪範」이래 유교적 전통이었다. 이미 「홍범」에서부터 장수를 축복의 최우선의 기본으로 삼고, 요절을 불행의 첫 번째로 삼았다.

> 아홉 번째 오복五福은 첫 번째는 장수이고, 두 번째는 부유함이고, 세 번째는 강녕함이고, 네 번째는 덕을 좋아함이고, 다섯 번째는 명을 마치고 좋게 죽는 것(考終命)이다. 육극六極은 첫 번째는 제명에 죽지 못하고 요절함이고, 두 번째는 질병이며, 세 번째는 우환이며, 네 번째는 가난함이며, 다섯 번째는 악함이며, 여섯 번째는 나약함이다.[31]

그렇다면 공자와 유교는 단순히 호생오사好生惡死하면서, 장수를 복으로만

---

27 『맹자』 7:26. 孟子曰 "不孝有三 無後爲大."
28 『논어』 4:21. 子曰 "父母之年 不可不知也 一則以喜 一則以懼."
29 『논어』 14:12. 子曰 "孟公綽 爲趙魏老則優 不可以爲滕薛大夫."
30 『맹자』 4하:2. "天下有達尊三 爵一齒一德一 朝廷莫如爵 鄉黨莫如齒 輔世長民莫如德 惡得有其一."
31 『書經』 「洪範」 "九, 五福, 一曰壽, 二曰富, 三曰康寧, 四曰攸好德, 五曰考終命. 六極, 一曰凶短折, 二曰疾, 三曰憂, 四曰貧, 五曰惡, 六曰弱."

여기고 요절을 불행으로만 여긴 것일까? 공자는 단순한 장수보다 어떻게, 무엇을 실현하며 무엇을 위해 사는가 하는 것이 진정으로 중요한 문제라고 생각했다. 그래서 공자는 심지어 걸터앉아 자신을 기다리던 원양에게 "어려서는 공손하지 않고, 커서는 칭술한 것이 없고, 늙어서는 죽지도 않으니, 이는 도적이다."라고 힐난하면서, 지팡이로 정강이를 내리치기도 했다.[32] 공자에 따르면, 인간은 잠시도 쉴 수 없고, 무엇을 하면서 살아야 하는 존재이다.

> 자공이 공자에게 물었다. "저는 공부하는 데에 지쳤습니다. 그만 쉬면서 임금이나 섬기고 싶습니다." 공자께서 말씀하셨다. "…임금을 섬기는 것은 어려운데, 임금을 섬기면서 어떻게 쉴 수가 있는 것인가?" (자공이 말했다.) "그렇다면 저는 그만 쉬면서 부모님이나 섬기고 싶습니다.… 그렇다면… 처자와 함께 지내고 싶습니다.… 친구와 함께 지내고 싶습니다.… 그만 쉬면서 농사나 짓고 싶습니다." (공자께서 말씀하셨다.) "(――하는 것은) 그처럼 어려운데 (…하면서) 어떻게 쉴 수가 있다는 것이냐?" (자공이 말했다.) "그렇다면 저는 쉴 곳이 없다는 말씀이십니까?" 공자께서 말씀하셨다. "무덤의 봉분을 바라보아라. 높다랗고 우뚝하고 그릇을 엎어 놓은 것 같구나! 저것을 보면 알 수가 있을 것이다." 자공이 말했다. "위대하도다. 죽음이여! 군자는 쉬게 하고, 소인은 모든 일을 그만두게 하는구나!"[33]

이렇게 관계적 존재로서 인간은 인간답게 살고자 하는 한, 잠시도 쉴 수 없이 어떤 무엇을 함으로써 인간적 도리를 실현하면서 살아가야 하는 존재이다. 그렇다면 무엇을 하면서 어떻게 살아야 하는 것인가? 공자는 비장한 어

---

32 『논어』 14:46. 原壤夷俟. 子曰 "幼而不孫弟 長而無述焉 老而不死 是爲賊 以杖叩其脛."
33 순자(김학주 역), 『순자』 「大略」 을유문화사, 2008, 924-927쪽.

투로 다음과 같이 말했다.

> 아침에 도를 들으면 저녁에 죽어도 좋다. (4:8. 子曰 朝聞道 夕死可矣.)
> 독실하게 믿으면서 학문을 좋아하고, 죽음을 무릅쓰고 도를 잘 행해야 한다. (8:13. 子曰 "篤信好學 守死善道.")

> 뜻있는 선비와 덕을 이룬 사람은 삶을 구하여 인을 해치는 일이 없고, 몸을 죽여서도 인을 이룸이 있다. (15:8. 子曰 "志士仁人 無求生而害仁 有殺身而成仁.")

여기서 공자는 심지어 죽음에 이를지라도 인간의 길(道)을 가야 함을 강조하고 있다. 인간은 인간이 가야 할 길에 뜻을 두어야 한다.[34] 인간이 가야 할 길이란 타고난 본성의 덕에 따르는 것이다. 마치 정삼각형이 자신의 본성의 덕인 세 변의 길이가 같음을 이루어야 하듯이, 배는 물위로 가고, 인간은 인간의 길을 감으로써 자기완성을 기할 수 있다. 인간이 지니고 태어난 본성의 덕이란 바로 인간들 간에 해야 할 도리를 다하는 인仁이다.[35] 인은 인간의 존재 근거이며, 인의 실현(成仁)에 인간의 존재 의미가 걸려 있다. 바로 이런 의미에서 증자는 다음과 같이 말했다.

> 선비는 드넓고 굳세지 않을 수 없다. 그 임무가 무겁고 길이 멀기 때문이다. 인仁으로 자기의 임무로 삼으니 또한 무겁지 아니한가, 죽은 뒤에 그치니 또한 멀지 아니한가?

---

34 『논어』 4:9 子曰 "士志於道."
35 『논어』 7:6. 子曰 "志於道 據於德 依於仁 遊於藝."

선비란 학문과 수양을 통해 성인聖人의 경지에 도달하는 것을 목표로 부단히 노력하는 사람이다. 유교에서는 인간이란 다른 사람에 대한 동정심인 측은惻隱한 마음을 지닌다는 점에서 잔인殘忍한 금수와 본성상 다르다고 말한다.[36] 인仁이 참된 인간의 본성이라면, 인간은 생존해 있는 한 항상 인해야만 진정한 인간이라고 할 수 있기에, 인이란 평생토록 짊어지고 가야 할 인간의 짐과 같은 것이다. 인이란 인간이 살아 있는 한 모든 관계적 상황에서 최선을 다하고 다른 사람을 사랑하는 것(仁 愛人也)이기에 실천하는 선비는 드넓어야(弘) 하며, 굳세어야(毅) 한다. 그리고 맹자는 사람됨의 의미(仁義禮智:大體) 구현과 생물학적 몸(小體)의 장수는 인간이 동시에 욕망하는 것이지만, 양자가 모순 대립의 관계에 있으면 더 중요한 대체를 추구하겠다(捨生取義)는 말로 이를 계승했는데, 바로 여기서 우리는 유교의 숭고한 휴머니즘 정신을 엿볼 수 있다.

생선도 내가 원하는 것이고 웅장熊掌도 내가 원하는 것이지만, 두 가지를 함께 얻을 수 없다면 나는 생선을 버리고 웅장을 취하겠다. 목숨도 내가 원하는 것이고 의義도 내가 원하는 것이지만, 두 가지를 함께 얻을 수 없다면, 나는 목숨을 버리고 의를 취하겠다. 목숨은 내가 원하는 것이지만, 원하는 것 가운데 목숨보다 더 간절히 원하는 것이 있기 때문에 구차하게 목숨을 얻으려 하지 않는 것이다. 죽음은 내가 싫어하지만, 싫어하는 것 가운데 죽음보다 더 싫어하는 것이 있기 때문에 근심을 피하지 않는 것이다.[37]

---

36 『맹자』 2상:6. 孟子曰 "人皆有不忍人之心…惻隱之心 仁之端也."
37 『맹자』 5하:10. 孟子曰 "魚 我所欲也 熊掌 亦我所欲也 二者不可得兼 舍魚而取熊掌者也 生 亦我所欲也 義 亦我所欲也 二者不可得兼 舍生而取義者也 生亦我所欲 所欲有甚於生者 故不爲苟得也 死亦我所惡 所惡有甚於死者 故患有所不辟也."

2. 생사, 귀신, 그리고 명命

앞에서는 『논어』의 '사死' 자가 출현하는 어구를 통하여 삶과 죽음에 관한 관점을 살폈다. 이제는 다소 복잡한 형이상학적인 문제로 들어가서, 죽음과 귀신 그리고 명命 등에 대해 살펴보자. 『논어』에 제시된 몇몇 언명에서 출발하여, 율곡 이이의 해석을 중심으로 살펴보고자 한다.

1) 생사와 '귀신 섬김(事鬼)'의 문제

『논어』에서 생사와 인간 · 귀신의 관계에 대한 중요한 단서를 제공하는 구절은 다음 언명이다.

> 계로가 귀신 섬기는 것에 대해 물으니, 공자께서 말씀하셨다. "아직 사람을 잘 섬길 수 없다면, 어찌 귀신을 섬길 수 있겠는가?" (계로가 물었다) "감히 죽음에 대해 여쭙니다."(공자께서 말씀하셨다.) "아직 삶을 알지 못하면서, 어찌 죽음을 알 수 있겠는가?"[38]

주자 이전의 고주古注에서는 이 구절을 죽음과 귀신에 대한 불가지론不可知論을 피력한 것으로 해석해 왔다.

> 이 장은 공자께서는 무익한 말씀은 하시지 않으셨다는 것을 밝혔다.… 모두가 자로를 억지抑止하기 위해 하신 말씀이다. 귀신과 죽음 이후의 일은 밝히기 어렵고, 또한 말하는 것은 무익하다. 그러므로 대답하지 않으신 것이

---

38 『논어』 11:11. 季路問事鬼神 子曰 "未能事人 焉能事鬼 敢問死 曰未知生 焉知死."

다.[39]

그런데 이기론理氣論에 의해 유학의 형이상적 정초를 시도했던 송대 성리학의 집대성자인 주자는 이에 대해 다음과 같이 주석하였다.

귀신 섬김을 물은 것은 대개 제사를 받드는 뜻을 구하려는 것이고, 죽음은 사람이 반드시 겪는 것이니 알지 않을 수 없다. 따라서 모두 절실한 질문이다. 그러나 성誠·경敬이 사람을 잘 섬길 수 있을 만큼 충분하지 못하면, 결코 귀신을 섬길 수 없다. 시작을 규명하여 삶이 무엇인지 알지 못하면, 결코 마침을 성찰하여 죽음의 이치를 알 수 없다. 대개 유명幽明과 시종始終에는 애초부터 두 가지 이치가 없다. 다만 배움에는 순서가 있고 단계를 뛰어 넘을 수 없는 까닭에 공자께서 이처럼 알려 주셨다.… 정자가 말했다.… 혹자는 "공자께서 자로에게 알려주지 않으셨다."고 하지만, 이는 깊이 알려주신 것을 알지 못한 것이다."[40]

즉 고주古注에서는 귀신과 사후의 일은 밝히기 어렵고, 또한 무익하기 때문에 공자께서 말해 주시지 않고, 단지 자로를 억지抑止했다고만 해설했다. 이에 비해 우주의 전 과정에 대한 이론적 체계화를 시도했던 주자는 인식의 순서상 이승에서 저승으로, 시작에서 마지막으로 나아가야 하며, 사람을 잘 섬기지도 못하면서 먼저 귀신을 섬기려 하고, 삶을 잘 알지도 못하면서 먼저 죽음을 알려고 하기 때문에 공자가 이렇게 대답한 것이라고 하였다. 즉 정자의 말처럼, 공자는 대답을 회피한 것이 아니라, 오히려 깊이 가르쳐 주셨다는 것

---

39 정태현 역, 『譯註論語注疏』2, 전통문화연구원, 2014, 167쪽.
40 『논어집주』 11:11의 朱子注.

이다. 그렇다면 공자는 어떻게 생사와 귀신을 섬기는 방법에 대해 알려 주었다는 것인가? 이에 대한 해답을 이 문제를 상세히 논의하고 있는 율곡 이이의 「사생귀신책死生鬼神策」[41]에서 찾아보자. 그는 먼저 다음과 같이 단정하는 것으로 이 글을 시작한다.

> 기氣는 모이고 흩어짐(聚散)이 있지만, 리理는 시작과 끝(始終)이 없다. 모이고 흩어짐이 있기 때문에 (氣로 구성된) 천지처럼 커다란 것도 역시 한계가 있지만, (理에는) 시작과 끝이 없기 때문에 만물과 우리 인간은 모두 다함이 없다. 이 말을 알아들을 수 있는 사람만이 사생의 리理에 대해 말할 수 있다.

여기서 율곡은 이기론으로 우리 인간을 위시하여 모든 만물의 형성과 사멸, 그리고 생사의 이치를 설명하였다. 그에 따르면, 유형·유위하여 끊임없이 운동하는 기氣가 응결되면 형체를 지닌 만물이 생성되지만, 그 기가 흩어지면 만물은 소멸된다. 그러나 무형·무위하여 소리·색깔·냄새·형적이 없어 시·공간의 제약을 받지 않는 리理는 시종이 없기 때문에, 비록 기가 흩어져 만물이 소멸되어도 그 리는 소멸되지 않고 그대로이다. 이러한 전제하에 율곡은 생사의 이치에 대해서는 감히 망령스럽게 의논할 수 없지만, 일찍이 선현들에게 들은 것이 있다고 말하면서, 몇 구절을 인용하였는데, 곧 다음의 구절이다.

> 우러러 천문天文을 관찰하고, 구부려 지리地理를 살핀다. 이런 까닭에 어두움과 밝음의 연고를 알며, 시작을 근원으로 하여 끝을 돌이켜 보기 때문에 삶과 죽음의 이치를 안다. 정精·기氣는 모여서 사물이 되고, 혼魂은 흩어져 변

---

41 「死生鬼神策」『국역율곡전서』IV, 한국정신문화연구원, 1988, 361-369쪽.

하는 까닭에 귀신鬼神의 정상情狀을 안다.[42]

　우주 만물 만사의 전개 과정은 끊임없는 동動·정靜을 통해 일음일양一陰
一陽으로 드러나는 일기一氣의 전변轉變이며, 이러한 기가 운동하는 소이연
所以然이 바로 리(=道)이다.[43] 운동의 근거가 되는 리에 따라 기가 취산聚散하
는 것이 바로 만물의 생장과 소멸이다. 따라서 만물에 생·사가 있는 것은 기
에 음·양이 있는 것과 같이 분가분의 상보 과정이다. 즉 삶·죽음은 하늘·
땅, 낮·밤, 사람·사물, 마음·몸, 부모·자식, 임금·신하 등과 마찬가지로
동·정하는 일기一氣의 음·양에서 연역된 것이다. 봄의 시작을 근원으로 미
루어보면 반드시 겨울이 있고, 겨울의 마침을 돌이켜보면 반드시 봄이 있는
것처럼, 생사·유명의 도리 또한 같은 관계에 있다. 따라서 사람을 섬기는 도
리를 다하면 귀신을 섬기는 도리를 다하는 것이고, 삶을 알면 곧 죽음을 알
수 있다는 것이다.

　다음으로 율곡은 귀신과 제사를 드리는 이유를 설명한다. 그의 귀신론은
모든 인격적 개념이 탈색된 성리학적 세계관에 입각해 있다. 정자는 '귀신이
란 천지의 공용이자 조화의 자취'라고 말한다. 그리고 주자는 "이기二氣로써
말하면 귀鬼란 음陰의 신령스러움이고 신神은 양陽의 신령스러움이며, 일기
一氣로써 말하면 지극하면서 펼쳐지는 것은 신神이고 돌이켜 되돌아오는 것
을 귀鬼라고 한다."고 정의했다.[44] 이러한 주장들을 계승하여, 율곡은 다음과
같이 말한다.

---

42 『주역』「繫辭上傳」 "仰以觀於天文, 俯以察於地理, 是故知幽明之故, 原始反終, 故知死生之說, 精氣爲物, 遊魂
　　爲變, 是故知鬼神之情狀."
43 『周易』「繫辭上傳」 "一陰一陽之謂道"
44 『중용장구』 16:1의 朱子注. "程子曰 鬼神 天地之功用而造化之迹也 …愚謂 以二氣言 則鬼者陰之靈也 神者陽
　　之靈也 以一氣言 則至而伸者爲神 反而歸者爲鬼 其實 一物而已."

사람의 몸은 혼魂과 백魄의 성곽과 같다. 혼은 기氣의 신령한 것이며, 백은 정精의 신령한 것이다. 살았을 때는 펼쳐져 신神이 되고, 죽었을 때는 굽혀서 귀鬼가 된다. 혼기魂氣는 하늘로 올라가고, 정백精魄은 땅으로 돌아가면 그 기는 흩어진다. 그 기가 비록 흩어지더라도 곧바로 흔적마저 사라져 버리지는 않는다.… 그러나 위로 발양한 지 오래되면 역시 소멸하게 된다.[45]

　『주역』「계사상전」에 "정精 · 기위물氣爲物"이라는 구절이 나오는데. 성리학에서는 여기서의 정精을 음陰으로서 백魄으로, 기氣를 양陽으로서 혼魂으로 해석한다.[46] 정精(陰의 氣로서 魄) · 기氣(陽의 氣로서 魂)가 펼쳐져(伸) 살았을 때를 신神이라고 한다. 이때 하늘에서 유래한 혼기魂氣는 양의 작용으로서 지각 · 운동을 담당하고, 땅에서 유래한 형백形魄은 음의 작용으로서 형체를 이룬다. 굽혀서(屈) 왔던 곳(하늘과 땅)으로 되돌아가면 귀鬼가 되는데(歸=鬼), 이때 기가 서서히 흩어지면서 결국 흔적마저 사라져 버린다. 바로 여기서 제사祭祀의 문제가 등장한다. 『예기』「교특생」에서는 "(맑은) 혼기魂氣는 하늘에 되돌아가고, (탁한) 형백形魄은 흙으로 되돌아간다. 그러므로 제사는 그것을 음양에서 구한다."[47]라고 말하고 있는데, 제사란 음양으로 분리된 혼백을 다시 불러 감통感通하는 것이라고 할 수 있다. 그렇다면 기가 흩어짐으로써 되돌아간 혼백을 어떻게 불러내어 감통할 것인가 하는 문제가 제기된다. 이 문제와 연관하여, 우선 율곡은 다음과 같이 전제하고 시작한다.

45　율곡은 여기서 『禮記』「祭義」편의 다음 구절을 축약하여 인용하고 있다. 宰我日 "吾聞鬼神之名, 不知其所謂." 子曰, "氣也者, 神之盛也, 魄也者, 鬼之盛也. 合鬼與神, 教之至也. 衆生必死, 死必歸土, 此之謂鬼. 骨肉斃于下, 陰爲野土. 其氣發揚于上, 爲昭明, 焄蒿悽愴, 此百物之精也 神之著也. 因物之精, 制爲之極, 明命鬼神以爲黔首則, 百衆以畏, 萬民以服."

46　『朱子語類』3:6. "在人則精是魂 魂者鬼之盛也 氣是魂 魂者神之盛也."

47　『예기』「郊特牲」. "魂氣歸于天, 形魄歸于地 故祭求諸陰陽之義也."

무릇 천하 만물은 있는 것은 있고, 없는 것은 없다. 그렇지만 오직 사람이 죽은 귀鬼만은 있다고도 말할 수 없고 없다고도 말할 수 없다. 왜 그런가? 성誠이 있으면 그 신神이 있어 있다고 할 수 있지만, 그 성誠이 없으면 신神이 없어 없다고 할 수 있기 때문이다.[48] 그러니 신神의 있음과 없음의 기틀은, 어찌 인간에게 있지 않겠는가?[49]

바로 여기에 철학 및 종교적으로 중요한 문제가 제기된다. 즉 흩어져 흔적마저 사라진 기가 어떻게 자손이 제사를 지낼 때에 응집하여 그 제사에 감응感應하는가 하는 것이다. 이 문제를 다루는 기론氣論에는 크게 두 가지 입장이 있는데, 하나는 장재張載의 입장으로 흩어진 기가 청허일대淸虛一大의 근원으로 돌아간다고 하는 일기장존설一氣長存說이고, 다른 하나는 주자의 주장으로 한 번 흩어진 기는 영원히 되돌릴 수 없다는 입장이다.[50] 여기서 율곡은 주자의 입장에 충실히 따르면서, 제사의 근거 문제를 다룬다. 그는 우선 사람의 지각은 정精(陰氣로서 魄: 감각기관)과 기氣(陽氣로서 魂: 생각하는 마음)의 연합으로 이루어지며, 따라서 한 번 흩어진 정精·기氣는 다시 연합할 수 없기 때문에 지각이란 불가능하며, 따라서 제사의 감통이란 무의미하다고 지적한다. 그렇지만 그는 다음 몇 가지 이유에서 제사의 필요성을 주장하는데, 요약하면 다음과 같다.

---

48 『중용』 25장. "誠者 物之終始 不誠無物." 참조.

49 (朱子와) 율곡에서 펼쳐져(伸) 살았을 때의 인간의 神과 죽어 되돌아갔을 때(歸) 鬼의 구별은 결정적으로 중요하다. 그런데 번역본과 어떤 논문은 神과 鬼를 구별하지 않고, 여기서의 鬼를 鬼神으로 옮김으로써 이 문장을 해독할 수 없게 만들고 말았다.

50 『주자어류』 87:104. 안경이 물었다. "『예기』에 '혼기는 하늘로 돌아간다.'고 하는데, 장횡거의 '反原'의 설과는 어떻게 다른 것입니까?" 주자가 답했다. "혼기가 하늘로 돌아가는 것은 사라져 흩어지는 것인데 바로 연기가 올라가면 어디로 돌아갔는지 모르는 것과 같다. 다만 사라져 흩어질 뿐이니 논리는 대개 이와 같다."(安卿問 "禮記 '魂氣歸于天', 與橫渠 '反原'之說, 何以別?" 曰 "魂氣歸于天, 是消散了, 正如火煙騰上去處何歸? 只是消散了, 論理大槪固如此.")

(1) 사람이 귀鬼가 되어 오래되지 않았으면, 비록 정기精氣는 흩어져도 아직 소멸하지는 않았기 때문에 나의 성경誠敬이 지극하면 조고祖考에 감통할 수 있다.

(2) 오래된 조상의 기氣는 소멸했지만, 리理는 멸하지 않는 것이기 때문에 정성精誠으로 감통할 수 있다.

(3) 자손의 정신이 바로 조상의 정신이기 때문에, 내가 존재하는 것이 곧 존재하지 않는 조상에 감통感通하는 것이다.[51]

이러한 논거에서 율곡은 제사에서 죽은 이를 섬기기를 살아 있는 사람을 섬기듯 정성을 다해야 한다고 말한다. 그렇다면 여기서 살펴볼 것은 율곡이 제사의 필요성을 주장한 진정한 이유이다. 그의 말을 요약하면 제사하는 자의 성경誠敬에 귀鬼의 존재 유무가 달려 있으며, 귀鬼는 지각이 없기 때문에 결국 조상의 리와 감통할 수밖에 없다는 것이다. 그렇다면 여기서 율곡은 제사지내는 자는 진실망앙眞實无妄의 성誠과 주일무적主一無適의 경敬을 실천해야 하며, 나아가 보편적인 리와 일치하는 삶을 영위해야 한다는 결론이 도출된다. 그렇다면 여기서 율곡의 주장은 결국 진실무망과 주일무적함으로써 리와 일치하는 삶, 즉 인간의 도리를 잘 실천하는 삶(性卽理)을 영위하는 것이 바로 돌아가신 조상을 잘 섬기는 것이 된다는 것으로 귀결된다고 하겠다.

2) 생사와 명命

이제 생사와 명命의 관계 문제를 살펴보도록 하겠다. 이 문제는 『논어』의 다음 구절에 나타나 있다.

---

51 「死生鬼神策」, 『국역율곡전서』IV, 한국정신문화연구원, 1988, 361 - 369쪽. 요약은 필자.

사마우가 근심하며 말했다. "사람들은 모두 형제가 있지만, 나만 홀로 없구나!" 자하가 말했다. "'내가 들으니, '삶과 죽음에는 명命이 있고, 부귀는 하늘에 달려 있다. 군자가 경건하면서 잃지 않고, 다른 사람에게는 공손하면서 예의가 있으면 사해 안의 사람이 모두 형제이다.'라고 했으니, 군자가 어찌 형제가 없다고 근심하겠는가?"[52]

전통적으로 생사·질병·부귀빈천·길흉화복·성패득실 등에는 모두 명命이 있다는 말이 있다. 여기서 문제는 명이란 무엇이며, 어떻게 어디까지 작용하는가 하는 것이다. 『논어』에서 공자는 "명을 알지 못하면 군자가 되지 못한다."라고 전제하면서, "쉰에 천명을 알았다."라고 술회하였지만, 그 명이 무엇인지에 대해서는 거의 말하지 않았다.[53]

일반적으로 '명命'이란 임금이 신하에게 명령을 내려 어떤 직분과 임무를 부여하듯이, 자연 혹은 궁극자가 인간 및 만물에게 부여한 성질·본성·법칙(有物有則) 등을 말한다. 그렇다면 생사에 명이 있다는 말은 생사에는 자연 혹은 궁극자로부터 인간에게 주어진 성질·본성·법칙 등이 내재해 있다는 말이 된다. 그런데 여기서 (1) 주어진 명의 내용은 무엇이며, (2) 어떻게 작용하며, (3) 인간은 부여받은 그 명을 어떻게 처리할 수 있는가(命에 대한 인간의 자율성) 하는 문제가 제기된다. 명命을 너무 강조하여 엄격한 결정론으로 해석하면, 인간의 자율성은 무의미해진다(엄격한 숙명론). 인간의 자율성을 너무 강조하고 명을 너무 느슨하게 해석하면, 명은 무의미한 것이 되고 만다(無性

---

52 『논어』 12:5. 司馬牛憂曰 "人皆有兄弟 我獨亡." 子夏曰 "商聞之矣 死生有命 富貴在天 君子敬而無失 與人恭而有禮 四海之內 皆兄弟也 君子何患乎無兄弟也."

53 『논어』 2:4. "五十而知天命."; 20:3 孔子曰 "不知命, 無以爲君子也."; 9:1 "子罕言利與命與仁." 『논어』에서 命자는 총 21장에 걸쳐 출현하지만, 구체적으로 정의된 사례는 없다. 그러나 이 가운데 가장 주목해야할 구절은 다음 두 구절이라고 생각된다. 6:8 伯牛有疾 子問之 自牖執其手 曰 "亡之 命矣夫! 斯人也而有斯疾也! 斯人也而有斯疾也!"; 14:38. 子曰 "道之將行也與 命也 道之將廢也與 命也 公伯寮其如命何!"

論). 이 문제에 대해 나름으로 정의를 시도한 최초 인물이 바로 아성인 맹자였다. 맹자는 "(인위적으로) 하지 않아도 이루어지는 것은 하늘이고(莫之爲而爲者 天也), (인위적으로) 이르게 하지 않아도 도달하는 것이 명이다(莫之致而至者, 命也)."[54]라고 하면서, 다음과 같이 말하였다.

> 입이 맛에 대해서, 눈이 색에 대해서, 귀가 소리에 대해서, 코가 냄새에 대해서, 사지가 안일에 대한 것은 성性이지만 명命이 있으니…. 군자는 성이라고 하지 않는다. 인仁이 부자에 있어서, 의義가 군신에 있어서, 예禮가 빈주에 있어서, 지智가 현자에 있어, 성인이 천도에 대한 것은 명이지만 성이 있으니… 군자는 명이라고 하지 않는다.[55]

> 그 마음을 온전히 실현하는 자는 그 본성을 알고, 그 본성을 아는 자는 하늘을 안다. 그 마음을 보존하고 그 본성을 기르는 것이 하늘을 섬기는 방법이다. 요절하거나 장수하는 것에 마음이 흔들리지 않고(夭壽不貳) 기다리는 것이 명命을 세우는 방법이다. 명이 아닌 것이 없으나, 순순히 올바른 명을 받아야 한다. 그런 까닭에 명을 아는 자는 넘어지려고 하는 담장 아래에 서지 않는다. 그 도를 다하고 죽는 것은 정명正命이고, 죄를 범하고 죽는 것은 정명이 아니다(非正命).[56]

여기서 명命이 아닌 것이 없다는 것은 자연·필연으로 인간에게 주어진 모

---

54 『맹자』5상:6.
55 『맹자』7하:4. 孟子曰 "口之於味也 目之於色也 耳之於聲也 鼻之於臭也 四肢於安佚也 性也 有命焉 君子不謂性也 仁之於父子也 義之於君臣也 禮之於賓主也 智之於賢者也 聖人之於天道也 命也 有性焉 君子不謂命也."
56 『孟子』7상 1:1-2. 孟子曰 "盡其心者 知其性也 知其性則知天矣 存其心 養其性 所以事天也 夭壽不貳 脩身以俟之 所以立命也 孟子曰 莫非命也 順受其正 是故 知命者 不立乎巖墻之下 盡其道而死者 正命也 桎梏死者 非正命也."

든 것이 명이라는 말이다. 어떤 의미에서 우주는 한몸이라는 점에서 명을 주는 자와 명을 받는 자는 동일자이지만, 그들 간에는 체용관계가 성립한다고 할 수 있다. 인간이 하늘로부터 부여받은 명은 자연적으로 주어진 것이기 때문에 우리가 인위적으로 그 명의 본질을 바꿀 수는 없다고 하더라도, 다음 두 가지로 나누어 생각해 볼 수는 있다. 즉 우리 안에 있는 것으로(在內者) 우리가 보존하고 양육할 수 있는 것과, 우리 밖에 있는 것으로(在外者) 우리가 어떻게 변형 혹은 변질시킬 수 없는 것이 그것이다.[57] 우리 안에 있는 것으로 우리가 보존·양육할 수 있는 것은 우리 마음의 본성인 인의예지와 같은 덕이다. 우리 밖에 있는 것으로 우리가 어떻게 변형 혹은 변질시킬 수 없는 자연의 필연적인 법칙(生者必滅 등)과 같은 것이 있다. 맹자는 우리 안에 있는 것으로 우리의 소관사가 되는 성性은 우리 마음이 천부적으로 지니고 태어난 반성의 능력에 의해 그 성을 자각함으로써 자율적으로 보존·양성할 수 있다(存心養性)고 말한다.[58] 인간에게 주어진 인간 본성을 바로 세우고 온전히 구현하는 것, 그것이 바로 맹자가 말하는 정명正命이다. 그리고 '태어난 것들은 모두 죽는다.'라는 것과 같은 자연적인 필연의 법칙 또한 명으로 모든 생물들에게 주어져 있는데, 그 법칙의 본질만은 우리 인간이 어떻게 관여하여 변질시킬 수는 없는 것이다. 그러나 자연적인 필연의 법칙으로서 여러 명들 중에 우리 인간은 그 법칙의 본질을 바꿀 수는 없지만, 인력으로 어느 정도 변형해 나갈 수 있는 명命이 있다. 예컨대 우리 인간이 생명이 있는 한 언젠가 반드시 죽는다고 하는 명은 피해갈 수 없지만, 넘어지는 담장을 피함으로써 지금 바로 담장에 깔려 죽는 명만은 회피할 수 있다는 것이다. 즉 맹자는 태어나서

57　『맹자』 7상:6. "仁義禮智非由外鑠我也 我固有之也 不思耳矣 故 求則得之 舍則失之" 『맹자』 7상:. "求則得之 舍則失之 是求有益於得也 求在我者也 求之有道 得之有命 是求無益於得也 求在外者也."

58　『맹자』 6상:15. "心之官則思 思則得之 不思則不得也 此天之所與我者 先立乎其大者 則其小者不能奪也 此爲 大人而已矣."

죽는 것은 비록 우리 인간이 변질시킬 수 없는 필연의 법칙이라고 할지라도, 그 과정에서 선택에 의해 우리의 삶의 질을 윤택하게 할 수 있고, 삶의 기반이 되는 수명 또한 어느 정도 연장할 수도 있다고 주장한다. 여기서 삶의 질을 윤택할 수 있게 한다는 것은 바로 그의 이른바 호연지기浩然之氣를 선양하는 것과 연관된다. 맹자에 따르면, 우리 마음은 의지를 지니고 있고, 우리 몸은 기로 구성되어 있다. 우리 마음의 의지가 장수의 역할을 하면서 우리 몸을 주재하여 호연지기를 선양하면, 우리 몸과 마음은 조화로워져서 건강하게 장수할 수 있지만, 그 반대의 경우는 호연지기가 쪼그라든다(餒).[59] 이러한 맹자의 호연지기론은 후대에 성리학자들에 의해 기질변화론 혹은 교기질론矯氣質論 등으로 발전·이론화되어 숙명론적 기질론을 극복하는 단서가 되었다.

이제 이 문제와 연관하여 유교에서 대별해서 말하는 형기적 생사관과 도의적 생사관을 살펴볼 필요가 있다. 형기적 생사관이란 타고난 기질에 따라 죽음을 요사·노사·병사·횡사 등으로 나누는 것이다. 이와 연관하여 율곡은 다음과 같이 말하였다.

> 오직 사람은 음양의 바른 기氣를 받아 그 성품은 비록 동일하지만, 그 형기를 받은 것이 혹 후하기 하고 혹 박하기도 하고… 기질이 후하고 박한 것은 수명이 길고 짧게 나누어지는 까닭이다.[60]

그렇다면 이렇게 타고난 기의 후박에 의해 인간 수명의 장단이 필연적으로 결정되는 것인가? 율곡은 다음과 같이 인간의 노력에 의한 형기의 변화 가능성을 언급함으로써 결정론을 피해 간다.

---

59 『맹자』 2상:2. "其爲氣也 至大至剛 以直養而無害 則塞于天地之間 其爲氣也 配義與道 無是 餒也 是集義所生者 非義襲而取之也."
60 「수요책」 『국역율곡전서』IV, 411쪽.

그러나 여기에 한 가지 방도가 있으니, 기氣가 비록 박薄해도 진실로 잘 배양하면 어찌 배양의 공로가 없겠는가? 기氣가 비록 후厚할지라도 진실로 자기 몸을 해친다면 어찌 손상되는 해가 없겠는가?… 따라서 군자는 비록 수명의 장단에 명命이 있는 줄 알지만, 기를 수양하는 일을 결코 폐하지 않는 것이다.[61]

요컨대 비록 타고난 기질에 후박이 있다고 할지라도 인간의 후천적 노력에 의해 그 기질을 변화시켜 타고난 수명의 장단을 어느 정도 바꿀 수 있다는 것이 율곡의 주장이다. 이렇게 율곡은 비록 삶과 죽음이라는 명命 그 자체는 어떻게 바꿀 수 없다고 하더라도, 수명의 장단만은 인간의 후천적 노력에 의해 어느 정도 바꿀 수 있다고 말했다.

도의적 생사관이란 천명의 리理, 즉 인간 본성의 인의예지의 구현 여부에 의해 생사를 평가하는 관점이다. 여기에는 천명의 완수 여부에 따라 (1) 질곡사桎梏死, (2) 절의사節義死, (3) 고종명考終命 등으로 나누는데,[62] 물론 고종명이 최상이다. 그런데 앞서 맹자는 "호연지기는 의를 끊임없이 실천함으로써 생겨난다(浩然之氣 集義所生)."라고 말함으로써 인간의 본성의 구현을 통해 우리의 몸도 양육된다고 말한 바 있다. 율곡 또한 이러한 맹자의 주장을 이어받아 인간 본성의 리理를 잘 구현하면, 인간의 몸을 구성하는 기 또한 잘 양육되어 장수할 가능성이 있다고 분명히 말하였다. 즉 그는 '섭생을 통해 기를 기르는 사람은 단지 기를 통해 기를 기르기 때문에' 비록 생명을 연장할 수는 있지만, 사람의 도리를 구현하는 것과 아무런 관련이 없고, 오히려 해로울 수도 있다. 그러나 수신으로 천명을 기다리는 사람은 리로써 기를 수양하는데,

---

61 「수요책」「국역율곡전서」IV,412쪽.
62 윤용남, 「유가의 생사관과 죽음에 대한 태도」 「철학논총」 59, 2010, 437-443쪽 참조.

이렇게 기를 수양하면 기에 부여된 수數 또한 길러져서 장수하게 된다고 말한다.

> 나의 마음이 바르고 나의 기가 화순하면 천지의 기도 반드시 왕성할 것이다. 사람의 장수와 요사가 어찌 천지의 기에 달려 있지 않겠는가? 그렇기 때문에 천지가 제자리를 잡고 만물을 자라나게 하는 것은 한 사람의 수덕修德에 달려 있다.… 아! 한 몸은 매우 작은 것이며, 천지는 매우 넓은 것이지만, 기의 성쇠는 한 사람에게 달려 있다.

요컨대 호연지기란 지대지강至大至剛하여 천지 사이에 충색해 있는 것이다. 이 기의 일부를 받아 우리는 몸을 지닌 인간으로 이 세상에 태어났다. 이때에 부여받은 기가 박하면, 우리 수명은 짧을 수 있다. 그러나 우리가 바른 마음을 갖고 수신을 통해 천명의 리를 잘 구현하여 우리의 기가 화순해지면 호연지기가 길러지고, 우리 기가 천지의 기에 영향을 미치고, 천지의 기 또한 왕성해져서 우리 박한 기를 후하게 하여(氣質變化) 장수할 수 있다는 것이다. 그런데 율곡은 여기서 한 걸음 더 나아가 이렇게 우리가 수신을 통해 천명의 리를 잘 구현하여 도의적인 삶을 영위하면 우주적 궁극 존재와의 합일(天人合一)의 경지에 도달하게 되는데, 우주적 궁극 존재와 합일이 바로 영원한 삶을 향유하는 유가적 장생불사의 길이라고 말한다.

> 그렇다면 이것은 천지의 화육에 참여하고 협찬하여 천지와 더불어 영원히 존재하는 것인데, 어찌 단명과 장수로써 그 생사를 논할 수 있겠는가? 우리 유가의 도리에서 장생불사란 이와 같은 데 지나지 않을 뿐이다.[63]

---

63 「神仙策」「국역율곡전서」Ⅳ, 389쪽.

3. 소결

　공자는 사람에 대한 사랑과 은공에 대한 보답의 관점에서 죽음을 슬퍼한 휴머니스트였다. 인간애와 보은에 입각하여 공자는 장례葬禮 또한 예법과 형편에 알맞게 치러야 한다고 말했다. 전통적인 유교의 입장에 따르면, 유교에서는 의식주를 위시한 이익과 부귀를 용인하고, 신체적 생명의 소중함 또한 인정한다. 그런 의미에서 유교에서는 『서경』 이래 장수는 첫 번째의 축복이고, 부귀와 건강 또한 축복이다. 그러나 장수는 축복 가운데 우선 실현해야 할 기본조건에 해당한다. 문제는 장수하면서 어떠한 삶의 질을 유지하면서 무엇을 실현하며 살 것인가 하는 것이다. "장수하면서도 부유·건강하고, 나아가 덕을 좋아하여 궁극적으로는 주어진 천명의 덕을 복명復命하면서 삶을 마쳐야 한다(考終命)."라는 것이 유가의 이상이었다.

　일반적으로 철학사에 따르면, 죽음을 (1) 삶의 소멸로 보는 허무주의적 관점, (2) 삶과 연관 없는 것으로 보고 외면하는 소극적 입장(에피쿠로스), (3) 다른 고양된 존재로 전화轉化라고 하는 이원론적 입장(플라톤, 기독교) 등이 있다. 그런데 유교는 죽음의 문제를 생사일여生死一如 혹은 생사일리生死一理라고 하는 우주적 조화의 관점에서 파악한다. 이러한 생사일여 혹은 생사일리의 관점에서 볼 때 비로소 인간은 생사를 겪으면서도 생사를 벗어나서, 불멸로 나아가는 자기초극(長生不死)이 가능하다는 것이다. 오직 우주내 존재로서 인간만이 자기존재의 사명을 자각하고, 자기완성을 통해 천지의 역사에 능히 동참할 수 있는 유익한 존재라는 것이 유교의 관점이다. 율곡의 이기론적 생사관, 귀신 섬김의 문제, 그리고 명命에 관한 이론 등은 모두 유가의 이런 관점에 대한 해설이라고 할 수 있다.

3대 주석과 함께 읽는 논어Ⅲ

등록 1994.7.1 제1-1071
1쇄 발행 2020년 4월 30일

지은이 임헌규
펴낸이 박길수
편집장 소경희
편 집 조영준
관 리 위현정
디자인 이주향
펴낸곳 도서출판 모시는사람들
    03147 서울시 종로구 삼일대로 457(경운동 88번지) 수운회관 1207호
전 화 02-735-7173, 02-737-7173 / 팩스 02-730-7173
홈페이지 http://www.mosinsaram.com/

인 쇄 (주)성광인쇄(031-942-4814)
배 본 문화유통북스(031-937-6100)

값은 뒤표지에 있습니다.
ISBN 979-11-88765-80-5 04150
세트 979-11-88765-77-5 04150

이 도서의 국립중앙도서관 출판예정도서목록(CIP)은 서지정보유통지원시스
템 홈페이지(http://seoji.nl.go.kr)와 국가자료공동목록시스템(http://www.
nl.go.kr/kolisnet)에서 이용하실 수 있습니다.(CIP제어번호: CIP2020016144)

이 저서는 2015년 정부(교육부)의 재원으로 한국연구재단의 지원을 받아
수행된 연구임(NRF-2015S1A6A4A01012644)